Die Stadt in der Bundesrepublik Deutschland

Die Stadt

in der
Bundesrepublik Deutschland

Lebensbedingungen
Aufgaben · Planung

Mit 31 Tabellen
und 69 Abbildungen

Herausgegeben von
Wolfgang Pehnt

Philipp Reclam jun. Stuttgart

Alle Rechte vorbehalten. © Philipp Reclam jun. Stuttgart 1974
Schrift: Garamond-Antiqua. Printed in Germany 1974. Herstellung: Kösel, Kempten
ISBN 3-15-010231-6

Abbildungsnachweis: W. Pehnt, Weiden b. Köln: 1, 37, 40, 48, 56, 57. Th. Sieverts, Darmstadt: 2–4. Verlagsarchiv: 5, 6, 26–28. Bertelsmann Fachzeitschriften GmbH, Berlin: 7 (aus *Stadtbauwelt* 4, 1964), 30 (aus: *Stadtbauwelt* 16, 1967). R. Neuwirth, Freiburg i. Br.: 8–13. P. A. Mäcke, Aachen: 14–19. E. Gassner, Bonn: 21–25. Senator für Bau- und Wohnungswesen, Berlin: 29, 41, 42 (© Landesbildstelle Berlin), 50, 51 (Foto: K. Lehnartz, Berlin), 52–54. W. Chalk, London: 31. N. Kusokawa, Tokio: 32. F. Otto, Stuttgart: 33. The MIT Press, Cambridge (Mass.): 34. M. Mattern, Greimharting: 35. Verkehrsamt der Stadt Köln: 36 (Foto: F. Damm, Köln). Stadtplanungsamt Hannover: 38, 39. K. Gutmann, Sennestadt: 43 (Freigegeben Reg. Präs. Münster Nr. 38 58/72). H. B. Reichow, Hamburg: 44. Neue Heimat, Bremen: 45 (© Aero-Lux, Büscher & Co, Frankfurt/Main). F. Scheper, Bremen: 46. Baubehörde Hamburg: 47 (Freigegeben Luftamt Hamburg Nr. 977/73). L. Kleinhans, Frankfurt/Main: 49 (Freigegeben Reg. Präs. Wiesbaden Nr. 38/68). W. Moog, Kettwig: 55 (Freigegeben Reg. Präs. Düsseldorf Nr. 19/C 193). Helwig/Krehl + Partner, Stuttgart: 58–62. Krehl + Partner, Stuttgart: 63. Baureferat München: 64, 67 (© E. Glesmann, München), 68 (Foto: L. Friedl, München), 69. Neue Heimat Bayern: 65, 66 (Fotos: K. Otto, Gmund am Tegernsee)

Umschlaggestaltung unter Verwendung eines Fotos der Düsseldorfer Altstadt von L. Windstosser, Stuttgart: A. Finsterer, Stuttgart

Inhalt

Wolfgang Pehnt
Einleitung 7

René König
Definition der Stadt 11

In Städten leben

Thomas Sieverts
Die Stadt als Erlebnisgegenstand 29

Martin Schwonke
Kommunikation in städtischen Gemeinden 45

Hans Paul Bahrdt
Wohnbedürfnisse und Wohnwünsche 64

Ulfert Herlyn
Soziale Segregation 89

Theodor Ebert
Bürgerinitiativen 107

Für Städte planen

Rainer Mackensen
Städte in der Statistik 129

Harald Ludmann
Innenstädte 166

Karolus Heil
Neue Wohnquartiere am Stadtrand 181

Michael Lohmann
Grünplanung 201

Robert Neuwirth
Bioklima 214

Karl Heinz Knoll
Stadthygiene 238

Paul Arthur Mäcke
Verkehr 255

Felizitas Lenz-Romeiss
Freizeitraum Stadt 281

Friedrich Mielke mit *Klaus Brügelmann*
Denkmalpflege 295

Edmund Gassner
Die städtebauliche Infrastruktur 316

Gerhard Isenberg
Kommunale Wirtschafts- und Finanzpolitik 334

Hartmut Dyong
Städtebaurecht 361

Folker Schreiber
Soziale Bodenpolitik 385

Perspektiven der Planung

Kurt Becker-Marx
Überörtliche Planung – Raumordnung 409

Heinz Weyl
Verdichtungsräume und Entwicklungsplanung 428

Gerd Albers
Ideologie und Utopie im Städtebau 453

Lucius Burckhardt
Wer plant die Planung? 477

Literaturverzeichnis 487

Die Autoren der Beiträge 501

Tafeln 507

Ziffern in Klammern verweisen auf das durchnumerierte Literaturverzeichnis am Schluß des Bandes

WOLFGANG PEHNT

Einleitung

Kritik am Städtebau der Gegenwart ist Allgemeingut geworden; mit Grund und erfreulicherweise. Vom Fernsehen bis zur Illustrierten haben sich die Medien des Themas angenommen, das noch vor anderthalb Jahrzehnten fast ausschließlich die Fachpresse beschäftigt hatte und in der Massenpublizistik als unverkäuflich galt. Selbst die Lokalteile der Tageszeitungen, einst auf Akklamation verpflichtet, riskieren inzwischen ein kritisches Wort. Die aufmunternden Devisen in den Straßenvitrinen, mit denen die Kommunalbehörden ihre nächsten planerischen Absichten kundtaten und um die Aufmerksamkeit der Passanten warben, sind überholt: Wo einst die Stadtbauämter etwaigen Mißmut über Baugruben und Verkehrsumleitungen durch Public Relations rasch abfangen konnten, müssen sie sich heute der Wünsche und Initiativen der Bürger erwehren.
Konzentrierte sich die Polemik in Sachen Städtebau zu Beginn der sechziger Jahre auf bestimmte Personengruppen wie die Architekten, die Planer, die Mitglieder der gesetzgebenden Gremien, die Baugesellschaften und die Bodenspekulanten, so hat sie nun den Adressaten gewechselt oder vielmehr: zum Teil verloren. Die Philippika droht sich zum Nekrolog auf die Stadt zu entwickeln, der unter den gegenwärtigen gesellschaftlichen Verhältnissen nicht mehr zu helfen sei. Planer, die in der Praxis stehen, wissen ein Lied davon zu singen: Wer sich auf die Bedürfnisse des Tages einläßt, wird sehr bald des Verrats an einer wie auch immer gearteten Zukunft geziehen. Die Konsequenzen sind absehbar. Unter dem Eindruck des Vorwurfs, in blindem Aktionismus zu handeln, könnten der demokratisch legitimierten Planung Handlungsfähigkeit und Handlungsimpulse im Gegenteil abhanden kommen. Was nicht das Ende aller Planung bedeuten würde, sondern den Übergang der Initiative auf Kräfte, die sich der öffentlichen Kontrolle, wie mangelhaft sie auch funktionieren mag, vollends entziehen. Die Kassandrarufe der letzten Jahre hatten ihren Stellenwert. Sie waren nötig, damit niemand die alljährlich errichteten 500 000 bis 600 000 Wohnungen bereits für vollzogenen Städtebau hielt. (Daß selbst die quantitative Leistung sich innerhalb der westeuropäischen Statistik weniger eindrucksvoll ausnimmt, als unsere selbstzufriedenen Erfolgsbilanzen es glauben machten, lehrt der Vergleich mit anderen Industrienationen: Wohl liegt die Bundesrepublik in der durchschnittlichen Größe neu erbauter Wohnungen an der Spitze, aber während bei uns 1971 auf 1 000 Einwohner 337 Wohnungen entfielen, lag die entsprechende Zahl in Frankreich bei 378, in Dänemark bei 371, in Belgien bei 368.) Die dramatischen Klagen von gestern müßten jetzt um detaillierte Berichte ergänzt werden. Die diskutierende Öffentlichkeit ist auf Informationen angewiesen, die Diskussion erst sinnvoll machen. Auseinandersetzungen mit dem deutschen Städtebau schienen bisher weithin von der Befürchtung bestimmt, Informationen könnten die rhetorischen Pointen verderben und den Kritiker ins ungewollte Einverständnis mit den Planern ziehen. Dieser Sammelband ist in der Überzeugung zusammengestellt worden, daß die wirkungsvollere Kritik diejenige ist, die sich auf Kenntnisse stützt.

Verlag und Herausgeber waren sich einig, daß beim gegenwärtigen Stand der Debatte konkrete Auskünfte einem neuen pauschalen Verdammungsspruch vorzuziehen seien. Sie haben sich deshalb an Fachleute mehrerer Disziplinen gewandt und sie um Darstellungen gebeten, die dem interessierten Stadtbewohner eine Ausgangsbasis zu weiterer Beschäftigung mit dem Thema Stadt und Städtebau bieten, aber auch dem Spezialisten einen Überblick über die Auffassungen anderer Fachwissenschaftler zum Gegenstand der gemeinsamen Sorge geben. Nüchternheit, die sich auf diese Weise als Tonart des Bandes ergab, sollte nicht als Mangel an Engagement gedeutet werden, wohl aber als Ausweis einer Haltung, die den zehnten nicht vor dem ersten Schritt tun möchte. Wer die größere Kraft zur Veränderung nicht der geduldigen Tagesarbeit zutraut, sondern dem utopischen Idealentwurf, wird in diesem Buch nicht auf seine Kosten kommen.

Trotz dieser Vorentscheidung war bei einem mehr als zwanzigköpfigen Verfassergremium nichts anderes zu erwarten, als daß die Meinungen im Detail wie im Grundsätzlichen auseinandergingen. Solche Divergenzen sind nicht harmonisiert worden. Auf die Frage, in welchem Maße eine Verwissenschaftlichung der Planung möglich oder wünschbar ist, wird der Leser ebensowenig eine einheitliche Antwort finden wie in der Bewertung des kommunalpolitischen Ermessens- und Entscheidungsspielraums. Sogar eines der am meisten erörterten Probleme der neueren Gemeindesoziologie, das der nachbarschaftlichen Beziehungen unter Stadtbewohnern, wird von den einzelnen Autoren mit charakteristischen Nuancen dargestellt.

Der Verzicht auf die großen Gesten, sei es pauschaler Urteile, sei es urbanistischer Patentlösungen, entspringt nicht nur der praktischen Überlegung, welche Art von Buch sich unter den gegenwärtigen Umständen beim Leser am nützlichsten machen könnte. Er entspricht auch, so meine ich, der Ernüchterung, die nach dem großen Revisionsversuch von 1960 eingekehrt ist. Gerd Albers berichtet in seinem Beitrag davon, wie das bis dahin gültige Denkmodell der gegliederten und aufgelockerten Stadt durch das der konzentrierten, von Nutzungsüberlagerungen gekennzeichneten ›urbanen‹ Stadt abgelöst wurde (S. 453 ff). Auch von dieser neuen Leitvorstellung waren inzwischen bereits Abstriche zu machen. Daß Urbanität nicht allein von Dichteziffern abhängt (wohl aber der Profit, der aus den stärker genutzten Grundstücken gezogen werden kann); daß das propagierte Wohnen in der Stadtmitte angesichts der miserablen Umweltqualitäten bis auf weiteres vertagt werden muß, hat den Glauben an die Vorzüge des neuen Konzepts bereits ins Wanken gebracht.

Zwei Revisionen innerhalb einer Spanne, die den Zeitgenossen noch frisch im Gedächtnis haftet, übersteht auch ein Denken, das auf positive Modelle aus ist, nicht unbeschadet. Nichts hat sich als einfach, alles als komplizierter denn vermutet erwiesen. Die Überzeugung, rationales Handeln sei möglich, ist mit der zunehmenden Einsicht in die Komplexität planungsbestimmender Entscheidungsvorgänge erschüttert worden. Die Mitbestimmung der Betroffenen, die so oft gefordert wurde, daß sie inzwischen als Allheilmittel galt, hat unerwünschte Konsequenzen nach sich gezogen: Sie schränkt nicht nur die Initiative der Planenden ein (was unter Umständen von Vorteil sein könnte), sondern droht lähmende Partikularinteressen – etwa die des schwerfälligen lokalen Kleinkapitals – in den Vordergrund zu spielen. Hoffnungsfroh erwartete Ratgeber wie die Sozialwissenschaftler, an die sich die Planer wandten, nachdem ihnen interdisziplinäre Zusammenarbeit so eindringlich angera-

ten worden war, weigerten sich, konkrete Rezepte auszustellen. Die Industrialisierung des Bauens, nicht minder dringlich empfohlen, hat sich bislang fast ausschließlich in präfabrizierten Einfamilienhäusern oder in monotonen Tafelbausystemen niedergeschlagen, nicht aber in fantasievoll nutzbarem Stadtbaumaterial. Daß die Abschaffung von Privateigentum und Grundstücksspekulation, selbst wenn sie in der Bundesrepublik politisch durchzusetzen wäre, nicht ohne weiteres einen besseren Städtebau verspricht, lehrte der Blick gen Osten – eine enttäuschende Einsicht mehr. Mit anderen Worten: Was immer die Kritik attackiert oder angeraten hatte, war bestenfalls für Teilaspekte, nie für die Sache als ganze verantwortlich zu machen. Es gab und gibt keine eindeutige Strategie, die von vornherein bessere Erfolge garantierte.
Wollte man auf eine Formel bringen, was seit der Verkündung des bislang letzten großen Konzeptes, der ›urbanen‹ Stadt, geschehen ist, so könnte sie lauten: Das widerständige Einzelne hat seine Ansprüche gegenüber dem Allgemeinen angemeldet. Auf diesen Nenner lassen sich viele Teil-Erkenntnisse bringen: Daß etwa Modellvorstellungen nicht als allgemein verbindliche Wahrheiten gewonnen werden, sondern nur aus jeweils spezifischen Interessenlagen und schichtenbedingten Prädispositionen heraus formuliert werden können. Daß die großen, anscheinend so ökonomischen Flächensanierungen die Gesellschaft mit sozialen Konflikten belasten, die sie letzten Endes auch im wirtschaftlichen Sinne teuer zu stehen kommen. Sowohl die Mitbestimmungsforderungen bislang nicht befragter Bevölkerungsteile wie das unübersehbar gewordene Problem der historischen Substanz unserer Städte, dem sich mit Stadtbildpflege nicht beikommen läßt, sind Beispiele für das widerborstig gewordene, den Pauschalurteilen sich widersetzende Einzelne. Wenn nicht alles täuscht, kündigt sich eine Epoche an, in der die berechtigte Skepsis gegenüber global anwendbaren Vorschlägen zusammenhängende Meinungsfronten wie die der Pioniere des Neuen Bauens oder der Befürworter einer neuen Urbanität kaum noch zuläßt.
Das Mißtrauen gegenüber großen Lösungen ist nicht zuletzt ein Mißtrauen gegenüber ästhetischen Systemen. Die Autoren der bedeutenden Städtebau-Darstellungen um die Jahrhundertwende benutzten, ob sie von vorwiegend praktischen oder historisierenden Interessen geleitet waren, ästhetische Kriterien mit einer Selbstverständlichkeit, die für heutige Leser von imponierender Naivität ist. Camillo Sitte, der sich als »praktischer Künstler« durchaus der veränderten Funktionsbedingungen im Städtebau bewußt war, ging von den »schönsten Träumen« seiner Reiseerinnerungen aus und versuchte, an malerischer Schönheit zu retten, was angesichts der modernen Bedürfnisse zu retten war (384). Auch pragmatischer orientierte Schriftsteller wie Josef Stübben oder Raymond Unwin räumten den »Anforderungen der Schönheit« (Stübben) einen ersten Platz ein (408, 424). Seit dem Neuen Bauen der zwanziger Jahre ist der naive Umgang mit ästhetischen Kategorien in Mißkredit geraten – den verbalen Äußerungen, nicht der Praxis nach. Ästhetische Vorurteile versteckten sich hinter scheinbar praxisnahen Argumenten, wobei die vorgewiesenen Gründe selten die wirklich einflußreichen waren. ›Leichte Orientierbarkeit, Durchlüftung und Durchgrünung‹ als Rechtfertigung für Zeilenbau hört sich besser an als ›wirtschaftliche Baustelleneinrichtung‹, ›urbane Dichte‹ als Verteidigung hoher Überbauungszahlen besser als ›stärkere Grundstücksausnutzung‹. Formale Lösungen (die es im strengen Sinne nicht gibt, da keine Lösung im Städtebau nur formal sein kann)

verloren den Zusammenhang untereinander, den die alten ästhetischen Systeme garantiert hatten, aber auch zu den Entwicklungen, von denen sie ursprünglich motiviert worden waren: Sie wurden zu Versatzstücken, zwischen denen sich die verschiedenartigsten Stücke aufführen ließen.

In den letzten Jahren haben sich die Stilmuster des Städtebaus in einem Tempo geändert, das jeden funktionalistischen Rechtfertigungsversuch überholte. Die formale Erscheinungsweise droht zum Selbstzweck zu werden: Mit Punkt- und Scheibenhochhäusern akzentuierter Flachbau um 1962, Bebauungsketten und -mäander um 1965, die Wiederkehr von Hof, Block und Straße um 1968, die ›Komplexbebauung‹ heutzutage. Ein Städtebau, dessen Entwürfe sich nach Zeitspannen von zwei oder drei Jahren datieren lassen, bringt sich selbst um den Kredit. Die Enthaltsamkeit in Fragen der ästhetischen Theorie hat allem Anschein nach dazu geführt, daß die Praxis, von der Theorie im Stich gelassen, ihre ästhetische Selbstdarstellung im Alleingang improvisiert. Die zu Formalien reduzierten Formen nutzen sich entsprechend schneller ab und verfallen der Haute Couture.

»Mehr noch als bei anderen Schöpfungen ist bei einem Stadtbauplan Schönheit vollkommene Zweckmäßigkeit«, wandte Stübben vor siebzig Jahren gegen solche Taktiken ein. Auch die meisten anderen Positionen in Stübbens Kriterienkatalog lassen sich noch heute verteidigen: »Die sachlich begründete Mannigfaltigkeit, die individuelle Gestaltung jeder Straße und jedes Platzes, der Gegensatz des Offenen und des Geschlossenen, der Wechsel des Fernblickes mit dem malerischen Kleinbilde, Maßhalten in allen Verhältnissen« (408). »Sachlich begründete Mannigfaltigkeit«: In diesem Buch ließ sich in der ästhetischen Frage, die einst obenan gestanden hatte, nicht mehr tun, als die abwartende Vorsicht der Wissenschaftler zu teilen und die vorhandenen Ansätze zu einer »sachlichen Begründung« in Informationstheorie, Semiologie und Wahrnehmungspsychologie anzudeuten (S. 29 ff).

Im Jahre 1947 erließen deutsche Künstler und Städtebauer einen Aufruf, der schon damals, knapp zwei Jahre nach Kriegsende, von der Sorge getragen war, die Chance eines Neubeginns könnte verpaßt sein. Nur das »Gültig-Einfache« sei vielfältig brauchbar, hieß es darin. Die Schaffenden seien »auf den Grund der Dinge verwiesen, von da aus muß die Aufgabe neu begriffen werden« (79). Bescheidenheit und Anspruch lagen dicht beieinander. Denn die Mahnung, sich auf das »Gültig-Einfache« zurückzuziehen, enthielt zugleich den Hinweis, diese Beschränkung aufs Wesentliche könne nur unter der Führung des großen Baukünstlers geleistet werden. Den Glauben an die alleinige Zuständigkeit des schöpferischen Einzelnen teilt heute niemand mehr. Entscheidungen über die Qualität städtischen Lebens und seine bauliche Fassung werden nicht von einigen wenigen gefällt, die dem »Grund der Dinge« näher wohnen als die vielen anderen. Sie müssen vielmehr zwischen Parteigängern unterschiedlichster Interessen und unterschiedlichsten Durchsetzungsvermögens ausgehandelt werden, sie sind Sache der Politik, nicht der Eingebung. Es zählt die sachbezogene Imagination, die sich in politisches Handeln einbringen läßt. Allerdings auch: Es sollte nur die Imagination zählen, die sich nicht vom politischen Handeln korrumpieren läßt.

Die folgenden Beiträge sind für diesen Band geschrieben worden. Einige von ihnen wurden vom Deutschlandfunk im Sommer 1973 in kürzeren Fassungen gesendet. Im übrigen handelt es sich um Erstveröffentlichungen.

RENÉ KÖNIG

Definition der Stadt

Chaos oder Struktur?

Wenn man die Diskussionen um das Problem von Stadt und Großstadt in der heutigen Öffentlichkeit verfolgt, muß es völlig unmöglich scheinen, eine auch nur einigermaßen einheitliche Definition der Stadt zu geben. Während die einen die Stadt verdammen, versuchen andere, sie zu glorifizieren. Solche pauschalen Werturteile können allerdings nicht wesentlich weiterhelfen, sie enden allzu leicht in einer Weltanschauungsdiskussion ohne Ende. Dagegen müßte festgestellt werden, wo die Stadt und die Großstadt im Entfaltungsprozeß globaler Gesellschaftsgebilde eigentlich stehen; ob es gerechtfertigt ist, die Stadt und die Großstadt als zentrale Gebilde des sozialen Lebens anzusehen oder vielleicht doch nur als Randerscheinungen – gewissermaßen als krankhafte Wucherungen, ausweglose Extrembildungen, als ›Megalopoleis‹ also im Sinne hybrider Massierungen unendlich vieler sozialer Teilsysteme. Gerade die zuletzt genannte Meinung wurde im deutschen Sprachbereich in einem Buchtitel vorzüglich wiedergegeben: *Die überschätzte Stadt* (307). Zieht man die Perspektiven in der Betrachtung der Stadt und der Großstadt so weit wie irgend möglich, dann wird leicht verständlich, daß diese Phänomene, speziell in Europa, schon seit ihrem ersten Auftreten problematisch gewesen sind, so daß die Beurteiler sich in der Bewertung nicht einigen konnten. Beispielsweise war für die primitiven Völker nördlich der Alpen die große Weltstadt Rom etwas unerreichbar Fernes. Auch die ›Urbanität‹ als Lebensform war den germanischen Völkern fremd, obwohl sie sich sehr wohl an sie gewöhnt haben, nachdem die kriegerischen Nomaden aus dem Norden Rom erobert hatten. Aber es blieb seit jener Zeit das Mißtrauen, vor allem aber die entscheidende Vorstellung, daß Städte und Großstädte nur Wucherungsgebilde ohne jede Struktur seien. Noch heute hat der Beobachter eine Menge von Vorurteilen zu überwinden, wenn er eine Definition der Stadt zu geben versucht.
Bei dieser Definition sind aber nicht nur Vorurteile der genannten Art zu überwinden, sondern es tritt ihr noch ein sehr schwerwiegender Umstand entgegen: Es steht nämlich keineswegs fest, ob es überhaupt ein einheitliches Phänomen Stadt bzw. Großstadt gibt, ob das Phänomen Stadt eine einheitliche Struktur besitzt, ob sich seine sozialen Funktionen mit irgendeiner Typologie erfassen lassen, oder ob nicht jede Stadt oder Großstadt eine einzigartige und daher unwiederholbare Lösung einer einmaligen Aufgabe darstellt, die einzig historisch-biographisch erfaßt werden kann. Dann wären die Städte gewissermaßen ein historischer Zufall. Städte wären nichts Bleibendes, sondern etwas, von dem man erwarten kann, daß es sich unter bestimmten Verhältnissen wieder ändern wird oder daß es auch planmäßig verändert und in eine andere Sozialform überführt werden kann.
Mit anderen Worten: Sind städtische Phänomene in Asien, Europa, Nordamerika, Lateinamerika miteinander vergleichbar? Sind städtische Phänomene der Vergan-

genheit vergleichbar mit den gegenwärtigen? Man sieht zumindest die Dinge so an, als habe sich die moderne Stadt kontinuierlich aus der mittelalterlichen Stadt entwickelt. Diese Vorstellung hat wesentlich beigetragen zu vielen Irrtümern, die daraus resultieren, daß man die heutigen Erscheinungsweisen von Stadt und Großstadt mit mittelalterlichen Stadtformen vergleicht. Es liegt auf der Hand, daß solche Vergleiche nur dann sinnvoll erschienen, wenn die beiden Stadttypen identisch wären und sich lediglich in ihren Wachstumsphasen unterschieden.

Bereits der große amerikanische Stadtforscher Lewis Mumford hat dieses alte Schema durchbrochen, indem er zwischen der mittelalterlichen und der modernen Stadt den Typus der Barockstadt einbaute, der nicht nur architektonisch, sondern auch sozial-strukturell von der alten Stadt verschieden ist (291, 292). Mehr noch: Die Barockstadt unterscheidet sich von der mittelalterlichen auch in politischer Hinsicht; sie ist mit dem politischen Absolutismus gewachsen und repräsentiert einen besonderen Herrschaftstyp mit zentraler Gewalt.

Einen wiederum anderen Typ bilden die orientalischen Städte, die ja zum Teil die ältesten der Menschheit überhaupt darstellen. Ich nehme als Grundbeispiel die Stadt Damaskus, die seit über viertausend Jahren kontinuierlich bewohnt wird. Die Gründungszeit anderer Städte des Orients, die heute vollständig verschwunden sind, liegt noch weit früher. Man kann als den kritischen Punkt der Stadtentstehung im Orient ungefähr das 5. oder 4. Jahrtausend vor unserer Zeitrechnung einsetzen. Das ist gleichzeitig die Periode der Menschheitsgeschichte, in der die großen Imperien und Despotien im Orient entstehen, was den alten frühgeschichtlichen Städten einen ganz eigenen Typus gibt, wie wir ihn heute noch in Indien und China finden. Diese Städte sind zwar in der Ausdehnung enorm groß, haben aber im Gegensatz etwa zum alten Rom oder zum alten Athen keinen richtigen Mittelpunkt. Das ist von größerer Bedeutung, als man gemeinhin meint. Denn was die griechischen Städte oder Rom auszeichnet, ist der Besitz eines Zentrums, das vor allem der politischen Selbstdarstellung der Bürgerschaft dient. Diese bürgerschaftliche Repräsentation, in architektonischer Form etwa als Agora oder Forum, ist kennzeichnend für diese Städte und gleichzeitig der entscheidende Unterschied zu den orientalischen Stadtformen, die man am besten als Haufenstädte bezeichnet. Sie wurden im Schatten einer befestigten Burg erbaut und besitzen keinen eigentlichen Mittelpunkt, sondern bestehen aus einer ständigen Wiederholung von kleinen Einheiten segmentärer Natur. Diesen Einheiten konnte man beliebig neue hinzufügen oder man konnte vorhandene wegschneiden. Das bedeutet politisch gesehen, daß es eigentliche Bürgerschaften in diesen Städten nicht gab, sondern nur riesige Menschenansammlungen, meistens Sklaven, die im Dienste der zentralen Herrschaft arbeiteten. Das ist auch der Grund dafür, daß von den alten orientalischen Städten außer den Tempeln, Vorratshäusern und Palästen nichts erhalten ist. Die Einwohner waren so arm, daß sie bestenfalls Lehmhütten bauen konnten, die der Zeit nicht standhielten und von Regen und Wind völlig zermahlen wurden. Wir können uns ein sehr gutes Bild dieser Städte machen, wenn wir die entsprechenden Gebilde heute in Afrika betrachten, wo die Zuwanderer aus dem Landesinneren ihre Behausungen in primitivsten Bauweisen an bestehende Zentren anklittern, meist nach Landsmannschaften gegliedert, doch ohne jegliche politische Ausdrucksform.

Diese Vielseitigkeit war auch der Grund, der Max Weber zu seiner Definition der

Stadt führte (438). Man kann wohl sagen, daß sein Versuch im deutschen Sprachbereich und auch darüber hinaus der bedeutendste ist. Die bestehenden Schwierigkeiten kommen bei Weber in der Hinsicht zum Vorschein, daß seine Definition multidimensional ist, ökonomisch, politisch und historisch-ständisch, daß für ihn – wenigstens was den Okzident betrifft – die Stadt wesentlich gebunden war an die Voraussetzungen ständischer Privilegien, in diesem Fall des Bürgerstandes. Das ist in der Tat das Charakteristikum der mittelalterlichen Stadt. Nun sind die von Weber hervorgehobenen Momente zweifellos von größerer Bedeutung, doch muß auf das Fehlen des speziell soziologischen Elements in dieser Definition hingewiesen werden. Es würde sich etwa in der Form darstellen, daß diese Stadt aus einer relativ übersichtlichen Reihe von Nachbarschaften besteht, die in enger Kooperation miteinander vereint sind. Arbeitsteilung ist wesentliche Voraussetzung dieser Stadt und entsprechend auch ein besonderer Solidaritäts- und Integrationstypus.

Die entscheidende Frage erhebt sich, ob nicht zwischen dieser mittelalterlichen Stadt und der modernen Stadt insofern ein zentraler Unterschied besteht, als das alte Stadtbürgertum mit seinem starken Unabhängigkeitsstreben und der entsprechenden Tendenz zum Stadtstaat heute vollständig verschwunden ist. Auch sind völlig neue Integrationstypen entstanden, wobei ich meine, daß wir nach der klassisch mittelalterlichen Stadt mindestens zwei verschiedene Integrationstypen anzusetzen haben, nämlich den der frühkapitalistischen und den der fortgeschrittenen Industriegesellschaft von heute. Zwischen diesen einzelnen Typen liegen jeweils Perioden rapider Umformung, die zum Teil durch chaotische Übergangsphasen führten, und zwar in Europa wie in Amerika. Das sind auch die Perioden, die im Gedächtnis der modernen Beobachter nachleben, wenn sie die Stadtentwicklung bzw. die Entwicklung der Großstadt noch immer mit skeptischen Augen betrachten. In den Großstädten wurden im 19. Jahrhundert gewaltsame Planungen eingeleitet, denen wertvollste Denkmäler der Vergangenheit zum Opfer fielen. Das hat den frühen Kritikern der Stadtentwicklung zweifellos Recht gegeben. Aber es kommt bei solchen Umgestaltungen immer darauf an, von welchem Standort aus man sie betrachtet. Wenn man sie ausschließlich aus der Umformungsphase ansieht, dann springt das Chaotische ins Auge. Bewertet man sie dagegen vom Ende her, dann tritt der planerische Wille hervor wie z. B. bei dem großen Umbau von Paris, der mit dem Namen des Baron Haussmann verbunden ist. Eine ähnliche Situation stellt sich in unseren Tagen in Chicago dar, wo seit ungefähr 25 Jahren ein Totalumbau im Gange ist, aus dem sich erst in jüngster Gegenwart die ersten klareren Konturen herauszuschälen beginnen.

Abgesehen von diesen Grenzen, die der Definition der Stadt gesetzt sind, gibt es aber selbst im industriellen Westen noch weitere Differenzierungen. Sie betreffen vor allem Nordamerika, die Vereinigten Staaten und Kanada. Da dort sowohl das Dorf als auch die mittelalterliche Stadt im europäischen Sinne nie bestanden haben, sind ganz andere Gesichtspunkte für die Entwicklung der Stadt maßgebend geworden. Die amerikanischen Städte und Großstädte kann man wohl wesentlich aus der Funktion erfassen, deretwegen einzelne Städte in kürzester Zeit emporgeschossen und unter Umständen wieder verschwunden sind. Dieses Merkmal einer manchmal sehr kurzen Dauer ist wohl ein wesentlicher Unterschied zu Europa. Darüber hinaus haben sich in Nordamerika Verhältnisse entwickelt, die sich nicht so sehr auf

Einzelstädte beziehen als vielmehr auf das, was man zuerst in England ›conurbation‹ genannt hat: das Zusammenwachsen der Städte zu einem größeren städtischen Gebiet. Ähnliche Probleme stellen sich in Europa mit den Eingemeindungen von Städten, wobei in mancher Hinsicht paradoxe Probleme auftreten können, wenn etwa die eingemeindete Stadt größer ist als die Kernstadt. Das trifft z. B. auf Berlin zu, wo Charlottenburg bei der Eingemeindung 1920 größer war als Berlin.
Die Konurbation tendiert wie ein Ölfleck auf dem Wasser dazu, sich immer mehr auszubreiten. Sie umfaßt oft, aber nicht notwendigerweise große Gebiete; sie kann sich auch aufbauen aus dem Zusammenwachsen einiger kleiner Städte und entwickelt daraus eine städtische Zone, die man im Amerikanischen als ›metropolitan area‹ bezeichnet. Diese aus ganz anderen wirtschaftlichen, sozialen und politischen Umständen erwachsene Erscheinung folgt Gesetzlichkeiten, die von denen europäischer Städte abweichen. Sie wären also nicht zu fassen mit Max Webers Definition, sondern benötigen eine andere, die in der modernen amerikanischen Forschung vor allem auf die Feststellung der tatsächlichen sozialen Beziehungen innerhalb dieses Systems hinausläuft. Man mißt dabei die Dichte der Telefonverbindungen, die Ausbreitung von Tageszeitungen, die Lieferdistanz der größeren Kaufhäuser und ähnliches mehr, um das Interaktionsnetz eines solchen Systems zu erfassen. Dabei spielen auch freiwillige Vereinigungen eine große Rolle, die speziell für die Behandlung städtischer Probleme bis hin zur Müllabfuhr eingesetzt werden. In der gleichen Weise ist die Frage der Reichweite von Schuldistrikten, von Kirchensprengeln und ähnlichem von Bedeutung.
Unter den zahllosen metropolitanen Gebieten sticht eines besonders hervor, das von dem französischen Geographen Jean Gottmann mit dem Namen Megalopolis bezeichnet worden ist (143). Das ist gewissermaßen die Hyper-Großstadt, die in einer Länge von ca. 400 Meilen von der Grenze des Staates Maine bis nach Washington und darüber hinaus reicht. Dieses metropolitane Gebiet ist ca. 150 Meilen breit und umfaßt insgesamt ca. 40 Millionen Einwohner, also durchaus so viel wie eine mittelgroße europäische Nation. Im amerikanischen Osten noch von Einzelstädten zu reden, ist in der Tat unmöglich. Hier sind alle Zentren eng miteinander verflochten, so daß eine einheitliche städtische Zone entstanden ist.
Ansatzweise gibt es ähnliche Gebilde auch schon in Europa, so die berühmte Randstadt in Holland, in der ca. 4 Millionen Menschen zusammenleben. Typisch ist aber für Holland die Funktionsteilung zwischen den einzelnen Kernen dieses Systems. Die Regierung ist in Den Haag konzentriert, der Handel und die Schwerindustrie in Rotterdam, Finanzen und Leichtindustrie in Amsterdam. Statistisch zeigt sich, daß – auch in den Vereinigten Staaten – die alten Zentren nicht mehr wachsen, sondern nur noch die Vororte und die zwischen den Städten verbleibenden relativ ländlichen Gebiete, die aber nicht mehr landwirtschaftlich genutzt werden. In Deutschland kann man im Ruhrgebiet eine ähnliche Entwicklung feststellen, wobei sich über die Gliederung streiten läßt. Ich meine, es ist besser, die Ruhrstadt von der Rheinstadt, die ungefähr von Duisburg bis Bonn reicht, zu scheiden (vgl. S. 430 ff). Auch diese Gebilde sind mit den alten Vorstellungen Max Webers nicht zu fassen. So müssen wir uns darauf einrichten, zunächst einmal die Mannigfaltigkeit der Möglichkeiten ins Auge zu bekommen. Gleichzeitig müssen wir uns davor hüten, von irgendeinem Standpunkt aus, der morgen überholt sein kann, ein Urteil dar-

über zu fällen, was nun richtig ist oder nicht richtig, was vermeintlich eine Ordnung darstellt oder eine Unordnung. Jede neue Ordnung erscheint vor der alten zunächst als Unordnung. Klare Konturen treten erst hervor, wenn ein bestimmter Entwicklungsstand erreicht ist. Durch Planung kann eine Neuorganisation beschleunigt werden. Niemals aber wird sich vermeiden lassen, daß im Prozeß des Werdens selber gewissermaßen alles drunter und drüber geht.
Bevor wir uns der unmittelbaren Phänomenologie des Stadt- und Großstadtlebens zuwenden, müssen wir jedoch einen wichtigen Punkt herausgreifen, der im Vorhergehenden implizite mitentschieden worden ist, ohne daß es ausdrücklich gesagt worden wäre. In allen älteren Definitionen von Stadt und Großstadt spielt die zahlenmäßige Größe der Bevölkerung eine wesentliche Rolle. So stritt man sich viele Jahre darum, mit wieviel Einwohnern eine Stadt zur Großstadt würde. Man einigte sich auf die Zahl 100 000 als Grenzwert. Das ist natürlich ein ganz konventioneller Wert, der angesichts der beschriebenen Erweiterungen städtisch-großstädtischer oder metropolitaner Gebiete völlig unbrauchbar oder gar lächerlich wird. Schien die Zahl 100 000 noch im vorigen Jahrhundert sehr groß, so wirkt sie im 20. Jahrhundert viel bescheidener, wenn wir an den Umfang moderner städtischer Ballungsräume denken. Es pflegt aber viel zuwenig verstanden zu werden, daß diese Zahl nicht nur immer öfter nach oben überschritten wird, sondern daß heute auch wesentlich kleinere Gebilde als großstädtische Gebiete angesprochen werden müssen. So macht etwa die Stadt Las Vegas in Nevada Reklame für sich mit dem Titel ›Die kleinste Großstadt der Welt‹. Hier bedeutet Großstadt also nicht eine große Stadt mit vielen Einwohnern, sondern vor allem eine Stadt von besonderem Lebenstyp. Einer der Pioniere von Chicago, Louis Wirth, schrieb eine berühmt gewordene Abhandlung unter dem Titel *Urbanism as a Way of Life, Großstadt als Lebensform* (447). In der Tat ist das Phänomen der Großstadt heute kulturell bedeutsamer, als man früher jemals angenommen hat. Das Merkmal der Größe, das noch Werner Sombart unter dem Einfluß von Max Weber beeindruckt hatte (486), tritt angesichts dieses kulturellen Kriteriums immer mehr in den Hintergrund.

Ein komplexes System

Der oberflächliche Betrachter, der durch eine große moderne Stadt geht, wird vielleicht angesichts des Gewimmels der Menschen und der ständigen Abwechslung der Bilder, die sich seinem Auge bieten, den Eindruck eines völlig formlosen Chaos haben. Und in der Tat ist immer wieder bei der Bewertung des Phänomens Stadt die Vorstellung aufgetreten, daß in der Stadt, insbesondere der großen Stadt, alle sozialen Strukturen zerschmolzen würden, so daß sich hier das totale Chaos der modernen Industriezivilisation breitmache.
Solche Vorstellungen sind im übrigen nicht neu. Sie gehen letztlich auf bestimmte Kulturkritiker des 19. Jahrhunderts, zum Beispiel John Ruskin, zurück, der um die Mitte des vorigen Jahrhunderts Kulturkritik mit der Kritik der Städte und der industriellen Zivilisation verband. Seine Ansichten sind seither häufig – bis zu Lewis Mumford und anderen modernen Kulturkritikern hin – wiederholt worden. Auch neue Argumente, teils weltanschaulicher, teils sozialreformerischer Natur, sind auf-

getaucht, die sich immer wieder mit dem vermeintlichen sozialen Chaos der großen Städte befassen. Selbst ein Dichter wie Rilke, der doch selber ohne die Großstadtzivilisation undenkbar ist, sagte den Städten eben wegen ihrer mangelnden Struktur einen baldigen Untergang voraus.

Gegenüber diesem ausgeprägten kulturellen Pessimismus hat aber die Soziologie schon sehr früh zeigen können, daß selbst ein Phänomen wie eine in rapider Entwicklung befindliche große Stadt seine Struktur haben kann. Diese Struktur kann zum Beispiel rein räumlicher Natur sein insofern, als die Stadt innerlich bestimmte Gliederungen aufweist, die aus ihr eine besondere Raumgestalt machen. Wichtiger aber sind die wirtschaftlichen und sozialen Strukturen, weil sie sehr spezifisch zeigen, daß die Behauptung von dem chaotischen Charakter der Stadt nicht stimmt. Unbefangene Forschungen dieser Art sind erst relativ neuen Datums. In Europa überwogen bei der Behandlung des Problems der Stadt zumeist die kulturkritischen Akzente. Interessanterweise kommen die fruchtbaren theoretischen Ansätze für die Untersuchung der Stadt aus den USA. Und es erscheint besonders bezeichnend, daß diese Versuche ausgerechnet in einer Stadt zentralisiert waren, die wirklich eine Zeitlang mehr einem Chaos als einem geordneten sozialen Gemeinwesen glich: die Stadt Chicago um die Jahrhundertwende. Hier begannen die Pioniere der amerikanischen Soziologie ihre Studien, die ihnen sehr bald zeigten, daß sich selbst in einem äußerlich so verworrenen Gebilde wie Chicago fest profilierte räumliche, wirtschaftliche und soziale Ordnungen entwickelten. Man muß sich vergegenwärtigen, daß die Stadt Chicago damals in einer totalen Umformung begriffen war, da sowohl von der Ostküste der Vereinigten Staaten wie aus Europa unentwegt neue Einwandererwellen einströmten. Die Verhältnisse komplizierend, kam die starke Einwanderung der Neger aus den Südstaaten hinzu. Es gab in der Stadt große Quartiere der farbigen Bevölkerung, die teils in Symbiose mit den Weißen, teils in ständigen Auseinandersetzungen mit ihnen lebte. So fanden sich im Chicago der Jahrhundertwende in der Tat Menschen aus aller Welt, Menschen aller Hautfarben und aller Anschauungen zusammen.

Die Verteilung der zahllosen verschiedenartigen Menschen auf das Stadtgebiet war keineswegs zufällig, wie sich beim Studium dieser Stadt erwies. So taten sich etwa die farbigen Einwanderer aus den amerikanischen Südstaaten mit ihresgleichen zusammen und bildeten die Negerquartiere, die man später unter dem Namen Bronzeville zusammenfaßte. In anderen Quartieren wohnten die Griechen oder Italiener zusammen, selbst die Sizilianer hatten ihr eigenes Stadtgebiet, genannt Little Sicily. Auch innerhalb der länger ansässigen weißen Bevölkerung fanden sich bei genauerer Betrachtung bestimmte Gliederungen, etwa nach Konfessionen. Große Quartiere waren nur von katholischen Iren bewohnt, andere fast ausschließlich von protestantischen Skandinaviern, Finnen oder Deutschen, wieder andere von Juden.

Diese nicht zufällige Verteilung wurde, wenn man genauer hinschaute, auch optisch deutlich, so etwa durch die Aufschriften in den Straßen, durch die Namen und durch zahllose andere Einzelheiten. In den jüdischen Quartieren stehen Synagogen, in den griechischen die griechisch-orthodoxen Kirchen; bei den verschiedenen katholischen Gruppen finden sich je nach Herkunft verschiedene Baustile, und das gleiche gilt für die Protestanten. Plötzlich gewinnt das städtische Ungeheuer Profil und zeigt eine ganz bestimmte räumliche und soziale Gestalt, die dem Betrachter

schon beim ersten Anblick einen Hinweis auf die innere Struktur der Bevölkerung zu geben vermag.
Gestalt gewinnt städtisches Leben nicht nur in den einzelnen Bevölkerungsgruppen, die eine Stadt bewohnen, sondern auch in ihrer großräumigen Aufteilung nach verschiedenen Funktionen. Jede Stadt besitzt ihr Zentrum, so auch Chicago zum Beispiel im sogenannten Loop. Manche Stadt hat sogar mehrere Zentren, etwa ein Regierungszentrum, ein Einkaufszentrum mit großen Luxusgeschäften und Hotels, ein Vergnügungsviertel, ein ›lateinisches‹ Viertel mit Schulen, Universitäten und Instituten, sogar ein eigenes Viertel für das Laster. Schon die alten Residenzstädte Europas vermitteln ein gutes Bild einer solchen räumlichen Gliederung der Stadt, die auch eine funktionale und eine ästhetische Ordnung ist. Entscheidend bleibt jedoch, daß sich solche Ordnungen auch im Industriezeitalter wiederherstellen. Die Wohlstandsquartiere der großen Städte z. B. bilden geschlossene Gebiete für sich, die je nach der herrschenden Windrichtung im Osten oder Westen der Städte liegen und so dem Fabrikrauch entgehen.
Man muß sich bei der Beschäftigung mit solchen Problemen jedoch vor übertriebenen Vorstellungen hüten. Diese Aussagen dürfen zum Beispiel nicht in dem Sinne mißverstanden werden, als sei die Bevölkerungsdifferenzierung in der Stadt ganz einheitlich. Selbstverständlich wohnen auch auf einem relativ kleinen Gebiet immer verschiedenartige Menschen zusammen. Aber es existiert dann doch eine Gruppe, die mehr oder weniger den Ausschlag gibt und die allgemeine Atmosphäre bestimmt. So darf man auch nicht erwarten, daß die Statistik etwa ganz eindeutig wäre. In Wahrheit gibt es dabei sehr beträchtliche Schwankungen. Überall da, wo es sich um große Menschenmengen handelt, können bestenfalls Annäherungswerte erreicht werden, niemals absolute Aussagen. So steht es auch in unserem Fall. Und zwar gilt das nicht nur für die räumliche Anordnung der Menschen, sondern genauso für ihre Verteilung auf verschiedene Wirtschaftsgruppen und auf verschiedene soziale Schichten. Nur bei den Extremen kann man von relativ eindeutigen Majoritäten sprechen. So pflegen etwa in den ausgesprochenen Wohlstandsquartieren nur ganz selten arme Leute zu wohnen, und in den Slums der großen Städte leben immer fast ausschließlich die Allerärmsten. Was aber zwischen diesen beiden Extremen liegt, stellt meistens irgendeine Mischung dar, selbst wenn sich die eigentlichen Charaktere bei genauer Beobachtung leicht herausschälen lassen.
Das fällt natürlich besonders auf, wenn wir die Städte nach ihren Wirtschaftsformen betrachten. So unterschied man etwa Industrie-, Handels-, Bergbau- und Regierungsstädte, und unter den Industriestädten wieder solche, die von nur einer, und solche, die von mehreren Industrien lebten. Man kann natürlich mit solchen Klassifizierungen noch viel weiter gehen und allgemein die Funktion einer Stadt als Hauptfaktor für ihre wirtschaftliche Struktur ansehen. In Deutschland sprach man bei zentralen Städten von solchen, die eine zentrale Funktion für das Hinterland, und solchen, die reichswichtige Funktionen hatten. Dazu kamen Städte mit auch auf Fernbedarf eingestellten Industrien.
Unter den unvollkommen zentralen Städten gab es in dieser Unterscheidung solche mit Industrie, mit Industrie und Fernhandel, also sogenannte Geschäftsstädte, schließlich die reinen Industriestädte verschiedener Art. Dabei darf man allerdings andere Wirtschaftszweige nicht vernachlässigen, deren Konzentrierung in der Stadt

für die Gestaltung der städtischen Physiognomie bezeichnend ist, speziell im 20. Jahrhundert. Dazu gehören die Dienstleistungsbetriebe wie Banken, Behörden und Versicherungen. Noch andere Funktionen können den Städten ein besonderes Gesicht verleihen. So unterscheidet man heute auch zwischen Garten- und Rentnerstädten, zwischen Touristen- und Erholungszentren, reinen Kulturzentren wie Universitätsstädten, und ähnlichen mehr. Im System der fortgeschrittenen Industriegesellschaften wird das Gesicht der Stadt vor allem durch den sogenannten tertiären Produktionssektor geprägt, wobei die immaterielle Produktion der freien Berufe, der persönlichen Dienstgewerbe, der Kulturproduktion, der Massenkommunikation usw. eine überragende Rolle spielt. In dieser Hinsicht ist die Stadtkultur von heute geradezu Prototyp der modernen Wirtschaftskultur. Sie ist gekennzeichnet durch die starke Massierung von Angestellten in den Groß- und Verwaltungsstädten, die sich wesentlich von den Industrie- und Proletarierstädten des 19. Jahrhunderts unterscheiden. Weitere strukturelle Differenzierungen ergeben sich aber auch innerhalb der Stadt selbst. Für die europäischen Städte besonders bezeichnend ist der Kern der Altstadt, eigentlich die mittelalterliche Stadt, um die sich im Laufe der Entwicklung neue Siedlungen gelagert haben. Diese Kerne weisen sehr häufig eine Kreisform auf, die der alten Befestigung entspricht. Es gibt natürlich auch viereckige Altstadt-Grundrisse, die oft auf eine alte römische Siedlung zurückgehen wie in Köln. Im 18. und 19. Jahrhundert wurden nun überall die Stadtmauern geschleift, so daß um die alten Kerne breite Ringe entstanden. Diese Anlagen können entweder einfach oder mehrfach sein wie in Paris, wo die inneren Boulevards von den äußeren umfaßt werden. Solche ringförmigen Anordnungen erzwingen natürlich eine bestimmte Raumgestaltung der dazwischenliegenden Gebiete. Sehr häufig wird vor allem das Ringsystem durch ein System radialer Straßen ergänzt, die in die verschiedenen Himmelsrichtungen ausstrahlen. Jenseits des äußeren Ringes beginnt, was man im Französischen ›banlieue‹ nennt, die Bannmeile, also eine Zone, die unter beschleunigtem Entwicklungsdruck steht und die sehr häufig – speziell in Europa – einen chaotischen Charakter aufweist. Billige Häuschen wechseln mit kleinen Fabrikgebäuden und kleinen Gärten ab, Dörfer sind eingegliedert in die banlieue und bilden alle möglichen Unterkerne, die sich teils selbständig entwickeln, teils nach dem Hauptzentrum ausrichten. Vielfach macht sich in den äußeren Gürteln der großen Städte die Spekulation mit Grundstücken breit, sei es, daß planmäßig neue Siedlungen aufgeschlossen werden, sei es, daß die Häuser ohne Plan wie Pilze nach dem Regen hervorsprießen.

Diese äußere Bannmeile hat, vor allem im 20. Jahrhundert, eine interessante Umformung erfahren, die sich am besten in den Vereinigten Staaten zeigen läßt. Aufgrund der erleichterten Verkehrsbedingungen, speziell mit Hilfe des individuellen Vehikels Automobil, folgen die Menschen zunehmend der Tendenz, in Vorortsiedlungen auszuweichen. Dementsprechend legt sich um die großen Städte ein weiter entfernter Gürtel von sogenannten Schlafzimmerdörfern, wie man in der bildkräftigen Soziologensprache gesagt hat. Diese Siedlungen weisen manche Dienste auf, aber immer nur von beschränkter Natur, während die Einwohner dieser Vororte für ihren Einkauf auf das Stadtzentrum angewiesen bleiben. In neuester Zeit ist in den Vereinigten Staaten wieder eine wesentliche Veränderung eingetreten, indem die Supermarkets in die Vorortsiedlungen hinauszogen, weil ihnen die Grundstücke

im Stadtzentrum zu teuer wurden. Das bedeutet gleichzeitig eine beträchtliche Umschichtung der alten Stadtkerne, deren Funktion für die weiter außerhalb lebenden Bevölkerungen nunmehr ziemlich reduziert ist.
Das alles sind gewissermaßen die großen Linien der Wirtschaftsformen in der Stadt und ihrer Sozialstruktur. Die wirklich interessanten Probleme beginnen aber erst mit den feineren Differenzierungen, die sich etwa auf die Verteilung der Bevölkerung in der Stadt nach Geschlechtern beziehen. Da im Zentrum zahllose Betriebe des Einzelhandels konzentriert sind und auch andere Dienstleistungsbetriebe, die vielfach Frauen beschäftigen, zeigt sich in der Regel ein unverhältnismäßig hoher Frauenüberschuß in den zentralen Quartieren der großen Städte. Frauen finden auch Beschäftigung in den verschiedenen Verwaltungs- und kaufmännischen Betrieben privater und öffentlicher Art, die ebenfalls in den Zentren der Städte lokalisiert zu sein pflegen. Wirtschaftlich sind diese Frauen meist nicht sehr gut gestellt, wie zum Beispiel die Verkäuferinnen. Sie werden dementsprechend Einzelzimmer oder Wohnungen mit billigen Mieten suchen, die sie naturgemäß vor allem in den Altstadtkernen finden. Probleme entstanden dort, wo man mit einer Altstadtsanierung begann. Im Zuge solcher Sanierungen werden regelmäßig die alten Quartiere niedergerissen und neue Gebäude an ihrer Stelle errichtet. Damit wachsen sofort die Mietpreise und vertreiben die bisherigen Bewohner, die nun nach anderen, billigen Wohnungen Ausschau halten müssen, was für sie nicht einfach ist, da ihre Arbeitsplätze gerade im Zentrum der Stadt liegen. Das stellt die Stadtverwaltungen vor neue Verkehrsprobleme.
Wir finden aber nicht nur einen Frauenüberschuß in den städtischen Zentren; häufig verteilen sich die Menschen auch ihren Konfessionen entsprechend. So konzentrieren sich in gemischtkonfessionellen Städten die katholischen Bevölkerungsteile gern in den Altstadtkernen, während die Protestanten dazu neigen, in den umliegenden, moderneren Stadtgürteln zu wohnen.
Noch wichtiger ist natürlich die Verteilung nach bestimmten Berufen. Hier fallen vor allem die eigentlichen Arbeiterquartiere, im Gegensatz zu den Wohnbezirken eher mittelständischer Natur, ins Auge. Innerhalb der mehr mittelständischen Wohnbezirke treten auch wieder mannigfaltige Gliederungen auf, die aber schwer zu fassen sind, denn bei der Reichhaltigkeit an beruflichen Differenzierungen kann von einer beruflichen Homogenität städtischer Räume, wie es noch im Mittelalter der Fall war, heute nicht mehr die Rede sein. Selbstverständlich finden sich noch Reste mittelalterlicher Tradition, insofern etwa, als sich Antiquariatsgeschäfte oder Kunstgeschäfte in bestimmten Bezirken der Stadt häufen. Auch in manchen Straßennamen lebt die Erinnerung daran weiter, daß ursprünglich die mittelalterliche Stadt sich weitgehend nach Berufen gliederte.
Diese Gliederung ist Vergangenheit, und ihr Fehlen wird auch immer als Argument dafür genommen, daß die moderne Stadt im Gegensatz zur mittelalterlichen chaotisch sei. In Wahrheit ist diese Auffassung sehr oberflächlich. Sie läßt außer acht, daß sich unser Berufssystem geändert hat, daß die kastenartige gegenseitige Abschließung der einzelnen Berufsstände nicht mehr existiert, sich überhaupt die Berufe in einer ganz anderen Richtung als der des Ständesystems entwickelt haben. Nur noch ganz wenige Berufe zeigen heute wirkliche Reste von ständischer Organisation, etwa der des Mediziners und der des Juristen. So findet man auch, insbe-

sondere in England und Amerika, die Ärzte und Rechtsanwälte noch in bestimmten Straßen konzentriert. Das sind aber Ausnahmen. In Wahrheit sind ganz neue Strukturtypen in den Vordergrund getreten.
Man hat einmal gesagt, daß nichts die Position des Menschen im Gesamtsystem der Gesellschaft so wesentlich beeinflusse wie sein Beruf. Zwischen der ausgeübten Tätigkeit einerseits und der Einordnung in das System der sozialen Klassen andererseits scheint also eine enge Beziehung zu bestehen. Unter diesem Gesichtspunkt betrachtet, nehmen unsere Fragen sofort ein anderes Gesicht an. Statt nach einer Verteilung der Bevölkerung nach Berufen ist nämlich die Stadt nach sozialen Klassenlagen strukturiert. Es gibt nicht nur bestimmte Arbeiterviertel und abgesonderte Wohlstandsviertel, es gibt auch Quartiere für die Mittelklassen, selbst wenn sie nicht so stark in Erscheinung treten wie der Unterschied zwischen Wohlstands- und Armutsvierteln. Obwohl hier die Differenzierungen teilweise außerordentlich subtil sein mögen, sind sie um nichts weniger wirksam. Leute, die einander als mehr oder weniger gleichgeordnet betrachten, haben die Tendenz, auch in räumlicher Nähe miteinander zu wohnen. Das schließt natürlich nicht aus, daß zwischen ihnen Menschen leben mögen, die anderer Zuordnung sind. Entscheidend bleibt, daß die Angehörigen verschiedener sozialer Kreise gewöhnlich keinen Umgang miteinander pflegen, so daß Neuordnungen innerhalb der Städte entstehen, eigentliche Verkehrsnetze, wenn man so sagen darf, die Menschen relativ gleicher sozialer Stellung miteinander verbinden. So ist es typisch, daß Beamte, vor allem Juristen, ihren Verkehr stark an Akademikern ausrichten. Die höheren und leitenden Angestellten von Industrie und Handel beschränken sich wieder aufeinander, entsprechend die unteren Angestelltenkategorien. Diese gegenseitigen Beziehungen wirken sich selbstverständlich in der Politik aus, die innerhalb einer Stadt betrieben wird, indem manche Gruppen auf die Exekutive mehr Einfluß nehmen als andere. Sie erstrecken aber ihre Wirksamkeit bis in die kleinsten Einzelheiten des Alltagslebens hinein.
So unterschied ein amerikanischer Soziologe, Robert Lynd, in einer Stadtuntersuchung zwischen den arbeitenden Klassen und der Klasse der Geschäftsleute (258). Die Zugehörigkeit zu einer der Klassen entscheidet in Middletown zum Beispiel darüber, wer wen heiraten darf, was einer den Tag über tut, wann er morgens aufsteht, welcher Kirche er angehört, welches Auto er fährt, ob seine Frau oder seine Kinder am Leben bestimmter Klubs teilnehmen usw. Eine andere Untersuchung in einer kleinen Stadt Neuenglands zeigte, daß selbst die Schüler in der Mittelschule über diese Verkehrsnetze und sozialen Klassenschichtungen im Bilde waren. Sie sagten, daß die offizielle Einstellung eine solche Verschiedenheit nach Klassen zwar leugne, in Wahrheit aber jedermann darüber informiert sei, daß sich alle Teilgruppen nur mit ihresgleichen paarten. Als man dann die Jugendlichen in der Schule nach Klassenzugehörigkeit aufteilte und zusah, welche Jungen mit welchen Mädchen befreundet waren, erkannte man, daß auch in dieser Hinsicht die Schichtgrenzen nur ganz selten überschritten wurden, und wenn, dann nur um eine einzige Stufe nach oben oder nach unten. So streng sind also die Sozialstrukturen in der Stadt, daß sie selbst über so persönliche Dinge entscheiden wie den freundschaftlichen Verkehr eines Jungen mit einem Mädchen.
Untersuchungen in England zeigten, daß innerhalb der Städte auch starke kulturelle Unterschiede bestehen, die sich schon in der Sprache auszudrücken pflegen.

Für dieses Land ist ja charakteristisch, daß die Ober- und Mittelschichten die Standardsprache sprechen, die Unterschichten dagegen Dialekt. Mit diesem kulturellen Unterschied ist aber viel mehr verbunden, als auf den ersten Blick erkennbar ist, denn die kulturelle Schichtung hat eine Machtschichtung im Gefolge. Eine andere Untersuchung einer neuenglischen Stadt durch William Lloyd Warner wies nach, daß das Leben der Bürger dieser Stadt nach einem höchst komplizierten System sozialer Positionen strukturiert war, die vor allem in der Beteiligung der Einwohner an Vereinen aller Art zutage traten (435). Das Entscheidende ist, daß sich in den Vereinen gemeinhin Menschen einer Gruppe zu organisieren pflegen. Besonders verblüfft dabei die Einsicht, daß mehr oder weniger alle Menschen in einer gegebenen Gemeinde über die bestehenden Schichtungssysteme informiert sind, so komplex diese auch sein mögen. Jeder Bürger trägt sozusagen ein Schichtmodell seiner Stadt in seinem Kopf mit sich herum. Dank dieses Modells weiß er mehr oder weniger genau, wie er die einzelnen ihm begegnenden Menschen zu lokalisieren und wie er sich ihnen gegenüber zu benehmen hat, ob er sie als sich selber untergeordnet oder übergeordnet empfindet, ob er ihren Verkehr sucht oder meidet usw. Man hat aufgrund dieses Schichtbewußtseins geradezu ein eigenes Meßinstrument entwickelt, indem man etwa den einzelnen eine Liste mit verschiedenen Berufen vorlegte und sie darum bat, diese Berufe zu ordnen. Dabei stellte sich regelmäßig heraus, daß bei einer Häufung solcher Versuche ein sehr klares und eindeutiges Schichtbild entstand. Trotz aller individuellen Abweichungen ist man sich doch über gewisse große Linien einig. Mag der eine oder andere zweifeln, in welchen Rang er diese oder jene Berufsposition setzt, so werden doch die Differenzen zwischen den verschiedenen Beurteilern nur klein sein. Das zeigt deutlich die Existenz des Schichtmodells in den Köpfen der Stadtbürger, und das ist auch der wesentlichste Faktor, der einer Stadt ihre soziale Struktur verleiht.

Von wie großer Tragweite diese Struktur zu werden vermag, wird an ihren Konsequenzen für das praktische Leben leicht einsichtig. So zeigte zum Beispiel die Analyse von freiwilligen Vereinigungen, daß zwar in einem Verein verschiedene Gruppen einer Stadt auftreten können; die Wirkungsmöglichkeiten der verschiedenen Gruppen sind jedoch sehr verschieden, indem etwa die Zugehörigkeit zu bestimmten Obergruppen für die Übernahme der leitenden Ämter in Vereinen prädisponiert. So gewinnen bestimmte Gruppen eine führende Funktion im Leben der Stadt. Damit erweist das System der Sozialschichtung einen sehr eigentümlichen Doppelcharakter: als eine kulturelle Schichtung einerseits und als eine Machtschichtung andererseits. Die Mitglieder der oberen Gruppen haben nicht nur die Tendenz, sich mit ihresgleichen zu verbinden, sondern sie werden notwendigerweise sowohl in den Vereinen wie in den mehr institutionalisierten Herrschaftsapparaten der Verwaltung die Dinge in ihrem Sinne zu lenken suchen. Die Stadt gewinnt so den Charakter eines besonderen Herrschaftssystems mit einer außerordentlich ausgeprägten Struktur.

Weit davon entfernt, ein unstrukturiertes Chaos von unabhängigen Atomen zu sein, erweist sich das soziale System der Stadt als ein ungewöhnlich vielfältig geschichtetes System mit sehr verschiedenen Dimensionen vor allem der Wirtschaft, der Kultur und der Sozialordnung, aus dem entscheidende Formkräfte für das Alltagsschicksal der Bewohner entspringen.

Wenn tatsächlich die innere Gliederung der modernen Stadt so ungeheuer komplex ist, wie wir geschildert haben, wenn sie nach sehr verschiedenen Dimensionen ausgerichtet ist, zu denen letztlich auch noch die historischen Schichten zählen, die in der Einwohnerschaft einer gegebenen Stadt zum Vorschein kommen, dann erhebt sich nochmals die Frage, ob dieses System irgendeine Einheit zu entwickeln vermag. Übrigens ist häufig darauf hingewiesen worden, daß ein solcher Mangel an Integration ein typisches Phänomen für die großen Städte im Gegensatz zu den kleinen Dörfern oder den Mittelstädten sei. Diese Meinung ist leicht abzuweisen, denn Schichtunterschiede sind auf dem Dorf und in der Kleinstadt genauso vorhanden wie in der Großstadt, wenn auch Differenzierung und Schichtung in der Großstadt reicher sind als in der kleinen Stadt. Das Prinzip bleibt aber das gleiche: Differenzierung hier wie dort, so daß es zu einem allgemeinen Problem wird, wie sich solche komplexen sozialen Gebilde integrieren können.

Die kulturelle Dimension

In der Wirklichkeit des Alltags zeigt sich: Diese Differenzierungen sind so übermächtig, daß schon in kleinen Gebilden eine anstandslos funktionierende Integration auf der Ebene des Alltags nicht gefunden werden kann. Gerade hier wird aber die kulturelle Dimension von überragender Bedeutung. Jede Stadt hat an sich eine ästhetische Erscheinungsform, die mehr oder weniger für alle Bürger gleich ist. Selbst wenn ihre soziale Lage verschieden ist, tragen doch alle Bewohner neben dem Schichtmodell der Bürgerschaft auch ein ästhetisches Bild ihrer Stadtgemeinde im Kopf, dem sie sich mehr oder weniger verbunden fühlen. Darum erhalten auch gewisse zentrale Gebäude in der Stadt eine so hervorragende symbolische Bedeutung (vgl. S. 33 ff). Das ist die wesentliche Funktion von Rathäusern, Kirchen, Schlössern usw. in alten Städten. Aber auch in den neuen Städten gibt es solche Symbole. So hat man die sich aus etwa fünfzig Mittelstädten aufbauende große Stadt Los Angeles durch die Schaffung eines großen Verwaltungszentrums zu einer Einheit zusammenzuschweißen versucht. Dieser Wolkenkratzer erhebt sich nicht nur hoch über die flachen Dächer von Los Angeles, er wird gewissermaßen das Symbol für die Einheit des neu sich aufbauenden großstädtischen Gebietes, zu dem die ursprünglichen fünfzig einzelnen Gemeinden zusammengeschmolzen sind.
Nicht nur Gebäude üben solche symbolische Funktion aus. Es gibt noch andere Elemente der kulturellen Kommunikation, die besonders in der modernen Stadt eine zentrale Rolle zu spielen pflegen. Dazu gehört die lokale Tageszeitung. Wenn sich sonst auch die Zeitungsleser intensiv nach sozialen Schichten differenzieren, indem die Mittel- und Oberschichten mehr die überregionalen, die Unterschichten mehr die regionalen Blätter lesen, pflegen doch alle Einwohner einer Stadt ein gemeinsames Interesse an der eigentlich lokalen Zeitung mit ihren auf die Gemeinde bezogenen Nachrichten kultureller, wirtschaftlicher und sozialer Art zu haben. Man hat von der kulturellen Integrationsfunktion der Tageszeitung in der Stadt gesprochen. Diese Funktion ist in der Tat von überragender Bedeutung, ganz gleich, ob sich nun die Informationen der Tageszeitung auf einen Straßenunfall oder auf das Konzert eines weltberühmten Solisten, auf Umbau- und Planungsprobleme der

Stadtverwaltung, auf die Anlage neuer gemeinnütziger Gebäude von Badeanstalten bis zu Theatern oder auf die Vergangenheitsgeschichte und die Zukunftshoffnungen der Stadt beziehen. So gewinnt die Stadt eine kulturelle Integration, die nicht nur für die Bürger dieser Stadt ein ordnendes Element für den Alltag bedeutet, sondern sich auch dem auswärtigen Betrachter aufprägt.

Die Integration der Städte strahlt auch nach außen ihre gestaltende Kraft aus, wobei zumeist irgendein Teilaspekt der Stadt als Teil für das Ganze, als Symbol ihrer sozialen, wirtschaftlichen und kulturellen Integration steht wie etwa die Kathedrale Notre Dame oder der Eiffelturm für Paris oder der Dom für Köln. Die anderen Betrachter erfassen an diesem Symbol die Stadt als eine Einheit, und zwar nicht nur als eine Einheit, die in großen Zügen gilt, wie etwa der Name einer Stadt ein einheitliches Wort zu sein pflegt. Vielmehr ist es charakteristisch für diese Einheit, daß sie sich auch in der Gesamtstruktur der Stadt räumlich und sozial, wirtschaftlich und politisch, verkehrsmäßig und kulturell zu äußern pflegt.

Die Stadt ist in der Tat in viel höherem Maße, als es den früheren Betrachtern erschien, ein durch und durch strukturiertes und geordnetes Gebilde, selbst wenn in den Übergangsperioden zum frühen Industrialismus und zum fortgeschrittenen Industrialismus die Städte durch chaotische Übergangsperioden gegangen sind. Am Ende dieser Perioden standen jeweils neue Strukturen, die allerdings in der Form, die sie heute gewonnen haben, mit der älteren Stadt des Mittelalters, der Renaissance und des Barock nicht mehr das geringste zu tun haben.

Städte in der dritten Welt

Ein weiterer Punkt, der zum Neuüberdenken aller älteren Ansätze zwingt, ist die Entwicklung von Stadt und Großstadt außerhalb Europas und Nordamerikas. Sie beweist, daß Verstädterung und Ausbildung großstädtischer Gebilde nicht unbedingt mit der Industrialisierung zusammenhängen – was früher als selbstverständlich angenommen wurde –, sondern auch aus ganz anderen Ursachen erfolgen können. Das bedeutendste Beispiel ist die Stadt Tokio, die im 18. Jahrhundert (damals noch Edo genannt) bereits 1,5 Millionen Einwohner zählte, als selbst London und Paris noch unter 1 Million lagen. Der Hintergrund dafür war die außerordentliche Konzentration des Tokugawa-Regimes. Mit seinem langsamen Untergang sank die Einwohnerzahl Tokios entsprechend, nachdem die Samurai-Klasse die Stadt weitgehend verlassen hatte. 1873 zählte Tokio nur noch 596 000 Einwohner, um danach einen neuen Aufstieg zu erleben, der bis in die Gegenwart angehalten hat. Die letztere Entwicklung ist mit den entsprechenden Vorgängen in der übrigen industrialisierten Welt durchaus vergleichbar, der erstgenannte Vorgang dagegen nicht. Man spricht in diesem Falle gern von einer ›Überstädterung‹, die in keinem Verhältnis zum sonstigen Entwicklungsstand der betreffenden Gesellschaft steht. Diese spezifische Situation macht sich auch darin bemerkbar, daß sich ein außerordentlich hoher Prozentsatz rein landwirtschaftlicher Bevölkerung gleichzeitig mit einigen wenigen großstädtischen Agglomerationen findet, d. h. – so paradox es klingen mag – diese Gesellschaften mit ausgesprochenen Zügen der Überstädterung haben im Vergleich zu Industriegesellschaften eine recht unterentwickelte Wirtschaft.

Unter diesen Umständen erhalten Untersuchungen über das Anwachsen von Stadt und Großstädten in Kulturen der dritten Welt eine ganz besondere Bedeutung. Das gilt für Lateinamerika, Afrika nördlich und südlich der Sahara, den Mittleren Osten, Asien und Ost-Asien. Die Ursache für das überstürzte Wachstum von Städten in diesen Gebieten ist zunächst einmal die Landflucht im strengen Sinne; junge Männer strömen in die Städte, wo sie allerdings kaum Arbeitsplätze finden. So haben diese Städte sehr häufig den Charakter des Provisorischen, sie ähneln eher Arbeitslagern als städtischen Siedlungen. Im Gegensatz zur oft geäußerten Meinung ist diese Art von Städten kein Ort für die Verbreitung von Innovationen, da sich die Menschen in ihnen zu einzelnen landsmannschaftlichen Gruppen zusammenschließen und voneinander distanzieren, so daß eine Diffusion gar nicht stattfindet. Entwicklungen dieser Art kann man insbesondere in Schwarzafrika beobachten. Eine weitere Quelle, aus der sich diese Städte nähren, sind Flüchtlinge aller Art. Auch das trifft für Afrika zu, dann insbesondere für Indien und Pakistan. So zeigt eine Aufstellung für Kalkutta neben 57 % einsässiger Bevölkerung 26 % Einwanderer und 17 % Flüchtlinge.

Während ein Land wie Indien trotz seiner stark landwirtschaftlich orientierten Bevölkerung eine ganze Reihe von Großstädten aufweist, zeichnen sich die Länder Hinterindiens dadurch aus, daß in ihnen jeweils nur eine übermäßig große Stadt, zumeist die Hauptstadt, vorhanden ist. Die Beobachter sprechen hier von einer ›primate city‹, die dadurch charakterisiert ist, daß sie um ein Vielfaches größer ist als die nächstfolgende, mindestens fünfmal so groß. Das gilt etwa für Burma, Thailand, Kambodscha, Süd-Vietnam und die Philippinen.

Wieder anders steht es in Lateinamerika, wo die Großstädte spanisch-iberischen oder lusitanischen Ursprungs durch Angehörige von Kulturen begründet wurden, die wie die Bewohner aller lateinischen Mittelmeerländer seit jeher ein städtisches Leben gewohnt waren. Lebten doch in diesen Gebieten wegen der häufig politisch unruhigen Verhältnisse sogar die Bauern in Städten. (In diesem Sinne spricht man auch von der sogenannten Agrostadt in Sizilien.) Die lateinamerikanischen Städte bilden sehr häufig eine Duplik von europäischen Städten. Insbesondere die Spanier haben ihre Kultur ganz unverändert in die überseeischen Kolonien gebracht, woraus die im Zentrum auffällig durchgeplanten Formen resultieren, mit der Plaza Mayor im Mittelpunkt. Bis vor relativ kurzer Zeit wohnten, im Gegensatz zu den nordamerikanischen und angelsächsischen Städten, die reichen Oberschichten im Zentrum um die Plaza, wie man es auch in den spanischen Teilen der Vereinigten Staaten beobachten kann, z. B. in Santa Fé. Erst in allerneuester Zeit macht sich auch hier ein Trend nach außen bemerkbar. Außerdem zeigen diese lateinamerikanischen Städte ausgedehnte Satelliten-Siedlungen von illegalen Einwanderern, die oft unter schauderhaften Verhältnissen leben. Im Grunde kann man hier auch nicht von Proletariat sprechen, denn es handelt sich um unendlich arme Menschen, die noch nie in irgendeinem Arbeitsprozeß gestanden haben. Sehr häufig werden sie zu stoßkräftigen Parteigängern halbkrimineller Politiker, die die Armutsgebiete mit Straßen und Elektrizität ausrüsten lassen, um Stimmen für politische Wahlen zu fangen. Auch diese Gebiete haben kein Zentrum und bedeuten nur eine unheimliche Anhäufung von Menschen ohne jegliche Ausbildung, von Dauerarbeitslosen mit einem hohen Grad an Verwahrlosung und sozialer Desorganisation. Die Verhältnisse stabilisieren sich erst, wenn es diesen Bevölkerungen auf irgendeine Weise gelingt, in der Stadt Fuß zu fassen; aber niemand zählt die Opfer dieser höchst unterentwikkelten Massensiedlungen, die von den Eingeborenen auch als ›villas miserias‹ bezeichnet werden. In Argentinien machen die Einwohner solcher Viertel rund 30 % der großstädtischen Gesamtbevölkerung aus.

Mit all den genannten Problemen zeichnet sich eine neue Dimension der Stadtsoziologie ab. Außer wenigen statistischen Angaben verfügen wir immer noch über sehr wenig Information. Die richtige Erkenntnis dieser Gebiete wird eine der zentralen Aufgaben der Entwicklungspolitik in der dritten Welt sein, denn die Probleme dieser Länder sind sehr häufig mit den Spannungen innerhalb ihrer Großstädte verbunden, falls man nicht umgekehrt vorzieht zu sagen, daß das Chaos in diesen Städten die ungelösten Probleme im Land widerspiegelt.

Wenn man angesichts dieser Situation die Frage nach der Definition der Stadt wieder aufgreift, dann kommt man wohl zu dem Zugeständnis, daß sich das Problem selber angesichts neuer Entwicklungen immerfort verändert. Ein Versuch zur Definition kann also auch nicht auf einen Typ, etwa die mittelalterliche Stadt, ausgerichtet sein, sondern muß den ganzen Planeten ins Auge fassen. Erst dann wird die Optik ausreichend sein, um alle verschiedenen Stadtformen zu erfassen.

In Städten leben

THOMAS SIEVERTS

Die Stadt als Erlebnisgegenstand

Gestalt und Funktion

Die Zahl der Aspekte, unter der man die Stadt betrachten kann, ist unbegrenzt. Je nach historischer Situation und Problemstellung treten unterschiedliche Aspekte als ›issues‹, als ›topics‹, als ›Leitthemen‹ in den Vordergrund des Interesses. Die Geschichte dieser Folge von Interessenschwerpunkten ist noch nicht geschrieben. Eine grundlegende Dichotomie aber zieht sich durch die Gegenstände des Erkenntnisinteresses: die Trennung zwischen funktional-instrumentaler und ästhetisch-gestalterischer Betrachtung. In unserem Thema verschränken sich beide Aspekte in der psychologischen Dimension des Erlebnisses. Die Frage, die wir zu beantworten suchen, ist: Wie wirkt Stadt als konkrete, dreidimensionale Umwelt auf die geistig-seelischen Bereiche ihrer Bewohner? Unmittelbar beobachten läßt sich dieser Niederschlag nicht. Wir können nur durch die Reflexion eigener Erfahrungen und durch die Analyse von Äußerungen und Handlungen anderer Personen auf bestimmte psychologische Wirkungen schließen.

Diese psychologischen Wirkungen sind deshalb von besonderer Bedeutung, weil die Stadt schon heute das Lebensfeld für den überwiegenden Teil der Bevölkerung der industrialisierten Länder ist. In wenigen Jahrzehnten wird dieser Zustand für den überwiegenden Teil der Weltbevölkerung gelten. Die Entwicklung geht sehr schnell: Noch vor hundert Jahren lebte in Deutschland der größte Teil der Bevölkerung auf dem Lande. Heute hat sich das Verhältnis umgekehrt. Gleichzeitig hat sich der Charakter der Siedlungsstruktur grundlegend verändert: Die Mehrzahl lebt in Stadtregionen, in einer städtisch geprägten Umwelt, der sie im Alltag nicht mehr entfliehen kann und die keine klare Abgrenzung mehr gegenüber der offenen Landschaft hat. Diese städtische Umwelt wird im Alltag nur ausschnitthaft in Einzelteilen erlebt und kann nur noch vom Flugzeug aus großer Höhe als Ganzes begriffen werden.

Die Entwicklung zur Stadtregion ist weltweit und säkular, deshalb müssen wir uns bei unserer Betrachtung von dem Bilderbuchtyp der vorindustriellen, mit Wall und Graben kar abgegrenzten und als Gesamtgestalt definierten Stadt trennen. Wir müssen die historischen Stadtanlagen als Teil-Elemente, als Kerne innerhalb der Stadtregion begreifen lernen, mit Aufgaben und Bedeutungen freilich, die durch kein anderes Element zu ersetzen sind.

Wie kann man dieses heute scheinbar amorph gewordene Gebilde von Stadt definieren? Was ist das heute, die Stadt, die wir als Erlebnisgegenstand beschreiben wollen? Die wissenschaftlichen Definitionen spiegeln in ihrem Rückgriff auf kombinierte statistische Merkmale sozioökonomischer Natur die Unanschaulichkeit des heutigen Begriffs ›Stadt‹. Wir wollen deswegen am Beispiel einer typischen Lebenssituation veranschaulichen, wie Stadt heute im Alltag erlebt wird.

Versuchen wir, uns den spezifischen Ausschnitt der städtischen Umwelt einer Hausfrau und Mutter von drei Kindern im Alter von zwei bis sieben Jahren, die in einem Vorort einer mittleren Großstadt lebt, zu vergegenwärtigen: Ihr Leben außerhalb der Wohnung ist abgesteckt zwischen Hauseingang und Supermarkt, Drogerie, Apotheke, Kinderspielplatz und Schule. Die täglichen Wege sind ›eingetreten‹ wie Wildwechsel. Die anfängliche Aufmerksamkeit für den ungewöhnlichen Neubau an der Ecke, für das Punkthochhaus in der neuen Siedlung, für die auffällige Fassade nebenan mit den bunten Balkons ist verblaßt, abgelöst von einer Aufmerksamkeit für kleine Veränderungen, für den jahreszeitlichen Wechsel der Vegetation, für die aufgerissene Straße, die Gerüste am Altbau, die neuen Gardinen nebenan – Zeichen für einen neuen Nachbarn mit neuen Kindern. All dies ist noch interessant in der unmittelbaren Umgebung. Die Frau erlebt in ihrem Alltag weder die ›klassische Stadt‹ des Zentrums noch ›klassische Landschaft‹.

Die Mutter sieht zum Teil auch mit den Augen ihrer Kinder: Die niedrigen Gartenmauern, die als Extrawege dienen, die Kaugummiautomaten in Kinderaugenhöhe an der Ecke, den Spielplatz mit Sandkiste und Versteck-Gebüsch, die Klingelknöpfe und Balkonblumen, die so auffällig auf Kinderzeichnungen sind *(Abb. 1)*. Es ist eine kleine Welt, insbesondere, wenn eines der Kinder krank wird und der Bewegungsradius noch weiter eingeschränkt ist.

Ganz anders der Weg in die Stadt mit dem Auto: Das Gesehene und Erlebte bezieht sich völlig auf die Orientierung und den Vorgang des Fahrens. Verkehrsampeln, bestimmte Bauten, Verkehrsschilder, Werbung, Bäume und Durchblicke bilden eine Folge von Orientierungsmerkmalen, an denen sich der Autofahrer ›entlanghangelt‹, alles übrige wird ausgeblendet. Die Aufmerksamkeit ist selektiv auf das Autofahren gerichtet.

Wiederum eine andersartige Erlebnisart bildet dann der Einkaufsbummel. Das Auto ist abgestellt, die Frau folgt den Menschenströmen. Je nach individuellem Interesse und gegenwärtiger Absicht ist die Aufmerksamkeit gerichtet auf Warenauslagen, Werbung, auf Veränderungen, auf Menschen, auf anonymes Getriebe, eingespannt zwischen Festpunkten – Kaufhäusern, Plätzen, historischen Bauten, Brunnen –, die, obwohl kaum noch bewußt wahrgenommen, das Erlebnisbild strukturieren.

Damit dienen sie der Orientierung, dem Zurechtfinden in einer noch nicht vertrauten Umgebung: Diese Elemente sind es, die die Stadt als spezifisches Gebilde anschaulich beschreibbar machen, die ihr den unverwechselbaren Charakter geben. Es sind Elemente, die als vereinbarter Treffpunkt jedem Stadtbewohner vertraut sind, aus denen der Tourist sich seinen Erlebnisraum aufbaut, geleitet von Fremdenführern und einfachen Kartendiagrammen. Ein simples Gedankenexperiment kann diesen Tatbestand schlagartig verdeutlichen: Der historische Kern einer Großstadt umfaßt meist nur einen kleinen Bruchteil der bebauten Gesamtfläche. Denkt man sich diese Fläche als nicht vorhanden und versucht gleichzeitig, sich noch die Stadt anschaulich vorzustellen, so gelingt es nicht: Auch die Stadtregion kristallisiert sich anschaulich in einigen Elementen, meist historischer Natur, häufig in Verbindung mit einem Fluß, einem Berg, einer Küste, und das macht die historischen Elemente so unersetzbar. Städte, denen diese Elemente zerstört worden sind, verändern ihren Charakter dadurch, daß das Bewußtsein ihrer Bewohner von ihrer Stadt sich ›im Kern‹ ändert und dieses veränderte Bewußtsein wiederum auf die Stadt zurückwirkt.

Abb. 1   Häuserfassaden aus der Kinderperspektive. Zeichnung einer Fünfjährigen

In jeder größeren Stadt gibt es eine Hierarchie solcher ›Merk-Male‹: Elemente, in denen sich die Stadtregion begreift, Elemente der Kernstadt und Elemente der Stadtquartiere. Sie gilt es zu identifizieren als Grundgerüst des Stadterlebnisses. Das Fehlen oder die mangelnde Ausprägung solcher Elemente in bestimmten Stadtgebieten wird spürbar beim Versuch, Bekannten aus der Nachbarstadt den Weg zu beschreiben: Anstelle anschaulicher Merkmale treten Wegkreuzungen, Abzählungen und Nummern.

Fragen der Forschung

Was hier zu skizzieren versucht wurde, sind Brocken einer Phänomenologie des alltäglichen Stadterlebnisses in einer ›normalen‹ Stadt. Die geschilderten Wirkungen sind das Produkt vielfältiger Kräfte – geplante und ungeplante, unbeabsichtigte Folgen von Handlungen. Solange diese Erlebnisse und Erlebnisweisen als normal empfunden wurden, waren sie kein Gegenstand forschenden Interesses. Erst nach erheblicher Kritik, erst als die Wirkung der Stadt nicht mehr als selbstverständlich hingenommen wurde, befaßte sich die Analyse mit diesem Aspekt der Stadt.
Die wissenschaftliche Beschäftigung mit der Erlebnisdimension der Umwelt ist daher noch verhältnismäßig jung. Trotzdem sind viele Forschungsdisziplinen daran beteiligt. Die anfangs noch gar nicht spezifisch auf die Stadt bezogenen Forschun-

gen wurden erst in den letzten Jahren gedanklich auf die Verhältnisse der Stadt übertragen. Mit der Gestalt der Stadt hatten sich bis weit in unser Jahrhundert hinein im wesentlichen nur die Architekten, die Kunst- und Baugeschichte und die schöne Literatur beschäftigt (328). Im Gegensatz zu diesen ›klassischen Künsten‹ betrachten die aus den Natur- bzw. Sozialwissenschaften hervorgegangenen Forschungsdisziplinen Umwelt als Erlebnisgegenstand unter ganz anderen Aspekten:
– Jakob von Uexküll, einer der Begründer der Erforschung des umweltspezifischen Verhaltens von Tieren, entdeckte zu Beginn dieses Jahrhunderts die artenspezifische Wahrnehmung und die engen ökologischen Verhaltensbeziehungen zwischen Lebewesen und spezifisch benutzter Umwelt (420).
– Der Psychologe Max Wertheimer und seine Schule untersuchten im ersten Viertel dieses Jahrhunderts die Gestalt unter dem Begriff der ›Wahrnehmungsökonomie‹, die sich im Gesetz von der ›guten Gestalt‹ und im Verhältnis von ›Figur‹ und ›Grund‹ niederschlägt (13).
– Die Sozialpsychologen erforschen seit der Mitte dieses Jahrhunderts die ›Anmutungsqualitäten‹, wie sie von bestimmten sozialen Gruppen wahrgenommen werden, Qualitäten, die sich in Assoziationen und Wertvorstellungen bei der Wahrnehmung bestimmter Elemente und Element-Kombinationen aufzeigen lassen (128).
– Die Zeichentheorie, in ihren Grundzügen entwickelt im ersten Drittel unseres Jahrhunderts von Charles Sanders Peirce und Charles William Morris, klassifiziert die Objekte nach ihrem Zeichencharakter, der sich in einem bestimmten regelhaften Verhältnis des Zeichens zu der bezeichneten Sache, zu anderen Zeichen und zum Betrachter darstellt (29).
– Die Informationstheorie aus dem zweiten Drittel dieses Jahrhunderts betrachtet die Gestalt unter dem Aspekt ihres Informationsgehalts, ihres Überraschungs- und Erwartungseffektes und ihrer Ordnung unter dem Aspekt der statistischen Verteilung (28).
Die einzelnen Denkansätze sind also schon mehrere Jahrzehnte alt. Die Stadtforschung beginnt aber erst seit einigen Jahren, diese Denkansätze auf die Betrachtung der Stadt zu übertragen, und bisher ist es noch kaum gelungen, die Erkenntnisse in die Praxis des Städtebaus einzubringen (379).
An dieser Stelle unseres Gedankengangs sollten wir uns prüfen, ob wir nicht unter Umständen einer Fragestellung nachgehen, die angesichts des weltweiten nackten Elends in den Städten, des nicht gewährleisteten Existenzminimums und der Wohnungsnot von nachgeordneter Bedeutung ist, von so untergeordneter Bedeutung vielleicht, daß es kaum gerechtfertigt erscheint, den komplizierten und kostspieligen Methodenapparat von Forschungsdisziplinen auf die Beantwortung anzusetzen.
Wir sollten einen solchen möglichen kritischen Einwand ernst nehmen und nach der existenziellen Bedeutung der Erlebnisdimension in der Stadt fragen. Stadt wird in allen ihren Teilen als Zeichen von vielfältigen Sozialbeziehungen aller Art erlebt. Menschliche Beziehungen konkretisieren sich in der Erinnerung an Objektbeziehungen, sind festgemacht in der Liebe (oder Abneigung) zu Dingen. Wo es zu keinen stabilen emotional besetzten Beziehungen zu Dingen kommen kann, sind auch menschliche Beziehungen gefährdet: Das Erlebnis der Stadt als Zeichen *von* Sozialbeziehungen ist die Basis für das Aufbauen von Beziehungen *für* neue Sozialbeziehungen, die sich wiederum an neuen Dingbeziehungen anschaulich kristallisieren.

In den seelischen Schäden von Kleinkindern, die in Heimen aufwachsen, im Vandalismus von Jugendlichen, in den Gettos der Slums und mancher neuer Wohnquartiere, im vorzeitigen Altern von Menschen in der Abgeschlossenheit von Altersheimen, in der Unfähigkeit der meisten Menschen zu spielen zeigen sich die Auswirkungen fehlender menschlicher Kontakte auf die Beziehungen zu den gegenständlichen Elementen der Umwelt und die hierdurch verursachte Unfähigkeit, sich wiederum umgekehrt positiv, konstruktiv und aktiv mit dieser Umwelt auseinanderzusetzen. Die erschreckende Trostlosigkeit von Kasernenanlagen, von Militärcamps, von Gefängnissen ist Ursache menschlicher Trostlosigkeit und verhindert gleichzeitig ein Durchbrechen dieser Trostlosigkeit.

Wie Ursache und Wirkung im einzelnen zusammenhängen, ist freilich nur schwer zu deuten. Sozialverhalten wird gewiß nicht ausschließlich, ja nicht einmal überwiegend von der physischen Umwelt determiniert. Sicherlich aber besteht eine enge Wechselbeziehung zwischen Umgebung und Sozialverhalten. Letzteres prägt die Umgebung, die Umwelt wirkt jedoch auf die Sozialbeziehungen fördernd, stabilisierend oder aber behindernd, labilisierend zurück. Das persönliche Verhältnis zur Umwelt muß, wenn es dauerhaft und entwicklungsfähig bleiben soll, eine Beziehung sein, die man sich dauernd aktiv aneignet. Wird sie als fremdbestimmt und aufgezwungen empfunden, so wirkt sie feindlich, die eigene Entwicklung behindernd. Die Erlebnisdimension der Stadt ist so vielfältig verflochten mit den praktischen Funktionen, daß ihre Erforschung gleichgewichtig neben anderen, auf praktische Probleme ausgerichteten Forschungen stehen muß.

Das bis in unsere Zeit hineinreichende ›Monopol‹ der Kunst- und Baugeschichte in der Erforschung der Gestaltqualität der Stadt hat mit dazu beigetragen, diese Qualität vorwiegend unter historischen, künstlerischen und ästhetischen Kategorien zu erfassen. Die skizzierten neueren Forschungsansätze zeigen jedoch, daß das Erlebnis Stadt nicht vorwiegend künstlerisch-ästhetisch geprägt ist. Deswegen sind die Mittel des ›künstlerischen‹ Städtebaus in ihrer Wirkung auf das Erlebnis der Stadt auch begrenzt. Die Ergebnisse der Forschung weisen dagegen auf eine komplexe Vielschichtigkeit des Erlebnisses der Stadt hin, auf Erlebnisse, die verschiedenen geistig-seelischen Bereichen angehören.

Kategorien der Wahrnehmung

Als der vielleicht bedeutungsvollste Aspekt erweist sich die Kategorie des Interesses. Wir wollen diesen Begriff weit fassen: Er umfaßt die persönliche Einstellung, die durch Anlage, Alter, Erfahrung, Vorbildung, Beruf und akute Interessen des Augenblicks geprägt ist. Wahrnehmung und Bedeutungsgehalt von Gegenständen sind weitgehend interessenabhängig. Wir können in der Wahrnehmung mehrere Intensitätsstufen unterscheiden: Wahrnehmen, Erkennen, Deuten, Sich-Identifizieren. Je intensiver die Wahrnehmung, desto stärker ist sie durch die Persönlichkeit des Wahrnehmenden geprägt.

Die Erinnerungswürdigkeit und der Bedeutungsgehalt von Umweltelementen ist deswegen individuell sehr verschieden und kann sich in der Zeit verschieben. Die Erforschung des Bedeutungsgehalts, der symbolischen Dimension, des Zeichencha-

rakters der Stadt legt komplexe, mehrdeutige Bezüge zwischen Form, Funktion und Bedeutung offen. Ein Beispiel soll dies veranschaulichen: Die Kaiser-Wilhelm-Gedächtniskirche in Berlin – ein wilhelminisches Bauwerk ohne bemerkenswerte architektonische Qualitäten – wurde während des zweiten Weltkrieges schwer zerstört. Um sie herum wurde nach dem Kriege das Zentrum von West-Berlin wieder aufgebaut, die Kirche blieb als Ruine stehen. Der berühmte Architekt Egon Eiermann wurde mit dem Aufbau beauftragt. Er entwarf unmittelbar neben der Ruine eine neue Kirche und einen neuen Turm, in der Absicht, die Ruine später abzureißen. Die Reaktion der Berliner Bevölkerung war heftig: Die öffentliche Meinung war, soweit sie sich artikulierte, neun zu eins gegen den Abriß. Die Kirche stellt heute, zusammen mit dem Neubau und der Geschäftsumgebung mit Leuchtreklame und Geschäften, ein eigenartiges, vieldeutiges Symbol in der Mitte West-Berlins dar.
Versuchen wir, den Motiven des Protests gegen den Abriß und den Wirkungen der Ruine nachzugehen. Sicherlich überlagern sich eine ganze Reihe unterschiedlicher Bedeutungen:
Für die Jüngeren unter Fünfundzwanzig ist es vielleicht nur noch der ästhetische Reiz der körperhaften, dunklen Ruine inmitten einer Welt glitzernder Oberflächen, der Reiz des funktionslosen andersartigen Ortes, den die Hippies aus diesem Grunde als Treffpunkt gewählt haben. Für die dreißig- bis fünfzigjährigen Berliner ist die Gedächtniskirche das letzte sichtbare Zeichen, das an die Bombennächte erinnert, vielleicht auch noch an das Berlin der zwanziger Jahre. Für die ganz Alten überlagern sich diese Bedeutungsgehalte mit einer Erinnerung an die Kaiserzeit und an die Entfaltung Berlins vor dem ersten Weltkrieg. Nur für diese Generation hat der Name noch den historischen Inhalt. Der religiöse Gehalt ist gegenüber allen anderen Bedeutungen weit zurückgetreten und gilt nur noch für eine Minderheit. Für alle Berliner zusammen aber ist die Kaiser-Wilhelm-Gedächtniskirche ein Mittelpunkt ihrer Stadt. Sie kann gerade deswegen Mittelpunkt für alle sein, weil sich in ihr die verschiedenen, generationsbedingten Bedeutungsfelder überlagern, mit einem gemeinsamen, mehr oder weniger großen Bedeutungskern.
Ähnliche Vielschichtigkeit, Vieldeutigkeit können wir an allen großen Monumenten nachweisen: Je vielschichtiger die Bedeutung, je mehr Bedeutungshöfe sich an einem Bauwerk überlagern, desto wesentlicher ist es im Bewußtsein der Gesamtbevölkerung. Diese Beobachtungen gelten, wenn auch weniger weitgespannt, weniger deutlich ausgeprägt, für alle Elemente der Stadt: Das durch die Grundeinstellung und das akute Interesse ausgerichtete Bewußtsein filtert die ihm gemäßen Elemente heraus.
Trifft das Interesse auf eine mehrdeutige Situation, die sich erst beim weiteren Sich-Nähern, beim Durchschreiten und Betrachten auflöst, wird häufig eine lebendige Neugierde hervorgerufen. Komplexität und Ambivalenz, hinter denen sich Überraschungen verbergen können, tragen viel zum Reiz, zum Erlebnis einer Stadt bei, wenn diese Situation auf der Basis einer im Bewußtsein fest verankerten, umgreifenden Ordnung erlebt wird, die eine Grundsicherheit in der Hauptorientierung gewährleistet (327).
Die Stadt ermöglicht diese Vielzahl unterschiedlicher Wahrnehmungen, Deutungen, Erlebnisse durch ihre real vorhandene Vielschichtigkeit. Wir wollen sie die Kategorie der geschichteten Realität nennen. Wir können mehrere Schichten der gegen-

Abb. 2
Schichten der gegen-
ständlichen Umwelt

Rohbaustruktur mit
›Primärzeichen‹ wie Erker,
Balkon, Loggia, Fenster, Giebel,
Dachform

Schicht der ›ersten Sekundärzeichen‹, der Bauornamentik

Schicht der ›zweiten Sekundärzeichen‹, der Träger
der ›dritten Sekundärzeichen‹

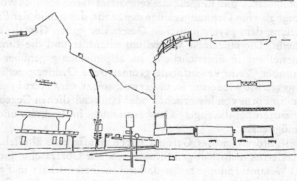

Schicht der ›dritten Sekundärzeichen‹ wie Reklame,
beleuchtete Flächen und Schau-
fenster, Lichtkörper

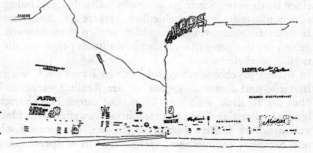

ständlichen städtischen Umwelt unterscheiden: Rohbaustruktur, Farbe, Material und Textur der Oberflächen, Ornament, Vegetation; Zutaten wie Werbung, Verkehrszeichen, Straßenmöbel, Straßendekorationen *(Abb. 2)*. Diese letzten Elemente bestimmen häufig, insbesondere in den Stadtzentren, die Szene: Das, was das räumliche Milieu einer Stadt ausmacht, scheint weitgehend durch solche Merkmale geprägt zu sein.

In jeder Stadt kann jeder von uns eine Hierarchie von Elementen und Bedeutungen finden, die wir jedem dieser Elemente ganz persönlich beimessen. Von den großen, nationalen oder zumindest regionalen Symbolen über Merkzeichen, die für einen Stadtteil oder auch nur für eine Straße verbindlich sind, bis zu den ausschließlich persönlich ›besetzten‹ Merkmalen, verbunden mit einer Liebe, mit den eigenen Kindern, mit bestimmten Ereignissen. Milieu im engeren Sinne wird gebildet durch die Spuren tatsächlicher Sozialbeziehungen, vielfältige emotionale Beziehungen setzen eine entsprechend vielfältige Umwelt voraus, an die sich die skizzierten Bedeutungen ankristallisieren können. Ist diese Umwelt nicht vorhanden, besteht die Gefahr einer Verarmung in der Ausbildung emotionaler Fähigkeiten.

Beide Kategorien – ›Interessen‹ und ›geschichtete Realität‹ – unterliegen der Veränderung der Zeit, die wiederum in unterschiedlichen Kategorien zu fassen ist.

Alle Elemente der Stadt werden in einer weg-zeitlichen Abfolge erlebt *(Abb. 3)*. Diese Abfolge bildet das Grundgerüst der Orientierung und des Gesamtvorstellungsbildes der Stadt. Die zielbewußte Bewegung im räumlichen Kommunikationssystem setzt die Einprägsamkeit dieses Grundgerüsts voraus, die Einprägsamkeit hängt ab vom Ordnungsgefüge der Stadt, das sich in der Erinnerung und in der Vorstellung dem psychologischen Gesetz der ›guten Gestalt‹ entsprechend einzuprägen scheint. Die einzelnen Vorstellungselemente und die Einzelsituationen sind in der Vorstellung in übersichtliche, im allgemeinen gegenüber der Realität in ganz bestimmter Weise vereinfachte geometrische Ordnungsgerüste eingelagert. Das Ordnungsgerüst wiederum ist unverwechselbar verankert in charakteristischen ›Störungen‹ in Form von historischen oder landschaftlichen Gegebenheiten, die eine mentale Orientierung, die engere Ortsbestimmung in direktem und übertragenem Sinne erst ermöglichen.

Diese Störungen des Gefüges haben häufig eine ähnliche Wirkung wie die schon skizzierten mehrdeutigen Situationen. Ihr Überraschungseffekt ist anregend, soweit das Gesamtordnungsgerüst dadurch nicht ernsthaft in Frage gestellt und kein Gefühl echter Verunsicherung hervorgerufen wird. Das Gesamtvorstellungsbild von einer bestimmten Stadt ist einerseits individualpsychologisch, wahrscheinlich auch schichtenspezifisch unterschiedlich ausgeprägt. Andererseits scheint es unter allen Bewohnern einen verhältnismäßig großen gemeinsamen Überlappungsbereich zu geben, der das gemeinsame Stadtbewußtsein prägt und die kommunizierbare Orientierung ermöglicht.

In diesem psychologischen, subjektiven Raum sind, wie schon erwähnt, bestimmte Bereiche und Elemente gegenüber der Realität verzerrt: Der Stadtkern ist gegenüber der Realität weit vergrößert. Die eigene Nachbarschaft wird in der Vorstellung auf Prestige-Wohngebiete hin ausgeweitet. Die Hauptstraßen sind zu einem vereinfachten Gefüge zusammengezogen, die geometrischen Formen von Plätzen und Straßeneinmündungen verändern sich entsprechend der Verkehrsführung zur

Die Stadt als Erlebnisgegenstand   37

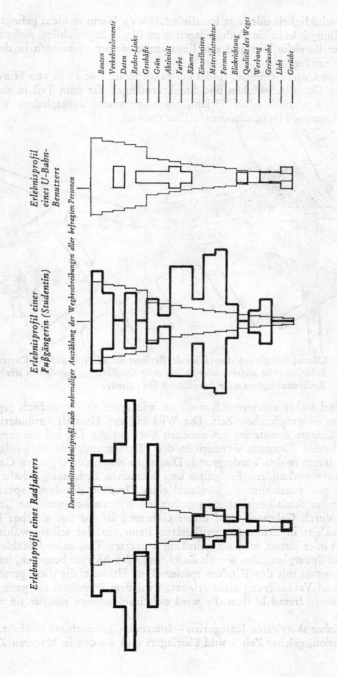

Abb. 3 Erlebnisprofile bei weg-zeitlichen Abfolgen

Rechtswinkligkeit oder zur Parallele *(Abb. 4)*. Wenn es nicht gelingt, das Gesamtvorstellungsbild in ein Ordnungsgerüst zu fügen, liegen einige, mehr funktional bestimmte Bereiche lose und nur linear miteinander verbunden in der Vorstellung nebeneinander.

In diesen Untersuchungen findet der Stadtplaner eine Fülle von Hinweisen auf bestimmte Gestaltschwächen und Strukturmängel, die zum Teil in der Vorstellung durch geometrisch klare Orientierungsdiagramme ausgeglichen werden müssen (U-Bahnnetz-, Hauptstraßennetz-Diagramme).

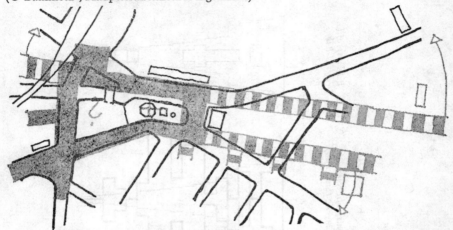

Abb. 4   Charakteristisches ›Laufbild‹ des Berliner Zooviertels, auf das Kartenbild projiziert. Schiefwinklig aufeinander zulaufende Straßenzüge werden in der Vorstellung zur Rechtwinkligkeit oder Parallelität hin stilisiert

Alle drei bisher erörterten Kategorien wiederum sind spezifisch geprägt von der gelebten biographischen Zeit. Die Wirkung der Umwelt verändert sich mit der durch längere Benutzung gewonnenen Vertrautheit. Die bei der ersten Begegnung auffallenden Elemente wandern in den Hintergrund, andere, häufig unauffällige Dinge treten in den Vordergrund; Dinge, die durch den täglichen Gebrauch, durch mit ihnen verbundene Ereignisse und Menschen Bedeutung erhalten. Wir haben Milieu gekennzeichnet als Merkmal einer Umwelt, die durch spezifische Spuren bestimmter Sozialbeziehungen geprägt ist. Wir machen uns eine Umwelt erst ›zu eigen‹ durch Gebrauch, und dieser Gebrauch ist für uns sichtbar in bestimmten Merkmalen: in dem selbstgepflanzten Baum, in der selbstgewählten Farbe des Hauses oder Zauns, in den regelmäßig benutzten Tischen und Stühlen des Biergartens, im Sportplatz, den wir als Zuschauer oder Aktiver besuchen, im Park, in dem wir sonntags mit den Kindern spielen. Eine Umwelt, die diese persönliche Aneignung und Veränderung nicht erlaubt, wird dem Bewohner nie ganz zu eigen sein, ihm immer fremd bleiben. Er wird sich infolgedessen nie für sie verantwortlich fühlen.

Alle bisher skizzierten Kategorien – Interessen, geschichtete Realität, weg-zeitliche Dimension, gelebte Zeit – sind überlagert und werden in längeren Zeitabschnitten geprägt von der geschichtlichen Zeit. Stadt ist immer – mehr oder weniger ausgeprägt – formgewordenes Zeugnis historischer Veränderungen, abzulesen im Nebeneinander von alt und neu, in dialektischen Antworten auf historische Gegebenheiten, im Unfunktionieren von Aufgabe und Bedeutung der Stadtelemente. Das, was wir als historisches Milieu bezeichnen, sind sichtbare Spuren historischer Vorgänge. Was wir schon unter dem Aspekt der biografischen Zeit beobachtet haben – die Verschiebung im Bedeutungsgehalt von Stadtelementen –, gilt in verstärktem Maße für die Wirkung der historischen Zeit. Fast alle Elemente der Stadt werden im Laufe ihrer Geschichte mehrfach umgedeutet. Eine große Kapazität für unterschiedliche Bedeutungen ist ein Kennzeichen der konstanten zentralen Gestaltungselemente der Stadt.

Die sichtbare historische Dimension der Stadt war bis in das 19. Jahrhundert hinein eine Selbstverständlichkeit. Erst seit der industriellen Revolution und in großem Maßstab erst seit etwa zwanzig Jahren bauen wir neue Städte und Stadterweiterungen, die so groß sind und in so kurzer Zeit in isolierter Lage errichtet werden, daß ihre Bewohner in einer praktisch geschichtslosen Umwelt leben und – was fast noch schlimmer ist – in einer Umwelt, die fast keine sichtbaren geschichtlichen Veränderungen und Verbesserungen ohne Zwang durchmachen kann. Die Erfahrungen mit diesen Stadtteilen beweisen, daß die Kategorie der geschichtlichen Zeit auch durch noch so große gestalterische ›Lebendigkeit‹ nicht ersetzt werden kann. Hier wird eine harte Grenze deutlich, die der Planung gesetzt zu sein scheint.

Probleme und Instrumente der Planung

›Stadt‹ wird heute unter völlig anderen Bedingungen produziert als in früheren Zeiten. An die Stelle einer Fülle von Einzelbauherren und Einzelbauwerken, die sich in die historisch schrittweise entstandene, in Einzelfällen auch weitreichend geometrisch geplante Ordnung einfügten, festen Konventionen und Bausitten folgend, die bisweilen rigoros von der Obrigkeit durchgesetzt und kontrolliert wurden, ist heute meist die anonyme Kapitalgesellschaft getreten. Anstelle des auch für die Gestaltung verantwortlichen Stadtarchitekten, des Städtebauers im Dienste der Stadt, wirkt heute eine vielfältig bürokratisch-arbeitsteilig gegliederte Planungs- und Bauverwaltung, die in Fragen der Gestaltung kaum einen einheitlichen bauherrlichen Willen durchsetzen kann oder will: Wer sollte einen solchen bauherrlichen Willen auch formulieren? Der entwerfende Städtebauer und Architekt hat in den ›Machtträgern‹ keinen einheitlich wirkenden Partner mehr, ›Kulturträger‹, ›Träger der öffentlichen Gewalt‹ und ›Kapitalträger‹ sind fast niemals mehr in einer Person oder einer gemeinsam handelnden Gruppe vereinigt. Eine solche Gewaltenkonzentration würde ja auch unserem politischen Selbstverständnis nicht mehr entsprechen.

Der Stadtplanungs- und Stadtbauprozeß ist zergliedert in eine Kette von notwendigerweise bürokratisch organisierten Teilentscheidungen. Der verantwortlich entscheidende, greifbare und profilierte Bauherr ist ersetzt durch eine Vielzahl von nur für Einzelkomponenten zuständigen Entscheidungsträgern: Bauleit- und Verkehrsplanung, Schulplanung, Wohnungsbauträger, Wohnungsbaukasse, Baupolizei, Tief-

bauamt usw. Es fehlt der verantwortliche Partner, wenn es um Gestaltungsfragen geht, um Zusammenhänge, die mehr als ein Einzelgebäude umfassen.
Hinzu kommt eine zeitliche Lücke zwischen Planung und Realisierung umfangreicher städtebaulicher Projekte, die heute zwischen fünf bis zehn Jahren liegt. Die organisatorische Zerstückelung von Planungs-, Genehmigungs-, Finanzierungs- und Durchführungsverfahren wird damit noch überlagert von ›Funktionärswechsel‹ und Anschauungsänderung. Auch ein ursprünglich lebendiger und sensibler Plan verliert im Laufe des Verfahrens die Verbindung mit den ursprünglich auslösenden Bedürfnissen und spiegelt mit der Länge des Verfahrens zunehmend die Struktur der planenden Bürokratie mit bürokratischen Zügen: Der Plan wird schematisiert, zerfällt in Teilaspekte entsprechend den zersplitterten Teilkompetenzen. Quantität dominiert über Qualität, Finanzierungsbedingungen bestimmen wesentliche Gestaltaspekte.
Wir sollten uns aber nicht der Illusion hingeben, mit einer sicherlich notwendigen Reform der Planungs- und Realisierungsverfahren seien grundlegende Änderungen zu erreichen. Dazu bedarf es politischer Maßnahmen, die herrschende Interessen in Frage stellen.
Unter diesen Bedingungen wird die Tätigkeit des städtebaulichen Entwerfens meist eigentümlich reißbretthaft abstrakt. Die wesentlichen Planungs- und Darstellungsmedien sind der Lageplan und das Blockmodell im Maßstab 1:1000. Der Entwerfer hat in dem geschilderten arbeitsteiligen Prozeß kaum Einfluß und Kontrolle auf den weiteren Planungs- und Realisierungsprozeß. Darauf wurde er während seines Studiums auch kaum vorbereitet.
Diese Vorgänge werden überlagert und verstärkt durch die funktionale und technologische Entwicklung des Hochbaus allgemein, insbesondere aber auch des Massenwohnungsbaus, der durch große Serien gleicher Bauelemente und Gleichartigkeit im Charakter geprägt ist. Die meisten Bauten sind als funktionale Apparate nur auf sich selbst bezogen und tragen selten zu städtebaulicher Raumbildung bei; die moderne Durchschnittsarchitektur hat sich von ihren alten Bindungen an Freiraum und Straßennetz gelöst.
Zu den einschneidenden technologischen Faktoren, die das Stadtbild grundlegend verändert haben, gehören das Auto und das dazugehörige Straßennetz. Das Auto hat die Art und die Geschwindigkeit unserer Wahrnehmung grundlegend verändert. Das Straßennetz wird immer stärker zu einem ausschließlich von der Verkehrstechnik geformten Verkehrskanal und steht auf weiten Strecken im Widerspruch zu den traditionellen raumbildenden Elementen von Platz und Bebauung. Es wird mit seinen mehrstöckigen Kreuzungen und Unterführungen zu einem eigenständigen Element einer künstlichen Topographie (200 a).
Aber auch die Situation des Benutzers hat sich gegenüber früheren Zeiten in einigen Aspekten grundlegend geändert: Arbeitsplatz, Wohnung und höhere Schule liegen nur noch selten im gleichen Stadtquartier. Verschiedene Mitglieder der gleichen Familie arbeiten in verschiedenen Stadtteilen. Dadurch ist die ›Nachbarschaft‹, das ›Quartier‹ nur noch für einen Teil der Bevölkerung die alleinige Lebensumwelt, insbesondere für die Kinder, die Mütter und die Alten. Die übrigen erleben die Stadt wesentlich über die Verkehrskanäle, die sie täglich benutzen. Statt ihres Quartiers erleben sie bestimmte Querschnitte der Gesamtstadt.

Die Bedeutung der unmittelbaren Wohnumgebung ist zusätzlich relativiert durch das Fernsehen, das – zusammen mit der allgemein verbesserten Wohnsituation – viele Aktivitäten von der Straße und von der Eckkneipe in die Wohnung selbst verlagert hat. Das Fernsehen ersetzt sicherlich gleichzeitig einen Teil des Bedürfnisses nach Information und Anregung aus der unmittelbaren Umgebung. Diese Tatsache macht noch einmal eindringlich darauf aufmerksam, daß die Erlebnisvielfalt ebensosehr von der Vielfalt der Stadtrealität selbst bestimmt wird wie von der Vielfalt der psychischen Bedürfnisse der Bewohner.

Was könnten die Erkenntnisse über Ursachen und Wirkungen des Stadterlebnisses für die Praxis leisten? Die wissenschaftliche Analyse kann sich bemühen:
– Ursachen für bestimmte Erlebnisse zu analysieren und damit verständlich zu machen, sowie das Wirkungsgefüge der Stadtgestalt in seiner Komplexität zu durchleuchten, begrifflich faßbar und beschreibbar zu machen und damit einen Beitrag zur Formulierung besserer, durchsetzungsfähiger Argumente zu leisten.
– Vielleicht auch einen bescheidenen Beitrag zur Entwicklung von Verfahren und Instrumenten zu leisten, die die Realisierung und Erhaltung erlebnisreicher Städte verbessern helfen.

Diese Zielsetzungen der Stadtgestaltung lassen sich unter drei Begriffen zusammenfassen. Die Stadtgestalt soll
1. Das Sichzurechtfinden erleichtern – dem entspricht der Begriff der Orientierung;
2. Anregungen vermitteln – dem entspricht der Begriff der Stimulanz;
3. Heimatgefühl fördern – dem entspricht der Begriff der Identifikation.

Diese unter den drei Begriffen zusammengefaßten spezifischen Wirkungen der Stadt lassen sich auf verschiedenen Ebenen mit Methoden der Sozialwissenschaften und der Sozialpsychologie annähernd ermitteln: auf der Ebene der Gesamtstadt, des Stadtteils, des Quartiers.

Den Städtebauer interessieren zum Beispiel folgende Fragen: Wie ist das ›Image‹ einer Stadt, wie läßt es sich mit gestalterischen Mitteln verbessern? Wie grenzen die Bewohner einzelne Stadtteile voneinander ab in Bewußtseinseinheiten, die die Planung respektieren sollte? An welchen Elementen der Stadt oder eines Stadtteils hängt das Herz der Bürger (und welcher Bürgergruppen?) besonders, Elementen, die man bei einer Sanierung berücksichtigen sollte? An welchen Stellen der Stadt bricht die instinktive Orientierung zusammen, Stellen, an denen unter Umständen durch eine Verbesserung der Gestaltqualitäten die Energie und Aufmerksamkeit fressenden ›Ersatzmittel‹ des Bewußtseins wie das Lesen von Schildern und das Abzählen von Kreuzungen überflüssig würden?

Der Beantwortung solcher Fragen kann man mit sozialwissenschaftlichen Befragungs- und Beobachtungs-Methoden näher kommen wie z. B. dem ›semantischen Differential‹, in dem der Stadt bestimmte Eigenschaften in unterschiedlicher Intensität zugeordnet werden, der aus der Vorstellung gezeichneten Skizze, dem Fragebogen, der Serie von Fotografien oder Skizzen von charakteristischen Stadt-Situationen, die nach verschiedenen Gesichtspunkten geordnet, beurteilt oder bezeichnet werden sollen.

Die Ergebnisse solcher Untersuchungen bedürfen sorgfältiger Interpretation, damit daraus verläßliche Schlüsse für die Planungspraxis gezogen werden können. Wissenschaft und Praxis stehen hier noch ganz am Anfang. Immerhin hat sich in den letzten Jahren das Bewußtsein für die Bedeutung der Erlebnisqualität einer Stadt erheblich geschärft, so daß mit verbreiterten Forschungsbemühungen und einem verstärkten Dialog zwischen Forschung und Städtebaupraxis gerechnet werden kann und langfristig auch mit abgesicherten Kenntnissen über den Zusammenhang zwischen Stadtgestalt und Stadterlebnis.

Über die Vorstellungsstruktur lassen sich schon heute gültige Aussagen machen. Die Struktur einer Stadt stellt sich in typischen Elementen dar, die zusammen das Vorstellungsbild ergeben (257): ›Wege‹ bilden die wesentlichen verbindenden Elemente, ergänzt durch ›Grenzlinien‹ und ›Verbindungslinien‹, die einzelne ›Bereiche‹ mit typischen, gemeinsamen Eigenschaften abgrenzen oder verbinden. ›Brennpunkte‹ sind wesentliche Ziel- und Quellpunkte, ›Merkzeichen‹ sind wesentliche Orientierungselemente.

Die meisten Elemente einer Stadt verankern sich in der Vorstellung dauerhaft nur dann, wenn sich mit der Gestalt auch für den Bürger wesentliche Funktionen verbinden: Wohnhochhäuser oder auch ausgefallene Bauformen prägen sich kaum als Merkzeichen ein, wenn sie nicht gleichzeitig etwa ein an ihrem Fuß befindliches Einkaufszentrum oder eine wichtige Funktion bezeichnen.

Das Gesamtvorstellungsbild entwickelt sich im Laufe des Heranwachsens: Für das Kind ist die eigene Nachbarschaft der Mittelpunkt ›seiner‹ Stadt, später tritt das Stadtteilzentrum an diese Stelle, und erst mit wachsender Mobilität und Vertrautheit entsteht ein mehr oder weniger umfassendes, strukturiertes Vorstellungsbild. Der Erlebnisreichtum einer Stadt wird beeinflußt von einer Vielzahl von Faktoren – Bildung und sozioökonomische Lage des Bürgers, Aktivitäten, Geschichte, Bevölkerung, bauliche Gestalt. Mit baulichen Maßnahmen kann man nur einen Ausschnitt dieses Gesamtspektrums beeinflussen.

Auf der einen Seite muß man deshalb aus den Forschungsergebnissen eine größere Bescheidenheit in der Erwartung von Wirkungen ableiten, die der Städtebauer selbst unmittelbar erzielen kann: »To set the stage is not to write the play«. Wer beides gleichzeitig tun will, handelt autoritär. Denn die skizzierten Begriffe decken sich nicht mit den Begriffen der ›klassischen‹ Architekturästhetik, ja, sie stehen bisweilen in einem erheblichen Spannungsverhältnis zu den Maßstäben dieser Ästhetik. Fertig vorgeplante, sorgfältig kontrollierte formalästhetische Vielschichtigkeit kann wahrnehmungsmäßig reduziert und im Bedeutungsgehalt sogar negativ besetzt werden, wenn drei der fünf genannten wesentlichen Aspekte, nämlich ›gelebte Zeit‹, ›Interesse‹ und ›historische Zeit‹ in der Konzeption nicht berücksichtigt worden sind.

Die verordnete ›interessante Form‹, sorgfältig nach den Maßstäben der ästhetischen Informationstheorie im Spektrum zwischen ›Chaos‹ und ›vollständiger Ordnung‹ optimiert, muß deshalb eine Illusion bleiben: Ohne wesentliche Funktionsbezeichnung, ohne Spielräume für eigenes Hinzufügen von ›Marksteinen‹ der gelebten Zeit, der Selbstbestimmung, ohne Freiraum für An- und Umbauten, für geschichtliche Alterungsprozesse, für Umfunktionieren und Bedeutungswechsel kann auch in der interessantesten städtebaulichen Komposition kein Milieu entstehen – Milieu verstanden als charakteristische Spuren tatsächlicher Sozialbeziehungen.

Auf der anderen Seite tritt damit deutlicher die große, langfristige Verantwortung des Städtebauers auch nach der Realisierung des Planes hervor, als ›Hebamme‹ für

nur teilweise vorhersehbare Prozesse. Denn gerade die Veränderung ist Voraussetzung für Erlebnisreichtum, für Stimulanz.
Der Planungsaufwand wird sich in Zukunft immer stärker von großangelegten Stadterweiterungsprojekten, vom Bau ganzer, geschlossener Stadtteile auf Stadterneuerungsmaßnahmen verschieben. Im gleichen Maße wird sich die Verantwortung für die behutsame Steuerung von Stadtgestaltungsvorgängen in schon bestehenden Stadtgebieten erhöhen. Der Städtebauer wird seiner Verantwortung nur dann gerecht werden können, wenn er unter seinen Entwurfszielen auch die gestalterische Komponente explizit darstellt und mit Argumenten abzusichern versteht, die neben den quantitativ-funktionellen und wirtschaftlichen Argumenten bestehen können.
Dazu muß er gemeinsam mit Vertretern der beteiligten Fachdisziplinen Meßregeln entwickeln, mit deren Hilfe die Qualität des Lebens im Stadtbezirk und die Bedeutung der Stadtgestalt in diesem Zusammenhang systematisch beobachtet und analysiert werden können. Auf diese Weise könnte Wissenschaft tatsächlich im Prozeß der teilnehmenden Beobachtung und Steuerung wirksam und kontinuierlich eingespannt sein. An die Stelle grober wirtschaftlicher Werte, die nur wirtschaftliches Wachstum messen, würden damit neue Meß-, Darstellungs- und Steuerungsverfahren der Qualität sozialen Lebens treten.
Die erforderlichen Instrumente für eine derartig langfristig angelegte städtebauliche Planung, die Wachstum und Wandel auch in der Stadtzelle selbst erlaubt, sind erst ansatzweise entwickelt. Denn trotz des erwähnten Abstraktionsgrads städtebaulicher Planung werden selten Spielregeln für das Zusammenspiel von Planern und den an der Realisierung beteiligten Partnern entwickelt, Spielregeln, die ein lebendiges dialektisches Verhalten fördern.
Ein Ansatz zu einem solchen Planungsinstrument ist der Gestaltplan, der – aufbauend auf einer sorgfältigen Stadtbildanalyse – Gestaltungsprinzipien und Spielregeln festlegt, aber noch keine starren Baukörper. Ein solcher Plan kann gemeinsam mit einem Verkehrsplan und einem Nutzungsplan, die alle drei durch einen Organisationsplan verknüpft sind, die vielen einzelnen Veränderungsschritte sinnvoll koordinieren und dabei die Ziele der Stadtgestaltung als gleichberechtigt neben den anderen Funktionen mitverwirklichen helfen. Dabei gilt es besonders, das natürliche und historische Gestaltpotential aufzugreifen und für die Stadtgestalt zu erhellen und zu nutzen.
Städtebauliche Spielregeln setzen, um wirksam werden zu können, längerfristige Verbindlichkeit und echte ›Mitspieler‹ voraus. Die Eigenart der städtebaulichen Planung im Zeichen der Kapitalkonzentration und der Planungs-Technokratie erschwert die Entwicklung von Plänen, die gestalterisch nur einen Rahmen setzen, der während eines Zeitraums, der ausreichend lang ist, um aus Erfahrung gewonnene Veränderung zuzulassen, von den Betroffenen selbst, den unmittelbaren Nutzern, ihren Bedürfnissen gemäß ausgefüllt wird. Die Entwicklung und Realisierung derartiger Stadtbauprozesse ist vielleicht eine der wichtigsten vor uns liegenden Aufgaben, wenn wir die Schlußfolgerungen aus der Wirkungsforschung, die sich mit der sozialen Wirkung von Stadtgestalt beschäftigt, verbinden mit der politischen Forderung nach der aktiven Beteiligung des Bürgers an der Gestaltung seiner Stadt.
So führt letztlich die Beschäftigung mit der Stadt als Erlebnisgegenstand von der

Registrierung alltäglicher Erfahrungen über die kritische Situation vieler Stadtgebiete heute und von einer Erörterung der Ursachen über die Fragen- und Methodenansätze der Wissenschaft zur Frage nach den Grenzen der Plan- und Machbarkeit erlebnisreicher Städte, zur Frage nach der Rolle des Bewohners in der Gestaltung seiner Stadt. Stadtplaner und Städtebauer können nur den Rahmen schaffen, in den Wesentliches von den Bewohnern und Benutzern der Stadt selber hinzugefügt werden muß. Das bedeutet Selbstbestimmung, nicht Fremdbestimmung, und führt damit tief in die Frage nach der Demokratisierung, der Bürgerbeteiligung im Städtebau (vgl. S. 107 ff), die auf dem diffizilen Gebiet der Erlebniskomponenten und der Gestalt besonders schwierig in die Praxis umzusetzen ist.

Aber Annahme der Stadt, Identifikation, geschieht nur, wenn der Bürger sich innerlich beteiligt fühlt am Geschehen seiner Stadt. Erst dann erlebt er sie als ihm zugehörig, wird er sie pflegen, entwickeln, verteidigen. Erlebnisreichtum ist deshalb auch abhängig von seiner Bildung und seinem politischen Bewußtsein. Ohne eine Stärkung des Bürgerbewußtseins ist eine Verbesserung der Erlebnisqualität der greifbaren Umwelt nicht durchzusetzen.

MARTIN SCHWONKE
Kommunikation in städtischen Gemeinden

Was heißt Kommunikation?

Der Begriff der Kommunikation wird heute recht unbekümmert gebraucht, wobei man ganz zu Unrecht von der Annahme ausgeht, daß jedermann weiß, was damit gemeint ist. Da sich aus dieser Unbekümmertheit eine ganze Reihe von Mißverständnissen mit teilweise wenig erfreulichen Konsequenzen zu ergeben pflegt, läßt sich eine wenigstens skizzenhafte Begriffsdefinition nicht vermeiden.
Kommunikation heißen alle die Vorgänge, bei denen Personen oder Gruppen mit anderen Personen oder Gruppen in Verbindung treten, meistens mit der bewußten Absicht, bei den Adressaten der Kommunikation bestimmte Wirkungen zu erzielen. Die Verbindung untereinander wird hergestellt durch den Gebrauch von Zeichen und Symbolen, die in der Regel sozial normiert sind, d. h. eine festgelegte, zumindest allen Beteiligten geläufige Bedeutung haben. Die Sprache ist ein solches sozial normiertes Zeichen- und Symbolsystem, das Kommunikation ermöglicht. Es gibt auch sozial festgelegte Gesten, mit denen wir ohne Sprache unmißverständlich Freundlichkeit, Abweisung, Verachtung oder Verehrung ausdrücken. Im öffentlichen Verkehr gibt es ein eigenes Zeichensystem – Gesten des Polizisten, Verkehrszeichen, Blinker usw. – das ein Verkehrsteilnehmer kennen muß, wenn er an der für seine eigene Sicherheit notwendigen Kommunikation teilnehmen will. Es können aber auch Gegenstände und Verhaltensmuster, die primär ganz anderen Zwecken dienen, kommunikative Bedeutung bekommen. Das Auto signalisiert sozialen Status oder sportliche Gesinnung, die Kleidung Trauer oder Festlichkeit, die Wohnungseinrichtung Bildung und Geschmack. Auch hier soll anderen etwas mitgeteilt, soll auf sie eingewirkt werden, ebenso durch die Demonstration von Geschäftigkeit oder Langeweile.
Den vielfältigen Formen von Kommunikation entsprechen die vielfältigen Funktionen von Kommunikation. Bei jeder Form von Kommunikation wollen die Kommunizierenden aufeinander einwirken, aber keineswegs immer, um miteinander in engeren oder gar dauerhaften Kontakt zu kommen, um Integration zu erreichen. Es gibt Kommunikationsformen, die nur in einem begrenzten Bereich und für begrenzte Ziele gebraucht werden: Das Kommunikationssystem im Verkehr ist ein Beispiel dafür. Hier wird ausdrücklich keine enge oder dauerhafte Verbindung erstrebt. Wir brauchen solche Kommunikationsformen, um in der Öffentlichkeit mit Personen auskommen zu können, die wir persönlich nicht kennen und auch nicht kennen wollen, die wir aber in einem bestimmten, zeitlich begrenzten Zusammenhang brauchen.
Es gibt Kommunikationsformen, die soziale Distanz unterstreichen oder herstellen wollen, derer wir uns z. B. bedienen, wenn wir gezwungen sind, mit vielen Menschen in räumlicher Nähe zu leben. Der Sichtschutz auf dem Balkon, das unpersönliche ›Sie‹ in der Anrede, der deutlich gezeigte Unwillen, wenn andere – vielleicht

die Nachbarn – im Gespräch zu vertraulich werden: Das alles sind allgemein verständliche Zeichen, die die Wahrung sozialer Distanz bewirken sollen. Schließlich gibt es sozial normierte Kommunikationsformen, mit denen wir – im Rahmen der Legalität – Konflikte auszutragen pflegen: Gesten des Nicht-Beachtens, verschiedene Abstufungen sprachlicher Aggression und Schlimmeres.

Es ist also falsch, Kommunikation mit Integration gleichzusetzen oder zu glauben, daß zwischen beiden immer ein positiver Zusammenhang bestehen muß. Es ist außerdem bestenfalls nichtssagend, wenn man etwa allgemein ›kommunikationsfreundlichen‹ Städtebau fordert. Man muß sagen, welche Kommunikationsform an welchem Ort, in welcher Situation für welche Personengruppe erreicht oder gefördert werden soll, und man muß sagen, was man mit Kommunikation jeweils erreichen will. Es ist offensichtlich falsch, sich ausschließlich um Kommunikationsformen für enge Integration zu kümmern, wie es auf der Höhe der Nachbarschaftsbewegung der Fall war. Es ist ebenso falsch, ausschließlich Kommunikationsformen der Distanzierung zu fordern und sich nur um die Abgrenzung der privaten Sphäre zu bemühen. Menschen, die in einer Stadt leben, müssen viele Kommunikationsformen beherrschen, und ihnen müssen viele Formen von Kommunikation ermöglicht und erleichtert werden. Führt man sich außerdem vor Augen, daß die Kommunikationsbedürfnisse bei Personen unterschiedlichen Alters, unterschiedlichen Geschlechts, unterschiedlicher familiärer und beruflicher Situation selbstverständlich auch unterschiedlich sind, dann wird deutlich, wie unangemessen und gefährlich es ist, nur eine bestimmte Kommunikationsform als Zeichen humanen Städtebaus, nur ein bestimmtes Kommunikationsverhalten als fortschrittlich zu werten.

Bei der Suche nach einer wissenschaftlich qualifizierten Antwort auf die Frage, welche Kommunikationsbedürfnisse denn nun tatsächlich vorliegen, wichtig sind und berücksichtigt werden müssen, stößt man auf die gleichen Schwierigkeiten, die bei der Frage nach der Feststellung von Wohnbedürfnissen und Wohnwünschen auftauchen (vgl. S. 64 ff.). Die jeweils Betroffenen können ihre Kommunikationsbedürfnisse noch viel seltener artikulieren als ihre Wohnbedürfnisse. Sie kennen sehr häufig nicht die Ursachen für Unbehagen und Unzufriedenheit, die auf Kommunikationsdefiziten beruhen. Wenn im folgenden trotzdem differenziertere Aussagen über Kommunikationsbedürfnisse gemacht werden, dann deshalb, weil es doch Methoden gibt, aus geäußerten Meinungen auf tatsächliche Bedürfnisse zu schließen. Man kann etwa das tatsächliche Verhalten der Befragten mit ihren Äußerungen vergleichen, man kann bei der Gruppe derjenigen, die sich ausdrücklich unzufrieden äußern, die bestehenden Kommunikationsverhältnisse (z. B. den Bekanntenkreis) prüfen und mit den Kommunikationsverhältnissen der ausdrücklich Zufriedenen vergleichen. Stellt sich dabei heraus, daß Menschen, die sich an ihrem Wohnort nicht heimisch fühlen, in einem viel höheren Maße keine Bekannten oder Verwandten in der Nähe haben, mit denen sie regelmäßig zusammenkommen können, als diejenigen, die sich am Wohnort wohlfühlen (374, 416), bei den einen die Beziehungen zu den Nachbarn spannungsreich, bei den anderen eher distanziert freundlich sind – dann kann man mit ziemlicher Sicherheit daraus schließen, daß bei der unzufriedenen Gruppe bestimmte Kommunikationsbedürfnisse nicht befriedigt sind.

Es gibt noch einen weiteren Grund, konkrete Aussagen über Kommunikationsbedürfnisse zu machen, auch wenn sie nicht so vollständig, genau und in jeder Hinsicht zuverlässig sein mögen, wie man es sich als Wissenschaftler wünschen mag. Der Hinweis auf die Schwierigkeiten, tatsächlich vorhandene und berechtigte Bedürfnisse mit Hilfe der Aussagen der Betroffenen festzustellen, wird sehr häufig als Alibi benützt, um die eigenen, durch mannigfache subjektive Voreingenommenheiten oder durch ideologische Einseitigkeiten verschiedenster Herkunft bestimmten Vorstellungen als die ›eigentlichen‹, ›echten‹ oder ›objektiven‹ Bedürfnisse ausgeben zu können und die städtebauliche Planung danach auszurichten. Um solchen sehr alten und in gewisser Hinsicht auch verständlichen Tendenzen entgegenzuwirken, ist es dringlich, mit konkreten Aussagen darauf aufmerksam zu machen, daß es eine ganze Reihe hinreichend gesicherter Daten gibt, die besser begründete Aussagen über Kommunikationsbedürfnisse erlauben.

Diese Darstellungen und Überlegungen gehen ausdrücklich nicht von einer irgendwie gearteten Einheit Stadt aus, sondern von den einzelnen Bewohnern und Familienverbänden. Das hat in erster Linie sachliche Gründe. Das Bezugs- und Aktionsfeld der an einem Ort wohnenden Personen und Familien ist kaum noch an der Gemeinde als sozialer oder politisch-verwaltungstechnischer Einheit orientiert (307). Man muß heute damit rechnen, daß Mitglieder ein und derselben Familie an verschiedenen Orten berufstätig sind, Einkäufe tätigen, zur Schule gehen, ihre Freizeit verbringen. Sehr viele Behörden, Betriebe, Firmen, bei denen die Bewohner einer Stadt ihrer Arbeit nachgehen, sind überlokal organisiert. Auch das Kommunikationsfeld, dessen Intensität sehr stark von der räumlichen Nähe der miteinander Kommunizierenden abhängt, ist primär nicht an Gemeindegrenzen orientiert. Eine Ausnahme bildet nur der kommunalpolitische Bereich.

Die Wahl eines bestimmten Ausgangspunktes für eine Fragestellung ergibt sich allerdings auch aus einer wertenden Zielvorstellung, die aus einer sachlichen Analyse nicht ableitbar ist. Wer von der Einheit der Stadt, dem Gesamtsystem Stadt ausgeht, kann dafür auch eine ganze Reihe sachlicher Gründe angeben. Aber er wird damit – ungewollt vielleicht – Tendenzen stärken, die für das Ziel einer einheitlichen Struktur Ordnung und straffe Regulierung bevorzugen und die die individuellen Wünsche und Bedürfnisse der Betroffenen, wenn sie der Einheit oder Einheitlichkeit sich nicht einpassen wollen, als störend abzuqualifizieren geneigt sind. Verwaltungsbürokratien, Planungsperfektionisten, Anhänger künstlerischer Stadtgestaltung, Sozialreformer der verschiedensten Richtungen – Träger sehr verschiedener Funktionen und Anhänger sehr verschiedener politischer Ansichten und Ideologien also – sind mehr oder weniger stark der Versuchung ausgesetzt, zugunsten ihrer eigenen Zielvorstellungen die unmittelbar Betroffenen zu bevormunden. Auch um diesen Tendenzen entgegenzuwirken, gehen wir von den Interessen und Bedürfnissen der Betroffenen aus. Wir sind der Überzeugung, daß perfekte Planung im menschlich-sozialen Bereich schlechte Planung ist, daß Planung für eine humane und freie Gesellschaft Raum für soziale Selbstregulierung lassen muß, daß die Planungsbetroffenen Regelungen und Verhaltensmuster selber finden sollen, und daß soziale Selbstregulierung nur dort eingeschränkt werden muß, wo nachweisbar übergeordnete Interessen dieses unumgänglich machen oder Selbstregulierung zur Diskriminierung von Schwachen – das können soziale Außenseiter, Kinder, aber auch Erwachsene, besonders alte Leute sein – zu führen droht.

Formen und Bereiche von Kommunikation

1. Die private Sphäre. Der private Bereich ist erst innerhalb der letzten beiden Jahrhunderte als ein autonomer, gegen Öffentlichkeit und Beruf abgeschirmter Raum entstanden. Hans Paul Bahrdt hat die Polarisierung von Privatheit und Öffentlichkeit als ein Charakteristikum städtischen Lebens angesprochen (17, vgl. auch S. 196 ff). Mir scheint, daß Theodor Geiger in einem noch weiter gefaßten Sinne recht hat, wenn er die Trennung von privater und öffentlicher Sphäre als eine Eigenart der modernen Gesellschaft überhaupt bezeichnet (136). Es würde daraus folgen, daß man auch auf dem Dorfe allmählich eine solche Trennung vornehmen wird, daß man sie wohl schon heute wünscht. Der Hauptteil des Privatlebens spielt sich für die meisten Menschen im Familienkreis ab. Die Kommunikationsformen tragen das Kennzeichen der undistanzierten Vertrautheit, der Intimität, sie zeigen einen relativ hohen Emotionsgrad, sind wenig berechnend, nicht auf bestimmte Zwecke abgestimmt, also nicht spezialisiert. Manchmal hört man sagen, nur im Privatleben sei man wahrhaft ›ein freier Mensch‹. Das ist sicher übertrieben, denn die Kleingruppe der Familie kennt eine ganze Reihe von Regulierungen, denen man sich unterwerfen muß; bei den guten Kontrollmöglichkeiten, die innerhalb dieser kleinen Gruppe bestehen, kann man sich an ihnen auch meistens viel schlechter vorbeimogeln als anderswo, etwa im Beruf. Aber richtig ist jedenfalls, daß diese Vorschriften über Verhalten in der Familie innerhalb der Familie festgelegt werden. Dabei soll nicht bestritten werden, daß die familialen Verhaltensmuster nicht beliebig frei erfunden werden, sondern zumindest mitgeprägt werden von Vorbildern aus dem Bekanntenkreis, aus der Herkunftsfamilie, von schicht- und gesellschaftsspezifischen Norm- und Leitvorstellungen usw. Mit dieser Einschränkung ist die Familie in ihrem Verhalten im privaten Bereich weitgehend autonom. Sie bestimmt auch, wer außer den engeren Familienmitgliedern in diesen vertrauten Kreis hineingelassen wird, zu welchen Verwandten engere Beziehungen unterhalten werden, wer als Freund und Bekannter aufgenommen wird.

Dieser private Bereich ist in unserem Zusammenhang von außerordentlicher Wichtigkeit. Von ganz hartgesottenen Ausnahmen abgesehen braucht jeder Mensch solche persönlichen Beziehungen auf der Basis des Vertrauens, er braucht einen Kreis, wo er nicht eine bestimmte Rolle spielen muß, wo er auch einmal frei von der Leber weg reden oder auch schimpfen kann, wo er nicht immer Rücksicht nehmen muß auf sein öffentliches Ansehen oder seine berufliche Karriere. Fehlen Kommunikationsmöglichkeiten im privaten Bereich, dann lassen sie sich nur in sehr bescheidenem Maße durch erhöhte Aktivität in anderen Kommunikationsbereichen kompensieren. Wir haben es schon angedeutet: Wenn man die Bewohner einer Stadt oder eines Stadtviertels einteilt in eine Gruppe, die sich in ihrer Wohngemeinde wohlfühlt, und in eine zweite Gruppe, die sich dort nicht wohlfühlt, dann kann man sicher sein, daß bei den Zufriedenen solche privaten, persönlichen Beziehungen im Verwandten- und Bekanntenkreis reichlich vorhanden sind, während bei den Unzufriedenen ein weit überdurchschnittlich großer Teil solche Beziehungen nicht besitzt.

Das ist eine folgenreiche Erkenntnis, denn sie besagt, daß der Mensch nicht »im Heimatboden wurzelt«, sondern im sozialen Verband der Familie und der Freunde, während die Bindung an den geographischen Raum eher sekundär ist (374).

Die große Bedeutung, welche die gesicherte Zugehörigkeit zu einer vertrauten Kleingruppe offensichtlich für den Menschen hat, ist wohl auch einer der wichtigsten Gründe, der für den Fortbestand der Familie, wenn vielleicht auch in gewandelter Form, spricht. Die Familie sichert – gewiß oft unvollkommen und nicht in jedem Fall – die Zugehörigkeit zu einer solchen Gruppe. Der Protest gegen die Familie wird fast ausschließlich von jungen Leuten getragen, deren Position in ihrer Herkunftsfamilie relativ ungünstig ist – obgleich (fast) erwachsen, gelten sie vielfach noch als Kinder und fühlen sich entsprechend abhängig; eine eigene (Zeugungs-)-Familie besitzen sie noch nicht; dauerhafte Bindungen erscheinen in diesem Alter nicht so attraktiv, da man noch relativ leicht zu Kommunikationsbereichen privaten Charakters außerhalb von Familien Zugang hat und abgebrochene Bindungen noch schnell durch neu geschlossene ersetzen kann. Diese Interessen- und Bedürfnislage trifft aber hauptsächlich nur für diese Gruppe zu.

Für die Mehrzahl aller übrigen gilt, daß der Schwerpunkt des privaten Lebens im Zusammenhang mit der Familie stattfindet und daß der bevorzugte Raum dafür die Wohnung oder das eigene Haus ist. Wenn jemand seine Adresse angibt und sagt: »Hier wohne ich«, dann meint er in der Regel damit, daß hier das Zentrum seines privaten Kommunikations- und Erlebnisbereiches liegt.

In der öffentlichen Diskussion begnügt man sich häufig nicht mit der Beschreibung und bloßen Analyse des privaten Kommunikationsbereiches, man fordert zu ›kritischer Stellungnahme‹ auf, man übt selber Kritik. Die Betonung und Kultivierung des Privaten wird als spießig, bürgerlich (was für manche ›Linke‹ synonym mit ›schlecht‹ ist), unpolitisch, systemstabilisierend bezeichnet. Sofern sich junge Leute mit einer solchen Kritik gegen die Dominanz einer Lebensform wehren, die ihrer Interessen- und Bedürfnislage nicht entspricht, ist eine solche Haltung verständlich und auch berechtigt. Sofern es sich jedoch um eine pauschale Diffamierung des Privaten insgesamt handelt, werden Denkfehler dogmatisiert, die politisch gefährlich werden können. Hans Paul Bahrdt hat auf die Gefahr hingewiesen, die einer Demokratie droht, wenn sich die Mehrheit der Bürger ins ›Privatleben‹ zurückzieht und das Feld der Politik den Berufspolitikern, wer immer das in der jeweiligen historisch-sozialen Situation sein mag, überläßt. Er hat aber gleichzeitig auf die Gefahr für die Demokratie aufmerksam gemacht, die sich aus der Zerstörung des Privaten ergibt. Nach Bahrdt müssen beide Pole, Privatheit und (politische) Öffentlichkeit, funktionieren, damit eine Demokratie existieren kann (17).

Der Vorwurf der Systemstabilisierung übersieht, daß Privatheit gerade eine – wenn auch begrenzte – Abschirmung gegen herrschende öffentlich-politische Richtungen, öffentlich-politische Kontrolle bedeutet, die Chancen für die Ausbildung abweichender Leitbilder und Verhaltensmuster bietet. Darin liegen natürlich auch Gefahren, die uns besonders deutlich bei den familialen Subkulturen kriminellen oder pathologischen Charakters vor Augen geführt werden. Darin liegen aber auch die Chancen für die Ausbildung von abweichenden Orientierungen, die sozial und politisch wünschenswert sind. Es ist ja doch kein Zufall, daß die Verfechter weitgehender Systemveränderungen vorwiegend aus jener bürgerlichen Schicht stammen, in der am zielstrebigsten die Ausgrenzung der privaten Sphäre vorangetrieben und für die Erziehung zu Selbständigkeit, Individualität und divergentem Denken genutzt worden ist. Totalitäre Systeme kämpfen – von ihrem Standpunkt aus nicht ohne

Grund – gegen die Freisetzung der privaten Sphäre, weil damit die beabsichtigte zentrale Bewußtseinslenkung unwirksam werden könnte; daher ihre Versuche, die Kontrolle durch Vertrauensleute, Hauswarte oder die verschiedenen Formen der Beichte bis in die privateste Sphäre auszudehnen.

2. *Der berufliche Bereich.* Innerhalb des beruflichen Bereichs muß man genau genommen zwei verschiedene Kommunikationsformen unterscheiden: die formelle Kommunikation, die von der Berufsarbeit vorgeschrieben ist, und die informelle, die sich oft gegen den eigentlichen Arbeitszweck oder doch unabhängig von ihm bildet. Die formelle Kommunikation ist sachbezogen, spezialisiert, zweckorientiert, meistens sehr genau reglementiert. Die informelle erhält häufig einen quasi privaten, persönlichen Charakter. Sie wird manchmal bewußt gepflegt zur Verbesserung des sogenannten Betriebsklimas und reicht von der Unterhaltung über die letzten Fußballergebnisse bis zu internen Geburtstagsfeiern. Trotzdem ist sie nicht eigentlich privat und ist meist streng auf den Berufsbereich beschränkt. Nach Dienstschluß gibt es in der Regel zu den meisten Arbeitskollegen keine Beziehungen mehr. Dieses Nebeneinander von halbpersönlichen Beziehungen im Betrieb und Fehlen jeglicher Kommunikation zu denselben Personen nach Arbeitsschluß ist natürlich nur in Städten vollständig zu verwirklichen. Aber es scheint, als neige man auch in kleinen Gemeinden immer mehr dazu, sich ähnliche Umgangs- und Kommunikationsformen anzugewöhnen, soweit das in einem kleinen Ort zu bewerkstelligen ist. Der Städtebauer besitzt auf diesen Bereich faktisch kaum Einflußmöglichkeiten. Ich habe von ihm gesprochen, weil er eine Rolle spielt bei den Kommunikationsbedürfnissen der verschiedenen sozialen Gruppen, von denen noch die Rede sein wird. Die Trennung von beruflichem und privatem Kommunikationskreis schließt nicht aus, daß man einzelne Arbeitskollegen sich zu Freunden wählt. Der Arbeitsplatz ist ein bevorzugter Ort, um Freundschaften zu schließen. Ist die Freundschaft aber geschlossen, bleibt sie in der Regel auch dann bestehen, wenn die Freunde gar nicht mehr Arbeitskollegen sind.

3. *Der Nachbarkreis.* Die Kommunikation in der Nachbarschaft findet in unmittelbarer Nähe des privaten Bereichs statt, sie wird aber vom Städter in der Regel ausdrücklich von privater Kommunikation unterschieden; jedenfalls äußert er sich in diesem Sinne, wenn man ihn danach befragt. Dabei haben nachbarliche Beziehungen, wenn man genauer hinblickt, einen durchaus ambivalenten Charakter (vgl. S. 83 f, S. 196 ff). Einerseits sieht man auf Distanz, vermeidet zu privaten Gesprächsstoff, redet miteinander auf sozusagen ›neutralem‹ Boden, im Treppenhaus, auf der Straße, beim Kaufmann. Andererseits trägt das Verhältnis zum Nachbarn auch persönliche Züge: Man nennt sich beim Namen, grüßt sich und bemüht sich, zu allen Nachbarfamilien freundlich zu sein. Der Städter kennt nur wenig allgemeingültige Regeln für nachbarliches Verhalten, er hat relativ viel Spielraum, Nachbarverhältnisse distanzierter oder auch enger zu gestalten. Je neuer das Wohnviertel ist, um so größer ist der Spielraum, während es in älteren Vierteln meistens eingefahrene Verhaltensmuster gibt, die nicht mehr so leicht zu ändern sind.

Auf die Frage, welche Bedeutung nachbarliche Beziehungen für den Städter haben, ist in den letzten Jahrzehnten sehr unterschiedlich geantwortet worden. Es hat fanatische Nachbarschaftsideologen gegeben, die enge Verbundenheit, ja Solidarität gefordert haben, die regelrecht nachbarliche Gemeinschaften organisieren wollten.

Daß solche Formen gemeinschaftlichen Lebens den Wünschen von Städtern widersprechen, daß nachbarliche Beziehungen gar nicht ›organisiert‹ sein wollen, schon gar nicht von Außenstehenden, das hat man wohl inzwischen eingesehen (210, 320). Aber auch die entgegengesetzte Auffassung, wie sie etwa in der Formulierung Bahrdts ausgedrückt ist, daß der beste Nachbar der ist, von dem man nichts merkt, kann man so allgemein nicht akzeptieren. Für viele soziale Gruppen sind die Nachbarn zu regelmäßig gegenwärtig, als daß man auf jede Kommunikation verzichten könnte oder auch nur wollte. Der Mensch als soziales Wesen verlangt nach Kommunikation, und für sehr viele Menschen wird dieses Bedürfnis zum Teil durch Kontakt mit Nachbarn befriedigt. Das Wohlbefinden am Wohnort hängt für viele sehr stark davon ab, daß man stabile und verläßliche Nachbarschaftsbeziehungen besitzt. Das heißt noch nicht, daß diese Beziehungen sehr eng sein müssen. Nur möchte man Bescheid wissen, mit wem man es zu tun hat. Man möchte in der Nachbarschaft ein Kommunikationsfeld haben, das einen nicht besonders verpflichtet – daher das Verlangen nach Distanz –, das aber auch zur Verfügung steht, wenn andere Kommunikationsformen nicht verfügbar oder nicht erwünscht sind. Selbstverständlich stören Konflikte und Streit mit Nachbarn das Wohlbefinden. Deshalb läßt man sich mit ihnen möglichst auch nicht so weit ein, daß es ernsthafte Meinungsverschiedenheiten geben kann. Dieses Nichteinmischen in innerfamiliale Probleme des Nachbarn, das Konflikte vermeiden soll, kann so weit pervertiert werden, daß man Vergehen, z. B. Kindesmißhandlungen, von denen jeder Nachbar weiß, offiziell nicht zur Kenntnis nimmt.
Die völlige Isolierung vom Nachbarn wird in der Regel nicht als angenehm empfunden. Vertrautheit auf Distanz gilt als Richtschnur, wobei das Gewicht manchmal mehr auf Vertrautheit, manchmal – meistens in gehobenen Schichten – mehr auf Distanz liegt. Sehr häufig gibt es einzelne Nachbarfamilien, in der Regel eine einzige, zu der man engere Beziehungen unterhält, die man in den privaten Kommunikationsbereich aufnimmt.
Ein so ausgewogenes Kommunikationsverhältnis zu den Nachbarn stellt sich besonders dann leicht ein, wenn die Bevölkerung eines Straßenzuges relativ homogen ist, d. h. ähnliche Interessen, ähnliche Bedürfnisse, ähnliche Verhaltensmuster hat. Familien mit kleinen Kindern kommen mit Nachbarn eher gut zurecht, wenn dort auch kleine Kinder sind, während eine kinderlose Nachbarschaft Schwierigkeiten bereiten kann. Alte Leute unter lauter jungen Familien haben häufig Kommunikationsschwierigkeiten (339, 101); untereinander finden sie eher Kontakt. Menschen mit gleichem sozialen Status werden in der Regel besser miteinander auskommen als Menschen mit unterschiedlichem sozialen Status, wobei auch Prestigedenken und soziale Vorurteile eine Rolle spielen. Die soziale Homogenität aber ist aus sozialpolitischen Gründen nicht erwünscht. Man möchte Altengettos, Kinderreichengettos, Arme-Leute-Quartiere und reine Villenviertel gerne vermeiden. Hier liegt ein echtes Dilemma, ein Zielkonflikt vor, der nicht mit forschen Parolen zu beseitigen ist. Überall dort, wo es eine wirklich freie Wohnungswahl gibt, tritt automatisch eine soziale Separierung ein, und zwar keineswegs nur wegen der unterschiedlichen Miethöhe. In Wolfsburg konnte dieser Prozeß auch in Vierteln nachgewiesen werden, die in Wohnungsqualität und Miethöhe keine Unterschiede zeigten (374).
Da eine zwangsweise Mischung verschiedener sozialer Gruppen ausscheiden muß,

bleiben nur indirekte Steuerungsmaßnahmen – gezielte Wohnungsvergabe, Prämien für ›gemischtes‹ Wohnen –, die auf längere Sicht aber keine umfassende und dauerhafte Lösung des Dilemmas bedeuten können. Die Ergebnisse ähnlicher Verfahren in den Vereinigten Staaten, mit denen man das Beieinanderwohnen von Farbigen und Weißen fördern wollte, sind angesichts des hohen Aufwandes wenig befriedigend. Vielleicht ist die Überwindung sozialer Trennung nicht ganz so schwierig wie die Überwindung rassischer Antagonismen. Langfristig wird die Aufhebung der sozialen Separierung jedoch nur dadurch vorangebracht werden können, daß sich die Unterschiede in Lebensweise und auch Lebenschancen zwischen den sozialen Schichten verringern. Daß Kinderreiche und Kinderlose, alte Menschen und junge Familien relativ konfliktfrei nebeneinander wohnen können, läßt sich durch entsprechende Baumaßnahmen wohl erreichen. Daß sie aber auch zu dem als normal geltenden Maß an nachbarlicher Kommunikation kommen, dazu bedarf es einer Einstellung, die das Verhalten und die Aktivitäten nicht ausschließlich an den eigenen Interessen oder den Interessen der eigenen Gruppe ausrichtet.

4. Die Öffentlichkeit. Über das, was Öffentlichkeit ist, und über das, was Öffentlichkeit bewirkt oder bewirken soll, gibt es eine spezialisierte, bis in philosophische Erörterungen reichende Literatur. Meistens steht dabei der politische Aspekt der Öffentlichkeit im Mittelpunkt. Unsere Darstellung wird sich nicht nur mit diesem Aspekt befassen, weil – und das ist schon eine wichtige, vielen vielleicht unwillkommene These – Kommunikation in städtischer Öffentlichkeit, die wesentlich zur Urbanität einer Stadt beiträgt, für die Mehrzahl der Bewohner primär nicht politisch ist. Selbstverständlich befaßt sich Kommunikation in der Öffentlichkeit auch mit politischen Themen, trägt zur politischen Meinungs- und Willensbildung und zu politischen Entscheidungen bei. Die Zahl der aktiv an solchen öffentlichen Diskussionen Beteiligten ist aber, gemessen an der Gesamtbevölkerung, um so geringer, je größer die Stadt ist. Die Bürgerinitiativen, deren Zahl in den letzten Jahren steil angestiegen ist, belegen diesen Tatbestand mehr als daß sie ihn einschränken; denn sie sind von engagierten Personen und Gruppen ins Leben gerufen worden, die das geringe politische Interesse und die weithin fehlende politische Aktivität bei der Masse der Bevölkerung als einen schwerwiegenden Mangel empfunden haben. Die Praxis der Bürgerinitiativen hat auch die Schwierigkeiten deutlich werden lassen, die erst überwunden werden müssen, wenn eine dauerhafte Aktivierung größerer Bevölkerungsteile gelingen soll (vgl. S. 107 ff).

Die Überwindung der kommunalpolitischen Passivität der Bürger gelingt immer dann relativ gut, wenn es sich um anschaulich konkretisierbare Probleme handelt, die unmittelbar die eigenen Interessen berühren: wenn Verkehrsverbindungen fehlen, die Schulverhältnisse ungenügend sind, ein Kindergarten benötigt wird. Hier scheinen die Bürgerinitiativen größere, wahrscheinlich auch langfristig wirksame Verhaltensänderungen in die Wege geleitet zu haben: daß nämlich in solchen Fällen nicht nur informell unter Nachbarn und Bekannten geschimpft, sondern in der Öffentlichkeit diskutiert und protestiert wird. Allerdings reicht das so geweckte Engagement selten über den unmittelbaren Anlaß hinaus, es ist partiell, auf die unmittelbar Betroffenen beschränkt. Initiativen etwa für eine städtebauliche Gesamtplanung, die eigentlich alle Bürger einer Stadt angehen sollten, haben in der Regel keinen vergleichbaren Erfolg. Sie können zwar eine öffentliche Diskussion

– etwa in der Lokalpresse – entfachen, aber nicht mehr unter Beteiligung der Mehrheit der Betroffenen. Je weniger eine Initiative partikulare, anschauliche, begrenzte Probleme behandelt, um so mehr droht sie zum Instrument organisierter Gruppen zu werden, die in vielen Fällen nicht mehr das Sprachrohr aller und die Vertreter des Allgemeininteresses sind. Es erscheint auch sehr schwer, an solchen Erscheinungen ins Gewicht fallende Veränderungen vorzunehmen. Um sich zu umfassenderen Problemen sachgemäß äußern zu können, fehlen den meisten die Voraussetzungen, auch den bildungsmäßig Bevorzugten, wenn sie die nötigen Spezialkenntnisse und Insider-Informationen nicht besitzen. Wer sich gegenüber organisierten Interessenverbänden, Planungsämtern, Verwaltungsbürokratien und politischen Organisationen Gehör verschaffen und Einfluß gewinnen will, muß sich selber organisieren: um politisch befähigte Sprecher zu gewinnen, um über die nötigen Fachleute verfügen, um längerfristige Taktiken und Strategien entwickeln und durchführen zu können, um einen wirksamen Einfluß auf die Lokalpresse ausüben oder notfalls selber Publikationsmittel organisieren zu können. Wer nicht selbst organisiert ist, bleibt auf die Dauer gegenüber anderen organisierten Gruppen auf der Strecke. Wer als politisch informierter, interessierter und engagierter Bürger an der kommunalpolitischen Kommunikation teilnehmen und dabei politische Wirkung erzielen will, muß es über Organisationen tun – mit allen Nachteilen, die sich aus der damit verbundenen Einschaltung eines Apparates ergeben, und mit dem Risiko, daß die von der Organisation formulierten Ziele und Forderungen von den tatsächlichen Bedürfnissen und Interessen ihrer Mitglieder abweichen. Dieses Risiko besteht besonders dann, wenn die Mehrheit der Mitglieder ihre Bedürfnisse und Wünsche schlecht oder gar nicht artikulieren kann. Eine nachhaltige Verminderung dieses Risikos ist kurzfristig nicht zu erreichen.

Es gibt öffentliche Kommunikation in städtischen Gemeinden, für die diese Probleme nicht gelten, an der aber fast alle Städter teilnehmen oder teilnehmen wollen. Die wichtigsten Charakteristika seien hier zusammenfassend beschrieben:

Kontakte in der Öffentlichkeit sind im Prinzip anonym, sie werden für einen sachlich und zeitlich begrenzten Zweck angebahnt und können folgenlos wieder abgebrochen werden. Das Modell für solche Kontakte ist etwa das Verkaufsgespräch zwischen Kunden und Verkäufer. Persönliche Bekanntschaft liegt in der Regel nicht vor (im Unterschied zum Verkaufsgespräch in einem dörflichen Kramladen oder auch zuweilen im ›Laden an der Ecke‹), der Kontakt hat einen bestimmten begrenzten Zweck, nämlich den Einkauf, er wird beendet, ohne daß die Partner des Kontaktes danach noch gegeneinander irgendwelche Verpflichtungen hätten. Kontakte im privaten Bereich, aber auch in der Nachbarschaft, stellen dagegen die Verpflichtung, sich danach zumindest zu grüßen, da man sich nunmehr ›kennt‹.

Das Verhalten in der Öffentlichkeit geschieht außerhalb der Kontrolle von persönlich bekannten Menschen (Verwandten, Bekannten, Nachbarn), obgleich man natürlich in der Öffentlichkeit ab und zu Bekannte treffen kann. Darin liegt unter anderem begründet, daß man sich in der Öffentlichkeit in gewissem Sinne ungezwungener und freier fühlen kann als unter Bekannten oder in der Nachbarschaft. (Nur um Mißverständnisse zu vermeiden: Es gibt eine andere Art von Ungezwungenheit, die man nur im vertrauten Kreis erleben kann. Dort fühlt man sich nicht frei von personaler Kontrolle, sondern frei von Verpflichtungen und Erwartungen, welche die Öffentlichkeit – der Beruf etwa – stellt.) Hier ist man nicht gezwungen, unmittelbar und präzise anzugeben, was man tut. Es gibt keine wirksame Kontrolle, ob der ›offizielle‹ Anlaß für das Aufsuchen der Öffentlichkeit im Zentrum – etwa eine ›wichtige Besorgung‹ – tatsächlich besteht oder nur ein Vorwand für andere, vielleicht angenehmere Tätigkeiten ist.

Die städtische Öffentlichkeit vermittelt Möglichkeiten (Informationen, Erlebnisse, Angebote), die nur jenseits familiären und nachbarlichen Lebens bestehen können. Öffentlichkeit bietet – das sagt bereits der Name – Offenheit im Gegensatz zur Begrenztheit, sie bietet Mannigfaltigkeit gegenüber der Beschränktheit im Bereich unmittelbar um die Wohnung (das Haus) herum. Durch die Massenkommunikationsmittel kann ein Teil dessen, was früher städtische Öffentlichkeit allein bieten konnte, ins Heim geliefert werden, besonders durch das Fernsehen. Zuverlässige Ergebnisse über die Kompensation von fehlender Öffentlichkeit in der Stadt durch Fernsehen fehlen noch. Sicherlich ist Fernsehen ein unvollkommener Ersatz, weil es die Unmittelbarkeit des Dabeiseins doch nicht vollkommen bewirken kann, weil es aktive Teilnahme (in Form von Einkaufen z. B.) nicht zuläßt, und weil ihm ein drittes Merkmal fehlt, der vertraute Rahmen.

Denn städtische Öffentlichkeit findet in einer dem Stadtbewohner wohlbekannten Umgebung statt. Trotz der Unverbindlichkeit und Anonymität der Kontakte, trotz der Offenheit und Mannigfaltigkeit ist der Rahmen, in dem man sich bewegt, sind die Einrichtungen, die man in Anspruch nehmen kann, vertraut. Auch die Neuigkeiten, die man durch Sehen und Hören erfahren kann, lassen sich in den vertrauten Rahmen der bereits vorhandenen Kenntnisse über städtische Verhältnisse einordnen. Was in der städtischen Öffentlichkeit geschieht, hat auf diese Weise ein Interesse für den Bewohner, es hat nicht bloßen Sensationswert wie viele Nachrichten aus aller Welt.

Insgesamt kann man sagen, daß städtische Öffentlichkeit Unverbindlichkeit und Offenheit in vertrautem Rahmen bietet, daß sie ein wesentlicher Bestandteil dessen ist, was wir Urbanität nennen, und daß darin einer der Gründe für die Attraktivität des Wohnens in einer Stadt liegt.

Die Frage, welcher dieser genannten Kommunikationsbereiche und Kommunikationsarten für den Städter die größte Bedeutung hat, läßt sich generell nicht beantworten. Der Erwachsene wird es für wünschenswert halten, zu allen Kommunikationsbereichen Zugang zu haben. Er wird nicht zufrieden sein, wenn er keine personalen Beziehungen im privaten Bereich hat. Aber er wird auch unzufrieden sein und seine Unzufriedenheit äußern, wenn er nur personale Beziehungen im privaten und allenfalls noch im nachbarlichen Bereich hat. Im übrigen variieren die Kommunikationsbedürfnisse bzw. die Kommunikationsschwierigkeiten je nach sozialer Gruppe.

Kommunikation in verschiedenen sozialen Gruppen

1. Kinder. Kinder brauchen Kommunikation, um sich wohlzufühlen; sie brauchen Kommunikation, um auf rechte Weise erwachsen zu werden. Sie werden erst allmählich fähig, differenzierte soziale Beziehungen aufzunehmen, erst allmählich erweitert sich auch ihr Aktionsbereich. Sie müssen lernen, Distanz zu wahren, also etwa zwischen ›privaten‹ und ›nachbarlichen‹ Umgangsformen zu unterscheiden wie ihre Eltern, sich gegenüber Fremden anders zu verhalten als gegenüber Bekannten. Ihre Beziehungen sind, wenn sie sich zur Kontaktaufnahme entschlossen haben, zunächst immer ›privat‹, d. h. jedes beliebige Kind ist Spielgefährte, jeder Erwachsene ›Onkel‹ oder ›Tante‹. Kommunikationsprobleme entstehen dadurch, daß es an gleichaltrigen Spielgefährten fehlt oder daß die Kinder für ihre Aktionen oder Interaktionen nicht ausreichend Spielraum innerhalb und außerhalb der Wohnung zur Verfügung haben. Mit Beginn des Schulbesuchs bekommt zwar jedes Kind etwa zwei Dutzend gleichaltrige Mitschüler, aber diese sind zunächst nur dann vollwertige Spielkameraden, wenn sie außerhalb der Schulzeit schnell und leicht erreichbar sind, d. h. wenn sie in der Nachbarschaft wohnen. Einzeluntersuchungen machen jedenfalls wahrscheinlich, daß die Beziehungen von jüngeren Schülern untereinander dann besonders intensiv sind, wenn sie nahe beieinander wohnen.

2. *Jugendliche*. In unserer Gesellschaft wird erwartet, daß erwachsen gewordene Kinder spätestens dann, wenn sie ihre Berufsausbildung abgeschlossen haben und heiraten, den engen Verband der Herkunftsfamilie verlassen und eine eigene Familie, einen eigenen Haushalt gründen. In der Jugendzeit liegt gewissermaßen das Übungsfeld für den Versuch, selbständig, jedenfalls außerhalb der Sicherheit des Familienverbandes und der Kontrolle der Eltern zu leben. Der Aktionsbereich dehnt sich weit über den Umkreis der Wohnung aus, das Bestreben, etwas von ›der Welt‹ zu erfahren und Bekanntschaften außerhalb des familiären Verkehrskreises zu schließen, wächst, der Wunsch und allmählich auch die Fähigkeit, sich in der Öffentlichkeit zu bewegen, entstehen und verlangen ihr Recht. Jugendliche kommen in das Alter, in dem sie zu allen Kommunikationsbereichen Zutritt erhalten. Da sie den privaten und nachbarlichen Bereich von Kindheit an und, wie sie meinen, zum Überdruß kennen, diese Bereiche und vor allem die Beschränkung auf sie mit einigem Recht nur für Kinder, aber nicht mehr für sich selbst als angemessen betrachten, gilt ihr vorwiegendes Interesse den neuen, noch unbekannten, eben erst zugänglich gewordenen Bereichen der Öffentlichkeit. Die Eltern haben wegen dieser an sich verständlichen Wünsche ihre Sorgen, denn ihnen erscheint der außerhalb ihrer Kontrolle liegende Bereich der Öffentlichkeit zuweilen gefährlich, besonders wenn er in einem ziemlich fernen Großstadtzentrum liegt.

Jugendliche wünschen und brauchen auch Kommunikation nichtöffentlichen Charakters, aber nicht mehr oder nicht mehr nur im Rahmen der Familie und des familiären Bekanntenkreises. Die Kommunikationspartner wollen sie sich selbst aussuchen und die Form des Zusammenlebens selbst bestimmen, seien es Gruppen von Gleichaltrigen (›peer-groups‹) oder Paarbeziehungen zu gleichgeschlechtlichen oder andersgeschlechtlichen Partnern. Organisierte Formen des Zusammenseins sind heute selten; eine zahlenmäßig ins Gewicht fallende Ausnahme bilden nur die Sportvereine.

Man zögert, diesen Aktivitäts- und Kommunikationsbereich im genauen Wortsinn ›privat‹ zu nennen, nicht weil er absichtsvoll der familiären und nachbarlichen Kontrolle entzogen wird, sondern weil in ihm bei oft sehr weitgehender Vertrautheit und Vertraulichkeit Kontakte doch eher auf Widerruf geschlossen werden. Dauerhafte Bindungen münden entweder in die institutionalisierte Form der Privatheit, in Ehe und Familie ein oder erweisen sich schließlich doch als bloße Durchgangsstationen zu anderen Beziehungen. Es sieht so aus, als wenn aus altersbedingten und sozialen Gründen in einer zeitlich begrenzten Phase des Erwachsenwerdens fast alle Bindungen und Beziehungen den Charakter des Vorläufigen bewahren müßten, als wenn eine für einige Jahre andauernde Instabilität im personalen und sozialen Beziehungsfeld sich nur selten vermeiden ließe. Die durchweg kurze Lebensdauer sogenannter ›Kommunen‹ würde diese Vermutung nur bestätigen und kann nur diejenigen überraschen, die in diesen alters- und generationsspezifischen Sozialformen schon das Urbild einer neuen Familienform erblicken wollten.

Die Darstellung jugendlicher Kommunikationsbedürfnisse ist sicher nicht vollständig. Sie müßte nach Geschlecht, sozialer Position (z. B. Schüler oder Lehrling bzw. Berufstätiger) und noch einmal nach Alter differenziert werden. Sie ist auch nicht in jeder Hinsicht empirisch abgesichert. Sie hat aber deutlich gemacht, daß diese Bedürfnisse zu wesentlichen Teilen nicht in einem eng begrenzten Wohnbereich befriedigt werden können.

3. *Ledige Erwachsene.* Ledige Erwachsene, da frei von Verpflichtungen gegenüber einer eigenen Familie, sind am beweglichsten; darum ist es für sie am leichtesten, Öffentlichkeit zu erreichen. Ihre Kommunikationsprobleme bestehen in der Regel eher darin, daß sie aus den verschiedensten Gründen nicht genügend personale Beziehungen haben, keine Freunde, keine schnell erreichbaren Verwandten. Je älter sie sind, um so schwerer ist ein solcher Mangel zu beheben, besonders wenn es sich um Frauen handelt, für die Kontaktaufnahme im öffentlichen Bereich schwerer zu bewerkstelligen ist als für Männer. Eine Frau, das gilt untergründig vielfach auch heute noch, hat entweder enge familiäre Beziehungen oder gar keine, während man dem Manne glaubt und erlaubt, ›flüchtige Bekannte‹ zu haben, unverbindliche Beziehungen aufzunehmen. Für sie sind ›veranstaltete‹ Kommunikationsgelegenheiten (z. B. Volkshochschulen) von Bedeutung.

4. *Verheiratete Berufstätige.* Bei ihnen ist schon der zeitliche Spielraum für außerberufliche und außerfamiliäre Kontakte beschränkt, besonders, wenn noch Kinder im Hause sind. Von ihrer sozialen Situation her bestehen für sie im Prinzip am wenigsten unerfüllte Kommunikationsbedürfnisse. Persönliche Beziehungen auf der Basis der Vertrautheit besitzen sie auf jeden Fall in der Familie, Kommunikation über den begrenzten familiären Rahmen hinaus bieten die meisten Berufe. Kommunikationsprobleme ergeben sich immer dann, wenn die Familiensituation oder die beruflichen Verhältnisse problematisch sind. Die Beziehungen zu den Nachbarn sind im Durchschnitt bei Berufstätigen weniger intensiv, sie werden offenbar nicht so dringend gebraucht, etwa zur Kompensation anderer unabgegoltener Bedürfnisse. Was vermißt werden kann, ist die städtische Öffentlichkeit, in der man sich ungezwungen, frei von offiziellen Verpflichtungen bewegen kann. Ihnen fehlt oft die Zeit dazu, manchmal ist diese Öffentlichkeit auch zu schwer erreichbar, familiäre Verpflichtungen gegenüber Ehegatten und Kindern schließen bestimmte Freizeitbetätigungen aus.

5. *Die nicht berufstätige Frau.* Die Nur-Hausfrauen sind neben den Alten die einzigen Erwachsenen, deren Aktionsfeld vorwiegend auf Haus, Nachbarschaft, das engere Wohngebiet beschränkt ist. Familiäres und Privates wird ihnen in ihrer Wohnung und auch in der Nachbarschaft in überreichlichem Maße geboten. Gar

nicht oder oft nur selten sind ihnen die berufliche Sphäre und die Öffentlichkeit zugänglich. Darum verlangt es sie häufig am stärksten nach Öffentlichkeit, nach Informationen und Erlebnissen jenseits der familiären Begrenzung. Dieses Problem wird keineswegs dadurch leichter, daß der Ehemann während seiner beruflichen Tätigkeit in der Regel Kommunikationsmöglichkeiten wahrnehmen konnte, die seiner Frau gerade fehlen, und daß er deshalb, wenn er nach Hause kommt, andere Kommunikationsbedürfnisse hat als seine Frau. In überspitzter Vereinfachung: Er möchte seine Ruhe haben, sie möchte etwas erleben. Das Problem ist lange bekannt und mit dem Schlagwort ›Grüne Witwen‹ mehr publikumswirksam als treffend bezeichnet. Gegenwärtig scheint es, als wären manche Architekten und Städtebauer dieses leidigen Themas überdrüssig, wenn einzelne es unwillig ablehnen, ihre Baupläne nach den Wünschen der ›deutschen Normalhausfrau‹ auszurichten. Es wäre gefährlich, wenn sich eine solche Tendenz durchsetzen sollte. Die Beschränkung des Erlebnisbereiches der Frauen auf die unmittelbare Umgebung der Wohnungen muß – wenn auch nicht nur mit Mitteln des Städtebaus – durchbrochen werden, weil davon das Wohlbefinden einer umfangreichen und wichtigen Bevölkerungsgruppe abhängt und damit auch indirekt das Wohlbefinden der Kinder, Jugendlichen und Ehemänner.

6. *Die alten Leute.* Alte Leute sind in unserer Gesellschaft zu einer Problemgruppe geworden. Das läßt sich vielleicht besonders eindrucksvoll am Kommunikationsproblem zeigen. Kommunikation ist möglicherweise für alte Leute noch wichtiger als für jüngere Menschen, denn sie haben kaum noch Möglichkeiten, Mangel an dieser Stelle anderweitig zu kompensieren, mit beruflichen Erfolgen etwa. Der ganze berufliche Bereich ist für sie versperrt. Öffentlichkeit ist oft nur mühsam zu erreichen, wenn der Körper nicht mehr so beweglich ist und man sich nicht mehr selbst ans Steuerrad setzen möchte. Verwandtschaft und Bekanntschaft vermindern sich auf ›natürlichem Wege‹, neue Kontakte lassen sich nur schwer knüpfen. Die personalen Kontakte schrumpfen also, Verluste sind nicht mehr zu ersetzen. Hinsichtlich der Kommunikationsmöglichkeiten können sich alte Leute wie auf vielen anderen Gebieten nicht mehr so leicht selber helfen. Ihnen muß von anderen geholfen werden, soweit das möglich ist.

Beeinflussung durch bauliche Maßnahmen

Es hat sich gezeigt, daß Kommunikationsbedürfnisse und Kommunikationsformen wie andere soziale Verhaltensweisen nicht nur und meistens nicht in erster Linie von baulichen Bedingungen abhängig sind. Die optimistische Vorstellung, man brauche eine Stadt nur richtig zu bauen oder umzubauen, dann würde schon von selbst die rechte Gesellschaft einschließlich der gewünschten Kommunikation entstehen, ist naiv, unrealistisch und ignoriert die Tatsache, daß soziale und politische Verhältnisse viel eher bestimmte Formen des Bauens erzwingen als daß umgekehrt Bauformen soziale Verhältnisse verändern. Andererseits stellen die baulichen Gegebenheiten einen Rahmen dar, innerhalb dessen sich soziales Leben abspielt. Sie können Chancen für ein bestimmtes Verhalten öffnen oder auch verbauen. Deshalb ist es unumgänglich, jede städtebauliche Maßnahme auf ihre sozialen Konsequen-

zen, jedes Bauprojekt auf seine soziale Funktionsfähigkeit zu prüfen. Für diese Aufgabe sind gegenwärtig Städtebauer und Architekten unzureichend oder gar nicht ausgebildet.
Erfahrungen lehren, daß auch Soziologen, die in der theoretischen Analyse sozialer Verhältnisse respektable Leistungen vollbringen, Schwierigkeiten haben, sich mit denen zu verständigen, die konkrete Bauvorhaben realisieren sollen und den Rat des Sozialwissenschaftlers einholen wollen. Eine fruchtbare Kooperation wird sich, so meine ich, erst dann entwickeln können, wenn Baufachleute und entsprechend ausgebildete Sozialwissenschaftler vom Beginn der Projektplanung bis zur Erfolgskontrolle nach Fertigstellung des Projekts zusammenarbeiten. Der Städtebau, die Städtebauer und nicht zuletzt die Soziologen würden davon profitieren: Sie hätten die Möglichkeit, eine Fülle von einschlägigen Erkenntnissen zu gewinnen, die ihnen jetzt noch fehlen; sie würden lernen, theoretische Entwürfe an der Praxis zu prüfen, für die Praxis nutzbar zu machen – und sie würden lernen, sich auch für Nichtsoziologen verständlich auszudrücken.
Der gegenwärtige Zustand ist dadurch gekennzeichnet, daß eine Prüfung der sozialen Funktionsfähigkeit, wenn überhaupt, erst erfolgt, wenn die Bauten fertig sind und in Betrieb genommen werden. Das ist für beide Teile unbefriedigend: für den Städtebauer, weil er sich über die nachträgliche Kritik ärgert, für den Soziologen, weil er erst gefragt wird, wenn sich nichts mehr ändern läßt.
Die folgenden Ausführungen über den Zusammenhang von baulichem Rahmen und sozialem Verhalten sollen zu einer solchen Kooperation anregen, sie können sie nicht ersetzen. Aussagen, die zwangsläufig sehr allgemein gehalten sein müssen, können für die Praxis erst verwendbar werden, wenn man sie differenziert und auf konkrete Objekte bezieht.

1. Baulicher Rahmen und privater Bereich. Über das, was im privaten Bereich geschieht, möchte jeder gerne selbst bestimmen. So scheint zunächst die Aufgabe des Städtebauers darin zu bestehen, die räumlichen Voraussetzungen dafür zu schaffen, also Wohnungen oder Häuser genügend groß und genügend abgeschirmt nach außen zu bauen. Vielleicht denkt man noch daran, Spielplätze für Kleinkinder so anzulegen, daß sie von der Hausfrau leicht kontrollierbar sind, aber viel mehr kann man anscheinend nicht tun. Dagegen läßt sich einwenden, daß der Wohnungsgrundriß der Selbstregulierung familialer Kommunikation schon Grenzen setzen kann. In vielen modernen Wohnungen ist der große Familienwohnraum so angelegt, daß alle Familienmitglieder ihn passieren müssen, auch wenn sie gerade einmal nicht mit der ganzen Familie zusammen sein möchten. Eine so erzwungene Kommunikation, von den einen als Störung, von den anderen vielleicht als unerwünschte Kontrolle empfunden, kann auch in sonst friedlichen Familien vermeidbare Konfliktanlässe schaffen. In dieser Hinsicht war die traditionelle Wohnung mit einem zentralen Korridor, von dem aus alle anderen Räume direkt erreichbar waren, rücksichtsvoller. Wohnungsgrundrisse sollten deshalb so wenig wie möglich zu einer bestimmten, vom Architekten vielleicht bevorzugten Form des Familienlebens zwingen.
Von Interesse mag auch die Frage sein, welchen Einfluß die verschiedenen Hausformen auf Kommunikationschancen haben. Die Diskussion darüber wird auch heute noch selten ohne Ressentiment geführt. Es gibt Eigenheimideologen und Hochhausideologen. Eine kritische Prüfung ergibt für beide Wohnformen Vor- und

Nachteile. Gegen unerwünschte Kontrolle geschützte Privatheit läßt sich in beiden Fällen schaffen. Das Interesse für den Mitbewohner ist im Hochhaus nicht so groß, besonders wenn es sehr viele Wohnparteien beherbergt. Die Intensität nachbarlicher Beziehungen läßt dann allgemein nach (170). Das ist in mancher Beziehung ein Vorteil, kann aber auch zum Nachteil werden, wenn die außerhalb der Wohnung liegenden Verkehrsflächen (Korridore, Fahrstühle, Treppenhäuser) ganz aus der nachbarlichen Kontrolle geraten und damit jedermann, den man dort trifft, ein Fremder sein kann. In sehr großen Wohnbauten kann darunter die Sicherheit innerhalb des Hauses leiden. Häufiger verwahrlosen solche Flächen, weil sich niemand für sie verantwortlich fühlt und um sie kümmert. Eigenheime haben eine geringe Besiedlungsdichte zur Folge und damit längere Wege zu allen Versorgungseinrichtungen. Ohne die Unterschiede in den Lebensbedingungen (nicht nur in den Kommunikationschancen) ausführlich gegeneinander abwägen zu können, läßt sich doch so viel sagen, daß die ausschließliche Verwendung einer einzelnen Bauform – nur Hochhäuser, nur Eigenheime, nur Terrassenhäuser usw., wie man es leider in manchen städtebaulichen Entwürfen findet – nicht wünschenswert ist, nicht zuletzt deshalb, damit den Wohnungssuchenden mit unterschiedlichen Bedürfnissen und unterschiedlichem Geschmack ein differenziertes Angebot zur Auswahl geboten werden kann.

Ein differenziertes Wohnungsangebot könnte auch die Kommunikationschancen im privaten Bereich verbessern. Wer umzieht, und sei es auch nur innerhalb des gleichen Ortes, entfernt sich von Bekannten und Freunden, oft auch von Verwandten, mit denen er nun auf die größere Entfernung hin weniger Kontakte pflegt als früher (318). In einer großen Stadt wohnt der ›Verkehrskreis‹, wie Elisabeth Pfeil diese miteinander in Besuchskontakt stehende Gruppe genannt hat, zu großen Teilen in räumlicher Nähe zur eigenen Wohnung. Ein Umzug lockert die Verbindungen, es dauert oft Jahre, ehe er sich um die neue Wohnung in alter Intensität neu gebildet hat, indem neue Bekannte gewonnen, alte Bekannte oder Verwandte nachgezogen sind. Die Chancen, daß Teile des alten Verkehrskreises oder Verwandte, etwa nicht mehr berufstätige Großeltern, in das neue Wohnquartier nachfolgen können, sind um so größer, je weniger einseitig das Wohnungsangebot ist.

2. *Die nachbarliche Kommunikation.* Die Notwendigkeit nachbarlicher Kommunikation ist bis in die Gegenwart hinein eher unterschätzt worden, während der Schutz der privaten Sphäre eine Zeitlang im Vordergrund stand. Richtig ist, daß der Städter nicht zu nachbarlichen Kontakten gezwungen werden will. In vielen Fällen, besonders wenn Familien mit kleinen Kindern beieinander wohnen, werden z. T. sehr weitgehende Formen nachbarlicher Hilfe gewünscht und praktiziert. Zumindest aber will auch der Städter die Möglichkeit haben, Nachbarn zu treffen und sich mit ihnen zu unterhalten, wenn er dazu Lust hat. Da gleichzeitig konfliktvermeidende Distanz gewahrt werden soll, finden solche Kontakte tpyischerweise außerhalb der Wohnung statt, ergeben sich ›zufällig‹, weil man eigentlich nur Post holen, einen Brief einstecken, einmal nach den Kindern sehen oder den Mülleimer leeren wollte. Man kann Häuser, Straßen und Gehwege so anlegen, daß die Chancen für zufälliges Sich-Treffen groß sind; man kann solche Chancen unnötig verringern, indem man etwa eine große Menge von gegeneinander abgeschirmten Atriumhäusern aneinanderbaut, die nur durch schmale, von abweisenden Mauern

eingefaßte und damit kommunikationsfeindliche ›Freiluftkorridore‹ zugänglich sind.
Solche Treffpunkte außerhalb des engeren Wohnbereichs sind meistens gleichzeitig auch der Aktionsbereich kleinerer Kinder. Außerhalb privater Umzäunung und auch außerhalb verkehrsgefährdeter Straßen liegende Fußwege, Plätze, auch Sackgassen, sind Treffpunkt und Spielbezirk für Kinder, die sich noch nicht zu weit von elterlicher oder nachbarlicher Aufsicht entfernen sollen. Wer an solchen Flächen spart, beeinträchtigt erheblich ihr Wohlbefinden und damit das ihrer Eltern. Wir sagten schon, daß nachbarliche Kontakte sich in der Regel leichter einstellen und unproblematischer sind, wenn zwischen den nahe beieinander Wohnenden keine zu großen sozialen Unterschiede bestehen. Man kann nachbarliche Dauerkonflikte oder abweisende Abkapselung von Nachbarn produzieren, indem man sozial sehr unterschiedliche Gruppen zwingt, in unmittelbarer Nähe zu wohnen (439). Wir wissen noch zu wenig über praktikable Möglichkeiten, Ansätze zu sozialer Mischung zu erreichen, ohne die angedeuteten negativen Wirkungen zu erzielen.
3. *Städtische Öffentlichkeit.* Hinsichtlich der Kommunikation in der Öffentlichkeit ist der einzelne am stärksten auf die Hilfe des Städtebauers angewiesen. Privatkontakte kann man mit eigener Initiative schaffen, auch nachbarliche Beziehungen lassen sich gegen ungünstige bauliche Bedingungen in Grenzen verbessern. Öffentlichkeit aber kann der einzelne nicht selber schaffen. Erinnert man sich an die Charakteristika, die für Öffentlichkeit genannt wurden, so zeigt sich, daß das funktionsfähige Zentrum einer Stadt am ehesten Öffentlichkeit und damit die Chance entsprechender Kommunikation bieten kann. Wenn eine Vielzahl verschiedener Einrichtungen, die der Städter aus vielen und verschiedenen Gründen häufiger in Anspruch nehmen muß oder will, relativ nahe beieinanderliegen, ohne zu großen Zeitaufwand erreichbar und von Flächen umgeben sind, auf denen sich der Besucher des Zentrums ungezwungen, ungehindert und ungefährdet bewegen kann, dann ist der städtebauliche Rahmen für eine urbane Atmosphäre, für städtische Öffentlichkeit gegeben. Jede Einzelfunktion von im Zentrum gelegenen Einrichtungen – etwa die Aufgabe der Versorgung mit bestimmten Gütern, der Kaufhäuser und Fachgeschäfte zu dienen haben – läßt sich auch außerhalb der Stadtmitte, etwa in einem Shopping Center in für das Parken günstigen Stadtrandgebieten erfüllen. Aber städtische Öffentlichkeit, die nicht zuletzt von der Mannigfaltigkeit lebt, kann sich dort nur in stark reduzierter Form entwickeln, wenn sie nicht durch die erzwungene Einseitigkeit des Verhaltens ganz erstickt wird.
Könnte es Öffentlichkeit nur im Zentrum einer größeren Stadt geben, so würde das bedeuten, daß für große Teile der Bewohnerschaft von zentrumsfernen Wohnquartieren Öffentlichkeit nur schwer erreichbar wäre: für alte Leute, für Hausfrauen, die ihre Kinder nicht allein lassen können, in gewissen Grenzen auch für Jugendliche, denen die Eltern weitere Ausflüge ohne Aufsicht noch nicht erlauben. Daraus ließe sich die Forderung ableiten, Öffentlichkeit schon in Fußgängerentfernung zu schaffen. Aus einer solchen Forderung würden sich eine ganze Reihe von baulichen Konsequenzen ergeben: Die Wohnquartiere müßten so groß sein, daß sie ein eigenes Subzentrum tragen könnten, die Wohndichte müßte relativ groß sein, damit die Entfernungen ins Zentrum nicht zu groß werden. Nachbarschaftseinhei-

ten mit etwa 5 000 Einwohnern, wie sie noch vor wenigen Jahren propagiert wurden, wären für den gewünschten Zweck zu klein. Da das Subzentrum zum großen Teil von Einkaufsstätten lebt, ergeben sich für Neubauviertel zusätzliche Schwierigkeiten, denn hier muß eine Einkaufsstätte einen höheren Umsatz als in Altbauten haben, um sich zu rentieren, d. h. die Zahl der Geschäfte wird geringer sein als in älteren Vierteln.
Noch problematischer und auch weniger erforscht sind die über die Einkaufsstätten hinausgehenden Einrichtungen, die in einem Subzentrum Platz haben könnten. Das in Architekturwettbewerben beliebt gewordene ›Haus der offenen Tür‹ erfüllt seinen Zweck nicht schon dadurch, daß es in schöner Architektur erbaut dasteht. Hier wird man versuchen müssen, Initiativpersonen der ersten Bewohnerschaft zu finden, die zusammen mit dem Leiter des Hauses Veranstaltungen aufziehen, die Teilnehmer werben, Kommunikationsbedürfnisse befriedigen. Es gibt Wohnquartiere, häufiger selbständige Vorortgemeinden, in denen auf Initiative von Einwohnern Turnnachmittage für Kinder, Gymnastikabende für Hausfrauen, Vorträge von Einwohnern über interessante Aspekte ihrer Berufsarbeit stattfinden. Sonderveranstaltungen für neu Zugezogene machen mit solchen Möglichkeiten bekannt. Solche Aktivitäten haben nur dann dauerhaften Erfolg, wenn sie von den Bewohnern selbst getragen werden. Von außen organisieren lassen sie sich nicht. Man kann die räumlichen Voraussetzungen schaffen, indem geeignete Räume in günstiger Lage gebaut werden. In Neubauvierteln lassen sich Anstöße geben, weil in den ersten Wochen und Monaten nach dem Einzug die Bereitschaft zu neuartigen Aktivitäten am größten ist.

4. *Sanierung und ihre Folgen.* Die sozialen Folgen städtebaulicher Maßnahmen sind wahrscheinlich für die Betroffenen am größten, wenn Teile einer Stadt saniert werden. Hier werden nicht nur bauliche Gegebenheiten neu geschaffen, sondern zuvor alte bauliche Strukturen zerstört. Man tut dies häufig mit gutem Gewissen, weil der Anstoß zur Sanierung von den offensichtlichen baulichen Mängeln der im Sanierungsgebiet stehenden Gebäude ausgeht. Soziale Gesichtspunkte spielen keine so entscheidende Rolle, allenfalls spricht man von dem schlechten Ruf, den das Sanierungsgebiet hat. Der Erfolg der Sanierung wird entsprechend daran gemessen, daß die ›Bausubstanz‹ nunmehr modernen Anforderungen an Komfort und Hygiene genüge und daß das erneuerte Viertel wieder einen ›anständigen‹ Eindruck mache. Ob der Erfolg der Architekten und Verkehrsplaner auch ein Erfolg im sozialen Bereich ist, könnten jedoch nur diejenigen beantworten, die ursprünglich im Sanierungsgebiet gewohnt haben. Ein großer Teil von ihnen wohnt nach der Sanierung nicht mehr dort, hat fortziehen wollen, öfter fortziehen müssen, weil er die neuen, moderneren, komfortableren Wohnungen nicht bezahlen konnte. Katrin Zapf hat solche sanierungsbedürftigen Wohnquartiere ›rückständige Viertel‹ genannt und mit dieser Bezeichnung auch die Bewohnerschaft kennzeichnen wollen, in der Ältere und sozial Schwache besonders zahlreich vertreten sind (453). Die bauliche Rückständigkeit wird durch Sanierung sicher beseitigt, die soziale ist damit noch nicht aufgehoben und kann auch gar nicht aufgehoben sein für diejenigen, die in andere Viertel umziehen mußten. Ein solcher Umzug ist für viele ein durchaus normaler Vorgang. Wenn die Gründung eines neuen Hausstandes oder beruflicher Aufstieg zu einer solchen Veränderung zwingt, überwiegen in der Regel die positiven Mo-

mente, und der Zwang, Kommunikationsbereiche und soziale Beziehungen neu aufbauen zu müssen, erscheint jüngeren Menschen weniger problematisch, eher reizvoll.
Ein großer Teil der durch Sanierung Verdrängten befindet sich in einer ganz anderen Lage. Er steht am Ende seiner beruflichen Laufbahn (in der er es als Angehöriger der Unterschicht ohnehin nicht weit gebracht hat) oder schon im Rentenalter. Die Kinder sind in der Regel bereits aus dem Haus, häufig ist der Ehepartner gestorben. Er wohnt in der Regel schon sehr lange in dem Viertel, das er nun verlassen muß. Im alten Viertel waren die nachbarlichen Kontakte eingefahren, man kannte sich gut, oft so gut, daß man häufiger eine größere Distanz zu Nachbarn sich wünschte und ihnen gegenüber skeptischer war als die jüngeren Bewohner neuerer Wohnquartiere (164). Zusätzliche Kommunikationsmöglichkeiten besaß der Bewohner der Sanierungsviertel in den kleinen Läden, Gaststätten und Werkstätten, deren Charakter sich mit der Sanierung ändert, sofern sie nicht ganz verschwinden. Verwandte und Bekannte, deren Hilfe er häufiger braucht als Jüngere und ökonomisch besser Gestellte, wohnten häufiger in seiner Nähe als es in anderen Wohnvierteln der Fall ist. Was er möglicherweise an Wohnqualität bei einem Umzug gewinnt, verliert er an sozialen Kontaktchancen, an Vertrautheit mit einer Umgebung, in der er seit Jahrzehnten gelebt hat. Er hat wenig Chancen, in einer neuen Umgebung noch eine vergleichbare Vertrautheit zu erreichen, ein ähnliches Feld von Kommunikation und sozialer Beziehung neu aufzubauen.
Sicher unterscheiden sich Sanierungsgebiete voneinander. Aber man wird damit rechnen müssen, daß diese Beschreibung auf mindestens 30 % der Bevölkerung eines Sanierungsgebietes zu wesentlichen Teilen paßt, wahrscheinlich auf mehr (453, 164). Der Anteil ist auf jeden Fall so groß, daß er die Städtebauer zu Konsequenzen zwingen müßte. Die wichtigste Konsequenz wäre die Einschränkung von Flächensanierungen, zu denen Baugesellschaften und Bauverwaltungen so leicht zu verführen sind, weil sie der Planung den größten Spielraum lassen. Wenn Stadtviertel allmählich erneuert werden, wenn nur ein Teil der Gebäude und während eines längeren Zeitraums völlig abgerissen wird, ein anderer nur modernisiert wird, wieder ein anderer im wesentlichen unverändert bleibt, dann erspart man dem größten Teil der benachteiligten ›rückständigen‹ Bevölkerungsgruppe den Umzug und eine radikale Änderung ihrer baulichen und sozialen Umgebung, dann verlängert man die Lebensdauer zahlreicher Kleinbetriebe mit ihren zusätzlichen Kommunikationschancen. Dann schafft man möglicherweise auch einen Ansatz für eine stärkere Mischung sozialer Gruppen innerhalb eines Viertels und vermeidet die saubere Monotonie von Neubauvierteln (373).
5. *Grenzen städtebaulicher Maßnahmen.* Mit ›Grenzen‹ sind im Zusammenhang unseres Themas nicht die Schranken gemeint, die dem Städtebauer durch finanzielle Zwänge, rechtliche Vorschriften und potente Interessengruppen gesetzt sind. Gemeint sind die Grenzen für die Beeinflussung und Steuerung sozialer Verhältnisse durch städtebauliche Maßnahmen. Bauliche Gegebenheiten sind, wir sagten es schon, nur der Rahmen, den die Bewohner auf dem Wege sozialer Selbstregulierung ausfüllen müssen und sollen – wenn es sein muß, auch gegen die Intentionen der Erbauer.
Man kann in Anlehnung an einen Gedanken des französischen Stadtsoziologen

Chombart de Lauwe sagen, daß Menschen sich in einem Viertel erst dann wohlfühlen, wenn sie ihm selbst das charakteristische Gepräge gegeben haben, wenn es also nicht mehr planungsfrisch und unbenutzt so aussieht, wie es nach der Idee der Erbauer sein soll, sondern wenn es die Bewohner durch ihre Lebensvollzüge zu ihrem speziellen Aktionsfeld gestaltet haben (74). Darum muß eine Planung dieser sozialen Selbstregulierung Raum lassen.

Eine zweite Grenze besteht in dem nicht manipulierbaren Faktor der Zeit (vgl. S. 189 ff). Soziale Beziehungen, also auch Kommunikation, unterliegen zeitlichen Bedingungen, sie sind nicht von einem Tag zum anderen da. Sie werden bei klügster und verständnisvollster Planung in einem Neubauviertel zuerst notwendigerweise unvollkommen, unstabil sein, das Kommunikationsgeflecht wird die neuen Bewohner zu Anfang nicht ganz zufriedenstellen können. Wir wissen zum Beispiel, daß nachbarliche Beziehungen erst nach mehreren Jahren die Stabilität und Zuverlässigkeit erreichen, die für das Gefühl des Zu-Hause-Seins nötig sind. Daran wird keine bauliche Maßnahme sehr viel ändern können. Wer in ein älteres Viertel zieht, findet regulierte Beziehungen, Versorgungseinrichtungen und passende Verhaltensmuster vor, er braucht sie nur zu übernehmen. Die Bevölkerung eines neuen Viertels muß das alles erst schaffen, erproben, ändern, verbessern, ehe einigermaßen stabile und vertraute Verhaltensformen entstanden sind. Mit anderen Worten: Viele Nachteile, über die man in neuen Wohngebieten klagt, gerade auch wenn sie unerfüllte Kommunikationsbedürfnisse betreffen, gehen nicht zu Lasten der Erbauer, sondern sind schlicht Folgen der Neuheit und damit unvermeidlich.

Eine weitere Grenze muß man in den Änderungen der sozialen Verhältnisse sehen, deren Tendenz man zwar ungefähr abschätzen kann, deren konkrete Ausprägung aber viel weniger sicher vorhersagbar ist, als manche professionellen Zukunftsprognostiker wahrhaben wollen. Soziale Wandlungen werden die Grundstrukturen von Kommunikationsbedürfnissen sicher nicht kurzfristig ändern, sie werden aber den Umfang und die Formen ihrer Befriedigung nachhaltig beeinflussen. Das Fernsehen hat eine solche Veränderung bewirkt, über deren Folgen immer noch mehr pauschale Vermutungen als sichere Kenntnisse verbreitet werden. Verschiebungen in der Altersstruktur der Bevölkerung, Veränderungen des Schulsystems, sich wandelnde Anforderungen am Arbeitsplatz, Verlängerung der Ausbildungszeit bei Jugendlichen, Verkürzung der Arbeitszeit für alle, wachsende Berufstätigkeit der Frauen – das sind nur Beispiele für Wandlungstendenzen, die Einfluß auf soziale und kommunikative Beziehungen haben und damit auch Aufgaben und Ziele des Städtebaus verändern werden.

Was heute städtebaulich als angemessen und richtig gilt, wird zwangsläufig fragwürdig in der Zukunft. Es wird deshalb ein endgültiges Bild einer Stadt und endgültige Ergebnisse der Stadtforschung nicht geben können.

HANS PAUL BAHRDT

Wohnbedürfnisse und Wohnwünsche

Der Begriff ›Wohnbedürfnis‹

Die Gegenüberstellung von ›Wohnbedürfnissen‹ und ›Wohnwünschen‹ impliziert schon die Vermutung, daß beide möglicherweise nicht identisch sind. Gegen empirische Wohnungswunschbefragungen ist schon seit vielen Jahren eingewandt worden, daß die Ermittlung von Wohnwünschen nicht die wirklichen Bedürfnisse potentieller Bewohner zutage fördern kann. Die Erstellung eines konkreten Wohnungsbauprogramms, das sich nach den erhobenen Wunschvorstellungen richte, müsse zwangsläufig zu falschen Lösungen führen, unter deren Fehlern nicht zuletzt auch die befragten Bewohner zu leiden hätten. Nun ist freilich von nachdenklichen Sozialforschern stets betont worden, daß sich aus Befragungsergebnissen nicht unmittelbar ohne Interpretation und Kommentar Programme für die Baupraxis ableiten lassen. Andererseits haben diese Forscher stets darauf bestanden, es lohne sich, Wohnwünsche mit den Instrumenten der empirischen Forschung, also auch in ihrer quantitativen Verteilung, zu erkunden, nicht nur weil diese Wünsche später Einfluß auf die Nachfrage haben werden und es ja zum mindesten wirtschaftlich bedenklich sei, an einer zukünftigen und voraussagbaren Nachfrage vorbei zu produzieren. Vielmehr behaupteten sie, daß die erfragten Wohnwünsche ernst zu nehmen seien, falls die Befragungen methodisch richtig durchgeführt wären, insbesondere dann, wenn sie durch Erhebungen über Wohnerfahrungen ergänzt würden. Die potentiellen Bewohner hätten durchaus realisierbare Vorstellungen darüber, wie sie wohnen wollten, die den Experten nicht ausreichend bekannt seien. D. h. aber, daß in ihren Wunschäußerungen auch ernstzunehmende Einsichten in ihre Wohnbedürfnisse enthalten seien (319, 317).
Trotz der differenzierenden Selbsteinschätzung vieler Empiriker wurde der Wert empirischer Untersuchungen, die sich auf die Erhebung von Meinungen und Einstellungen richten, immer wieder bezweifelt. Man kann – etwas burschikos und nicht ganz wissenschaftlich – zwischen einem ›rechten‹ und einem ›linken‹ Einwand unterscheiden. Der erste artikuliert sich selten mit wissenschaftlichen Kategorien. Man kann ihn aber häufig aus dem Munde von Praktikern hören. Sie befürchten oft, daß die Ergebnisse von Wunschbefragungen doch nur aus unrealistischen Wünschen, ja Luftschlössern bestünden. Wohnerfahrungsbefragungen ließen ein ebenfalls wirklichkeitsfernes Querulantentum zu Wort kommen. Es frage sich, ob durch Befragungen nicht nur schlafende Hunde geweckt würden.
Der zweite Einwand läuft auch auf einen Zweifel an der Dignität geäußerter Meinungen und Einstellungen hinaus. Befürchtet wird aber nicht ein die Realisierungsmöglichkeiten hinter sich lassendes Wunschdenken, sondern eher das Gegenteil. Man meint, daß Anspruchsniveau und Richtung der Ansprüche bei den Befragten viel zu sehr unter dem Einfluß resignativer Einstellungen stünden, wie sie für ihre jeweilige Klassenlage typisch sein mögen. Sie wüßten oft gar nicht, was sie eigentlich

verlangen müßten. Und was sie verlangten, entspräche wohl kaum ihren wahren Bedürfnissen, da ihnen durch Medien, hinter denen kommerzielle Interessen stünden, falsche Bedürfnisse aufgeschwätzt seien. Ein Ernstnehmen erfragter Wünsche könne deshalb nur auf eine Bestätigung bestehender Verhältnisse und Bestärkung wirksamer kommerzieller Interessen hinauslaufen. Und diesen Dienst dürften die Sozialwissenschaften den Herrschenden nicht leisten.
Wir sollten uns jetzt nicht damit begnügen, pragmatisch zu zeigen, daß die Wahrheit — wie zumeist — in der Mitte liegt. Natürlich trifft es zu, daß in Wohnungswunschbefragungen keineswegs nur Luftschlösser auftauchen. Ebenso läßt sich zeigen, daß geäußerte Wünsche mitunter zu bescheiden sind. Und die Frage nach den Ursachen dieser Bescheidenheit ist berechtigt. Eine Verkennung ›wahrer‹ Bedürfnisse zugunsten von unnützen Konsumansprüchen, die höchstwahrscheinlich Folge eines Dauer-Beschusses durch kommerzielle Werbung ist, wird sich ebenfalls wohl gelegentlich feststellen lassen. Wir haben den Verdacht, daß die Tendenz zu einer immer perfekteren technischen Ausstattung der Wohnungen, verbunden mit der Hinnahme von immer noch sehr kleinen Wohnflächen, nicht nur dadurch bedingt ist, daß nichts anderes angeboten wird. Wahrscheinlich haben sich, durch die Werbung beeinflußt, inzwischen die Konsumentenwünsche so entwickelt, daß der wahre Luxus der Zukunft: mehr Quadratmeter pro Kopf und pro Familie noch gar nicht erkannt ist, statt dessen aber eine bescheidene, doch ausreichende Wohnungsausstattung hart kritisiert wird. Dies ist aber schwer nachzuweisen. Es wird jedoch von Architekten, die im Wohnungsbau tätig sind, öfter bestätigt.
Aber unverkennbar ist auch eine Fülle von Detailinformationen aus Befragungen, die der Baupraktiker nicht in den Wind schlagen darf, da sie aus langjähriger Lebenserfahrung von Hausfrauen und Familienvätern stammen, und zwar oft aus sozialen Milieus, die den mittelständisch lebenden Architekten, Planern und Baupolitikern wenig bekannt sein dürften.
Es ist jedoch heute dringend erforderlich, daß die Befürworter empirischer Sozialforschung und ihrer Anwendung im politischen Raum — Wohnungs- und Städtebau ist Politik — sich deutlicher darüber Rechenschaft ablegen, was sie tun, als sie es in der Vergangenheit getan haben. Die Wohnungs- und Stadtsoziologie hat einen Nachholbedarf an Theorie, den sie aus politischen Gründen decken muß. In unserem Zusammenhang heißt das zu fragen, was bisher mehr oder weniger unreflektiert gemeint war, wenn von Wohnbedürfnissen, an denen sich der Wohnungsbau zu orientieren habe, gesprochen wurde, und welche Chancen bestehen, diese Bedürfnisse mit empirischen Mitteln zu erforschen.
Die Schwierigkeit besteht darin, daß es unmöglich ist, ohne subjektive Wertentscheidungen konkrete Aussagen über Wohnbedürfnisse zu machen, daß wir aber andererseits der festen Meinung sind, daß solche Bedürfnisse, so sehr sie nach Klima, Kultur, Geschlecht, Lebensphase usw. differieren mögen, unabhängig von ihrer jeweiligen Artikulation durch beobachtende oder beobachtete Subjekte existieren. Wie existieren sie? Das Wort ist schon eine irreführende verdinglichende Ausdrucksweise. Aber sie meint etwas, nämlich, daß der Mensch ein ›bedürftiges Wesen‹ ist, ein Wesen, das ohne Erfüllung gewisser Bedürfnisse nicht bzw. nicht menschlich existieren kann. Unter welchen Voraussetzungen ist nun eine Existenz ›menschlich‹? Lassen sich hierfür objektive Kriterien finden?

Die Suche nach solchen Kriterien führt zwangsläufig auf Abwege. Den sichersten Boden glaubt man unter den Füßen zu haben, wenn man objektiv aufweisbare biologische Merkmale sucht. Lebensumstände, die der Gesundheit nach aller Voraussicht schaden, sind, so meint man, mit einer menschlichen Existenz nicht vereinbar. Aber es hängt von gesellschaftlich vermittelten Leitvorstellungen und gesellschaftlich bedingten Möglichkeiten der Gestaltung von Lebensumständen ab, wo die Grenze zwischen Gesundheit und Krankheit gesetzt wird, welche körperliche Beeinträchtigung als normale, selbstverständliche und unvermeidbare Tatsache hingenommen und welche als eine – meist unverschuldete – Ausnahme angesehen wird, die Behandlung erfordert und einen Sonderstatus der Betroffenen begründet. ›Krankheit‹ ist nicht nur eine biologische, sondern auch eine gesellschaftliche Tatsache, nämlich eine je nach Kultur differierende, gesellschaftliche Antwort auf Naturtatsachen. Abgesehen davon würde eine Orientierung an Kriterien wie ›gesund‹ oder ›gesundheitsschädlich‹ jedoch nur zur Formulierung partialer Minimalbedürfnisse führen. Im übrigen wissen wir, daß das, was wir Gesundheit nennen, nicht durch biologische Kriterien allein zu fassen ist, sondern ein gelungenes Wechselspiel körperlicher und seelischer Funktionen darstellt. Letztere setzen wiederum ein Minimum sozialer und kultureller Integration des Menschen voraus, was freilich nicht bedeutet, daß totale Anpassung auf beste Gesundheit deutet. (Eher gilt das Gegenteil.)

Aber wenn wir von Bedürfnissen sprechen, deren Erfüllung es Menschen gestattet, ›menschlich‹ zu existieren, so denken wir ohnehin nicht nur an günstige Voraussetzungen für ihre Gesunderhaltung. Damit soll natürlich nicht gesagt sein, daß die Frage, wie gesundheitsfördernd oder gesundheitsschädlich Wohnungen sind, überflüssig sei. Hier wird nur die These vertreten, daß das Kriterium ›gesund‹ noch keine hinlängliche Bedingung für ›menschliches Wohnen‹ anzeigt. Im übrigen bietet das Auftauchen von gesundheitlichen Schäden, die aus Wohnverhältnissen zu erklären sind, durchaus einen von mehreren Denkansätzen zur positiven Formulierung von konkreten Wohnbedürfnissen.

Wir meinen auch nicht Lebensbedingungen, die im statistischen Sinn ›normal‹ sind, d. h. irgendeinem Mittelwert oder einem Mittelfeld in einer Häufigkeitsverteilung entsprechen, es sei denn, wir hätten ein besonderes Ideal, das aus inhaltlichen Gründen Extreme verabscheut. Mit Hilfe von Durchschnittswerten eine objektive Basis für eine Norm schaffen zu wollen, wäre jedenfalls eine unzulässige Hypostase.

Wenn man versucht, die konkreten Formulierungen über Wohnbedürfnisse, die wir teils in der angewandten Wissenschaft, teils in der wohnungspolitischen Diskussion, aber auch in Gesetzestexten und Richtlinien finden, daraufhin zu analysieren, welche allgemeinen Maximen in sie eingegangen sind, so findet man selbstverständlich kultur- und epochengebundene Leitvorstellungen darüber, wie sich menschliches Leben entfalten soll (vgl. S. 453 ff). Darunter befinden sich langfristig wirksame traditionale Werthaltungen (z. B. hinsichtlich des Familienlebens), kurzfristige Modeströmungen und meist ›mittelfristig‹ wirksame Ideologeme. Unverkennbar ist, daß es schichtspezifische Differenzierungen gibt und daß Wertvorstellungen der privilegierten Gruppen sich stärker durchgesetzt haben als die der Unterprivilegierten. An zahlreichen Widersprüchen in den Einzelaussagen (greifbar etwa an unterschiedlichen Bewertungen von Eigenheimen oder ›Urbanität‹ der Wohnumwelt)

zeigen sich Wandlungen des Bewußtseins und allgemeine aktuelle Widersprüche des gesellschaftlichen Bewußtseins.
So sehr uns all diese Beobachtungen in einen Relativismus hineindrängen, so sind wir jedoch nicht bereit zu resignieren: Wir behaupten gleichwohl, daß Menschen bestimmte Bedürfnisse haben, auch wenn sie sie nicht in Gestalt von Wünschen artikulieren, und auch wenn diese Bedürfnisse sich mit der Zeit wandeln und sich je nach sozialer Gruppe und Kategorie unterscheiden. Wir meinen, daß diese Bedürfnisse legitim sind. Und bei aller Uneinigkeit besteht in einem Punkt (freilich auf einer Abstraktionsebene, die konkrete Aussagen noch nicht zuläßt) ein Konsens: Wir sehen in dem Menschen ein Lebewesen, dessen wahre Natur nicht vollständig durch Beobachtung seiner tatsächlichen Existenz zu erkennen ist. Der ›wahre Mensch‹ ist nicht ›wirklich‹, sondern das mögliche Ziel eines Prozesses der Verwirklichung. Dieser Konsens weist auf einen gemeinsamen ›Residual-Humanismus‹, im Grunde auf ein Stück Metaphysik, das in verschiedenen Denkansätzen wiederkehrt, z. B. in christlichen, liberalen und sozialistischen Gedankengängen. ›Humanitas‹ ist nicht die Summe vorfindbarer menschlicher Eigenschaften, sie ist allenfalls Ergebnis der Bemühung realer Menschen. Sie ist aber auch nicht ableitbar durch einfache Extrapolation vorzufindender, interpretierbarer Intentionen. Nicht allen Intentionen realer Menschen billigen wir zu, daß sie auf Verwirklichung jener ›Humanitas‹ zielen, an der wir die Formulierung konkreter Bedürfnisse orientieren möchten.
Wenn wir also daran festhalten, daß es Wohnbedürfnisse gibt, so können wir diese Bedürfnisse dennoch nicht restlos aus objektivierbaren, wissenschaftlich nachweisbaren tatsächlichen Eigenschaften ›des‹ Menschen oder bestimmter Menschengruppen ableiten. Wir müssen uns auf eigene Wertvorstellungen verlassen, die wir wissenschaftlich nicht überprüfen können. Freilich können wir mit wissenschaftlichen Mitteln untersuchen, ob die Schlüsse, die wir aus ihnen ziehen, richtig sind, ob Realisierungsvorschläge das intendierte Ziel erreichen und ob unsere Wertvorstellungen einen verdächtigen oder weniger verdächtigen ideologischen Hintergrund haben.

Bedürfnisrelevante Artikulationsformen

Wenn wir nun erkennen müssen, daß die Annahme von Wohnbedürfnissen keine sichere ›objektive‹ Basis hat, daß die ›Objektivität‹ von Bedürfnissen nur unterstellt wird (vielleicht mit ehrwürdiger, humanistischer Argumentation), so fragt sich natürlich, ob man den Artikulationsweisen, mit denen Menschen ihre Wohnbedürfnisse auszusprechen meinen, nicht doch einen hohen Rang zubilligen muß. Gehört es nicht auch zu unserem ›Residual-Humanismus‹, daß wir die Menschen als ›Subjekte‹, als des bewußten Handelns fähige mündige Personen ansehen? Wie können wir von vornherein annehmen, daß sie über das, was sie brauchen, Auskunft zu geben nicht fähig sind?
Diese Frage läuft darauf hinaus, daß wir die verschiedenen Artikulationsformen, in denen sich bedürfnisrelevante Meinungen über richtiges Wohnen aussprechen, auf ihre Leistungsfähigkeit hin überprüfen müssen, d. h. daraufhin, wie deutlich

sie uns über das informieren, was wir wissen wollen. Hierüber können wir an dieser Stelle nur einige allgemeine Aussagen machen. Nur an wenigen Punkten sind spezielle Hinweise möglich.

Der etwas geschwollene Ausdruck ›bedürfnisrelevante Artikulationsform‹ ist ein Oberbegriff, den wir verwenden, weil er sehr Verschiedenes zusammenfaßt und dadurch ein Arrangement für den Vergleich erleichtert. Unter diesen Oberbegriff fällt auch der Markt, auf dem sich ein Bedarf meldet, aber auch die öffentliche Meinung, wie sie in allgemein zugänglichen Medien und in öffentlichen Veranstaltungen als Veröffentlichung bzw. öffentliche Rede laut wird. Hierunter fallen auch private Meinungen, wie sie im Familienkreis, in der Gastwirtschaft, bei Geselligkeiten usw. geäußert werden. Zugänglich werden diese letzteren Meinungen in ihrer Verteilung und ihrem Gewicht in zuverlässiger Weise kaum durch Zufallseindrücke. Man hofft sie aber durch Methoden der empirischen Sozialforschung genauer zu erfahren. Bedürfnisrelevante Artikulation in unserem Themenbereich kann es freilich auch dort geben, wo Betroffene sich zusammenschließen und – etwa in der Form von Bürgerinitiativen – ihren bisher privat und diffus verfolgten Wünschen durch Diskussion und Aktion eine neue Qualität und weitere Verbreitung sichern.

Von vornherein ist im Auge zu behalten, daß einmal Wohnbedürfnisse sich nicht vollständig artikulieren und daß sie zweitens, insofern sie sich partial und verzerrt artikulieren, dies auf sehr verschiedene Weise tun. Die im engeren Sinn als ›Methoden der empirischen Sozialforschung‹ bezeichneten Verfahren (z. B. Befragungen, Experimente, Gruppendiskussionen) eröffnen nur einen Zugang neben anderen. Gerade die Forschung, die ja ihre spezifische Vorgehensweise kontrollieren soll, darf also jene anderen Artikulationen wie Markt, öffentliche Meinung und kollektive Aktion nicht außer acht lassen, sondern muß beobachten, ob sich aus ihnen relevante Informationen über Wohnbedürfnisse ergeben, welche die Ergebnisse der Original-Erhebungen relativieren oder erweitern.

Daß Phänomene wie Wohnungsmarkt, Behandlung des Themas ›Wohnen‹ in Massenmedien und Bürgerinitiativen auch aus anderen Gründen wichtige Gegenstände sozialwissenschaftlicher Forschung sind, versteht sich von selbst, u. a. auch, wenn der Sozialwissenschaftler den Praktikern nicht nur mitteilen will, wie gebaut werden soll, sondern auch, wie er Bauprogramme politisch durchsetzen kann.

Die verschiedenen bedürfnisrelevanten Artikulationsformen haben nun jeweils spezifische ›Stärken‹ und ›Schwächen‹, die unterschiedliche typische Ursachen haben. So kann derjenige, der sich artikuliert, von vornherein ein unvollständiges oder verzerrtes Bewußtsein von dem Sachverhalt besitzen, über den wir etwas von ihm wissen wollen. Es kann aber auch sein, daß verschiedene Inhalte, von denen nur einige relevant sind, sich in seinen Äußerungen derart mischen, daß wir sie nicht mehr auseinander dividieren können. Weiterhin kann der Übermittlungsvorgang gestört sein: Auf dem Wege zu uns gehen artikulierte Inhalte verloren, es entsteht ein falsches Bild, weil wir nicht alles erfahren, was wir wissen wollten, bzw. nicht von allen das erfahren, was sie uns mitzuteilen hätten. Schließlich wäre noch einmal daran zu erinnern, daß in jedem Fall noch eine eigene Interpretation von uns geleistet werden muß, damit uns die jeweiligen Artikulationen nützlich werden können. Je nach der Art der Artikulationsform können der Schwierigkeitsgrad,

der Aufwand und die Zeitdauer der Interpretationsarbeit unterschiedlich sein. Auch Aufwand und Zeitdauer soll man nicht unterschätzen, wenn es sich um Erkenntnisse handelt, die der Praxis dienen sollen. Solche Erkenntnisse müssen rechtzeitig und routinemäßig gewonnen werden können, sonst erfüllen sie nicht ihren Zweck.
1. *Der Markt.* Die sich auf dem Markt meldende Nachfrage ist aus folgenden Gründen interessant. Es handelt sich um geäußerte Präferenzen, die unmittelbar handlungsrelevant sind, d. h. sie stellen nicht nur unverbindliche Wünsche dar, sondern repräsentieren praktische Entscheidungen. Hinzu kommt, daß über Größe und Zusammensetzung der Nachfrage in aller Regel genaue quantitative Angaben in relativ kurzen Zeiträumen zur Verfügung stehen. Der Sozialwissenschaftler braucht sie nicht selbst zu erheben, er könnte es auch gar nicht. Unter Umständen kann er die aus der Wirtschaft zu ihm gelangenden Daten im Zuge der Sekundärauswertungen derart gruppieren und umrechnen, daß sie für einige seiner Fragen aussagekräftiger werden. Vielleicht gelingt es ihm sogar zu eruieren, für welche Wohnungen an welchen Orten sich welche Bevölkerungsgruppen tatsächlich entschieden haben. Bekannt ist allerdings die außerordentliche Schwierigkeit, aus der offiziellen Statistik, aber auch aus Publikationen der Wohnungsgesellschaften und deren Verbände herauszufinden, wie sich die Wohnverhältnisse der verschiedenen sozialen Schichten unterscheiden und wie sie sich entwickeln. So werden z. B. nur ganz selten Arbeiter von Angestellten und Arbeitern getrennt aufgeführt.
Die Schwächen des Marktes als Artikulationsform liegen auf der Hand. Einmal sind die Entscheidungen, selbst wenn wirklich Wahlmöglichkeiten bestanden haben, nur zum Teil an jenem ›Wohnbedürfnis‹ orientiert, über das wir Auskunft haben wollen. Angenommen, die Nachfragenden kannten ihre wahren Bedürfnisse einigermaßen, so haben sie mit großer Sicherheit noch andere Faktoren berücksichtigt, z. B. ihre wirtschaftlichen Möglichkeiten. In welchem Verhältnis Verständnis der eigenen Bedürfnisse und wirtschaftliche Erwägung standen, kann man den gefällten Entscheidungen nicht ansehen. In dieser Hinsicht sind die Daten des Marktes sehr wortkarg. Nur in Einzelfällen, wo unter ähnlichen Umständen gleich teure Wohneinheiten für vergleichbare Zwecke, die schon bekannt sind, angeboten werden und sich unterschiedliche Präferenzen zeigen, können einige Schlüsse möglich sein. Die Marktdaten liefern nämlich nicht die Begründungen, die den Entscheidungen zugrunde lagen. Versucht man Begründungen durch Interpretation nachträglich hinzuzufügen, gerät man leicht auf den Boden der Spekulation.
Da wir aber hier vom Wohnungsmarkt sprechen, muß gleich betont werden, daß jene Voraussetzung, die erfüllt sein muß, um einen Markt ›zum Sprechen‹ zu bringen, in aller Regel sehr unvollkommen erfüllt ist: Die Wahlmöglichkeiten sind äußerst gering, häufig gar nicht vorhanden. Die Schnelligkeit, mit der jeweils lokal oder regional die Nachfrage sich qualitativ und quantitativ verändert, und die Langsamkeit, mit der sich der gesamte Wohnungsbestand und damit auch das jeweilige Wohnungsangebot anpassen kann, stehen in einem Mißverhältnis, so daß der klassische Mechanismus der fortlaufenden gegenseitigen Anpassung von Angebot und Nachfrage faktisch niemals in Gang kommt. Dieser Mechanismus ist aber die erste Voraussetzung dafür, daß ein Markt überhaupt etwas über Wünsche und damit indirekt vielleicht über Bedürfnisse mitteilen kann. Da die Wohnungssuchenden in ihrer großen Mehrheit nahezu immer darauf angewiesen waren, diejenigen

Wohnungen zu beziehen, die zufällig für sie frei wurden, und nur selten unerwünschte Wohnungen leer standen, waren ihre ›Entscheidungen‹ kaum aussagefähig. Deshalb ist es auch nicht von besonders großem Interesse, inwieweit ihre Wohnwünsche möglicherweise durch Meinungsmanipulation, die durch kommerzielle Interessen gesteuert ist, beeinflußt worden sind. Nur schwach und indirekt, vielfach nur nachträglich legitimierend und beruhigend mag diese Manipulation wirksam sein. Die sogenannte Wohnungswahl stand in der Regel unter dem Prinzip ›Friß Vogel oder stirb‹ oder unter der Maxime, das kleinste Übel ausfindig zu machen. Dieses Urteil erscheint recht pauschal. Jedoch sollte man bedenken, daß es seit der Mitte des 19. Jahrhunderts zu keiner Zeit sinnvoll war, von einem funktionierenden ›Wohnungsmarkt‹ zu sprechen. Und die davorliegende Zeit vorindustrieller Städte kannte doch weniger ›verkehrswirtschaftliche‹ Formen des Wohnungswesens. In den Zeiten des spekulativen Wohnungsbaus, der in Deutschland die letzten Jahrzehnte des 19. Jahrhunderts beherrschte, bestand für die Masse der städtischen Bevölkerung, vor allem für die Zuziehenden, stets Wohnungsknappheit. Sie hatten kaum Wahlmöglichkeiten. Alle späteren Verbesserungen der Wohnverhältnisse sind nicht auf eine Verbesserung des Marktmechanismus, sondern in erster Linie auf dirigistische und sozialpolitische Eingriffe in jenen nie wirklich funktionierenden Markt zurückzuführen. Krieg und wirtschaftliche Katastrophen, die die Bautätigkeit lahmlegten oder den Wohnungsbestand verringerten, erzeugten jedesmal einen Nachholbedarf, durch den wiederum die Wohnungssuchenden mit allem zufrieden sein mußten, d. h. das Angebot nicht korrigieren konnten. Nur Eingriffe der Obrigkeit in das Marktgeschehen milderten die Not. Die Meinung, eine wohltätige Selbstregulierung des Wohnungsmarktes ›wiederherzustellen‹, könne Ziel der Wohnungsbaupolitik sein, ist eine Illusion, die sich auf keine historische Periode berufen kann.

2. *Die öffentliche Meinung*. Die Artikulationsform der ›öffentlichen Meinung‹ ist für uns vor allem deshalb interessant, weil sie im Vergleich zu der des Marktes eine in vieler Hinsicht gegenteilige Struktur zeigt. Hierbei klammern wir die Frage aus, ob es in unserer Gesellschaft eine ›demokratische Öffentlichkeit‹ gibt, die diesen Namen verdient. Es genügt für uns jetzt die Tatsache, daß zumeist in Massenmedien, aber auch in Versammlungen sich eine Reihe von Meinungen herauszukristallisieren pflegen, die beanspruchen, ›allgemeine Meinung‹ zu sein und von denjenigen, die sie zur Kenntnis nehmen, in der Regel auch für ›allgemein verbreitet‹ gehalten werden. Ohne Zweifel üben diese Meinungsäußerungen einen starken Einfluß auf die Ansichten der einzelnen Personen aus, obwohl sich, wie man aus der Meinungsforschung weiß, erhebliche Diskrepanzen behaupten. Aber auch diese ›öffentliche Meinung‹ ist nicht unabhängig von den tatsächlichen Meinungen der einzelnen. Wenn, wie es in Diktaturen häufig geschieht, offizielle Sprachregelungen ohne jede Berücksichtigung der tatsächlichen Volksmeinung in den Medien durchgesetzt werden, dann weiß jeder, daß diese Ansichten keine allgemeine Geltung haben. Eine öffentliche Meinung zeichnet sich dadurch aus, daß sie beansprucht, für die Allgemeinheit zu sprechen, daß sie mehr oder weniger durch bestimmte Vorkehrungen der Allgemeinheit zugänglich ist und daß die meisten Menschen davon überzeugt sind, daß dieser Anspruch, allgemein zu sein, keine Fiktion ist. Sie erlangt eine gewisse Geltung, was nicht bedeutet, daß sich jeder mit ihr identifiziert.

Hierbei lassen wir jetzt völlig die Frage offen, inwieweit wirklich alle Gruppen der Gesellschaft am Zustandekommen dieser als öffentlich geltenden Meinung beteiligt sind, inwieweit ihre Inhalte eventuell nur an den Interessen bestimmter Gruppen ausgerichtet sind und ob nicht ganze Gruppen der Gesellschaft derart abseits jenes öffentlichen Kommunikationsgeschehens leben, daß ihnen jene öffentlichen Meinungen weitgehend unbekannt sind. Wir fragen auch nicht primär, ob die verschiedenen öffentlichen Meinungen ein einheitliches Gesellschaftsbild, ein Spiegelbild wichtiger gesellschaftlicher Kontroversen oder ein inkohärentes Sammelsurium von Einzelmeinungen sind, auch nicht, inwieweit die Durchsetzung einer bestimmten Meinung als einer ›öffentlichen‹ ein Stück Herrschaft (gegebenenfalls Klassenherrschaft) ist. So wichtig diese Fragen sind, im Augenblick interessieren sie uns nur in ihrer Bedeutung für unser methodisches Problem. Der hier gebrauchte Begriff der öffentlichen Meinung orientiert sich an einem Begriff von Öffentlichkeit, der weniger auf einen bestimmten historischen Augenblick zugespitzt ist als der von Jürgen Habermas (153). Damit wird nicht behauptet, daß die Überlegungen von Habermas zum Phänomen der Öffentlichkeit irrelevant seien. Uns scheint aber eine so enge, auf eine spezifische geschichtliche Situation abgestellte Begriffsbestimmung unzweckmäßig zu sein, auch wenn ›Öffentlichkeit‹ sicherlich kein universales Phänomen ist. Geben öffentliche Meinungen Auskünfte über Wohnbedürfnisse?
Öffentliche Meinungen darüber, wie Menschen wohnen sollen, gibt es durchaus. Es gibt heute sogar einen einigermaßen kohärenten Diskussionszusammenhang in den Massenmedien, der deutliche Wandlungen durchgemacht hat. Obwohl meist verzögert und vergröbert, sind auch Ansichten aus den Wissenschaften in ihn eingegangen. An ausführlichen Aussagen über ›wahre Wohnbedürfnisse‹ fehlt es nicht, wobei sich seit einiger Zeit auch hier und da Differenzierungen finden, etwa hinsichtlich der Wohnbedürfnisse von Kindern und alten Leuten. Demgegenüber vermißt man vergleichbare Differenzierungen hinsichtlich der Bedürfnisse verschiedener sozialer Schichten und Familientypen.
Öffentliche Meinungen äußern sich relativ ausführlich, sind also weniger wortkarg als Marktdaten, sind freilich nicht sehr kontinuierlich in ihrer Entwicklung. Die Argumentation ist oft kurzatmig. Modische Schwankungen verhindern ein Ausreifen bestimmter Positionen. Und selbstverständlich repräsentieren sie nicht den Querschnitt der Meinungen aller. Sie sind ja das Produkt eines Prozesses der Selektion und Stilisierung der Inhalte, in dessen Verlauf sich einzelne Meinungen auf dem Weg zur Öffentlichkeit durchgesetzt und sich dabei in der Weise ›qualifiziert‹ haben, daß sie den Bedingungen der öffentlichen Kommunikation genügen, d. h. auch dort ›ankommen‹, wo Distanz und Anonymität das Verhältnis der Kommunizierenden kennzeichnen. Andere Meinungen sind auf der Strecke geblieben, teils, weil sie nicht gescheit genug waren oder weil sich ihre Träger nicht gut genug ausdrücken konnten, teils, weil sie mit anderen bereits geltenden öffentlichen Meinungen nicht zusammenpaßten und schließlich auch, weil sie den Mächtigen und Artikulationsfähigeren unbequem waren. Zumeist fand zwar keine ausdrückliche Unterdrückung statt; sie stießen jedoch im Rivalitätskampf der Meinungen auf so viel Hindernisse, daß sie über die Grenzen der Privatsphäre, der Kleingruppen und der Subkulturen nicht hinausgelangten.

Man wird also vermuten, daß öffentliche Meinungen über Wohnbedürfnisse ziemlich deutlich die Bedürfnisse derjenigen zum Ausdruck bringen, die sich gut artikulieren können. Es wird sich nicht nur um Wohnbedürfnisse der ›Power-Elite‹ handeln – diese sind dagegen Gegenstand unverbindlicher Neugierde, wenn die Illustrierten einmal über sie berichten –, sondern eher um die der gehobenen Mittelschichten, in denen Artikulationsfähigkeit in Wort und Schrift eine wichtige Berufsqualifikation darstellt.

Man sollte diese Meinungsäußerungen nicht zu gering einschätzen. Immerhin handelt es sich um bürgerliche Gruppen, die seit nahezu zweihundert Jahren eine recht hohe Wohnkultur entwickelt haben und eine gewisse Kompetenz und Erfahrung besitzen. Freilich stellt sich auch hier die Frage, inwieweit diese gehobene Mittelschicht für handarbeitende Schichten sprechen kann. Ferner ist die Ebene der öffentlichen Meinung jenes Feld im Kommunikationssystem der Gesellschaft, auf dem sich besonders gern Ideologien und Werbung tummeln, weil sie hier ihre besten Verbreitungschancen finden. Wenn wir also in dieser Artikulationsform verhältnismäßig viele und ausführliche Äußerungen über Wohnbedürfnisse finden, so ist stets zu bedenken, daß diese nicht nur seligiert sind, sondern teilweise zum Vehikel von kommerziellen Interessen und Legitimationsinteressen gemacht sein können.

Um es auf eine kurze Formel zu bringen: Wir erfahren ziemlich viel über Wohnbedürfnisse jener bürgerlichen Gruppen, die in einer immer noch bürgerlichen Gesellschaft den Ton angeben, und auch darüber, welche Ansichten diese Gruppen über das richtige Wohnen der übrigen Teile der Gesellschaft haben. Diese Vorstellungen sind nur zum Teil durch kapitalistische Interessen geprägt. Stärker wirken Wohntraditionen des Bildungsbürgertums nach. Daneben sind sozialpolitische und gesellschaftsreformerische Intentionen wirksam, die ebenfalls schon auf eine ehrwürdige Tradition zurückblicken können.

Intensives Studium der öffentlichen Meinungen führt also zu Bedürfnisartikulationen, die wenig spontan sind, weil sie schon einen komplizierten Destillationsprozeß hinter sich haben. Sie vermitteln aber, wenn man sie analysiert, eine Reihe geschichtlicher Perspektiven. Und sie bieten, da sie immer schon interpretiert sind, Interpretationsmöglichkeiten für Informationen an, die auf anderem Wege gewonnen sind. Diese Angebote darf man freilich nicht unkritisch übernehmen, weil sie gruppenspezifisch geprägt sind und typischerweise ideologische Elemente enthalten, die nicht immer auf den ersten Blick erkennbar sind.

3. Private Meinungen. Die empirische Sozialforschung im engeren Sinne, d. h. jene Forschung, die sich der Methode der Befragung, der Gruppendiskussion, aber auch verschiedener anderer Experimente bedient, kann man nur als einen Versuch ansehen, die Mauern und verzerrenden Perspektiven, die öffentliche Meinung und Marktdaten vor unserem Blick aufbauen, wegzuräumen. Sie verspricht uns zwar nicht einen unmittelbaren Zugriff zu den Bedürfnissen, wohl aber zu den privaten Meinungen, in denen Menschen ihre Bedürfnisse spontan artikulieren. Freilich ist dieser Vorgang sehr viel verwickelter, als er sich auf den ersten Blick darstellt.

Bleiben wir zunächst bei der Befragung von Einzelpersonen in Interviews. Auch die methodisch sauberste Vorbereitung einer Befragung kann nicht verhindern, daß das Interview für den Befragten eine ziemlich ungewöhnliche soziale Situation ist. Wie jede soziale Situation wird sie irgendwelchen bereits vorgegebenen Situationstypen zugeordnet. Daß es im Vorrat der ›Situationstypen‹ bereits den Typ ›Befragungssituation‹ gibt, ist keineswegs selbstverständlich. Auch wenn der Soziologe in unseren Breiten nicht so große Schwierigkeiten zu überwinden hat wie der Ethnologe bei der Feldforschung, wenn er z. B. meist damit rechnen kann, daß seine Befragten schon etwas über die Methode des Interviews gehört haben und in ihm nicht ein Verhör sehen, so bleibt doch die Rollendefinition auf beiden Seiten oft problematisch.

Die gegenseitige ›Fremdheit‹ ist zwar auch ein Vorteil. Häufig äußert man sich zu Fremden offener und unbefangener als im privaten Kreis, weil man nicht befürchtet, daß die Äußerungen ›Folgen‹ haben, daß man etwa auf sie ›festgenagelt‹ wird. Andererseits ist aber gerade deshalb ein Zweifel daran erlaubt, wie ›privat‹ die Befragungssituation ist. Wenn die ›Fremdheit‹ der Befragungssituation in Wirklichkeit bedeutet, daß der Befragte in diesem Augenblick aus der privaten Sphäre heraustritt, so fragt sich, ob er jetzt noch seine ›private‹ Meinung äußert. Hier ist nicht so sehr daran gedacht, daß er lügt oder sich tarnt. Vielmehr muß erwogen werden, ob sein Denken jetzt in der zwar unverbindlichen, aber doch ungewohnten Begegnung mit einem Fremden, der in aller Regel auch einer anderen sozialen Schicht angehört, noch in denselben Bahnen verläuft wie sonst im privaten Lebenszusammenhang.

Private Meinung ist in jedem Fall mit dem Kontext alltäglicher sozialer Handlungen im Kleingruppenzusammenhang verbunden und kristallisiert sich in ihm. Es ist zwar nicht ausgeschlossen, daß sie sich in einer Befragungssituation, in der dieser Kontext in gewisser Weise suspendiert ist, dennoch deutlich ausspricht. Sie kann aber dadurch, daß die Befragungssituation ja den alltäglichen Handlungszusammenhang aufsprengt, bereits eine Stilisierung erfahren haben, und zwar in einer Richtung auf jene Meinungen, die allgemeine Geltung beanspruchen. Die Befragungssituation ist eine soziale Situation, die nicht der privaten Sphäre angehört, sondern an der Schwelle von Privatheit und Öffentlichkeit angesiedelt ist. Entsprechend präsentiert sich der Befragte, auch wenn er auf die Anonymität der Erhebungsbogen vertraut (zum Teil auch gerade deshalb), nicht als ›reiner‹ Privatmann, sondern als ein Privatmann, der Außenweltkontakte aufnimmt, der ›repräsentiert‹.

Das kann große Bedeutung für konkrete Befragungsergebnisse haben. Allgemeine Fragen nach dem Grad der Zufriedenheit, gleichgültig ob sie sich auf Arbeitsplatz oder Wohnung beziehen, haben fast immer ungewöhnlich positive Ergebnisse, und zwar offenbar aus einem sehr einfachen Grund (317, 208). In einer Gesellschaft, die sich als Leistungsgesellschaft versteht, gibt derjenige, der sich in einer zentralen Frage seines Lebens als unzufrieden erklärt, zugleich zu, daß er versagt hat, denn in dieser Gesellschaft gilt, daß jeder seines Glückes Schmied ist.

Die geäußerten Meinungen der Befragten haben ferner zwar in der Regel nicht den Kristallisationsgrad der öffentlichen Meinung, aber sie sind oftmals ›fertiger‹, ›artikulierter‹, ›entschiedener‹, als es Privatmeinungen zu sein pflegen. Zugleich haben sie sich aber von den Situationen der Privatsphäre, in denen sie sich sonst herausbilden, denen sie sich anpassen und in denen sie eine Funktion ausfüllen, ein Stück entfernt. Private Meinungen sollte man sich überhaupt nicht als feste Gedankengebilde vorstellen, die man hat und jederzeit äußern kann. Sie sind vielmehr Orientierungsprozesse, die in einer durch Einstellungen beschriebenen Bandbreite

hin und her schwingen, je nach den Herausforderungen der privaten Situationen, die eine größere oder geringere Handlungsrelevanz haben.
Nun kann der Sozialforscher durch eine Reihe methodischer Kniffe auch die Einzel-Befragungs-Situation fiktiv jenen Situationen annähern, in denen sich, je nachdem was er wissen will, eher freie Privatfantasie oder handlungsnahes Abwägen äußert. Aber es wird schon deutlich, daß das Einzel-Interview die ihm bisher zugebilligte Vorrangstellung einbüßen könnte, obwohl es im Vergleich zu anderen empirischen Methoden sich besonders gut für quantitative Auswertungen eignet. Schon das Hausinterview, in dem mehrere Personen derselben Familie zu Wort kommen, vermittelt mehr als ›fertige‹ Meinungen, nämlich zugleich auch einen gewissen Eindruck, wie Meinungen zustande kommen und sich gegenseitig relativieren, und zwar im Gespräch derjenigen Gruppe, die als Gruppe Wohnerfahrungen macht und Entscheidungen über Wohnen fällt.
Noch stärker kann der Meinungsbildungsprozeß und damit auch das Gewicht der Einzelmeinungen in Gruppendiskussionen zum Ausdruck kommen, obwohl hier möglicherweise der Anklang von Öffentlichkeit unfertige Gedanken abblockt. Die Bedeutung von Tests mit Spielcharakter, die allein oder in Gruppen durchgeführt werden und häufig keine verbalen Elemente enthalten, wird erst allmählich in der soziologischen Sozialforschung erkannt. Der Psychologie sind solche Experimente vertrauter. Da es sich bei Fragen des Wohnens ja um anschauliche Themen handelt, kann der Anreiz zu Assoziationen durch vorgeführte Bilder, zum Spiel durch Bereitstellen von Klötzchen und ähnlichem Material oder zum Zeichnen gegebenenfalls Möglichkeiten der Artikulation eröffnen, die das geordnete Erwachsenengespräch nicht bietet. Freilich ist zu beachten, daß die gleichen sozialen Determinanten, die sich als hemmend für eine sprachliche Artikulation auswirken, auch die innere Bereitschaft zur Teilnahme an einem spielerischen Test mindern können. Auch die Fähigkeit der Umsetzung von Raumerlebnissen in landkartenähnliche Skizzen hängt übrigens vom Grad der Schulbildung ab, wie sich in einer neueren Untersuchung von Ulfert Herlyn und H. J. Schaufelberger gezeigt hat (171).
Eine zur Erforschung von Wohnerfahrungen und Wohnwünschen meines Erachtens noch nicht genutzte Methode ist die Erstellung von Familien-Monographien. Zwar ist man auch hier zur Rekonstruktion der Wohn-Geschichte von Familien auf Erzählungen der Familien-Mitglieder angewiesen. Man erfährt die Geschichte in der Weise, wie entweder der einzelne oder die Gruppe sie interpretiert. Immerhin könnte man an Hand der geschilderten Erlebnisse, Leiden, Anstrengungen und Entscheidungen oft besser erkennen, wie Bedürfnisse manifest wurden oder in Kompromissen und Resignation untergingen.
Unsere These lautet: Die empirische Sozialforschung hat einige Chancen, näher an die privaten Meinungen über richtiges Wohnen heranzukommen als die Analyse von Marktdaten und öffentlichen Meinungsäußerungen. Freilich verkörpern private Meinungen nicht die gesamten Meinungen der jeweiligen Menschen, sondern nur diejenigen Meinungen, die in privaten Situationen fungieren. Da jedoch das Wohnen vorzugsweise privates Dasein ist (allerdings sich auch der Nachbarschaft öffnet und in enger Beziehung zur Quartiers-Öffentlichkeit steht), könnten private Meinungen recht konkrete Interpretationen von gespürten Bedürfnissen sein. Freilich darf sich die empirische Sozialforschung nicht zu sehr auf die beliebte Methode

des Einzelinterviews verlassen, sondern sollte neben Interview-Reihen, auf die man wegen ihrer quantitativen Auswertungsmöglichkeiten nicht verzichten kann, auch andere Methoden verwenden, die den Prozeß der Meinungsbildung und ihr Gewicht im Lebenszusammenhang (damit auch eventuell ihre Nähe zum ›Bedürfnis‹) deutlicher machen.

4. Kollektiv-Aktionen. Die empirische Sozialforschung im engeren Sinn bekommt niemals unmittelbar den handelnden Menschen zu fassen, sondern immer nur den Meinenden, allenfalls den, der sich eine Meinung bildet, im besten Fall den, der sich an ein Handeln erinnert oder ein Handeln spielerisch simuliert. Deshalb sollte sich die Sozialwissenschaft, die sich ja nicht auf die Methoden der Befragung, des Experiments und der Gruppendiskussion beschränkt, nicht entgehen lassen, Case Studies überall da durchzuführen, wo es in dem interessierenden Bereich zu kollektiven Aktionen kommt. Im Hinblick auf unser Problem sollten Bürgerinitiativen und ähnliche Aktionen vor allem daraufhin beobachtet werden, welche Belastungen und Zumutungen hinsichtlich des Wohnens Menschen, die sonst schwer politisierbar sind, zu kollektivem Handeln stimulieren, d. h. wo die Schwelle des Nocherträglichen so weit überschritten ist, daß das soziale Handeln eine neue Qualität gewinnt. Diese Schwelle könnte einiges über Bedürfnisse aussagen, freilich wohl meist nur über Minimalbedürfnisse. Daß der ganze Fragenkomplex der Bürgerinitiativen, Stadtteilarbeit, Hausbesetzungen usw. auch aus anderen Gründen Gegenstand der Sozialwissenschaft sein sollte, braucht nicht weiter ausgeführt zu werden. So wichtig solche Case Studies sind, so lohnend auch zusammenfassende Übersichten und sekundäre Auswertungen ihrer Ergebnisse sein mögen, so steht doch fest, daß sie nur exemplarischen Charakter haben. Zu der Frage der Wohnbedürfnisse können sie einige Hinweise geben, etwa darüber, wofür Menschen ›auf die Barrikaden‹ gehen, bzw. aus ihrem gewohnten Alltagsverhalten heraustreten. Es wird sich aber nur um ergänzende Informationen handeln können.

Denkansätze zur Vorbereitung und Interpretation empirischer Untersuchungen

1. Zur Theorie des Wohnens. Schon anfangs war klar, daß die verschiedenen ›bedürfnisrelevanten Artikulationsformen‹ sich dem gesuchten ›Wohnbedürfnis‹ nur annähern. Wir werden es nirgends ausreichend artikuliert vorfinden. Die verschiedenen Artikulationen bedürfen der Interpretation, die sich jedoch nicht darauf beschränken darf, das ›eigentlich Gemeinte‹ aus undeutlichen Daten und Texten herauszuholen. Wir bedürfen theoretischer Konstruktionen, die sich zwar auch empirisch absichern müssen, jedoch zum Teil durch Befunde ganz anderer Art als die bisher erwähnten.

Jene theoretischen Konstruktionen, die nicht nur eine Interpretation der Ergebnisse empirischer Sozialforschung zu leiten vermögen, sondern ihr eigentlich sogar die Fragestellungen liefern sollten, müßten meines Ermessens eigentlich auf einer soziologischen Theorie des Wohnens aufbauen. Eine solche Theorie kann hier nicht vorgelegt werden. Uns scheint, daß sie erst noch geschrieben werden müßte. (Eine Reihe wichtiger Überlegungen hierzu findet sich bei Ulfert Herlyn, 170.) Hier nur soviel: Eine soziologische Theorie des Wohnens müßte berücksichtigen, daß so gut wie alle

Menschen zum mindesten für längere Perioden ihres Lebens, insbesondere aber dann, wenn der engere Familienverband eine wichtige, sich im Alltag aktualisierende Gruppe für elementare Bedürfnisbefriedigungen darstellt, die Tendenz zu einer Art von ›Revierverhalten‹ zeigen.

Freilich wird sofort der Unterschied zu denjenigen Tieren deutlich, aus deren Verhalten der Begriff des Reviers und des Revierverhaltens abgeleitet ist. Sollte beim Menschen tatsächlich eine generelle Tendenz bestehen, dauerhaft bestimmte Ausschnitte aus seiner Umwelt im Hinblick auf die Erfüllung bestimmter Bedürfnisse zu privilegieren und für sie exklusive Ansprüche zu stellen (gegebenenfalls dieses Stück Umwelt nach außen abzuschirmen), so ist diese Tendenz jedenfalls sehr wenig spezifiziert und relativ wenig zwingend. Es kann sich allenfalls um ein Instinktresiduum handeln, nicht um einen Instinkt, der aufgrund genetischer Determination das Verhalten immer wieder präzis steuert wie etwa das Verhalten jener seßhaften Fische, das Konrad Lorenz schildert (246). Dafür, daß es beim Menschen immerhin ein Instinktresiduum gibt, das ihn auf die Ausgrenzung eines Umwelt-Stücks mit größerer Vertrautheit und Verläßlichkeit verweist, als es die übrige Umwelt vermittelt, könnten einige Beobachtungen sprechen: Z. B. die psychischen Probleme, wie sie bei ›Trailer-Kindern‹ auftreten, ferner bei Personen (insbesondere bei Kindern), die lange Zeit in Lagern interniert waren oder häufig umziehen mußten, schließlich auch das strenge Ritual, mit dem gerade nomadisierende Gruppen jeweils am neuen Ort kurzfristig, aber immer nach denselben Regeln ›befriedete‹ Lagerplätze definieren.

Wichtiger ist aber, daß die von uns unterstellte und in ihrer Generalität schwer beweisbare Tendenz zum Revierverhalten erstens langfristig suspendierbar ist: Der Mensch, insbesondere wenn er nicht im Familienverband lebt, kann sehr lange Zeit ›ohne festen Wohnsitz‹ existieren. Und zweitens bedarf dieses Revierhalten, um zu greifbaren Ergebnissen, nämlich zum ›Wohnen‹ zu führen, einer Reihe zusätzlicher spezifischer Verhaltensmuster, die zum größten Teil kulturell vermittelt sind. Entsprechend sind sie außerordentlich vielfältig.

Eine Theorie des Wohnens sollte nicht in der Beschreibung dieser außerordentlichen Vielfalt stehen bleiben, sondern versuchen, einige häufig auftretende Typen herauszuarbeiten, sie einander gegenüberzustellen und versuchen zu zeigen, inwieweit hier Entsprechungen zu den Strukturen der jeweiligen Gesellschaft und Kultur bestehen. Sie darf sich freilich nicht durch die Zwangsvorstellung beherrschen lassen, in jedem Fall eine solche Entsprechung vorzufinden: Es könnten ja durchaus nicht nur faktische, sondern auch in der uneinheitlichen (eventuell widersprüchlichen) Struktur der Gesellschaft und Kultur begründete Diskrepanzen zwischen Wohntypen und übergreifenden Verhältnissen auftreten.

Der Versuch zu beschreiben, in welcher Weise sich das von uns als Instinktresiduum angenommene Revierverhalten in unserer abendländischen, modernen, industriegesellschaftlichen Kultur unter den Bedingungen eines gemäßigten Klimas in spezifischer Weise als Wohntypus konstituiert, wird sicher folgendes feststellen:

– Stärker als in vielen anderen Kulturen ist der als Wohnplatz privilegierte Umwelt-Ausschnitt eine feste Behausung. Zu ihm kann ein exklusiv beanspruchter offener Platz unter freiem Himmel gehören. Aber dieser stellt meist schon eine Übergangszone dar. In erster Linie wohnt man in ausdrücklich zum Wohnen ge-

schaffenen artifiziellen Raumgebilden, erst in zweiter Linie und nur gelegentlich auf einem Balkon, auf dem Hof, im Garten, nur selten auf Plätzen, die für die Umwohnenden in gleicher Weise zugänglich sind.
– Der exklusive Wohnplatz ist der Hauptort für alltägliche Interaktionen einer relativ kleinen intimen Gruppe, falls er nicht für eine Einzelperson reserviert ist. Meist handelt es sich um einen kleinen Familienverband. Das Zusammenleben der Mitglieder von ›Kernfamilien‹ prägt die Wohnvorstellungen auch da, wo nicht verwandte und nicht verheiratete Personen eine Wohngemeinschaft bilden.
– Da in der hier genannten Gesellschaft die den Lebensunterhalt sichernde Arbeit zum größten Teil nicht innerhalb des Familienverbandes und auch nicht von der kooperierenden Familiengruppe geleistet wird, sondern von Individuen, die in anderen gesellschaftlichen Organisationsformen tätig sind, gibt es schon bei mäßigem Wohlstand die Chance zu einer ›Luxurierung‹ einer Sphäre, die von gesellschaftlich notwendiger Arbeit nicht völlig beherrscht ist. Es gibt die Möglichkeit, diese zu ›privatisieren‹, von der beinahe durchweg Gebrauch gemacht wird, wenn die wirtschaftlichen Möglichkeiten es gestatten und die hierzu nötigen Verhaltensmuster eingeübt sind. Hier bestehen freilich große Unterschiede zwischen den sozialen Schichten. Jedoch treten andere kulturspezifische Definitionen des Wohnplatzes zunehmend in den Hintergrund, z. B. solche, nach denen die Wohnsphäre weniger exklusiv oder für eine größere Gruppe (z. B. eine Großfamilie mit Gesinde) festgelegt wird.
– Trotz der ziemlich radikalen ›Exemption‹ einer privaten Wohnsphäre aus der sonstigen räumlichen Umwelt und der gleichzeitigen Konstituierung eines Teils der übrigen Umwelt als einer ›öffentlichen‹ Sphäre, besitzt die abgeschirmte Wohnsphäre oft noch ein ›Glacis‹ und ›Versorgungsgebiet‹. Von der unmittelbaren Umgebung wird eine gewisse Vertrautheit und Verläßlichkeit erwartet, ferner das Ausbleiben von Bedrohungen und Störungen und die Bereitstellung gewisser Versorgungsleistungen. Wenn die öffentliche Sphäre mit ihren Gesetzmäßigkeiten und Anforderungen sofort hinter der Wohnungstür beginnt, ist die Wohnung unvollständig. Das private alltägliche Leben der behausten Gruppe tendiert dazu, über die ›Ufer‹ der Behausung zu treten. Kann es das nicht, ist das Leben in der Behausung eingeengt.
Diese allgemeinen Bemerkungen sind rein beschreibend und enthalten keinerlei neue Einsichten. Sie sollen nur einige Richtungen andeuten, in denen man weiter arbeiten muß, um den kulturspezifischen Wohnbedürfnissen unserer Gesellschaft näher zu kommen.
2. *Sozialisation und Wohnumwelt.* Der weitgehend artifizielle Charakter der Wohnumwelt ist Produkt der Geschichte. In ihrem derzeitigen Zustand könnte sie sowohl Ergebnis zunehmend besser geglückter Bedürfnisbefriedigung als auch Folge fremdbestimmter Zwänge sein. Beides läßt sich bei historischer Betrachtung nicht voneinander trennen, zumal Not erfinderisch macht, aus Nöten Tugenden (bzw. Ideologien) gemacht werden und derjenige, der A gesagt hat, oft keine Wahl mehr hat, etwas anderes als B zu sagen. Jedoch läßt die Analyse einzelner Situationen, Verhaltensweisen und Interaktionsgefüge erkennen, wo typischerweise Konflikte, Anpassungsschwierigkeiten oder Lernprobleme auftauchen. Aus diesem Grund wäre es fruchtbar, die Wohnung und deren Umgebung aus der Perspektive der Sozialisationsforschung zu untersuchen. Zwar wird man auch hier gewisse Werthaltungen,

z. B. bestimmte Sozialisationsziele und Sozialisationsmethoden, als gegeben hinnehmen müssen. Jedoch kann man zum Beispiel das Kind durch systematische Beobachtung und Experimente auf dem Weg begleiten, auf dem es vom Bettchen und Kinderzimmer (falls es eines hat) über die Wohnung, die Nachbarschaft, den Schulweg und die Schule seine räumliche und soziale Umwelt erschließt. Es lassen sich Modelle geglückter Umwelterschließung konstruieren. Von ihnen her sind zahlreiche Konflikte, Verhaltensstörungen und Retardierungen erklärbar, die offenbar etwas damit zu tun haben, daß die gebaute Umwelt einer geglückten Umwelterschließung im Wege stehen kann. Hieraus lassen sich positive Forderungen aufstellen, die man als einen Teilaspekt des Wohnbedürfnisses ansehen kann.

3. Wohnumwelt und Arbeit. Ein weiterer Denkansatz beginnt bei der Feststellung, daß unsere heutige Wohnform nicht ohne tiefgreifende Veränderungen der gesellschaftlichen Arbeit vorstellbar ist, die sich in den letzten 150 Jahren abgespielt haben. Wir denken nun zu wenig an eine Tatsache, die wir jeden Tag erleben, nämlich, daß sich keineswegs alle Arbeit aus der Wohnsphäre hinausverlagert hat. Die Trennung von Arbeiten und Wohnen ist unvollständig geblieben. Zwar ist die Familie nicht mehr die kooperativ produzierende Gruppe schlechthin. Aber ihr Wohnalltag ist beherrscht durch ein Geflecht von Arbeiten und arbeitsähnlichen Verrichtungen; letztere bilden einen fließenden Übergang zu ausgesprochenen Freizeitbeschäftigungen. Stellt man die Frage, in welchem Verhältnis außerhäusige Arbeit und Binnenarbeit, ferner Binnenarbeit, hobby-ähnliche Halbarbeit und Nichtarbeit zueinanderstehen, so ergeben sich typische Unterschiede je nach Berufsgruppen und je nach ökonomischem Status. Es lassen sich Typen familiärer Tagesabläufe konstruieren, die verschiedenen soziökonomischen Gruppen zuzuordnen wären. Ansätze hierzu, freilich unter anderer Fragestellung, findet man in agrarwissenschaftlichen Untersuchungen und Zeitbudget-Studien. Es käme aber jetzt darauf an, von den Tagesablauftypen her Forderungen für Wohnungsgestaltung, Wohnstandort und Quartiersplanung zu entwickeln. Auf diese Weise würden ebenfalls Wohnbedürfnisse, diesmal mit schichtspezifischer Differenzierung, unter einem besonderen Aspekt anvisiert.

4. Familiensoziologischer Denkansatz. Die Feststellung, daß die Wohngemeinschaft in aller Regel heute die Kernfamilie oder auch die um wenige Verwandte erweiterte Kernfamilie ist und nicht ein großer Familienverband, läßt die Frage entstehen, seit wann sich dieser Wandel vollzogen hat, ob er schon beendet ist, bzw. sich vielleicht in Form stärkerer Individualisierung fortsetzt und ob dieser Reduktionsprozeß bereits durch Kreierung entsprechender Verhaltensmuster bewältigt wurde.

Die Kleinfamilie ist, nachdem sie zunächst mit Skepsis betrachtet und dann glorifiziert wurde, neuerdings ins Gerede gekommen. Zwar ist es unwahrscheinlich, daß die Menschen in absehbarer Zeit überhaupt nicht mehr im kleinen Familienverband wohnen werden und den Weg zur erneuerten Großfamilie, bzw. zur großfamilienähnlichen Kommune gehen werden. Aber die Frage nach dem erträglichen und zuträglichen Grad der Intimität in der Kleinfamilie und dem wünschenswerten Grad ihrer Abschließung nach außen, ferner nach der möglichen und wünschenswerten Einbeziehung alleinstehender alter Verwandter, ohne diese ihrer Selbständigkeit zu berauben, ist noch nicht beantwortet. Von den Vorstellungen über eine mögliche und erstrebenswerte Entwicklung des Familienverbandes und seiner inneren und äußeren sozialen Beziehungen lassen sich ebenfalls Forderungen entwickeln, die einen Aspekt der Wohnbedürfnisse deutlich machen.

5. *Alters- und geschlechtsspezifische Rollen in der Wohnumwelt.* Eine Reihe weiterer Fragen, die sich teilweise mit den bisherigen überschneiden, ergibt sich, wenn man feststellt, daß schon aus biologischen Gründen, zusätzlich aber auf Grund alters- und geschlechtsspezifischer Rollen-Definitionen die Chancen der Umweltnutzung sich unterschiedlich verteilen. Es gibt gewisse Einschränkungen des Bewegungsspielraums für Kinder, für alte Leute, für Behinderte, sicher auch für schwangere Frauen und die Mütter von kleinen Kindern. Daraus ergeben sich Modifikationen hinsichtlich der Wohnbedürfnisse, insbesondere hinsichtlich des Wohnungsstandorts und seiner Umgebung. Diese Modifikationen des allgemeinen Wohnbedürfnisses lassen sich ziemlich deutlich formulieren; zum Teil ist dies auch schon geschehen. Es kommt aber darauf an, zu Konzeptionen darüber zu gelangen, wie die verschiedenen Personenkategorien trotz divergierender Bedürfnisse zusammenleben können, denn keine von ihnen hat das Bedürfnis, unter sich zu bleiben.

6. *Kulturhistorischer Denkansatz.* So gegenwartsbezogen und praktisch die hier ins Auge gefaßten Denkansätze sein sollen, so bedürfen sie gleichwohl einer geistesgeschichtlichen Vorklärung und Überprüfung. Wir meinen hier allerdings nicht in erster Linie die sich literarisch niederschlagende Ideengeschichte, sondern die ›Geistesgeschichte der Massen‹. Zu untersuchen wäre, woher die heute im Schwange befindlichen Leitvorstellungen über richtiges Wohnen stammen und wann sie in die verschiedenen Bevölkerungsgruppen eingedrungen sind. Wir dürfen zwar annehmen, daß die herrschenden Leitbilder zu einem erheblichen Teil aus unmittelbaren Lebenserfahrungen entstanden sind. Zum Teil sind sie aber tradiert, von anderen Gruppen oder durch Medien übernommen, mitunter sind sie der eigenen Situation kreativ angepaßt worden. Manchmal werden sie wie Fremdkörper weitergeschleppt, funktionslos oder lediglich als Statussymbole. Hier könnte eine Zusammenarbeit der Baugeschichtler, Sozialgeschichtler und Volkskundler eine Reihe neuer Perspektiven eröffnen, durch die Wohnweisen und Wohnwünsche, die durch die empirische Sozialforschung eruiert werden, besser verständlich würden.

Befunde und Fragen

Die genannten Denkansätze stehen selbstverständlich nicht im luftleeren Raum. Sie können an ein Wissen anknüpfen, das zum Teil gezielt, zum Teil beiläufig in anderem Kontext erarbeitet wurde. Ein Ziel der Erforschung von Wohnbedürfnissen in nächster Zeit sollte nicht nur sein, die erarbeiteten empirischen Befunde theoretisch zu überprüfen und miteinander in Beziehung zu setzen. Es sollte bei der Formulierung neuer Fragestellungen auch versucht werden, die vielen Befunde, die zu anderen Zwecken vielfach in Nachbarwissenschaften gewonnen wurden, für die Wohnforschung nutzbar zu machen. Das soll in den folgenden Abschnitten an einigen ausgewählten konkreten Beispielen verdeutlicht werden. Es geht bei den Exemplifikationen immer wieder darum zu zeigen, wie man sich von verstreutem Wissen, das man hat oder haben könnte, näher an die Wohnbedürfnisse herantasten kann. Vollständigkeit ist angesichts der gebotenen Kürze nicht zu erwarten.

1. Der Familienhaushalt. Die Statistik zeigt, daß die Durchschnittsgröße der Privathaushalte seit Jahrzehnten ständig kleiner geworden ist. Große Haushalte werden seltener, Einpersonenhaushalte, insbesondere in den Großstädten immer häufiger. Es wäre falsch, aufgrund solcher Zahlen zu vermuten, der Familienverband verliere seinen Vorrang als Wohn- und Wirtschaftsgemeinschaft. Die Veränderungen sowohl in der Erwerbswirtschaft als auch in der Hauswirtschaft geben immer seltener einen Anlaß oder eine Möglichkeit, familienfremde Personen im Haushalt aufzunehmen. Es gibt überhaupt weniger Bauern. Und auch mittlere und größere Bauern haben nur noch selten Knechte und Mägde, die im Haushalt ihres Arbeitgebers leben. Ähnliches gilt für Handwerker- und Geschäftshaushalte: Lehrlinge und andere Beschäftigte gehören in aller Regel nicht mehr zur Hausgemeinschaft ihrer Arbeitgeber. Dienstboten, früher zahlreich auch im mittelständischen Milieu, sind fast verschwunden, wenn man von Putzfrauen absieht, die nicht im Haushalt ihrer Brotgeber wohnen. Die Mehrpersonenhaushalte haben immer mehr den Charakter reiner Familienhaushalte angenommen. Die Familien selbst sind kleiner geworden, weil es infolge der Geburtenbeschränkung weniger Kinder gibt.

Außerdem zeigt sich eine wachsende Tendenz zur Schrumpfung des Familienverbandes: Es kommt seltener vor als früher, daß Großeltern oder andere erwachsene Verwandte im Haushalt mitleben. Auch die erwachsenen Kinder dürften häufiger schon vor der Gründung einer eigenen Familie sich eine eigene Behausung suchen.

Diese unbestreitbare Beobachtung, die zudem auch sehr gut zu weitverbreiteten familiensoziologischen Lehrmeinungen paßt, bedarf aber der Relativierung und der Interpretation. Einmal vermittelt die Statistik ein nicht ganz richtiges Bild. Sicherlich gibt es zahlreiche Großmütter, Großväter und andere erwachsene Verwandte, die in der Wohnung ihrer Kinder oder Verwandten mitleben, die jedoch – damit alles seine Ordnung hat – für das von ihnen benutzte Zimmer Miete zahlen. Dann sind sie für die Haushaltsstatistik Untermieter, d. h. sie werden in der Regel als Einpersonenhaushalte gezählt. Zweitens gibt es zahlreiche Familien, die beim Bau eines Eigenheims das Zusammenwohnen von drei Generationen von vornherein eingeplant haben. Für die Großeltern oder für die erwachsenen Kinder wurde eine Einliegerwohnung gebaut. Statistisch gesehen ergibt das zwei kleine Haushalte. In Wirklichkeit besteht eine größere Wohn- und Wirtschaftsgemeinschaft, freilich mit der Möglichkeit einer gewissen Separierung. Eine ähnliche Zwischenlösung, d. h. eine Wohngemeinschaft mit Distanzierungschance, findet man bei unzähligen Besitzern älterer Häuser, insbesondere auf dem Lande und in kleinen Städten. Unter einem Dach, aber verteilt auf mehrere Wohnungen hausen mehrere miteinander verwandte Familienverbände oder Einzelpersonen. Schließlich – trotz aller Schwierigkeiten auf dem Wohnungsmarkt – haben es zahllose Familien geschafft, für die Verwandten in unmittelbarer Nähe ihres Wohnsitzes eine Wohnung zu finden. Die Großmutter hält sich tagsüber in der Wohnung ihrer Tochter oder ihres Sohnes auf, versorgt unter Umständen deren Kinder, während die Mutter erwerbstätig ist, verfügt aber über eine eigene kleine Wohnung, in die sie sich abends oder wenn man verzankt ist zurückziehen kann.

Zwischenlösungen dieser Art sind außerordentlich häufig und entsprechen, wie aus Befragungen hervorgeht, vielfach den Wünschen und den Bedürfnissen. Allzu große und erzwungene Intimität, vor allem in kleinen Wohnungen, ist unbeliebt.

›Intimität auf Distanz‹ ist jedoch ein Leitbild, nach dem viele Menschen ihre Verwandtschaftsbeziehungen zu ordnen wünschen. Hierfür sprechen sowohl die emotionalen Bindungen als auch handfeste wirtschaftliche Gründe. Freilich läßt sich dieses Ziel oft nicht verwirklichen: Der Wohnungsbestand ist jeweils am Ort häufig zu undifferenziert, um komplizierte Arrangements für die sogenannte erweiterte Kleinfamilie zu ermöglichen. Die Wohneinheiten bei Neubauprogrammen sind oft für bestimmte Personengruppen vorgesehen, und die Vergabe erfolgt starr und bürokratisch. Eine Berücksichtigung von Bedürfnissen der ›erweiterten Kleinfamilie‹ ist schwierig.

2. *Bevorzugte Wohnformen: Das Einfamilienhaus.* Aus zahlreichen Untersuchungen geht hervor, daß das Einfamilienhaus sich in allen Bevölkerungsschichten großer Beliebtheit erfreut. In Deutschland ist leider das Einfamilienhaus in aller Regel auch ein Eigenheim. Vermietbare Einfamilienhäuser – anders als in Holland und England – sind selten. Wer in einem Eigenheim wohnen will, muß es gewöhnlich bauen oder erben.

In der starken Präferenz für das Einfamilienhaus mit Garten oder Wohnhof sprechen sich zweifellos legitime Bedürfnisse aus, die durch keine andere Wohnform befriedigt werden können. Nirgendwo anders, auch nicht bei Stockwerkseigentum, kann sich das Familienleben ähnlich ungestört entfalten. Freilich ist der Preis, der im wörtlichen und übertragenen Sinn bezahlt wird, für Bezieher geringerer Einkommen sehr hoch. Man muß fragen, ob die Präferenz so groß wäre, wenn es mehr diskutable Alternativen gäbe. Eine Alternative wäre zweifellos das vermietbare Einfamilienhaus, das in moderner Bauweise auf verhältnismäßig kleiner Grundfläche zu erschwinglichen Mietpreisen erhältlich sein könnte. Wer bei bescheidenem Einkommen in den letzten beiden Jahrzehnten zu einem Einfamilienhaus gelangen wollte, mußte meist sehr große finanzielle und – soweit Selbsthilfe nötig war – körperliche Anstrengungen auf sich nehmen. Man darf annehmen, daß unendlich viel Überstundenarbeit und statistisch nie erfaßbare Schwarzarbeit den Bau von Eigenheimen realisieren half. Überanstrengung und Gesundheitsschäden waren oft die Folgen.

Der erschwingliche Bauplatz des Eigenheims liegt nicht selten weit von der Stadtmitte und vom Arbeitsplatz entfernt. Die dünnbesiedelten Eigenheimsiedlungen sind vielfach ›öffentlich unterversorgt‹. Es entstehen Erschwerungen für den Einkauf, für die Ausbildung der Kinder, für die Teilnahme am kulturellen und politischen Leben. Die Wege zum Arbeitsplatz werden oft überlang. Von den Verkehrsproblemen und den städtebaulichen Fragen, die durch ausgedehnte Eigenheimgebiete am Stadtrand und in isoliert liegenden Wohnvororten entstehen, soll hier aber nicht die Rede sein. Leidtragende der aus den Fugen geratenden Städte sind jedoch nicht nur die in ihrem Innern lebenden Bewohner, sondern auch gerade die Bewohner der in die Landschaft vertröpfelten Eigenheimregionen. Bei der Interpretation von Befragungen, die auf die Beliebtheit des Eigenheims verweisen, hat man den Eindruck, daß Befragte die Schattenseiten ihres Wunsches manchmal nicht ausreichend bedenken. Nachher, wenn sie in ihrem Haus wohnen, werden viele veranlaßt, ihre Entscheidung für ein eigenes Haus, die für Bezieher geringer Einkommen eine Lebensentscheidung ist, zu rechtfertigen (auch vor sich selbst). Außerdem muß man stets berücksichtigen, welche realistischen Alternativen bei einer Ent-

scheidung für ein eigenes Haus bestanden haben, d. h. ob in Mehrfamilienhäusern eine passende Mietwohnung überhaupt zu finden war. Nach unserer Überzeugung haben sich in Westdeutschland nach dem Krieg viele Familien, vor allem größere, zum Hausbau entschlossen, die in einer zentraler gelegenen, wirtschaftlich leichter zu tragenden größeren Mietwohnung besser aufgehoben gewesen wären. Nur konnten sie keine finden, weil die Wohnungsbaupolitik auf ihre Bedürfnisse nicht eingestellt war. Der Hausbau war mitunter für sie auch deshalb unzweckmäßig, weil er sie zu einer Seßhaftigkeit zwang, welche die berufliche Mobilität einschränkte. (Erinnert sei an die unzähligen Kleinsiedlungen, die im Ruhrgebiet für Bergleute errichtet wurden.)
Man muß sich bei dieser Frage vor Verallgemeinerungen hüten. Was für die Großstadt gilt, ist nicht unbedingt für kleinere Gemeinden richtig. Ebenso ist eine Differenzierung nach Lebensphasen erforderlich. Das Einfamilienhaus bietet für Familien mit kleinen Kindern besonders große Vorteile. Freilich bedeutet die Finanzierung eines Eigenheims in dieser Phase, in der die Erwerbsarbeit der Mutter schwer zu verantworten ist, eine besonders starke Belastung. Sind die Kinder älter, verdienen sie vielleicht selbst schon Geld, so ist der Bau eines Eigenheims leichter zu bewältigen, ist jedoch das Einfamilienhaus weit draußen vielleicht schon nicht mehr die bestmögliche Wohnform.
Das bisher Gesagte muß selbstverständlich wieder modifiziert werden, je nach der sozialen Schicht, von der die Rede ist. Das Eigenheim bedeutet für die Bezieher höherer Einkommen eine geringere Ortsbindung. Sie können sich leichter entschließen, ein Haus zu verkaufen und in einer anderen Stadt ein neues zu erwerben.
Hausbesitz hat für große Teile der am Stadtrand oder in kleinen Gemeinden lebenden Arbeiterfamilien im übrigen meist noch eine spezifische Bedeutung. Er stellt nicht nur eine Wohnform dar, sondern bildet mit Garten, eventuell Pachtland und Landbesitz zusammen eine zusätzliche naturalwirtschaftliche Einkommensquelle. Es mag sein, daß sich viele sogenannte Arbeiter-Bauern und Nebenerwerbssiedler im Laufe der Zeit in ›reine‹ Arbeiter verwandelt haben und noch verwandeln werden. Gleichzeitig entstehen aber ständig neue agrarisch-gewerbliche Mischexistenzen, da Kleinbauern Industriearbeiter im Hauptberuf werden, ihre Bauernwirtschaft aber nebenberuflich weiterführen. Nicht zuletzt auch aus solchen Gründen dürfte der Anteil derjenigen, die in eigenen Häusern wohnen, unter Arbeitern größer sein als unter Beamten und Angestellten.
Befragungsergebnisse, die die Bevorzugung einer bestimmten Wohnform, in diesem Falle des Einfamilienhauses oder Eigenheims zeigen, verweisen sicher nicht nur auf unverbindliche Wünsche und sind auch nicht nur Ausdruck von ideologischer Präformierung, obwohl diese ebenfalls hineinspielt. Eine jahrzehntelange, von bestimmten Gruppen geförderte Eigenheimideologie hat sich mit Traditionen vereinigt, die vor allem in kleinen Gemeinden mächtig sind. Dort hat der Hausbesitzer seit alters auch dann einen gewissen sozialen Status, wenn er sich auf den weniger geachteten Rängen der Berufspyramide bewegt. Die Vielfalt der mitwirkenden Faktoren, von denen wir nur einige genannt haben, macht es erforderlich, feinere empirische Instrumente zu verwenden, als es bisher geschehen ist, wenn man wirklich den Zusammenhang zwischen verschiedenen Wohnweisen und dem Streben nach Besitz verstehen will.

3. *Das Wohnhochhaus.* Das Hochhaus als Wohngebäude wurde lange Zeit mit großem Mißtrauen, ja mit Feindseligkeit betrachtet. In neuester Zeit werden Wohnhochhäuser, oftmals ganze Hochhausketten und Hochhausgebirge, mit aller Selbstverständlichkeit gebaut, ohne daß viel überlegt wird, für wen sich diese Wohnform eignet. Vor einigen Jahren, als die Vorurteile gegen das Hochhaus noch stark waren, hat eine Untersuchung von Ulfert Herlyn über Wohnerfahrungen in Hochhäusern ein differenzierteres Urteil ermöglicht (170). Im Vergleich zu herkömmlichen Mietwohnungen in Baublöcken und Zeilenbauten von drei bis fünf Stockwerken wurde das Wohnen im Hochhaus von dessen Bewohnern überwiegend positiv beurteilt. Interessant war, daß auch viele Befragte mit Kindern eine positive Einstellung zu dieser Wohnweise hatten. Dabei spielte natürlich die Höhe des bewohnten Stockwerks eine Rolle. In den unteren Stockwerken eines Hochhauses ist die Situation nicht viel anders als in einem anderen Miethaus. In den höheren Stockwerken sind die Schwierigkeiten für Kinder, die noch nicht den Fahrstuhl bedienen können, und für Eltern, die ihre draußen spielenden Kinder vom Fenster beobachten wollen, größer. Bezeichnend war, daß die Vorbehalte gegen das Wohnen mit Kindern im Hochhaus bei Befragten, die selbst keine Kinder haben, größer waren als bei solchen, die welche haben, d. h. über eigene Erfahrungen verfügten. Das könnte darauf deuten, daß die negativen Urteile überwiegend Vorurteile sind, die durch Erfahrung widerlegt werden.
Im ganzen zeigt sich jedoch, daß es *das* Hochhaus nicht gibt. Es kommt darauf an, wie Hochhäuser angelegt sind. Je nachdem sind sie für verschiedene Arten von Bewohnern geeignet.
In einem Hochhaus können sich nicht alle Bewohner kennen. Die Anonymität ist noch größer als in anderen Mietshäusern. Viele Menschen empfinden das als angenehm. Alte Menschen, insbesondere alleinstehende, leiden jedoch oft unter einem Mangel an Nachbarschaftskontakten, der für sie im Hochhaus recht drückend sein kann. Ist es aber so gebaut, daß fünf oder sechs Parteien auf einer Etage wohnen und sich gelegentlich begegnen, so sind auf dem Stockwerk ähnliche Nachbarschaftsbeziehungen möglich wie in kleineren Mietshäusern. Es ist also auch kein generelles Urteil darüber angebracht, ob alte Menschen sich in Hochhäusern wohlfühlen. Die Tatsache, daß Hochhäuser Fahrstühle haben, über einen überdurchschnittlichen Komfort verfügen, eher zentral als peripher gelegen und dennoch von einer größeren Freifläche umgeben sind als die meisten Baublöcke oder Zeilen, daß man ferner in ihren oberen Stockwerken relativ ruhig wohnen kann, wenn an Lärmschutz gedacht ist, lassen Hochhäuser für ältere Menschen als nicht ungeeignet erscheinen. Freilich nützen alle materiellen Annehmlichkeiten nichts, wenn nicht an die gruppenspezifischen sozialen Bedürfnisse gedacht ist. Sie sind grundsätzlich erfüllbar, werden aber in der Praxis oft nicht bedacht.
4. *Nachbarschaft und Quartiersumwelt.* Der moderne Wohnungsbau hat die Tendenz, die einzelne Wohneinheit in der Weise zu konstruieren und technisch auszustatten, daß sie weitgehend autark ist, freilich nur weitgehend, denn ein Wohnen, das sich auf die vier Wände beschränkt, wäre ein verkümmertes Wohnen. Immerhin, der tägliche Ablauf der Haushaltsarbeit, die Einnahme der Mahlzeiten wie ihre Herstellung, die Erfüllung der körperlichen Notdurft, all dies kann in modernen Wohnungen ohne Kontakt mit dem Nachbarn vor sich gehen. Man kann sich in

einem Ausmaß von ihm isolieren, wie dies vor wenigen Jahrzehnten noch nicht denkbar war. Diese Isolationsmöglichkeit entspricht den geäußerten Wünschen der Mehrzahl der Menschen, wie aus vielen Befragungen hervorgeht. Entspricht sie auch den Bedürfnissen?

Hier ist ein Thema, bei dem es nicht ausreicht, daß die Befunde der empirischen Forschung genau sind und ihre Deutung gescheit ist. Hier müßte die Wissenschaft weise sein. Der Aufstieg aus der erzwungenen Kollektivität des proletarischen Elends, das keine Privatisierung erlaubte, der Stolz, von niemand abhängig zu sein in einer Gesellschaft, die sich – mit welchem Recht auch immer – als Leistungsgesellschaft versteht, die soziale Überforderung des Berufsalltags und des Straßenverkehrs, all dies hat eine Mentalität erzeugt, in der jener Nachbar geschätzt wird, von dem man wenig merkt, mit dem man sich höflich grüßt, und in dessen Briefkasten man die Beileidskarte einwirft, wenn er stirbt. Freilich weicht – wie die Untersuchungen zeigen – die Wirklichkeit von diesem mit immer gleichen Worten dargestellten Leitbild ab: Gelegentlich braucht man den Nachbarn doch. Nach ungefähr ein bis zwei Jahren unterhält der Neuzugezogene auch im großstädtischen Milieu einige ausgewählte Nachbarschaftsbeziehungen, freilich ängstlich bemüht, diese nicht zu intim werden zu lassen. Aber man borgt sich doch Geschirr und Küchengeräte, nimmt sich gelegentlich die Kinder ab, gibt sich Einkaufstips und leistet Hilfe in Krankheitsfällen, bis die eigentlich für zuständig gehaltenen Verwandten angereist sind.

Man darf die überwiegend vertretene negative Definition eines Nachbarn, die unter einem guten Nachbarn einen Menschen versteht, der sich so verhält, als ob er nicht vorhanden wäre, nicht für bare Münze nehmen. Das Bild modifiziert sich, wenn man die Alltagsgewohnheiten untersucht. Bedürfnis und Sprachregelung decken sich nicht völlig. Diese Sprachregelung ist freilich sozialgeschichtlich erklärbar und ist möglicherweise am ehesten dem mittelständischen, beruflich überforderten Familienvater mittleren Alters auf den Leib geschrieben: Er braucht das nach außen abgeschirmte, forcierte Glück im Winkel, und er gibt nun einmal den Ton an in unserer Gesellschaft. Seine Frau, seine Kinder, die Altersrentner, die Frühinvaliden, die geschiedenen und verwitweten Ehefrauen, die Gastarbeiter, Studenten, die zum ersten Mal in einer fremden Stadt leben – alle diese Personen werden ihm vielleicht sogar halbherzig zustimmen. Niemand wünscht sich ja Zustände zurück, in denen man nicht unbeobachtet die Toilette aufsuchen konnte und in der die gemeinsame Waschküche Anlaß ständiger Konflikte war. Aber das Verschwinden von Konfliktherden kann auch ein soziales Vakuum zur Folge haben, das noch drückender ist. Wir möchten vermuten, daß sich die wirklichen Bedürfnisse hinsichtlich der Art und des Umfangs von Nachbarschaftskontakten heute noch nicht deutlich artikulieren. Das Thema ist noch zu stark durch negative Erinnerungen an die Vergangenheit und durch eine ebenfalls geschichtlich erklärbare Überschätzung der selbstgenügsamen kleinen Familie im trauten Heim belastet (vg. S. 48 ff, 196 ff).

5. *Wohnbedürfnisse alter Menschen.* Untersuchungen über Wohnwünsche, Wohnerfahrungen und Wohnbedürfnisse sind häufig sehr pauschal und berücksichtigen zu wenig die besonderen Bedürfnisse besonderer Personengruppen. Hierzu sollen nur einige Beispiele genannt werden. Relativ ausführliche Detailkenntnisse liegen zum

Thema ›Wohnen alter Menschen‹ vor (387, 101). Man weiß eigentlich recht gut, wie alte Menschen wohnen und wie sie wohnen möchten bzw. wohnen sollten. Das Forschungsproblem besteht eher darin herauszufinden, warum es so schwer ist, das, was im Grunde von allen für richtig gehalten wird, zu verwirklichen.
Das große Problem des Alters, die drohende und drückende Vereinsamung, ist häufig, aber nicht in erster Linie eine Folge der Wohnverhältnisse. Obwohl heute sehr viel seltener als früher alte Menschen im Familienhaushalt der jüngeren Generation mitleben – freilich, wie wir schon bemerkten, nicht so selten wie oft angenommen wird –, hat die Mehrzahl der alten Menschen ziemlich häufige und regelmäßige Kontakte zu ihren jüngeren Verwandten. Allerdings sind sie auf die Jüngeren auch in besonderem Maße angewiesen, wenn die Kontaktchancen der Berufssphäre im Rentenalter wegfallen, wenn die geringere körperliche Beweglichkeit die Überwindung größerer Entfernungen zu Besuchszwecken erschwert, wenn immer mehr alte Freunde und gleichaltrige Verwandte sterben und das verunsicherte Selbstgefühl alter Menschen, die sich oft als nicht mehr vollwertig – weil nicht voll leistungsfähig – fühlen, vor der Anknüpfung neuer Freundschaften zurückscheuen läßt.
Was das Verhältnis alter Menschen zu ihren Verwandten anbetrifft, so entspricht die oft gebrauchte Formel ›Intimität auf Distanz‹ zumeist auch ihren Wünschen. Sie sollte Maxime des Wohnungsbaus für alte Menschen sein. Sie zu verwirklichen, ist freilich nicht einfach, denn einmal weisen die geäußerten Wohnwünsche alter Menschen in verschiedene Richtungen, zum andern gibt es äußere Umstände, die gute Lösungen erschweren. Alte Menschen wohnen relativ häufig in alten Häusern, die in Altbaugebieten liegen. Die Miete ist dort niedrig, was dem geringen Renteneinkommen entspricht. Aber sie müssen Unbequemlichkeiten in Kauf nehmen. Die Altbaugebiete sind oft eng, liegen in der Nähe der Innenstadt oder sogar im Stadtzentrum. Diese Wohngebiete sind heute meist laut. Die Belästigung durch den Verkehr ist groß. Manchmal sind sie erneuerungsbedürftig. Alte Menschen sehnen sich, wie Befragungen zeigen, deshalb häufig nach einer grünen, ruhigen Umgebung, nach guter Luft und Bequemlichkeit. Was liegt näher, als Altersheime und Altenwohnanlagen mit allem Komfort im Grünen am Stadtrand zu bauen oder kleine behagliche Neubauwohnungen in ähnlicher Umgebung für alte Menschen vorzusehen, wenn im Zuge von Sanierungsmaßnahmen alte, zentral gelegene Wohnbauten abgerissen werden. Lösungen dieser Art sind relativ einfach: Größere Neubauprogramme am Stadtrand lassen sich immer leichter verwirklichen als komplizierte Erneuerungsprojekte mit billigen Wohnungen in zentral gelegenen Stadtgebieten. So besteht aber die Gefahr, daß alte Leute in großen, hübsch gelegenen, möglicherweise sogar komfortablen, autarken Alten-Gettos untergebracht werden. Oder aber sie gelangen in Wohnungen des allgemeinen Wohnungsbaus in Neubausiedlungen, wo sie all die nachbarschaftlichen Kontakte, die sie an ihrem alten Wohnplatz besaßen, verlieren. Wegen der peripheren Lage der neuen Wohnung müssen sie lange Zeit die Folgen einer noch unvollständigen Infrastruktur in Kauf nehmen, z. B. schlechte Nahverkehrsverbindungen und schlechte Einkaufsmöglichkeiten. Auch die Verwandten, die in der gleichen Stadt leben, sind jetzt schwer erreichbar.
Andere Äußerungen in Befragungen deuten freilich in eine andere Richtung: Sie

weisen auf die Bedürfnisse nach sozialen Kontakten nicht nur zur eigenen Familie hin, sondern auch auf den Wunsch nach geruhsamer Teilnahme am allgemeinen Leben einer Gesellschaft, die nicht nur aus alten Menschen besteht. Wie kann man nun die genügend großen Grundstücke in zentralen, klein parzellierten und durch Spekulation überteuerten Stadtgebieten für größere Altenwohnanlagen und Altersheime bereitstellen? Wie kann man anstelle von Flächensanierungen differenzierte Erneuerungsprogramme durchsetzen, die auch Althausmodernisierungen und sozialen Wohnungsbau vorsehen und trotz zentraler Lage und gemischter Nutzung ruhige und beschauliche Wohnplätze enthalten, d. h. eine Verbesserung der Wohnsituation alter Menschen in ihrer gewohnten Umgebung erlauben? Die Versuchung, die nicht ganz eindeutigen Wünsche falsch zu interpretieren und dann den falschen, aber einfacheren Weg zu gehen, ist groß. Wie die vielen neuen, scheinbar supermodernen Altenwohnanlagen zeigen, ist der falsche Weg auch für Privatinitiative attraktiv.

6. *Wohnbedürfnisse von Kindern.* Es gibt in der Bundesrepublik meines Wissens keine gezielten und umfassenden Untersuchungen über die Wohnbedürfnisse und die tatsächlichen Wohnverhältnisse von Kindern. Selbstverständlich tauchen in verschiedenen Studien Aussagen und Forderungen auf, die direkt oder indirekt mit dem Wohnen von Kindern zu tun haben. In vielen Befragungen erscheint die Forderung nach Spiel- und Bolzplätzen. Wohnungstypen werden häufig kritisiert, weil sie unzureichende Kinderzimmer oder keine Spielecken haben. Über das Wohnen von Kindern in Hochhäusern gibt es Einzelbefunde, ebenso über die Unterbringung von Kindern in Obdachlosensiedlungen. Allmählich wird auch einiges über die Häuslichkeit von Gastarbeiterfamilien bekannt. Es fehlt jedoch eine ausreichend empirisch und theoretisch fundierte Studie, die – ausgehend von den verschiedenen Abschnitten des Sozialisationsprozesses – die jeweiligen Bedürfnisse hinsichtlich der Wohnumwelt begründet. Eine solche Studie könnte sich durchaus der Methoden der empirischen Sozialforschung bedienen. Freilich wäre die Form der Einzelbefragung aus naheliegenden Gründen nicht der günstigste Weg. Damit soll jedoch nicht gesagt sein, daß Kinder nicht in der Lage wären, über ihre Bedürfnisse zu sprechen und realistische Aussagen zu machen. Die Methoden der Gruppendiskussion (z. B. in Schulklassen), des Aufsatzschreibens, der Zeichentests und der Experimente, die systematisch vorbereitete Baukastenspiele auswerten, kämen eher in Frage. In der Psychologie sind viele Tests bekannt, die für diese Thematik anwendbar wären.

7. *Wohnbedürfnisse von Ehefrauen.* Obwohl es in unserer Gesellschaft mehr Frauen als Männer gibt, und obwohl die Mehrzahl der erwachsenen verheirateten Frauen aus ›Hausfrauen im Hauptberuf‹ besteht, fehlt es wie bei den Kindern an systematischen zusammenfassenden Untersuchungen über ihre Wohnbedürfnisse. Zwar sind auch hier Einzelbefunde vielfältiger Art bekannt. Eine solche Untersuchung müßte auf Tagesablaufstudien und Zeitbudgetforschungen aufbauen, ferner auf genauen Arbeitsvollzugsanalysen. Methoden hierzu sind in anderen Forschungsbereichen entwickelt. Tagesablaufstudien gibt es z. B. für Landfrauen, Zeitbudgetstudien vor allem für Arbeitnehmer, Arbeitsvollzugsanalysen in der Industriesoziologie und in der Arbeitswissenschaft. Die Anwendung solcher Methoden – freilich

nicht isoliert nur auf die Tätigkeit der Hausfrau, sondern auf ihr Tun im Zusammenhang mit dem Ablauf des familiären Alltags abgestellt – könnte zu präzisen Forderungen hinsichtlich der Gestaltung der Wohnungsgrundrisse, der Gebäudeformen und der Quartiersstruktur führen. Es braucht nicht näher betont zu werden, daß eine solche Untersuchung in enger Verbindung mit Forschungen über Wohnbedürfnisse von Kindern, über Verwandtschaftskontakte im Alltag und Nachbarschaftsbeziehungen stehen müßte.

Wünsche an die Forschung

Unsere Absicht war nicht, die heute feststellbaren Wohnwünsche, Wohnerfahrungen und Wohnbedürfnisse in aller Breite darzustellen. Vielmehr ging es einmal darum, deutlich zu machen, mit welchen Problemen man zu tun bekommt, wenn man von Wohnbedürfnissen spricht. Das Wort ›Bedürfnis‹ gibt vor, etwas Objektives zu meinen. Jede Formulierung konkreter Bedürfnisse enthält aber nichtobjektivierbare Wertentscheidungen von Subjekten. Hoffen wir, daß sie dem oben erwähnten ›Residualhumanismus‹ entstammen. Ferner ging es darum, den Stellenwert und die Grenzen der empirischen Sozialforschung im Rahmen der Erforschung von Wohnbedürfnissen zu erörtern. Es wurde zu zeigen versucht, daß sie nur bestimmte ›bedürfnisrelevante Artikulationen‹ zu Tage fördert. Ihrem Hauptziel, zu den ›privaten Meinungen‹ durchzustoßen, wird sie um so näher kommen, je mehr es ihr gelingt, durch eine Pluralität von Methoden auch ›private Situationen‹ in ihrer Handlungsrelevanz zu reproduzieren, zu simulieren oder im Gespräch zu rekonstruieren. Das bedeutet, daß das Interview nicht unbedingt der Königsweg der empirischen Sozialforschung, sondern nur ein Weg neben anderen ist.
Die sozialwissenschaftliche Forschung muß sich allerdings gleichzeitig auch um die anderen ›bedürfnisrelevanten Artikulationen‹ bemühen, d. h. sie muß Marktdaten analysieren, die öffentliche Meinung beobachten und Kollektivaktionen von Betroffenen verfolgen.
Soll die Bestandsaufnahme der verschiedenen Artikulationen nicht in bloßen Beschreibungen und Zahlenfriedhöfen enden, so bedarf es theoretischer Überlegungen, welche die empirischen Untersuchungen mit Fragestellungen versehen und ihre Auswertung begleiten. Eine allgemeine soziologische, womöglich anthropologisch begründete Theorie des Wohnens konnten wir selbstverständlich nicht vorlegen. Richtiger schien es uns, einige Fragestellungen zu entwickeln, die sich an allgemeine, bekannte, kaum noch zu diskutierende Erscheinungen heutiger Wohnweisen anknüpfen. Die Fragen nach dem Zusammenhang von Sozialisation und Wohnumwelt, von Arbeit und Wohnen, nach dem Wandel der Familiengruppe, ferner nach den heterogenen Wohnbedürfnissen von Trägern alters- und geschlechtsspezifischer Rollen und schließlich nach der geschichtlichen Herkunft der Wohnleitbilder sind zum größten Teil nicht neu. Ihnen ist allerdings oft in anderem Zusammenhang als dem unseren nachgegangen worden. Zu ihrer Beantwortung wurde auch eine Reihe empirischer Untersuchungen durchgeführt. Freilich ging es meist nicht um aktuelle Wohnprobleme, sondern etwa um allgemeine Probleme der Sozialisa-

tion, der Familiensoziologie, der Zeitbudgets, der Lage alter Menschen, der Unterschichtkultur usw. Aus den im letzten Abschnitt ausgesprochenen Fragen könnte aber zugespitzt und kombiniert ein Gerüst entwickelt werden, das der Forschung über Wohnbedürfnisse einen systematischeren Charakter gäbe, als sie bisher gehabt hat. Sie würde dann etwas weniger pragmatisch und genauer zielend vorgehen können. Und sie wäre auch in der Lage, sich besser gegen die Verächter praxisbezogener Empirie zu verteidigen.

ULFERT HERLYN

Soziale Segregation

Segregation als Thema

Die Aussage von Paul-Henry Chombart de Lauwe: »Das Bild der Gesellschaft ist auf den Boden geschrieben« (72) kennzeichnet sozialökologische Forschungsansätze, die versuchen, aus räumlichen Verteilungen von Bevölkerungsgruppen und baulichen Strukturen Organisationsprinzipien einer Gesellschaft zu rekonstruieren. In der Tat erlaubt z. B. schon die Betrachtung eines Landesgebiets aus der Vogelperspektive eine Reihe von gesellschaftsbezogenen Einsichten:
– Der Felderzuschnitt nach Parzellen vermittelt Einsichten in die Struktur der Landwirtschaft.
– Die Beschaffenheit und Anordnung der Verkehrswege ermöglicht Aussagen über den Entwicklungsstand eines Transportsystems.
– Die Form der Besiedlung gibt Aufschlüsse über den Grad der Verstädterung bestimmter Regionen.
– Das Standortverteilungsmuster der Industrie, die Lage und Zuordnung von öffentlichen Einrichtungen und Wohnungen deuten auf Lebensqualitäten von Stadtvierteln hin.
Ebenso kann die räumliche Struktur der Städte, insbesondere die Lage, Art und Anordnung der Häuser in Wohnquartieren, sowie ihre Ausstattung mit Infrastruktureinrichtungen zusammen mit der räumlichen Verteilung verschiedener Bevölkerungsgruppen über die Stadt Hinweise vermitteln auf die unterschiedliche gesellschaftliche Bedeutung sozialer Gruppen einschließlich ihrer Bewertung im Rahmen planerischer Prozesse.
Um aber nun nicht Fehlschlüssen zu erliegen, muß die ökologische Position, die in der zitierten Aussage Chombart de Lauwes auf einen allzu knappen Nenner gebracht wird, in zwei Richtungen ergänzt werden:
Zunächst muß einschränkend festgehalten werden, daß sich bei weitem nicht alle gesellschaftlichen Prozesse räumlich niederschlagen bzw. – und das ist häufiger der Fall – nur partiell und daß sie damit nur unvollständig aus der substantiellen Konkretion dechiffriert werden können; und zwar deshalb, weil die gesellschaftlichen Bedeutungen sozialräumlicher Konfigurationen nur im Gesamtzusammenhang mit der sozioökonomischen Struktur einer Gesellschaftsordnung adäquat erfaßt werden können. Maurice Halbwachs – einer der Hauptvertreter der sozialen Morphologie – verdeutlicht diesen Zusammenhang: »Die Fakten der räumlichen Struktur stellen also nicht mehr das Ganze dar, sondern nur die Bindung oder das physische Substrat dieser Gesellschaften. In jedem einzelnen Falle hat ihre Tätigkeit einen eigenartigen und spezifischen Inhalt, der nicht mit den Veränderungen der Raumstruktur und der Verteilung der Bevölkerung auf einem Gebiet zusammenfällt« (154). Es kommt hinzu, daß das materielle Substrat, die räumliche Struktur und Gestaltung, sich zumeist langsamer wandelt als soziokulturelle und sozioökonomi-

sche Strukturen. Damit zeigen sich in der historischen Entwicklung eher Diskrepanzen zwischen räumlicher und sozialer Struktur als ungebrochene Übereinstimmungen. Wenn z. B. in den meisten Gemeinden, abgesehen von den Zentren der Großstädte, die Silhouette noch eindeutig von Kirchtürmen bestimmt wird, so besagt das nicht, daß der Religion heute der gleiche Stellenwert zuerkannt würde wie zur Zeit der Entstehung dieser sakralen Bauwerke.

Außerdem sind die gestalteten räumlichen Gegebenheiten nicht nur als unvollständiger Niederschlag gesellschaftlicher und ökonomischer Verhältnisse zu beschreiben und zu analysieren, sondern das materielle Substrat wirkt selbst aktiv auf das gesellschaftliche Leben zurück, indem ökonomisch gegebene Chancen für soziale Gruppen erweitert oder zusätzlich verengt werden können. Karel Kosic drückt das folgendermaßen aus: »Eine mittelalterliche Kathedrale ist nicht nur Ausdruck oder Bild der feudalen Welt, sie ist gleichzeitig ein Element des Aufbaus dieser Welt. Sie reproduziert nicht nur die mittelalterliche Wirklichkeit, sie produziert sie auch. Jedes künstlerische Werk hat in unteilbarer Einheit einen doppelten Charakter: Es ist Ausdruck der Wirklichkeit, aber es bildet auch die Wirklichkeit, die nicht neben dem Werk und vor dem Werk, sondern gerade nur im Werk existiert« (220). Die räumliche Lokalisierung von sozialen Gruppen in einer Stadt oder Region hat, wie gesagt, ihrerseits einen nicht unerheblichen Einfluß auf die soziale Plazierung eben dieser Gruppen, da räumliche Absonderung von Gruppen mit unterschiedlichem Sozialstatus über verschiedene Vermittlungen und Symbolisierungen zu verstärkten sozialen Distanzierungen zwischen den Gruppen führen kann.

Wenn die Stadt als die für die industrielle Gesellschaft typische Siedlungsform nun kein »formloser Sandhaufen von Individuen« – wie Max Weber es einmal in idealtypischer Zuspitzung formulierte – sondern in sich strukturiert und vielfältig gegliedert ist, dann muß sowohl nach den Erscheinungsformen dieser Struktur bzw. Gliederung als auch nach den hinter ihnen stehenden objektiven Bedingungen und den sie rechtfertigenden Ideologien gefragt werden. Ein hervorstehendes Charakteristikum der Stadtstruktur ebenso wie der Stadtplanung bestand und besteht in der räumlichen Separierung verschiedener Sphären, Funktionen, Qualitätsstandards von Wohnungen und Infrastruktureinrichtungen und schließlich demographischer sowie sozialer Gruppen. Obgleich die strikte Trennung der städtischen Funktionen Wohnen – Arbeiten – Erholung – Verkehr, am deutlichsten ausformuliert von Le Corbusier auf dem 4. Congrès International d'Architecture Moderne (CIAM) 1933 in Athen, als leitendes Strukturprinzip die industrielle Großstadt nachhaltig geprägt hat (vgl. S. 459 ff), wollen wir die funktionale Trennung zunächst nicht weiter verfolgen, sondern uns nur auf die räumliche Segregation bestimmter Bevölkerungsgruppen voneinander konzentrieren. Dabei lassen sich je nach dem spezifischen erkenntnisleitenden Interesse verschiedene Typen der Segregation ausmachen, die sich häufig überlagern: Segregation nach Zugehörigkeit zu ethnischen Gruppen oder zu Konfessionen, nach der Dauer der Ansässigkeit, nach Lebensalter oder nach der Zugehörigkeit zu sozialen Schichten bzw. Klassen.

Unser Erkenntnisinteresse gilt im folgenden vor allem der schicht- und klassenspezifischen Segregation, und zwar in zweierlei Weise. Einmal sollen Einsichten gewonnen werden in den Umfang und in die Art und Weise, wie Herrschaftsstrukturen industriell-kapitalistischer Gesellschaften auf die Wohnsituation als ein Teil gesellschaftlicher Reproduktion einwirken. Zum anderen soll versucht werden, die Frage der Mischung oder Trennung sozialer Gruppen im Wohnbereich als Problem für die Stadtplanung zu diskutieren.

Dabei sind wir vor allem interessiert zu erkennen, ob und wie Arbeiter von anderen Berufsgruppen in der Stadt, besonders im Wohnquartier, segregiert sind, sowie Ursachen und Auswirkungen möglicher Segregation in Erfahrung zu bringen. Es wird zu prüfen sein, ob sich daran am deutlichsten die gesellschaftlichen Bedingungen und Konsequenzen des Mechanismus der Segregation als eine entscheidende Voraussetzung und gleichzeitig als Ausdruck der Benachteiligung sozialer Gruppen zeigen lassen. Das so analysierte allgemeine Phänomen der sozialen Absonderung wird dann durch Überlegungen zur gettoartigen Abschließung unterprivilegierter, teilweise subproletarischer Minoritäten, z. B. der Gastarbeiter und Obdachlosen, konkretisiert.

Bei der begrifflichen Bestimmung verschiedener sozialer Gruppen müssen folgende Überlegungen berücksichtigt werden: Die aus der ökonomischen Struktur der antagonistischen Gesellschaftsordnung in dem jeweiligen Entwicklungsstadium hervorgehenden, zu unterscheidenden Hauptklassen – vergröbernd: auf der einen Seite die Produktionsmittelbesitzer als herrschende und auf der anderen Seite die Masse der Lohnabhängigen als beherrschte Klasse – stellen einen sinnvollen Rahmen zur Analyse der Über- bzw. Unterordnung von Individuen und Gruppen dar. Da jedoch hiernach gegenwärtig ca. 85 % der Beschäftigten in der Bundesrepublik als unselbständige Erwerbstätige zur Arbeiterklasse zu rechnen wären, bestimmen wir die Arbeiterschicht nicht allein durch die polit-ökonomische Kategorie der Arbeit, sondern beziehen die Qualifikation der Arbeitskraft und andere verhaltensprägende Momente wie unterschiedliche Einkommen, verschiedenartige Arbeitsplatzbedingungen und Allgemeinbildung ein. D. h. wir bezeichnen als Arbeiter jene unselbständigen Erwerbstätigen, die vornehmlich unmittelbar in der Produktion beschäftigt sind und dort vor allem ausführende, überwiegend manuelle Tätigkeiten ausüben und deren Berufsbildung, Allgemeinbildung und Stellung im Erwerbsprozeß kaum einen Aufstieg zulassen. Davon sind wiederum bei einer Analyse von Wohnverhältnissen randständige, teilweise subproletarische Gruppen, z. B. Obdachlose oder Gastarbeiter, zu unterscheiden.

Im folgenden soll davon ausgegangen werden, daß es innerhalb eines Klassenrahmens sozialökonomische Schichten als reale Strukturbestandteile oder auch soziale Lagen gibt, die insofern soziale Bedeutung haben, als sie das soziale Verhalten, die Interessen, die Normen, Wert- und Prestigeauffassungen der sich in gleicher Lage Befindenden in den verschiedenen gesellschaftlichen Reproduktionsbereichen nachhaltig beeinflussen.

Geschichte und Gegenwart schichtspezifischer Segregation

Schon in der vorindustriellen Bürgerstadt entsprach der ständischen Sozialordnung eine spezifische räumliche Verteilung der verschiedenen sozialen Gruppen: Siedlungen der Kaufleute waren von den Handwerkervierteln separiert, innerhalb derer sich wieder gleiche Gewerbearten in einzelnen Straßen und Gassen konzentrierten.

Waren zunächst, wie Meckseper herausstellt (276), in der Frühzeit der Gründungsstädte für die Patrizier Wohnanlagen am Rand der Stadt typisch, so konzentrierte sich nach dem Aufstieg der Zünfte im späten Mittelalter die städtische Elite an den Haupt- und Marktstraßen im Zentrum. Mit zunehmender Entfernung vom Zentrum verband sich zumeist eine klare soziale Abstufung. Trotz der durch die Gründungsgeschichte bedingten Unterschiedlichkeit der mittelalterlichen Stadtanlagen bestand durchgehend ein dialektisch zu begreifendes Verhältnis von Stadtgestalt und Sozialstruktur, indem die Anlage und Form der Stadt die ständisch gegliederte Gesellschaftsstruktur interpretierte und sichtbar demonstrierte und die Gesellschaft ihrerseits die Stadtstruktur nach ihrem Bilde formte. Nicht unerwähnt sollten in diesem Zusammenhang die durch Rechtsakte und -befugnisse ausgegrenzten Bezirke wie z. B. die Judenquartiere bleiben, die innerhalb der Stadt eine Art Enklave oder Exklave darstellten und für die in der Stadtgeographie die meines Erachtens unglückliche Bezeichnung ›primäre Stadtviertel‹ angewendet wird. Die ursprünglich freiwillige, kulturell und religiös bedingte Absonderung der Juden führte während der Kreuzzüge zu einer weitgehend erzwungenen Isolierung im Getto, einem von der übrigen sozialen Umwelt abgetrennten Bereich, durch den der niedrige Rechtsstatus dieser Minorität deutlich wurde und der die soziale Isolierung konstituierte (446, 224).

Obwohl sich in der vorindustriellen Stadt eine Reihe sozialräumlicher Separierungen zeigt, sind es doch einmal zumeist nur kleinere räumliche Areale, in denen soziale Homogenisierungen wirksam werden. Zum anderen wird die Separierung relativiert, weil in den einzelnen Häusern oft Menschen der unterschiedlichsten Soziallage zusammenleben im Sinne des »ganzen Hauses«, wie der Kulturhistoriker Wilhelm Heinrich Riehl die Lebensgemeinschaft unter einem Dach genannt hat.

Das vorindustrielle Verteilungsmuster änderte sich grundlegend, als mit der beginnenden Industrialisierung die kapitalistischen Produktionsverhältnisse sich durchsetzten und zusammen mit einer massiven Verstädterung das räumliche Gefüge und die Sozialstruktur der Städte entscheidend veränderten. Mit der Trennung der Wohnungen von den Arbeitsplätzen als Folge des Einsatzes maschineller Produktionsverfahren entstanden – zunächst allerdings nur in der Nähe der Fabrikanlagen – zum ersten Mal in der Geschichte großflächige Stadtbereiche, in denen nur gewohnt wurde. Das gesamte Schichtungsgefüge veränderte sich tiefgreifend. Zusammen mit der industriellen Großstadt bildete sich neben dem Bürgertum ein schnell wachsendes umfangreiches Industrieproletariat, dessen Ausbeutung im Bereich der Arbeit sich in einer Unterdrückung im Wohnbereich fortsetzte. Die baulichen Strukturen der meisten Industriestädte in der frühkapitalistischen Periode spiegeln nun nicht nur die weitgehende Isolation gesellschaftlicher Klassen und Schichten, sondern auch die ungleiche Verteilung von Macht: Die städtische Bevölkerung wohnt weitgehend sortiert nach sozialen Schichten, wobei die Arbeiterquartiere sich durch besonders ungünstige Lagequalitäten und eine substantiell mangelhafte Wohnbebauung auszeichneten. Friedrich Engels hat in seiner Analyse des sozialen Krieges in den großen englischen Städten ausführlich die Projektion der Klassengesellschaft auf den Grund und Boden beschrieben: »Jede Großstadt hat ein oder mehrere ›Schlechte Viertel‹, in denen sich die arbeitende Klasse zusammendrängt. Oft freilich wohnt die Armut in versteckten Gäßchen dicht neben den Pa-

Soziale Segregation 93

Abb. 5 Straßendurchbrüche unter Georges-Eugène Haussmann
Boulevard Saint-Michel, Paris, 1869

lästen der Reichen; aber im allgemeinen hat man ihr ein apartes Gebiet zugewiesen, wo sie, aus den Augen der glücklicheren Klassen verbannt, sich mit sich selbst durchschlagen mag, so gut es geht.« (117)
Die Stadtorganisation wurde aber auch insofern nachhaltig verändert, als das zu ökonomischer und politischer Macht gelangte Bürgertum nun sich selbst darstellte und Stadtnutzungsschemata durchzusetzen vermochte, die einmal eroberte Privilegien in der materiellen Umwelt der Städte verankerten. Diese Tatsache ist exemplarisch zu verdeutlichen an dem Wirken des Stadtplaners Haussmann um die Mitte des vorigen Jahrhunderts in Paris (Abb. 5). Angeblich aus hygienischen und städtebaulichen, in Wirklichkeit jedoch aus militärisch-strategischen Gründen zur besseren Verteidigung gegen die Aufstände der Arbeiter wurden umfangreiche Umbaumaßnahmen eingeleitet, insbesondere breite, nicht verbarrikadierbare Straßen durch die Arbeiterquartiere gelegt, was u. a. die Vertreibung des Proletariats aus den zentralen Stadtbereichen in Vorortsiedlungen und damit die folgenreiche Konkretisierung der Klassentrennung zur Folge hatte. Karl Marx prangerte diese Art von Planungsstrategie als »militärische Demonstration« an und beschrieb in der Schrift *Der Bürgerkrieg in Frankreich* die Rolle, die diese städtische Organisation 1871 bei der Niederschlagung der Pariser Kommune gespielt hat (150, 169).
Es würde den Rahmen dieses Beitrags sprengen, wollte man das Ausmaß der Segregation verschiedener sozialer Gruppen in den letzten hundert Jahren im einzelnen verfolgen und ihre Hintergründe aufdecken, wobei dann auch die These zu prüfen wäre, ob und inwieweit der sozialen Segregation strategische Bedeutung im Rahmen bürgerlicher Stadtplanung zum Zweck der Herrschaftssicherung zukommt. Bevor wir versuchen, die Ursachen der Segregation zu analysieren, soll ihr heutiges

Ausmaß in den Städten kurz dargestellt werden. Dabei sind wir nicht nur auf einzelne Erfahrungsberichte angewiesen, sondern können auf empirisch abgesicherte Untersuchungen, insbesondere lokale Fallstudien zurückgreifen.

Aus neueren, auf der Auswertung von Bevölkerungszählungen basierenden Untersuchungen über die ökologischen Verteilungsmuster von Berufsschichten in größeren Städten geht mit geringen Abweichungen übereinstimmend hervor, daß zwar auch heute die Segregation weit verbreitet ist, daß jedoch an bestimmte Berufsgruppen fixierte Viertel, z. B. Arbeiterwohnquartiere, seltener geworden sind. Dabei wohnen sowohl Angehörige gehobener Berufsgruppen als auch Arbeiter – also die jeweiligen Extremgruppen der in den Untersuchungen angewandten Schichtenskalen – am stärksten räumlich konzentriert in verschiedenen Stadtgebieten, was die Amerikaner Otlis D. und B. Duncan als ein U-förmiges Verteilungsmuster charakterisierten (107). Die voneinander separierten Unter- und Oberschichten nehmen sozusagen die Spitzen des U, die sich stärker miteinander mischenden mittleren Berufsgruppen die Krümmung des U ein. Unter Verwendung eines von ihnen entwickelten ›Segregationsindex‹, der die Differenz in der räumlichen Verteilung einer Bevölkerungsgruppe und aller anderen zusammen mißt, und eines ›Dissimilaritätsindex‹ als Ersatz für einen Korrelationskoeffizienten konnten diese U-förmigen Verteilungsmuster für die Städte Wien, Graz, Paris, Chicago, Cleveland, Prag u. a. trotz unterschiedlicher Berufsgruppierungen und Gebietsabgrenzungen in ähnlicher Weise nachgewiesen werden. Konkret für Wien z. B. heißt es, daß mehr als sieben bzw. acht Zehntel der Haushalte der untersten bzw. der obersten Berufsschichten in ganz verschiedenen, einander ausschließenden Stadtteilen wohnen. Diesem Verteilungsmuster scheint über die Zeit eine große Stabilität zuzukommen (138). Beispielhaft läßt sich auch für andere Städte die soziale Segregation am Anteil der Arbeiterschaft an der Wohnbevölkerung in verschiedenen Wohnvierteln aufzeigen. In Berlin variiert er zwischen 38 % in Zehlendorf und 63 % im Wedding; in Paris zwischen 12 % in den Arrondissements Elysée und Passy und 45 % in Ménilmontant; in Hamburg zwischen 27 % in Harvestehude und 70 % in Billstedt (317). Bei dieser großflächigen Betrachtung kann man den Begriff einer ›relativen Segregation‹ benützen, wie es Peter Braun in seiner Hamburg-Studie getan hat, indem er von Arbeiter-Vorzugsgebieten (mehr als 57 % Arbeiter) und Arbeiter-Meidungsgebieten (weniger als 27 % Arbeiter) sprach (51).

Bei der Beurteilung des ermittelten Segregationsumfanges ist einerseits die jeweilige Definition bzw. Abgrenzung der beobachteten sozialen Gruppen und andererseits auch die der untersuchten räumlichen Einheiten zu berücksichtigen. Nicht selten wird man feststellen, daß auf der Ebene eines großen Stadtviertels die Streuung sozialer Schichten recht umfangreich ist. Bei genauerer Analyse stellt sich jedoch meistens heraus, daß sich innerhalb eines solchen Stadtviertels die vermögenden sozialen Gruppen wiederum in den topographisch bevorzugten Lagen konzentrieren, deutlich abgesondert von sozial und ökonomisch schwächeren Gruppen.

Bei dieser unterschiedlichen Lokalisierung sozialer Gruppen im städtischen Raum muß festgehalten werden, daß die Arbeiterschaft meistens in den bei der vorherrschend industriellen Produktionsweise ungünstig gelegenen Ortslagen – unter den bei uns geltenden Windverhältnissen überwiegend im Osten – lebt, während zumeist in den westlichen Stadtteilen die privilegierten Gruppen überrepräsentiert sind.

Von Arbeitern sind wiederum randständige Gruppen oder unterprivilegierte Minoritäten wie Obdachlose und Gastarbeiter zu unterscheiden. Sie wohnen oft gettoartig von anderen sozialen Gruppen abgeschlossen in besonderen Siedlungen, Behelfsheimen oder Notunterkünften. Für sie als die Kerngruppen einer breiten Subkultur der Armut verschlechtert die räumliche Isolierung die ohnehin geringen Chancen einer Partizipation an den gesellschaftlichen Angeboten in besonderem Maße. Sowohl die oft katastrophale Wohnungssituation der Gastarbeiter, von denen zur Zeit ca. 2,5 Millionen in der Bundesrepublik leben, als auch das Wohnungselend in den zahlreichen Notunterkünften für ca. 800 000 Obdachlose haben in jüngster Zeit die Öffentlichkeit auf die weitreichenden Folgen der geschlossenen residentiellen Absonderung als gesellschaftliches Problem aufmerksam gemacht. Die Separierung wird nur zum Teil durch speziell für diese Minoritäten errichtete Unterkünfte seitens der Öffentlichen Hand oder durch private Unternehmer (im Fall der Gastarbeiter) gefördert. Sie vollzieht sich quasi alltäglich, indem die sozialen Gruppen, denen nur die Armut gemeinsam ist, auf dem freien Wohnungsmarkt die Gegenden und Häuser bewohnen müssen, die andere Gruppen verlassen haben. Das sind vor allem die sozial abgesunkenen, zentral gelegenen Altbauviertel in größeren Städten vor Sanierungseingriffen, wie es am Beispiel von München exemplarisch nachzuweisen ist (393). Weiter wohnen sie zumeist »in geographischen Randzonen konzentriert, dort, wo der Boden am billigsten ist, in der Nähe von Fabriken, Kasernen, Müllkippen, Eisenbahnen, Schnellstraßen, Tierasylen, Autofriedhöfen und Rieselfeldern« (173).

Ursachen der sozialen Segregation

Wenn der komplexen Frage nach Erklärungen und Zusammenhängen der sozialen Segregation und ihrer Veränderungen gegenüber der frühindustriellen Phase nachgegangen werden soll, müssen die Faktoren aus der Wirtschafts- und Sozialstruktur unserer Gesellschaft und ihrer historischen Entwicklung abgeleitet werden. Das kann hier nur andeutungsweise geschehen. Es handelt sich im wesentlichen um ein Syndrom verschiedener Faktoren: Knappheit des Bodens in Zusammenhang mit individualistischem Bodenrecht und Bodenspekulation, sich dabei ergebende Verdrängungskonkurrenz, standardisierte Bauprogramme, Kriegsfolgen, das in technischen Kategorien verhaftete Denken der Planer, die klassen- bzw. schichtspezifische Statussuche bei Tendenzen zur sozialen Mobilität und der zirkuläre Prozeß von Diskriminierung und Stigmatisierung.
Als erstes ist auf die Institution des Privateigentums an Grund und Boden hinzuweisen. Der Boden besitzt insofern Kapitalqualität, als er nicht beliebig vermehrbar und reproduzierbar ist und als Ware gehandelt wird. Sein Ertrag schlägt sich in der Höhe der Grundrente nieder, die wiederum in den Preis für die Ware Wohnung eingeht. Mit der expansiven Entwicklung der Städte nahmen sowohl die städtische Grundrente als auch die relativen Lagevorteile in den Zentren und topographisch günstigen Gebieten der Städte zu, was zu einem starken Bodenwertgefälle und zum rapiden Anstieg der Bodenpreise als Ausdruck der Grundrente führte. Das hatte eine doppelte Konsequenz für die Organisation städtischer Funktio-

nen und die Lokalisierung verschiedener Bevölkerungsgruppen: Einmal wurde die unproduktive Wohnfunktion mehr und mehr aus den für den Kapitalverwertungsprozeß günstigen zentralen Stadtgebieten verdrängt – ein Prozeß, der in London schon um die Mitte des vorigen Jahrhunderts begann und der durch moderne Sanierungsmaßnahmen teilweise eine Fortsetzung erlebt –, zum anderen begünstigte es höhere Einkommensbezieher, in den bevorzugten Lagen Boden und/oder Hauseigentum zum Zwecke des privaten Wohnens oder der Bodenspekulation zu erwerben.

Ohne daß hier auch nur annähernd die Entwicklungsstufen der staatlichen Wohnungsbaupolitik und ihre Voraussetzungen skizziert werden könnten, muß man doch erwähnen, daß trotz erheblicher Eingriffe der öffentlichen Hand in den Wohnungsmarkt nach dem ersten Weltkrieg (Beginn des sozialen Wohnungsbaus und Mieterschutzgesetz von 1923) und – als integraler Bestandteil der sozialen Marktwirtschaft – wiederum nach dem zweiten Weltkrieg (1. Wohnungsbaugesetz von 1950, 2. Wohnungsbaugesetz von 1956) den häufig einseitigen Sozialstrukturen in Stadtquartieren bei den bestehenden Eigentumsrechten nur ungenügend durch die gemeinnützigen Wohnungsbaugesellschaften entgegengearbeitet werden konnte. Dieses Problem wird auch im Städtebaubericht der Bundesregierung 1970 diskutiert und kritisiert. Dort heißt es: »Die Wiederbelegung freiwerdender Wohnungen nach den gleichen förderungsbedingten Auswahlkriterien verhindert auch später eine wesentliche Veränderung der Sozialstruktur. Ihr weiteres Absinken wird zur Zeit durch den steigenden Anteil sogenannter fehlbelegter Wohnungen aufgefangen. Die Problematik des gegenwärtigen Wohnungsmarktes wird dadurch gekennzeichnet, daß die Entwicklung einseitiger Sozialstrukturen u. a. durch die Fehlbelegung von Wohnungen vermindert wird.« (68)

Gerade die häufig vom Staat beauftragte Bauwirtschaft hat aus ökonomischen Effizienzgründen ein Interesse an einer weitgehenden baulichen Standardisierung der Wohnungsbauprogramme in großen Neubausiedlungen nicht nur im äußeren Erscheinungsbild, sondern auch hinsichtlich der Wohnungs- und Haustypen, womit Homogenisierungen in der Sozialstruktur Vorschub geleistet wird. Aber erst die Diversifikation der Wohnungen in einem Quartier hinsichtlich der Größe, der Zuordnung einzelner Räume, der Ausstattung und damit der Mietpreise könnte eine Voraussetzung für eine Mischung sozialer Schichten sein. Es wäre noch zu prüfen, inwieweit auch das für viele Architekten und Planer charakteristische technisch orientierte Denken und Handeln für soziale Monostrukturen verantwortlich ist oder war, denn ›saubere technische Lösungen‹ führten auch zur Trennung der städtischen Funktionen im Rahmen der Stadt (374).

Neben diesen die soziale Homogenität von Stadtvierteln eher begünstigenden Faktoren sind andererseits auch solche Faktoren und Prozesse zu benennen, welche die für die Zeit der Frühindustrialisierung skizzierte scharfe Klassentrennung nach Wohnquartieren aufgelockert haben. So hat der reine Werkswohnungsbau, der nicht nur Arbeiter konzentrierte, sondern auch Arbeiter eines Industriebetriebes in sogenannten Arbeiterwohnkolonien zusammenfaßte, abgenommen. Anschaulichstes Beispiel für die Wohnungspolitik kapitalistischer Unternehmen in der zweiten Hälfte des 19. Jahrhunderts sind die verschiedenen Krupp-Siedlungen in Essen, durch die eine betriebliche Bindung der Arbeiter erreicht werden sollte *(Abb. 6)*.

Abb. 6
Kruppsche Arbeiterkolonie
Altenhof, Essen, Anfang
20. Jahrhundert

A Evangelische Kapelle
B Katholische Kapelle
C Erholungshaus
D Konsumanstalt
E Pfründnerhäuser
F Feuerwehr
G Korbflechterei

Zwar gibt es auch heute noch den vom Industriebetrieb in eigener Regie veranstalteten Wohnungsbau – man denke nur an die Betriebsunterkünfte für ausländische Arbeitnehmer –, häufiger jedoch ist der werksgeförderte Wohnungsbau, bei dem die öffentliche Hand einen gewissen Einfluß auf die Lokalisierung der Gebäude und die Belegungen nehmen kann. Auf jeden Fall kann den Mietern nicht mehr wie beim reinen Werkswohnungsbau die Wohnung aufgekündigt werden, wenn sie den Arbeitsplatz wechseln.

Zum tendenziellen Abbau der Trennung sozialer Gruppen im Wohnbereich tragen auch die Kriegszerstörungen und die durch den zweiten Weltkrieg hervorgerufenen umfangreichen Bevölkerungswanderungen bei. Obwohl die dadurch entstandenen Chancen zur sozialen Mischung von der öffentlichen Hand oder von privater Seite nicht wahrgenommen wurden bzw. aufgrund der vorhandenen Bodenordnung nicht wahrgenommen werden konnten, wurden doch traditionell von bestimmten sozialen und landsmannschaftlichen Gruppen besetzte Gebiete in ihrer Eindimensionalität aufgebrochen.

Nicht zuletzt sind es aber auch die nicht unerheblichen Wandlungen in der Struktur der erwerbstätigen Bevölkerung und die Umschichtungen innerhalb der lohnabhängigen Erwerbstätigen selbst, die die Sozialstruktur auf der Ebene des Stadtquartiers entscheidend prägen. So haben Angestellte und Beamte verschiedenen Qualifikationsgrades absolut und relativ erheblich zugenommen, während der Anteil der Selbständigen und der Arbeiter gesunken ist. Die Tatsache, daß zur Zeit gut 10 % aller Arbeitnehmer Ausländer sind, verschärft die Problematik der ethnischen Segregation.

Neben diesen aus den objektiven gesellschaftlichen Rahmenbedingungen zu erklärenden ökonomischen und weitgehend erzwungenen Verteilungsmustern stellt sich die Frage nach einer Gruppenabsonderung aus sozial vermittelten Bedürfnissen. Deutlich dürfte geworden sein, daß angesichts eines eindeutigen Verkäufermarktes auf dem großstädtischen Wohnungssektor die Realisation von individuellen Wünschen hinsichtlich des Wohnstandortes vor allem den Angehörigen niedriger Einkommensgruppen nur begrenzt möglich gewesen ist. Trotzdem konnten in verschiedenen Untersuchungen selbstgewählte soziale Entflechtungen heterogen zusammengesetzter Quartiere festgestellt werden (374, 73), obgleich diese Befunde noch nicht genügend empirisch erhärtet sind. Auch der Wunsch nach Entmischung ließ sich ermitteln. Für solchermaßen bedingte Homogenisierung kann – außer auf verschiedene europäische Städte – auf die Neuen Städte in Israel hingewiesen werden, wo der Versuch, Neueinwanderer verschiedener sozialer Berufsgruppen in heterogen zusammengesetzten Wohnvierteln zu integrieren, gescheitert ist. Was die Wohnstandortwünsche verschiedener Berufsgruppen anbelangt, so wurde methodisch am exaktesten in Graz nachgewiesen, daß die Wohnwünsche der Berufsschichten – vor allem der höheren – viel stärker ökologisch segregiert waren, als es die Haushalte tatsächlich sind (138).

Jenseits restringierender finanzieller Bedingungen – gerade bei der Arbeiterschaft – sind diese Segregationsbemühungen nur verständlich vor dem Hintergrund einer sozial stark differenzierten hierarchischen Gesellschaftsstruktur und müssen aus der sozialen Lage einzelner sozialer Gruppen interpretiert werden. Allgemein gilt, daß man in dem alltäglichen Interaktionsfeld des vertrauten Wohnquartiers Menschen bevorzugt, deren Verhalten man von seinen eigenen Verhaltensweisen her kennt und deren Rollenverhalten dem eigenen nahe kommt. »Wir sind alle in derselben Lohngruppe« wurde bei einer Untersuchung in Wolfsburg oft geäußert, wenn die Arbeiter bei der Beurteilung des Wohnklimas die Homogenität des Wohnquartiers positiv hervorheben wollten. »To be with his own kind« (Svend Riemer, 336) – ein in Amerika häufig verwendeter Topos – scheint sich durch die damit verbundene Entlastung von immer wieder neuen, durch räumliche Nähe geschaffenen Anpassungszwängen zu einer Norm des territorialen Verhaltens zu entwickeln. Elisabeth Pfeil berichtet von einem neu in ein Hamburger Beamten- und Angestelltenviertel zugezogenen Arbeiter, der sagte: »Hier muß man sich ja einen Kragen umbinden, wenn man bloß über die Straße gehen will, um sich etwas Tabak zu holen« (317). Bedürfnisse zur sozialen Absonderung treten verstärkt bei Angehörigen höherer sozialer Schichten auf. Aus ihnen wird deutlich, daß die Wohnadresse oft zum Statussymbol wird: Mit dem beruflichen Aufstieg wird auch das Wohnviertel gewechselt. Diese Koppelung von vertikaler und horizontaler Mobilität ist vor allem in Amerika üblich, aber auch bei uns bekannt. Ist ein bestimmtes Wohnviertel einmal sozial eindeutig etikettiert, übt es gewissermaßen einen Sog auf Bewohner ähnlicher Soziallage aus und wird – vermittelt durch das Image – praktisch zu einer abgeleiteten Ursache weiterer Segregationsvorgänge. Dieser Mechanismus ist nicht nur für bürgerliche Viertel typisch, sondern kann auch in proletarisch oder subproletarisch besetzten Gebieten vorkommen.

Gerade die zuletzt genannten Gruppen sind, soweit sie nicht per Anordnung segregiert werden, wegen ihres begrenzten Haushaltsbudgets darauf angewiesen, billige Wohnungen zu mieten. Sie betreiben damit zum Teil selbst ihre Abkapselung in Gettos, da sich mietgünstige Wohnungen zumeist in bestimmten Stadtvierteln häufen. Mit der zunehmenden Konzentration sozialer Randgruppen, die der Gesellschaft zum Problem werden wie z. B. Obdachlose oder Gastarbeiter, vermindert sich der mögliche Erfahrungs- und Kommunikationsraum der Betroffenen und werden zugleich unterprivilegierte Minoritäten durch die nicht zu ihnen gehörende weitere soziale Umwelt stigmatisiert. Vorurteile gegenüber einzelnen Gettobewohnern werden auf alle übertragen, und die einmal in Gang gesetzte Diskriminierung ist geeignet, die Abschließung der stigmatisierten Gruppe gegenüber der als feindlich empfundenen Umwelt von sich aus zu verstärken. Aus verschiedenen Erfahrungsberichten über geschlossene Siedlungen unterprivilegierter Minoritäten geht hervor, daß bei Angabe der ›Adresse‹ in der Öffentlichkeit nicht nur die abfällige Einstellung zur Siedlung als Stereotyp auf das Individuum übertragen wird, sondern sogar das praktische Verhalten sich ändert, indem z. B. keine Ratenkäufe gewährt werden, schulisches Versagen vorweggenommen wird oder Behörden unnachgiebiger reagieren. Obwohl heutzutage nur wenige durch Zäune oder Mauern eingegrenzte Gettos existieren, gibt es zahlreiche ›Gettos ohne Mauern‹, wie Henner Hess und Achim Mechler sie nennen, in unseren Städten. »Denn die Bewohner stoßen in ihrem Alltag, stoßen an allen wichtigen Stationen ihres Lebenslaufes auf Barrieren, auf unsichtbare Mauern, die ebenso unüberwindbar sein können, wie solche aus Stein« (173). Überspitzt läßt sich formulieren, daß soziale Segregation selbst eine Ursache der Gettobildung ist. Dieser gerade für unterprivilegierte Minoritäten verhängnisvolle Prozeß wird sowohl von den Betroffenen durch eine Selbst-

rekrutierung als auch von verschiedenen Gruppen und Institutionen der sie umgebenden Gesellschaft mithilfe verschiedener Mechanismen in Gang gehalten.
Es mag dahingestellt bleiben, ob man die Vielfältigkeit der Faktoren, die zu Segregations- und zu Entzugserscheinungen von Chancen der gesellschaftlichen Partizipation – besonders für ökonomisch und sozial schwache Gruppen – führen, als Strategie einer kapitalistischen Gesellschaft ausreichend erklären kann, wie es verschiedentlich geschieht (169, 375). Dieser globalen Deutung stünde zumindest die Tatsache entgegen, daß es in sozialistischen Gesellschaften auch recht scharfe Separierungen sozialer Gruppen gibt und dies nicht nur als Residuum vorsozialistischer Entwicklungsperioden erklärt werden kann. Aus der summarischen Erörterung der Ursachen sozialer Segregation sollte aber deutlich geworden sein, daß sie weder – wie manchmal behauptet wird – als ein zufälliges Nebenprodukt einer auf andere Ziele ausgerichteten Stadtplanung zu verstehen ist noch biologistisch als ein Stück ›natürlicher Grundordnung‹ begriffen werden kann, eine Interpretation, zu der Vertreter der sogenannten Chicago-Schule mit ihrem Konzept der ›natural areas‹ (ungeplante Großstadtgebiete gleichartiger Struktur) neigten (431).

Pro und contra soziale Mischung

Bei den Argumenten für soziale Heterogenität im Stadtquartier läßt sich in den meisten Fällen, wie mir scheint, die Intention erkennen, damit einen Beitrag zur Integration und Stabilisierung der gesellschaftlichen Verhältnisse zu leisten. Diese Diskussionslinie ist nicht neu, sondern zieht sich in den letzten hundert Jahren wie ein roter Faden durch die Auseinandersetzung um Mischung oder Trennung sozialer Schichten. Zur Rechtfertigung des berühmt-berüchtigten Mietskasernen-Bebauungsplans von 1858 schrieb der zuständige Berliner Baurat Hobrecht unter Hinweis auf die scharfe Klassentrennung in englischen Städten:
»Wer möchte nun bezweifeln, daß die reservierte Lage der je wohlhabenderen Klassen und Häuser Annehmlichkeiten genug bietet, aber – wer kann auch sein Auge der Tatsache verschließen, daß die je ärmere Klasse wieder Wohltaten verlustig geht, die ein Durcheinanderwohnen gewährt. Nicht ›Abschließung‹ sondern ›Durchdringung‹ scheint mir aus sittlichen und darum aus staatlichen Rücksichten das Gebotene zu sein. In der Mietskaserne gehen die Kinder aus den Kellerwohnungen in die Freischule über denselben Hausflur, wie diejenigen, des Rats oder des Kaufmanns auf dem Wege nach dem Gymnasium. Schusters Wilhelm aus der Mansarde und die alte bettlägerige Frau Schulz im Hinterhause ... werden in dem I. Stockwerk bekannte Persönlichkeiten. Hier ist ein Teller Suppe zur Stärkung bei Krankheit, da ein Kleidungsstück, dort die wirksame Hilfe zur Erlangung freien Unterrichts und alles das ist eine Hilfe, welche ihren veredelnden Einfluß auf den Geber ausübt. Und zwischen diesen extremen Gesellschaftsklassen bewegen sich die Ärmeren aus dem III. und IV. Stock, Gesellschaftsklassen von der höchsten Bedeutung für unser Kulturleben, der Beamte, der Künstler, der Gelehrte, der Lehrer usw. In diesen Klassen wohnt vor allem die geistige Bedeutung unseres Volkes. Zur steten Arbeit, zur häufigen Entsagung gezwungen und sich selbst zwingend, um den in der Gesellschaft erkämpften Raum nicht zu verlieren, womöglich ihn zu vergrößern,

Soziale Segregation 101

sind sie in Beispiel und Lehre nicht genug zu schätzende Elemente und wirken fördernd, anregend und somit für die Gesellschaft nützlich, und wäre es fast nur durch ihr Dasein und stummes Beispiel, auf diejenigen, die neben ihnen und mit ihnen untermischt wohnen« (178).
Sind auch heute solches karitatives Pathos und elitäres Denken seltener zu entdecken, so sind doch Vorstellungen gesellschaftlicher Integration z. B. in jenen häufig erörterten Argumenten enthalten, die meinen, mit einer sozialen Mischung der Wohnbevölkerung würden Voraussetzungen zum sozialen Aufstieg geschaffen. Besonders Angehörige der unteren Sozialschichten bekämen Gelegenheit, das soziale Leben solcher Bezugsgruppen kennenzulernen, deren Normen für sie motivationsstimulierend wirken könnten. Vor allem – so wird argumentiert – werde es den Kindern proletarischer Familien ermöglicht, die Verhaltensstile bürgerlicher Mitbewohner zu erlernen und sich so im Sozialisationsprozeß später reibungsloser an mittelständische Normen anzupassen und die Wertauffassungen der herrschenden Klasse zu vertreten. Die Integrationsvorstellung steckt aber auch in dem Argument, daß in heterogenen Wohnvierteln – gleichsam auf der untersten Stufe politisch-demokratischen Verhaltens – Toleranz gegenüber andersartigen Gruppen eingeübt werden könne.
Doch wieweit haben solche Argumente Gültigkeit? Wir wollen versuchen, das am Aufstiegsargument zu überprüfen, das uns insofern politisch bedeutsam scheint, als es sich in die breite aktuelle Diskussion über Chancengleichheit einreiht. Es kann sicherlich nicht bestritten werden, daß soziale Erfahrungen der Ungleichheit durch nahes Beieinanderwohnen vermittelt werden können. Doch muß man sich die Grenzen vor Augen führen, vor allem, was die Rückwirkungen möglicher Kontakte auf Interessenbildungen und Aufstiegsorientierungen angeht. Es gehört zu den Standardergebnissen familien- wie stadtsoziologischer Untersuchungen, daß die in den Mittelschichten vorherrschende, inzwischen auch von der Arbeiterschaft weitgehend übernommene Privatisierung der sozialen Existenz mit einem Funktionsverlust der städtischen Nachbarschaft als Bezugsgröße einhergeht. Nachbarschaft wird nur noch selektiv von Fall zu Fall in Notfällen oder punktuellen Hilfsleistungen aktiviert, hat sich jedoch sonst häufig zu einem folgenlosen Austausch von Belanglosigkeiten in distanzierter Form zurückgebildet (16; vgl. S. 48 ff, 83 f, 196 ff).
Der Kulturzusammenstoß von Arbeitern einerseits und Angestellten bzw. Beamten höherer Qualifikation andererseits, also zwischen proletarischen und bürgerlichen Lebensgewohnheiten im Wohnmilieu eines Quartiers braucht darum nicht – und das ist eine der empirisch belegten Thesen von John H. Goldthorpe, David Lockwood u. a. – zur »endgültigen Assimilation der manuellen Arbeiter und ihrer Familien an die soziale Welt der Mittelklasse« zu führen (141). Im Gegensatz zu der Annahme einer zunehmenden Verbürgerlichung betonen diese Autoren die Resistenz der Arbeiter trotz steigenden Einkommens gegenüber kulturellem Standard und sozialem Lebensstil der Mittelklasse, auch wenn sie Anzeichen sogenannter ›normativer Konvergenz‹ in ihrer Untersuchung feststellten. Dem Argument, Bevölkerungsmischung bereite sozialen Aufstieg vor, liegt meines Erachtens eine doppelte Fehleinschätzung zugrunde: Einmal wird die Umsetzung von Erfahrungen, die im Wohn-, also im Reproduktionsbereich gemacht werden, in Handlungsimpulse im Arbeitsbereich

überschätzt, zum anderen werden die realen Aufstiegschancen für Arbeiter falsch bewertet. Indem aber die realen Voraussetzungen zum Aufstieg im Arbeitsbereich wie auch im Ausbildungssektor weitgehend fehlen, erweist sich das Argument vom sozialen Aufstieg durch Mischung im Wohnbereich als ideologieverdächtig.
Gegenüber vielen, die eine Vermischung aus den eben genannten ideologiebefrachteten Gründen betreiben wollen, müssen die Argumente für eine Vermischung sozialer Schichten erwähnt werden, die vorrangig die Stabilisierung des Quartiers zum Ziel haben. Ähnlich wie Jane Jacobs führt Hans Paul Bahrdt aus, daß die ›kontinuierliche Selbstregeneration‹ eines Quartiers nur dann eine Chance hat, realisiert zu werden, wenn sowohl die bauliche Substanz als auch die soziale Struktur der Bevölkerung so heterogen ist, daß zu verschiedenen Zeiten und an verschiedenen Stellen von unterschiedlichen sozialen Gruppen erneuernde Veränderungen vorgenommen werden, die den staatlichen Sanierungseingriff erübrigen. »Homogenität eines Viertels bedeutet auf lange Sicht gerade nicht Stabilität« (16). Dieser These ist zuzustimmen, auch wenn bedacht werden muß, daß bei diesem ›freien Spiel der Kräfte‹ Nutzen und Vorteil solcher von privaten Initiativen und Aktivitäten getragenen Veränderungen vor allem den Besitzenden, den Haus- und Grundbesitzern zugute kommt.
Die gegensätzliche Zielvorstellung von der Trennung sozialer Schichten bzw. der Homogenität im Wohnbereich wird häufig mit Argumenten gestützt, die sich auf ein Konfliktmodell zurückführen lassen. Es wird argumentiert, daß sozial einheitliche Arbeiterquartiere 1. nachbarschaftliche Kontakte und damit die Bindung an das Quartier fördern, 2. eine Grundlage zur Solidarisierung und damit ein Faktor im politischen Kampf der Arbeiterschaft sind und 3. Konsumzwänge mildern helfen, die im heterogenen Milieu eher entstehen.
Obwohl Vertreter solcher Argumente nicht die Schichten der abhängigen Arbeitnehmer spalten wollen, betonen sie, in der Anlage geschlossener Arbeiterviertel vor allem Agitationszentren der Arbeiterbewegung zu sehen, die nur scheinbar »ohne Bedeutung für proletarische Emanzipationsbewegungen« waren und sind (150). Nun hat Friedrich Engels 1881 selbst von der »Verlagerung des Schwerpunktes der Bewegung in die großen Städte« gesprochen, und die Pariser Kommune war sicherlich ein deutlicher Beleg dafür. Klassische Beispiele sind ohne Zweifel auch die Mietstreiks in verschiedenen Städten Englands (Glasgow 1915 und Birmingham 1939) oder der Hamburger Aufstand der zwanziger Jahre und der Aufstand im Berliner Wedding 1929, bei dem kommunistische Straßenzellen eine Rolle spielten. Die klassischen Arbeiterquartiere boten zweifellos ihren Bewohnern Identifikationschancen und damit eine Kommunikationsbasis, auf der sich zeitweilig Solidarisierungen bilden konnten. Das Solidarisierungsargument entfällt vor allem für subproletarische Gruppen, die häufig kaum fähig sind, sich an der Arbeiterbewegung zu beteiligen, geschweige denn, den Sinn des Kampfes nachzuvollziehen.
Auch rechtfertigt die Möglichkeit solcher punktueller politischer Aktionen, die eben fast ausschließlich durch wohngebietsexterne krisenhafte Zuspitzungen entstanden waren, meines Ermessens noch nicht, die Gettoisierung für ganze Bevölkerungsgruppen zu propagieren und planerisch durchzusetzen, weil damit langfristig Nachteile vor allem für die unterprivilegierten Gruppen entstehen können. Die Behauptung Sigmar Gudes und anderer, daß in einem gemischten Quartier der Anpassungsdruck

an die Konsumnormen der Vermögenden unerträglich werden könne (150), bedeutet noch nicht automatisch ein Verschwinden von Konsumzwängen im sozial homogenen Milieu. Im Gegenteil: Gerade unter Bewohnern annähernd gleicher ökonomischer und sozialer Lage verbleibt oft nur ein kleiner Spielraum der Differenzierung, den demonstrativer, das Haushaltsbudget stark belastender Konsum füllen muß. Eine besondere Form der Homogenität, nämlich die Überlagerung von Werks- und Wohnnachbarschaft führt zu einer Potenzierung betrieblicher und privatfamiliärer Konflikte, die zusammen sich zu einem undurchdringlichen Knäuel von sozialen Zwängen verfilzen und in der Regel eben nicht eine ›politische Nachbarschaft‹ entstehen lassen, sondern lediglich antisoziale Reaktionen provozieren.
Die Diskussion der ideologisch am weitesten reichenden Argumentenbündel pro und contra soziale Segregation im Wohnbereich zeigt, daß hinter beiden Positionen eine gesellschaftspolitische Überschätzung der Wirkung der räumlichen auf die soziale Lage und auf das Bewußtsein gesellschaftlicher Gruppen steht. Denn sowohl die dem Integrations- als auch die dem Konfliktmodell zuzurechnenden Interpretationen neigen oft dazu, die räumliche Nähe bzw. Isolierung verschiedener Schichtgruppen aus dem Gesamtzusammenhang der sich immer wieder alltäglich bildenden sozio-ökonomischen Ungleichheit herauszulösen und damit ihre Bedeutung und ihren Stellenwert zu überschätzen. Vielmehr muß die soziale Segregation als ein Teil des Allgemeinzustandes der stadtspezifischen Absonderung von Menschenkategorien, von Informationen, von baulichen Qualitätsstandards usw. verstanden und interpretiert werden; sie wird selbst ein bestimmendes Moment für die Chancenstruktur eines Quartiers. Dieser Chancenstruktur in ökonomischer, politischer, kultureller und sozialer Hinsicht fällt heute eine bedeutende Rolle zu und zwar für die gesellschaftlichen Bedingungen, unter denen die Bewohner ihre Arbeitskraft reproduzieren müssen. Nicht nur sind heute die Kosten der gesellschaftlichen Reproduktion der Arbeitskräfte höher als in früheren Zeiten, sondern es werden zunehmend weniger Güter und Dienstleistungen durch individuellen Kauf erworben zugunsten der vermehrten kollektiven Nutzungsmöglichkeiten von Einrichtungen zum öffentlichen Gebrauch. Wenn nun – wie Claus Offe ausführt – »das Kriterium bloßer Reproduktion der Arbeitskraft die typische Obergrenze sowohl für individuelles Arbeitseinkommen wie für kollektive Versorgungsleistungen setzt« (303), braucht das lokale politische System nur eine minimale Ausstattung mit sozialen Infrastruktureinrichtungen in den Stadtquartieren vorzunehmen, die von ihrer Sozialstruktur her nicht in der Lage sind, die Ressourcenverteilung des politischen Systems zu beeinflussen. In der Tat konnte im Hinblick auf Quantität und Qualität der Aus- und Fortbildungsstätten, hinsichtlich der Verkehrseinrichtungen, der Gesundheitsfürsorge, der Ausstattung auf dem Freizeit- und Erholungssektor sowie auf sonstige öffentliche Dienstleistungen eine eindeutige Abhängigkeit von der Sozialstruktur städtischer Viertel nachgewiesen werden. Ausgenommen die städtischen Gegenden, in denen sich unterprivilegierte Minoritäten ballen, war in Arbeitervierteln die relative Unterversorgung am stärksten (173, 454, 314).
Von weitergreifenden gesellschaftspolitischen Implikationen abgesehen wäre allein unter dem pragmatischen Gesichtspunkt einer möglichst gleichmäßigen Versorgung der Bevölkerung mit Wohnungen und Infrastruktureinrichtungen eine Konzentration sozial-ökonomisch schwacher und daher unterprivilegierter Bevölkerungs-

gruppen in bestimmten Stadtquartieren zu vermeiden. Eine solche Konzentration wäre vor allem dann zu verhindern, wenn sie quartiersbestimmend wird und damit bei den gegebenen ökonomischen und politischen Verhältnissen eine infrastrukturelle Unterversorgung nach sich zieht. Wenn nach diesem Postulat, nämlich der Verhinderung von Gettobildungen, konsequent verfahren würde, könnte einer von vielen, soziale Ungleichheit konstituierenden Faktoren ausgemerzt werden und die Chancen gesellschaftlicher Emanzipation für unterprivilegierte Gruppen vergrößert werden. Zu dieser geforderten Multisozialität auf Quartiersebene müßte eine Multifunktionalität ergänzend hinzukommen, um die negativen Folgen reiner Wohnquartiere überhaupt zu beheben.

Auch wenn städtische Planung einen Disparitätenausgleich im weitesten Sinne anstreben wollte, stellt sich die Frage nach den Voraussetzungen und den schon vorhandenen oder noch zu entwickelnden Instrumenten der Durchsetzbarkeit solcher Zielsetzungen.

Probleme der Planung sozialer Vermischung

Überlegungen zur Planung der Sozialstruktur einer Stadt oder eines städtischen Quartiers stellen sich in neuerer Zeit im Zuge der Errichtung neuer Stadtteile, Vororte, ja ganzer Städte und bei der Sanierung überalterter, baulich, ökonomisch und sozial abgesunkener Stadtquartiere. Um den Rahmen zu erkennen, in dem sich sozial-strukturelle Planung vollziehen kann, ist es notwendig, sich die genannten Ursachen der sozialen Segregation zu vergegenwärtigen. Sie verweisen vor allem auf die Tatsache, daß segregationsverhindernde oder -fördernde Voraussetzungen zu einem nicht unerheblichen Teil lokaler Einflußnahme entzogen sind wie z. B. das kapitalistische Bodenrecht, die Wohnungsbau- und Mietgesetzgebung. Das bedeutet, daß grundlegende Veränderungen in der Allokation sozialer Gruppen im städtischen Raum und ihrer Versorgung vor allem überlokal in Gang gesetzt werden müssen. Hier stößt man jedoch wie im lokalen Bereich auf die Grenzen staatlicher Planung, die sich nicht frei von ökonomischen Zwängen, sondern im Gegenteil unter den restriktiven Bedingungen der faktischen Wirtschafts- und Gesellschaftsordnung vollzieht. In den Gemeinden kann das exemplarisch belegt werden an der Notwendigkeit, Industrie anzusiedeln, um über die Gewerbesteuer bzw. über Anteile an der Einkommensteuer den kommunalen Finanzhaushalt auszuweiten. Unter diesen Gesichtspunkten erhalten verschiedene Bewohnergruppen unterschiedliche Wertigkeiten, gemessen an den Leistungen, die sie zur erweiterten Reproduktion des Kapitals zu leisten in der Lage sind. Von hier aus ergeben sich für bürgerliche Gruppen andere planerische Konsequenzen als für die Arbeiterschaft und für die ständig wachsende ›industrielle Reservearmee‹ der ausländischen Arbeitnehmer wieder andere als für Obdachlose und weitere subproletarische Minderheiten (173).

Ohne daß auf die Problematik, insbesondere das emanzipatorische Potential der Sozial- und Gemeinwesenarbeit in ausgesprochenen Gettos eingegangen werden könnte (334), soll nun skizziert werden, wo es Ansätze zu einer tendenziellen Blockierung weiterer klassen- und schichtspezifischer Segregation gibt. Im folgenden werden am Beispiel der Sanierung die Möglichkeiten einer Steuerung in der Zusam-

mensetzung der Wohnbevölkerung erörtert, nicht jedoch die realen Verläufe vieler Sanierungsmaßnahmen. Dabei ist vor allem hinzuweisen auf eine Reform des bodenrechtlichen Instrumentariums im Städtebauförderungsgesetz (StBauFG), insofern als die Gemeinde in den förmlich festgelegten Sanierungsgebieten erweiterte planungsrechtliche Kompetenzen erhalten hat (vgl. S. 372 ff). Sie kann nun Initiativen entwickeln und verwirklichen, wo sie bisher nur weitgehend reaktiv auf die Maßnahmen der Grundeigentümer handeln mußte bzw. müßte.
Wohl am bedeutungsvollsten für die zukünftige soziale Zusammensetzung ist der den Bebauungsplan ergänzende Sozialplan, der durch die vorbereitenden, vom Sozialplan geforderten Untersuchungen Möglichkeiten bietet, ein konkret für das jeweilige Sanierungsgebiet passendes Sozialstrukturkonzept zu erarbeiten. Vor allem in den eventuell auszuweisenden Ersatzwohngebieten »können auch Festsetzungen getroffen werden, die dazu dienen, die Unterbringung bestimmter Bevölkerungsgruppen unter Berücksichtigung des Sozialplans zu gewährleisten« (§ 11, Abs. 2 StBauFG). Zum ersten Mal im Bauplanungsrecht wird hiermit die Möglichkeit eröffnet, Nutzungen grundstücksspezifisch planerisch festzulegen. Man wird abwarten müssen, ob diese Regelung sich als praktikabel erweist. Bis heute sind Nutzungsfestsetzungen in Ersatzwohngebieten meines Wissens noch nicht vorgekommen, da es bisher kaum Sanierungsmaßnahmen nach dem Städtebauförderungsgesetz in einem solch fortgeschrittenen Stadium gibt. Auch in die Bebauungspläne außerhalb von Sanierungsgebieten sollen aufgrund des Entwurfs vom März 1973 zur Novellierung des Bundesbaugesetzes Zweckbindungen für die Unterbringung bestimmter Bevölkerungsgruppen aufgenommen werden. Zusammen mit den Belegungsbindungen im Rahmen des sozialen Wohnungsbaus sind somit einige rechtliche Voraussetzungen geschaffen, um die Bildung weiterer Gettos zu verhindern.
Es wäre nun aber vollkommen illusorisch anzunehmen, daß damit in Zukunft das Problem der Segregation gelöst sei. Neben den intervenierenden Faktoren wie dem Interesse der Wirtschaft und der Wohnungsbaugesellschaften, der Ausbildung von Planern und Kommunalbeamten spielt die Politisierung der Betroffenen eine eminente Rolle bei der Verhinderung einer Stadtplanung, die bewußt oder unbewußt Segregationserscheinungen fördert. Nach dem Städtebauförderungsgesetz bildet die Mitwirkung der Betroffenen vor und während des Sanierungsvorgangs einen integralen Bestandteil des Sozialplans.
Die in der lokalen Situation mögliche Partizipation von Betroffenen, die in jüngster Zeit als Folge planerischer Eingriffe erheblichen Umfanges wie z. B. Stadtsanierungen eine weite Verbreitung gefunden hat, basiert auf der kollektiv erfahrenen Benachteiligung und richtet sich darauf, die erwähnten Defizite an Lebensbedingungen und daraus hervorgehenden Lebenschancen in strukturellen Krisengebieten auszugleichen. Es könnte nun an verschiedenen Beispielen gezeigt werden, daß die materiellen Folgen partizipatorischer Aktivitäten, z. B. die Umverteilung städtischer Ressourcen, vor allem dort eingetreten sind, wo es ökonomisch und sozial starke Gruppen gab, die politischen Druck auf das lokalpolitische Zentrum ausgeübt haben. Eine Heterogenität der Quartiersbewohnerschaft ist also eine wesentliche Voraussetzung dafür, daß Interessen auf der Quartiersebene artikuliert und durchgesetzt werden, wenn auch dabei permanent die Gefahr besteht, daß die schwächeren Gruppen übergangen oder sogar bevormundet werden. Notwendig ist

die Entwicklung von basisdemokratischen Partizipationsmodellen, die eine Beteiligung ökonomisch und sozial schwacher Personengruppen sicherstellen und über der kollektiven Benachteiligung im Reproduktionsprozeß nicht deren letzten Ursprung, nämlich die im Produktionsbereich sich entfaltenden Widersprüche, aus dem Auge verlieren.

Wenn soziale Trennung im Wohnbereich nicht mehr als Teil einer allgemeinen Absonderung betrieben und damit der verhängnisvolle Zirkel zwischen Gettobildung und weiterer sozialer Deklassierung durchbrochen würde, dann könnte eine Voraussetzung mehr erfüllt sein, damit Architektur – wie Ernst Bloch sagte – »ein Produktionsversuch menschlicher Heimat bleibt« (39).

THEODOR EBERT

Bürgerinitiativen

Ein überraschendes Phänomen

Die Selbsthilfe Falkenhagener Feld in Berlin, eine an der »Hinhaltetaktik und dem Zynismus der Behörden« im ersten Anlauf gescheiterte Bürgerinitiative, eröffnete eine Dokumentation über ihren vergeblichen Kampf gegen einen Schulbau auf dem Gelände des dortigen Abenteuerspielplatzes mit einem längeren Zitat aus einer Ansprache von Bundespräsident Heinemann vor der Landkreisversammlung am 26. Mai 1972 in Münster: »Bei allen Entscheidungen von größerer Tragweite in dem überschaubaren kommunalen Bereich machen die Bürger immer deutlicher einen Anspruch auf rechtzeitige Beteiligung geltend. Die Bürgerrechtsbewegungen im Bau- und Wohnbereich, bei Kindergarten-, Vorschul-, Schul- und Spielplatzproblemen, bei Verkehrsfragen, im Bereich der Randgruppen unserer Gesellschaft und neuerdings bei Umweltschutzfragen sind eindeutige Hinweise auf diese Bestrebungen. Wir sollten solche Bürgerinitiativen, wenn sie demokratisch getragen sind, keineswegs als lästig empfinden, sondern sie durch die Hereinnahme der betroffenen Bürger in das Gespräch ermuntern. Das wäre die beste Möglichkeit, die durch das Grundgesetz auf die Wahlen zu den Parlamenten beschränkten Rechte der Bürger im Interesse einer lebendigen Demokratie fortzuentwickeln... Um es deutlich zu sagen: die Bürger müssen gehört werden, aber nicht erst dann, wenn die Verwaltung entschieden hat, sondern vorher.«

Dieser angebliche ›Durchbruch zur Mündigkeit‹ der Aktivbürger findet zwar in zunehmendem Maße als Verbindung von Aufmüpfigkeit und Gemeinsinn wohlwollende Kommentare von Berufspolitikern (325), aber gleichzeitig mehren sich auch die Stimmen von Basisaktivisten, die aufgrund teilweise bitterer Erfahrungen die Erfolgsaussichten solcher Initiativen skeptisch beurteilen. Scharfsinnige Analytiker der Regionalplanung und Städtesanierung meinen gar vor der »Illusion demokratischer Bürgerinitiative« warnen zu müssen (59). »Die offizielle Planung zu modifizieren und effektivieren durch die Zusammenarbeit der gewandtesten und gebildetsten Bürger mit den Planern ist der einzige, aber unendlich wichtige *aktive* Beitrag, den die Bürgerinitiative leisten kann. Wenn man in diesem Zusammenhang dann noch von Emanzipation reden will, kann man nur eine individuelle und psychische meinen – die der aktiven Mitglieder. Kollektiv wird nur der Verzicht und die Einsicht in das Unvermeidbare geübt« (324).

Um hier die vorschnelle Verallgemeinerung von Einzelerfahrungen, die möglicherweise in unterschiedlichen Konfliktfeldern gesammelt wurden, zu vermeiden, ist das Phänomen ›Bürgerinitiative‹ zunächst einmal gegen bürgernah aufgemachte Public Relations-Veranstaltungen von Verwaltungen, Parteien und etablierten Interessenverbänden abzugrenzen, in seinen quantitativen Ausmaßen zu bestimmen und nach Konfliktfeldern zu differenzieren.

Bei der Abgrenzung echter Bürgerinitiativen gegen mancherlei Etikettenschwindel

von Privatunternehmungen, etablierten Verbänden und Parteien hat sich bei einer Auswertung der Berichterstattung von Tageszeitungen über Bürgerinitiativen folgende Definition bewährt:
»Eine Bürgerinitiative ist eine autonome Selbstorganisation von Bürgern, die mit Leistungen der politischen Verwaltung oder privater Unternehmungen und der Vertretung ihrer Interessen durch Parteien und etablierte Verbände unzufrieden sind und die sich darum im Bereich der Reproduktion der Arbeitskraft für mehr Lebensqualität bzw. für die Erhaltung der vorhandenen Substanz einsetzen. Sie verstehen sich als basisdemokratisches Korrektiv der parteienstaatlich-repräsentativen Demokratie. Im Unterschied zu den Parteien suchen sie keine Stellen im Staatsapparat zu übernehmen und haben eine sachlich begrenzte Zielsetzung (single purpose movement), und im Unterschied zu den potentiell oder aktuell etablierten Vereinigungen handelt es sich im Prinzip um temporäre Zusammenschlüsse, die über die Beseitigung oder Verhinderung eines Mißstandes hinaus keine Dauerlegitimation suchen.
Die Organisation von Bürgerinitiativen ist öffentlich und nicht geheim; die Möglichkeit der Mitarbeit besteht für jeden, der die Zielsetzung der Initiative fördern will. Eine optimale Beteiligung aller Mitarbeiter am Willensbildungsprozeß wird in der Regel angestrebt, aber zuweilen wird auch nur die im Vereinsgesetz vorgesehene Norm innerverbandlicher Demokratie erreicht.
Zur Durchsetzung ihrer Ziele bedienen sich Bürgerinitiativen neben den im politischen System vorgesehenen Regelungsmechanismen auch der Methoden der gewaltlosen direkten Aktion.
Von einer Bürgerinitiative kann nur gesprochen werden, wenn sich mindestens fünf Bürger für mehr als einen Tag zur Erreichung eines gemeinsamen Zieles zusammenschließen. Eine Vereinigung verliert den Charakter einer Bürgerinitiative, auch wenn sie sich aus Gründen politischer Opportunität dieses Etiketts bedient, a) wenn ein maßgeblicher Teil der Mitarbeiter als Agenten einer staatlichen Institution, einer Partei, eines etablierten Verbandes oder eines privaten Unternehmens fungiert, b) wenn die Existenz der Organisation von der materiellen oder politischen Unterstützung einer der vorgenannten Institutionen direkt abhängig wird, c) wenn der Umfang der Tätigkeit der hauptamtlichen Funktionäre den aktiven Einsatz der ehrenamtlichen Mitarbeiter übersteigt, d) wenn die Aktivitäten vornehmlich der kollektiven Bedürfnisbefriedigung ihrer Mitglieder dienen.
Eine Bürgerinitiative wird zum etablierten Verband, wenn sie ihre Tätigkeit nicht länger als Protest gegen das Versagen repräsentativer Organe und das Ausbleiben notwendiger öffentlicher Leistungen begreift, sondern z. B. als freier Wohlfahrtsverband arbeitsteilig mit öffentlich-rechtlichen oder privaten Institutionen ständige gesellschaftliche Aufgaben wahrnimmt.«
Nach dieser Definition sind von Stadtverwaltungen in Zusammenarbeit mit den Interessenverbänden initiierte und finanzierte ›Bürgerforen‹ keine Bürgerinitiativen (321), was jedoch nicht ausschließt, daß einzelne Mitglieder eines solchen Bürgerforums die Initiative zur Basisarbeit ergreifen. Mitarbeiter des zu mehr als 90 Prozent von der Stadt finanzierten Münchener Forums waren wichtige Informanten und Ratgeber der Initiativen im Stadtteil Lehel (180).
Diese Definition gestattet es, daß von Partei- oder Verbandsmitgliedern gestartete

und getragene Initiativen noch als Bürgerinitiativen gewertet werden, solange die Mitarbeit und Mitbestimmung allen Interessierten möglich ist und die Partei- und Verbandsmitglieder nicht als geschlossene Fraktion die Bürgerinitiative zu manipulieren suchen. Diese Offenheit der Definition ist sinnvoll, da die parteiinterne Opposition zur Politik der Rathausparteien häufig Bürgerinitiativen unterstützt oder gar initiiert und weil beispielsweise in Berlin von Stadtplanungen betroffene Kleingärtnervereinigungen zum aktiven Kern von Umweltschutzinitiativen zählen.

Umfang der Aktivitäten

Um zu einer realistischen Einschätzung der Erfolgschancen von Bürgerinitiativen zum Städtebau zu kommen, sollte man sich zunächst einmal des bisherigen Umfangs dieser Aktivitäten vergewissern. Die Verleihung des Theodor-Heuss-Preises an die Frankfurter Aktionsgemeinschaft Westend, die Referenz in der Regierungserklärung von Bundeskanzler Brandt an den »gewandelten Bürgertypus, der seine Freiheit auch im Geflecht der sozialen und wirtschaftlichen Abhängigkeiten behaupten will«, die wohlwollende Berichterstattung in der Presse, die neben einer *Spiegel*-Titelstory auch konservative Massenblätter wie die *Berliner Morgenpost* und die *Bunte Illustrierte* einschließt, haben auch bei noch passiven Bürgern ein trügerisches Potenzgefühl erzeugt, das dem tatsächlichen Umfang und den materiellen Auswirkungen dieser Initiativen nicht ganz entspricht. Soll darum ein probeweises Engagement solchermaßen Ermunterter nicht in neuer Resignation enden, wird man vor der Phantasmagorie eines schnellen Erfolgs von Massenbewegungen aufständischer Bürger warnen und die gesellschaftlichen Bedingungen und Techniken des Engagements aufzeigen müssen.

Nach einer Untersuchung des Instituts für angewandte Sozialwissenschaft (Infas) in Bonn vom Juli 1973 sollen bisher rund drei Prozent der Bevölkerung in einer außerparteilich organisierten Bürgerinitiative mitgearbeitet haben oder jetzt noch in ihr tätig sein. Zehnmal soviel wären jedoch eventuell für eine Mitarbeit zu gewinnen. Das klingt eindrucksvoll, wenn man bedenkt, daß nur knapp vier Prozent der Wahlberechtigten Mitglied einer Partei sind. Die Zuverlässigkeit dieser Untersuchung erscheint allerdings fraglich, wenn man ihre Ergebnisse auf Berlin mit seinen noch relativ zahlreichen Bürgerinitiativen bezieht und mit den Ergebnissen einer Zeitungsauswertung vergleicht.

Die Auswertung von Tageszeitungen aus Berlin *(Tagesspiegel, Morgenpost)*, Hannover *(Neue Hannoversche Presse)* und München *(Süddeutsche Zeitung)* hat ergeben, daß auf etwa 20 000 Einwohner eine laufende Bürgerinitiative kommt. Um zu dieser Zahl zu gelangen, wurde angenommen, daß etwa die Hälfte der Bürgerinitiativen der Aufmerksamkeit der Lokalreporter entgeht oder ihre anhaltende routinemäßige Arbeit keinen Nachrichtenwert besitzt. Die Zeitungsauswertung ergab, daß sich ein Drittel bis fast die Hälfte der Bürgerinitiativen mit Problemen des Städtebaus befaßt; auffallend ist der hohe Anteil an Spielplatzinitiativen. Sie wurden darum in Tabelle 1 gesondert ausgewiesen.

Nach den Infas-Ergebnissen müßte man annehmen, daß es unter den 2,2 Millionen West-Berlinern 66 000 engagierte Basisaktivisten gäbe; bei einem 43 % An-

Tabelle 1. Berichterstattung von Tageszeitungen über Bürgerinitiativen, Mai bis Oktober 1972

Tageszeitung	Gesamtzahl der Bürgerinitiativen	Bürgerinitiativen zum Städtebau	Bürgerinitiativen für Spielplätze	Gesamter Anteil der Bürgerinitiativen zum Städtebau
Tagesspiegel	65	10	18	43 %
Berliner Morgenpost	72	17	15	44 %
Neue Hannoversche Presse	50	10	6	32 %
Süddeutsche Zeitung	42	11	4	36 %

teil von Bürgerinitiativen zum Städtebau hieße dies, daß sich annähernd 28 000 Bürger für solche Belange einsetzen. Diese Annahme ist aber ganz unrealistisch. Aufgrund der Fallstudien und einer Auswertung der Antworten von 61 Bürgerinitiativen aus dem gesamten Gebiet der Bundesrepublik (233) kann als gesichert gelten, daß in einer Bürgerinitiative im Durchschnitt etwa 20 Personen aktiv mitarbeiten. Wenn man das Verhältnis: eine Bürgerinitiative auf 20 000 Einwohner zugrunde legt, bedeutet dies, daß nur einer von tausend Bürgern aktives Mitglied einer Bürgerinitiative ist. In Berlin dürften sich also nicht 28 000, sondern etwa 600 bis 1 000 Bürger an Aktivitäten zu Problemen des Städtebaus beteiligen.

Zählt man zu den Mitarbeitern von Bürgerinitiativen nun auch diejenigen hinzu, die an einer bereits abgeschlossenen Initiative teilnahmen oder sich nur kurzfristig engagierten, so kann man es vielleicht wagen, die Zahl der Basisaktivisten zu verzehnfachen, und kommt dann auf einen Anteil von allenfalls ein Prozent der Bevölkerung. Das ist zwar angesichts der weitverbreiteten politischen Apathie bereits ein Faktor, der Verwaltungsapparate beunruhigt, aber man sollte sich hüten, bei Bürgerinitiativen eine Massenbasis aktiver Mitstreiter zu vermuten. So hat beispielsweise die Bürgerinitiative Neukölln e. V., die gegen eine Stadtautobahn durch Kleingartengelände kämpft und 820 Mitglieder hat, sich außerstande gesehen, 30 000 Flugblätter selbst zu verteilen. Sie beauftragte eine Verteilungsfirma, zahlte aus der Vereinskasse – und verwies danach selbstbewußt auf 4 000 Unterschriften von Sympathisanten. Tatsächlich handelt es sich hier um eine reine ›Vorstandsinitiative‹ von höchstens einem Dutzend Aktivisten; die Beteiligung der anderen ›Mitglieder‹ besteht in Beitragszahlungen von monatlich 50 Pfennig und in der Akklamation ihrer Sprecher bei Protestversammlungen.

Wenn man noch bedenkt, daß in etwa der Hälfte der Bürgerinitiativen Parteimitglieder eine tragende Rolle spielen und im Durchschnitt 10–20 % des aktiven Kerns stellen dürften, wird weiter deutlich, daß die tatsächliche Zahl der hochgelobten ›mündigen Bürger‹ noch sehr klein ist und man allenfalls hoffen kann, daß die Praxis dem progressiven Image nachfolgt.

Konfliktfelder und typische Ziele

Wie sich an der auffallenden Häufigkeit von Initiativen für Spielplätze bereits gezeigt hat, gibt es bei den Bürgerinitiativen Schwerpunkte der Aktivität. Man wird zwischen den einzelnen Konfliktfeldern und Zielsetzungen differenzieren müssen, wenn man zu praxisnahen Aussagen über Träger, Methoden und Erfolgschancen von Bürgerinitiativen zum Städtebau kommen will. Für eine Grobeinteilung bietet sich an, neben den beiden Extremen städtebaulicher Veränderung, den Sanierungsgebieten und den neuen Stadtrandsiedlungen, die punktuellen Veränderungen in etablierten Stadtgebieten zu betrachten.
1. *Punktuelle Veränderungen in etablierten Stadtgebieten.* Eine eingesessene Bevölkerung mit gewachsenen Kommunikationen, mit gewissen Erfahrungen in der Zusammenarbeit von Gruppen, mit ›informellen Führern‹ (289), einer kritischen Intelligenz – das sind die günstigen soziographischen Voraussetzungen. Eine Bürgerinitiative findet sie nur in einem etablierten Stadtgebiet vor, dessen Bevölkerung sich mit ihm identifiziert und in seiner Erhaltung und Gestaltung eine lohnende Aufgabe sieht. Hinzu kommt, daß es sich bei den Aufgaben für die Bürgerinitiativen in etablierten Stadtgebieten meist nicht um umfangreiche Planungen, sondern um einzelne Objekte handelt, die unter vergleichsweise geringem Zeitdruck nacheinander behandelt werden können.
Häufig wird es solchen punktuell angesetzten Initiativen in einem scheinbar etablierten Quartier jedoch gehen wie der Aktionsgemeinschaft Westend in Frankfurt, die zunächst nur gegen den Bau eines Hochhauses im Rothschild-Park protestierte. Ihr Vorstandsmitglied, der Architekt Otto Fresenius, erinnert sich an das Jahr 1968: »Ich habe damals eine Unterschriftensammlung gemacht mit 7 1/2 tausend Unterschriften von Leuten, die um den Park wohnten. Das entsprach etwa der Hälfte der Wahlberechtigten in diesem Bezirk. Der Erfolg dieser Aktion war nicht sehr groß; der Bau wurde etwas aus dem Park herausgeschoben und die Parkfläche, die dann noch übrig blieb, hat sich etwas vergrößert; aber der Haupterfolg war, daß von der Stadt aus eine Bürgerversammlung einberufen wurde, die damals sehr gut besucht mit 600 Leuten im Palmengarten stattfand. Bei dieser Bürgerversammlung stellte es sich heraus, daß das Hauptproblem gar nicht der Rothschild-Park war, sondern die Umwandlung des Westends in ein Büroviertel, also erstens die Vertreibung der Mieter und zweitens die drohende Verödung dieses Stadtteils. Ich hatte mir damals die Diskussionsredner notiert, habe sie dann angerufen und sie zusammengebeten und dadurch ist praktisch die Aktionsgemeinschaft entstanden. Wir fingen mit etwa 40 Leuten an und haben heute 550 Mitglieder« (213).
In etablierten Stadtgebieten ist das Verhältnis von Bürgerinitiativen mit konstruktiver Zielsetzung und reinen Abwehrinitiativen ziemlich ausgewogen. Die häufigsten konstruktiven Zielsetzungen sind die Anlage von Kinderspielplätzen und Ju-

gendzentren. In Berlin-Wedding konnte eine Bürgerinitiative, die sich aus einer Eltern-Kinder-Gruppe entwickelt hatte, durchsetzen, daß im Not-Staubecken der Panke, das zunächst nur mit Rasen bepflanzt werden sollte, ein pädagogisch betreuter Abenteuerspielplatz angelegt wurde. Überhaupt sind die meisten Abenteuer-, Bau- oder Robinsonspielplätze in der Bundesrepublik erst auf Drängen einer Bürgerinitiative entstanden. In Berlin haben die Initiativen für Kinderspielplätze derart zugenommen, daß schließlich 1973 die Bezirke offizielle Umfragen bei allen Einwohnern zur Spielplatzsituation starteten und nun in Spielplatzkommissionen die Anregungen sammeln. Hier waren der verwaltungsintern benachteiligten Abteilung Jugendpflege die Bürgerinitiativen zustatten gekommen, hatte sie doch noch zum 31. Dezember 1970 einen Fehlbedarf von 1 195 246 qm Spiel- und Tummelfläche bei einem Bestand von 931 754 qm festgestellt.

Weitere konstruktive Zielsetzungen sind Vorschläge für die Anlage von Fußgängerarealen im City-Bereich, von Spielstraßen, Fußgängerbrücken oder auch nur einer Ampel oder eines Zebrastreifens auf dem Schulweg der Kinder. Bei den meisten dieser Initiativen geht es also darum, den in der autogemäßen Stadt benachteiligten Bevölkerungsgruppen der Kinder, der Alten und der Fußgänger Lebensraum zu verschaffen.

Eine solche konstruktive Begründung haben gewöhnlich auch die Abwehrinitiativen, die sich für die Erhaltung von Grünanlagen und historischen Bauten einsetzen und den Autoverkehr begünstigende Verkehrskonzeptionen – vor allem Stadtautobahnen – kritisieren und private und öffentliche Großbauten zu verhindern suchen. So scharte man sich in Berlin um Alleebäume, verteidigte historische Wasserpumpen und wies auf die Umweltgefährdung durch Kraftwerke, Mülldeponien oder Müllverbrennungsanlagen hin. Anderenorts verurteilte man den Bau riesiger Betonklötze durch Banken, Hoteliers oder Spekulanten des Wohnungsmarkts.

Eine für etablierte Quartiere typische Bürgerinitiative war in Berlin-Wilmersdorf auch die Bürgerinitiative Autobahnüberbauung. Sie kritisierte in einem Flugblatt an diesem Geniestreich der totalen Autogesellschaft, mit dem der Berliner Senat seine umweltfeindlichen (aber vom Bund finanzierten!) Stadtautobahnen kaschieren wolle, daß in einer typischen Gartenstadt den Anliegern – ohne sie in den Planungsprozeß einzubeziehen – ein 45 m hoher, 500 m langer Zementriese vor die Sonne gebaut würde, für dessen 5 000 Mieter in der Gegend die Wohnfolgeeinrichtungen fehlen würden (99).

2. *Sanierungsgebiete.* Im Unterschied zu den als stabilisiert geltenden Quartieren sind Bürgerinitiativen in Sanierungsgebieten, wie sie das Städtebauförderungsgesetz vorsieht, viel seltener, obwohl dringlicher. In den Berliner Sanierungsgebieten haben Untersuchungen gezeigt, »daß in den Gebieten besonders krasser Mißstände die Bevölkerungszahl in einem beunruhigenden Ausmaß rückläufig ist. In Baublöcken, in denen die Wohnungszahl in den Jahren 1956 bis 1961 gleichblieb, wurde deutlich, daß dieser Rückgang vielfach 15–20 %, ja in Einzelfällen sogar mehr als 25 % erreicht... Es erwies sich darüber hinaus, daß dieser Bevölkerungsrückgang zugleich eine unerwünschte einseitige Auslese bedeutet, daß in der Regel die Jungen und Aktiven diese Bereiche verlassen und die Älteren, die sozial Schwachen zurückbleiben« (398). Neuzuzüge beschränken sich zur Zeit im allgemeinen auf ausländische Arbeiter mit ihren Familien.

Obwohl solche Quartiere durch eine eigene Subkultur gekennzeichnet sind (108), kann aufgrund des Ausziehens der potentiellen Initiatoren im allgemeinen in Sanierungsgebieten nur mit Bürgerinitiativen gerechnet werden, wenn sich mit den ›sozial Schwachen‹ durch Bildung oder sozialen Status Privilegierte solidarisch verbinden. Wegen der speziellen Subkultur dieser Gebiete hat es jedoch eine nicht ansässige kritische Intelligenz sehr schwer, das Vertrauen der Bewohner solcher Quartiere zu gewinnen. So hat die Stadtteilarbeit kritischer Studenten im Sanierungsgebiet Kreuzberg nicht die erhoffte und den Interessen der Bewohner entsprechende Resonanz gefunden (59). Die primitivste Voraussetzung der ›Advokaten-Planung‹, bei der ›Anwälte‹ sich zu Sprechern benachteiligter Bevölkerungsgruppen machen, daß nämlich die Advokaten von der Klientel akzeptiert werden, war zumindest in den Berliner Sanierungsgebieten bislang nicht gegeben. Als Katalysatoren solcher Initiativen scheinen vor allem diejenigen in Frage zu kommen, die durch eine Kahlschlagsanierung und Umsetzung der Bevölkerung ihre Anhänger, Patienten oder Gemeindeglieder verlieren würden, also die auf eine traditionelle Wählerschaft gestützten Lokalpolitiker, Ärzte, Pfarrer und kirchlichen Mitarbeiter. Auch Koalitionen mit Kleinhändlern, die ihrer Kundschaft verlustig gehen würden, und mit Kleingewerbetreibenden, die nach einem Umzug mit Großbetrieben nicht konkurrieren könnten, sind häufig notwendig, um überhaupt eine zahlenmäßig relevante Bürgerinitiative zustande zu bringen. Man kann allerdings daran zweifeln, daß eine solche »ihrer Klassenlage nach heterogene Gruppe ... politisch einheitliche Ziele zu entwickeln« vermag (324).

Die Bürgerinitiativen in Sanierungsgebieten beziehen sich auf drei Planungsabschnitte, 1. auf die konzeptionelle Planung der Sanierung, 2. auf den Sozialplan für die Sanierungsbetroffenen und 3. auf die Neugestaltung des Sanierungsgebietes (98). Bei der konzeptionellen Planung der Sanierung in Berlin hat sich gezeigt: Das grundlegende Problem ist, daß auch die sogenannten gemeinnützigen Wohnungsbaugesellschaften »sich widerstandslos den wirtschaftlichen Gesetzmäßigkeiten des Systems unterordnen und ausschließlich nach betriebswirtschaftlichen Gesichtspunkten sanieren« (115). Das rentabelste und die gemeinnützige Bürokratie durch individuelle Wünsche am wenigsten hemmende Verfahren ist dann die Kahlschlagsanierung und die Umsetzung der ehemaligen Bewohner in Stadtrandsiedlungen. Zwar versichern die Sanierungsträger ganz allgemein und zweifellos im Blick auf ein besitzbürgerliches Leitbild, daß »die Erneuerung der Sanierungsgebiete dem Leitbild der Innenstadt als Ort echter Urbanität und städtischer Betriebsamkeit entsprechen« müsse, konkretisieren dann aber: »Dabei muß der Sanierungsträger an die Art und das Maß der Nutzung ständig auch die wirtschaftliche Sonde legen« (218, 398).

Der »wirtschaftlichen Sonde« pflegen die Wünsche der Alteingesessenen, ›im Kietz‹ wohnen zu bleiben, und das Konzept der punktuellen Sanierung nicht zu entsprechen. Der Direktor einer der größten Berliner Wohnungsbaugesellschaften bemerkte dazu in einem grundlegenden Referat: »In Teilbereichen, in denen Modernisierungs- und Komplettierungsmaßnahmen vorgesehen sind, wird man sehr sorgfältig die hierfür aufzuwendenden Kosten prüfen und sie in Vergleich stellen müssen zu den Kosten einer Neubauwohnung. Ich glaube, man wird hier noch einige Überraschungen erleben! Man wird ferner untersuchen müssen, ob der zu erzielende Effekt städtebaulich und wirtschaftlich befriedigt. Das Stehenlassen der Vorderhäuser und der Abbruch der Hinterhäuser und Seitenflügel wird vielfach zu einer zu geringen Dichte führen und wegen der hohen, in die Vorderhäuser zu investierenden Modernisierungskosten häufig unwirtschaftlich sein. Das wertvolle innerstädtische Bauland würde damit nicht rationell genug genutzt werden« (398).

In Sanierungsgebieten verfolgen Bürgerinitiativen darum vor allem das Ziel, diesen wirtschaftlichen Maßstäben von (auf Neubauten spezialisierten) Wohnungsbauunternehmen Konzepte der »Instandsetzung und Modernisierung der guterhaltenen Altbauten« entgegenzusetzen. Eine vorbereitende Maßnahme können hier auch Mietstreiks sein, die nach englischen und amerikanischen Vorbildern Althausbesitzer zu laufenden Reparaturen und Modernisierungsmaßnahmen zwingen sollen (59). Es ist nämlich charakteristisch für Sanierungsgebiete, daß sich dort auch nach Ansicht der Stadtverwaltung »die Grundstückseigentümer großenteils seit langem daran gewöhnt haben, aus ihren mehr oder weniger dringend sanierungsbedürftigen Grundstücken hohe Entnahmen zu tätigen, die aufgrund unserer Erfahrungen sich jährlich auf 10–15 %, bezogen auf den Verkehrswert des Eigenkapitalanteils, belaufen. Es handelt sich natürlich keinesfalls um echte Renditen, sondern um Entnahmen auf Kosten der Substanz« (398) – und in der Erwartung des staatlichen Aufkaufs der heruntergewirtschafteten Gebäude im Rahmen des Sanierungsprogramms.

Wenn die ›Entmietung‹ schon weit fortgeschritten und alteingesessene ›Betroffene‹ nicht mehr vorhanden sind, können Wohnungen vor der Zerstörung und Häuser vor dem Abbruch nur noch durch ›Besetzung‹ bewahrt werden. Zu diesem letzten Mittel ist vor allem in Frankfurt gegriffen worden. Dabei haben Gruppen der kritischen Intelligenz eine führende Rolle gespielt, aber Unterprivilegierte sich immerhin beteiligt (324). Mehr als vorläufige punktuelle Erfolge sind damit bislang nicht erreicht worden. Das Frankfurter Beispiel hat jedoch in mehreren Städten der Bundesrepublik bereits Schule gemacht (15).

Wenn der Abbruch sich schließlich doch als unvermeidlich oder tatsächlich als im Interesse der Bevölkerung erwiesen hat, ist das häufigste Ziel von Bürgerinitiativen, dafür zu sorgen, daß nicht in Stadtrandgebiete umgesetzt, sondern den in Abbruchhäusern Wohnenden und Arbeitenden die Möglichkeit geboten wird, ›im Dreh‹ zu bleiben oder nach Errichtung der neuen Wohnungen und Arbeitsplätze dorthin zurückzuziehen. Dem stehen häufig Kapitalverwertungsinteressen entgegen (59), aber Erfolge sind zumindest punktuell dennoch möglich.

Nachdem in Berlin-Kreuzberg zunächst nur durch Umsetzung in Stadtrandgebiete saniert worden war, starteten Jungsozialisten im Rahmen ihrer ›Doppelstrategie‹ eine Gegeninitiative. »Im Einzelsanierungsgebiet Manteuffel-/Wrangelstraße zeichnete sich ein ähnlicher Prozeß (wie in Kreuzberg – Th. E.) ab. Bereits 1969 und 1970 wurden 5 Häuser mit 118 Mietparteien ›entmietet‹. Nur 18 überdauerten die Freimachung im Bezirk. Zu diesem Zeitpunkt schaltete sich der Arbeitskreis Bau/Wohnen/Sanierung der Kreuzberger Jusos in die Aktion der organisierten Vertreibung ein... Die konkrete Arbeit begann mit einer Umfrage unter den Mietern. Ihr Ergebnis zeigte, daß 82 % in Kreuzberg wohnen bleiben wollten. Damit war das Nahziel der Mieterinitiative angesprochen: Die Vertreibung der restlichen 250 Mietparteien zu verhindern. Um dieses Ziel zu verwirklichen, mußte gefordert

werden, zuerst die schon geräumten Flächen neu zu bebauen und so den Umzug der Abrißmieter in die Neubauten in derselben Straße zu ermöglichen. Erster wichtiger Schritt war die Information der Mieter und die Einigung auf einen Forderungskatalog. Dazu wurden Mieterzeitungen herausgegeben und an alle Betroffenen verteilt« (115).
Seit der Verabschiedung des Städtebauförderungsgesetzes kann es auch das Ziel einer Bürgerinitiative sein, die Anwendung dieses Gesetzes auf ein bestimmtes Gebiet zu fordern, um die Möglichkeiten des darin vorgesehenen ›Sozialplans‹ zu nutzen. So sandte die Mietergruppe Mitbestimmung in der Kleinraumsiedlung Lichterfelde-Ost im Rahmen der ›Friedenswoche 73‹ an die Nachbarn einen Brief, in dem sie über die vom Bezirksamt verschwiegenen Möglichkeiten der Anwendung des Städtebauförderungsgesetzes informierte. Es wurde um die Unterschrift zu folgendem Brief an das Bezirksamt gebeten: »Ich bin mit der Planung des Bezirksamtes Steglitz, wie sie im Informationsbrief 2/1973 vom 6. Juli 1973 beschrieben wird, nicht einverstanden. Ich fordere die volle Anwendung des Städtebauförderungsgesetzes, um über meine Zukunft mitbestimmen zu dürfen. Ich fordere einen Vorvertrag, der mir eine familiengerechte Sozialwohnung in der neuen Siedlung auf unserem Gelände zusichert« (430). Auch diese ziemlich erfolgreiche Unterschriftensammlung konnte in dem Obdachlosen-Getto nur zustande kommen, weil dort eine von kirchlichen Sozialarbeitern und juristisch informierten Jungsozialisten unterstützte Mieterinitiative seit einigen Jahren immer wieder tätig geworden war. Eine solche Partizipationsbasis wäre zwar im Sinne der Erfinder des Sozialplanes (346), aber Bürgerinitiativen dieser Art sind bislang die Ausnahme und nicht die Regel. In einer *Vorstudie zu einem Gutachten zum Sozialplan und zur Mitwirkung der Betroffenen an Sanierungen nach dem Städtebauförderungsgesetz*, das der Berliner Senat beim kommunalwissenschaftlichen Zentrum in Auftrag gegeben hat, heißt es darum noch im Gedanken an eine Initiative von oben: »Es würde bereits viel bedeuten, wenn wenigstens eine begrenzte Anzahl kleiner, überschaubarer Gruppen, ausgewählt nach dem Kriterium gleichartiger Betroffenheit und dementsprechend spezialisiert auf je verschiedene Fragenkomplexe (z. B. Umsiedlung alter Menschen, Ausländerfragen, Kinderreiche etc.), sich über längere Zeit hinweg regelmäßig trifft, um in gegenseitigem Gedankenaustausch, unterstützt durch einen ›Sozialplaner‹, dezidierte Vorstellungen über die Besonderheiten ihrer Problemlage zu entwickeln.«

3. *Neubaugebiete am Stadtrand.* Während Bürgerinitiativen in den etablierten Quartieren und auch noch in den Sanierungsgebieten auf längerfristig gewachsene Kommunikationsnetze, Kontakte zu Vereinen, Interessenverbänden, Parteien und auf informelle Führer zurückgreifen können, ist für das Neubaugebiet zunächst einmal die Vereinzelung in der Wohnzelle eines Scheiben- oder Hochhauses charakteristisch. Eine Untersuchung aus den Jahren 1959 bis 1962 in der hauptsächlich aus Neubaugebieten bestehenden Volkswagen-Stadt Wolfsburg hat gezeigt, daß zumindest damals das »weitgehend akzeptierte Leitbild« eine »distanzierte Vertrautheit« war. »Erst nach ca. 10 Jahren des Zusammenlebens scheinen sich die nachbarlichen Beziehungen zu konsolidieren« (374).
Die geringe Ausdehnung der ›Grußzone‹ und das Fehlen intensiverer Formen der Kommunikation und Kooperation ist allerdings keine zwangsläufige und dauer-

hafte Konsequenz einer von vornherein kommunikationsfeindlichen Architektur. Bei einer ›aktivierenden Befragung‹ in der Mainzer Trabantenstadt Lerchenberg hat sich gezeigt, daß in zwei benachbarten Hochhäusern gleichen Typs eine unterschiedliche Kommunikationsstruktur besteht. »1. Hochhaus: Wenn man zu den Frauen geht, so hat man den Eindruck, daß die Familien im allgemeinen nicht isoliert leben. (Hier sagte man uns am wenigsten ab, wenn wir unsere Besuche angekündigt hatten!) Eine Frau: ›Hochhäuser sind kommunikativer als Eigenheime; dort lebt jeder nur für sich.‹ Hier konnte jede Frau uns mehrere andere Frauen nennen, die wir besuchen könnten... Auf Anfrage erfuhren wir, daß die Bänke, die vor dem Haus stehen und – im Sommer – zum Sitzen einladen, wohl die Voraussetzung für die Kommunikation in diesem Haus sind. Abends setzen sich die Frauen auf die Bänke, um auf ihre Männer zu warten... Viele Familien in diesem Haus lernten sich über die Frauen kennen, obwohl die Männer z. B. alle bei IBM arbeiteten. Eine ähnliche Funktion, wenn auch abgeschwächt, haben die Bänke bei dem Sandkasten für die Kleinkinder hinter dem Haus. 2. Hochhaus: Dieses Haus war als erstes Hochhaus bezogen worden. Dennoch erlebten wir hier isoliert lebende Familien... Bei diesem Haus fehlen die Bänke vor dem Eingang. Ein Sandkasten existiert noch nicht lange. Aber auch dabei stehen keine Bänke, auf die sich die Mütter setzen können« (348). Im Berliner Neubaugebiet Lichtenrade ist eine Wurstbude (auf Rädern) der behelfsmäßige abendliche Treffpunkt einiger Jugendlicher und Erwachsener.

Das Fehlen etablierter Kommunikationsstrukturen scheint sich selbst in einer betonerstarrten Umwelt überwinden zu lassen, und die tabula rasa der Kommunikation gibt selbsternannten Koordinatoren, die, anders als im Sanierungsgebiet, auch von außen kommen können, die Möglichkeit, Initiativen zu starten und die neuen Mitbürger zu mobilisieren, um konkrete Mißstände zu bekämpfen. Im Rahmen des Gemeindeaufbaus haben kirchliche Mitarbeiter häufig diese Koordinationsfunktion übernommen wie beispielsweise im Berlin-Spandauer Neubaugebiet Heerstraße Nord oder in Mainz-Lerchenberg. In Berlin wurden studentische Gruppen – vor allem im Märkischen Viertel – aktiv. Auch mit aktivierenden Befragungen nach der Methode Richard Hausers und mit Stadtteilzeitungen wurde und wird versucht, die Bildung nachbarschaftlicher Beziehungen und die politische Gruppenbildung zu fördern (161, 103).

In den letzten Jahren haben sich die Aktivierungsversuche und auch die spontanen Initiativen gemehrt. Man wird kaum mehr die in ohnmächtiger Anpassung entstandene »relativ hohe Grundzufriedenheit« mit den Stadtrandsiedlungen feststellen können, die eine Untersuchung in München Mitte der sechziger Jahre noch erbrachte: »Die Bürger sind wirklich bescheiden... Mit den Erfahrungssätzen, daß man sich an alles gewöhnen werde und nicht alles gleichzeitig haben könne, nehmen sie Mängel in der Ausstattung eines neuen Wohnviertels ohne Widerspruch in Kauf. Nur in sehr krassen Fällen formieren sich Interessengemeinschaften, die Forderungen anmelden und aufzeigen, wie für die Mängel Abhilfe geschaffen werden könnte« (289).

Die Initiativen in Neubaugebieten wenden sich meist gegen Versäumnisse bei den sogenannten Wohnfolgeeinrichtungen, die man besser Wohnvoraussetzungen nennen sollte (vgl. S. 189 ff). Auf dem Lerchenberg bei Mainz zeigte sich die städtebauliche Planung im Rentabilitätsdenken befangen: »Planer und Behörden sehen die physische Voraussetzungen für die Gestaltung eines Gemeinwesens erst für spätere Bauabschnitte vor. Nach ihrer Meinung ›lohnt sich vieles noch nicht‹ für 1 000 oder 3 000, wenn 10 000 als endgültige Zahl nach mehreren Jahren vorgesehen sind. So wird ein Stück möglichen sozialen Mitwachsens der Bevölkerung von Anfang an unterbunden« (391). In Berlin beklagte sich 1971 die Initiativgruppe Lichterfelde Süd über unzureichende Verkehrs- und Kommunikationsmöglichkeiten: ... »dürftiger Anschluß ans Bus-Netz, Fehlen eines Taxi-Halteplatzes, fehlender Anschluß ans Telefonnetz, verspätete Fertigstellung der Gemeinschaftseinrichtungen für ältere Menschen und nicht ausreichende Einplanung bzw. verspätete Einrichtung von Kindertagesstätten.«

Da bei der Anlage von Neubausiedlungen fast nur die Bedürfnisse der berufstätigen Männer berücksichtigt werden, sind für diese Quartiere Initiativen charakteristisch, welche die Interessen von Kindern, Jugendlichen, Frauen und Rentnern zu vertreten suchen. Um der »emotionalen Erlebnisarmut der Kinder in den vorgeblich ›funktionalen‹, tatsächlich aber eindimensionalen Neubauvierteln« (218) entgegenzuwirken, werden Abenteuerspielplätze, Jugendfreizeitheime und Sportplätze gefordert. Das Ergebnis sind häufig genug Notbehelfe wie in Kindergärten umgewandelte Wohnungen oder Kellerräume, weil für die Planung der Bewohner Gemeinschaftsflächen und dafür bereitgestellte Mittel fehlen. Da in den Neubausiedlungen fast alles schon betoniert, asphaltiert oder begrünt ist, wenn die Bewohner einziehen, bleibt Bürgerinitiativen ein relativ geringer Handlungsspielraum inmitten materialisierter, massiver Anpassungszwänge.

Es gibt Ausnahmen. In der Neuen Vahr, einer vor zwanzig Jahren für 30 000 Bewohner gebauten Trabantenstadt Bremens *(Abb. 45, 46)*, »haben die Architekten damals zum Glück Platz gelassen«. Dort bildete sich 1971 eine Bürgerinitiative aus 40 ›Vahraonen‹, die dem Verschönerungsplan der Baugesellschaft Neue Heimat eigene Nutzungspläne entgegenstellten. Sie setzten sich ein »für Grünflächen, für ein Kontaktzentrum, für Hobbyräume, ein Jugendhaus, ein Kinderhaus, eine Altentagesstätte, für Lokale, für ein Kino, für ein Ärzte- und Therapiezentrum..., für einen Informations- und Beratungsdienst sämtlicher Behörden«. Ferner soll die Neue Heimat »kleine Wohnungen zusammenlegen, aus zehn kleinen fünf große machen, mit Spielraum für Kinder, Werkräumen für die Hausgemeinschaft, Hobbyzimmern für junge Leute« *(Frankfurter Rundschau vom 22. August 1972)*.

Diejenigen Bürgerinitiativen werden am ehesten materielle, konstruktive Auswirkungen haben, die sich schon in die Planung eines neuen Quartiers oder – nach englischem Vorbild – einer neuen Stadt einschalten. Eine solche Initiative wird dadurch erschwert, daß die künftig Betroffenen am ehesten von den öffentlichen und privaten Bauherren angesprochen oder durch eine repräsentative Auswahl simuliert werden könnten, die Bauherren aber vorläufig in ihren gemeinnützigen Planungen vom gemeinen Volk noch nicht gestört werden wollen. Immerhin wurden bereits partizipationstechnokratische Modelle entworfen, von denen die Erfinder annehmen, daß die Simulatoren sich auch an die Spielregeln der Verwaltung halten und keine systemüberwindenden Alternativen entwickeln werden (97). Regelverletzende Beauftragte des Münchener Forums haben diese Modelle, in denen Demokratie nur Nebenprodukt, aber keine schöpferische Kraft ist, bereits kritisiert (180). Dennoch wäre auch die Realisierung solcher Modelle wie der ›Planungszelle‹, die einen repräsentativen Querschnitt der Betroffenen zusammenführt, und der plebiszitären ›Planwahl‹ ein Fortschritt, weil sie eine offizielle Anerkennung des Anspruchs auf Planungsbeteiligung darstellen würden; darauf könnten dann weitergehende Forderungen auf eine Emanzipation der bürgerschaftlichen Planungsinstitutionen aufbauen. Bei der Planwahl käme es vor allem darauf an, daß die Alternativen nicht allein von der Verwaltung formuliert würden. So griff die Berliner Bauverwaltung in der Auseinandersetzung mit der Bürgerinitiative Neukölln um eine Stadtautobahn zu dem aufwendigen, aber dennoch manipulativen Verfahren, daß sie die Anlieger zwar über drei alternative Trassen abstimmen ließ, aber das Nein der Bürgerinitiative zur Osttangente gar nicht zur Abstimmung stellte.

Bei der Entwicklung nicht manipulativer, sondern kreativer Partizipationsverfahren könnten eventuell die gewerkschaftlichen und kirchlichen Baugenossenschaften (bei entsprechendem öffentlichem Druck) im Rahmen ihrer städtebaulichen Projekte Schrittmacherdienste leisten. So sollen in Berlin-Lichtenrade, wo die evangelische Kirche in drei Bauabschnitten eine Siedlung errichtet, die künftigen Mieter von vornherein an der Planung beteiligt werden.

Zur Zeit ist es allerdings meist noch so, daß allenfalls Initiativen ›professionalisierter Intelligenz‹, also vor allem von Gemeinwesenarbeitern und Architekten, die Planung von Neubaugebieten zu beeinflussen vermögen. Ein solcher seltener Fall erfolgreicher Intervention war die Initiative einer Gruppe von Bonner Architekten und anderen Intellektuellen, die Alternativpläne zur Gestaltung des neuen Regierungsviertels vorlegten.

Es muß jedoch nicht bei Initiativen aus diesen Kreisen bleiben. Auch die Bewohner der Neubausiedlungen haben selbst in dem Falle, daß die Bauherren eine kritische Planungsbeteiligung nicht fördern, sondern zu vermeiden suchen, eine Chance, bei Planungen zu intervenieren. Da die großen Stadtrandsiedlungen meist in mehreren Bauabschnitten errichtet werden, könnten sich die Bewohner des ersten Bauabschnitts in die Planung der weiteren Abschnitte einschalten und dadurch eine gewisse Elastizität und Lernfähigkeit der Städtebauer erreichen (218). Die bereits erwähnte aktivierende Befragung in Mainz-Lerchenberg konnte eine Frauengruppe veranlassen, sich zunächst wenigstens einmal nach den Spielplatzplanungen im nahegelegenen Bauabschnitt Draiser Senke zu erkundigen (348).

Initiativen, bei denen die Bürger nicht nur einzelne Objekte, wie eine Kindertagesstätte fordern, sondern einen Stadtteil oder gar eine Region planen sollen, haben wahrscheinlich zur Voraussetzung, daß die Beteiligten in begrenzteren Konflikten schon Erfolgserlebnisse hatten. Mit solchen Initiativen ist darum in größerem Umfang wohl erst in den nächsten Jahren zu rechnen. Außerdem müßten auch die konstruktiven Vorstellungen kritischer Städteplaner weiter entwickelt sein. Solange sie jedoch selbst feststellen, daß »für andersartige Siedlungsgruppierungen derzeit nicht einmal im Ansatz annehmbare Vorschläge vorhanden sind« und sich eingestandenermaßen die konkreten städtebaulichen Empfehlungen der Soziologen in den abschließenden Kapiteln ihrer Analysen »so harmlos lesen wie der Leserbrief eines zwar interessierten, aber dilettantischen Bürgers an die Lokalzeitung« (146, 218), kann man auch von den Bürgerinitiativen nicht erwarten, daß sie mehr zu-

stande bringen als die von marxistischen Soziologen kritisierten »gutgemeinten Idyllen«, die man (aus der Lehrkanzelperspektive) »nur als unfreiwillige parodistische Enthüllung des utopisch-reaktionären Charakters von Forderungen nehmen kann, die abgeleitet sind aus einem naiv gefaßten Antagonismus von Bürgern und Konzernen« (324). Jedoch, »das Vorstellungsvermögen der meisten Menschen (auch der klassenbewußten Proletarier – Th. E.) ist begrenzt. Andere, vielleicht bessere Wohnformen stehen den Befragten nicht so plastisch vor Augen, daß sie bei einer Antwort miterwogen würden« (241). Im Märkischen Viertel angestellte Intensivbefragungen konnten allenfalls das Vorstellungsvermögen anregende, erste Hinweise geben. Wie sich am Beispiel der Abenteuerspielplätze gezeigt hat, bedürfen auch Bürgerinitiativen anregender Modelle. Wenn man Kinder einfach den gewünschten Spielplatz zeichnen läßt, reproduzieren sie meist das festverankerte Einerlei aus Sandkasten und Klettergerüst, das sie schon öfter gesehen haben.
Mehr noch, der Städtebau braucht eine konstruktive gesellschaftspolitische Perspektive. Das läßt sich am Beispiel der ›grünen Witwen‹, die als Phänomen zulänglich bekannt sind, zeigen. »Die Frau wird zum wichtigsten Inventar der Wohnung degradiert, ihre gesellschaftliche Funktion ist die emotionale Entspannungsmöglichkeit für den Mann, ihre Aufgabe ist es, den männlichen Produktionsfaktor Arbeitskraft zu reproduzieren« (348). Dieser Eindruck drängte sich der gemischt weiblich-männlichen Befragergruppe in Mainz-Lerchenberg auf. Aber was ist die städtebauliche Konsequenz bzw. Voraussetzung der Emanzipation der Frau, vor allem der jungen Mutter? Das Mainzer Befragungsteam und auch einige der Frauen selbst hatten Zweifel daran, daß in einer die Automation ansteuernden Gesellschaft die derzeit übliche Berufstätigkeit der Frau die beste Lösung sei. In der Konsequenz hätte dies den Bau von Schließfächern für Kinder, genannt Kindertagesstätten, und eventuell die Einbeziehung eines Fließbandbetriebes der Elektroindustrie oder des Zweigwerkes einer Textilfabrik in das Wohngebiet bedeutet. Emanzipation der jungen Mutter könnte jedoch auch heißen, daß erst Produktionstechniken und Werkstätten oder auch ›unproduktive‹ kulturelle Tätigkeiten entwickelt werden müßten, die es gestatteten, wie früher auf dem Bauernhof oder im familiären Handwerksbetrieb die Kinder mit an den Arbeitsplatz zu nehmen. In Berlin gehen manche Eltern mit ihren Kindern bereits zur 1. Mai-Demonstration; warum nicht auch zum Arbeitsplatz? Das würde wieder zu einer starken Mischung der Funktionen führen, also zu Fabriken mit Kinderspielplätzen und benachbarten Schulen und zu Wohngebieten mit Industrie, Volksateliers und Dienstleistungsbetrieben. Da solche Modelle im Sinne der Kapitalverwertung nicht unbedingt rentabel und zunächst zumindest riskant sein dürften, wäre ihre Durchsetzung letztlich eine Frage gesellschaftlicher Macht. Über wieviel Macht verfügen also Bürgerinitiativen? Welche Kampftechniken kennt ihr Arsenal und welche Strategien versprechen Erfolg?

Strategien und Kampftechniken

So unterschiedlich die Konfliktfelder und die Zielsetzungen der Bürgerinitiativen im einzelnen auch sein mögen, es scheint doch ein ihnen gemeinsames Problembewußtsein zu geben. Ende der sechziger Jahre haben sich in der Bundesrepublik immer deutlicher die Versäumnisse auf dem Gebiet der gesellschaftlichen Infrastruktur gezeigt, besonders im Bildungssektor, im Umweltschutz und im Städtebau. Der gemeinsame, tendenziell systemkritische Nenner vieler Bürgerinitiativen ist, daß sie eine Steigerung der ›Qualität des Lebens‹ weniger von einem wachsenden privaten Konsum als von öffentlichen Leistungen erwarten. Darum ist ihr Hauptadressat auch die politische Verwaltung.

Es ist auffallend, daß junge mittelständische Ehepaare häufig eine tragende Rolle in Bürgerinitiativen spielen. Aus wohlsituierten Elternhäusern kommend, selbst in vergleichsweise sicherer Stellung und mit einem gewissen Maß an politischer Bildung ausgestattet, erkennen sie die Diskrepanz zwischen relativem privatem Reichtum und öffentlicher Armut, an der die sozialliberale Politik der inneren Reformen zu scheitern droht. Für ihre Kinder werden ihnen zwar modische Kleider und eine Fülle raffinierter Spielsachen, aber infolge des geltenden Bodenrechts nur winzige Buddelplätze und infolge des zu geringen Steueraufkommens zu wenig städtische Gemeinschaftseinrichtungen wie Jugendzentren, Schwimmbäder und Krankenhäuser angeboten.

In öffentlichen Stellungnahmen formulieren Bürgerinitiativen zwar meistens nur ganz konkrete, auf ihr spezielles Anliegen beschränkte Forderungen. Die allgemeine gesellschaftspolitische Bedeutung ihrer Aktionen wird zum Teil absichtlich nicht angesprochen, um breite Koalitionen zu ermöglichen und eine geschlossene Front der Abwehr zu vermeiden. Während der internen Diskussionen werden jedoch, wie zumindest einige der Fallstudien zeigen, die inneren Widersprüche unseres Gesellschaftssystems von einigen Meinungsmachern – in denen Außenstehende auch ›rote Suppenköche‹ sehen mögen – auf den profitorientierten Kapitalverwertungsprozeß, der den Konsum- und Rüstungssektor bevorzugt, zurückgeführt.

Im allgemeinen beginnen Bürgerinitiativen mit beschränkter Kritik an sogenannten Mißständen, die sie durch Appelle an die politische Verwaltung zu beseitigen hoffen. Die Verwaltung wird sich häufig mit dem Hinweis auf die berüchtigten Sachzwänge, die Ebbe in der Kasse oder die konjunkturpolitische Lage herauszureden suchen. Zu diesen Sachzwängen meinte der Frankfurter Oberbürgermeister Walter Möller: »Weder mit Recht noch mit Geld ausgestattet, führen die Planungsämter der Städte fast hoffnungslose Rückzugsgefechte gegenüber den Kapitalinteressen« (207). Dies pflegt auch gemäßigt liberalen Bürgerinitiativen in ihren Auseinandersetzungen mit der Verwaltung nicht verborgen zu bleiben; es zwingt sie geradezu in einen systemkritischen Lernprozeß. Wenn Bürgerinitiativen jedoch Mißstände als Strukturfehler erkennen, bleibt ihnen gewöhnlich keine andere Alternative als sich resignierend aufzulösen bzw. mit billigen Zugeständnissen abspeisen zu lassen oder aber zur Systemkritik durchzustoßen und die notwendigen starken Koalitionen zu bilden. Die Erkenntnis, daß punktuelle Kritik an Mißständen ohne die Entwicklung und Durchsetzung gesamtgesellschaftlicher Alternativkonzeptionen nicht erfolgreich sein kann, hat bei manchen Mitarbeitern von Bürgerinitiativen, ohne daß man bereits von einem massenhaften Trend sprechen könnte, auch zum Eintritt in Programmparteien geführt. Die zunächst von den Jugendorganisationen einiger Parteien von oben her entwickelte ›Doppelstrategie‹ findet hier ihre an der Basis angesetzte Entsprechung (115).

Da man bekanntlich jedoch leichter durch Erfolge als durch Enttäuschungen sich zu engagieren lernt, ist der Hinweis weit wichtiger, daß die politische Verwaltung auch über einen gewissen Handlungsspielraum verfügt und im Apparat gar nicht so selten Sympathisanten, zuweilen sogar Partisanen der Bürgerinitiativen sitzen. Daß Bürgerinitiativen bislang mit ihren Forderungen, auch wenn sie mit erheblichen Kosten verbunden waren, immer wieder Erfolg hatten, ist darauf zurückzuführen, daß im spätkapitalistischen Industriestaat die öffentliche Hand über eine beträchtliche Manövriermasse verfügt, die sie weniger nach Maßgabe der einzelnen Kapitalblöcke als vielmehr im Interesse der langfristigen Systemerhaltung einzusetzen hat. In der Bundesrepublik werden 28 % des Bruttosozialprodukts von der Gesamtheit der Gebietskörperschaften ausgegeben; darin sind 2,2 % für den Städtebau und 2,5 % für den Verkehr enthalten (234).

Insgesamt ist das jedoch immer noch zu wenig. Ein Hamburger Beobachter von Bürgerinitiativen kam zu dem Ergebnis: »Was den Gemeinden bleibt, ist die Verwaltung des Mangels. Formiert sich hiergegen Widerstand, so wird die Rettung in der Not nicht selten im Taktieren und Lavieren gesucht: ein Loch wird durch das Aufreißen eines anderen gestopft« (207). Es gibt dafür böse Beispiele. Eines davon ist in Berlin die mehr mittelständische, SPD-nahe Bürgerinitiative, die eine Umgestaltung des Panke-Beckens in einen Abenteuerspielplatz forderte. Die Verwaltung stimmte zu, ließ sich von der Presse für ihre Bürgernähe feiern – und nahm das erforderliche Geld teilweise, wie der zuständige Stadtrat an die Initiative schrieb, aus dem Reparaturfonds eines Obdachlosenheims.

Dies ist ein extremes Beispiel dafür, daß die artikulationsfähigeren Mittel- und Oberschichten sich eventuell durch Bürgerinitiativen Vorteile auf Kosten weniger gut organisierter Randgruppen und Unterschichten erkämpfen können. Es gibt auch unverfroren konservative Bürgerinitiativen, die sich meist gegen die Ansiedlung von Randgruppen (Zigeunern, geistig Behinderten, Obdachlosen usw.) wenden. Bei der überwiegenden Mehrheit der Bürgerinitiativen läßt sich jedoch feststellen, daß von ihnen durchgesetzte Maßnahmen kurz- oder langfristig auch den unterprivilegierten Gesellschaftsgruppen zugute kommen.

Damit jedoch verhindert wird, daß die politische Verwaltung in der Klemme zwischen Kapitalverwertungszwängen, Finanzmisere und Bürgerforderungen sich Luft verschafft, indem sie einzelne Initiativen oder Gesellschaftsgruppen gegeneinander ausspielt, werden die Bürgerinitiativen Koalitionen bilden müssen, wie etwa die Mission Coalition Organization, ein Koordinationsbüro der Initiativen im Stadtteil Mission von San Francisco (59), oder sich einer basisverbundenen Partei annähern müssen. Zuverlässige Partner können dabei nur diejenigen Parteien sein, die auch dann zu systemüberwindenden Schritten bereit sind, wenn die Summe der berechtigten Forderungen der Bürgerinitiativen die Profitrate der Kapitalblöcke im internationalen Vergleich unter diejenige kritische Schwelle sinken ließe, jenseits derer Investitionsstop und Kapitalflucht einsetzen.

Wenn man das Lamento der Bürgermeister unserer Städte systemkritisch übersetzt, ist es sehr wahrscheinlich, daß ein am Gemeinwohl orientierter Städtebau einen Finanzbedarf mit sich bringt, der die Systemschwelle überschreitet. Diesen Schritt kann die politische Verwaltung allerdings nur wagen, wenn die Lohnabhängigen auch bereit und fähig sind, die Produktion in eigene Regie zu übernehmen, zeitweilige Rückschläge bewußt in Kauf zu nehmen und angemessene Widerstandsstrategien gegen reaktionäre Interventionen zu entwickeln. Solange also die (potentiell) antikapitalistischen Bürgerinitiativen auch rein zahlenmäßig noch ziemlich schwach sind und die organisatorische Verbindung zwischen dem Bereich der Produktion und der Reproduktion nicht hergestellt ist, können Bürgerinitiativen von der politischen Verwaltung kein systemgefährdendes Verhalten, sondern allenfalls Sympathie und eine gewisse Toleranz für systemtranszendierende Forderungen erwarten.

Bürgerinitiativen haben darum vorläufig nur die Möglichkeit, unterhalb der genannten Schwelle zu mobilisieren und Lernprozesse in Gang zu bringen. Um solchermaßen begrenzte Erfolge zu erzielen, können sie den Legitimierungszwang der politischen Verwaltung – insbesondere vor den periodischen Wahlen – benutzen und außerdem den Umstand, daß im kapitalistischen System der Staatsapparat die Funktion hat, borniere Interessen von Einzelkapitalen zu konterkarieren, um das langfristige Überleben der kapitalistischen Produktionsweise zu gewährleisten. Diese zunächst bescheidene, aber einen gewissen Interpretationsspielraum gewährende Möglichkeit, im Sinne eines Frühwarnsystems auf die »irrationale Beschränktheit von Einzelkapitalen« hinzuweisen (305), dürfen Bürgerinitiativen zum Städtebau nicht verschmähen. »Gebaute Städte sind kumuliertes, ›versteinertes‹ Kapital, das eine möglicherweise ganz anders strukturierte Gesellschaft nicht einfach abreißen oder wegschieben, sondern nur noch ergänzen kann« (218). Darum lohnt sich auch der Kampf gegen die Interessen von Einzelkapitalen, wobei Bürgerinitiativen beispielsweise immerhin das Riesenhotel Atlantis in dem Erholungszentrum Sylt und in Düsseldorf den Abriß eines Straßenzuges von Jugendstilhäusern zugunsten eines Mannesmann-Verwaltungshochhauses verhindern konnten. Mit ihrem Druck auf Stadtverwaltungen können Bürgerinitiativen zumindest manchmal erreichen, daß die Baugenehmigung oder Kredite verweigert oder wie im Falle Autobahnüberbauung in Berlin-Wilmersdorf den Schaden mindernde Auflagen gemacht werden.

Zuweilen genügt es schon, daß der Einspruch einer Bürgerinitiative Verzögerungen und erhöhten Verwaltungs- und Werbeaufwand mit sich bringt, um ein Projekt für Spekulanten unrentabel zu machen. In Berlin-Kreuzberg konnte eine Initiative, die vor allem Jungsozialisten trugen, durch ihre Gegenpropaganda verhindern, daß sich für das Projekt eines großen Einkaufszentrums auf dem Kapitalmarkt rasch die nötigen Kreditgeber fanden. Ausländische Vorbilder weisen auf weitere Möglichkeiten hin, die Einzelkapitalisten direkt zu beeinflussen. In San Francisco hat die Mission Coalition durch Flugblattverteilen und Demonstrationen in der unmittelbaren vornehmen Nachbarschaft ihrer Gegner gesellschaftlichen Druck ausgeübt und sie zu den geforderten Sanierungsmaßnahmen in ihren Miethäusern bewegt. In England erzwangen im Februar 1971 Hausfrauen und Arbeiter durch eine wochenlange, Tag und Nacht währende Sitzblockade die Produktionseinstellung der Kohlenstoffabrik Carbon Black in Swansea, bis die Werksleitung Schutzmaßnahmen gegen den Staub in einer Kostenhöhe von 200 000 Pfund zusicherte.

In der Bundesrepublik hat die Eroberung der Straße durch Bürgerinitiativen noch nicht so weite Fortschritte gemacht. Meist beschränkt man sich darauf, daß eine Kerngruppe Informationen sammelt, Mißstände dokumentiert und der Öffentlichkeit und der Verwaltung in offenen Briefen, Anfragen in Wahlkämpfen und in Gegengutachten die Proteste und Alternativen zur Kenntnis bringt.

Weit verbreitet ist auch noch die nächste Stufe der Aktivität, die man als Phase der Mobilmachung bezeichnen könnte. Hierzu werden aktivierende Befragungen durchgeführt, Flugblätter verteilt oder gar Stadtteilzeitungen herausgegeben. Einen gewissen Höhepunkt pflegt dann die Versammlung der Mobilisierten zu bilden. Hier zeigen sich häufig auch bereits die Grenzen der Mobilmachung. Schon bei mancher Versammlung, die den Auftakt einer groß angelegten Kampagne bilden sollte, blieb die Kerngruppe der Initiatoren unter sich oder fand nur wenige schweigende Zuhörer. Diese weit verbreitete Erfahrung kommt dann zutage, wenn man für seine Fallstudien nicht erfolgreiche, bundesweit bekannte Bürgerinitiativen herausgreift, sondern in einer Großstadt eine größere Zahl von Initiativen zu erfassen sucht.

Manchen Initiativen gelingt es zwar, Hunderte von Bürgern in ihre Versammlungen zu ziehen. Wenn dort jedoch in einem angeblichen Hearing den Vertretern der Verwaltung oder der Parteien nur Gelegenheit geboten wird, um Wählergunst zu balzen, durch Sachverstand zu verunsichern und einzuschüchtern und gönnerhaft auf die baldige Entscheidung der zuständigen parlamentarischen Gremien zu vertrösten, kann dies lähmend wirken. Zur Mobilmachung gehört, daß die Selbstverständigung der Basisaktivisten, die Erörterung eigener Informationen und die Entwicklung einer Widerstandsstrategie den wichtigsten Inhalt der Versammlung bilden.

Erst wenn diese Selbstverständigung und breitere Mobilmachung erreicht wurde, ist der Zeitpunkt für die nächste Phase, die Eroberung der Straße und die Demokratisierung des Umgangs mit der Verwaltung gekommen. Da die Macht der Bürgerinitiativen in ihrer Fähigkeit besteht, die Legitimität des Verwaltungshandelns in Frage zu stellen, müssen sie der Verwaltung auch in einer Form begegnen, welche die Behörden nicht indirekt schon wieder als Agenten des Gemeinwohls bestätigt. »Soll nun bei der Herstellung dieser nicht vorhandenen politischen Öffentlichkeit geholfen werden, so darf die Hilfestellung nicht darin bestehen, daß die Interessen einzelner Gruppen ... ›wahrgenommen‹ werden. Das würde sicher dazu führen, daß den vorhandenen Lobbyisten und Manipulateuren einige weitere hinzugefügt werden. Gerade das aber muß verhindert werden: daß das bestehende System der Einflußnahme akzeptiert wird und lediglich zugunsten einer oder der anderen Gruppe erweitert wird ... Solche ›Hilfe‹ ... würde behindern und verhindern, daß sich die jeweils betroffenen Individuen solidarisieren und ihre Interessen von einer gewählten und kontrollierbaren Delegation vertreten lassen« (218).

Eine Bürgerinitiative, die ihr Handwerk versteht, wird es also zu vermeiden suchen, daß einzelne Vereinsvorsitzende vertrauliche Gespräche mit Parlamentariern und Verwaltungsbeamten führen. Respekt verschaffen sich am schnellsten diejenigen Initiativen, die indirekt zu wirken suchen: mit offenen Briefen, Pressekonferenzen und Demonstrationen. Wenn verhandelt werden muß, dann in Delegationsform – und wenn die Einladung fehlt, dann eben per Go-in. Da die Verwaltung in ihrer Gegenstrategie möglicherweise darauf zu verweisen suchen wird, daß der Bürgerinitiative die Massenbasis fehle und sie wahrscheinlich kommunistisch unterwandert sei, wird die Initiative ihre eigene Legitimität durch größte Offenheit aller Beratungen und Aktivitäten und meist durch eine Unterschriftensammlung zu untermauern suchen. Karl-Werner Kunkel, Sprecher einer Berliner Bürgerinitiative, berichtet über das Aktionsprogramm der Initiative gegen ein Kraftwerk in Berlin-

Lichterfelde: »Wir haben uns zunächst mit Flugblättern an die nähere Umgebung gewandt und uns ... durch Einsenden von entsprechenden Abschnitten mit Unterschriften die Legitimation für unsere Arbeit geholt. Dann haben wir offene Briefe an den Regierenden Bürgermeister geschrieben, die wir gleichzeitig jeweils immer der Presse übergeben haben ... Wir sind weiterhin an die Öffentlichkeit getreten mit einem Autokorso, was im Rahmen der Bürgerinitiativen wohl bisher überhaupt noch nicht dagewesen ist.« (213)

Bei der Initiative gegen das Kraftwerk am Barnackufer hatte es sich noch um eine sehr gemäßigt agierende, der CDU nahestehende Bürgerinitiative gehandelt. Im allgemeinen ist ein ziemlich ruppiger Umgang mit den Behörden und die Mißachtung des Instanzenweges charakteristisch für das Vorgehen von Bürgerinitiativen, insbesondere wenn es sich nicht um elitäre oder der regierenden Partei nahestehende Gruppen handelt. Eine unverblümte Begründung gab eine Bewohnerin des Märkischen Viertels zu Protokoll: »Ich halt überhaupt nix von diesem Instanzenweg... Die haben so viel Hindernisse eingebaut und so viel Dinger, wo die Leute sich dann entmutigen lassen und sagen: Scheiß, verzicht ich lieber drauf, eh ich mir da wochenlang die Hacken krumm renne und vor die Ämter sitze stundenlang... Du: einfach nur so'ne radikalen Entschlüsse können heute zu was führen. Die Leute (von der politischen Verwaltung – Th. E.) laufen, aber du mußt die erst in Arsch treten praktisch, dann laufen die ganz handfest« (324).

Dasselbe gilt für den Rechtsweg. Ein Prozeß darf nur ein Hilfsmittel sein neben der Mobilisierung, aber kein Ersatz für die direkte Aktion. Sonst besteht die Gefahr, daß die Bürgerinitiative zur Vorstandsinitiative wird und sich alle auf das Können ihres Rechtsanwaltes verlassen. Als weiterer Nachteil des Rechtsweges gilt bei pragmatischen Basisaktivisten, daß für gerichtliche Auseinandersetzungen der Status des eingetragenen Vereins vorteilhaft ist, die Vereinsgründung selbst jedoch ein ziemlich aufwendiges, interne Konflikte förderndes Verfahren ist. Außerdem ist der formelle Eintritt in den Verein eine für manche Mobilisierbare schwer zu überwindende Schwelle.

Bürgerinitiativen sollten nicht versuchen, päpstlicher zu sein als der Papst. Eine Intensivbefragung mehrerer Berliner SPD- und FDP-Politiker hat gezeigt, daß sie mit begrenzten Regelverletzungen durch Bürgerinitiativen durchaus rechnen, wenn sie diese meist auch nicht billigen. Immerhin sprach sich ein Bezirksverordneter der FDP für den Fall, daß die Osttangente der Stadtautobahn legal nicht mehr zu verhindern sei, offen für einen Sitzstreik vor den ersten Baggern oder eine Straßenblockade durch »ordnungsgemäß abgeschlossene« Autos aus. (Von der Augenscheinlichkeit der Symbolik her scheint es mir allerdings nicht angemessen, mit Autos gegen eine Stadtautobahn zu demonstrieren!)

Obwohl solche direkten Aktionen praktisch noch ziemlich selten sind, spielen sie in den Erörterungen der Basisaktivisten schon eine gewisse Rolle, wie die Protokolle zunächst nur sehr gemäßigt agierender Initiativen zeigen. Die Aktion Grüne Hand, die sich gegen eine beim Märkischen Viertel geplante Müllhalde wandte und als spektakulärste Aktion schließlich mit dem Pfarrer einen ›Müllgottesdienst‹ veranstaltete, hatte – bevor die Müllabfuhr in die DDR möglich wurde – in ihrem Aktionsplan auch ›Müllgeschenke‹ an die Stadtplaner, Go-ins bei den Behörden und andere Müll-Happenings vorgesehen.

Wenn die Bürgerinitiativen weiter zunehmen, die finanzielle Manövriermasse der Behörden entsprechend stärker beansprucht wird und dann auch die Gunstbezeugungen zäher von der Öffentlichen Hand gehen, ist mit drastischeren Interventionen der Bürgerinitiativen zu rechnen. Wie die Straßenblockaden in Frankfurt anläßlich der Räumung eines besetzten Hauses im Kettenhofweg im Sommer 1973 zeigten, kann es dabei auch zu gewaltsamen Auseinandersetzungen kommen. Dabei wird es wichtig sein, eine Erfahrung dänischer Hausbesetzer zu beachten: »Die Vorstellung, das Haus um jeden Preis zu verteidigen, wurde eine Art Psychose, und in jedem einzelnen wurde ein potentieller Polizeispitzel oder Konspirateur erblickt. Deswegen ist es wichtig, daß die Bewegung nach der gewaltsamen Räumung des ›Jägerhofs‹ die Politik der Selbstverteidigung anscheinend aufgegeben hat. Bei der ersten Besetzung nach dem Fall des ›Jägerhofs‹ entschied man sich dazu, um die friedliche Absicht der Aktion zu veranschaulichen, die Hausfassade mit Papierbarrikaden zu bekleben. Mit anderen Worten, die Hausbesetzer scheinen annähernd die gleiche Erfahrung wie die Black Panther Party in den USA gemacht zu haben: Wenn sich die Avantgarde für die Selbstverteidigungslinie entscheidet, läuft sie Gefahr, sich vom Volk zu isolieren. Man erreicht nichts weiter, als den eigentlichen Gegensatz zwischen Volk und Unterdrückern zu einem Krieg zwischen Handlangern der Unterdrücker und Avantgarde zu verschieben.« Anders waren die Erfahrungen mit gewaltlosen begrenzten Regelverletzungen: »Der taktische Gebrauch gewaltloser Kampftechniken hat den Aktionen eine verstärkte Schlagkraft gegeben und zu einer Unterstützung durch die Bevölkerung geführt, für die es sonst keine Beispiele gibt« (22).
Es ist bezeichnend, daß das von einer linken Stadtplanerin im Märkischen Viertel interviewte Musterexemplar eines proletarischen Ehepaars als radikale Form des Protests einen Sitzstreik der ganzen Familie vorschlug, im Falle des Eingreifens der Polizei auf den Solidarisierungseffekt baute und keine gewaltsame Gegenwehr empfahl. »Die Straßen sind ja bei uns alle so schön gerade ... mit so'n paar Kindern hier, mit so'n paar Klamotten ist der Damm blockiert – also so doof sind diese Scheißstadtplaner: wenn ich mich vorne hinstelle, is Schluß! ... Du, das versteh ich eigentlich unter Initiative ergreifen! alles andere is Quatsch, reden kannst du so viel du willst – und ich kenn mich: irgendwann weiß ich genau, dann start ich so'n Ding, das wird sich aus der Situation ergeben« (324).

Für diese vergleichende Studie wurden neben der einschlägigen Literatur vor allem Fallstudien über Berliner Bürgerinitiativen, Zwischenergebnisse einer statistischen Auswertung der Tageszeitungen einiger Großstädte von Mai 1972 bis April 1973 und Interviews mit Berliner Parteipolitikern herangezogen, die in meinen Seminaren am Fachbereich Politische Wissenschaft der Freien Universität Berlin in den Jahren 1970–73 entstanden sind. Besonders danken möchte ich Dipl.-Pol. Roland Vogt, Wissenschaftlicher Assistent am Fachbereich Rechtswissenschaft der Freien Universität Berlin, für Quellen- und Literaturhinweise.

Für Städte planen

RAINER MACKENSEN

Städte in der Statistik

Lebensbedingungen in Städten

Die Lebensbedingungen in Stadt und Land waren stets grundsätzlich verschieden (vgl. S. 334 ff). Das ist auch heute noch in den meisten Siedlungsgebieten der Erde der Fall. Nur dort, wo die Industrialisierung verhältnismäßig früh einsetzte, gleichen sich diese Unterschiede in den letzten Jahrzehnten zunehmend aus. Dieser Ausgleich ist die eine Seite des Verstädterungsprozesses: Mit der Verbreitung der wirtschaftlichen und technischen Bedingungen des Daseins, wie sie sich zuerst in den Städten ausbildeten, verbreiten sich auch Einstellungen und Verhaltensweisen von den Städten aus über das ganze Land.

Dieser Vorgang stellt eine tiefgreifende Veränderung der gesellschaftlichen Verfassung dar. Ihn als ›Verstädterung‹ zu bezeichnen, ist jedoch nicht treffend. Denn es bleiben notwendigerweise bestimmte Unterschiede zwischen Stadt und Land bestehen; in mancher Hinsicht werden sie sogar gravierender. Diese Unterschiede beruhen in erster Linie auf der verschiedenen Besiedlungsdichte, wie sie durch den Flächenbedarf land- und forstwirtschaftlicher Produktion bedingt ist. Die zunehmende Mechanisierung dieser Produktion führt dazu, daß mit weniger Arbeitskräften größere Flächen bewirtschaftet werden können. Daraus ergibt sich eine verminderte Besiedlungsdichte in Agrargebieten. Je geringer aber die Besiedlungsdichte ist, desto aufwendiger wird die Ausstattung dieser Gebiete mit derjenigen technischen und sozialen Infrastruktur, die entscheidend ist für die Lebensbedingungen in den Städten (vgl. S. 316 ff). Obgleich also die Erwartungen an die Lebensbedingungen sich überall angleichen, unterscheiden sich diese Bedingungen doch erheblich. Und dieser Unterschied wird um so gravierender, als auf die Ansprüche nicht mehr verzichtet werden kann und soll. Alternative Lebensstile, die früher ausgebildet waren, stehen nicht mehr zur Verfügung. Denn zu der sozialen Infrastruktur gehören u. a. die Einrichtungen der Schul-, Berufs- und Erwachsenenbildung, von deren Qualität die Lebenschancen in der Gegenwart weitgehend abhängen, und das Gesundheitswesen. Ohne eine entsprechende Ausstattung mit Infrastruktur ist ein den städtischen Bedingungen vergleichbares Dasein nicht möglich.

Auf der anderen Seite gelten die angedeuteten Bedingungen nur für diejenigen Gebiete, in denen die Besiedlungsdichte verhältnismäßig gering bleibt oder abnimmt. Das sind aber nicht alle ländlichen oder Agrar-Gebiete, sondern nur diejenigen, in denen städtische Siedlungen nicht ausreichend dicht gestreut sind oder sich nicht ausreichend entwickeln, also abgelegenere Gebiete. Sie werden leicht zu ›Rückstandsgebieten‹ – zunächst wirtschaftlich, aber dann wegen der mangelhaften Infrastrukturausstattung auch sehr bald im sozialen Sinne. Die Bevölkerung erhält keine gleichwertige Versorgung und Ausbildung und bleibt daher in jeder Hinsicht immer weiter zurück; infolgedessen wandern jüngere und aktivere Bevölkerungsteile immer mehr ab, was die ›soziale Erosion‹ noch verstärkt.

Wo dagegen aktivere und größere Städte in der Nähe und erreichbar sind, braucht dieser Prozeß nicht ebenso abzulaufen. Vielmehr tritt dort eine andere Veränderung ein. Ein Teil der ländlichen Bevölkerung nimmt auf dem Lande oder in benachbarten Städten eine andere Erwerbstätigkeit auf; durch Nebenerwerbslandwirtschaft können kleinere Agrarbetriebe bestehen bleiben. Das ›Pendeln‹ aus Landgemeinden in Städte ermöglicht den einen die Beibehaltung des gewohnten Wohnsitzes, den anderen eine ländliche Wohnsituation, die der städtischen vielfach vorgezogen wird. In solchen Gebieten sind Stadt und Land nicht mehr so eindeutig unterschieden wie früher: Die Lebensbereiche sind nicht mehr auf einen Ort konzentriert, sondern verteilen sich über etliche Gemeinden – zumindest für einen erheblichen Teil der Wohnbevölkerung. Die Wohnung liegt in der einen, die Arbeitsstätte in einer anderen Gemeinde; Einkauf, Schule, Gesundheitsversorgung in der nächsten Stadt.

In diesen Gebieten ist die Besiedlungsdichte zwangsläufig bedeutend höher als in reinen Agrargebieten. Das ist nur dann möglich, wenn die Wirtschaftsstruktur auch erhebliche Anteile gewerblicher Produktion aufweist oder diese Anteile durch Dienstleistungen für andere Gebiete – wie etwa Fremdenverkehr, größere Ausbildungsstätten oder Garnisonen – ersetzt werden. Deshalb können diese Gebiete als ›Mischgebiete‹ bezeichnet werden. In ihnen liegen die Städte dichter beieinander; sie weisen einen höheren ›Verstädterungsgrad‹ auf. Ein erheblicher und – im allgemeinen – zunehmender Anteil der Gesamtbevölkerung wohnt und arbeitet in Städten.

Die strukturelle Veränderung in diesen Mischgebieten ist mindestens so bedeutsam für den gesamten Verstädterungsprozeß wie die Zunahme der größeren Städte an Zahl und Einwohnerschaft und geographischem Umfang, an die man vielleicht zunächst denkt, wenn von Verstädterung im quantitativen Sinne gesprochen wird.

Diese quantitative Seite des Verstädterungsprozesses soll im folgenden im Vordergrund stehen. Sie ist nicht identisch mit der Verbreitung städtischer Lebensformen, die man manchmal als die qualitative Seite der Verstädterung bezeichnet. Beide Vorgänge hängen jedoch eng miteinander zusammen: Denn mit der Zunahme des Anteils der Stadtbewohner an der Gesamtbevölkerung wächst natürlich auch deren Einfluß auf die Einstellungen und Verhaltensnormen. Darüber hinaus bezeichnet der quantitative Vorgang selbst gesellschaftliche Veränderungen. Sie sind an der quantitativen Analyse abzulesen; zu einem guten Teil sind sie auch unmittelbar durch die quantitativen Veränderungen bedingt.

Die quantitative Analyse steht also nicht für sich selbst, sondern ist lediglich ein Verfahren, bestimmte gesellschaftliche Veränderungen zu beobachten und zu interpretieren. Es sind ihr nicht alle gesellschaftlichen Veränderungen zugänglich, auch nicht mittelbar; einige lassen sich aber auf diesem Wege klarer und präziser erfassen als durch andere Verfahren. Sie hat insbesondere den Vorteil, daß durch sie die Gesamtheit des strukturellen Musters oder des Vorgangs in den Blick kommt; blinde Stellen werden dadurch vermieden. Das Instrument der quantitativen Analyse ist die Statistik, ihr Material ist in unserem Falle in erster Linie die Datenmasse, die von der ›amtlichen Statistik‹ bereitgestellt wird. Nur von ihr werden relativ vollständige, geographisch gegliederte und vergleichbare, in Zeitreihen verhältnismäßig gleichartige Ergebnisse kontinuierlich erarbeitet.

Die Statistik der Städte

Die ›Statistik für Bundeszwecke‹ (Artikel 73, Absatz 11 des Grundgesetzes) gehört zu den Gegenständen der ausschließlichen Gesetzgebung des Bundes. Das Statistische Bundesamt bezieht seine Materialien zum großen Teil von den Statistischen Ämtern der Länder und diese wiederum von denen der Stadt- und Landkreise und der Gemeinden. Diese Stellen führen die Erhebungen nach Vereinbarungen durch, die teils auf der Bundesebene, teils unter den Ämtern der Länder, der Kreise, Städte oder Gemeinden getroffen werden. Daneben werden von den Ämtern auch eigene Erhebungs- und Aufbereitungsprogramme durchgeführt, doch sind diese den koordinierten Programmen nachgeordnet und spielen nur beim Bundesamt und bei den Landesämtern eine erhebliche Rolle. Lediglich einige Großstädte haben Statistische Ämter, die so ausgestattet sind, daß sie neben den Auftragsarbeiten auch eigene Untersuchungen durchführen können. Mit diesem förderativen System Statistischer Ämter verfügt die Bundesrepublik über eine erfahrene und leistungsfähige ›amtliche Statistik‹.

Die Statistik der Städte geht auf die kirchlichen Register zurück. Für Vergleiche und Übersichten ist man jedoch auf die nationale Statistik angewiesen, die ihren Ursprung in der Rekrutierung von Soldaten hat und ihren Impetus mit der Entwicklung des Steuerwesens fand.

Nach der Art des Materials und seiner Erhebung muß man zwei Verfahren der amtlichen Statistik grundsätzlich unterscheiden: Zählungen (›Zensen‹) und Register. Bei den Zählungen werden zu einem bestimmten Zeitpunkt sämtliche vorgefundenen Personen oder Sachverhalte mit ihren Merkmalen aufgenommen. Sie ergeben damit ein möglichst vollständiges Zustandsbild zu einem bestimmten Zeitpunkt; sie stellen eine Art von Inventur oder Bestandsaufnahme dar. In den Registern werden Ereignisse vermerkt und über eine gewisse Zeitspanne hinweg ausgezählt. Diese Ereignisse waren in den Kirchenbüchern die Amtshandlungen, in den profanen Behörden in erster Linie die Vitalereignisse, also Geburt und Tod, dann die rechtsrelevanten Veränderungen des Familienstandes, Eheschließung und Ehelösung, sowie schließlich die Meldung des Wohnsitzes.

Die amtliche Statistik der Bundesrepublik Deutschland verfügt über Zählungen und Register, kann diese aber nicht für jede Person, sondern nur für ›Aggregate‹, für Personengruppen oder nach Verwaltungseinheiten, zusammenführen. Indem den Ergebnissen der letzten Zählung für Gemeinden, Kreise, Länder die registrierten Ereignisse eines Zeitraumes hinzugefügt (oder von ihnen abgezogen) werden, wird ebenfalls eine kontinuierliche Darstellung der Bevölkerungsentwicklung möglich. Man bezeichnet dieses Verfahren als ›Fortschreibung‹.

Um die Daten der quantitativen Analyse sachgerecht beurteilen zu können, muß man sich diese – hier nur in den allgemeinsten Zügen skizzierten – Umstände ihrer Entstehung vor Augen halten. Die Statistik der Städte ist kaum vergleichbar und nur mit großer Vorsicht zu interpretieren, und zwar sowohl wegen der Unterschiedlichkeit der tatsächlichen Verhältnisse wie wegen der unterschiedlichen Qualität der Daten (86). Man muß auch bedenken, daß es eine Wohnsitzstatistik und Wanderungsstatistik nur in wenigen Ländern – darunter die Bundesrepublik Deutschland – gibt. Schließlich muß man sich vor Augen halten, daß von der ungeheuren Menge der amtlich gesammelten Informationen nur ein minimaler Bruchteil aufbereitet und veröffentlicht wird.

Über das Erhebungs- und Veröffentlichungsprogramm der amtlichen Statistik unterrichtet man sich am bequemsten und zuverlässigsten, indem man von dem Quellennachweis ausgeht, der dem *Statistischen Jahrbuch für die Bundesrepublik Deutschland* (StJbBRD) beigegeben ist. Er enthält außer den Hinweisen auf die verschiedenen Veröffentlichungen des Statistischen Bundesamtes auch solche auf die Programme der Statistischen Landesämter. Diese findet man im einzelnen in den entsprechenden Jahrbüchern der Länder. Auch die größeren Städte geben eigene statistische Veröffentlichungen heraus. Den Zugang zu ihnen findet man am ehesten über das *Statistische Jahrbuch Deutscher Gemeinden*, das der Verband Deutscher Städtestatistiker im Auftrage des Deutschen Städtetages herausgibt.

Es gibt also keine einheitliche oder einzige Statistik der Städte oder der Verstädterung. Aus der Menge und Verschiedenartigkeit des verstreuten Materials muß man sich diejenigen Informationen heraussuchen, die der eigenen Fragestellung am ehesten entsprechen. Dabei können unterschiedliche Begriffe für Städte verwendet werden; der statistische Befund wird dementsprechend unterschiedlich ausfallen. Welchen ›operationalen‹ Stadtbegriff man verwenden will, d. h. wie man Menge und Umfang der Einheiten bestimmt, die man unter den Begriff der Stadt subsumieren will, das hängt in erster Linie von der eigenen Fragestellung, in zweiter Linie von den vorgegebenen Definitionen der amtlichen Statistik ab.

Diese Definitionen entsprechen zunächst der Verwaltungsgliederung des Bundesgebietes. Ihre wichtigsten Ebenen sind die der Gemeinden, der Kreise, der Länder. Auf jeder dieser Ebenen wird die ›Stadt‹ eigens definiert. Unter den Ländern gibt es die Stadtstaaten Hamburg und Bremen, dazu Berlin (West). Hamburg und Berlin (West) haben keine selbständigen Kreise als Untergliederung, während das Land Bremen aus zwei kreisfreien Städten besteht. Unter den Kreisen gab es 1969 noch 136 kreisfreie Städte und 409 Landkreise. In den kreisfreien Städten (einschließlich der Stadtstaaten) lebten auf 4 % der Fläche des Bundesgebiets 38,5 % der Bundesbevölkerung. Die Besiedlungsdichte des Bundesgebietes betrug 245 Einwohner je Quadratkilometer; in den kreisfreien Städten machte sie 2 280, in den Landkreisen 157 Einwohner/qkm aus.

Die Kreisgliederung der Länder war 1969 – bis auf das Saarland – noch fast völlig durch die historische Entwicklung der Länder und ihrer Verwaltungen bestimmt. So unterschiedlich wie diese Entwicklung verlaufen war, fiel auch die Bestimmung der Kreisgrenzen aus. Deshalb sind in den Zahlen der Kreise sehr verschiedenartige Einheiten zusammengefaßt; die Zusammenfassung nach kreisfreien Städten und Landkreisen ist zunächst nur durch den Rechtsstatus gerechtfertigt. Das läßt sich bereits erkennen, wenn man einige Sonderfälle heraushebt.

Im Durchschnitt lebten in den Landkreisen je knapp 100 000 Menschen auf 600 qkm, in den kreisfreien Städten je 175 000 Menschen auf 76 qkm. Hierin sind auch die drei Stadtstaaten enthalten, in denen zusammen 4,7 Millionen Menschen auf 1 631 qkm lebten. Ohne sie macht der Durchschnitt der kreisfreien Städte 143 000 Einwohner auf je 66 qkm aus. Die kreisfreien Städte in Bayern sind jedoch zum Teil wesentlich kleiner gewesen; ohne München waren es 47, in denen durchschnittlich 50 000 Menschen auf 27 qkm lebten. Läßt man neben den Stadtstaaten auch Bayern fort, so lag die durchschnittliche Größe der kreisfreien Städte in der Bundesrepublik Deutschland bei 182 000 Einwohnern auf 85 qkm Fläche. Einige dieser Unterschiede gleicht die Neugliederung der Kreise aus, die seit 1970 in den Bundesländern vollzogen wird; so wurden die kreisfreien Städte in Bayern, die weniger als 50 000 Einwohner zählten, in die zugehörigen Landkreise eingegliedert (67).

Dieses Beispiel soll nur in erster Annäherung zeigen, wie verschiedenartige Einheiten sich hinter dem gleichen administrativen oder statistischen Begriff verbergen können. Ihn zu verwenden hat also nur dann Sinn, wenn man tatsächlich den Sachverhalt ›kreisfreie Städte‹ – einen verwaltungsrechtlichen Sachverhalt – beschreiben möchte. Im übrigen sind die Städte, die unter diesen Sachverhalt fallen, in vieler Hinsicht unvergleichlich.

Andere Städte werden von diesem Begriff nicht erfaßt: Die ›kreisangehörigen Städte‹ sind in den Landkreisen enthalten. Unter den 23 629 Gemeinden in der Bundesrepublik gab es 1969 außer den Stadtstaaten und den übrigen 131 kreisfreien Städten, die ebenfalls im rechtlichen Sinne Gemeinden darstellen, 219 Gemeinden mit Stadtrecht. Dieses Stadtrecht hat wiederum sehr verschiedenartige historische Wurzeln, und die Entwicklung der Städte war, seit sie diesen Status erhielten, ebenfalls unterschiedlich.

Die Bezeichnung ›Stadt‹ hat neben dem Prestige, das mit ihr verbunden ist, nur noch verwaltungsrechtliche Bedeutung. Deshalb weist das *Statistische Jahrbuch Deutscher Gemeinden* (StJbDtGem; früher: StJbDtStädte) die Städte auch nicht mehr ausdrücklich gesondert aus; einige Sachverhalte – z. B. Gemeindegebiet nach Nutzungsarten des Bodens oder Personal städtischer Verwaltungen – werden allerdings nur für Stadtgemeinden mit mehr als 20 000 Einwohnern und Stadtkreise über 10 000 Einwohner erhoben und nachgewiesen. Im übrigen wird der an der Anzahl der Einwohner gemessenen Gemeindegröße mehr Bedeutung beigelegt.

Die Frage, wie viele Städte es in der Bundesrepublik Deutschland gibt und wie viele

Tabelle 2. Kreise und Gemeinden 1969
(nach StJbBRD 1970, StJbDtGem 1971; eigene Zusammenstellung)

	Anzahl		Fläche	Wohnbevölkerung	
	Kreise	Gemeinden	qkm	1 000 Einwohner	Anteil %
BRD und Berlin (W)	545	23 629	248 571	60 842	100
Stadtstaaten	4	4	1 631	4 709	8
Stadtkreise	132	132	8 632	18 689	31
Landkreise	409	23 493	238 308	37 444	61
darin:					
Stadtgemeinden	–	219	8 500[1]	7 587	12
Landgemeinden	–	23 274	229 808	29 857	49

1 teilweise ausgeglichen. Stichtag 30. 6. 1969

Menschen in ihnen wohnen, kann also verschieden beantwortet werden. Faßt man alle Stadtgemeinden zusammen, so sind es 355 – davon 3 Länder (oder Stadtstaaten), 132 kreisfreie Städte (in Baden-Württemberg wird noch der ältere Ausdruck ›Stadtkreise‹ verwendet) und 219 kreisangehörige Stadtgemeinden (Tabelle 2). In ihnen wohnt rund die Hälfte der Bundesbevölkerung. Löst man sich von den Unterschieden der Verwaltungsgliederung und richtet sich ganz nach den Einwohnerzahlen, dann zeigt sich, daß es 1969 gerade die 321 Gemeinden mit 20 000 und mehr Einwohnern waren, in denen ebenfalls die Hälfte der Bundesbevölkerung lebte (Tabelle 3). 34 Stadtkreise oder kreisangehörige Stadtgemeinden hatten also eine Einwohnerzahl von weniger als 20 000 Einwohnern. Mitte 1970 (bei der Volkszählung am 25.5.) war die Zahl der Gemeinden dieser Größe auf 349 angestiegen; in ihnen wohnten 51 % der Bundesbevölkerung. Sicher ist es zutreffend, wenn man daraus folgert, daß der Verstädterungsprozeß in diesem Jahr weiter vorangeschritten sei. Andererseits ist die Veränderung, die man an diesen Zahlen ablesen kann, geringfügiger, als es scheint: Sie ist nur dadurch entstanden, daß etwa 30 Gemeinden die Grenze der 20 000 überschritten haben und damit in eine andere statistische Klasse aufgerückt sind.

Mit den Gemeindegrößenklassen wird demnach ein anderer Sachverhalt erfaßt als mit den Verwaltungsformen. Soweit diese nicht verändert werden (was allerdings im Zuge der Verwaltungsreform seit 1969 geschieht), hat man es mit den gleichen Einheiten, mit der gleichen ›Menge‹ zu tun und kann die Veränderung dieser Einheiten in der Zeit beobachten. Eine Zeitreihe nach Gemeindegrößenklassen weist jedoch in jeder Klasse für jeden Zeitpunkt eine andere Menge von Einheiten aus. Man kann mit ihr also eher die strukturelle Veränderung untersuchen.

Doch sind beide Wege unbefriedigend, wenn man weniger an der Entwicklung der Verwaltungseinheiten als an derjenigen der Städte im Sinne sozialer Einheiten interessiert ist. Seit den Untersuchungen über Großstadtwachstum und Citybildung um die Jahrhundertwende (317) ist deutlich, daß die Stadtentwicklung über die

Tabelle 3. Gemeindegrößenklassen 1969
(nach StJbBRD 1970, StJbDtGem 1971)

	Anzahl Gemeinden	Fläche qkm	Wohnbevölkerung 1 000 Einwohner	Anteil %
BRD und Berlin (W)	23 629	248 571	60 842	100
über 1 Mio. Einwohner	3	1 538	5 260	9
500 000–1 Mio.	8	1 731	5 294	9
200 000–500 000	17	2 058	4 934	8
100 000–200 000	31	2 100[1]	4 135	7
50 000–100 000	56	2 700[1]	3 898	6
20 000– 50 000	206	7 700[1]	6 455	11
10 000– 20 000	413	} 230 744	5 634	9
weniger als 10 000	22 895		25 232	41

[1] teilweise ausgeglichen. Stichtag 30. 6. 1969

ursprünglichen Grenzen der Gemeinde hinausgeht. Die angrenzenden Gemeinden werden in das Siedlungsgebiet größerer und wachsender Städte einbezogen; die sozialen Beziehungen eines zunehmenden Teils der Einwohner dieser Gemeinden sind stärker auf die ›Kernstadt‹ als auf die Wohngemeinde gerichtet. Wo dies der Fall ist, erfassen Fläche und Einwohnerzahl der Stadtgemeinde nur einen Teil dessen, was die Stadt als soziale oder geographische Einheit ausmacht. Die nach Verwaltungseinheiten gegliederte Statistik gibt insofern ein falsches Bild: ›Landgemeinden‹, die an große Städte grenzen, werden gesondert ausgewiesen und klassifiziert, obgleich ihre Einwohnerschaft nach ihren Lebensbedingungen zu derjenigen der Stadt gehört. Dieser soziale Sachverhalt hat auch gewichtige administrative Konsequenzen: Die Bildungs-, Verkehrs- und Gesundheitseinrichtungen der Stadtgemeinde werden von dieser Bevölkerung mitbeansprucht, obgleich sie verwaltungsmäßig (und also auch steuerlich) einer anderen Gemeinde zugehören.
Solche Zusammenhänge werden aber in der Statistik nicht transparent. Man hat deshalb versucht, statistische Begriffe zu bilden, die die tatsächlichen Stadteinheiten zu erfassen und der Analyse zugänglich zu machen vermögen. Dabei kann man zwei verschiedene Intentionen unterscheiden (vgl. 261, 295); sie werden bei den amtlichen Zählungen der USA seit 1950 verwendet. Dort unterscheidet man zwischen ›Standard Metropolitan Statistical Areas‹ und ›Urbanized Areas‹; bei uns entsprechen ihnen die Konzepte von Stadtbereichen (Gerhard Isenberg, Gunther Ipsen) und Stadtregionen (Olaf Boustedt). Die Konzepte unterscheiden sich nach Zweck und Verfahren. Im einen Fall wird versucht, das Entwicklungsgebiet der Stadt einzubeziehen, um die Zunahme von Einwohnern, Arbeitsstätten, baulichen und technischen Anlagen und sozialer Infrastruktur auf unveränderter Fläche beobachten zu können. Diese ›Metropolitan Areas‹ oder Stadtbereiche werden daher aus größeren Verwaltungseinheiten – aus Kreisen oder Counties – zusammengesetzt. Dabei nimmt man in Kauf, daß mit den noch nicht in die städtische Siedlung einbezogenen Gebietsteilen der Randkreise auch gewisse Anteile der zu untersuchenden Größen – also der Bevölkerung, Beschäftigung usw. – in die Daten der Stadt eingehen, die genau genommen nicht dazugehören. Diese Anteile sind jedoch quantitativ verhältnismäßig gering und verzerren das Ergebnis kaum. Dafür ist die Bildung der Stadtbereiche einfacher und läßt sich auf die vielfältigen Daten anwenden, die für Kreise ausgewiesen werden.
Die ›Urbanized Areas‹ oder Stadtregionen wollen dagegen zu jedem Zeitpunkt gerade nur das Gebiet erfassen, das als städtisch bezeichnet werden kann. Sie werden dementsprechend aus Gemeinden oder gar aus Ortsteilen und Bezirken zusammengestellt. Das erfordert nicht nur in jedem Falle neue Abgrenzungsentscheidungen, sondern auch einen Aufbereitungsaufwand, der nur maschinell und nicht für jeden Untersuchungszweck zu leisten ist. Dabei ist das tatsächlich verstädterte Gebiet kaum exakt abgrenzbar; anders gesagt: Man muß sich für bestimmte Kriterien entscheiden, die durchaus nicht für jeden Untersuchungszweck optimal zu sein brauchen. Damit kommt auch in dieses Verfahren eine Unschärfe, die in dem anderen bewußt einkalkuliert wird. Man kann auf der anderen Seite die interne Differenzierung des Stadtgebietes und seine geographische Expansion besser analysieren. Von beiden Verfahren soll im folgenden Gebrauch gemacht werden; leider hat sich die amtliche Statistik bisher nur in geringem Umfange darauf eingelassen, diese

Konzepte zu verwenden und verschiedene Merkmale nach ihnen auszuweisen. Man ist daher auf spezielle Veröffentlichungen oder auf eigene Untersuchungen angewiesen.

Die Städte in der Bundesrepublik Deutschland

Die Entwicklung der Städte nach Größe und Verteilung in einem Gebiet läßt sich nicht monokausal erklären: Sie hängt von vielen, zu jedem Zeitpunkt auf die Entwicklung einwirkenden Faktoren ab. Aber während sie sich selbst ständig verändern, hinterlassen sie doch mit der Standortwahl und der baulichen und technischen Anlage Spuren, die kaum wieder zu eliminieren sind. So kann ein Städteraster auch bei weitgehender Zerstörung der Städte und Auswechslung der Bevölkerung erhalten bleiben; das hat sich in den ehemaligen deutschen Ost- und den neuen Westgebieten Polens in den letzten Jahrzehnten gezeigt.
Das Städtewesen der Bundesrepublik Deutschland kann deshalb nicht nur für sich betrachtet werden. Auch die weitere Entwicklung ist stark von der Geschichte bestimmt, die dieses Städtewesen hervorgebracht hat; sie kann hier auch nicht annäherungsweise nachvollzogen werden. Die staatliche, die wirtschaftliche, die soziale Verfassung einer Gesellschaft schlagen sich in Menge, Größe, Form und Zusammenhang der Städte ihres Gebietes nieder. Die wichtigste, d. h. am stärksten prägende Einheit ist dabei seit mehr als hundert Jahren der nationale Verband. Wenn er neu definiert wird, muß sich das System der Städte umorientieren. Das nimmt Jahrzehnte in Anspruch, löscht aber die bis dahin geschaffenen Bedingungen nicht aus. So unterscheidet sich das Städtewesen Bayerns wegen der länger kontinuierlichen und zentralistischeren staatlichen Tradition Bayerns grundsätzlich von dem des übrigen Bundesgebietes. Die Mittel der Planung in Städtebau und Raumordnung sind gegenüber diesen historischen Gegebenheiten verhältnismäßig geringfügig. Funktionale Beziehungen und Attraktivitätskomponenten der Städte, an denen sich rationale Planung orientieren kann, sind nicht ausschließlich von gegenwärtigen Umständen bestimmt, sondern in weitem Maße historisch festgelegt. Die wirksamsten regionalen Beziehungen für den Verstädterungsprozeß in Westdeutschland ergaben sich zwischen der Mitte des 19. und des 20. Jahrhunderts, einmal aus dem Verband des Deutschen Reiches von 1871 bis 1945, zum anderen aus der Wirtschaftsverflechtung in dem Gebiet der Nordseehäfen.
Das Gebiet der Bundesrepublik Deutschland war schon vor dieser Phase relativ dicht mit Städten besetzt; es gehörte mit Sachsen und Schlesien zu den Gebieten stärkster Verstädterung seit 1871. Infolgedessen war der Anteil der Stadtbevölkerung vor dem zweiten Weltkrieg hier bereits erheblich höher als in den übrigen Teilen des Deutschen Reiches. Ein Vergleich dieser Entwicklungen kann an den Stadtgemeinden angestellt werden, die um 1950 mehr als 100000 Einwohner zählten (Tabelle 4). Von ihnen gab es auf dem Gebiet des Deutschen Reiches 67, davon auf dem Gebiet der Bundesrepublik 50, auf dem Gebiet der DDR 11. Ihre Einwohner machten 35 % der Gesamtbevölkerung der BRD und 27 % der Gesamtbevölkerung der DDR aus; der entsprechende Anteil der übrigen Gebiete des Deutschen Reiches lag bei 18 %. Dieser Anteil ist weder in der BRD noch in der DDR bisher wieder er-

Tabelle 4. Große Städte in Deutschland
(nach StJbBRD 1970, StJbDDR 1972 und 190)

Gebiet	BRD und Berlin (W)	DDR und Berlin (O)	ehem. dt. Ostgebiete	
Fläche i. Tsd. qkm	248,6	108,2	114,3	
Gesamtbevölkerung i. Tsd.				
1939	43 008	16 745	9 621	
1950	50 173	18 388	.....	
1969	60 848	17 075	.....	
Große Städte [1]:				
Anzahl	50	11	6	(5) [2]
Einwohner i. Tsd.				
1939	13 785,1	4 474,1	1 729,4	(1 357,2)
1950	13 260,7	3 810,8	.....	(954,2)
1969	18 370,9	3 738,3	1 680,7 [3]	(1 399,7)
Anteil [4]				
1939	35,0	26,7	18,0	
1950	27,8	20,7	....	
1969	30,2	21,9	....	
Größe [5]				
1939	275,7	406,7	288,2	
1950	265,2	346,4	.....	(190,8)
1969	367,4	339,8	280,1	
Dichte [6]				
1939	55	41	15	
1950	53	35	...	
1969	74	35	15	

1 Städte mit über 100 000 Einwohnern 1950
2 in Klammern: ohne Königsberg
3 zum 31. 12. 68
4 Einwohner großer Städte in % der Gesamtbevölkerung
5 Durchschnittliche Einwohnerzahl der großen Städte
6 Einwohner großer Städte je qkm der gesamten Gebietsfläche

reicht worden. Vielmehr lag er 1969 mit 30 % und 22 % deutlich unter dem Wert von 1939. Der Verstädterungsgrad der Bevölkerung war in diesem Sinne also vor dem zweiten Weltkrieg größer als jetzt. Da jedoch die Gesamtbevölkerung der BRD in diesem Zeitraum erheblich zugenommen hat, die der DDR aber nicht, ist die Verstädterungsdichte in der BRD jetzt wesentlich höher, in der DDR aber niedriger als 1939. In den ehemaligen deutschen Ostgebieten – im wesentlichen also den neuen polnischen Westgebieten – hat er sich trotz der politischen und demographischen Veränderung wieder hergestellt, allerdings erst sehr langsam.

Die Feststellung, daß der Verstädterungsgrad der Vorkriegszeit nicht wieder erreicht wurde, besagt zweierlei: zunächst, daß eine Phase des Verstädterungsvorgangs 1933 abgeschlossen war (190) – in den Jahren des ›Dritten Reiches‹ hat sich dieser Vorgang nicht fortgesetzt, sondern stagnierte vielmehr –; dann, daß in der Bundesrepublik seit 1950 ein Verstädterungsprozeß anderer Art im Gange ist. Dieser Prozeß ist nicht mehr – wie bis dahin – dadurch gekennzeichnet, daß sich zunehmende Anteile der Gesamtbevölkerung in den vorhandenen großen Städten zusammenziehen. Statt dessen wachsen die Städte insgesamt und über die Gemeindegrenzen hinaus; beides wird durch die eben verwendeten Zahlen nicht sichtbar.

Zugleich wird die wirtschaftliche Orientierung der Städte im Gebiet der Bundesrepublik, die in den letzten hundert Jahren auf den Wirtschaftsverband des Deutschen Reiches bezogen war, immer stärker westlich, d. h. auf die Europäische Wirtschaftsgemeinschaft hin ausgerichtet. Schon der unterschiedliche Verstädterungsgrad in West-, Mittel- und Ostdeutschland weist darauf hin, daß die Westgebiete des Deutschen Reiches in der industriellen Entwicklung eine besondere Rolle spielten. Die östlichen Gebiete waren – wenn man so stark vereinfachen darf – stärker agrarwirtschaftlich geprägt. Handels- und Absatzbeziehungen der westdeutschen Städte, ihrer gewerblichen und Verkehrsbetriebe waren auf diesen Austausch eingestellt und mit ihm gewachsen. Bis 1961 – wenn man die Vertriebenen des Krieges und die mitteldeutsche Wanderung bis zur Errichtung der Mauer zwischen beiden deutschen Staaten hinzurechnet – rekrutierte sich der Bevölkerungszuwachs der westdeutschen Städte aus Mittel- und Ostdeutschland. Seitdem verläuft auch der Bevölkerungsvorgang in der BRD grundsätzlich anders. Während die natürliche Zunahme stärker zurückgeht (und in den letzten Jahren zum Stillstand gekommen ist, 363), wird der Wanderungsgewinn nun von ausländischen Arbeitskräften und ihren Familien gestellt.

Soweit die Zunahme anhält, ist sie wirtschaftlich und demographisch im letzten Jahrzehnt anders strukturiert. Auch daran zeigt sich der Aufbau eines anderen, nun übernationalen Wirtschaftsverbandes. Er setzt jedoch fort, was in der Zeit der westeuropäischen Industrialisierung angelegt und aufgebaut war. Der ›Kernbereich‹ (Andreas Predöhl, 326) der westeuropäischen Wirtschaftsentwicklung bildet ein kontinuierliches Gebiet, das neben England, den Benelux-Staaten und Teilen Frankreichs auch Nordwest- und Westdeutschland umfaßt. In diesem Kernbereich wurden beispielsweise 1910 wie 1953 rund 90 % der europäischen Roheisenproduktion erzeugt. Er stellte zugleich eine erste ›Dichtezone‹ (Isenberg, 195) der Besiedlung dar, in der 1958 fast 40 % der Bevölkerung und 50 % der Industriebeschäftigten Westeuropas anzutreffen waren. Die Einwohnerdichte betrug hier 360 Einwohner, die Industriedichte 60 Industriebeschäftigte je Quadratkilometer; auf je hundert Einwohner kamen 16 Industriebeschäftigte. Das sind nicht nur die großflächig (Isenberg bezog ein Gebiet von 242 000 qkm, Predöhl von rund 200 000 qkm in seine Untersuchung ein) höchsten Werte in Europa, sondern bis auf den Nordosten der USA und auf Japan auf der Erde überhaupt. Der weitere Kernbereich bezieht nach diesen und anderen Untersuchungen übereinstimmend praktisch die Länder der Europäischen Gemeinschaft (außer Irland) und die Schweiz und Österreich ein.

In diesem Gebiet gab es Mitte des 19. Jahrhunderts zwei (London und Paris), Ende des Jahrhunderts mit Berlin und Wien vier Großstädte, die in ihrer Einwohnerzahl die Millionengrenze überschritten hatten. Um 1930 waren es acht, um 1950 bereits 15 Städte dieser Größenordnung. In ihnen lebten vor zwanzig Jahren wie vor zehn Jahren rund 15 % der Gesamtbevölkerung dieses Gebiets. Bis heute sind zwei weitere Städte hinzugekommen; in den nunmehr 17 Millionenstädten Westeuropas (in den Agglomerationen, d. h. in den Kerngemeinden und ihrem Ergänzungsgebiet) wohnen 45 Millionen Menschen, 17 % der Gesamtbevölkerung. Auch an diesen Zahlen ist eher der hohe Grad der westdeutschen Verstädterung als ihre schnelle Zunahme abzulesen. Vielmehr hat es den Anschein, als sei der Anteil der Gesamtbevölkerung, der in Millionenstädten, in Großstädten oder in Städten überhaupt lebt, in einer Phase der technischen Entwicklung und unter einer bestimmten Wirtschaftsverfassung relativ konstant. Der Zuwachs dieser Städte ergibt sich demnach als entsprechender Anteil an der allgemeinen Bevölkerungsentwicklung. Entspricht die Bevölkerungsdichte nicht der unter den gegebenen Verhältnissen erforderlichen Relation zwischen Verstädterungsgrad und Wirtschaftswachstum, so wird das (relative) Defizit aus einer Zuwanderung gedeckt, die aus Gebieten anderer Wirtschaftsverfassung, größerer Bevölkerungszunahme und geringerer Zunahme von Erwerbsmöglichkeiten stammt. Eine Alternative scheint nur in einer Änderung der Wirtschaftsverfassung, einer Drosselung des Wirtschaftswachstums und einer Einschränkung des Wohlstandes zu bestehen; wie weit solche Alternativen machbar sind, steht hier nicht zur Erörterung; daß sie sich in der Geschichte vollzogen haben, steht außer Zweifel.

Daß zu einer bestimmten Wirtschafts- und Sozialverfassung auch ein charakteristischer Grad der Verstädterung gehört, ist immer wieder beobachtet worden. Auch das quantitative Verhältnis zwischen Stadtbevölkerung und Gesamtbevölkerung eines Gebietes mit relativ einheitlicher Wirtschafts- und Sozialverfassung läßt sich theoretisch auf verschiedenen Wegen begründen. Ein größerer Anteil von Städtern oder von Großstädtern in einer Bevölkerung setzt eine andere Wirtschaftsform voraus. So lassen sich (nach Ipsen, 189) den verschiedenen Epochen der Verstädterung – vereinfachend und annäherungsweise – entsprechende Verstädterungsgrade zuordnen.

Um 1950 heben sich auf der Erde Gebiete unterschiedlicher Wirtschafts- und Sozialverfassung deutlich gegeneinander ab (Tabelle 5). Gebiete mit einer langen Stadtgeschichte weisen 10 bis 25 % der Gesamtbevölkerung in Städten überhaupt (›Ortschaften mit mehr als 5 000 Einwohnern‹) und in Gebieten der alten orientalischen Stadtgeschichte mit über 10 % in großen Städten (über 100 000 Einwohner) aus. In den Gebieten mit einer längeren Industrialisierung liegen die Anteile zwischen 60 und 70 % in Städten überhaupt, zwischen 30 und 40 % in großen Städten.

England und Schottland gehen – wie Israel aus anderer Ursache – mit 80 und 50 %
darüber noch erheblich hinaus. Zwischen diesen Befunden liegen diejenigen Gebiete, die entweder das weitere Einzugsgebiet hochindustrialisierter Gebiete bildeten (um das Mittelmeer und in Nordeuropa) oder die erst vor einigen Jahrzehnten in eine um so schnellere Industrialisierung eingetreten sind (wie die Sowjetunion und Japan) oder diese beiden Zustände miteinander verbinden (wie Teile Osteuropas und Lateinamerikas).

Tabelle 5. Verstädterungsgrad nach Typen
(nach 189)

Anteil der Gesamtbevölkerung in Städten

über 5 000 Einwohner	über 100 000	Befund um 1950
unter $1/10$	–	kein eigenständiges Städtewesen
etwa $1/6$	–	indisches und chinesisches Städtewesen
etwa $1/4$	etwa $1/8$	Bereich der orientalischen Stadt
etwa $1/3$	bis zu $1/6$	Teile Osteuropas, Lateinamerikas
etwa $2/5$	etwa $1/4$	Sowjetunion, Japan
etwa $1/2$	etwa $1/5$	Mittelmeer und Nordeuropa
etwa $3/5$	etwa $3/10$	Frankreich
etwa $2/3$	etwa $2/5$	USA, Canada, Australien, Argentinien, Chile
etwa $2/3$	bis zu $1/3$	Benelux-Staaten, Dänemark, Deutschland
etwa $4/5$	etwa $1/2$	England, Schottland, Israel

Es fällt nun auf, daß anderthalb Jahrhunderte früher (Stichjahr der Daten: 1815) eine ähnliche Gruppierung festgestellt werden kann. Damals wiesen England, Schottland, Belgien und die Niederlande, also das Gebiet des engeren Kernbereichs der Industrialisierung, bereits ein Viertel städtischer Bevölkerung auf; Frankreich, Deutschland, Dänemark, also der weitere Kernbereich, ein Achtel; die Schweiz, Österreich-Ungarn, Polen, Skandinavien und Irland, also das Ergänzungs- oder Einzugsgebiet des Kernbereichs, etwa ein Sechzehntel. Innerhalb Deutschlands muß man zu diesem Zeitpunkt drei Zonen unterscheiden, die ihrerseits den drei gerade genannten Großgebieten Europas zugerechnet und einigermaßen mit den gegenwärtigen getrennten Staatsgebieten Deutschlands verglichen werden können.
In Ostdeutschland lag der Verstädterungsgrad mit etwa 13 % ungefähr auf dem Niveau des engeren Kernbereichs, die Besiedlungsdichte mit etwa 30 Einwohnern je Quadratkilometer jedoch wesentlich darunter. Die Agrarverfassung dieser Gebiete war durch eine Verbindung mit der ›okzidentalen‹ (Max Weber) Verstädterung gekennzeichnet und hob sich u. a. auch hierdurch deutlich von der Wirtschafts- und Sozialverfassung anderer Teile des europäischen Randgebiets ab. In Mitteldeutschland entsprach der Verstädterungsgrad Anfang des 19. Jahrhunderts mit etwa 16 % demjenigen des Mittelmeergebiets, also einem anderen Teil der europäischen Randzone; doch war die Besiedlungsdichte mit fast 60 Einwohnern je Quadratkilometer erheblich höher als dort und knapp so hoch wie in Westdeutschland. Das war durch

eine vergleichsweise sehr intensive Agrarwirtschaft einerseits, durch eine stellenweise hohe gewerbliche Verdichtung andererseits bedingt. In Westdeutschland war demgegenüber der Verstädterungsgrad damals gering, er lag bei 5 %. Die staatliche Kleingliederung, das relativ dichte Netz kleinerer Städte und eine infolge der Erbteilung in kleineren Betrieben arbeitende Landwirtschaft wirken sich darin aus.

Epochen der Verstädterung

Dieser Zustand beschreibt einigermaßen die Ausgangssituation für den jüngeren Verstädterungsprozeß. Das alte okzidentale Städtewesen, das Max Weber dem orientalischen und dem asiatischen (in Indien und China) gegenüberstellte, hatte sich seit Ende des 16. Jahrhunderts, insbesondere seit den Religionskriegen und der türkischen Handelssperre, nicht mehr entfaltet, sondern war zunehmend verfallen. Es hatte sich von der antiken und mittelalterlichen ›Geschlechterstadt‹, von der norditalienischen ›Plebejerstadt‹ durch den Gemeindecharakter unterschieden, der die Bürger als Selbstverwaltungs-, Wirtschafts- und Wehrverband zusammenschloß. Die okzidentale Stadt war insoweit Händler- und Gewerbestadt oder Fürstenstadt, Festung und Garnison. Ihre Grundlage bildete entweder eine ›feudale Verstädterung‹, indem sie von den direkten oder indirekten Abgaben der landwirtschaftlichen Produktion abhing, oder eine ›merkantile Verstädterung‹, die auf der spätmittelalterlichen und insbesondere in der Renaissance blühenden Entfaltung des Fernhandels beruhte.
Diese Prozesse waren längst zum Erliegen gekommen, als um die Wende zum 19. Jahrhundert die ›bürgerliche Verstädterung‹ (Gunther Ipsen) wirksam wurde. Aus der ›festen‹, d. h. befestigten und ständisch abgeschlossenen Stadt wurde damit die offene Bürgerstadt. Bürgerliche Revolutionen und liberale Reformen setzten das Potential für einen neuen Schub der Stadtentwicklung durch Bauernbefreiung, Gewerbefreiheit und Freizügigkeit der Niederlassung frei (239). Die Auflösung der Zünfte ermöglichte die Entwicklung kleiner Unternehmen in Handel und Handwerk; die Mauern wurden geschleift, die Siedlung füllte die Bannmeile und überschritt schließlich die Gemeindegrenzen.
Ein weiterer Vorgang setzte in Deutschland um 1870 ein: die ›industrielle Verstädterung‹. Durch sie entstanden ›Agglomerationen‹, ›industrielle Ballungen‹, die ein völlig anderes Sozial- und Siedlungsgefüge aufwiesen als die Städte bis dahin. Das wirtschaftliche Kalkül bestimmte Standortwahl, Bodennutzung und Wohnungsbau; im übrigen wuchsen die Ballungen planlos. Dieser Prozeß ist für die Zeit bis 1930 charakteristisch; dann stagnierte er. Die Wiederherstellung und Ergänzung der Wohnungen, Arbeitsstätten, technischen Anlagen und sozialen Dienste um 1950 bis 1960 läßt sich mit jenem Vorgang nicht vergleichen: Expansiv ist diese restaurative Phase nur insofern, als auf dem Gebiet der Bundesrepublik eine um 10 Millionen oder ein Fünftel größere Bevölkerung untergebracht, eingegliedert und nach der Notsiedlung von Evakuierung, Vertreibung und Flucht neu verteilt werden mußte. Um 1960, allgemein ab Mitte der sechziger Jahre setzte bei uns ein Verstädterungsprozeß neuer Art ein, den ich als ›tertiäre Verstädterung‹ bezeichnen möchte.

Jede dieser Epochen des Verstädterungsprozesses hat ihre eigentümliche Form: Unter anderen Umständen und aus anderen geographischen und sozialen Bereichen werden die Bevölkerungsteile rekrutiert, die zum quantitativen Wachstum der Städte und ihrer numerischen Vermehrung beitragen; sie finden sich jeweils zu einem anderen Sozial- und Leistungsgefüge zusammen; das führt zu Spannungen und Konflikten anderer Art; Baustil, Bautechnik, Zweckbestimmung der Wohn- und Arbeitsräume, Siedlungswesen sind entsprechend unterschiedlich. Jede Epoche der Verstädterung legt eine neue Schicht über das Bau- und Siedlungsraster, paßt sich der vorgefundenen Struktur an und überformt sie nach eigenen Stukturbedingungen. Die Epochen folgen nicht zwangsläufig oder logisch aufeinander und vollziehen sich nicht überall zu gleicher Zeit. Vielmehr zeigt jede Sozialgeschichte ihre charakteristische Folge und ein eigenartiges Muster.

Dennoch läßt sich zeigen, daß das ältere Städtewesen kaum über einen Verstädterungsgrad von einem Sechstel der Gesamtbevölkerung hinaus kommt und Großstädte nur als Metropolen mächtiger Imperien zu bilden vermag. Für den Verstädterungsgrad der entfalteten bürgerlichen Verstädterung kann man ein Drittel insgesamt und die Hälfte davon in großen Städten als obere Grenze ansetzen. Die industrielle Verstädterung scheint etwa den doppelten Verstädterungsgrad erreichen zu können: zwei Drittel insgesamt und ein Drittel in großen Städten. Die tertiäre Verstädterung geht darüber hinaus.

Hier geht es in erster Linie um ein Verständnis von Stadtentwicklung und Verstädterungsprozeß in der Bundesrepublik Deutschland. Es muß daher der Hinweis genügen, daß vergleichbare Vorgänge sich in Entwicklung und gegenwärtigem Befund über die Erde nachweisen lassen.

Während sich die Bevölkerung der Erde seit 1800 etwa vervierfacht hat, ist die zusammengerechnete Einwohnerschaft der großen Städte auf weit über das Zwanzigfache angestiegen. Allein die Einwohner der 145 Millionenstädte der Erde machten 1970 ein Zehntel der Gesamtbevölkerung aus, während die der Städte über

Tabelle 6. Verstädterung der Erde, 1800–1970
(nach United Nations, *Report on the World Situation*. New York 1957, und StJbBRD 1972)

Jahr	Bevölkerung der Erde in Mio.	davon in Städten Mio.	über 100 000 Einw. % der Gesamtbevölk.
1800	906	15,6	1,7
1850	1 171	27,5	2,3
1900	1 608	88,6	5,5
1950	2 400	313,7	13,1
Mz. 1800/1950 [1]	2,7	20,0	7,7
1970	3 632	362,4 [2]	10,0 [2]

1 Meßziffer für 1950, 1800 = 1,0
2 145 Millionenstädte, soweit angegeben Agglomeration, sonst Stadtgebiet

100 000 Einwohner schon 1950 13,1 % der Erdbevölkerung darstellten. Bis dahin hatte sich der Anteil der Großstadtbevölkerung bereits fast verachtfacht (Tabelle 6).
Die Entwicklung des Verstädterungsgrades von Teilgebieten der Erde seit 1920 und dessen Projektion bis zum Jahre 2000 für Städte mit 20 000 und mehr Einwohnern läßt die regionale Differenzierung des Verstädterungsprozesses in groben Zügen erkennen (vgl. die absoluten Zahlen in Tabelle 7, die Anteile in Tabelle 8). Um 1960 lebte ein Viertel der Erdbevölkerung in solchen Städten; dieser Anteil war seit 1920 um drei Viertel gestiegen – die absolute Zahl hat sich jedoch verdreifacht. Sie soll sich nach einer Schätzung der UN bis zum Jahre 2000 noch einmal verdreifachen, wobei der Anteil gegenüber 1960 um die Hälfte steigen würde.
Wie verschiedenartig sich dieser Prozeß vollzieht, läßt sich bereits an einer Zusammenfassung der Teilgebiete in zwei Gruppen ablesen. Die industrialisierte Gruppe I hatte 1920 fast 30 % ihrer Bevölkerung in Städten wohnen und soll bis zum Jahre 2000 einen Anteil von 62 % erreichen; die übrige Erdbevölkerung – Gruppe II – steigert ihren Verstädterungsgrad in dieser Zeit von 7 auf 32 %, also beschleunigt, aber doch nur bis auf den halben Wert. Noch deutlicher wird die Differenzierung, wenn man die Sowjetunion und Latein-Amerika für sich zusammennimmt, beides Gebiete, die in Teilen stark, in weiten Zonen kaum industrialisiert sind, und deren Entwicklungsprozeß früher einsetzt und schneller verläuft als bei den Teilgebieten der Gruppe II. Beide Gebiete sollen um 2000 einen Verstädterungsgrad erreichen, der dem der Gruppe I entspricht, hatten aber 1920 mit wenig über einem Zehntel einen weit geringeren Anteil als diese Gruppe (über ein Drittel). Die Ausgangsposition erklärt die Unterschiede der Entwicklung: 1920 bis 1960 nimmt der Verstädterungsgrad in Europa, Nordamerika und Ozeanien um ein Drittel, in der Sowjetunion und Lateinamerika aber um das Dreifache zu; in den übrigen Gebieten steigt er um das Zweieinhalbfache und erreicht dabei noch nicht die Hälfte des Verstädterungsgrades der Mittelgruppe. Die Schätzung der UN für die weitere Entwicklung ist zugegebenermaßen sehr gewagt: Lassen sich demographische Entwicklungen noch einigermaßen prognostizieren, so ist das für Wanderungen und andere stärker sozial bedingte Vorgänge kaum der Fall. In der Schätzung kann damit nur die Erwartung der UN zum Ausdruck kommen. Sie ist notwendigerweise auf eine zunehmende Entwicklung der armen Welt gerichtet (262, 266). Unter dieser Prämisse wird eine Verdoppelung des Verstädterungsgrades in Asien und Afrika bis zum Jahre 2000 vermutet. Es kann gut sein, daß sich diese Schätzung als zu optimistisch und zu niedrig erweist: Der Zustrom der unterversorgten Landbevölkerung in die Städte der dritten Welt verstärkt sich zusehends; aber diese ›Verstädterung‹ zeigt nicht eine neue Wirtschafts- und Sozialverfassung an, die einen höheren Verstädterungsgrad ermöglicht, sondern die Auflösung der alten Verfassungen, deren Ergebnis noch nicht abzusehen ist.
Im übrigen hat die Vorausschätzung natürlich stark spekulativen Charakter. Immerhin erscheint es zweckmäßig, sich vor Augen zu führen, welche Veränderungen eintreten müßten, wenn die – differenziert beurteilten und gerechneten – Trends sich fortsetzen würden. Das hieße für Europa beispielsweise: neben der notwendigen Erneuerung der verbrauchten oder unzulänglichen Bausubstanz und neben einer wünschenswerten und wahrscheinlichen geographischen Umverteilung rund 100 Mil-

lionen Menschen mehr in Städten – ein Neubauvolumen von zwei Dritteln der gegenwärtigen Stadtsubstanz (261 a). Für Nordamerika heißt es genau noch einmal das Gleiche. Welche wirtschaftlichen, technischen, organisatorischen und politischen Voraussetzungen die Bewältigung einer derartig gigantischen Aufgabe hat, läßt sich kaum erahnen. Die Erwartungen für die anderen Teile der Welt sind noch ungeheuerlicher; es ist nicht zu erkennen, wie sie sich realisieren sollen und können.

Tabelle 7. Verstädterung in Teilgebieten der Erde, 1920–2000
(nach 371 und UN-Schätzungen)

A. Millionen Einwohner

		1920	1940	1960	1980	2000
Europa	a	325	379	425	479	527
	b	113	150	188	237	290
Nordamerika	a	116	144	199	262	354
	b	48	67	115	177	253
Sowjetunion	a	155	195	214	278	353
	b	16	47	78	141	222
Ozeanien	a	8	11	16	23	32
	b	3	4	8	13	19
Gruppe I	a	604	729	854	1 042	1 266
	b	180	268	389	568	784
Ostasien	a	553	634	794	1 041	1 287
	b	40	74	147	267	425
Südasien	a	470	610	858	1 408	2 153
	b	27	51	118	266	568
Lateinamerika	a	90	130	212	378	638
	b	13	25	69	163	342
Afrika	a	143	192	273	449	768
	b	7	14	37	90	218
Gruppe II	a	1 256	1 566	2 137	3 276	4 846
	b	87	164	371	786	1 553
Erde insgesamt	a	1 860	2 295	2 991	4 318	6 112
	b	267	432	760	1 354	2 337

a = Gesamtbevölkerung
b = Bevölkerung in Orten mit 20 000 und mehr Einwohnern

Tabelle 8. Verstädterung in Teilgebieten der Erde, 1920–2000
(nach Tabelle 7)

B. Anteile der Stadtbevölkerung in % der Gesamtbevölkerung

	1920	1940	1960	1980	2000
Europa	34,7	39,6	44,2	49,5	55,0
Nordamerika	41,4	46,5	57,8	67,6	66,4
Sowjetunion	10,3	24,1	36,5	50,7	62,9
Ozeanien	37,5	36,4	50,0	56,5	59,4
Gruppe I	29,8	36,8	45,6	54,4	61,9
Ostasien	7,2	11,7	18,5	25,7	33,0
Südasien	5,7	8,4	13,8	18,9	26,4
Lateinamerika	14,4	19,2	32,6	43,1	53,6
Afrika	4,9	7,3	13,6	20,0	28,4
Gruppe II	6,9	10,5	17,4	24,0	32,0
Erde insgesamt	14,4	18,8	25,4	31,4	38,2

Der neuere Verstädterungsprozeß

Eine wichtige Etappe in der Entwicklung der Bundesrepublik Deutschland wurde etwa 1956 erreicht: Die Wohnungszählung in diesem Jahr ergab, daß die Anzahl der benutzten Wohnungen mit der Anzahl der Familien, die Anzahl der Wohnräume mit derjenigen der Einwohner einigermaßen übereinstimmte. Damit war für jede Familie eine Wohnung, für jeden Einwohner ein Wohnraum im Prinzip vorhanden. Von da ab konnte den zunehmenden Ansprüchen auf Wohnraum mehr Beachtung gewidmet werden: Die Größe der Wohnungen und der Wohnräume nahm auch im Durchschnitt spürbar zu. Dringlicher noch wurde das Verteilungsproblem: Die vorhandenen Wohnungen befanden sich durchaus nicht in ausreichender Zahl in denjenigen Gebieten, in denen sie benötigt wurden. Mit diesem Zeitpunkt ungefähr kann die Phase des Wiederaufbaus als abgeschlossen gelten. Die Phase der tertiären Verstädterung setzte ein.

Die neue Umverteilung richtete sich nicht mehr wie bis 1930 nach den Standorten der industriellen Entwicklung, auch nicht mehr wie seit Kriegsende nach Unterkunft und Ernährungschance. Für Neugründung und Ausweitung gewerblicher Betriebe konnte nicht mehr damit gerechnet werden, daß die Arbeitskräfte sich schon dort einfinden würden, wo Zulieferung von Roh- und Halbprodukten am billigsten war: Die Nutzung des örtlich verfügbaren oder aktivierbaren Arbeitsangebots spielte eine zunehmende Rolle bei Standortentscheidungen. Das heißt aber, daß sich – zumindest für den Zuwachs, wenn schon nicht für den Ausgangsbestand – die Verteilung der Wohnbevölkerung nicht mehr an der Verteilung der Arbeitsplätze orientierte, sondern umgekehrt. Diese Feststellung betrifft natürlich nur die Tendenz, nicht den Einzelfall und zunächst nicht einmal die Masse der Fälle. Mit der Zeit wurde die Tendenz aber immer deutlicher spürbar; in einem Jahrzehnt hatte sie sich durchgesetzt.

Nun konnte man nicht mehr, wie gewohnt, Stadtentwicklung dort vermuten und Wohnungsbau dort betreiben, wo aus technischen, betrieblichen und wirtschaftlichen Gründen eine Zunahme der Arbeitsplätze zu erwarten war. Zwar folgen die Planungsstudien der sechziger Jahre (z. B. der Prognos-AG) noch weithin diesem Denkansatz, aber doch mit zunehmend schlechtem Gewissen und nur, weil ein anderer Ansatz nicht verfügbar war. Der neue Verstädterungsprozeß folgt also nicht mehr der Entwicklung des ›sekundären Sektors‹, d. h. der Industrie-Beschäftigung. Der ›tertiäre Sektor‹ der öffentlichen und privaten Dienstleistungen trat für das Wachstum der Städte in den Vordergrund.

Nun ist aus der klassischen Theorie der ›Zentralen Orte‹ (76, 243) geläufig, daß sich die Standorte des tertiären Sektors in einem hierarchischen Muster über dem Verteilungsrelief der Wohnbevölkerung aufbauen. Solange die Logik dieses Verteilungsreliefs durchschaubar erscheint, kann auch der Verstädterungsprozeß verstanden und vorausschauend in der Planung berücksichtigt werden. Das war der Fall, solange und wo diese Logik vornehmlich agrar- oder industriewirtschaftlich bestimmt war; landwirtschaftliche und industrielle Standortlehre haben diese Logik ausgearbeitet und empirisch belegt (klassisch Johann Heinrich von Thünen und Alfred Weber, 413, 437; zu diesen Fragen vgl. 43, 44). Wenn sich die Wohnbevölkerung in ihrer Verteilung nun aber nicht mehr nach dieser Logik richtete, so mußte die neue Logik, die ihrer Umverteilung zugrunde liegt, erst noch gefunden werden. Daher wurde die Beobachtung der Veränderungen des Siedlungsmusters und insbesondere ihrer wichtigsten Komponente, der Wanderungen, immer wichtiger. Da die Motive der Wohnortwahl nicht mehr primär oder ausschließlich an der landwirtschaftlichen oder industriellen Entwicklung der Arbeitsplätze orientiert zu sein schienen, mußten sie anderer Art sein; immer dringlicher wurde nach ihnen gefragt.

In der Entwicklung des Jahrzehnts 1956 bis 1966 wird die Änderung des Verstädterungsprozesses bereits deutlich. (Die statistische Beobachtung dieses Vorgangs kann leider noch nicht näher an die Gegenwart herangeführt werden. Die Reform der Kreisgliederung seit 1967 macht jeden Zeitvergleich unmöglich, solange die älteren Daten nicht auf die neue Verwaltungsgliederung umgerechnet sind; auch eine Aufbereitung der Ergebnisse der Volkszählung von 1970 nach Stadtregionen liegt noch nicht vor.) Die strukturellen Unterschiede der Gebiete lassen sich nach übereinstimmender Auffassung (193, 188) am besten – und operational am bequemsten – am ›Industriebesatz‹ fassen; damit wird die relative Anzahl von Industriebeschäftigten (aus den Ergebnissen der amtlichen Industrieberichterstattung, die vierteljährlich in 1 %, jährlich in 100 % der Arbeitsstätten des produzierenden Ge-

Tabelle 9. Strukturzonen der BRD, 1956–1966
(nach 343 und eigenen Berechnungen aus Fortschreibung und Industrieberichterstattung, Saarland 1956 geschätzt)

A. Absolute Zahlen

	Fläche Tsd. qkm 1956	Einwohner Mio. 1956	Einwohner Mio. 1966	Industrie-Beschäftigte Tsd. 1956	Industrie-Beschäftigte Tsd. 1966
Agrargebiete	76,5	6,8	7,2	280	409
Mischgebiete	89,4	10,9	11,9	1 003	1 252
Industriegebiete	46,7	11,0	12,4	2 129	2 214
Ballungen	32,8	21,7	24,8	4 636	4 077
BRD ohne Saarland	245,4	50,1	56,4	8 048	7 951
Saarland	2,6	1,0	1,2	*130	144
Berlin (W)	0,5	2,2	2,2	267	279
BRD und Berlin (W)	248,4	53,3	59,8	8 446	8 374

Abweichungen in den Summen erklären sich in dieser und den folgenden Tabellen aus den Abrundungen der einzelnen Zahlenergebnisse.

Tabelle 10. Strukturzonen der BRD, 1956–1966
(nach Tabelle 9)

B. Bezugszahlen

	Dichte Einw./qkm 1966	Einwohner % Zunahme 1956/1966	Industrie-Beschäftigte % Zunahme 1956/1966	Industrie-Beschäftigte Besatz/1000 Einw. 1956	Industrie-Beschäftigte Besatz/1000 Einw. 1966	Industrie-Dichte Ind.-Besch./qkm 1966
Agrargebiete	94	5,9	46,1	41	57	5
Mischgebiete	134	9,2	24,9	92	105	14
Industriegebiete	266	12,7	4,0	194	179	47
Ballungen	755	14,3	–12,0	214	165	124
BRD ohne Saarland	230	12,6	–1,2	161	141	32
Saarland	466	....	...	....	119	55
Berlin (W)	4 628	–1,4	4,2	122	127	58
BRD und Berlin (W)	241	12,2	–0,8	158	140	34

werbes mit 10 und mehr Beschäftigten durchgeführt wird; diese Zahlen enthalten also nicht die Beschäftigten öffentlicher Betriebe z. B. des Energiesektors und von ›Handwerksbetrieben‹, das sind solche Betriebe, die bei Handwerkskammern registriert sind, auch wenn sie nach anderen Kriterien als Industriebetriebe einzustufen wären) auf 1000 Einwohner des gleichen Stadt- oder Landkreises bezeichnet. Als Industriegebiete werden danach die Kreise zusammengefaßt, in denen der Industriebesatz über 125 Industriebeschäftigte auf tausend Einwohner liegt. In diesen Kreisen hängt die Wirtschaft vorherrschend von der industriellen Entwicklung ab. Sinkt der Industriebesatz unter die Hälfte – unter 60 –, dann ist die Wirtschaft des Kreises vorwiegend landwirtschaftlich bestimmt. Dazwischen – von einem Industriebesatz über 60 bis unter 125 – spricht man von Mischgebieten (343). Über diese drei regionalen Strukturtypen (Isenberg spricht von ›Strukturzonen‹, obgleich die Anordnung nicht zirkulär zu denken ist) hinaus werden Stadtbereiche definiert, unter denen die neun größeren als ›Ballungen‹ bezeichnet werden (Tabelle 9, 10).
Die Anteile der Strukturzonen an der Gesamtbevölkerung der Bundesrepublik haben sich in diesem Jahrzehnt kaum geändert: in den Agrargebieten wohnen 12, in den Mischgebieten 20, in den Industriegebieten 23 und in den Ballungen 45 % der Gesamtbevölkerung. Eine geringfügige Verschiebung hat sich dennoch vollzogen: Mit zunehmender Besiedlungsdichte und zunehmendem Industriebesatz der regionalen Strukturtypen wächst auch der Prozentsatz der Einwohnerentwicklung 1956 auf 1966. Ausgeprägter ist jedoch die Veränderung der Wirtschaftsstruktur in den Strukturzonen. Die Zunahme der Anzahl von Industriebeschäftigten ist nur in Agrar- und Mischgebieten erheblich; in den Ballungen fällt die Zahl um fast 8 %. Dadurch verschieben sich die Anteile: Während 1956 noch 57 % aller Industriebeschäftigten in den Ballungen, nur 12 % in den Mischgebieten tätig waren, sind es 1966 nur noch 52 % in den Ballungen, dagegen 15 % in den Mischgebieten. Der Anteil in den Agrargebieten ist immerhin von 3,4 auf 4,9 % gestiegen, der Industriebesatz von 41 auf 57. In den Industriegebieten bleiben beide Werte fast unverändert. Als Ergebnis läßt sich feststellen, daß in diesem Jahrzehnt bei einer insgesamt geringfügigen Zunahme der Anzahl Industriebeschäftigter eine Verlagerung aus den Ballungen in die bisher weniger industrialisierten Gebiete stattgefunden hat. Auch hieran lassen sich die Prozesse der ›qualitativen‹ und der ›tertiären‹ Verstädterung erkennen: Die bisher ländlichen Gebiete werden zunehmend industrialisiert; die großstädtischen Ballungen entwickeln sich nicht mehr in Abhängigkeit von der Industrie, sondern von tertiären Dienstleistungen. (Der Industriebesatz zeigt auch dieses an: In Agrarzonen ist die nichtindustrielle Beschäftigung relativ stark, aber in abnehmender Tendenz durch landwirtschaftliche Beschäftigung – den ›primären Sektor‹ – geprägt; da diese Erwerbsquelle in den Ballungen vollends quantitativ unerheblich ist, bleibt im wesentlichen der tertiäre Sektor übrig, um den Erwerbsbedarf angesichts der Schere zwischen abnehmender Industriebeschäftigung und zunehmender Bevölkerungszahl auszufüllen.) Dieser Befund kann nicht darüber hinwegtäuschen, daß die Ballungen weiterhin industriell bestimmt sind. Ihr Industriebesatz ist zwar unter denjenigen der Industriegebiete gefallen; aber die Industriedichte – die Anzahl der Industriebeschäftigten je Quadratkilometer – ist noch immer das Zweieinhalbfache der Industriegebiete. Die Besiedlungsdichte be-

trägt in den Ballungen das Dreifache des Bundesdurchschnitts und desjenigen der Industriegebiete.
Eine Fortsetzung des Zugs zu den großen Agglomerationen läßt sich in der Bundesrepublik also nicht mehr feststellen. Statt dessen schreitet die Verdichtung des gesamten Siedlungsrasters fort. Dabei machen sich regionale Unterschiede geltend. Es ist wichtig festzuhalten, daß dieser Befund nicht von einer Beobachtung der Stadtgemeinden abgeleitet ist. Schon länger war aufgefallen, daß die Einwohnerschaft der Städte in ihrem Gemeindegebiet nicht mehr zunahm, vielmehr zur Abnahme tendierte. Zugleich schritt aber die Besiedlung des Umlandes fort, so daß von einer ›extensiven Verstädterung‹ zu sprechen war (261). Die großen Städte wuchsen, jedoch nicht in ihren alten Grenzen, sondern in die Landschaft hinaus. Die Analyse der Verstädterung nach Stadtbereichen vermeidet einen Fehlschluß; das Erweite-

Tabelle 11. Die Entwicklung der großen Stadtbereiche, 1939–1966
(nach eigener Aufbereitung der Kreisergebnisse der Zählungen)

Stadtbereich	Fläche qkm	Einwohnerzahlen (Tsd.)					Anzahl der Kreise
		1939	1950	1956	1961	1966	
Hamburg	2 499	1 964	2 102	2 208	2 340	2 408	4
Bremen	466	601	616	693	764	808	3
Hannover	2 450	698	855	933	1 003	1 068	5
Rhein-Ruhr	9 189	7 945	8 266	9 615	10 365	10 824	46
Rhein-Main	3 436	1 716	1 887	2 161	2 390	2 632	14
Rhein-Neckar	2 436	1 053	1 143	1 260	1 366	1 480	12
Stuttgart	2 059	948	1 129	1 342	1 518	1 678	6
München	2 708	1 036	1 150	1 301	1 469	1 687	6
Nürnberg	1 549	668	704	786	845	907	8
zusammen	26 772	16 628	17 850	20 299	22 060	23 491	104
darin: Kerngebiet	5 664	12 463	11 990	13 922	14 954	15 292	53
Randgebiet	21 109	4 165	5 860	6 377	7 106	8 199	51
Industriegebiete	47 417	6 339	8 260	8 624	9 198	10 004	94
Agrar- und Mischgebiete	146 790	17 259	22 534	22 049	22 730	23 991	367
BRD (ohne Berlin)	220 980	40 226	48 645	50 971	53 988	57 486	565

Die Zurechnung der Kreise zu Stadtbereichen und regionalen Strukturtypen weicht geringfügig von derjenigen Isenbergs ab. Die Unterschiede sind jedoch im Ergebnis unbedeutend. Als Kerngebiet werden die Stadtkreise der Stadtbereiche, als Randgebiet die ergänzenden Landkreise bezeichnet.

rungsgebiet ist einbezogen. Wenn die Einwohnerzunahme der Ballungen jetzt noch 14 % in einem Jahrzehnt betrug, in dem die Gesamtbevölkerung um fast 13 % wuchs, kann von einer zunehmenden Konzentration in den großen Agglomerationen kaum noch gesprochen werden. In absoluten Zahlen ist die Zunahme zwar erheblich; sie geht aber kaum über den Anteil an der Gesamtentwicklung hinaus.
Unterscheidet man innerhalb der Stadtbereiche zwischen den Stadtkreisen selbst (als ›Kerngebiet‹ der Stadtbereiche) und den Landkreisen, die den Stadtbereichen wegen der Verflechtung mit ihnen zugeordnet werden (als ›Randgebiet‹ der Stadtbereiche), dann wird der Verstädterungsprozeß deutlich: Er hat sich weitgehend auf die Außengebiete verlagert (Tabelle 11).
Insgesamt leben in den Stadtbereichen 1966 rund 7 Millionen Menschen mehr als 1939, das sind über 40 % mehr als die Vorkriegsbevölkerung. Deren Stand war in den Stadtkreisen 1950 noch nicht wieder hergestellt. Das darauffolgende Jahrfünft war das der stärksten Zunahme der Kernbereiche; in jedem folgenden Jahrfünft verringerte sie sich um die Hälfte. In den Randgebieten dagegen beschleunigte sich die Zunahme von Jahrfünft zu Jahrfünft; 1961 auf 1966 beträgt sie relativ das Zehnfache der Zunahme im Kerngebiet. Von einem Viertel hat sich der Anteil der Randgebiete an der Bevölkerung der Stadtbereiche auf ein Drittel erhöht.
Unter den Stadtbereichen hebt sich die Zunahme von Hannover, Rhein-Main, Stuttgart und München besonders hervor: Sie haben 1966 um die Hälfte mehr Einwohner als 1939. Doch geht die Zunahme der nördlichen Stadtbereiche Schritt für Schritt zurück, während die der südlichen entsprechend ansteigt. 1950/56 weisen Rhein-Ruhr und Rhein-Main die stärksten, auch Rhein-Neckar und Nürnberg erhebliche Zunahmen auf; danach führen Stuttgart, München und Rhein-Main weitaus – alle übrigen fallen unter den Durchschnitt. Daran zeigt sich ein Vorgang, den man als ›Nord-Süd-Wanderung‹ zu bezeichnen pflegt; er ist ein Bestandteil des Verstädterungsprozesses in seiner neuen Form. Es hat den Anschein, als wären die nördlichen Städte im Vergleich zu den südlicheren zunehmend weniger attraktiv für einen Teil der Wandernden. Das kann verschiedene Gründe haben; jedenfalls ist diese Tendenz nicht ausschließlich dadurch zu erklären, daß die industrielle Entwicklung sich aus technischen Gründen nach Süden verlagert hätte. Soweit eine derartige Verlagerung stattgefunden hat, folgte sie vielmehr den Reserven des Arbeitsmarktes. Darüber hinaus sind es weniger die Produktionsstätten als die Verwaltungen, die die südlicheren Standorte bevorzugt haben. Senioren- und Feriensiedlungen trugen darüber hinaus zu einer größeren Tragfähigkeit für tertiäre Betriebe bei. Diese Tendenzen scheinen sich gegenseitig stimuliert zu haben. Sie haben sich in den letzten Jahren verstärkt fortgesetzt.
Dem sucht auch das ›Bundesraumordnungsprogramm‹ zu entsprechen, das die Bundesregierung aufgrund des Bundes-Raumordnungs-Gesetzes von 1965 vorbereitet. Laut diesem Gesetz ist das Bundesgebiet nach ›Gebietskategorien‹ zu gliedern, die von Bund und Ländern gemeinsam in der Ministerkonferenz für Raumordnung festgelegt werden. Außer dem Zonenrandgebiet, das die unmittelbar an die Ostgrenze der Bundesrepublik Deutschland angrenzenden und einen 40 km tiefen Streifen entlang der Grenze anschneidenden Landkreise zusammenfaßt, wurden 1968 ›Verdichtungsräume‹ und 1970 ›zurückgebliebene Gebiete‹ definiert. Die 24 Verdichtungsräume entsprechen in der Abgrenzung auf Gemeindebasis etwa den

Tabelle 12. Die Entwicklung der Stadtbereiche, 1961–1970
(nach 67)

Stadtbereich	Einwohner (Tsd.) 1961	1970	Zunahme (%) 1961–1970
1 Hamburg	2 029,6	2 031,7	0,1
2 Bremen	833,6	866,2	3,9
3 Hannover	750,1	757,6	1,0
4 Rhein-Ruhr	10 453,1	10 909,4	4,4
5 Rhein-Main	2 283,4	2 586,8	13,3
6 Rhein-Neckar	1 060,1	1 163,5	9,8
7 Stuttgart	2 102,2	2 446,4	16,4
8 München	1 351,7	1 651,3	22,4
9 Nürnberg	810,7	881,8	8,8
große Stadtbereiche	21 674,5	23 294,5	7,5
10 Kiel	280,3	271,7	–3,1
11 Lübeck	236,1	239,3	1,4
12 Braunschweig	318,8	317,1	–0,5
13 Osnabrück	259,5	283,5	9,3
14 Bielefeld	536,1	557,7	4,0
15 Münster	281,7	320,5	13,8
16 Aachen	428,8	448,9	4,7
17 Siegen	215,5	239,1	10,9
18 Kassel	283,8	312,5	10,1
19 Koblenz	304,3	305,2	0,3
20 Saar	745,3	763,5	2,4
21 Karlsruhe	408,4	460,9	12,9
22 Freiburg	145,0	162,2	11,9
23 Augsburg	312,1	337,7	8,2
kleinere Stadtbereiche	4 755,6	5 019,8	5,6
Stadtbereiche insg.	26 430,1	28 314,4	7,1
übrige BRD	29 754,8	32 336,2	8,7
BRD und Berlin (W)	56 184,9	60 650,6	8,0

»Aus Kreiszahlen zusammengesetzte« Daten für die ›Verdichtungsräume‹ des Bundesraumordnungsgesetzes (BROG); die Abgrenzungen weichen erheblich von denjenigen Isenbergs resp. den eigenen ab. Das BROG kennt 24 Verdichtungsräume; dabei zählen Bremen und Bremerhaven gesondert; sie sind hier zusammengezogen.

betreffenden Stadtregionen; sie hatten 1961 je über 150 000 Einwohner und eine Besiedlungsdichte von mindestens 1000 Einwohnern je Quadratkilometer (65). Zu den zurückgebliebenen Gebieten wurden Landkreise mit negativem Wanderungssaldo, geringer Bevölkerungsdichte und geringem Industriebesatz gerechnet (66,67). Außer diesen ›strukturell homogenen‹ Kategorien wurden ›funktional ergänzende Räume‹ (66) gebildet, und zwar 78 ›Statistische Raumeinheiten‹ (65) und 38 ›Gebietseinheiten für das Bundesraumordnungsprogramm‹ (67). In diesen Gebieten werden die Zentralen Orte in vier Funktionsstufen festgestellt.

Die Veränderung der Einwohnerzahlen in den 38 Gebietseinheiten von 1961 auf 1970 macht die Tendenz zur relativen Bevorzugung der südlicheren Gebiete der Bundesrepublik deutlich. Bei einer Zunahme der Gesamtbevölkerung um 8 % zeigen die Gebietseinheiten im oberen Rheingraben (von Frankfurt nach Süden), in Baden-Württemberg überhaupt und im Süden Bayerns eine überdurchschnittliche Zunahme.

Außer diesen Gebieten finden sich vergleichbare Zunahmen nur an der niederländischen Grenze und im Raum Köln–Bonn. Die mittleren Zunahmen grenzen an diese Gebiete an; die unterdurchschnittlichen Zunahmen häufen sich gegen Norden. Dem entspricht auch die neuere Entwicklung in den Stadtbereichen (Tabelle 12). Es fällt auf, daß sich die Zunahme nach Gruppen nur verhältnismäßig wenig unterscheidet: Die größeren Stadtbereiche liegen bei siebeneinhalb, die kleineren bei fünfeinhalb Prozent, während die übrigen Gebiete der BRD (außerhalb der Stadtbereiche) um über achteinhalb Prozent gewachsen sind. Die einzelnen Stadtbereiche innerhalb dieser Gruppen differieren wesentlich stärker. Die vier nördlichen großen Stadtbereiche liegen mit 0 bis 4 % Zunahme weit unter dem Bundesdurchschnitt; Frankfurt (Rhein-Main) und Stuttgart überschreiten ihn erheblich; die Spitze hält München mit 22 %. Auch unter den kleineren Stadtbereichen häufen sich die überdurchschnittlichen Zunahmen im Süden. Abnahmen und geringe Zunahmen finden sich nur im Norden. Dort treten nur Münster und auch Osnabrück hervor, in der Mitte Kassel und Siegen, im Süden Karlsruhe und Freiburg.

Der neuere Verstädterungsprozeß bevorzugt die größeren Agglomerationen also nur geringfügig und mit Auswahl; stärker ist die Zunahme außerhalb der Stadtbereiche. Das zeigt sich noch deutlicher, wenn man aus diesen Gebieten die Zurückgebliebenen Gebiete herausnimmt (Tabelle 13). Am stärksten ist auch in diesem Jahrzehnt das Zonenrandgebiet mit weniger als 5 % Zunahme zurückgeblieben. Die als zurückgeblieben festgestellten Gebiete, zu denen das Zonenrandgebiet nur teilweise gehört, kommen zusammen immerhin auf fast 7 %. Zieht man sie außer den 24 Stadtbereichen von den Zahlen für die Bundesrepublik ab, so weist der verbleibende Rest eine Zunahme von fast 10 % auf. Es handelt sich also um die Masse der Industrie- und Mischgebiete außerhalb der größeren Agglomerationen, in denen die Verstädterung gegenwärtig am schnellsten fortschreitet. Auch in diesen Gebieten schneiden die nördlichen Länder mit 8 %, dem Bundesdurchschnitt, relativ schlecht ab, schlechter noch Rheinland-Pfalz. Hessen und Baden-Württemberg dagegen weisen 13 und 15 % Zunahme auf, Nordrhein-Westfalen 12 %. Dieser Befund schwächt die These von der Nord-Süd-Wanderung etwas ab: Offensichtlich gilt diese Tendenz in anderer Weise für die Stadtbereiche als für die übrigen Gebiete, unter denen das Rheintal und die Ergänzungsgebiete in Hessen und am Neckar sich als besonders attraktiv erweisen. Auch unter den zurückgebliebenen Gebieten treten Nordrhein-Westfalen und Baden-Württemberg besonders hervor, dazu aber auch Schleswig-Holstein. Bayern und Hessen fallen in diesen Gebieten stark ab.

Es wäre notwendig, diese Veränderungen auch unter dem Gesichtspunkt zu untersuchen, in welchem Maße sie auf Entwicklung und Umverteilung der deutschen Bevölkerung allein zurückzuführen sind. Das ist wegen des erforderlichen Aufwandes und dem Mangel an geeigneten Daten gegenwärtig nicht möglich. Bedenkt man jedoch, daß die Zahl der Ausländer in der Bundesrepublik Ende 1971 etwa 3,4 Millionen, die der ausländischen Arbeitnehmer allein Ende März 1972 2,216 Millionen betrug, dann wird das Gewicht dieser Frage deutlich. Die Zuwanderung von Ausländern hat ständig, besonders aber nach der Wirtschaftsflaute von 1967 zugenommen (vgl. Monika Vanberg und Karl Krämer in: 264; sowie *Wirtschaft und Statistik*

Tabelle 13. Die Entwicklung nach Gebietskategorien, 1961–1970
(nach 67)

	Einwohner (Tsd.)		Zunahme (%)
	1961	1970	1961–1970
Zonenrandgebiet			
in Schleswig-Holstein	1 719,1	1 834,0	6,7
in Niedersachsen	2 086,6	2 159,2	3,5
in Hessen	895,2	948,7	6,0
in Bayern	2 001,7	2 082,3	4,0
zusammen	6 702,6	7 024,1	4,8
Zurückgebliebene Gebiete			
in Schleswig-Holstein	1 161,2	1 274,8	9,8
in Niedersachsen	2 794,6	2 997,0	7,2
in Nordrhein-Westfalen	460,5	506,5	10,0
in Hessen	729,7	771,0	5,7
in Rheinland-Pfalz	1 283,8	1 369,1	6,6
in Baden-Württemberg	172,6	188,1	9,0
in Bayern	3 146,2	3 314,9	5,4
in Saarland	419,9	443,6	5,6
zusammen	10 168,5	10 865,2	6,9
übrige Gebiete	19 586,3	21 471,0	9,6
Stadtbereiche	26 430,1	28 314,4	7,1
BRD und Berlin (W)	56 184,9	60 650,6	8,0

(vgl. Anmerkung zu Tabelle 12)

1972). Rund die Hälfte der Bevölkerungszunahme seit 1961 ist dieser Zuwanderung zu verdanken. Der Anteil der Ausländer an der Wohnbevölkerung hat um Frankfurt, Mannheim, Stuttgart und München 10 %, in den weiteren Gebieten um diese Ballungen und um das Ruhrgebiet 6 % überschritten. Ein beträchtlicher Teil der Stadtentwicklung und namentlich der Zunahme im Rheintal und Südwesten ist also die Folge ausländischer Einwanderungen (67). Wieviel nach dieser Feststellung noch quantitativ von der Nord-Süd-Wanderung der Bundesbevölkerung übrigbleibt, ist schwer abzuschätzen.

Unter diesen Umständen erscheinen die Befunde der regionalen Bevölkerungsentwicklung in einem ganz anderen Licht. Zunächst sind die regionalen Veränderungen offenbar in geringerem Maße Konsequenzen einer Verstädterungstendenz der Bundesbevölkerung als einer Wirtschaftsentwicklung, die in den Gebieten stärkerer Zunahme ansetzt und auf ausländische Arbeitnehmer angewiesen ist. Dann ist diese Entwicklung aber sozial und in der Planung ganz anders zu beurteilen. Einerseits läßt sich unter den Ausländern eine zunehmende Tendenz zu längerfristigem oder gar unbefristetem Aufenthalt in der Bundesrepublik beobachten; dann entstehen langfristige Integrationsprobleme (180 a). Andererseits ist die Fluktuation unter den Ausländern noch sehr hoch; dann ist ein erheblicher Teil der Stadtbewohner als vorübergehend anwesend anzusehen. Es liegt auf der Hand, daß beide Komponenten der Stadtentwicklung eine völlig neue Richtung geben, die allein durch die Befriedigung des quantitativen Bedarfs nicht angemessen zu berücksichtigen ist.

Zugleich ist die natürliche Bevölkerungsbewegung in der Bundesrepublik in den letzten Jahren fast zum Stillstand gekommen; die noch registrierte geringfügige Zunahme ist ebenfalls den Ausländern zuzuschreiben (266). Darin ist nichts Besorgniserregendes zu sehen; insbesondere braucht noch nicht auf einen längerfristigen Rückgang der deutschen Bevölkerung geschlossen zu werden, ganz abgesehen davon, daß auch dieser keine nachteiligen Folgen zu haben brauchte. Aber für die Beurteilung der gegenwärtigen und die Abschätzung der künftigen regionalen Entwicklung können sich wichtige Konsequenzen ergeben. Hat man Veranlassung, für eine gewisse Zeit mit einer stagnierenden, d. h. quantitativ nicht zunehmenden Bevölkerung zu rechnen, dann muß sich jede Zunahme in dem einen Gebiet als Rückgang in einem anderen bemerkbar machen. Es ergibt sich damit die Frage, ob für die regionale Entwicklung deutlichere Vorstellungen entwickelt werden können als bisher. Wenn Planung und öffentliche Investition den Wanderungsbewegungen lediglich folgen, muß es zu erheblichen Fehlausgaben kommen, weil der Bedarf, dem gedient werden soll, schon bald abgewandert sein kann. Andererseits besteht nicht die Absicht, die Freizügigkeit einzuschränken; ob aber Anreize und Infrastrukturangebote ausreichen, um die Wanderungen in die bevorzugten Gebiete zu lenken, erscheint fraglich. Umgekehrt ist auch kaum eine Wirkung von solchen Maßnahmen zu erkennen, die der Abwanderung entgegenwirken sollen. Die wirksamsten Maßnahmen sind stets die der Wirtschaftsförderung. Wenn aber die in benachteiligten Gebieten mit öffentlicher Subvention geschaffenen oder erhaltenen Arbeitsplätze von einer nur vorübergehenden oder schlecht integrierten Ausländerbevölkerung besetzt werden, während die deutsche Bevölkerung sich anderen Gebieten zuwendet, in denen eine weitere Zuwanderung unerwünscht erscheint, ist der eigentliche Zweck der Maßnahmen auch verfehlt.

Gerade angesichts der zunehmenden Bemühungen um eine konstruktive Regionalplanung auf Bundesebene ist es in der geschilderten Situation schwer, die weitere Entwicklung abzuschätzen. Ob es gelingt, den Bevölkerungsstand der Gebietseinheiten von 1970 zu erhalten und eine übermäßige Zunahme der großen Ballungen zu verhindern, kann keineswegs als sicher gelten. Die Analyse der jüngeren Entwicklung hat aber gezeigt, daß die Tendenzen der Veränderung mit den Intentionen der Raumordnung übereinstimmen, soweit nicht die Niederlassung der Ausländer einen anderen Akzent setzt. Die wirtschaftlichen und politischen Probleme, die in diesem Zusammenhang gelöst werden müssen, zeichnen sich erst in Umrissen ab. Andere Probleme stellen sich auf der Ebene der Stadtentwicklung, also im kleinräumigeren Maßstab.

Stadtentwicklung und Mobilität

Seit sich die Städte über das Maß des zu Fuß Erreichbaren hinaus ausdehnen, gewinnen die unterschiedlichen Entwicklungstendenzen ihrer Teile und Zonen große Bedeutung. Zwar waren die Städte auch vor der bürgerlichen Verstädterung kleinräumig differenziert, sowohl nach sozialen wie nach baulichen Merkmalen. Aber da sich die Veränderungen über längere Zeiträume hinzogen, entstanden daraus keine übermäßigen Schwierigkeiten für die Entwicklung der Städte insgesamt. Im Laufe des 19. Jahrhunderts ermöglichte die Verkehrstechnik die Anbindung weiterer Siedlungsgebiete an die Städte: Die Städte blieben in ihrem Kern erreichbar, solange die Verkehrsentfernung einen vertretbaren Zeitaufwand nicht überschritt. Infolgedessen dehnten sich die Siedlungen zunächst an den Verkehrsadern, den Straßen und Bahnlinien, dann zwischen diesen aus. Zunehmende Ansprüche an den Wohnkomfort führten zu einem wachsenden Flächenbedarf je Wohneinheit; das beschleunigte die Ausdehnung der Siedlungsflächen. Da die größere Stadtbevölkerung auf die alten Kerne bezogen blieb, hatten diese Kerne ihre ›Zentralen Funktionen‹ für einen vervielfachten Bedarf zu leisten; da die Menge der Interessenten den Kern nur mit technischen Transportmitteln erreichen konnte, beanspruchten Verkehrsflächen – Straßen und Gleisanlagen, Parkflächen und Bahnhöfe – einen wachsenden Anteil an der Fläche des Kerngebiets (vgl. S. 169 f, 255 ff). Straßen und Verkehrsflächen machen vier bis fünf Zehntel dessen aus, was die bebauten Flächen in den Städten benötigen (StJbDtGem 1972). Dieser Anteil wächst mit abnehmender Stadtgröße; zugleich sinkt die relative Anzahl der Einwohner je Einheit der bebauten Flächen. Das heißt, daß dichter bebaute und bewohnte Gebiete relativ weniger Verkehrsfläche beanspruchen, weil ihre Erschließung im Verhältnis zur Intensität der Nutzung leichter ist. Darin liegt einer der Vorteile der Verdichtung. Wenn jedoch das Verkehrsnetz überlastet ist, dann besteht die Neigung, es zu Lasten der bebauten Flächen auszuweiten. Dadurch verschiebt sich das Verhältnis zwischen Bau- und Verkehrsflächen zuungunsten der Bauflächen. Da diese die zentralen Funktionen aufnehmen, an denen die Funktionsfähigkeit der Stadt hängt, schränkt eine solche Entwicklung die Leistungsmöglichkeiten der Stadt ein. Unter diesen Umständen verschärft sich die Konkurrenz um die zentraler und leichter erreichbar gelegenen Flächen. Die Boden- und Mietpreise steigen. In einer sol-

chen Konkurrenz behaupten sich unter Marktbedingungen die Zahlungskräftigsten (260).
Das verstärkt die Tendenz zu funktionaler Einseitigkeit, die bereits durch die Lagevorteile des Zentrums und die infolgedessen zum Zentrum hin ansteigenden Bodenpreise gefördert wird. Wohnungsnutzung, kleinere Betriebe und öffentliche Einrichtungen werden aus der Stadtmitte verdrängt. Zwar sucht die Stadtplanung dem entgegenzuwirken, aber ihre Mittel und Instrumente sind beschränkt. Der Prozeß der ›Citybildung‹ (181), der die Einwohner aus den Stadtzentren verdrängt, setzt sich fort: Aus den Stadtmitten wurden Cities, aus diesen CBDs – Central Business Districts, wie die amerikanische Stadtforschung die Zentren nach dem Befund nennt, der fast nur noch ›Business‹ in ihnen antraf. Nur eine der Komponenten, die diesen Prozeß verursachen, kann durch Verkehrsmaßnahmen bereinigt werden – durch die Reservierung von Verkehrsflächen für Fußgänger oder durch die Förderung des öffentlichen Nahverkehrs bei Einschränkung des individuellen Autoverkehrs in den Zentren. Diese Maßnahmen können ihrerseits dazu beitragen, die übrigen Komponenten noch stärker zur Geltung zu bringen. Denn auf diese Weise wird die Menge der Interessenten, die ein Zentrum aufsuchen wollen und erreichen können, vergrößert, wird – das ist richtig – die ›Attraktivität‹ der Zentren erhöht. Es ist jedoch gerade das Mißverhältnis zwischen der bestehenden Attraktivität der Zentren und ihrer Leistungsfähigkeit, das zur funktionellen Entflechtung und damit zur Auflösung der Funktionsvielfalt führt, die eine Stadtmitte kennzeichnete. Das Mißverhältnis aber ist in erster Linie dadurch bedingt, daß die Einwohnerzahlen der Agglomerationen über die Kapazität der Zentren hinauswuchsen. In den meisten Fällen ist die Kapazität der Zentren durch die betreffende Stadtgeschichte begrenzt: Die Anlage war auf eine geringere Agglomeration zugeschnitten. Sie läßt sich nicht beliebig erweitern. Nur in wenigen Städten, etwa in Berlin, war die Anlage bereits so großzügig dimensioniert, daß sie einer großen Agglomeration angemessen blieb.
Man wird deshalb nur zwei Wege beschreiten können, wenn man die weitere Stadtentwicklung in Bahnen lenken will, die einer Auflösung des städtischen Sozial- und Leistungsgefüges entgegenwirken. (Ich vermeide den mißverständlichen Ausdruck ›Urbanität‹. Er knüpft zu stark an spätmittelalterliche Reminiszenzen und bürgerliche Erfahrungen an. Da die Bedingungen der damaligen Verstädterung nicht mehr existieren, ist eine vergleichbare Atmosphäre auch nicht wieder herstellbar. Statt dessen kommt es darauf an, sich die Umstände zu vergegenwärtigen, die das Leben in Städten angenehm und für die individuelle und allgemeine Entwicklung vorteilhaft machen. Diese liegen primär in der Vielfalt und Vielseitigkeit von Angebot und Nachfrage in allen Lebensbereichen; insbesondere in der Freizügigkeit, zwischen solchen Angeboten wählen zu können und Erfahrungen zu machen, die man nicht anstreben kann, weil sie einem neu sind, also in der Aufschließung weiterer Lebensbereiche und -möglichkeiten. Deshalb scheint es mir notwendig, auf die funktionale Differenzierung und die Zugänglichkeit des differenzierten Komplexes hinzuweisen, den man als Stadtmitte bezeichnet.) Der eine Weg besteht in der Anlage neuer Stadtzentren, die auf die Dimension der gegenwärtigen und künftigen Agglomerationen zugeschnitten sind; der andere Weg besteht in der Begrenzung der Agglomerationen auf die Kapazität ihrer Zentren und dem Ausbau kleinerer Ag-

glomerationen. Der erste wird beschritten, indem bestehende Stadtzentren umgestaltet und neue Zentren in Gebieten entwickelt werden, die industrielle Agglomerationen ohne Stadtbildung aufweisen (Oberhausen, Leverkusen, *Abb. 55, 56, 57*). Die Umgestaltung bestehender Zentren stößt – soweit die ›Chance‹ der Kriegszerstörung nicht genutzt wurde – bald auf Grenzen. Sie erfordert nicht nur ungeheure Investitionen, sondern auch die Beseitigung einer Bausubstanz, die für die bisherige Stadt charakteristisch war. Es muß daher fragwürdig erscheinen, wie weit dieser Weg führen kann. Zu dem großzügigen Entwurf neuer Stadtzentren hat man sich nur in wenigen Fällen entschließen können; das beruht wohl in erster Linie auf einer gesellschaftspolitischen Unsicherheit, die eine konstruktive Gestaltung der Umwelt lieber vermeidet.

Der andere Weg hat für sich, daß er der Tendenz des Verstädterungsprozesses in wichtigen Punkten entspricht: Die großen Agglomerationen erscheinen weniger attraktiv als die kleineren Städte. Es muß jedoch die Frage aufgeworfen werden, ob dieser Befund nicht bereits eine Folge der Überlastung der bedeutenden Stadtzentren ist; wäre dies der Fall, dann würde eine stärker auf Dezentralisierung gerichtete Regionalpolitik eine bestehende Problematik lediglich respektieren, aber nicht beseitigen. Geht man davon aus, daß nur auf diese Weise die gefährdete Funktionsfähigkeit der größeren Zentren geschont und allmählich wieder gestärkt werden kann, dann müssen doch die Chancen einer solchen Regionalpolitik kritisch beurteilt werden. Gerade in einer Phase tertiärer Verstädterung werden die Möglichkeiten kleinerer Städte entweder von ihrem Verhältnis zu größeren Agglomerationen oder von den Grundlagen ihres Einzugsgebietes abhängen. Sollen kleinere Städte in der Nachbarschaft großer Agglomerationen gefördert werden, um diese von weiterem Zuzug zu entlasten, dann werden sie deren zentrale Funktionen zusätzlich in Anspruch nehmen und dadurch dennoch zu ihrem Wachstum und ihrer funktionalen Überlastung beitragen. In amerikanischen Untersuchungen ist auch nachgewiesen worden, daß diejenigen Dienstleistungen, die nicht am Wohnort angeboten werden, nicht in einem benachbarten Mittelzentrum, sondern eher in einem nächsten Oberzentrum in Anspruch genommen werden (34 a). Wenn man schon zu einer Fahrt gezwungen ist, dann rentiert es sich, das vielseitigere Angebot der nächsten größeren Stadt aufzusuchen. Infolgedessen zeigen die Mittelstädte eine geringere Wachstumstendenz als die Klein- und Großstädte. Entsprechende Erfahrungen sind auch mit den ›Satellitenstädten‹ gemacht worden, die zur Entlastung größerer Städte gedacht waren: Sie haben deren Wachstum eher noch stimuliert. Für die Förderung kleinerer Städte abseits der großen Agglomerationen ist zu bedenken, daß ihr Wachstum die Stärkung der Wirtschaftsstruktur der betreffenden Region voraussetzt. In ländlichen Gebieten können zentrale Orte nicht wachsen, wenn die landwirtschaftliche Bevölkerung abnimmt, die Menge der gewerblichen Arbeitsplätze oder der tertiären Fernbedarfsleistungen (Fremdenverkehr) aber nicht ausreichen.

Die Entwicklung der Stadtzentren ist derart unmittelbar von der Entwicklung der Städte insgesamt und von dem regionalen Muster des Verstädterungsprozesses abhängig. Beide finden ihren Ausdruck in der lokalen und regionalen Mobilität der Bevölkerung: in der Entscheidung, beim Wohnungswechsel die eigene Agglomeration (Umzug) oder eine andere (Wanderung) zu bevorzugen. Wanderungen bestimmen Wachstum – oder Schrumpfung – von Städten und Regionen, Umzüge die verschiedenartige Entwicklungstendenz der Stadtviertel und -zonen. Um deren Ergebnis beobachten zu können, hat man die statistischen Daten der Gemeinden nach ihrer Zugehörigkeit zu ›Stadtregionen‹ aufbereitet. (Darin wirken sich auch die Veränderungen aufgrund der natürlichen Bevölkerungsentwicklung aus; sie sind jedoch vergleichsweise und in den letzten Jahren auch absolut unerheblich. Statt dessen wäre es notwendig, neben der Veränderung der Einwohnerzahlen diejenigen der demographischen Struktur, insbesondere der Altersgliederung, zu beobachten. Eine entsprechende Aufbereitung steht jedoch leider nicht zur Verfügung. Ebenso fehlt noch die differenzierte Aufbereitung innerhalb des Stadtgebietes nach statistischen Bezirken. Für eine ausreichende Beurteilung der Veränderungen wäre außerdem die Unterscheidung zwischen Deutschen und Ausländern notwendig; sie ist ebenfalls nicht möglich.)

Nach den Ergebnissen der Volkszählung von 1961 sind 68 Stadtregionen festgestellt und abgegrenzt worden. In ihnen wohnten 1950 rund 51 %, 1967 aber 56 % der Gesamtbevölkerung der Bundesrepublik (Tabelle 14, im einzelnen vgl. Boustedt, 49). Diese relative Zunahme muß aber auf dem Hintergrund der Tatsache beurteilt werden, daß der Anteil vor dem Kriege 1939 bereits 57 % betrug. Man kann also nicht von einer zunehmenden Konzentration sprechen, sondern nur von einer Zunahme der Gesamtbevölkerung, die den gleichen Verstädterungsgrad wie vordem anstrebt. Doch unterscheidet sich die Verstädterungsform. Während 1939 rund 72 % der Einwohner dieser Stadtregionen in den ›Kernstädten‹ (den zentralen Stadtgemeinden der Stadtregionen) wohnten, waren es 1950 nur 65, 1967 sogar nur 63 %. Für die Jahre vor der Abgrenzung, also vor 1961, wird man davon ausgehen müssen, daß ein Teil der zur Stadtregion gerechneten Gemeinden den Kriterien nicht entsprach; sie ›gehörten‹ noch nicht zu dieser Stadtregion. Für die Gemeinden, die zum Ergänzungsgebiet gerechnet wurden, mußte die Besiedlungsdichte über 500 Einwohner je Quadratkilometer und der Anteil der Erwerbspersonen in der Landwirtschaft unter 10 % liegen. Dieser Anteil wurde für die Umlandzonen entsprechend höher angesetzt; außerdem wurde verlangt, daß mehr als 60 % der Auspendler der Gemeinde im Kerngebiet (Kernstadt plus Ergänzungsgebiet) beschäftigt waren und daß die Auspendler insgesamt 20–30 % der in der Gemeinde wohnhaften Erwerbspersonen ausmachten. Soweit diese Kriterien vor 1961 nicht zutrafen, gehörten die Gemeinden eigentlich nicht zur Stadtregion. Umgekehrt muß man damit rechnen, daß 1967 diese Kriterien für weitere Gemeinden gegeben waren, die hier noch fehlen. Da die Definition der Stadtregionen den Zweck hat, die Agglomerationen mit 80 000 und mehr Einwohnern in der Bundesrepublik festzustellen, ist die Veränderung zunächst in der Zunahme der Anzahl solcher Agglomerationen, dann in deren Ausdehnung auf weitere Gemeinden und erst danach die Veränderung innerhalb der einmal zugerechneten Gemeinden festzustellen; das ist für die Jahre 1950 und 1961 möglich (Tabelle 15). Die Zunahme der Stadtregionen in diesem Jahrzehnt macht 8,6 Millionen Einwohner aus; davon sind 5 Millionen (= 58 %) auf die Bevölkerungszunahme der 56 Stadtregionen zurückzuführen, die für 1950 definiert wurden; 1,6 Millionen kommen durch Gemeinden hinzu, die diesen 56 Stadtregionen neu zugeordnet wurden; die restlichen 2,1 Millionen (= 24 %) machen die neu aufgenommenen Stadtregionen aus. Die Stadtregionen von 1950 waren bis 1961 also um 23 % durch Zunahme der Bevölkerung in den anfangs bereits zugehörigen Gemeinden, um 7 % durch Einbeziehung weiterer Gemeinden, zusammen um 30 % gewachsen; durch das Aufrücken weiterer kleinerer Agglomerationen zu Stadtregionen haben sie in der Summe um 40 % zugenommen. Bei der Abnahme der restlichen Bundesrepublik um 12 % fehlen dieser die zusätzlich ab-

Tabelle 14. Entwicklung der Stadtregionen, 1939–1967
(nach 49)

Zone	Fläche qkm	1939	1950	1956	1961	1967
Kernstädte	8 303	16 462	16 169	18 548	19 889	20 193
Ergänzungsgebiete	5 431	2 952	3 874	4 451	5 035	5 794
Verstädterte Zonen	15 848	2 320	3 284	3 452	3 792	4 606
Randzonen	13 416	1 095	1 572	1 521	1 576	1 768
zusammen	42 998	22 829	24 899	27 972	30 291	32 361
übrige Gemeinden	204 976	17 419	23 753	23 005	23 686	25 424
BRD (ohne Berlin)	247 973	40 248	48 652	50 977	53 977	57 785

Tabelle 15. Stadtregionen 1950 und 1961
(nach 49)

	Anzahl der Gemeinden		Einwohnerzahlen (Tsd.)		Zunahme %	
	1950	1961	1950	1961	1950–1961	
					a	b
Kernstädte	81	104	14 998	19 889	132,6	123,0
Ergänzungsgebiete	241	458	2 848	5 035	176,8	130,0
Verstädterte Zonen	687	1 665	1 941	3 792	195,4	115,5
Randzonen	1 373	1 477	1 847	1 576	85,3	100,3
zusammen	2 382	3 704	21 634	30 291	140,0	121,7
übrige BRD			27 018	23 686	87,7	99,7
Anzahl Regionen	56	68				

a = Veränderung von 56 auf 68 Stadtregionen
b = Veränderung der 68 Stadtregionen von 1961

gezogenen Gemeinden und Stadtregionen; in den Abgrenzungen von 1961 wuchsen die Stadtregionen um 22 %, der Rest der Bundesrepublik stagnierte.

Die Neuabgrenzung hat aber einen weiteren Befund ergeben: Die Stadtregionen sind stark in ihre Umlandzonen hinausgewachsen. Durch Bevölkerungsveränderung und Neuzurechnung sind den Kernstädten 33 %, den Ergänzungsgebieten aber 77 % und den verstädterten Zonen sogar 95 % Einwohner mehr zuzuordnen gewesen. In den Randzonen hat sich dagegen eine Verminderung ergeben. Diese Feststellung macht die expansive Entwicklung deutlicher als die Feststellung lediglich der Bevölkerungsveränderung in den für 1961 zugerechneten Gemeinden. Sie war in den Ergänzungsgebieten am stärksten. In diesen sind jedoch Teile enthalten, die 1950 noch nicht als Ergänzungsgebiete zu klassifizieren waren oder die zu Agglomerationen gehören, die 1950 noch nicht den Umfang von Stadtregionen erreicht hatten. Entsprechendes gilt von den verstädterten Zonen. Der Vergleich beider Zahlenreihen gibt ein zutreffenderes Bild von der Ausdehnung der Siedlungsbereiche und der strukturellen Veränderung der Zonen.

Für den Zeitverlauf muß man sich gegenwärtig noch an den Vergleich der Einwohnerzahlen nach einer Abgrenzung halten, weil Abgrenzungen für die jeweiligen Zeitpunkte nicht zur Verfügung stehen. Dieser Vergleich läßt erkennen, daß die Kernstädte 1950 noch nicht wieder hergestellt waren und ein Teil der Einwohner in der Umgebung Unterkunft gefunden hatte. Der Ausbau der Kernstädte war 1956 weitgehend abgeschlossen; von da an läßt die Zunahme nach. Sie verstärkt sich zugleich in der verstädterten Zone. Erst ab 1961 werden die Randzonen stärker in Anspruch genommen. Kontinuierlich ist allein die Entwicklung in den Ergänzungsgebieten.

Das Muster der lokalen Mobilität ist an den Bevölkerungszahlen nicht abzulesen. Aus einzelnen Untersuchungen kann man sich jedoch ein gewisses Bild machen, das vielleicht noch etwas zu schematisch ist. Danach wird die Wohnung im Verlauf des Lebens- und Familienzyklus von vielen Menschen mehrfach gewechselt. Die älteren und billigeren Wohnungen werden zumeist unter der Hand vergeben, so daß sie nicht unbedingt an diejenigen Familien kommen, die besonders auf sie angewiesen wären. Ausländer und andere schlechter gestellte Zuzügler ziehen das Wohnen nahe der Stadtmitte vor, weil sie auf die dort reichlicheren Kommunikationschancen angewiesen sind; sie finden meist nur ein minderwertiges Wohnungsangebot. Auf dieses Angebot reflektieren zunehmend auch junge Ehepaare, weil sie die Stadt erleben wollen. Familien mit kleineren Kindern ziehen Wohngebiete vor, die bessere Luft, mehr Auslauf und weniger Verkehr haben. Sie finden genügend geräumige Wohnungen eher in den Neubauvierteln am Stadtrand. Dort ist das Durchschnittsalter manchmal erstaunlich gering, weil die Einwohnerschaft ganz aus jungen Ehepaaren mit ihren kleinen Kindern besteht und ältere Leute kaum anzutreffen sind (vgl. S. 190). Mit steigendem Wohlstand und in höheren Einkommensklassen läßt sich der Wunsch nach dem eigenen Haus eher realisieren; er führt einen Teil der Familien in den weiteren Einzugsbereich der größeren Städte hinaus. Die damit verbundenen Belastungen durch höheren Verkehrsaufwand und den Pflegebedarf des Eigentums lassen sich aber nicht unbegrenzt tragen; im Zuge der wirtschaftlichen Entwicklung – mit der Verknappung des Bodenangebots, der zunehmenden Entfernung dieses Angebots von den Zentren, der Erschwerung der Verkehrsver-

hältnisse und dem Schwinden des Hilfspersonals – verstärkt sich jedoch die Tendenz, entweder in das Kerngebiet zurückzuziehen oder sogleich dort entsprechenden Wohnraum zu suchen, gegebenenfalls sogar zu erwerben. Die im Vergleich immer noch größere Funktionsfähigkeit und Vielseitigkeit der Zentren in der Bundesrepublik gegenüber der Situation in den USA, wo sich das Angebot der Stadtzentren weitgehend durch ausgelagerte Einkaufszentren und einen über Post und Telefon abwickelbaren Verwaltungsdienst ersetzen läßt, sowie die höhere Siedlungsdichte, das engere Städteraster und die relative Kleinräumigkeit insgesamt führen bei uns zu anderen Bewegungen als dort: Eine derart weitgehende Zersiedlung der Landschaft, d. h. allgemeine Bevorzugung des Einfamilienhauses auf eigenem Boden, kommt hier nicht zum Zuge.
Demgegenüber wirkt sich der Bedarf nach Zweitwohnungen in Urlaubs- und ländlichen Gebieten stärker aus. Die Spekulation hat sich dieses Bedarfs daher besonders angenommen. Dabei sind Fehlentwicklungen entstanden, die nicht weniger destruktiv sind: Das Siedlungsbild der Ferienlandschaften beginnt sich drastisch zu verändern, ohne daß dem Bedürfnis der Erholungssuchenden voll entsprochen würde.
Das verallgemeinerte Bild des Umzugszyklus innerhalb der Stadtregionen bedarf jedoch der Modifizierung. Zunächst ist die Tendenz zum Wohnungswechsel nicht so allgemein, wie vielfach angenommen wird. Jährlich wechseln etwa 6 % der Bundesbevölkerung den Wohnsitz. Aber während ein Teil der Menschen sich als besonders mobil erweist, alle paar Jahre umzieht und daher in dem genannten Prozentsatz in verschiedenen Jahren wiederholt erfaßt wird, ist bei der Mehrheit doch eher die Tendenz zur Seßhaftigkeit festzustellen. Jeder Wohnungswechsel verursacht erhebliche und mit der Zeit wachsende Aufwendungen, nicht nur an Geld und Zeit, sondern ebensosehr in sozialer Hinsicht: Der Aufbau neuer beruflicher, persönlicher und privater Kontaktsysteme braucht seine Zeit und bedeutet damit eine Verzögerung in der Realisierung der gewünschten Lebensbedingungen. Für viele Menschen scheidet daher der Wohnungswechsel als Mittel zur Verbesserung der Lebenssituation von vorneherein aus; sie nehmen eher Einschränkungen im Berufs- oder Wohnbereich in Kauf.
Eine andere Einschränkung der Allgemeingültigkeit des Mobilitätsmodells ergibt sich aus dem gänzlich anderen Mobilitätsmuster der Ausländer (vor vollzogener Integration) und ihrem großen Anteil an der Umzugshäufigkeit im Bundesgebiet. Schließlich wird leicht übersehen, daß der größere Teil der Bundesbevölkerung immer noch in ländlichen Gebieten lebt; und hier zeigen sich wiederum andere Verhaltensweisen. Zwei Drittel der Umzüge in ländlichen Gebieten finden ihr Ziel in einem Umkreis von weniger als 25 km um den bisherigen Wohnsitz. Ein Fünftel strebt lediglich die Wohnung im nächstbenachbarten, weniger als 8 km vom alten Wohnsitz entfernten kleineren Zentralort an; je zwei Fünftel enden im nächstgrößeren Zentralort und in den weiteren Stadtregionen (Monika Vanberg in: 264).
Betrachtet man die Masse der Wanderungen, so muß notwendigerweise die wirtschaftliche Motivation als ausschlaggebend angesehen werden. Jeder Wechsel eines Wohnsitzes bedingt für Erwerbstätige einen Wechsel des Arbeitsplatzes; und nur wenn gravierende andere Intentionen im Spiel sind, wird eine Verschlechterung der Arbeitssituation in Kauf genommen. So gibt regelmäßig etwa ein Drittel der Wanderer eine Verbesserung der Einkommens- oder Berufssituation als ersten Grund des

Wohnortwechsels an. Die wirtschaftliche Situation der Zielgebiete ist insoweit ausschlaggebend für den Wanderungsanreiz; es zeigt sich, daß hierbei insbesondere der Besatz mit Wachstumsindustrien und tertiären Betrieben von Bedeutung ist. Demgegenüber stellt die Wohnungssituation nur für die Wanderung in ländlichen Gebieten einen ausschlaggebenden Anreiz dar; im übrigen erscheint die geeignete Wohnung als unerläßliche Nebenbedingung des Wohnortwechsels. Ist eine Wanderung beschlossen, so wird man sich zumindest vorläufig auch mit einer weniger befriedigenden Wohnungslösung abfinden; in vielen Fällen bleibt es dann auf Dauer bei dieser Lösung – man richtet sich ein. Die Wohnungsversorgung kann sicher nicht als Ergebnis der abgestimmten Wohnbedürfnisse interpretiert werden, weder nach der Lage in den Agglomerationen noch nach Größe und Ausstattung. Dennoch gibt ein Drittel der Wandernden die Wohnverhältnisse als wichtigsten Wanderungsgrund an. Dabei handelt es sich jedoch großenteils um Umzüge zwischen Gemeinden der gleichen Stadtregion und um Familien, die wegen der wachsenden Familiengröße zum Wohnungswechsel gezwungen sind.

Außerdem sind in diesem Teil der Wandernden diejenigen Familien enthalten, die noch nicht, nicht mehr oder überhaupt nicht erwerbsgebunden sind. Wechseln junge Menschen von der Ausbildung in die Erwerbstätigkeit über, so können sie den Arbeitsplatz auch unter Kriterien der Wohnlage suchen; Wohnungsangebot und Wohnqualität der alternativ zur Debatte stehenden Arbeitsstandorte können hierbei ausschlaggebendes Gewicht haben. Für Rentner und Pensionäre – einschließlich ihrer Familienangehörigen immerhin ein Fünftel der Bundesbevölkerung (261 b) – spielt das Arbeitsangebot ohnedies keine Rolle. Für Führungskräfte in Wirtschaft und Politik und für Kapitalrentner und ähnlich unabhängige Personengruppen kann die persönliche Präferenz für einen Wohnort ebenfalls an der ersten Stelle stehen; entweder ist ihr Arbeitsplatz an keinen Standort gebunden oder der Standort des Arbeitsplatzes kann sogar nach ihren Wohnansprüchen bestimmt werden. Für Verwaltungen und Entwicklungsabteilungen mancher Betriebe, ja für manche ganzen Betriebe spielt dieser Gesichtspunkt offenbar eine entscheidende Rolle.

Unter den eben genannten Personengruppen ist auch das letzte Drittel der Wandernden anzusiedeln, die vorwiegend private und persönliche Gründe für den Wohnsitzwechsel angeben. In diesen Fällen wird eben die Tatsache der Eheschließung oder die Suche der Wohnung am Wohnsitz der Verwandten (vielfach der Kinder) und nicht die Wohnung selbst den Ausschlag für die Wanderungsentscheidung gegeben haben. Außerdem wird leicht übersehen, daß die Wanderungsentscheidung zumeist keine individuelle, sondern eine familiäre ist. Von je 100 Bundesbürgern waren Anfang 1971 im Durchschnitt 40 erwerbstätig, 3 erhielten Unterhaltsmittel von Angehörigen, einer erhielt Rente oder Arbeitslosenunterstützung und 56 waren ›Nicht-Erwerbspersonen‹, also im wesentlichen weitere Familienangehörige. Ein Viertel aller Haushaltungen waren Einpersonenhaushalte; in den übrigen drei Vierteln der Haushalte lebten neun Zehntel der Bundesbevölkerung zusammen. Die durchschnittliche Größe der privaten Mehrpersonenhaushalte betrug 3,3 Personen (StJbBRD 1972). Rund die Hälfte aller privaten Mehrpersonenhaushalte haben jedoch mehr als einen Einkommensbezieher (261 b). Daraus ergibt sich, daß ein großer Teil der Wandernden familienabhängig ist, und zwar auch ein beträchtlicher Teil der erwerbstätigen Wanderer. Für alle diese Personen kann demnach gar nicht die

Verbesserung der Erwerbslage im Vordergrund stehen; sie kann bestenfalls für einen der Erwerbstätigen in der Familie optimiert werden. Entweder werden die übrigen Familienmitglieder diesem Kriterium folgen – oder die Familie wird insgesamt statt der Berufssituation die Wohnlage oder persönliche Gründe in den Vordergrund stellen. Tiefgreifende Folgerungen sind infolgedessen aus einer solchen Gruppierung der Wanderungsgründe von einzelnen nicht abzuleiten.

Nach den Ergebnissen vorliegender Untersuchungen tritt die Qualität der Wohngebiete nach ihrer Ausstattung mit technischer und sozialer Infrastruktur als angegebener Wanderungsgrund oder als Merkmal der Zielgebiete weit in den Hintergrund. Es ist jedoch zu vermuten, daß solche Ergebnisse in erster Linie auf die Anlage der Untersuchungen zurückzuführen sind. Schließlich kann die Infrastruktur, die landschaftliche oder klimatische Situation oder die historisch-kulturelle Attraktivität von Städten nur in solchen Fällen ein maßgeblicher Wanderungsgrund sein, wo berufliche und familiäre Anliegen oder der Wohnungsbedarf nicht im Vordergrund stehen; das ist sicher nur bei Einzelstehenden und Unabhängigen der Fall. Die Bedeutung dieser Faktoren für die Wanderungsentscheidung kann nur zum Ausdruck kommen, wenn für die primären Lebensbedingungen alternative Wohnorte zur Wahl stehen oder wenn man ihr Gewicht unter vergleichbaren Fällen (mit multiplen Korrelations- oder Regressionsverfahren) untersucht. Die Stichworte von der ›Wohlstandsgesellschaft‹ oder von der ›tertiären Verstädterung‹ können ja nicht besagen, daß Erwerbsprobleme und Standortprobleme fortfallen, wohl aber, daß sie nicht mehr allein ausschlaggebend sind – und das heißt, daß mehr Alternativen zur Verfügung stehen und unter diesen Alternativen nach weiteren Kriterien gewählt werden kann.

Schließlich ist noch eine Bedingung der Stadtentwicklung und der Mobilität zu erwähnen, die regionalstatistische Ergebnisse zur Bevölkerungsveränderung in Siedlungsgebieten unter etwas anderem Licht erscheinen läßt: der Berufsverkehr zwischen Wohnsitz und Arbeitsstätte. Die Trennung von Arbeitsplatz und Familienwohnung ist eine der Folgen der Industrialisierung. Die rationalitätsbedingte Zusammenfassung von Erwerbstätigen in Betrieben führt zwangsläufig zu einem Verkehrsaufwand, der die Individuen und die Öffentlichkeit stark belasten kann. Rund drei Viertel aller Erwerbstätigen haben täglich einen gleichbleibenden Weg zur Arbeitsstätte zurückzulegen; unter den übrigen spielen die Landwirte, die selbständigen Handwerker und Kaufleute, die freien Berufe und die Tätigkeiten ohne lokal fixierten Arbeitsplatz die wesentliche Rolle. Weibliche Erwerbspersonen haben häufiger eine solche Tätigkeit als Männer. 1961 wurde für 28 % aller Erwerbstätigen ein Arbeitsweg von mehr als einer halben Stunde in einer Richtung festgestellt (Monika Vanberg in: 264); das überschreitet die Grenze dessen, was als zumutbar empfunden wird.

Es wäre trotzdem falsch, ohne weiteres auf Abhilfe zu sinnen. Die Neigung, Wohnsiedlungen und Arbeitsstätten einander unmittelbar zuzuordnen, ist in der Stadtplanung schon deshalb in den Hintergrund getreten, weil damit eine Bindung an eine bestimmte Arbeitsstätte verstärkt und die Wahl alternativer Arbeitsplätze erschwert wird; auch die erwähnte Tatsache, daß in vielen Familien mehrere Erwerbspersonen berufstätig sind, spricht dagegen. Schließlich hat auch die Zuordnung der Wohnsiedlungen zu Einkaufszentren und Ausbildungsstätten modifizierendes Gewicht. Vor allem würde aber eine solche Interpretation des statistischen Befundes übersehen, daß sich in der Duldung längerer Arbeitswege eine Präferenz für bestimmte Wohnsituationen ausdrückt, die sowohl die Wohnung selbst wie die sozialen Beziehungen am Wohnort zur Ursache haben kann. Deshalb korrelieren Gemeinden mit hoher Pendlerquote (die Erwerbstätigen, deren Arbeitsweg Gemeindegrenzen überschreitet, werden ›Pendler‹ genannt) nicht mit denjenigen besonderer Abwanderungstendenz. Anders ausgedrückt: Es zeigt sich, daß Pendler vielfach besonders seßhaft sind. Sie haben sich für einen abgelegeneren Arbeitsplatz entschieden, weil sie den Wohnort bevorzugen.

Dieser Sachverhalt liegt auch der Entwicklung der Außenzonen der Stadtbereiche zugrunde; in der Statistik schlägt aber auch die Menge derjenigen Fälle durch, die sich durch eine stärkere Wohnortbindung in Landgemeinden auszeichnen. Die Wirtschaftsentwicklung in Landgemeinden zwingt zunehmend zur Erwerbsarbeit in benachbarten Standorten oder Städten; die Wohnungssituation in der bisherigen Wohnsitzgemeinde bleibt aber günstig, sei es, daß ländliche Familien die Wohnung im eigenen Haus beibehalten, oder daß dort infolge der familiären und anderen sozialen Beziehungen eher Bodeneigentum erworben und billiger gebaut werden kann, oder daß die gesamte Situation überhaupt geräumigeres oder billigeres Wohnen zuläßt, oder daß die sozialen Beziehungen am Ort erhalten werden sollen oder als sympathisch empfunden werden. Infolgedessen wies bereits 1961 ein Viertel aller Landkreise einen Anteil von mehr als 40 % Pendlern unter allen Erwerbspersonen auf; zehn Jahre davor war das in nur halb so vielen Landkreisen der Fall. Insgesamt gab es 1961 über 6 Millionen Pendler, das war ein Viertel aller Erwerbspersonen; zwei Drittel von ihnen waren Haushaltsvorstände. Man muß damit rechnen, daß diese Anteile seither noch erheblich zugenommen haben.

Die Gründe, die Personen oder Familien dazu veranlassen, bestimmte Wohnorte zu bevorzugen, zu wechseln oder beizubehalten, können gegenwärtig noch nicht eindeutig auf Bevölkerungs- und Gemeindekriterien projiziert werden. So schwierig es ist, die Entwicklung der Größe, Struktur und Attraktivität von Gemeinden zu beurteilen, so vage sind noch alle Voraussagen über Umfang und regionale Orientierung der Mobilität in der Zukunft. Weder die wahrscheinliche Tendenz der regionalen Entwicklung noch ein optimales Muster der Siedlung lassen sich daher mit ausreichender Verläßlichkeit angeben. Zwar sind Projektionen – Verlängerungen beobachteter Trends – möglich; aber zugleich ist nicht zu übersehen, daß diese Trends in ihren Bedingungen noch nicht genug verstanden sind und daß sie seit einigen Jahren deutliche Veränderungen ausweisen, deren Beständigkeit und schließliche Form kaum zu beurteilen sind. Konstatieren läßt sich, daß der Prozeß der tertiären Verstädterung mit früheren Vorgängen schlecht vergleichbar ist; sein Ergebnis ist noch offen. Mit großer Wahrscheinlichkeit kann gesagt werden, daß in den kommenden Jahrzehnten immer größere Teile der Bevölkerung in Städten leben werden. Ob diese Städte sich aber als ausgedehnte Stadtregionen niedriger Besiedlungsdichte über das ganze Land erstrecken werden oder ob weite Gebiete nahezu menschenleer lediglich der Erholung dienen und der Großteil der Menschen in einer begrenzten Anzahl großer – vielleicht nicht: riesenhafter – Agglomerationen leben und arbeiten werden: das ist nicht zu sagen. Mit großer Wahrscheinlichkeit ist damit zu rechnen, daß das vorhandene Siedlungsmuster seine bestimmende Position behalten und daß die Veränderungen sich als dessen Modifikationen darstellen werden. Diese Modifikationen in der Richtung auf eine Ausprägung von Verdichtungsbändern (67) und eine Unterstützung kleinerer Agglomerationen bei Drosselung und Bereinigung der größeren zu leiten, erscheint durchaus sinnvoll und möglich. Im einzelnen lassen aber auch solche Konzeptionen sehr unterschiedliche Lösungen zu und garantieren den Erfolg in der Summe noch nicht. Denn welche Präferenzen und Verhaltensmuster das städtische Leben der nächsten Generationen bestimmen werden, ist durchaus offen.

Deshalb wird es dringlicher als je, darüber nachzudenken, in welchen Städten wir leben wollen, welche Daseinsformen und Gesellschaftsstrukturen wir anstreben und welches die ihnen angemessene städtische Umwelt wäre. Dabei sollten Wünsche und Bedingungen klar unterschieden und die Zähigkeit sozialer Strukturen und Normen bedacht werden. Der Verstädterungsprozeß auch der Zukunft bewährt sich nicht allein in seinen Siedlungsmustern, sondern mehr noch an den Lebensbedingungen, die er fordert und zuläßt.

HARALD LUDMANN

Innenstädte

Die Stunde der Wahrheit

Nach einer langen Phase weitgehend praktischen Vorgehens, wobei allerdings immer stärker der Ruf nach Verwissenschaftlichung der Materie ertönte, haben sich in zahlreichen Wissenschaftszweigen die Deuter, Rufer und Mahner erhoben und versucht, ihren Beitrag zur Auslegung des Phänomens Stadt, zur Erklärung ihrer Krise oder sogar zur Aufstellung von Leitbildern für die Stadt zu leisten. All diese Bemühungen sind Teilaspekte, die zweifellos interessant sind und im jeweiligen begrenzten Rahmen vielfach zutreffen. Was fehlt, ist die Gesamtschau und der Blick für die praktische Ausführbarkeit.
Ich bin zu der Auffassung gekommen, daß es vor allem einer gezielten und engagierten Arbeit an der Basis und in der Praxis bedarf, um durch sichtbare Beispiele, die aus den Bedürfnissen des Menschen abgeleitet sind, weiterzuwirken. Große Pläne, die an der Wand hängen, nutzen uns nichts. Unser Tun wird gemessen an der Rückwirkung des Gebauten auf die Bürger. Was wir leisten können, so meine ich, ist die Tagesarbeit, die Beachtung von überschaubaren Trends und – ein altes Städtebauer-Wort – das Offenhalten von Möglichkeiten.
Mit unguten Gefühlen verfolge ich das Wirken vieler im Sinne einer ›Entarchitektonisierung‹ der städtebaulichen Arbeit. Daten und Fakten werden heute mit aller Akribie und großem zeitlichem Aufwand gesammelt. Es werden theoretische Gebäude aufgerichtet und vertreten. Dieweil aber läuft die Praxis davon, und es verfestigen sich Zustände, die diesen theoretisch-wissenschaftlichen Erkenntnissen diametral entgegengesetzt sind.
Es ist etwas wesentlich anderes, ob man sich verbal betätigt oder ob man genötigt ist, den eindeutigen Strich auf dem Papier, auf dem Reißbrett zu ziehen. Dann nämlich kommt die Stunde der Wahrheit, dann muß man konkret werden und bekennen, dann ist man der Kritik ausgesetzt und muß die sichtbare Aussage verteidigen. Sie muß sich bewähren und im Alltäglichen Bestand haben. Es sind eigentlich genügend Vorstellungen da, die zu Verbesserungen in den einzelnen Sachbereichen führen könnten. Es gibt genügend fortschrittliche Ideen, es gibt eine Vielzahl von greifbaren Konzepten. Not tut die Umsetzung in Gebautes, wie dies in den Jahren 1972/73 mit den Wettbewerben für flexibles Wohnen und Stadtbausysteme eingeleitet worden ist (419).
Wer auch vermag die Flut der Informationen auf allen Gebieten zu verfolgen! Wer vor allem vermag die Fülle der Einzelheiten in den verschiedenen Bereichen noch zusammenzuknüpfen! Das meiste steht für sich und verliert den Bezug auf die Realität. Es ist dann nicht mehr weit bis zu einer zwangsläufigen Entwicklung, in der in sich schlüssige Teile als manipulierte und manipulierbare, als vom Großteil der Beteiligten nicht zu durchschauende Elemente den Entwicklungsprozeß bestimmen. Die wechselseitige Wirkung der Teilbereiche aufeinander bleibt unerkannt,

und ein Konsensus über die Gültigkeit der Einzelaspekte im Rahmen des Gesamtzusammenhanges fehlt.

Erlebenswerte Umwelt

Dieser Konsensus sollte und muß herbeigeführt werden, wenn eine erlebenswerte Umwelt Gestalt werden soll. In dem Begriff ›erlebenswert‹ steckt zweierlei: Die technisch-funktionalen Grundlagen unseres planerischen Tuns müssen auf die Existenzfähigkeit des Menschen bezogen sein; sie müssen aber auch über das technische Funktionieren hinaus seine geistigen und seelischen Belange sicherstellen.
Daß sich der Mensch in beiden Bereichen merkwürdig schizophren verhält, ist ihm kaum bewußt. Aufschlußreich ist die Ungereimtheit zwischen unserem beruflich programmierten, hierarchischen Tun in einer arbeitsteiligen Gesellschaft einerseits und unseren Aktivitäten nach Büroschluß andererseits. In dem einen Bereich wird gewerkelt nach gesetzten Normen, deren Schlüssigkeit und Gültigkeit in Verbindung zum Ganzen fraglich sind, während andererseits im freien Entscheidungsraum die ›blaue Blume‹ gesucht wird. Wir sollten dem Menschen diese Ungereimtheit deutlich machen und ihn lehren, daß wir uns der Gefühle nicht zu schämen brauchen, daß wir vielmehr ihrer Einflüsse auf das Rationale bedürfen. »Planung«, schrieb Rudolf Schwarz, »ist viel mehr als nur vernünftig, ist Leben, vom Menschen entworfen, der ja nicht in einem abseitigen Ort steht und über das Leben verfügt, sondern selbst mit ihm mitlebt, und es in maßgeblichem Mitleben leitet« (372).
Für den Städtebau heißt das, daß der Planer dem Bild der Stadt und besonders dem Erlebniswert einer Stadt seine besondere Aufmerksamkeit schenken muß. Der Bürger sollte das Bewußtsein haben, daß er in einem Stadtwesen lebt, in dem er seine gesamten Bedürfnisse befriedigen kann, zu dem er eine innere Beziehung hat und das ihm unbewußte und sichtbare Bezugspunkte gibt. Wo geht denn der Mensch hin in den Städten? Er geht dorthin, wo Vielfalt ist, wo Erleben zu erwarten ist, wo Begegnungen möglich sind. Er geht in Düsseldorf in die Altstadt, er geht in San Francisco nach Chinatown oder Fisherman's Wharf oder Sausalito; er geht an die Stätten der kulturellen und gesellschaftlichen Zeugnisse. Das Gefälle der Bevölkerungsbewegung, in Deutschland nach Süden, nach München (vgl. S. 150 ff), ist ein Beweis dafür, daß es einen Wunsch gibt nach mehr als nach Technik. Man lebt in Rom und fährt nach Paris, weil hier jeweils ein besonderes Fluidum das Erleben bereichert.
Deshalb war es notwendig, daß Jane Jacobs ihre Bücher schrieb (199, 200). Und deshalb war es notwendig, daß Kevin Lynch seine Untersuchungen über das Bild der Stadt anstellte und uns darauf aufmerksam machte, wie der Bürger seine Umwelt erlebt und welche Bedürfnisse er hierbei befriedigt (257). Hauptthema, Hauptanziehungspunkt und Kernstück dieser Betrachtungen und Empfindungen sind die Innenstädte. Sie sind es, die bewußte oder unbewußte Beziehungen und Bindungen schaffen.
Die Stadt ist in eine Krise geraten, die man als weltweit bezeichnen kann. In Frage gestellt ist insbesondere die Stadt im historischen Sinne, als ein abgeschlossenes, in

sich funktionierendes Gebilde, das auch im städtebaulich-architektonischen Erscheinungsbild in seiner Abgrenzung, in der Wirkung und Gewichtung der Inhalte erkennbar ist. Wenn auch die Stadt in ihrer Gesamtheit betroffen ist, so hat diese Krise vor allem die Kerngebiete erfaßt, in denen sich die Verknüpfungen der Stadtinhalte am stärksten häufen. Die Krise der Stadt ist eine Krise ihrer Kernbereiche.

Die Stadt, und das gilt von der Antike bis heute, ist im Grunde immer menschenfreundlich gewesen. Erst in städtischen Agglomerationen war es möglich, daß die Menschen zueinander fanden, daß sie Normen schufen für ihr Verhalten zueinander, daß sie voneinander lernten und in diesem Angleichungs- und Ergänzungsprozeß Neues schufen, die Voraussetzungen für ein menschlich angemessenes Dasein bildeten und die Entwicklung weiter förderten. Meilenweite, amorphe, verstädterte Gebiete ohne sichtbar oder unbewußt erfaßbare Mitte können nicht die Grundlage für unsere gesellschaftlichen Bedürfnisse bieten.

Es scheint ein interessanter Zusammenhang zu bestehen zwischen der Verwurzelung der Menschen und dem Stadtbild. Der Amerikaner ist zweifellos weniger tief verwurzelt als der Europäer, er ist ›Flachwurzler‹. Er ist mobiler und wechselt bedenkenloser seinen Standort. Ich meine, daß sich dies in vielen amerikanischen Stadtagglomerationen, insbesondere in Los Angeles, ausdrückt. Eine solche Mentalität ist offenbar nicht geeignet, die Wirkung einer geformten Stadt hervorzubringen.

Welche Entwicklungen führen von der Struktur des uns vorschwebenden Stadtbildes fort und welche humanen Bedürfnisse andererseits gilt es zu beachten, um dieses Bild zu erhalten? Es wäre ein Katalog aufzustellen, welche Elemente die Stadt bedrohen, es ist die Frage anzuschließen, ob es sich um Fehlentwicklungen und zu bekämpfende Wucherungen handelt.

Die Spanne der Problematik, mit der wir uns insbesondere bei der Neugestaltung unserer Stadtmitten zu befassen haben, wird deutlich in der Antithese zweier Zitate, die Grete Meyer-Ehlers einer ihrer Publikationen vorangestellt hat (280):

»Ein Mann in einem Miethaus muß die Möglichkeit haben, sich aus seinem Fenster zu beugen und – so weit seine Hände reichen – das Mauerwerk abzukratzen. Und es muß ihm gestattet sein, mit einem langen Pinsel – so weit er reichen kann – alles rot zu bemalen, so daß man von weitem, von der Straße, sehen kann: Dort wohnt ein Mensch, der sich von seinem Nachbarn unterscheidet...!« (Friedrich Hundertwasser).

»In nur drei Jahrzehnten wird die ganze Menschheit von heute noch einmal auf dem Planeten Erde abgeladen. Um diese Menschheit Nr. 2 unterzubringen, müßte praktisch alles, was es heute an Bauten auf der Welt gibt, noch einmal errichtet werden« (Bericht im *Stern* 5, 1970).

Hier wird die Verantwortung aller, die an der Gestaltung unserer Umwelt beteiligt sind, deutlich. Grete Meyer-Ehlers resümiert: »Zusammenfassend läßt sich sagen, daß mit der Konzeption der Raumprogramme die Individualisierung des Wohnens und die Rationalisierung des Bauens in Einklang zu bringen sind. Zugleich können der vergrößerte Entscheidungsspielraum des Bewohners sowie die Herausforderung seiner Eigeninitiative dazu beitragen, die Kenntnis über das Wohnverhalten – für eine marktkonforme Wohnungsplanung dringend erforderlich – zu erweitern und die Aussagekraft von entscheidenden Forschungsergebnissen zu verbessern.«

Diese Gedankengänge sind besonders zu beachten, wenn man dem Wohnen in den Kernstädten Bedeutung beimißt – und dies darf gar nicht anders sein. Das Wohnen muß um der Vielfalt willen in der Kernstadt fixiert und in die Kernstadt zurückgeholt werden.
Die weite Spanne zwischen Wunsch und Notwendigkeit einerseits, Trend und Möglichkeit andererseits gilt es auch für die anderen den Kernbereich einer Stadt bestimmenden Elemente wie Arbeitsplätze, Dienstleistungen und Kommunikationen im weitesten Sinne auszufüllen.

Funktionswandel der Innenstadt

Wenn wir neben den die Stadt formenden irrationalen Einflüssen die funktionalen Bedingungen berücksichtigen, so ist als erstes von den großräumigen Beziehungen auszugehen. Die Stadt als Ganzes und mit ihr der Kernbereich, die City, ist eingebunden in die Region, sie wird bestimmt von Verflechtungen, die über ihre eigentlichen Verwaltungsgrenzen hinausreichen (vgl. S. 334 ff, 409 ff). Diese Beziehungen bestimmen ihre Gestalt und bewirken durch den Grad ihrer Intensität und durch ihre Zielrichtung Funktionieren, Stagnieren oder Zusammenbruch der Stadt.
Die Verflechtungen sind abhängig von den Bevölkerungskonzentrationen, vom Zentralitätsgrad bestimmter Standorte und von den infrastrukturellen Einrichtungen, die von diesen Agglomerationen getragen werden können. Die höchste Zentralitätsstufe, das Oberzentrum, übt die größte Zugkraft aus und bewirkt die engsten Verflechtungen zwischen Region und Zentrum. Das sind die Beziehungen zu den kulturellen Einrichtungen wie Museen, Theater, Galerien, zu Einkaufsstätten hochwertiger Güter, zu Handel und Messen, zu übergeordneten Verwaltungseinrichtungen und der Justiz. Eine besondere Bedeutung gewinnt der sogenannte Arbeitspendler, der Bürger, der die Fahrt zwischen Wohnplatz und Arbeitsstätte bewältigen muß. Hier gibt es unterschiedlich gerichtete Ströme, wobei die Standorte der Bürogebäude mit einer hohen Arbeitsplatzzahl pro Nutzfläche die größte Anziehungskraft besitzen. Für die Abwicklung des Verkehrs ist das Überwiegen der Verwaltungen deshalb bedeutsam, weil sie konzentriert auf kurze Zeit in den Morgen- bzw. in den späten Nachmittagsstunden geleistet werden muß. Weiteres wichtiges Verflechtungsmerkmal zwischen City und Region ist der Besuch der Schulen, Krankenhäuser und anderer Versorgungseinrichtungen. Auch auf dem Sportsektor ergeben sich zahlreiche Beziehungen.
In überwiegend zentrifugaler Tendenz, also in Richtung Region, entwickelt sich seit Jahren der Wohnungsbau. Die Stadt kann in zunehmendem Maße die Wohnansprüche hinsichtlich ihres Wertes und Umfanges nicht mehr befriedigen. Ebenso tendieren Freizeitbeschäftigung und Naherholung sowie Wochenenderholung wegen ihres größeren Flächenbedarfs in die Region. Schließlich müssen unter dem Stichwort Verflechtung die Versorgung und die Entsorgung der Siedlungs- und Gewerbebereiche in Stadt und Region genannt werden, die Versorgung mit Energie und Wasser sowie die Beseitigung der Abfallstoffe.
Alle diese Verflechtungen bewirken Bewegungsvorgänge, die mit technischen Mitteln bewältigt werden müssen – von den Kommunikationsmitteln der Post über Bus,

Schiene, Luftverkehr bis zur Straße in der verschiedensten Wertigkeit und Ausführungsart.
In der Liste der die Innenstädte beeinflussenden Faktoren steht die Form der Verkehrsmittel obenan. Das Auto und die Gestaltungen seines Bewegungsraumes sind kaum in Einklang zu bringen mit der gewachsenen Struktur unserer Innenstädte. Sie müssen Einschränkungen unterworfen werden, wenn wir das Konzept einer erlebenswerten Umwelt für die Kernbereiche unserer Städte durchsetzen wollen. Dennoch dürfte der Ausweg, das Auto als Kommunikationsmittel auszuschalten, weder sinnvoll noch erfolgversprechend sein. Wir haben es hier mit einer ähnlichen Kontroverse wie zwischen dem freistehenden Wohnhaus mit extensiver Landnutzung und der das Land intensiver nutzenden Stockwerksbebauung zu tun. Hier wie dort gelang es bisher nicht, die Vorteile beider Lösungen zu verbinden und ihre Nachteile zu eliminieren.
Die Elemente der Stadtgestaltung lassen sich auf drei grundlegende Bereiche zurückführen. Sie stellen das Gerüst dar, das Entwicklungen ermöglicht und innerhalb dessen sich Funktionswandlungen abspielen können. Diese drei Bereiche sind
– der Bewegungsraum (Auto, Straßenbahn, U-Bahn, Fußgängerwege usw.),
– der Versorgungsraum (Gas, Elektro, Wasser, Heizung, Entwässerung usw.),
– der Entwicklungsraum (Arbeiten, Wohnen, Kultur, Einkauf usw.).
Überdenkt man die Probleme des sogenannten Entwicklungsraumes, so ergibt sich, daß die verschiedenen Nutzungen je nach ihrer Art und Funktion unterschiedliche Dichten hinsichtlich der Bewohnerzahl, der Zahl der Arbeitsplätze oder anderer Grundeinheiten bedingen. Intensive Nutzungen stehen extensiven Nutzungen gegenüber. Für die intensiven Nutzungen kommen Massenverkehrsmittel in Frage, deren Wirtschaftlichkeit nur eine hohe Dichte garantiert, während für die extensiven Nutzungen Individualverkehrsmittel, die auch den Vorteil der Unabhängigkeit von Fahrplänen bieten, zweckmäßig sind.
Folgerichtig sieht deshalb z. B. das sogenannte Nordrhein-Westfalen-Programm der Landesregierung vor, das Netz autobahngleicher Straßen so zu verdichten, daß von keinem Punkt aus eine größere Entfernung als 10 km bis zur nächsten Anschlußstelle besteht. Maßnahmen zur Verbesserung des Verkehrsnetzes innerhalb der Gemeinden müssen dem entsprechen. Ergänzend ist langfristig der Bau von kreuzungsfreien Bahnen für den Personenverkehr (Nahverkehr) in allen Verdichtungsgebieten notwendig. Der wesentliche Teil des öffentlichen Nahverkehrs wird sich auch in Zukunft innerhalb der Städte und ihres unmittelbaren Nahbereiches, nicht dagegen im weiträumigen Regionalverkehr vollziehen.
Entscheidend für den Ausbau des Individualverkehrsnetzes einerseits und des öffentlichen Massenverkehrsnetzes andererseits und damit für einen sinnvollen Funktionszusammenhang dürfte sein, wie der zwischen beiden Verkehrsarten bestehende zeitliche Wettlauf bestimmt werden kann. Die immer größer werdende Mobilität der Bevölkerung und das umfangreiche Angebot auf dem Automarkt stehen dem langwierigen Ausbau des öffentlichen Netzes und dem erheblichen Finanzbedarf gegenüber, den dieses Netz erfordert. Bedenkt man diese Situation, so kommt man zu dem Ergebnis, zwei Ziele verfolgen zu müssen. Das eine, kurzfristig und aktuell, besteht darin, angesichts des auch zukünftig notwendigen Nebeneinanders von Individual- und öffentlichem Verkehr den zeitlichen Wettlauf im Ausbau der Ver-

kehrsmittel und -wege zugunsten der Massenverkehrsmittel zu beeinflussen. Das andere ist die längerfristige Aufgabe, das Individualverkehrsmittel emissionsfrei und damit umweltgerecht zu gestalten. In diesem Punkte sollte man Vertrauen in die Ingenieurwissenschaften setzen und den Produzenten alle Anstrengungen abverlangen. Es bedarf einer diffizilen und nicht nachlassenden Koordinierungsarbeit, die sich nicht allein im städtebaulichen Planungsbereich vollziehen kann.

Zahlreiche andere Entwicklungen gestalten und beeinflussen Stadtstruktur, Stadtbild und letztlich den Stadtkern. Die Automatisierung verändert das Verhältnis der Arbeitsplätze von Sekundär- und Tertiärbereich und macht die Nutzungen weniger standortabhängig. Die Industriebetriebe erheben infolge erhöhter Produktion und flächenextensiver, maschineller Arbeitsmethoden größere Flächenansprüche. Diese Einrichtungen können daher nicht in jenen besonders verdichteten Zonen der Ballungsräume liegen, die geeignet sind, öffentliche Verkehrsmittel wirtschaftlich zu tragen und den Individualverkehr zu reduzieren. Im Gegenteil bewirken sie wegen ihrer Entfernung zu den Wohnstätten und wegen der zeitlich konzentriert auftretenden Verkehrsbeziehungen und -bedürfnisse eine Steigerung der Autobenutzung.

Als Maßstab für die Entwicklung des Tertiärbereichs bzw. der Dienstleistungseinrichtungen können noch immer die Prognosen gelten, die Jean Fourastié aufgestellt

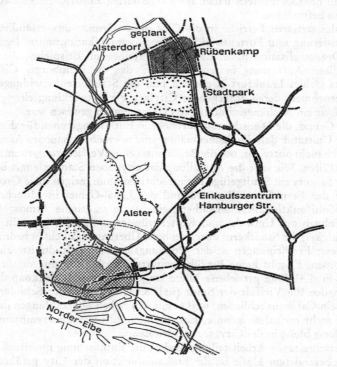

Abb. 7   Lage der Hamburger City Nord im Verhältnis zur Hamburger Innenstadt

hat (126). Wir haben uns schon weitgehend dem Zustand genähert, daß statt der 80 % früher in der Landwirtschaft Tätigen heute nur noch 10 % in der Landwirtschaft arbeiten. Umgekehrt hat sich das Verhältnis im Dienstleistungsbereich entwickelt. Früher betrug der Anteil der in Dienstleistungsberufen Tätigen 10 %, laut Fourastié soll er bis zum Jahre 2000 auf über 80 % ansteigen. Der Rest wird in dem weitgehend technisierten industriellen bzw. sekundären Sektor arbeiten.
Die Unüberschaubarkeit der Organisationen und ihre Konzentration bewirken Handlungen, die durch planerische Maßnahmen schwer zu beeinflussen sind, und sie bringen Größenordnungen mit einem Flächenbedarf hervor, der neue Maßstäbe setzt und ebenfalls die Vielfalt der multifunktionalen Bereiche bedroht. Die Potenz dieser Gruppen schränkt zudem die Verfügbarkeit des Grund und Bodens für die meisten der Vielfalt und Attraktivität der Kernbereiche dienenden Nutzungen aus.
Im Gegensatz zu den Sekundärbereichen eignet sich der Tertiärbereich wegen der hohen Arbeitsplatzzahl pro Quadratmeter Nutzfläche zur baulichen Konzentration in Fläche und Höhe. Wir beobachten heute leider, daß diese Institutionen in die Innenstädte drängen. Bei den ungeheuren Wachstumsraten in diesem Bereich kann eine solche Tendenz, die zu monostrukturierten Gebieten führt, nicht akzeptiert werden. Denn die Oberzentren haben die dargestellten zahlreichen Verflechtungsbedürfnisse zu befriedigen.
Der Drang der tertiären Betriebe in die City ist im Grunde unverständlich, denn die Automatisierung und Fortentwicklung der Kommunikationsmittel legen zweifellos eine Dezentralisation nahe. Es gibt eine Reihe von Beispielen, die die Berechtigung dieser Auffassung beweisen. Es sind das die Hamburger City Nord *(Abb. 7)*, das Gebiet Frankfurt-Niederrad und die Standortentscheidungen zahlreicher Unternehmen, deren aufgegebene Citylage die Entwicklung eher gehemmt hatte, als daß sie ein Aushängeschild für das Unternehmen gewesen war.
Ein weiterer Grund, die Dienstleistungsbetriebe in Entlastungszonen für die City zu legen, ist der Umstand, daß die flächenmäßige und noch überschaubare Ausdehnung der Stadtkerne nicht ausreicht, um die Bedürfnisse eines Verflechtungsraumes City – Region zu erfüllen. Wie sehr die Auffüllung der citynahen Stadtteile mit Betrieben des tertiären Sektors ein Stadtgefüge beeinträchtigen kann, zeigen viele Großstädte, insbesondere das Frankfurter Westend und das Lehel-Gebiet in München. Hier wurde die Multifunktionalität ausradiert, eine echte städtische Atmosphäre zerstört, das Wohnen aus Umwelt- und Kostengründen unmöglich gemacht und die Funktionsfähigkeit des Stadtkerns durch zu hohe Überbauungsdichten bedroht.
Als Folge dieser Erscheinungen ist der Wohnungsbau in der Stadtmitte zum Stillstand gekommen. Es gibt keine Bevölkerungskreise mehr, die eine durch enorme Bodenpreise in die Höhe getriebene Miete tragen könnten. Bodenknappheit und -preise gefährden die Vielfalt der Stadt (vgl. S. 385 ff). Auf der Schildergasse in Köln mußte ein Caféhaus schließen, weil es mit den hohen Mietzahlungen der Kaufhäuser nicht mehr mithalten konnte. Ein scheinbar kleiner, aber symptomatischer Einzelfall. Übrig bleibt in der City, wer zahlen kann.
Auch die fortschreitende Arbeitsteilung fördert die Entmischung multifunktionaler Bereiche. In besonderem Maße ist die Einkaufsfunktion der City gefährdet. Das hängt zusammen mit dem Aufkommen neuer Betriebsformen, Verkaufs- und Ver-

sandmethoden, der Größenordnung der Betriebe, der Zusammenfassung verschiedener Branchen und der Erreichbarkeit der Einkaufsstätten durch den Kunden. Nicht zuletzt liefert der Eisschrank einen Beitrag: Der Einkauf konzentriert sich immer mehr auf einen Tag, an dem der Wochenvorrat geholt wird. Die großen Mengen schafft man natürlich am besten mit dem Auto fort. Und so ergibt sich eine Kette von Bedingungen, die zur Konkurrenz durch Laden- und Einkaufszentren im Einzugsbereich der Großstädte führt. Dort findet man ein komplettes, preisgünstiges Warensortiment, den billigen Parkplatz, der ohne große Verkehrsschwierigkeiten erreicht wird, und den Handwagen zum Transport der Waren in den Kofferraum. All dies können die Einkaufsbereiche in der City nur nach langwierigen Neuordnungs- und Entwicklungsmaßnahmen unter erheblichem Kostenaufwand leisten.
Nicht zuletzt sind auch hier wieder die Bodenpreise im Spiel. Es hat sich gezeigt, daß die periphere oder sogar ländliche Lage solcher Einkaufszentren »auf der grünen Wiese« der Attraktivität keineswegs Abbruch tut. Offenbar und bedauerlicherweise spielen auch die architektonische Form und das Erscheinungsbild keine große Rolle. Wobei allerdings meist ein deutlicher Unterschied zwischen der äußeren Form und der inneren Ausgestaltung besteht. Mit der inneren Gestaltung der Fußgängerbereiche und Ladenausstattungen wird versucht, die urbane Atmosphäre der Innenstädte vergessen zu lassen.
Auch in diesem Punkt tut man sich bei den Bemühungen um die Erhaltung der Stadtkerne erheblich schwerer, weil die Vielzahl der Unternehmen nicht leicht zu gemeinsamem Handeln in Ausstattung und Werbung zusammenzubringen ist. Gute Erfolge wurden jedoch trotzdem bei der Gestaltung von Fußgängerzonen der Innenstädte in Zusammenarbeit zwischen den Städten, den Anliegern und den zuständigen Verbänden erreicht (251).
Die besondere Gefahr, die in der Entwicklung von Einkaufszentren in der Region liegt, besteht nicht nur darin, daß die Einkaufsfunktion der City, die sie zu ihrer Erhaltung unbedingt braucht, in Frage gestellt wird. Es drohen auch Überkapazitäten zu entstehen, die hier oder dort, in der City oder in der Region, öde Zonen hinterlassen. Man darf hoffen, daß die in allen deutschen Ländern in Gang befindliche kommunale Gebietsreform (vgl. S. 409 ff) Verbesserungen schaffen wird. Der ungesunde Wettlauf der Gemeinden um Einkaufszentren, der die dargestellte Eskalation weitgehend bewirkt, könnte dadurch in geregelte Bahnen gelenkt werden.

Möglichkeiten offenhalten

Das Hauptziel für die Innenstädte muß es sein, für die notwendigen Funktionsbereiche – Arbeiten im tertiären Sektor, Wohnen, Einkauf und sonstige Folgeeinrichtungen, Kulturelles und Soziales, öffentliche Verkehrsmittel und Individualverkehr – optimale Bedingungen zu schaffen. Wenn man diese Konzeption aus funktionalen Gründen mit dem Ziel höchster Verdichtung verbindet, so muß man sich auch darüber im klaren sein, daß es eine ›Dichtegrenze‹ im Hinblick auf die Wirtschaftlichkeit, insbesondere aber auch im Hinblick auf die für Menschen erlebenswerte Umwelt gibt. Jede Nutzungsart und vor allem die des Wohnens bringt bestimmte Kriterien für den Standort, bestimmte Auswirkungen und Funktionszusammenhänge mit, die auf das Maß der baulichen Bodennutzung ihren begrenzenden Einfluß ausüben. Schon ist weithin zu beobachten, daß die Folgen unkontrollierter Verdichtung, nämlich hohe Bodengewinne, angenommen werden, ohne daß diese Gewinne in die notwendigen Folge- und infrastrukturellen Einrichtungen fließen, die im Zusammenhang mit erhöhter Bodenausnutzung zwangsläufig geschaffen werden müssen.

Die Stadt ist in allen ihren Bereichen ein Gebilde, das sich ständig wandelt. Es wäre falsch, wenn man – wie es leider immer wieder bei vielen sich modern gebenden Stadtsystemen und Leitbildern geschieht – ein für gewisse Zeit zwar vorausschaubares, aber letztlich doch geschlossenes unveränderbares System anböte.

Wer im technischen Bereich Stadtbausysteme anwenden will, muß sich mit der Frage auseinandersetzen, was planbar ist und was nicht. Die Bemühung um Stadtbausysteme beruht auf dem Prinzip, nach dem sich auch das Bauen mit dem traditionellen Ziegelstein vollzieht. Es ist ein Bauen mit genormten Elementen, die Flexibilität bringen und additionsfähig sind (252). Das kleinste Element eines solchen Systems sollte nach unseren neuen technischen Möglichkeiten dimensioniert sein.

Drei Probleme, die sich bei städtebaulichen Analysen stellen, zeigen Richtung und Aufgabe:
– der ständige Nutzungswandel innerhalb unserer Bausubstanz,
– der ständige Erweiterungsbedarf der jeweiligen Nutzungen,
– der Substanzwandel, die Änderung des Gebauten in Anpassung an eine neue Struktur.

Eine eingehende Untersuchung über die Probleme der Siedlungsschwerpunkte hat hierzu vielfältige Aspekte aufgezeigt (254):

1. Nutzungswandel. Aufgrund von wechselnden Bedürfnissen und sich verändernden Gewichtungen innerhalb eines Funktionszusammenhanges wandeln sich die Raum- und Gebäudenutzungen. Die Nutzung wächst oder schrumpft und ergänzt sich innerhalb eines Baubestandes. Dieser notwendige Wandel wird durch differenzierte und spezialisierte Grundriß- und Gebäudeformen erschwert. Es ist daher notwendig, Raumzellen zu schaffen, in denen sich dieser Wandel vollziehen kann. Das geschieht am besten durch Anwendung eines Maßsystems, das mit den Raumansprüchen unterschiedlichster Nutzungen kongruent ist.

2. Erweiterungsbedarf. Da der Funktionszusammenhang verschiedener Nutzungen aufgrund technischer, organisatorischer, wirtschaftlicher oder Bedarfsfragen über den bestehenden baulichen Rahmen hinaus wachsen kann, ist die Bereitstellung von Flächen- bzw. Raumreserven im genannten Konstruktionsschema notwendig. Da die Entwicklung eines Innenstadtgebietes langfristig oder permanent ist, muß die Disposition jeder Stadtzelle diese nicht vorhersehbare Entwicklung ermöglichen.

3. Substanzwandel. Überschreiten Veränderungen die Dimensionen von Nutzungswandel und Erweiterungsbedarf, so ist die Erneuerung der Substanz notwendig. Sie kann sich durch neuartige Nutzungen oder veränderte Ansprüche an die Grundeinheit des Bausystems ergeben. Vorsorge kann technisch getroffen werden durch Montagebau und flexible Bauweise, ökonomisch durch kurzfristige Investitionen.

Eine gemischte Stadtstruktur, wie sie bei unserer Zielsetzung für einen Innenstadtbereich notwendig ist, erfordert eine bauliche Struktur, die für alle Inhalte geeignet ist. Ein Stadtgrundriß, der auf diesem Prinzip aufgebaut ist, erfüllt die Erfordernisse der städtebaulichen Grundprobleme des Nutzungswandels, des Erweiterungsbedarfs und des Substanzwandels. Es ist damit möglich, städtebauliche Leitbilder im Wandel der Zeit im Auge zu behalten und gleichzeitig die praktische Tagesarbeit zu leisten.

Die Umwandlung eines Stadtgefüges in diesem Sinne und seine langfristige Weiterentwicklung lassen sich jedoch nicht ohne eine durchdachte städtebauliche Strategie vollziehen. Es ist notwendig, daß die zuständige Körperschaft ihre Maßnahmen darauf abstellt und auch die Öffentlichkeit entsprechend einbezieht.

Die Notwendigkeit, im Laufe der langfristigen Abwicklung jeweils in sich funktionsfähige Abschnitte zu erreichen, führt zu einem additiven Stadtsystem. Es erlaubt im Grunde keine in sich geschlossenen architektonischen Großformen und muß flexibel genug sein, in kürzeren Zeitabschnitten sowie kleineren Räumen fertig zu erscheinen.

Detailarbeit und ihre Koordinierung

Eine gezielte Koordinierung der Teilbereiche muß erfolgen:
– im sozialen und frei finanzierten Wohnungsbau durch Ausschreibung von durchgeplanten Projekten durch den Planungsträger auf seinem Gelände. Solche Beispiellösungen können als Keimzellen stimulierend wirken.
– in der Beteiligung an der Gewerbeansiedlung bei Planung und Finanzierung
– in der Behandlung von Sanierungsprojekten nach dem Städtebauförderungsgesetz
– in der Ausführung von Verkehrsanlagen zwischen Städten, Land und Bund
– in der Ausführung und Förderung von Demonstrativbauvorhaben, damit der Wohnungsbau qualitativ verbessert wird. Es sollten günstige Darlehen für Wohnungsbau nach den Kriterien für Innenstadtbereiche vergeben werden.
– Schließlich sollten bei der Inangriffnahme von Projekten allgemein verbindliche Prioritäten gesetzt werden.

Der Erlaß von Veränderungssperren ist die gesetzliche Möglichkeit, unerwünschte Entwicklungen zu hemmen. Ein wirksames Mittel ist ferner eine Liegenschaftspolitik mit gezielten Ansätzen und Ausnutzung von Angeboten. Die mittel- bis langfristige Finanzplanung muß im Einklang mit den für die Objekte gesetzten Prioritäten stehen. Eine ständige Kontrolle des Fortgangs der Maßnahmen und eine Rückkoppelung zu den erarbeiteten Grundsätzen ist notwendig und erfordert notfalls einen Wechsel der Strategie.

Die Trennung der Verkehrsarten sollte weiterhin das Funktionsschema ›Verkehr‹ bestimmen (vgl. S. 254 ff):
– Öffentlicher Verkehr. Die öffentlichen Verkehrsmittel (S-Bahnen, U-Bahnen) erschließen in der Regel linear. Daher müßte die Bebauung an den Haltepunkten konzentriert werden. Eine Verknüpfung der Linien ermöglicht das Umsteigen an den Haltepunkten; in diesen Bereichen ist eine höhendifferenzierte Führung notwendig. Die technische Ausführung sollte unter dem Gesichtspunkt des Lärmschut-

zes erfolgen. Das öffentliche Verkehrsnetz muß an den Haltepunkten unmittelbar mit dem Fußwegenetz verknüpft sein, um genügend Attraktivität zu erlangen.
– Individualverkehr. Das individuelle Verkehrsmittel erschließt die Fläche. Der Einsatz von Linien sollte dort erfolgen, wo Verkehr von Haus zu Haus notwendig ist. Unstrittig dürfte sein, daß in unseren Innenstädten, so wie sie sich heute darbieten, eine wesentliche Erweiterung des Individualverkehrsnetzes mit Verbreiterungen und neuen Kahlschlägen nicht weiterführt. Die für eine Vollmotorisierung notwendigen Kapazitäten werden sowieso nicht erreicht, während das Stadtbild zerstört wird.
– Ruhender Verkehr. Im Grundsatz sollte der Kraftfahrzeugbesitz anerkannt werden, jedoch mit Einschränkungen im Gebrauch, wo das Gemeinwohl gefährdet ist. Das bedeutet Vorhaltung von Einstellplätzen in den Wohnbereichen, jedoch nicht oder nur eingeschränkt am Arbeitsplatz. Die bedarfsnahe differenzierte Lage der Plätze sollte angestrebt werden.
– Fußgängerverkehr. Auto- und kreuzungsfreie Führung der Fußgängerwege sind nicht nur, wie bisher, in den Einkaufsbereichen vorzusehen, sondern auch zwischen den Wohnplätzen und den öffentlichen Einrichtungen wie Schulen usw. Die Fußwege sollten in maßstäblich gestalteten Räumen geführt werden, da sich hierdurch Erlebniswerte ergeben, die erst die Beziehung des Bewohners zu seiner Stadt herstellen. Das Verkehrsnetz eines Innenstadtbereichs ist in bezug auf die Region zu bewerten, als eine Ergänzung zwischen linearer Erschließung durch das öffentliche Verkehrsmittel und Flächenerschließung durch das individuelle Verkehrsmittel.
Von besonderer Bedeutung für die Attraktivität der Innenstadt sind die Grundlagen, die für die Kommunikationsbedürfnisse geschaffen werden. Kommunikationsmöglichkeiten sind abhängig von der Lage, Größe und Funktion der Objekte. Kommunikationen unter den verschiedensten Aspekten ergeben sich
– zwischen verschiedenen Wohnbereichen
– zwischen den Wohnbereichen und den Arbeitsstätten
– zwischen den Wohnbereichen sowie den Gemeinbedarfs- und Freizeiteinrichtungen
– zwischen den verschiedenen Arbeitsbereichen
Arbeitsbereiche wie primärer, sekundärer und tertiärer Sektor bedürfen der Kontakte, aber ebenso sind die Arbeitsbereiche auf die Gemeinbedarfs- und Freizeiträume zu beziehen.
Jede Gruppe von Kommunikationen gliedert sich in stadtteilinterne und stadtteilexterne Beziehungen. Jede Beziehung unterscheidet sich außerdem in der Regel nach Altersgruppen. Und jeder Fall ist nach den angemessenen Kontakt- und Verkehrsbedürfnissen zu ordnen. Die Grundsätze der baulichen Verdichtung bedingen Randlagen für die auf Freiflächen bezogenen Nutzungen und Beziehungen.
Einen wesentlichen Anziehungspunkt der Innenstädte bilden die Einkaufszonen. Voraussetzung für ihren Ausbau ist eine Attraktivität, die groß genug sein muß, um die Unbequemlichkeiten, die mit der Anfahrt – ob nun mit öffentlichen Verkehrsmitteln oder im eigenen Wagen – unvermeidlich verbunden sind, lohnend erscheinen lassen. Am besten funktionieren Einkaufsbereiche, die, wie man in vielen Städten beobachten kann, entlang bestimmter ›Laufstraßen‹ als linear gestreckte Zonen entstanden. Ursache für ihre Entstehung sind die Menschenströme, die an

bestimmten Punkten entspringen und münden, nämlich an den Haltestellen der öffentlichen Verkehrsmittel und den Kundenparkhäusern. So wichtig die Parkhäuser für den wirtschaftlichen Bestand der Einkaufscity sind, entscheidend bleiben die Haltestellen. Denn auch heute noch, trotz wachsender Motorisierung, bringt das öffentliche Verkehrsmittel den weitaus größeren Anteil der Kunden in die City. Stark verdichtete Fußgängerströme sind ohne das öffentliche Verkehrsmittel auch in Zukunft nicht denkbar. Der Abstand der Haltestellen, zwischen denen ein Einkaufsbereich eingespannt ist, sollte den Belangen des einkaufenden Publikums angepaßt sein, nicht zu gering, um einem möglichst vollständigen Branchenangebot Raum zu geben, nicht zu weit, um die Anziehungspunkte genügend zu konzentrieren.

Wohnen in der Innenstadt

Ein besonderes Problem in der Struktur der Innenstädte wurde bereits erwähnt: das Wohnen in der Stadt. Der Trend, in die Außenbereiche mit den günstigen Wohnwerten zu ziehen, kann nur dann umgekehrt werden, wenn bessere Bedingungen und komplexe Humanbereiche auch in der Innenstadt geschaffen werden. Es fehlt hier nicht an den angemessenen Vorstellungen und Leitbildern, sondern wiederum an dem Willen, konkrete Projekte praktisch anzufassen. Als gesetzliche Grundlage ist das Städtebauförderungsgesetz gedacht und geeignet (vgl. S. 361 ff). Der Erlaß dieses Gesetzes war unter dem Gesichtspunkt ›Wohnen in der Stadt‹ deshalb notwendig, weil die hierfür erforderlichen Flächen nur auf dem Wege der Sanierung bzw. Stadterneuerung gewonnen werden können. Ausreichende freie Flächen stehen nicht zur Verfügung.

Während das bisher praktizierte Bundesbaugesetz mit seiner Baunutzungsverordnung städtebauliche Zielsetzungen in Form des Bebauungsplanes in Ortsrecht umsetzte, ohne daß sich daraus der Planvollzug zwangsläufig ergab, eröffnet das Städtebauförderungsgesetz die Möglichkeit zur aktiven, praktischen Durchführung für die Gemeinde oder andere Maßnahmeträger. In Sanierungsfällen sind insbesondere zwei Verfahrensweisen vorgesehen, nämlich die Flächensanierung und die Objektsanierung. Bei der Flächensanierung wird davon ausgegangen, daß ein größeres Areal völlig freigeräumt wird, um es nach neuen Planungsgrundsätzen neu zu bebauen. Bei der Objektsanierung dagegen soll die bestehende Bausubstanz weitgehend erhalten und lediglich wo notwendig modernisiert werden. Da nur im Einzelfall entschieden werden kann, welche Verfahrensweise die richtige ist, soll hier wertneutral das Für und Wider angedeutet werden.

Eine Flächensanierung – und oft nur sie – kann den notwendigen Funktionszusammenhang zwischen den Nutzungen Wohnen, Arbeiten, Freizeit einerseits und den Notwendigkeiten des Verkehrs andererseits herstellen. Sie kann moderne Wohnformen und Grundrisse ermöglichen, sie kann die notwendige Dichte eines Kernbereiches leisten. Sie kann aber auch erheblich größere Kostenaufwendungen bringen. Sie macht in der Regel die Umsetzung der ansässigen Bevölkerung notwendig und stellt damit soziale und stadtstrukturelle Probleme. Es besteht die Gefahr, daß gewachsene Strukturen und Verflechtungen, daß soziale und städtische Bindungen

und Werte, daß all das, was sich in dem Begriff ›städtisch‹ summiert, zerstört wird.
Bei der Objektsanierung sind diese Probleme nicht in extremer Form zu erwarten. Auch die Kostenfrage dürfte im Hinblick auf tragbare Mieten und damit sozial angemessene Strukturen günstiger zu beantworten sein. Die Durchführung kann für die Betroffenen weniger einschneidend in angemessenen Abschnitten erfolgen. Die Voraussetzung für eine Objektsanierung, die Herstellbarkeit des städtischen Funktionszusammenhangs, ist jedoch sicherlich nicht immer gegeben. Das Mittel Städtebauförderungsgesetz ist zu begrüßen, weil es hilft, über Sanierung, Stadterneuerung und Stadtentwicklung Fehler auszugleichen und als richtig erkannte Ziele anzusteuern; wir müssen aber auch relativieren. Überblickt man den Umfang dieser Aufgaben in unserem Land, so wird deutlich, daß sie sich lediglich in einem äußerst langwierigen Prozeß lösen lassen, da die finanziellen Mittel nur ein begrenztes und punktuelles Vorgehen erlauben.
Das Wohnen in der Stadt sollte sich an folgenden Gesichtspunkten orientieren: Es sollte eine günstige Lage zu den Verkehrs- und Folgeeinrichtungen erzielt werden. Ein differenziertes Wohnungsangebot ist als Grundlage für eine angemessene Sozialstruktur notwendig. Unerläßlich ist auch hier die räumlich-maßstäbliche Einfügung als Grundlage eines positiven Empfindens der Umwelt. Der Freiraum muß im Funktionszusammenhang mit der Wohnung stehen, ebenso wie innerhalb der Wohnung ein sinnvoller Funktionszusammenhang verwirklicht sein sollte; möglichst sollte der Blick von der Wohnung in das Umland und der Schutz vor Einblick in die Wohnung gegeben sein. Eine Höhenentwicklung der Baukörper sollte nur in dem Maße erfolgen, wie der Wohnungsfreiraum nutzbar bleibt. Eine Mindestbesonnungsdauer nach dem Bedarf der einzelnen Wohnungsfunktionen ist erforderlich.
Es fehlt in unseren bisherigen Richtlinien an Betätigungsräumen für Kinder unterschiedlicher Altersstufen. Auch räumliche Gegebenheiten für Hobbies verschiedenster Art sind notwendig. Überhaupt wäre zu überlegen, ob die in den bisherigen Richtlinien enthaltene Spezifizierung der einzelnen Teilfunktionen des Wohnens nicht zugunsten größerer und damit flexiblerer Räume aufgegeben werden sollte.
Lärm- und immissionsfreie Lage ist notwendig, da überwiegend Belästigungen aus diesen Ursachen als Motiv für den Auszug aus den Innenstädten angegeben werden. Die bisher in Deutschland erstellten Kataster über Immissionen von chemischen Substanzen konstatieren gerade in den Innenstädten eine Häufung der Schadstoffe nach Art und Menge.
Es bedarf sowohl der räumlichen Planbeeinflussung, der Trennung der einzelnen Nutzungsarten durch Freizonen, der Nutzungsbeschränkung in den Baugebieten durch Schutzwälle und Bepflanzungen als auch der technischen Planbeeinflussung, für die es leider noch keine rechtliche Grundlage gibt. Verordnungen über die Ausführung einzelner Bauelemente, über technische Verbesserungen an den emittierenden Objekten sollten erlassen werden und Beeinflussungen der Grundrißdispositionen und des Stadtgrundrisses möglich sein.

Symptome und ihre Behandlung

Versuchen wir, die Symptome einerseits und ihre Behandlung andererseits zusammenzufassen:
1. Schwierigkeiten in der Zugänglichkeit der Innenstadt durch unausgewogene Benutzung von Individual- und öffentlichen Verkehrsmitteln, bei steigender Motorisierung und Mobilität. Deshalb: Ausbau des öffentlichen Verkehrsnetzes mit dem Ziel einer vollständigen Erschließung des Innenstadtgebietes und einer Veränderung der Verkehrsgewohnheiten (Verlagerung des Weges zur Arbeit auf die Schiene), Verbesserung des Wirtschaftsverkehrs, Entlastung der Innenstadt vom Durchgangsverkehr.
2. Unzulängliche Attraktivität des Stadtzentrums im Freizeitbereich bei allgemein wachsenden Freizeitansprüchen der Bevölkerung (vgl. S. 281 ff). Deshalb: Errichtung von Bauten für Bildung und Freizeit im Stadtkern, Förderung der Gastronomie im attraktiven Teil der Stadt, Ausgestaltung der Umgebung historischer Bauten, Anlage von Erholungsgrünräumen.
3. Ständige Zunahme der Arbeitsplätze des tertiären Sektors, dadurch Tendenz zur Monostruktur und Vergrößerung der Verkehrsschwierigkeiten. Deshalb: Begrenzung des Tertiärwachstums in der Innenstadt auf citygebundene Funktionen, Lenkung nicht citygebundener Tertiärfunktionen in Standorte außerhalb der Innenstadt, Anlage von Tertiärnutzflächen in unmittelbarer Nachbarschaft der S-Bahn-Haltepunkte.
4. Rückgang und Umstrukturierung des in der Innenstadt befindlichen Einzelhandels durch autogerechte Zentren im Außenbereich. Deshalb: Angemessene raumordnerische und gesetzliche Maßnahmen im Außenbereich, Schaffung einer integrierten Zentrenhierarchie.
5. Rückgang der Wohnbevölkerung, bedingt durch Ausdehnung des Tertiärbereichs und durch das Fehlen von Wohnwerten. Deshalb: Stärkung der Wohnfunktion in der Innenstadt durch Verbesserung der Infrastruktur, Verkehrsberuhigung der Wohnviertel, Vermehrung der Grünflächen, Neubau von Wohnobjekten an geeigneten Punkten.
6. Bauliche Mängel und negative Sozialstruktur. Deshalb: Sanierungsmaßnahmen, die die gewachsene Stadtstruktur schützen und aufwerten.
7. Zerstörung städtebaulich-gestalterischer und optischer Qualitäten durch unangemessene Maßstäbe und verfehlte Funktionszusammenhänge. Deshalb: Systematische Stadtbildpflege unter Mitwirkung der Bürgerschaft, Entwicklung punktueller, linearer und platzförmiger Elemente, ihre Erhaltung und angemessene Neueinordnung.

Bei meinem Plädoyer für das Bild der Stadt, für die Wiederherstellung optischer städtischer Qualitäten stellt sich natürlich die Frage, ob es angesichts der vielen schon zerstörten Werte und der zahlreichen technischen und ökonomischen Sachzwänge überhaupt noch möglich ist, gestalterische Leitvorstellungen durchzusetzen.

Man kann und sollte, so meine ich, zunächst einmal an all die vielen an der Stadtwerdung indirekt und direkt Beteiligten appellieren und ihnen ein Bewußtsein für diese Probleme vermitteln. Was nach rechtlichen, technischen und ökonomischen

Gesichtspunkten geschieht, muß nicht notwendig und schön sein. Es ist häufig nur Gedankenlosigkeit, wenn aus der zu formenden Materie nicht mehr gemacht wird. Man muß sich auch darüber im klaren sein, daß es von überlieferten Formen Abschied zu nehmen gilt, daß man es akzeptieren muß, wenn neue Entwicklungen, neue Dimensionen und Formen sich eröffnen. Der Autofahrer muß andere visuelle Eindrücke verarbeiten als der Fußgänger. Es liegt an uns, was wir aus diesen Erscheinungen machen. Durchsetzbar scheinen mir gestalterische Leitvorstellungen durchaus. Dabei muß man sich allerdings dessen bewußt sein, daß nichts Anachronistisches angesteuert werden kann und daß die Umwelt ein Produkt der jeweiligen Erkenntnisse und Meinungen ist und sein soll.

Das Bundesbaugesetz mit seinen Bebauungsplänen bietet gewisse Möglichkeiten (Baumassenentwicklung, Baulinien und Baugrenzen, Höhen u. a.), aber diese Mittel sind begrenzt. Immerhin läuft heute das gesamte Baugeschehen im Genehmigungsverfahren wesentlich über diese Rechtssetzung, und der Einfluß ist bei entsprechender Handhabung der kommunalen Planungshoheit nicht gering. Die Gemeinden haben es überdies in der Hand, durch entsprechende Gutachten oder besondere Aufträge Zeichen zu setzen.

Ferner sollte auf einem Wege weitergegangen werden, der von einer Reihe Fachkollegen seit einiger Zeit beschritten wird: Es wird versucht, eine neue Planform in Ergänzung zum Bebauungsplan nach Bundesbaugesetz zu entwickeln, der die städtebaulich-gestalterischen Leitvorstellungen in einer städtebaulichen Einheit aufzeigt und in den wesentlichen Punkten verbindlich macht. Schließlich sollte sich auch die Forschung mit diesem Thema befassen und ermitteln, welche Erlebnisbereiche durch unsere bauliche Umwelt angesprochen werden und ihrerseits Einfluß gewinnen sollten (vgl. S. 29 ff).

Eines sei noch gesagt: Man sollte nicht zuviel oder alles vom Städtebauer erwarten. Er kann aufnehmen, reflektieren, wiedergeben und bauen. Er kann aber nicht den Menschen abnehmen, sich zu artikulieren und – zu leben. Er schafft das Gehäuse für den Menschen und in Abstimmung mit ihm. Die Stadt aber wird nur dann lebendig, wenn der Bürger sie mit seinen Aktivitäten füllt.

KAROLUS HEIL

Neue Wohnquartiere am Stadtrand

Eine neue Gründerzeit

Eine kompakte Silhouette hellgrauer und gelbgetönter, vier-, sechs- und neungeschossiger Wohnblocks, abends eine imposante Lichterkulisse beiderseits der sechsspurigen Schnellstraße, unmittelbar hinter dem Wald beginnend, an den sich die Stadt in den letzten Jahren herangeschoben hat – das sind die ersten Eindrücke von München, wenn man von Süden her in die Stadt einfährt. An den Einfallstraßen von Südosten, von Osten, von Nordosten, von Norden oder von Westen sind die Impressionen zum Verwechseln ähnlich. Wo früher die Stadt in ihr Umland zerlief, entstand in wenigen Jahren ein Kranz neuer Wohnquartiere: Trabantensiedlungen, Parkwohnanlagen, neue Stadtteile, Großsiedlungen in der Sprache der Planer; Wohnsilos, Retortenstädte, Hausfrauenghettos in den Augen der Kritiker; gar ›grüne Höllen‹ im Jargon eines Massenblattes.
Das verflossene Jahrzehnt hat das Gesicht der meisten Großstädte unseres Landes stärker verändert als die gesamte Zeit seit der Jahrhundertwende, ausgenommen die Verwüstungen, die der Bombenkrieg brachte: die Kommerzialisierung der zentralen Stadtbereiche mit der Verdrängung differenzierter baulicher Strukturen durch genormte Kaufhaus- und Bürokomplexe; die fortschreitende Verdrängung der traditionellen Wohnbevölkerung aus den zentrumsnahen Vierteln; Kahlschläge für neue Verkehrsstraßen und – als Gegenreaktion – vor allem in letzter Zeit das Entstehen großer Fußgängerzonen; die Herausbildung großer ausländischer Minoritäten vornehmlich in zentrumsnahen Altbauquartieren – das sind einige der Elemente dieser Entwicklung.
Noch stärker aber wandelte sich das Gesicht der ehedem durch lockere Bebauung, teils auch noch durch Landwirtschaft oder Gärtnereibetriebe geprägten Randbereiche der Städte. In wenigen Jahren wuchsen hier neue, dichte Wohnquartiere für viele tausend Menschen aus dem Boden, ganze Stadtviertel, wie sie ehedem nur im Laufe vieler Jahrzehnte entstanden: Eine neue Gründerzeit, die die des vergangenen Jahrhunderts ins Gigantische steigerte.
Jahrhundertelang erweiterten sich die Städte auf gleiche Weise: In einem allmählichen Wachstumsprozeß fügte sich Element an Element. Neue Gebäude entstanden auf diese Weise neben alten, Geschäfte und Handwerksbetriebe neben Wohnungen, Gasthäuser neben Kirchen. Vorgegeben waren lediglich Baulinien, Bauhöhen und Versorgungssysteme.
Da sich dieser Prozeß über viele Jahre und Jahrzehnte hinzog, waren die Bauformen in den seltensten Fällen einheitlich. Ergebnis war jenes bunte Nebeneinander unterschiedlicher architektonischer Ausdrucksformen, Stilrichtungen und Nuancen, wie es für ältere Wohnviertel charakteristisch ist, wie es die Unverwechselbarkeit, die Originalität alter Stadtquartiere heute ausmacht.
Diese Form der Stadterweiterung gilt auch heute noch für Teile der Städte, vor

allem für die an die Innenstädte anschließenden Zonen. Weniger dicht bebaute Zonen füllen sich auf – den Gesetzen des Bodenmarkts gehorchend, die die jeweils höchstmögliche und renditeträchtigste Nutzung vorschreiben. Daneben gewann jedoch eine neue Form der Stadterweiterung immer mehr an Bedeutung: die geschlossene und gleichzeitige Bebauung großer Areale nach einheitlichem Konzept und Entwurf (164, 454). Unter der Trägerschaft großer Wohnungsbauunternehmen entstehen ganze Stadtquartiere gleichzeitig, quasi aus einem Guß, werden gleichzeitig bezogen, altern schließlich im gleichen Rhythmus.

Durch eine solche Entstehungsweise ist die bei einem längerfristigen Auffüllungs- und Kristallisationsprozeß normalerweise gewährleistete Mischung von baulichen Elementen unterschiedlicher Physiognomie, Funktion und Nutzung, aber auch das schrittweise Einpendeln unterschiedlichster Angebote und Nachfragen nicht mehr möglich. Der planerische Entwurf hat alle oder doch möglichst alle Bedürfnisse im vorhinein zu kalkulieren. Die in den zurückliegenden Jahren seitens der Planung immer deutlicher erhobene Forderung nach Mitarbeit des Sozialwissenschaftlers im Planungsprozeß hat hier ihre ersten Ursachen – in der Hoffnung, unter Zuhilfenahme der Möglichkeiten von Soziologie, Sozialpsychologie, Verhaltensforschung den Entscheidungsspielraum einengen, die Kenntnisgrundlagen über die Bedürfnisse der Bewohner der neuen Wohnquartiere erweitern, vielleicht sogar prognostizieren zu können. Bezeichnenderweise beginnt diese Forderung in der Zeit laut zu werden, in der die ersten großen Neubauvorhaben entstehen oder geplant werden, zu Anfang der sechziger Jahre (317).

Ergebnis dieser Entwicklung sind jene Stadtteile, die den Randzonen vieler Großstädte heute ihr Gepräge geben und allmählich zu geschlossenen Wohngürteln zusammenwachsen: von Grün durchsetzte reine Wohnbereiche, eine Mischung von Punkthäusern als sogenannten Dominanten, drei- bis fünfstöckigen Zeilen, gelegentlich auch Gruppen von Einfamilienhäusern, gleichzeitig entstanden und gleichzeitig von überwiegend jüngeren Familien bezogen, um ein kleines Einkaufszentrum gruppiert, das der Deckung des Tagesbedarfs dient, häufig genug bewußt abgesetzt von älteren Stadtteilen.

In mehr als zwanzig neuerbauten Großsiedlungen dieses Charakters leben heute beispielsweise in München rund 200 000 Menschen. In ein paar Jahren werden es mehr als eine viertel Million sein. Allein der neue Münchner Stadtteil Perlach, dessen erste Bauabschnitte im Jahre 1968 bezogen wurden, wird im Endausbau 80 000 Einwohner aufnehmen. Mit 25 000 Wohnungen, einem Hauptzentrum für einen Einzugsbereich von rund 400 000 Menschen, vier Nebenzentren, 14 Schulen, 17 Kirchen und etwa 14 000 Arbeitsplätzen ist er heute eins der größten geschlossenen Siedlungsbauvorhaben in der Bundesrepublik (296).

1967 schloß die Stadt München mit Banken, Versicherungs- und Wohnungsbauunternehmen einen Zweckverband Freiham mit dem Ziel, im Westen der Stadt auf dem Areal eines ehemaligen Gutes eine weitere Trabantenstadt für etwa 60 000 Menschen zu errichten. Ein Baubeginn in den späten siebziger Jahren galt als gemeinsames Ziel der Zweckverbandsmitglieder. Kürzlich aber geriet die Absicht ins Wanken. Die Stadt München sieht sich in absehbarer Zeit außerstande, die erforderliche Infrastruktur zu schaffen. Doch ist das nicht der einzige Grund. Die Problematisierung des geschlossenen Baus neuer Groß-Wohnanlagen in den zu-

rückliegenden Jahren trug das ihre dazu bei, daß die Stadt nun einem baldigen Baubeginn abwartend gegenübersteht.
München mit seinem explosiven Bevölkerungswachstum während des letzten Jahrzehnts ist nur ein besonders eindrucksvolles Beispiel dieser Entwicklung. Die Fasanenhofsiedlung in Stuttgart, die Nordweststadt in Frankfurt, die Neue Vahr in Bremen, die Baugebiete in Köln-Nord, die Sennestadt bei Bielefeld, die Langwassersiedlung in Nürnberg, das Märkische Viertel in Berlin sind bekannte Beispiele aus anderen Städten.
Vor allem vier eng ineinandergreifende Tatbestände bestimmen Hintergrund und Entstehungsbedingungen der Wohnform Trabantensiedlung:
1. Das fortschreitende Wachstum der großen Verdichtungsräume.
2. Die Verdrängung der Wohnbevölkerung aus den zentralen Bereichen vieler Großstädte, sei es durch Ausbreitung wirtschaftlicher Funktionen höherer Rendite und Zweckentfremdung der dort vorhandenen Wohnungen, sei es durch die Verschlechterung der Lebensbedingungen in diesen Stadtbereichen durch Abgase, Lärm, unfreundliche Wohnumgebung, fehlende Infrastruktur, Zuwanderung von Ausländern.
3. Das aus Gartenstadtidealen sich herleitende Leitbild des Wohnens im Grünen, das heute eine seiner wesentlichen Voraussetzungen findet im Absinken der Wohnqualität in vielen ehemals attraktiven innerstädtischen Wohnbereichen.
4. Die Markt- und Produktionsinteressen der großen Kapital- und Wohnungsbaugesellschaften in Verbindung mit dem Entwicklungsstand der Bautechnologie.

Das Wachstum der Verdichtungsräume

Das Wachstum der großstädtischen Agglomerationen ist eine weltweite Erscheinung, verbunden mit einem tiefgreifenden Wandel des Lebensrhythmus und der sozialen Strukturen in diesen Verdichtungsräumen.
Verfolgt man die Entwicklung der Bevölkerungszahlen in den Großstädten der Bundesrepublik seit 1945 (vgl. S. 129 ff), so charakterisieren Wiederaufbau und in dessen Folge Wiederauffüllung der Städte die erste Phase. Bis zum Jahre 1950 etwa hatten viele Städte wieder ihre Vorkriegseinwohnerzahlen erreicht. In vielen Städten ging der Wachstumsprozeß jedoch auch in den folgenden Jahren weiter. So hatten im Jahre 1960 Köln ca. 15 300, Frankfurt am Main ca. 117 900, Stuttgart ca. 138 300 und München ca. 246 300 Einwohner mehr als zu Beginn des letzten Weltkrieges.
In den sechziger Jahren geriet das Bevölkerungswachstum in den meisten Großstädten ins Stocken. Die bekannteste Ausnahme war München. Hier belief sich der Einwohnerzuwachs zwischen 1960 und 1972 auf 265 779 Menschen, also auf einen Jahresdurchschnitt von rund 26 000 Menschen: die Einwohnerzahl einer Mittelstadt von der Größe Tuttlingens oder Garmisch-Partenkirchens, für die Schulräume, Kindergärten, Polizeistationen, Einkaufsmöglichkeiten, Verkehrsmittel, vor allem aber Wohnungen herzustellen waren, denn ohne Wohnung keine Bleibe.
Seit dem Jahre 1972 stagniert auch in München die Bevölkerungszahl, während sie in vielen anderen Großstädten seit einigen Jahren sogar leicht rückläufig ist. So

verloren Frankfurt am Main in den letzten zehn Jahren 22 600, Düsseldorf 21 800 und Hannover sogar 55 400 Einwohner.
Doch dieses Bild ändert sich, wenn man die Städte nicht in ihren politischen Grenzen betrachtet. In der Tat verlagerte sich das Wachstum lediglich in die Umlandgemeinden, in die längst verstädterten Randbereiche der Städte. Dörfer und Kleinstädte wuchsen hier zur Größe von Mittel- und Großstädten heran – zu Wohntrabanten als Ableger der Großstadt, in totaler Abhängigkeit von ihr, ohne eigenen Charakter häufig, zum Verwechseln ähnlich den stadtnahen Neubauquartieren. Viele Bewohner dieser Orte sind ›Regionsbürger‹: Zur Arbeit fährt man in die Kernstadt, die Kinder besuchen die Schule in der nahen Kreisstadt, zum Einkauf fährt man vielleicht in den Nachbarort und Freunde und Bekannte wohnen weit über den Regionsraum verstreut.
Als Ergebnis dieser Entwicklung wuchsen die Einwohnerzahlen der Region München von 1960 bis 1968 um 414 307 oder – um zwei andere Beispiele zu nennen – die der Region Stuttgart um 173 878 und die der Region Frankfurt/Offenbach um 202 200 Einwohner. Gemeinden, die im Jahre 1950 drei- oder fünftausend Einwohner hatten, werden Ende der siebziger Jahre dreißig- oder fünfzigtausend Menschen beherbergen.
Puchheim und Unterhaching im Münchner Umland sind Beispiele für diesen Prozeß. Noch im Jahre 1963 hatte Puchheim rund 3 800, Unterhaching rund 5 800 Einwohner. In den nächsten Jahren wird Puchheim auf rund 45 000 bis 55 000, Unterhaching auf rund 35 000 Einwohner anwachsen – so jedenfalls wollen es die Entwicklungsziele der Gemeinden.
Unter den Antriebskräften dieser Entwicklung sind solche zu unterscheiden, die in der Entwicklung der gesellschaftlichen Produktionsbedingungen und den damit verbundenen Konzentrationsvorgängen, und solche, die in örtlichen Umstrukturierungen und Funktionsmängeln liegen. Dabei sind die letzteren zu einem erheblichen Teil Ergebnisse der ersteren.
Zu den gesamtgesellschaftlichen Vorgängen, die hier nur gestreift werden sollen, gehört das Wachstum von Produktion und Konsum von Gütern und Dienstleistungen auf der Grundlage einer fortschreitenden Konzentration des Kapitals, wobei Wachstum sowohl vermehrten Ausstoß wie vergrößerte Betriebseinheiten bedeutet.
Diese Wachstumsvorgänge finden offensichtlich besonders günstige Bedingungen dort, wo Konzentrationen großer Zahlen von Menschen – Produzenten und Konsumenten – und infrastrukturelle Voraussetzungen gegeben sind, wie sie nur in großen Verdichtungsräumen vorhanden sind. Das bedeutet, daß vorhandene Verdichtungsräume infolge der dort gegebenen Verfügbarkeit von Menschen und Infrastruktur in sich die Tendenz zu weiterem Wachstum haben, und es bedeutet zugleich, daß es im Interesse der erwähnten Produktionsvorgänge liegen muß, regionale Verdichtungsvorgänge im Sinne der Verbesserung der Produktionsbedingungen zu begünstigen oder zu beschleunigen. Diese Vorgänge sind ihrerseits von erheblichem Einfluß auf die innerhalb der Verdichtungsräume zu beobachtenden Umstrukturierungen und Funktionsmängel, aber auch auf die Umstrukturierungen zwischen den großen Verdichtungsräumen und dem flachen Land.

Umschichtungsvorgänge in Stadtregionen

In diesem Zusammenhang ist die bereits seit Jahren in Gang befindliche Entvölkerung der zentralen Zonen der meisten Großstädte, die Umwandlung von Wohnquartieren in Geschäftsviertel, von besonderer Bedeutung.
In den ersten Nachkriegsjahren war primäres Ziel des Städtebaues der Wiederaufbau der zerbombten Viertel. Zunächst hieß das, die Lücken, die der Bombenkrieg in den Innenstädten gerissen hatte, durch Neubauten zu füllen. Tausende waren ohne Obdach, der wirtschaftliche Wiederaufstieg war noch nicht abzusehen.
Doch die Bedingungen veränderten sich rasch. Die wirtschaftliche Dynamik, die nach der Währungsreform rasch einsetzte, leitete eine neue Entwicklung ein. Wo vor der Zerstörung Wohnhäuser standen, entstanden nun immer häufiger Geschäftshäuser, Bürobauten oder Parkhäuser. Einige statistische Zahlen aus München belegen dies: 1939 lebten im City- und Innenstadtbereich 412 398 Menschen. Bei Kriegsende betrug ihre Zahl noch 275 314. In den Jahren bis 1961 wuchs die Zahl wieder auf 350 254 Einwohner an. Seitdem aber ist sie ständig rückläufig. Heute leben in diesem Bereich noch 327 109 Menschen. Das bedeutet, daß auch in der Zwischenzeit entstandene Wohnbauten im Zeichen der einsetzenden wirtschaftlichen Dynamik in Geschäftsbauten umgewandelt wurden (395).
Dieser Prozeß machte an den Grenzen der City nicht halt. Er griff auf die Innenstadt und die angrenzenden Wohnquartiere über. Und er verlief um so rascher, je mehr die Raumansprüche der zentralen städtischen Einrichtungen wuchsen. Während die Innenstadt Münchens seit 1960 23 145 und allein im Jahre 1966 8 903 Einwohner verlor, wuchs die Zahl der Beschäftigten in diesem Bereich zwischen 1950 und 1970 von 238 330 auf 326 593, also um mehr als 88 263.
Von nicht geringerer Bedeutung in diesem Zusammenhang sind die Folgen der Motorisierung. Zwar wurde der Traum von der autogerechten Stadt aufgegeben. Seine Verwirklichung hätte die Stadt in Verkehrswüsten verwandelt, den Abbruch eines großen Teils ihrer Bausubstanz erfordert und damit die Beseitigung gerade der Einrichtungen erzwungen, die das Wesen der zentralen Stadtbereiche ausmachen. Doch auch sogenannte mittlere oder kleinere Lösungen, wie man sie heute in den meisten Großstädten anstrebt, dezimieren den Wohnungsbestand. Straßenverbreiterungen und der Bau von Parkhäusern fressen den ohnehin knappen Raum. Beispielsweise machte der Bau des Münchner Altstadtrings Nord-Ost, der den historischen Stadtkern vom Durchgangsverkehr befreien soll, den Abriß von etwa 800 Wohnungen erforderlich. Das Ergebnis dieser und ähnlicher Entwicklungen: Die zentrumsnahen Zonen der Großstädte verloren und verlieren immer mehr ihren Charakter als Wohnviertel.
Hand in Hand mit dieser Entwicklung geht der Umschichtungsprozeß innerhalb der großstädtischen Regionen. Er läßt sich durch eine einfache Formel charakterisieren: Deutsche Bewohner verlassen die inneren Stadtbereiche, wandern in die rasch emporschießenden Wohnsiedlungen ins Umland ab, ausländische Zuwanderer aus der Türkei, aus Griechenland, Jugoslawien, Spanien, Italien und einigen anderen Ländern füllen die freiwerdenden Räume auf. Dabei ist dieser Vorgang nicht immer ein freiwilliger. In vielen Fällen werden die angestammten Mieter durch ihre Ver-

mieter gekündigt und die freigewordenen Wohnungen zu erhöhten Mieten an Ausländer weitervermietet (393).
Ein weiterer wesentlicher Grund liegt in der relativen Verschlechterung der Wohnbedingungen in den inneren Bereichen vieler Großstädte. Seit Jahren konzentrierte sich die Aufmerksamkeit der Städtebauer auf den Bau neuer Stadtviertel. Die Erneuerung der zentral gelegenen alten Stadtteile unterblieb hingegen. Der Ausbau ihrer Infrastruktur wurde vernachlässigt. Lärm und Abgase mindern die Wohnqualität oder machen das Wohnen in vielen Lagen nahezu unmöglich. Parkplätze sind knapp. Spielmöglichkeiten für Kinder und Jugendliche sind ärmlich, wenn sie nicht ganz fehlen. Der Wunsch offensichtlich großer Teile der Stadtbewohner gilt daher einer Wohnung am Rande oder außerhalb der Verdichtungsräume. So stellte das Institut für angewandte Sozialwissenschaft (Infas) jüngst in einer empirischen Studie fest, daß nur 12 % der Bewohner Westdeutschlands, wenn sie sich frei entscheiden könnten, in der Großstadt wohnen möchten; 65 % möchten in Dörfern und Kleinstädten, 18 % in der Nähe der Großstadt leben. Diese Tendenz wird bestätigt durch einen Blick auf die Präferenzen derer, die bereits in einer Großstadt wohnen: 38 von Hundert würden einen Wohnort in der Nähe einer Großstadt oder in den Außengemeinden der Verdichtungsräume bevorzugen und nahezu ein Drittel strebt auf das Land oder in eine Klein- bzw. Mittelstadt (187). Wie immer man dieses Ergebnis interpretiert, eines scheint es zu bestätigen: den Wunsch großer Gruppen der Bevölkerung nach einem Leben außerhalb der dicht bebauten Kernbereiche der Verdichtungsräume.
Die rapide Bau- und Bevölkerungsentwicklung im Münchner Umland, vor allem die starke Umzugsbewegung von der Stadt in den Außenraum seit Inbetriebnahme der regionalen S-Bahn, scheint den Beweis zu liefern, daß viele Großstädter diesen Wunsch nach einem Leben außerhalb oder am Rande der Großstadt realisieren, sobald nur die Voraussetzungen gegeben sind, den Arbeitsplatz in der Stadt dennoch rasch und bequem zu erreichen. Zogen im Jahre 1965 14 000 Personen von München in eine Außengemeinde der Region, so waren es im Jahre 1971 33 000; das waren im Jahre 1965 15 % und im Jahre 1971 38 % aller Wegziehenden (nach Erhebungen des Stadtentwicklungsreferats München).
Ein weiterer wesentlicher Grund für die rapide bauliche Entwicklung des Umlandes vieler Großstädte liegt schließlich in der Entwicklung der Bodenpreise in den Kernbereichen der Verdichtungsräume (229). So ist beispielsweise im Stadtgebiet Münchens sozialer Wohnungsbau bei Quadratmeterpreisen von 300 oder 400 DM auch in den Randbereichen schon seit einer Reihe von Jahren nicht mehr möglich. Die Stadt ging deshalb dazu über, städtische Mittel zur Förderung von Wohnbauprojekten im Umland einzusetzen – eine Entscheidung, die aus Gründen der Versorgung der rund 30 000 auf die Zuweisung einer Sozialbauwohnung wartenden Münchner kaum hätte anders gefällt werden können, eine Entscheidung, die jedoch zugleich den Prozeß der Verdichtung des Umlandes der Städte weiter vorantreibt.

Im Grünen wohnen

Das Gesicht der entstehenden neuen Wohntrabanten ist unmittelbares Ergebnis der beschriebenen Entwicklungen und ihrer Hintergründe. Dabei kommt dem Gartenstadtgedanken besondere Bedeutung zu (vgl. S. 461 f). Diese Städtebau-Ideologie wurde im Nachkriegs-Deutschland – durch die Kriegsereignisse später als in anderen Ländern – rasch zum verbindlichen Leitbild von Städtebauern, Architekten und Wohnungssuchenden: Durch Grün aufgelockerte, von anderen Nutzungen getrennte Wohnzonen, in sogenannte Nachbarschaftseinheiten unterteilt, sollten die künftige Form der Vorstadt bilden. Bausparkassen, Einrichtungsmagazine und Zigarettenreklame trugen das Klischee vom Wohnen im Grünen bis in die letzte Wohnung.

Für Städtebauer war der ideologische Gehalt des Gartenstadtgedankens zunächst kaum durchschaubar – Ideologiekritik gehörte nicht zu den Arbeitsansätzen städtebaulicher Praktiker der älteren Generation. Zunächst war die Idee, Wohnbereiche und Arbeitsstätten, Einrichtungen zur Erholung, Einkaufsstätten und Bildungseinrichtungen räumlich zu trennen, lediglich der Versuch einiger Städtebautheoretiker, die Bedingungen und Konsequenzen dieser Funktionen kritisch zu durchdenken. Doch rasch wandelte sich dieser Ansatz zu einem handfesten städtebaulichen Klischee. Der Denkansatz wurde zum gängigen Rezept, sei es, weil er in seiner idealtypischen Form den Sehnsüchten der potentiellen Bewohner dieser neuen Stadtteile, der heranwachsenden Gesellschaft apolitischer Konsumenten entsprach (164); sei es, weil er sich mit den Interessen von Bau- und Kapitalgesellschaften verband.

Die Ausrichtung des Wohnungsbaues nach ausschließlich gesundheitlichen und hygienischen Gesichtspunkten war eine der wichtigsten städtebaulichen Zielsetzungen in der ersten Hälfte des 20. Jahrhunderts – eine erklärliche Reaktion auf die Steinwüsten, Hinterhöfe und Industrieslums des 19. Jahrhunderts. In ihrer Auswirkung auf die seit den sechziger Jahren entstandenen und laufend weiter entstehenden Neubausiedlungen und damit auf die städtebauliche Entwicklung als ganze war sie aber ein sehr zweifelhafter Gewinn, führte sie doch zur weitgehenden Auflösung städtischer Vielfalt und Lebensform und zur Monostruktur und Sterilität neuer Wohnquartiere, also gerade zu jenen Wesensmerkmalen neuer Stadtteile, in denen deren Hauptprobleme heute begründet liegen.

Markt- und Produktionsinteressen

Dabei wäre die Herausbildung dieser neuen Siedlungsform kaum denkbar gewesen, wenn sie nicht den Interessen der großen Bau- und Kapitalgesellschaften entsprochen hätte. Denn das Leitbild der gegliederten und durchgrünten Gartenstadt und die Forderungen nach raschem und rationellem Wohnungsbau für die wachsende Bevölkerung der Verdichtungsräume hatten ein wesentliches Merkmal gemeinsam: Beide waren nur in den Außenbereichen der Städte, am Stadtrand, in zunehmendem Maße auch außerhalb der Stadtgrenzen realisierbar, wo ohne Hindernisse, ohne die Restriktionen subtiler, in einem geschichtlichen Prozeß gewachsener Stadtstrukturen in freiem Gelände, quasi auf der grünen Wiese geplant werden konnte.

Auf solche Areale konzentrierte sich demzufolge – mit Schwergewicht seit Anfang der sechziger Jahre – die Aktivität der großen Gesellschaften, die sich mit Grunderwerb und dem Bau ganzer Stadtteile befassen. In teils enger Liaison der Planungsabteilungen von Baugesellschaften und Kommunen entstanden die Konzepte für Bauvorhaben von der Größe traditioneller Mittelstädte, ja von Großstädten einschließlich deren zentraler und infrastruktureller Einrichtungen. Konzentrierter Einsatz von Kapital und Arbeitskraft, die Verbesserung der Gewinnchancen durch Techniken serieller Großfertigung und die Durchsetzung partieller Planungsautonomie angesichts der personellen und formalen Möglichkeiten der kommunalen Planungsämter – diese Interessen der Baugesellschaften verbanden sich mit denen der Kommunen nach rascher Produktion möglichst zahlreicher Wohnungen. Neue Wohnsiedlungen in ihrer standardisierten, auswechselbaren Form sind das eine Ergebnis dieser Entwicklung. Das andere ist die Vernachlässigung, wenn nicht Zerstörung der zentralen Bereiche vieler Großstädte, deren Ausmaß erst allmählich erkennbar wird.

Kritik an neuen Stadtquartieren

Fand das Konzept der Stadtrand-Großsiedlung zu Beginn der sechziger Jahre noch ziemlich einhellig Zustimmung – man bezog sich in diesen Jahren in der Bundesrepublik vornehmlich auf Beispiele aus Schweden und England –, so breitete sich in den Folgejahren rasch eine kritische Grundhaltung aus.
Diese Kritik ging und geht von unterschiedlichen, allerdings erst in jüngster Zeit von politisch-ökonomischen Ansätzen aus. Die angebliche Dominanz des architektonisch-gestalterischen Aspekts, die mangelhafte Ausstattung der Siedlungen mit Versorgungseinrichtungen, fehlender städtischer Charakter und eine angebliche Vereinsamung der Bewohner sind nur einige der Kategorien, die in der Diskussion Bedeutung erlangten. Die Metapher ›Stadt aus der Retorte‹ begann Unbehagen auszulösen – Ergebnis einer fast archetypisch scheinenden Ablehnung der serienweisen Herstellung von Häusern und Wohnungen. Wohnungsbau großen Stils verband sich zunehmend mit Begriffen wie Seelenlosigkeit, Vermassung, Entpersönlichung, Nivellierung.
Besondere Bedeutung in der Kritik neuer Wohnsiedlungen erlangten Argumente und Kategorien, die schon in der Diskussion des Nachbarschaftsgedankens Bedeutung hatten (320, 210, 307). Ihre Bewohner entbehren nach dieser Kritik der sozialen Bande und der Wärme einer engen nachbarschaftlichen Integration, da die Organisationsweise neuer Siedlungen dem Entstehen solcher Gruppierungen feindlich sei. Ergebnis seien Vereinsamung, Anonymität, das Fehlen nachbarlicher Hilfe und Unterstützung. Verhaltensweisen und Bedürfnisse, wie sie unter längst nicht mehr anzutreffenden, selbst bereits idealisierten und ideologisierten Wohn- und Lebensbedingungen – etwa denen des Dorfes oder der Kleinstadt – galten, wurden zu einem Maßstab der Kritik.
Diese Kritik neuer Wohnsiedlungen – sei sie emotional oder rational begründet – hat ihre Entsprechung in der wachsenden Tendenz zur Glorifizierung und Romantisierung alter Stadtviertel. Fand die Großstadtkritik im 19. und am Anfang des

20. Jahrhunderts ihre Wertmaßstäbe häufig in dörflichen oder kleinstädtischen Gemeinwesen, so besteht heute eine unverkennbare Tendenz zur Romantisierung gerade jener Bauquartiere, an denen sich seinerzeit Großstadt- und Gesellschaftskritik entzündete: der mit der Industrialisierung entstandenen, durch hohe Dichte und baulich-strukturelle Heterogenität, aber auch durch den niedrigen Stand ihrer Wohnhygiene gekennzeichneten Wohnquartiere, die sich in dieser Zeit um die Innenstädte der Großstädte lagerten.
Diese Tendenz wurde beflügelt einerseits durch das Pamphlet Alexander Mitscherlichs über die Unwirtlichkeit neuer Wohnquartiere (284), andererseits durch die Polemik von Jane Jacobs (199), die Dichte, Mannigfaltigkeit, Vitalität, Mischung, Lebendigkeit und das für viele alte Wohnquartiere charakteristische Erscheinungsbild als erstrebenswerte Qualitäten städtischer Wohnquartiere forderte.
Die Bilanz dessen, was sich nach rund einem Jahrzehnt Erfahrungen mit den ersten großen Stadtrandsiedlungen an Kritik darstellt, vermittelt ein differenziertes Bild. Einige der Mängel, die in den ersten Monaten oder Jahren nach Bezug Widerstand und Emotionen wachriefen, in einzelnen Fällen sogar zu Solidarisierungen der Bewohner und heftiger Kritik an den planenden Instanzen führten, wurden, wenn nicht behoben, so doch in ihrer Schärfe gemildert. Andere lösten sich auf mit der Verbesserung der Ausstattung, traten zurück in dem Maße, in dem die Bewohner heimisch wurden, neue Beziehungs- und Orientierungsmuster sich herausbildeten, die Bäume höher, die Hecken dichter wurden, Dächer, Hauswände und Balkonbrüstungen Patina ansetzten. Eine Reihe anderer hingegen gab um so mehr Anlaß für kritische Überlegungen, je deutlicher einerseits die Auswirkungen der Wohn- und Lebensverhältnisse von Großsiedlungen auf das Sozialverhalten ihrer Bewohner erkennbar wurden, je unangefochtener andererseits die Produktion ganzer Stadtquartiere aus einem Guß betrieben und damit die Wohnform der Trabantensiedlung zum primären, ja ausschließlichen Prinzip von Wohnungsbau und Stadterweiterung erhoben wurde.
Zu den erstgenannten Mängeln zählen vor allem Schwierigkeiten und Enttäuschungen der Bewohner, die sich aus der Neuheit, der Ungewohntheit des Wohnumfeldes ihrer Siedlungen ergaben (vgl. S. 63), aus der Notwendigkeit, neue räumliche, soziale, psychologische Orientierungen zu finden: Schwierigkeiten, wie sie sich in abgewandelter Form für viele Menschen auch bei einem Umzug innerhalb des historisch entstandenen Stadtumfeldes ergeben, Schwierigkeiten jedoch, die durch Ausstattungsmängel, Entfernung zum Stadtzentrum, schlechte Verkehrsverbindungen, überhöhte Preise der Läden, finanzielle Belastung beim Einzug und ähnliche Faktoren in Neubaugebieten gesteigert und zugleich bei großen Gruppen auftraten und auftreten. Zugängliche empirische Untersuchungen weisen ziemlich eindeutig nach, daß diese Schwierigkeiten in den meisten Neubaugebieten nach einiger Zeit abklingen, daß das Wohlbefinden bei der überwiegenden Zahl der Bewohner mit der Dauer der Ansässigkeit steigt (454).
Ein anderes Bündel von Schwierigkeiten resultiert aus mangelhafter infrastruktureller Ausstattung der neuen Wohnsiedlungen, die ihrerseits vor allem zwei Wurzeln hat:
1. Die Finanzmisere der Großstädte, die die Städte in vielen Fällen dazu zwang und zwingt, bei der Ausstattung von Neubausiedlungen lediglich einen durchschnitt-

lichen Minimumbedarf an Infrastruktur zu kalkulieren oder Siedlungen zum Bezug freizugeben, in denen lebenswichtige Ausstattungselemente ganz fehlen, in ihrer Kapazität zu gering bemessen sind oder schon nach kurzer Wohndauer sich als unzureichend erweisen; das gilt für Schulen, Kindergärten, Kinderkrippen, Spiel- und Bolzplätze ebenso wie für Verkehrsverbindungen und Einkaufsmöglichkeiten.

2. Unzureichende Planungsverfahren, vor allem unzureichend entwickelte Verfahren der Quantifizierung und Prognose des in den neuen Wohnsiedlungen später auftretenden Bedarfs. Dieser Mangel wiegt um so schwerer, als ein Mitbenutzen der Einrichtungen der Umgebung nur unter erheblichen Erschwernissen möglich ist wegen der meist beträchtlichen Entfernungen neuer Trabantensiedlungen zum Stadtkern oder zu anderen Stadtteilen.

Anhand zweier Beispiele lassen sich diese Probleme verdeutlichen: der Planung von Schulen und Kindergärten und der Planung von Einkaufsmöglichkeiten.

Die unausgewogene demographische Struktur der meisten Neubauquartiere ist nicht nur eines ihrer wesentlichen Merkmale, sondern auch und zugleich Quelle erheblicher Probleme. Die große Mehrheit der Einwohner sind jüngere, teils noch wachsende Familien. Der Anteil zuziehender alter Menschen ist hingegen minimal. Das Durchschnittsalter in neuen Wohnquartieren ist extrem niedrig, die Kinderzahlen liegen weit über gesamtstädtischen Durchschnittswerten. Zudem konzentrieren sich die Kinder auf wenige Jahrgänge. Beispielsweise beträgt der Anteil der bis Vierzehnjährigen in den ersten Bauabschnitten der Münchner Neubausiedlung Perlach 33 %/o und ist damit mehr als doppelt so hoch wie in der Gesamtstadt. Statistiker sprechen von einem ›Kinderberg‹. Die Folge: Zunächst ein kaum zu befriedigender Bedarf an Kinderkrippen, dann an Kindergärten, schließlich an Grundschulräumen, später an Real- und Oberschulkapazität – von anderen spezifischen Mängeln wie zu knapp bemessenen oder fehlenden Kinderspielplätzen, Bolzplätzen oder den ständig überfüllten Warteräumen des Kinderarztes gar nicht zu sprechen.

Sobald die Kinder den Krippen, dann den Kindergärten, schließlich den Schulen entwachsen sind, werden diese anfangs kaum ausreichenden Einrichtungen leicht zu groß. Denn die folgenden Jahrgänge sind nur noch schwach besetzt. Zuziehende können die abwärts verlaufende Alterskurve nicht mehr ausgleichen. Aus den meist öffentlich geförderten Wohnungen neuer Trabantensiedlungen zieht man freiwillig nicht gerne aus, zumal angesichts der rapiden Grundstücks-, Bau- und Mietpreissteigerungen in den zurückliegenden Jahren, an deren Spitze jeweils die neueren Wohnsiedlungen liegen, die als Ausweichstandorte in Frage kommen könnten. Viele Bewohner sozial geförderter Wohnungen würden zudem das Anrecht auf eine andere preisgünstige Sozialbauwohnung verlieren, da das Einkommen inzwischen die zulässige Höchstgrenze überschritten hat. Erschwerend kommt hinzu, daß das Angebot an Sozialbauwohnungen in den zurückliegenden Jahren – wie die Statistiken ausweisen – immer geringer wurde. Hinzu tritt außerdem als neuere Entwicklung der rapide und allgemeine Rückgang der Geburtenziffern, der zu einer weiteren Verringerung der Kinderzahlen in den Folgejahren führen wird.

In der Regel werden die bei Bezug festgestellten Mängel der Infrastrukturausstattung während der Folgejahre auf ein halbwegs erträgliches Niveau gemildert.

Transportable Schulpavillons werden vielerorts eingesetzt, um den Spitzenbedarf aufzufangen – ohne allerdings Schichtunterricht und übergroße Klassen ganz auszuschließen. Bessere Verfahren der Bedarfsprognose wurden entwickelt und finden zunehmend Anwendung. Die anfangs häufig unzureichende Verkehrserschließung spielt sich ein. Dies alles allerdings nicht selten unter dem massiven Druck von Elternbeiräten und Bürgerinitiativen. Resümee: Zwar sind die Probleme der Infrastrukturausstattung vieler neuer Wohntrabanten nach wie vor Anlaß für Kritik. Mehr und mehr wurde jedoch deutlich, daß sie nicht notwendigerweise typisch für neue Wohnquartiere sind, sondern ein generelles Problem der Großstädte darstellen, das sich in neuen Wohnquartieren aufgrund deren besonderer Entwicklungsbedingungen in zugespitzter Form zeigt.

Eine Fülle weiterer Probleme verbindet sich mit der Ausstattung neuer Wohnquartiere mit Einkaufsmöglichkeiten und Dienstleistungen. Im Rahmen einer Befragung wenige Wochen nach Bezug der ersten Bauabschnitte der Münchner Großsiedlung Perlach im Jahre 1969 beurteilten 84 % eines repräsentativen Querschnitts der Bewohner die dort gegebenen Einkaufsmöglichkeiten als »schlecht« bis »sehr schlecht«. 20 von hundert Hausfrauen einer Münchner Großsiedlung nannten unzureichende Einkaufsmöglichkeiten noch mehrere Jahre nach Bezug unter den am schwersten wiegenden Mängeln ihrer Siedlung (396, 164).

Die Hintergründe dieser Probleme liegen vornehmlich in der Entstehungsweise und Struktur der lokalen Einkaufszentren neuer Wohnsiedlungen, die sich vornehmlich an privatwirtschaftlichen Kriterien orientieren. Planung der internen Struktur, Disposition der Ladenflächen, Bau und Betrieb sind meist die Sache kapitalstarker freier Bauträger, die die Läden gegen lukrative Baukostenzuschüsse und Mietsätze an ihre Betreiber vermieten. Infolge ihrer exponierten Lage erhielt fast jede Siedlung ihr eigenes Ladenzentrum: ein großer Lebensmittel-Selbstbedienungsladen, sechs bis acht andere Geschäfte, eine Bankzweigstelle, manchmal auch eine Post und eine Gastwirtschaft oder ein Café – so etwa stellt sich die durchschnittliche Ausstattung eines Nahversorgungszentrums für fünf- oder sechstausend Einwohner häufig dar.

Da hohe Anfangsbelastungen nur kapitalkräftigen Betreibern Einzug und Existenz erlauben, bestimmen vor allem Filialen finanzstarker Ladenketten das Bild der Zentren. Häufig werden zwischen Bauherrn und Ladenmietern sogenannte Ausschließlichkeitsverträge abgeschlossen, die den Ladenmietern zum Ausgleich hoher Geschäftsmieten und Baukostenzuschüsse Konkurrenzlosigkeit garantieren.

Für mehrere tausend Einwohner des Nahbereichs ein einziges größeres Lebensmittelgeschäft mit allen Erscheinungen der Monopolsituation – so etwa kann das Ergebnis dieser Verfahrensweise aussehen. So kann es auch geschehen, daß – trotz zahlreicher Bewerber und unzureichender Einkaufsmöglichkeiten – Geschäftsräume monatelang leerstehen, weil die Hereinnahme eines Konkurrenzgeschäfts unterbleiben muß. Bauherr und Ladenketten machen das Geschäft unter sich aus, häufig genug auf Kosten der Bewohner.

Die gelegentliche, harte Kritik der Bewohner an der privatwirtschaftlichen Versorgungssituation hat vielerorts zu Fragen nach der grundsätzlichen Konzeption der Einkaufs- und Versorgungszentren neuer Wohnsiedlungen geführt. Wurden die Zentren zu klein geplant, so daß eine geschäftliche Konzentration mit den Vorteilen

der Konkurrenz nicht entstehen kann? Ist die Zusammenfassung aller Läden eines Siedlungsgebietes zu einer Art Einkaufsmaschine der richtige Weg oder sollte man wieder zu einer stärkeren Mischung von Wohn- und Geschäftsbauten kommen? Ist es sinnvoll, daß jedes Neubauquartier sein eigenes und damit notwendigerweise kleines, also konkurrenzloses Ladenzentrum erhält?
Manchenorts begann sich die Einsicht durchzusetzen, daß eine Kombination von gut ausgestatteten Stadtteilzentren, die mehrere Wohngebiete versorgen, mit Nahversorgungseinrichtungen, die das engere Wohnumfeld bedienen, zu einer Verbesserung der Einkaufsbedingungen in den äußeren Stadtbereichen führen könnten. Zentren auf Stadtteilebene könnten die Konkurrenz beleben, den neuen Wohnsiedlungen als städtische Orientierungspunkte dienen und einen Teil der Versorgungsaufgaben übernehmen, die heute der weit entfernten Innenstadt zufallen. Örtliche Siedlungszentren würden durch sie nicht überflüssig; ihnen fiele die Nahversorgung mit Gütern des täglichen Bedarfs zu (394). Doch der Ausbau solcher Subzentren ist nicht von heute auf morgen möglich; er ist eine Aufgabe langfristiger Stadtentwicklungsplanung.
Daneben führte die mangelhafte Versorgungslage in manchen Neubausiedlungen zum Wiederaufleben einer längst totgeglaubten Einrichtung: zur Rückkehr des Wochenmarktes. So wurden beispielsweise in München in den Jahren 1969 bis 1972 in zwölf Neubausiedlungen Wochenmärkte eingerichtet, teils auf Initiative der Stadtverwaltung, teils auf Drängen der Einwohner. Daß ihre Zahl nicht noch größer ist, liegt heute ausschließlich darin begründet, daß weitere ambulante Händler fehlen, die die Märkte beschicken könnten. Ein seltsamer Vorgang ist hier zu beobachten: Das moderne Ladenzentrum als durchrationalisierte Einkaufsmaschine, sowohl von den Eigentümern wie von den Ladeninhabern an den oberen Grenzen des möglichen Preisspielraums kalkuliert, entlarvte sich selbst in seiner Bewohnerfeindlichkeit; in dieser Situation konnte sich der fliegende Markt als vorindustrielle Form des Warenvertriebs eine neue Basis zurückgewinnen. Allerdings bedarf es keiner Frage, daß fliegende Wochenmärkte die Probleme der Güterversorgung in Neubauquartieren nicht lösen, sondern allenfalls hie und da in ihrer Schärfe mildern können.
In einer Reihe von Neubauquartieren verbesserten private Einzelhändler die Versorgungslage, indem sie sich in der Nähe neuer Wohnsiedlungen niederließen und mit den Läden der Einkaufszentren in Konkurrenz traten. In anderen Fällen wurde die Ausstattung der Siedlungszentren im nachhinein verbessert. Unabhängig hiervon weisen empirische Untersuchungen nach, daß sich die Bewohner neuer Wohntrabanten bei der Deckung ihres Bedarfs erheblich stärker als die Bewohner traditioneller Wohnviertel auf die Kernbereiche der Stadt orientieren – Ergebnis einer Entflechtung der städtischen Funktionen, auf die später noch eingegangen wird.

Bewohner sind immer zufrieden

Allerdings konnten weder Ausstattungsmängel noch Orientierungsschwierigkeiten in neuen Wohntrabanten eine breite Zufriedenheit der Bewohner mit Wohnung und Wohnumfeld in Frage stellen; empirische Untersuchungen aus einer Reihe neuer

Wohnquartiere weisen das mit großer Übereinstimmung nach (454, 396). Zwar geht die neuere Städtebaukritik vielfach davon aus, daß die Bewohner neuer Trabantensiedlungen überkommenen Formen städtischer Bebauung nachtrauern. Offene Bauweise und Grün unter den Balkons wurden um so mehr beargwöhnt, je mehr die Ideologie der Verdichtung und Urbanität zum gängigen städtebaulichen Leitbild von Architekten und Bauherren wurde (vgl. S. 464 ff).

Die Bewohner neuer Stadtrandsiedlungen gelten als Kronzeugen dieser Kritik: Ihre Sehnsucht gehe zurück in die alten städtischen Wohnquartiere, aus denen sie einst auszogen. Jene Urbanität, die die Stadtbewohner suchten, sei nur in Quartieren hoher baulicher Verdichtung möglich. Sieht man einmal davon ab, daß in diesem Leitbild des Bauens und Wohnens die Interessen von Baugesellschaften und Grundstücksbesitzern an einer maximalen Ausnutzung des Bodens nur allzu deutlich durchscheinen — auch die Ergebnisse empirischer Untersuchungen belegen anderes: Mehr als 80 % der Bewohner der vier Münchner Großsiedlungen Fürstenried-Ost, Fürstenried-West, Parkstadt Bogenhausen und Hasenbergl stellten fest, daß die Lage ihrer Siedlung am Stadtrand, ihre weitgehend offene Bauweise und die Einbettung der Wohnblocks in Grünanlagen völlig ihren eigenen Vorstellungen entspreche (454). Die Ergebnisse einer anderen Münchner Untersuchung, bei der Hausfrauen in neuen Trabantensiedlungen befragt wurden, bestätigen diese Einstellung: 62 von hundert Frauen nannten als besondere Vorteile ihrer Siedlung deren städtebauliche Anlage und ihre starke Durchgrünung, während 54 von Hundert gute Wohnbedingungen allgemein konstatierten (164). Martin Irle ermittelte schon vor Jahren bei einer repräsentativen Befragung in Stuttgart Einstellungen, die die Münchner Ergebnisse bestätigen: Nur 8 von hundert Befragten wünschten sich nach dieser Untersuchung eine Wohngegend, in der man das Großstadtleben spürt, 59 von Hundert dagegen bevorzugten eine ruhige, aber städtische Umgebung und jeder Dritte wünschte sich eine Wohnung in einer naturnahen Umgebung (191).

Ähnlich hoch wie die Zustimmung zur städtebaulichen Konzeption ist die Zufriedenheit mit der Wohnung (vgl. S. 64 ff). Selbst zu einer Zeit, da schwerwiegende Ausstattungsmängel in den ersten Bauabschnitten der Münchner Großsiedlung Perlach zu einem spannungsgeladenen Verhältnis zwischen Bewohnern, Wohnungsbaugesellschaft und Planungsbehörde der Stadt führten, äußerten 92 % der in einem repräsentativen Querschnitt befragten Bewohner hohe Zufriedenheit mit ihrer Wohnung. Auf einer Bewertungsskala, die von + 5 als bestmögliche Einstufung bis — 5 als schlechtestmögliche Einstufung reichte, bedeutete das einen Wert von + 3,9 (396).

Diese betont positive Einstellung mag teilweise darauf zurückzuführen sein, daß viele der Bewohner in der Neubausiedlung eine Lösung jahrelanger Wohnprobleme fanden (454). Sie mag weiterhin damit zu tun haben, daß der Ausstattungskomfort auch in Sozialbauwohnungen weit über dem liegt, den viele Zuziehende aus ihrer Vorwohnung — oft in einem Altbau in den dicht bebauten Innenstadtvierteln gelegen — kannten. Schließlich ist sie mit Sicherheit in Verbindung mit der Tatsache zu sehen, daß viele junge Ehepaare hier überhaupt ihre erste Wohnung fanden, daß sich der Einzug in die Neubausiedlung mit Eheschließung, Geburt der Kinder, vielleicht auch anderen das spätere Leben bestimmenden Entscheidungen und emotionalen Erlebnissen verbindet.

Soziologen und Psychologen haben oft nachgewiesen, in welch hohem Maße Wohnwünsche von den eigenen Wohnverhältnissen beeinflußt werden, wie sehr Menschen ihre Wohnmaßstäbe in ihrer eigenen Siedlung und Wohnung finden, daß die Vorstellungskraft gerade im Bereich des Wohnens ohne Hilfe durch Dritte nur selten über das selbst Erlebte hinausreicht. Aus diesem Grund scheint es erforderlich, das positive Urteil hoher Anteile der Bewohner neuer Siedlungen über Wohnung und Wohnumfeld zu relativieren, zumindest zu erklären. Nur allzu leicht könnte es als Rechtfertigung dienen für eine Siedlungsform, die nur aus der Verbindung einer höchst problematischen Bodenrechtssituation und kapitalistischer Produktionsweise erklärlich ist, aus einer Form des Wohnens, deren gesellschaftliche, soziale und individuelle Folgewirkungen bislang erst ansatzweise kalkuliert werden können. Hier, und nicht bei vordergründig-subjektiver Einschätzung durch die Bewohner muß deshalb die Kritik der in den zurückliegenden Jahren entstandenen Stadtrand-Großsiedlungen ansetzen – einer Wohnform, die die individuelle und soziale Existenz wachsender Teile der Stadteinwohnerschaft prägt. Aus den Entstehungsbedingungen der neuen Wohnquartiere leiten sich Auswirkungen auf die in ihnen lebenden Menschen her, die durch Kategorien wie ›Wohnzufriedenheit‹ oder ›Einstellung zu den Nachbarn‹ kaum gefaßt werden können.

Entstehungsbedingungen von Stadterweiterungen

Kehren wir unter diesem Aspekt zurück zu den Entstehungsbedingungen neuer Wohnsiedlungen, die wir im folgenden thesenartig zusammenfassen; prüfen wir im Anschluß hieran einige der Auswirkungen ihrer Wohnbedingungen auf die Bewohner:
1. Wesentliche Grundgrößen im Entstehungsprozeß neuer Wohnsiedlungen bilden die Bedingungen des Bodenrechts (vgl. S. 385 ff). Lage und Ausdehnung ergeben sich meist aus zufälligem Grundstücksangebot. Sie bestimmen sich nur sehr selten aus Gegebenheiten, die eine Ankristallisation an schon vorhandene Bebauung, ein Mitbenutzen schon vorhandener Infrastruktur erlaubten. Vor allem bestimmen sie sich so gut wie nie aus den Vorstellungen, wo Menschen gerne wohnen möchten. Ihre Kalkulation orientiert sich an den Prinzipien maximalen Gewinns, an der oberen Grenze der Belastbarkeit der Mieter, die Kalkulation von Ausstattung und Standard hingegen an den Minimumgrenzen des Bedarfs. Ersteres führt zu einem ständigen Hinauswachsen der Bautätigkeit in die Außenräume der Verdichtungsräume, da hier niedrigere Einstandspreise beim Grunderwerb höhere Planungsgewinne versprechen. An diesen Maximen orientiert sich auch der Grad der Verdichtung neuer Wohnquartiere, das Maß, in dem die Stapelung der Wohneinheiten erfolgt. Da hohe Dichte hohen Ausnutzungsgrad des Grundes bedeutet, ist die Norm eine Verdichtung bis unmittelbar an die Grenze des gesetzlich Zulässigen. Wo möglich, wird versucht, diese Grenzen hinauszuschieben.
2. Fertigungsprinzip neuer Wohnsiedlungen ist die Großserie, das standardisierte Verfahren, das – wie schon erwähnt – im freien, unreglementierten Raum besonders günstige Bedingungen findet. In Verbindung mit der Maxime bestmöglicher Verwertung der eingesetzten Kapitale bedeutet das eine sehr weitgehende Stan-

dardisierung des Produkts Wohnumwelt, und zwar nicht nur für die einzelne Wohnsiedlung, sondern – da identische Verfahren alle Bauprojekte beherrschen – eine Normierung, eine Auswechselbarkeit, die total ist und Unterschiede zwischen Quartieren, Städten, Verdichtungsräumen, zunehmend auch zwischen Stadt und Land einebnet. Wohnumwelt wird in ihrer Totalität austauschbar (162).
Der Versuch, durch Farbspielereien oder Tiersymbole an den Eingängen der Wohnblocks Unverwechselbarkeit und den Kindern Hilfen beim Wiederauffinden ihres Zuhause zu geben, illustriert die Situation in ihrer ganzen Problematik.
Zugleich hat die Herstellung neuer Wohnviertel als Großprojekte in Verbindung mit der Maxime weitestmöglicher Ausnutzung des Bodens die totale Durchplanung der Gesamtprojekte zur Folge. Da Standardisierung und Normierung Produktionsprinzipien sind, bedeutet das notwendigerweise Reglementierung und Standardisierung auch der Lebensabläufe ihrer Bewohner.
3. Das in neuen Wohnquartieren sehr weitgehend realisierte Prinzip der Funktionstrennung ist einerseits unmittelbares Ergebnis dieses Entstehungsprozesses, andererseits Ergebnis einer Städtebau-Ideologie, die sich in doppelter Weise als Lüge darstellt. Die erste Lüge besteht darin, daß sie in nahezu ungebrochener Weise die längst problematisierten Segnungen der Gartenstadt verspricht – ein Blick auf die großflächigen Immobilieninserate und eine Analyse der klangvollen Namen, die die Werbemanager der großen Baugesellschaften in Verbindung mit ahnungslosen, aber prestigeheischenden Landbürgermeistern und Planern ihren Projekten geben, verdeutlicht die Situation. Die zweite Lüge besteht darin, daß die Konzeptionen der meisten Neubausiedlungen schließlich auch jene Ziele denunzieren, die die kritische Auseinandersetzung mit der Gartenstadt-Ideologie übrigließ.
Ergebnis dieses Herstellungsprinzips ist das unvermittelte Nebeneinander kompromißloser Monostrukturen: von Wohnquartieren, die sich jetzt auch Wohnzentren nennen, von Einkaufszentren, Schulzentren, Altenzentren, selbst Kirchenzentren- Monostrukturen, die aufgrund immanenter Gesetzmäßigkeiten wachsende Dimensionen annehmen und damit die Chancen einer Integration in immer weitere Ferne rücken lassen.
4. Der regionale Verdichtungsprozeß mit dem Hinauswachsen der Wohnzonen in die Außenräume und der Bevölkerungsentleerung der zentralen Bereiche findet im Konzept ›Großsiedlungen‹ eine seiner wesentlichen Voraussetzungen. Erst durch das Entstehen großer Neubauquartiere im Außenraum war es möglich, die Interessen voll durchzusetzen, die hinter diesen Umstrukturierungen stehen und von expandierenden Versicherungsunternehmen bis zu den Althausbesitzern reichen, die ihre Häuser in Ausländerunterkünfte umwandeln wollen. Daß diese Interessen mit denen der Baugesellschaften übereinstimmen, die Großprojekte am Stadtrand entwickeln, ist kaum ein Zufall; häufig genug sind die Kapitalgeber identisch. Der Tatbestand illustriert jedoch die Totalität der Situation. Die Vernachlässigung der Wohnbausubstanz in den zentralen Stadtbereichen, welche die Wohnqualität in diesen Bereichen laufend absinken läßt, damit zugleich deren Umstrukturierung erleichtert und die Bereitschaft der Bewohner zur Übersiedlung in die Wohntrabanten des Außenraumes fördert, ist wesentlicher Bestandteil dieses Prozesses.
5. Die Kommunen sind in diesem Prozeß Mitwirkende und Opfer zugleich: Mitwirkende, indem sie durch Bereitstellung hoher Summen die Erschließung der Außen-

bereiche übernehmen und damit die beschriebenen Prozesse ermöglichen; Opfer, indem ihnen die Lösung der Probleme angelastet wird, die der gleiche Prozeß mit sich bringt.
Insgesamt stellt sich das Entstehen neuer Wohnquartiere als ein Vorgang dar, der primär durch wirtschaftliche Interessen gesteuert ist und nicht durch eine Konzeption sozialer Stadtentwicklungsplanung, die sich an den Interessen der Bewohner der Verdichtungsräume orientiert. Das Interesse dieser Bewohner an einer Wohnumwelt, die ihnen Ruhe, Sicherheit, persönliche und familiäre Entfaltung gestattet, ist weniger Motiv als kalkulierbares Potential in einem Marktprozeß.

Totale Privatheit – totale Integration?

Die objektiven Auswirkungen dieser Wohnverhältnisse auf die Bewohner sind bis heute in einem umfassenden Sinne nicht untersucht. Das gilt noch mehr für ihre gesellschaftlichen Konsequenzen angesichts der wachsenden Zahlen von Menschen, deren Verhaltensweisen, Denken und Fühlen durch diese Verhältnisse geprägt werden. Bruchstückhafte Befunde der Soziologie, der Psychologie und Psychiatrie, der Medizin stehen unverbunden nebeneinander, erlauben bisher kein konsistentes, umfassendes Bild.
Der Komplex der sozialen Kommunikation der Bewohner neuer Großsiedlungen ist einer der am besten untersuchten Bereiche (vgl. S. 45 ff, 83 f). Studien, die in den letzten Jahren vor allem in Münchner Neubauquartieren durchgeführt wurden, vermitteln zumindest erste zusammenhängende Folgerungen über die Auswirkungen ihrer Lebensbedingungen auf die Formen des Zusammenlebens und dessen Inhalte (164, 165, 163, 103).
Dabei zeigte sich, daß die Kategorien ›Öffentlichkeit‹ und ›Privatheit‹ von zentraler Bedeutung (17, 18) sind. Sei es, daß die das Wohnquartier bestimmende Form von Öffentlichkeit die Formen und Inhalte der Kommunikation zwischen den Bewohnern bestimmt, sei es, daß sich die Kommunikation zwischen den Bewohnern unterschiedlich stark auf öffentliche oder private Kategorien und Inhalte bezieht, sei es schließlich, daß die Privatsphäre zu unterschiedlichen Graden für andere Menschen des sozialen Umfeldes offen ist – wobei diese unterschiedlichen Grade der Offenheit objektive, in ihren Auswirkungen unterschiedliche Grade der ›Öffentlichkeit‹, wenn auch in einem auf relativ kleine Gruppen beschränkten Sinn, meinen.
Öffentlichkeit und Privatheit sind dialektisch vermittelte Zustände. Öffentlichkeit ist nur als Gegensatz, als die Aufhebung von Privatheit denkbar, während Privatheit, zumal unter den Bedingungen räumlich verdichteten Wohnens und Zusammenlebens, wie es für Großstädte charakteristisch ist, nur aufrechterhalten werden kann, wenn ein gewisses Maß der Neutralisation, wenn Beliebigkeit in der Wahl der Kommunikationspartner, wenn die Möglichkeiten unvollständiger Integration oder die Möglichkeit, den Grad der jeweils gewünschten Integration in das soziale Umfeld selbst zu bestimmen, gewährleistet sind: Bedingungen, die Öffentlichkeit voraussetzen.
Eines der charakteristischen Merkmale der heute entstehenden Stadtrandgroßsiedlungen liegt darin, daß dieses dialektische Spannungsverhältnis zwischen der Privat-

heit des eigenen Wohnbereichs und der Öffentlichkeit außerhalb dieses Bereiches, wie es für traditionelle Stadtquartiere von vergleichbarer Verdichtung galt, hier aufgehoben ist. Aufgehoben dadurch, daß diese Wohnquartiere als Ganzheit durch totale Privatheit ausgezeichnet sind, daß es das Gegenüber von privaten und öffentlichen Räumen bei gleichzeitiger hoher Dichte des Wohnens nicht gibt, da öffentliche Räume in ihnen nicht ausgebildet werden – nicht, weil es Planer oder Wohnungsbaugesellschaften so wollten – im Gegenteil, ihr verzweifeltes Bemühen, ›Urbanität‹ in neue Wohnquartiere zu bringen, ist bekannt –, sondern doch wohl aufgrund der Produktionsbedingungen dieser Wohnquartiere im umfassenden, gesellschaftlichen Sinne, also aufgrund gesamtgesellschaftlicher Entwicklungstendenzen, die sich in ihnen zugespitzt manifestieren. Hierin, und weniger in Stadtferne, Baukörperanordnung oder einer einseitigen, unausgewogenen Sozialstruktur scheint das soziologisch und sozialpsychologisch relevante Merkmal neuer Siedlungen zu liegen.
Denn diese totale Privatheit hat weitgehende Schutzlosigkeit vor der totalen Integration in das soziale Umfeld zur Folge. Hans Paul Bahrdt schrieb schon vor Jahren, daß Privatheit der Öffentlichkeit bedürfe (17), daß eine der wesentlichen Funktionen der Öffentlichkeit in der städtischen Gesellschaft darin liege, den einzelnen vor der Distanzlosigkeit zum sozialen Umfeld zu schützen, seine unvollständige Integration zu gewährleisten. In traditionellen Stadtquartieren leistete das die Quartiersöffentlichkeit, gesichert durch die Mischung unterschiedlicher Funktionen und die Einbindung der Wohnquartiere in das gesamtstädtische Beziehungsgeflecht. In traditionellen vorstädtischen Wohnvierteln, in denen diese Öffentlichkeit fehlte, schützte vor allem die räumliche Distanz (einschließlich Gärten, Hecken, Zäunen usw.) vor ständiger, unmittelbarer Einsicht durch die Umgebung und dem Zwang, gewollt oder ungewollt Kommunikation pflegen zu müssen. In den Wohnquartieren, wie sie heute entstehen, fehlen neutralisierende Öffentlichkeit und räumliche Distanz zugleich. Bruchlos und dicht gestapelt stößt Wohnung an Wohnung, Wohnblock an Wohnblock, wird Kontrollierbarkeit, Einsichtsmöglichkeit geschaffen. Selbst die Wege zwischen den Blocks – bezeichnenderweise ›Wohnwege‹ genannt – sind privat, nur eine Verlängerung von Loggia oder Flur. In vielen Fällen ist der Durchgang Fremden durch Verbotsschilder untersagt.
Dieser Zustand hat zwei primär bedeutsame Aspekte:
– Da das Wohnquartier, im Gegensatz zu traditionellen Stadtquartieren, keine Öffentlichkeit, keine öffentlichen Räume hat, in denen das Bedürfnis nach Kommunikation mit anderen Menschen, nach Selbstdarstellung, nach Austausch und Aufnahme von Neuigkeiten, nach Unverbindlichkeit erfüllt werden kann, wird Kommunikation in das engste Wohnumfeld verlegt: Kommunikation erfolgt dort zwischen den unmittelbar Anwohnenden, was jedoch nicht ohne Konsequenzen für deren Verhältnis, die Distanz zwischen ihnen und den Charakter ihrer Kommunikation selbst sein kann;
– da in einem total privatisierten Wohnumfeld öffentliche Interessen nicht aktiviert werden, erfolgt Kommunikation zwischen den Betroffenen fast ausschließlich über Dinge und Tatbestände des Privatbereichs – ein Faktum, das mit Sicherheit zu einem allmählichen Abbau von Tabus und Kommunikationsschranken zwischen den Beteiligten führt und dessen Folgen daher mit den zuerst genannten zusammenfließen.

Diese Situation läßt für die Bewohner zwei Wege offen, den der totalen Kommunikation und den der totalen Isolation.
Der Weg der totalen Kommunikation, so scheint es aufgrund der empirischen Befunde, führt zu einer allmählichen, kaum zu verhindernden qualitativen Veränderung dessen, was traditionell als Privatheit, als familiärer, persönlicher Bereich verstanden und bewertet wird. Dieser Bereich wird einsehbar, offengelegt, wird ›veröffentlicht‹, wenn auch nicht der Gesamtheit der Menschen, die um einen herum wohnen, sondern nur einer ausgewählten Gruppe, mit der man in Kontakt steht. Die meisten Frauen in neuen Siedlungen gehören zu solchen untereinander verzahnten Gruppen, die ursprünglich meist durch gemeinsame Aktivitäten entstanden sind: Waschtag in der Gemeinschaftswaschanlage des Hauses, Weg zum Einkaufen, Zusammentreffen bei Bewohnerversammlungen, Gleichaltrigkeit der Kinder, die man am Spielplatz beaufsichtigt. Auf die Dauer gewährt das Wohnumfeld nur wenig Möglichkeiten, sich dieser totalen ›Sozialisation‹ zu entziehen.
Die in den erwähnten Untersuchungen ermittelten Tatbestände sind Reflex dieser Situation: das überaus freundliche Bild von den Nachbarn, die Offenheit für neue Kontakte, die weitgehende Konfliktlosigkeit, die Bereitschaft, Einblicke in den Privatbereich zu gewähren, wie sie in den dominierenden Gesprächsthemen und der freimütigen Überlassung des Wohnungsschlüssels sich zeigt, fehlende Furcht vor Verbindlichkeiten aus wechselseitigen Aushilfen.
Alle diese Tatbestände erscheinen jedoch in einem radikal veränderten Licht, wenn man in Rechnung stellt, daß sie Resultat einer Zwangssituation sind, einer Situation weitgehender Integration in das soziale Umfeld, die vor allem den ständig diesen Bedingungen ausgesetzten, oftmals durch ihre Kinder wenig mobilen Frauen kaum Ausweichmöglichkeiten, beliebigen Rückzug, Reserviertheit, Anonymität, kurz: kaum eine andere Alternative läßt, als sich in diese Bedingungen zu fügen und das beste aus ihnen zu machen.
Viele Anzeichen sprechen dafür, daß sich unter diesen Bedingungen – als eine Art Flucht aus der Verbindlichkeit – der Stellenwert, die qualitative Bedeutung der nachbarlichen Kommunikation selbst verändert: daß sie ihre Verbindlichkeit verliert, daß ihr emotionaler Gehalt sich abbaut, daß es nichts bedeutet, die Wohnung oder Privatbelange offenzulegen – vielleicht weil die Grenzen der Privatheit inzwischen auf neue Positionen zurückgenommen wurden; daß Konflikte nicht entstehen und Verbindlichkeiten sich nicht bilden können – weil die emotionale Komponente fehlt, weil die Nachbarn, genau wie das äußere Erscheinungsbild der Siedlungen, beliebig austauschbare Elemente eines austauschbaren Umfeldes sind, weil Kommunikation zur leeren Hülse wurde.
Dieser Mechanismus ist einer der beiden möglichen Mechanismen, die als eine Art ›Regelkreis‹ verstanden werden müssen. Die andere Möglichkeit liegt im Gegenteil, im Umschlagen der zwangsweisen Kommunikation, der ungewollten Offenlegung des Privatbereichs in einen totalen Rückzug aus dem sozialen und kommunikativen Umfeld, wenn auch unter Wahrung der freundlich-glatten, kommunikationsbereiten Kulisse.
Nicht der Begriff der Anonymität paßt auf diesen Zustand, obgleich er von den Kritikern neuer Wohnsiedlungen häufig für die Beschreibung dieses Zustandes verwendet wird; denn die Nachbarn, die Mitbewohner sind untereinander sehr wohl

bekannt, wissen selbst Einzelheiten übereinander. Vielmehr besteht hier der Zustand einer totalen Isolation in all ihren Erscheinungsformen: dem Fehlen jeden sozialen Kontakts im Wohnumfeld, dem Bemühen, jede Kommunikation, die die Schwelle des Wohnbereichs, des Persönlich-Privaten auch nur tangieren könnte, bereits weit im Vorfeld auszuschließen, abzubiegen, zu unterbinden. Die Peinlichkeit, die der gelegentlichen Begegnung im Lift anhaftet, erklärt sich aus dieser Situation: für kurze Augenblicke der Möglichkeit beraubt zu sein, sich so weit aus dem Wege gehen zu können, daß auch der erste Ansatz für Kommunikation unterbunden bleibt.

Es ist bis heute auch nicht in Umrissen möglich, die Gruppen quantitativ und qualitativ zu bestimmen, für die die Regelkreise ›totale Kommunikation‹ und ›totale Isolation‹ gelten. Untersuchungen, die der Verfasser durchführte, lieferten keine Aussagen, in welchem Maße die soziale Stellung, die Zahl der Kinder oder die Wohndauer von Einfluß sind. Alle Wahrscheinlichkeit scheint jedoch dafür zu sprechen, daß solche Bedingungen langfristig von Einfluß sind. Vor allem deutet vieles darauf hin, daß es im zeitlichen Verlauf Umschläge vom einen zum anderen, von der totalen Kommunikation zur totalen Isolation geben wird, wobei von Bedeutung sein dürfte, in welcher Art und Intensität Menschen ihrem Wohnumfeld ausgesetzt sind, ob und unter welchen Bedingungen die Möglichkeit gegeben ist, auf andere Umfelder und auf andere Kontaktpartner auszuweichen.

Alarmierende Fragen stellen sich: Kann unter solchen Bedingungen öffentliches Interesse, soziale Verantwortlichkeit, bürgerschaftlich-politisches Bewußtsein, Spontaneität überhaupt noch entstehen? Oder wachsen in den neuen, normierten Wohnfabriken am Stadtrand die total vereinzelten, jeder sozialen Aktivität feindlichen, angepaßten, apolitischen Konsumenten von morgen heran? In der Tat weisen Vergleichsuntersuchungen nach, daß das gesellschaftlich-politische Interesse in Stadtrandsiedlungen hinter dem in traditionellen Stadtvierteln zurückbleibt:

– Das Interesse an politischen Parteien ist geringer;
– weniger Bewohner sind Mitglieder von Gewerkschaften;
– die Wahlbeteiligung liegt unter dem Durchschnitt;
– die Lektüre von Tageszeitungen ist weniger verbreitet;
– Themen von öffentlichem Belang sind in nachbarschaftlichen Gesprächen seltener, Themen von privatem Belang dagegen haben überhöhte Bedeutung;
– selbst der Gottesdienst wird im Durchschnitt seltener besucht.

Offene Fragen

Damit ist nur einer der kritischen Fragenkreise berührt, eine Vielzahl anderer bleibt im Dunkeln, im Bereich der Spekulation, gelegentlicher Feststellungen auf Wochenendseminaren oder in der populären Presse, die sich der sogenannten Grünen Witwen annimmt:

– Wie sind die Auswirkungen der artifiziellen und hochgradig normierten Wohnverhältnisse auf die Bereitschaft zu gesellschaftlicher Anpassung? Wo liegt der Punkt des Umschlags von Anpassung in Protest?
– Welchen Niederschlag findet die Undifferenziertheit, die Gefühlsarmut der Bau-

formen auf die Dauer in der Psyche der Bewohner, vor allem der Kinder, die unter diesen Bedingungen aufwachsen, in ihrer Fähigkeit zu Kreativität, zu Spontaneität, zu sozialer Phantasie? Welche psychischen Auswirkungen sind mit ihnen verbunden?

– Welches sind andererseits die Folgen des Hinauswachsens der Städte in ihr Umland für die in einem langjährigen Prozeß entstandenen Kernbereiche der Städte? Wird es das Gefühl, in einer ganz bestimmten, unverwechselbaren Stadt zu Hause zu sein, noch geben? Oder wird das Prinzip der totalen Mobilität und mit ihm das der totalen Indifferenz, der totalen Austauschbarkeit der gebauten Lebensumwelt sich durchsetzen?

Es bedarf keiner Frage, daß weder bündige Antworten auf diese Fragen gegeben werden können noch eine einfache Revision der aufgezeigten Entwicklungen möglich ist. Denn nicht die Unfähigkeit der Planer, der böse Wille der Chefs von Baugesellschaften und Banken, der Mangel an Daten, die Unkenntnis der Auswirkungen sind es letztlich, die daran hindern, angemessenere Wohnverhältnisse für die Menschen zu schaffen. Vielmehr sind es die gesellschaftlichen Produktionsbedingungen in ihrer Totalität, die in den Wohn-Großsiedlungen in zugespitzter, exponierter Form zum Ausdruck kommen. Zu deren Wandel aber bedarf es gewiß ganz anderer als städtebaulicher, sozialwissenschaftlicher oder gar verwaltungstechnischer Hilfsmittel (282).

MICHAEL LOHMANN

Grünplanung

Ideologie der Grünplanung

In der deutschen Stadtplanung nach dem zweiten Weltkrieg lassen sich drei Phasen erkennen, die auch für die Grünplanung von ausschlaggebender Bedeutung waren oder noch sind. In den Jahren unmittelbar nach dem Krieg ging es nicht um städtebauliche Konzepte, sondern um die Beseitigung von Trümmern, um Wohnraumbeschaffung, um den Wiederaufbau von Verwaltungs-, Handels- und Industriegebäuden. Daß man sich in dieser Phase manchen Freiraum verbaute, ist bekannt – und es ist in gewissem Umfang verständlich.
Im Gegensatz zur ersten Aufbauphase sind die beiden Stadien, die darauf folgten, ›ideologische‹ Phasen. In den fünfziger Jahren tauchte mit der Normalisierung der Verhältnisse das teils auf Ebenezer Howards Gartenstadt-Idee (184), teils auf der Charta von Athen (1933) beruhende Konzept einer aufgelockerten, durchgrünten Stadtlandschaft und einer räumlichen Trennung der Funktionen Arbeit, Wohnen, Verkehr und Freizeit wieder auf. Dieses städtebauliche Leitbild wurde in den fünfziger und sechziger Jahren unterstützt durch den auch unter sozialpolitischen Aspekten geförderten Drang zum Eigenheim mit Garten.
Die Mischung von Wiederaufbauzwang und Eigenheimwünschen führte zu dem ins Umland der Städte ausufernden Brei phantasieloser Mietskasernen mit dem vorschriftsmäßigen Rasenfleck in ihrem Schatten. Im Schatten der Wohnraum- und Verkehrsflächenbeschaffung steht in der Tat die Grünplanung, soweit sie in den ersten zwanzig Nachkriegsjahren überhaupt diese Bezeichnung verdient. Selbst da, wo es sich nicht nur um die lustlose Erfüllung von Bauvorschriften, um das Garnieren mit dem obligaten Blutberberitzenheckchen handelt, erschöpft man sich in ›grünen Mitten‹, ›Verkehrsbegleitgrün‹ und dünnen ›Grünkeilen‹, kurz: in Repräsentationsgrün, das mehr der Daseinsberechtigung der Stadtgärtnerei als den Bewohnern dient. Auch draußen in den neuen Siedlungen wird erst einmal alles ausradiert, was allenfalls noch an Landschaftselementen vorhanden ist und als Ausgangspunkte für eine sinnvolle Grünplanung dienen könnte. Über die planierten Abstandsflächen werden dann einige Bäume, einige Büsche, einige Spielplätze und einige Bänke mit Papierkörben verteilt. Die Freiflächen, die solchermaßen als Nebenprodukt höchstzulässiger Geschoßflächenzahlen entstehen, bleiben im Bereich mehr oder weniger sterilen ›Kleingrüns‹, ohne die Vorteile des eigenen Hausgartens auch nur annähernd zu erreichen.
Anfang bis Mitte der sechziger Jahre begann sich dann auch hierzulande jene weltweite Umorientierung städtebaulicher Vorstellungen abzuzeichnen, die durch Stichworte wie städtische Verdichtung, citynahes Wohnen, Urbanität und Mischung der Funktionen gekennzeichnet ist und zu deren Auslösern Jane Jacobs mit ihrem 1961 erschienenen Buch *The Death and Life of Great American Cities* gehörte (199). Trabantenmonotonie und Verödung der Cities, Verkehrschaos und

Wachstumsanarchie stellten Warnsignale dar. In der Grünplanung führte das zu einer stärkeren Betonung größerer, multifunktionaler Erholungsgebiete innerhalb und im Nahbereich der Städte. Freilich häufig mehr in der Intention als in der Realisation, denn viel Planungsspielraum war inzwischen verbaut.

Doch ist dieses Schema der drei Phasen im Städtebau der Nachkriegszeit zu grob, um erkennen zu lassen, was an tieferliegenden Bedürfnissen und gesellschaftlichen Strukturen das Gesicht einer Stadt langfristig vielleicht mehr prägt als die wechselnden Moden der Planer und Utopisten. Mit Sicherheit handelt es sich beim Umschwung städtebaulicher Zielvorstellungen auch um eine Gegenreaktion auf Vorhergehendes, wie dies im Fall der Ära Howard – Le Corbusier belegbar ist. ›Sonne, Grünfläche, Raum‹, Grundsatzformulierungen Le Corbusierscher ebenso wie Howardscher Prägung, waren die Antwort auf die Industriestadt des 19. Jahrhunderts, auf Slums und lichtlose Proletarierviertel in London, Glasgow, Paris, Berlin und an der Ruhr. Die Wiedergewinnung urbaner Dichte und Vielfalt, die ›großstädtische Nachbarschaft‹ Jane Jacobs', das war die Antwort auf eine zu simple, zu schematische Konzeption, aber vielleicht mehr noch auch Antwort auf eine zu ›deduktive‹ (Jacobs) Planung oder auf einen zu kümmerlichen Kompromiß zwischen Notwendigkeiten, Partikularinteressen und Zielvorstellungen wie etwa in der Bundesrepublik.

Insofern ist alles Ideologie, gleichgültig, ob es sich um Wertvorstellungen handelt (die möglicherweise wesentliche Bedürfnisse unberücksichtigt lassen) oder um Reaktionen auf solche Wertvorstellungen oder auf deren an den Verhältnissen gescheiterte Manifestationen. Auch die neue ›urbane‹ Richtung im Städtebau ist Ideologie, deren Gefahr ebenso die Vernachlässigung verbreiteter Bedürfnisse einerseits und das Scheitern an den Verhältnissen andererseits ist. So attraktiv und faszinierend Habitat- und Meta-Stadt-Konzeptionen sind, so katastrophal könnten ihre Verwirklichungen sein, wenn sie zu einem Kompromiß mit den Verhältnissen werden, wie so viele Vor- und Trabantenstädte zu einem tristen Kompromiß zwischen Howard, Le Corbusier und den Verhältnissen entarteten. Allein die Qualität des Materials und seiner Verarbeitung kann hier über Erfolg oder Mißerfolg entscheiden – und es gibt viele andere Faktoren, die ebenso ausschlaggebend sind.

Das ›grüne‹ Bedürfnis

Eine Umfrage des Instituts für angewandte Sozialwissenschaft (Infas), Bad Godesberg, ergab 1972, daß nur 12 % aller Bundesbürger ›urban‹ leben, d. h. ihre Wohnung direkt in der Großstadt haben wollen. Alle anderen würden es bei freier Wahlmöglichkeit vorziehen, in Klein- und Mittelstädten (30 %), in Landgemeinden (25 %) oder in der Nähe einer Großstadt (12 %) zu wohnen. Sicher ist dieses Ergebnis nicht nur als Ausdruck fundamentaler Bedürfnisse zu deuten, schon gar nicht als Absage an jene Form urbanen Wohnens, wie sie optimal bisher nur als Zielvorstellung oder als Getto der Reichen existiert. Es ist bekannt, in wie geringem Maße Wünsche vom Gewohnten abweichen, wie sehr sie sich im Rahmen des halbwegs Realisierbaren oder unmittelbar Vorstellbaren halten. Urbane Dichte und Vielfalt als Lebensqualitäten scheinen den meisten weder halbwegs realisierbar noch unmittelbar vorstellbar.

Diese Argumente gelten zum Teil auch für jene Untersuchungen, deren Ergebnisse den progressiven Planer immer aufs neue schockieren durch die verstockte, rückwärtsgerichtete Unvernunft, die sich darin ausdrückt: 70–80 % aller Haushalte haben einen Garten oder wünschen sich einen Garten am Haus oder wenigstens in geringer Entfernung von der Wohnung. Auch hier kann man einwenden, der Städter müsse erst noch mehr Gelegenheit haben, die Vorteile optimal gestalteter öffentlicher Grünanlagen kennenzulernen, bevor solche Befragungsergebnisse wirklich als Ausdruck fundamentaler Bedürfnisse und nicht bloß als Folge beschränkten Vorstellungsvermögens zu deuten seien. Doch umgekehrt gilt das gleiche. Es läßt sich heute wohl kaum beweisen, daß es nicht so etwas wie ein fundamentales »Grabe-, Hege- und Pflegebedürfnis« (Hans Joachim Klein, 212) gibt, daß es nichts bedeutet, »ein Leben im 17. oder 47. Stock und nicht ebenerdig gelebt zu haben« (Alexander Mitscherlich, 284). Dadurch, daß man diese Frage ignoriert, sie als Eigenheimideologie oder Blut- und Bodenmythos abzuschieben versucht, wie das unter ›Progressiven‹ zum guten Ton gehört, kommt man den wirklichen Ursachen gewiß nicht näher. Und hier sehe ich in der Tat eine Antinomie, in der Forderung nämlich nach einer Demokratisierung der Planung und dieser elitären Intoleranz, die immer schon weiß, was gut ist und was nicht. Sofern dies den Garten betrifft, wird davon noch die Rede sein.

Vegetation als städtisches Struktur- und Funktions-Element

Es ist müßig, sich darüber zu streiten, ob Natur in der Stadt landschaftsbildende oder nur in wenigen Funktionen dienende Bedeutung haben soll. Es ist müßig deswegen, weil das teils eine Frage der Definition, teils eine Frage der jeweiligen topographischen Situation ist. Insofern sind vor allem auch verallgemeinernde quantitative Überlegungen, wie sie im nächsten Abschnitt angestellt werden, immer nur in beschränktem Umfang möglich und sinnvoll. Die analytische Frage nach den verschiedenen qualitativen Funktionen von ›Stadt-Grün‹ ist jedoch berechtigt und als Vorbedingung für alle quantitativen Erwägungen notwendig.
Doch bevor von den einzelnen Funktionen städtischer Vegetation die Rede ist, noch einige allgemeine Anmerkungen zu ihrer Bedeutung als Struktur-Element. Offensichtlich gibt es zwei große Form- und Strukturbereiche, die für das Schönheitsempfinden des Menschen von, fast möchte man sagen, existentieller Bedeutung sind – existentiell, weil davon mehr berührt wird als bloß oberflächliches Ästhetisieren. Diese Bereiche, die beide für das Lebensgefühl, für das Wohlbefinden auch jener, die sich dessen nicht bewußt sind, von so großer Bedeutung sind, könnte man als den Bereich der klaren, geometrischen Form, der Symmetrie und Ordnung und als den Bereich der verwirrenden Vielfalt, des Formenreichtums, der Verschiedenartigkeit einander gegenüberstellen. Diese in ihren Extremen auch als kristallin und organisch zu bezeichnenden Gestaltungsprinzipien entsprechen im Menschen dem mathematisch-technischen Verstand einerseits und der schöpferischen Phantasie

andererseits. Nur wenn beide ›Organe‹ angesprochen werden, fühlt sich der Mensch wohl.
Ohne diese Gedanken hier weiter zu verfolgen, sei ihnen der Hinweis entnommen, daß organische Formen zur humanen Umwelt gehören, vom Menschen bewußt oder unbewußt vermißt werden, wo sie fehlen. (Möglicherweise sind bestimmte psychische, soziale oder sogar physische Mängel etwa bei Großstadtjugendlichen zum Teil auf die ›organische Verarmung‹ ihrer Umwelt zurückzuführen. Mitscherlich weist auf die Notwendigkeit des Erlebens der ›primären Natur‹ hin, besonders in der Entwicklung des Kindes.) Eine Stadt, in der der Mensch die einzige Lebensform darstellt, ist zwar denkbar, aber kaum verlockend. Grünanlagen, Bäume, Gärten in der Stadt sind nicht nur museale Landschaftsrelikte, sondern sie stellen eine umfassendere Verbindung zu Jahreszeiten, Witterung, Tieren (Vögeln), zur Topographie und damit zur umgebenden Landschaft her. Stadtgrün hat also die Bedeutung, die Stadt als Lebensraum mitzugestalten und gleichzeitig das Technische, das vom Menschen Geschaffene zu verbinden mit dem Vorhandenen, dem Gewachsenen. Als gelungen kann diese Aufgabe nur dort angesehen werden, wo Vegetation diese Aufgabe wirklich erfüllt, indem sie den Fluß von der Landschaft in die Stadt begleitet, indem sie die Hänge durchgrünt, das Häusermeer gliedert und Übergänge zum Umland schafft. Nicht das isolierte Rondell, das baumbeschattete Denkmal, der kleine, verkehrsumtobte Stadtpark, sondern nur ein System von Grünzügen, Parks, Uferbewuchs, Naherholungsgebieten, das die ganze Stadt durchzieht, ihre Quartiere miteinander und mit den topographischen Gegebenheiten und schließlich die gesamte Stadt mit der sie umgebenden Landschaft verbindet – nur ein solches geplantes System kann sinnvoll seine verschiedenen Funktionen erfüllen. Obwohl die organische Form eine wichtige ästhetische Bedeutung für den Stadtbewohner hat, seinen Lebensraum verschönert, ja erst recht bewohnbar macht, darf Grünplanung doch nie nur unter ästhetischen und formalen Aspekten betrieben werden. Als wesentliche Elemente des ›Biotops‹ Stadt müssen Grünsysteme vor allem unter ökologischen Gesichtspunkten geplant werden. Es wird sich dann hier – wie in der Landschaftspflege – erweisen, daß die ökologisch richtige auch die ästhetisch befriedigende Lösung ist.
Derartige Überlegungen enthalten immer einen großen Teil an Wertung und Subjektivität, eine Folge der Tatsache, daß die subtilen Auswirkungen etwa der gestalthaften Umwelt auf das psycho-physische Wohlbefinden des Menschen (und möglicherweise auf die Entwicklung so wichtiger Bereiche wie sein soziales Verhalten) noch viel zu wenig untersucht sind. Es wäre aber töricht, sie deswegen unberücksichtigt zu lassen, da es sich sehr wohl erweisen könnte, daß hier – wie in so manchen anderen Bereichen – das analytisch leichter Erfaßbare nicht notwendigerweise das Relevantere sein muß.
Üblicherweise bedient man sich mehr des vordergründigen Nutzens verschiedener Grünanlagen für eine Funktionsgliederung. Auch hier zeigt sich aber, daß klare Abgrenzungen oft schwierig sind – ein weiterer Hinweis dafür, daß dem städtischen Grün eine über seinen spezifischen Zweck hinausreichende Bedeutung zukommt.
Werner Lendholt (in: 57) gliedert folgendermaßen:
1. Wohngrün
2. Spiel-, Sport- und Schulgrün

3. Stadtplätze und Stadtgärten
4. Volksparke
5. Stadtwälder und parkartige stadtnahe Erholungslandschaften
6. Grünverbindungen
7. Friedhöfe
8. Verkehrsgrün
9. Schutzpflanzungen.
Dazu kommen
10. Kleingartenanlagen.

Grundsätzlich lassen sich zwei große Funktionsbereiche unterscheiden, die die aufgeführten Einzelfunktionen in verschiedenem Maße einschließen. Diese zwei Bereiche können kurz als der Bereich der ökologischen Funktionen und der Bereich der sozialen Funktionen bezeichnet werden. Um Mißverständnissen vorzubeugen, muß jedoch hinzugefügt werden, daß selbstverständlich auch die ökologischen Funktionen im Rahmen der städtischen Grünplanung in erster Linie und meist unmittelbar dem Menschen dienen. Eine Unterscheidung ist nur insofern sinnvoll als es sich einmal um direkte ›Flächennutzung‹ handelt (z. B. Spiel- und Sportplätze, Erholungsflächen, Friedhöfe usw.), im anderen Fall jedoch um eine Nutznießung, die auch ohne unmittelbaren Kontakt mit den jeweiligen Freiflächen möglich ist. Es handelt sich hierbei vor allem um kleinklimatische Einflüsse der Vegetation, die bei entsprechender Grünplanung allen Stadtbewohnern zugute kommt. (Zum Teil wurde hier allerdings in völlig unnötiger Weise mit wenig sinnvollen Zahlen operiert.)

Bestand und Bedarf

Alle quantitativen Untersuchungen, sei es über den Bestand oder den Bedarf an städtischem Grün, sind deswegen so problematisch, weil das Angebot an innerstädtischen Grünflächen sinnvoll nur im Zusammenhang mit dem Landschaftsangebot im Umkreis der jeweiligen Stadt betrachtet werden kann. Dadurch tritt in so starkem Maße ein individuelles Moment auf, daß verallgemeinernde Regeln kaum zu gewinnen sind. Hinzu kommt die Erreichbarkeit freier Landschaft, die bekanntlich nicht nur eine Funktion der Entfernung ist. Außerdem wäre in jedem Fall noch die Qualität der Grünflächen, d. h. ihr Nutzungswert zu berücksichtigen. Zwei gleich große Flächen von gleicher Zweckbestimmung können hinsichtlich ihrer Funktion je nach Lage, Alter des Baumbestandes usw. um den Faktor 10 bis 100 differieren. Das läßt sich im Fall lärmschützender oder klimaverbessernder Funktionen quantitativ feststellen, aber auch in bezug auf den Erholungswert können halb-quantitative Unterschiede ermittelt werden, sei es mit der Methode Helmut Kiemstedts (209 a), sei es durch Ermittlung von Besucherzahlen. Da alle diese lokalen Verschiedenheiten bei einer vergleichenden Bestandsaufnahme und Bedarfsermittlung unberücksichtigt bleiben müssen, können nur ganz pauschale Zahlen sinnvoll sein.

In Tabelle 16 sind neun Städte des Bundesgebietes zusammengestellt. Ihre Auswahl erfolgte aufgrund weitgehender Übereinstimmung ihrer Bevölkerungsdichte, genauer: des Verhältnisses von Einwohnerzahl zur Fläche des Stadtgebietes. Diese Zahl ist zwar kein Maß für die Bebauungsdichte oder ›Urbanität‹ einer Stadt, eine gewisse Übereinstimmung ist dadurch jedoch gegeben für den Vergleich zwischen Freiflächen und bebauten Flächen, um den es hier geht. Bei einer durchschnittlichen Bevölkerungsdichte von 3631 Einwohnern/qkm (= 280 qm/E) entfallen in diesen Städten auf jeden Einwohner im Mittel 87 qm (31 %) Gebäudeflächen, 39 qm (14 %) Verkehrsflächen, 17 qm (6 %) Grünanlagen, 84 qm (30 %) landwirtschaftlich genutzte Fläche, 34 qm (12 %) forstwirtschaftlich genutzte Fläche sowie 20 qm (7 %) Wasserfläche und Sonstiges.

Tabelle 16

Stadt	Einw. 1 000	Fläche qkm	Dichte E/qkm= qm/E	Gebäude qm/E =%	Verkehr qm/E =%	Grünanlagen qm/E =%	Landwirtschaft qm/E =%	Forstwirtschaft qm/E =%	Sonstiges qm/E =%
München	1 326	310,5	4 270=235	87=37	31=13	21=9	80=34	7= 3	9= 4
Köln	865	251,4	3 397=295	89=30	41=14	24=8	80=27	38=13	24= 8
Essen	703	188,6	3 723=270	86=32	38=14	11=4	81=30	33= 9	30=11
Düsseldorf	673	158,3	4 334=230	83=36	32=14	14=6	64=28	16= 7	21= 9
Frankfurt	666	194,7	3 393=295	74=25	38=13	21=7	38=31	56=19	15= 5
Stuttgart	626	207,2	2 968=340	88=26	44=13	14=4	105=31	78=23	10= 3
Hannover	524	134,9	3 888=260	75=29	36=14	21=8	88=34	23= 9	16= 6
Nürnberg	477	134,7	3 465=290	64=22	46=16	12=4	102=35	43=15	23= 8
Duisburg	459	143,3	3 245=310	118=38	50=16	15=5	65=21	31=10	31=10
Mittel	–	–	3 631=280	87=31	39=14	17=6	84=30	34=12	20= 7

Wie wichtig es ist, auch die land- und forstwirtschaftlich genutzten Flächen mit in die Überlegungen zum Grünbestand einzubeziehen, zeigt etwa der Vergleich München – Stuttgart. Das gegenüber München so viel mehr durchgrünt wirkende Stuttgart bietet seinen Bürgern nur 14 qm Grünanlagen je Einwohner, München dagegen 21 qm/E. Dafür weist das Stuttgarter Stadtgebiet 78 qm Wälder je Einwohner auf, während in München die forstwirtschaftlich genutzte Fläche nur mit 7 qm/E zu Buche schlägt.
Insgesamt ist der relativ hohe Anteil von durchschnittlich 55 % Freiflächen bemerkenswert und an diesen Freiflächen wiederum der hohe Anteil an landwirtschaftlich genutzter Fläche (um 30 %). Angesichts der Tatsache, daß diese Landwirtschaftsflächen weder ökologisch noch in ihrer Erholungsfunktion von Bedeutung sind, ihr agrarwirtschaftlicher Zweck aber auch von stadtferneren Flächen erfüllt werden kann, erscheint es wünschenswert, diese Flächen wo immer möglich in die städtische Grünplanung einzubeziehen. Auch die als forstwirtschaftliche Nutzfläche klassifizierten Flächen entsprechen selten den ökologischen und sozialen Anforderungen, die an stadtnahe Freiflächen gestellt werden müssen, wenn sie

nicht nur dem wirtschaftlichen Vorteil weniger, sondern dem Nutzen aller dienen sollen. Hier wäre in vielen Fällen – zumal, wo es sich um staatliche oder kommunale Forstgebiete handelt – mit relativ geringen Mitteln eine Umgestaltung und Integration in das Grünsystem der Städte möglich.

Wie dringend nötig solche Programme zur Erweiterung und Ausgestaltung städtischer Grünsysteme sind, zeigt ein Blick auf Qualität und Quantität der im engeren Sinne als Grünanlagen zu bezeichnenden Flächen. Hierunter fallen alle öffentlichen Grünflächen einschließlich Kleingärten, Schulanlagen und Friedhöfe (vgl. Lendholts Gliederung S. 204 f). Mit nur 16 qm/E (oder 6 %/o der Gesamtfläche) liegt diese Kategorie im Durchschnitt weit hinter den Kategorien Gebäude, Landwirtschaft, Verkehr und Forst. Berücksichtigt man, daß einem erheblichen Teil dieser öffentlichen Grünflächen kaum mehr als verzierende Bedeutung zukommt, so darf man ohne Übertreibung von einem Notstand in der Grünplanung deutscher Städte sprechen.

Diese Aussage läßt sich, trotz der zuvor erhobenen Bedenken gegen pauschale Zahlenangaben, belegen durch Richtzahlen aus verschiedenen Quellen. Obwohl es sich bei diesen Zahlen ohnehin schon um ›pragmatische‹ Werte handelt, die unter dem Einfluß der bestehenden Verhältnisse zustande kamen, sind die Differenzen zwischen Bestand und Bedarf so groß, daß dem gegenüber individuelle (lokale) Besonderheiten nicht ins Gewicht fallen. Tabelle 17 ist einer Seminararbeit von N. Hofer entnommen und enthält Richtzahlen für verschiedene städtische Grünbereiche. Bei den angeführten Städten handelt es sich um Planungs-Sollwerte, nicht um Bestandszahlen; die Werte für Darmstadt, Biberach, Ludwigsburg und Aschaf-

Tabelle 17

Quelle	Grün-anlagen qm/E	Ver-kehrs-grün qm/E	Spiel-plätze qm/E	Sport-anlagen qm/E	Frei-bäder qm/E	Fried-höfe qm/E	Klein-gärten qm/E	Gesamt qm/E
Deutsche Olympische Gesellschaft	25	–	3,5	4,5–6	1–2	3,5–5,5	20	75
Deutsche Bauakademie	8–10	–	–	5–7	–	3,5–5,0	10–15	26,5–37
Hamburg (Siedlungsplanung 37)	8–15	–	3,5	6	1–2	4,5	12–19	35–50
Planungsfibel	10	–	–	12	–	3	10	35
Hook	13,2	40	–	24	–	1,2	20	80,8
Darmstadt	14,4	15,3	3,5	6	1	3,8	10	54
Biberach	16	7,7	4,6	6	2	3,5	10,7	50,7
Ludwigsburg	14,9	7	3,5	4,8	2	3,3	10	45,5
Aschaffenburg	17,6	12	3,5	8,5	2	4,8	8,1	56,6
Mittelwert	14,7	16,4	3,7	8,7	1,7	3,6	13	61,8

fenburg hat Günther Grzimek in Gutachten für diese Städte entwickelt. Wie man sieht, gehen die Zielvorstellungen zum Teil weit auseinander, auch was das hier vor allem interessierende Gesamtgrün anbelangt. Hier ragen besonders der Planungswert für die englische Gartenstadt Hook und die Richtzahl der Deutschen Olympischen Gesellschaft über die bescheideneren Forderungen anderer Quellen hinaus. Der rechnerische Mittelwert von rund 60 qm/E Gesamtgrünfläche erscheint aber dennoch sinnvoll, da – wie gesagt – anzunehmen ist, daß die übrigen Werte einen Kompromiß zwischen Optimum und realer Möglichkeit darstellen.

Vergleicht man aufgrund dieser Angaben Bestand und Bedarf der neun deutschen Städte, so ergibt sich in der Tat bei allen Städten ein erhebliches Defizit, das zwischen 62 % und 81 % des Bestandes liegt (vgl. Tabelle 18). Dieses Defizit ist vielerorts nur noch durch Umgestaltung von Stadtrand-Gebieten zu decken. Hier allerdings stehen, wie gezeigt wurde, bei den meisten Städten des Bundesgebietes sogar innerhalb der Kommunalgrenzen noch genügend Flächen zur Verfügung, die heute in einer den Bedürfnissen der Städte und ihrer Bewohner nicht mehr optimal entsprechenden Weise land- oder forstwirtschaftlich genutzt werden. In vielen Fällen befindet sich ein Teil dieser Flächen bereits in Kommunal- oder Staatsbesitz, so daß das Problem nur noch in der Finanzierung der Umstrukturierung liegt. Solange die Wirtschaftslage der Städte sich nicht wesentlich verbessert (was bei dem ständig steigenden Infrastrukturbedarf unwahrscheinlich ist), sollte man Optimierungsmodelle für Grünflächen entwickeln, in denen die Investitions- und Unterhaltskosten minimiert und der multifunktionale sozio-ökologische Nutzwert maximiert werden. Man müßte hier genau an Gegenbilder zu jenen von Stadtgärtnereien so liebevoll das ganze Jahr über betreuten Blumenrabatten denken, die in so mancher Stadt eine ebenso teure wie kaum zu rechtfertigende Spielerei darstellen. Man sollte sich ferner nicht scheuen, zu ungewöhnlichen Mitteln zu greifen, um die Kosten solcher Anlagen möglichst gering zu halten. Es ist durchaus denkbar, daß mit Bürgeraktionen hier viel zu erreichen wäre.

Tabelle 18

Stadt	Bedarf (E x 60 qm)	Bestand	Defizit
München	7 980 ha = 100 %	2 768 ha = 35 %	5 212 ha = 65 %
Köln	5 200 ha = 100 %	1 988 ha = 38 %	3 212 ha = 62 %
Essen	4 200 ha = 100 %	809 ha = 19 %	3 391 ha = 81 %
Düsseldorf	4 050 ha = 100 %	890 ha = 22 %	3 160 ha = 78 %
Frankfurt	4 000 ha = 100 %	1 290 ha = 32 %	2 710 ha = 68 %
Stuttgart	3 750 ha = 100 %	825 ha = 22 %	2 925 ha = 78 %
Hannover	3 150 ha = 100 %	1 100 ha = 35 %	2 050 ha = 65 %
Nürnberg	2 850 ha = 100 %	549 ha = 19 %	2 301 ha = 81 %
Duisburg	2 750 ha = 100 %	739 ha = 27 %	2 011 ha = 73 %
Mittelwert		27,6 %	72,4 %

Naherholungsflächen

Bisher war nur pauschal von städtischen Grünflächen die Rede. Es kann auch weiterhin nicht Aufgabe dieses Beitrages sein, in Planungsdetails einzelner Anlagen mit verschiedenen Nutzungsfunktionen zu gehen. Von drei Funktionsbereichen sollen hier aber doch wenigstens Teilaspekte etwas ausführlicher erwähnt werden, da sie in besonderem Maße kontrovers sind – was freilich nicht immer heißt, daß es deswegen auch Kontroversen darüber gibt. Eines dieser Themen, bei denen man viel zu schnell dazu übergegangen ist, bestehende Mißstände als unabänderliche Gegebenheiten zu akzeptieren, als Planungsgrundlage zu übernehmen, ist das Thema Naherholung (vgl. S. 289 ff) – wobei es mir vor allem auf die Definition dessen ankommt, was man unter ›nah‹ zu verstehen hat.
In welcher Weise die unkritische Übernahme gewisser Faktoren in die wissenschaftliche Analyse dazu führen kann, daß diese Faktoren schließlich zu Planungsnormen, zu Planungszielen werden, auch wenn es sich dabei um durchaus unerwünschte Faktoren handelt, das illustriert folgendes Beispiel. In einer Untersuchung des Wirtschaftsgeographischen Instituts der Universität München aus dem Jahre 1970 heißt es: »... lassen sich bei der Analyse vier Komponenten ermitteln, die die Größe des Erholungsraumes bestimmen: 1. Die zur Verfügung stehende Freizeit. 2. Das zur Verfügung stehende Verkehrsmittel... Damit ist bereits angedeutet, daß eine Begrenzung des Naherholungsraumes aufgrund einer Zirkelschlagmethode mit etwa 50 Kilometer Radius um die Stadt eine recht ungenaue Erfassung darstellt. Wenn man für Halbtagsfahrten in öffentlichen oder privaten Verkehrsmitteln mit etwa 5 Stunden Ausflugsdauer insgesamt mit einem Aufenthalt von drei Stunden am Ziel rechnet, so folgt zur Zeit daraus ein Aktionsradius von 60 Kilometern auf Bundesstraßen, beziehungsweise 90 Kilometern auf Autobahnen... Bei Tagesfahrten mit einer Dauer von 12 Stunden und einem Aufenthalt an einem oder mehreren Orten von 8 Stunden ergibt sich ein Aktionsradius von 120 Kilometern auf Bundesstraßen bzw. 180 Kilometern auf Autobahnen« (342). Zwei Jahre später berichtete die *Süddeutsche Zeitung*, daß das bayerische Ministerium für Landesentwicklung und Umweltfragen ein Bauvorhaben der Gemeinde Kochel (70 km südlich von München) zum Modell für ein überörtliches Naherholungsgebiet erhoben habe. In der Ausgabe vom 14. März 1973 heißt es wörtlich: »Ausschlaggebend war schließlich auch eine Untersuchung, derzufolge rund 80 Prozent der Münchner Bevölkerung an schönen Wochenenden Ausflüge bis zu 130 Kilometer von der Landeshauptstadt aus machen. In diesem Bereich liegt auch der Kochelsee.«
Wer solchermaßen Mißstände durch Definition zur Planungsgrundlage macht, muß sich den Vorwurf gefallen lassen, die Steuerfunktion von Planung nicht begriffen und Planung als bloße Festschreibung bestehender Verhältnisse mißverstanden zu haben. Wenn die Planung von Naherholungsgebieten vom Aktionsradius des Autos ausgeht, dann wird dieses Verfahren zu schnelleren Autos und mehr Autobahnen, nicht aber zu dem einzig sinnvollen Planungsziel, nämlich zu nähergelegenen Erholungsgebieten führen. Es wäre in der Tat vernünftig, die Definition städtischer Naherholungsbereiche am Aktionsradius von Fußgängern und Radfahrern, allenfalls an dem leistungsfähiger öffentlicher Nahverkehrsmittel zu orientieren. Daraus würde sich eine Reihe qualitativer und quantitativer Forderungen ableiten. Vor

allem wäre ein System grüner Verbindungswege von der Stadt zu den stadtnahen Erholungsgebieten zu fordern. Der Radfahrer oder Fußgänger muß die Möglichkeit haben, ungefährdet und unbelästigt von Autos aus der Stadt zu kommen. Das ist heute bekanntlich so gut wie nirgendwo möglich. Diese Verbindungswege zwischen Stadt und Umland sollten nicht nur frei von Autoverkehr, sondern sie sollten selbst schon so gestaltet sein, daß es Erholung, Entspannung, Freude ist, auf ihnen zu wandern oder zu radeln. Bestehende alte Alleen sollte man nicht weiterhin dem Autoverkehr opfern, sondern zu Fußgänger- und Radfahrerzonen ernennen und den Autos neue Bahnen bauen (245).

Die Gestaltung der Naherholungsgebiete ist verbunden mit der Sanierung der Stadtränder, jener Übergangszone, in der sich alle negativen Elemente des Urbanen und des Ländlichen in einem Gemisch deprimierendster Häßlichkeiten zu durchdringen scheinen. Von diesem Zustand der Stadtränder sollte man sich aber nicht abschrecken lassen. Ihre Sanierung, ihre Neugestaltung ist wohl ebenso wichtig wie die Sanierung und Neugestaltung alter Bausubstanz im Stadtinnern. Der Erholungswert der Landschaft als übergeordnetes Interesse muß dabei stets im Vordergrund stehen. Im übrigen sollte hier wie bei jeder Grünplanung die multifunktionale Flächennutzung angestrebt werden, die allein nicht nur eine optimale Flächennutzung, sondern auch einen maximalen Nutzungswert durch Vermeidung langweiliger Monotonie ermöglicht. Spielwiesen, Badegelegenheiten, Sportplätze, Kleingartenanlagen, Wanderwege durch Wälder, Picknickplätze mit Feuerstellen, Wildparks, Gaststätten und vermietbare Wochenendhäuschen in geschickter Mischung und Anordnung könnten den heute gemiedenen Stadtrandgebieten eine neue Bedeutung im urbanen Leben geben.

Die quantitative Seite des Naherholungsproblems dürfte insgesamt noch unbefriedigender sein als das Mißverhältnis zwischen Bestand und Bedarf an innerstädtischen Grünanlagen, vor allem wenn man unter Naherholung wirklich *Naherholung* versteht. Richtwerte für Naherholungsflächen werden mit 180 qm/Einwohner (Siedlungsverband Ruhrkohlenbezirk), 200 qm/E (die Stadt Stockholm kaufte ein Naherholungsgebiet von dieser Größe) oder 300 qm/E (der Schweizer Planer Meyer-von Gonzenbach) angegeben. László Czinki nennt in einem Gutachten für das Land Nordrhein-Westfalen als Schätzwerte einen Bedarf von 1000 qm für reine Landschaft und von 100 qm für Konzentrationsbereiche (zitiert nach 223). Ein Blick auf Tabelle 16 zeigt, daß diese Forderungen in einem Größenbereich liegen, der dem gesamten Stadtgebiet (der untersuchten Städte) entspricht. Natürlich wäre in der Praxis die Tatsache zu berücksichtigen, daß ein Teil der Bevölkerung auch bei einem optimalen Angebot an Naherholungseinrichtungen weiter entfernte Gebiete aufsuchen wird, sei es, weil man dort ein Wochenendhaus besitzt, sei es, weil man Verwandte besucht, oder sei es, weil sich nur dort bestimmte Sportmöglichkeiten (z. B. Skigebiete) befinden.

Mögen solche Gedanken heute noch so utopisch anmuten, eine ernstzunehmende Grünplanung und Stadtplanung wird auf sie in Zukunft nicht verzichten können.

Sportanlagen

Die Situation der Naherholungsgebiete kann man zusammenfassen unter dem Verdikt: zu wenig Planung, zu wenig Organisation, Laisser-faire mit teilweise chaotischen Folgen. Das genaue Gegenteil trifft für die Situation der Sportanlagen zu, wenigstens, was die Organisation anlangt. Der Sport ist hierzulande in festen Händen alteingesessener und immer neu entstehender Vereine. Hier wimmelt es von Kompetenzen und Interessen, von Intrigen und Vorschriften. Alles ist hier bis zur Perfektion, bis zum Exzeß erstarrt. Das führt auf der einen Seite zu immer teureren Anlagen und (nicht ohne Zusammenhang) auf der anderen Seite zu immer mehr Vereinsmeierei und Überorganisation. Die kostspieligen Anlagen – vom gehegten Fußballplatz bis zur modern ausgestatteten Sporthalle – sind zu teuer, als daß man Spontaneität dulden könnte. Alles muß organisiert werden. Man muß Vereinsmitglied werden, sich lange vorher anmelden, Eintritt bezahlen. Hinzu kommt, daß der Leistungssport allemal den Vorrang vor dem Breitensport hat, so daß der Bürger nur dann gewisse Chancen hat, seine teuren Anlagen benutzen zu können, wenn nicht gerade die lokale Sportprominenz trainiert.

Es ist dies nicht der Ort, tiefer ins Dickicht des deutschen Sportwesens vorzudringen oder detaillierte Änderungsvorschläge zu machen. Nur soviel sei gesagt: Hier stimmt die Entwicklungsrichtung nicht. Wenn sich unsere Politiker schon als Förderer des Sportes sehen und im Namen der Volksgesundheit Steuergelder dafür ausgeben, sollten sie auch ein wenig dafür sorgen, daß diese Mittel nicht in einer hypertrophierten Organisationsmaschinerie versickern, sondern den breitesten Bevölkerungskreisen zugute kommen. Und das wird häufig heißen: weniger Perfektionismus und damit mehr Freizügigkeit, mehr Raum für Spontaneität. In anderen Ländern gibt es Tennisplätze, die kostenlos und unbewacht jedem zur Verfügung stehen, und es gibt Sporthallen, in die man ohne Formalität abends mit einem Freund zu einem Ballspiel gehen kann. Warum nicht bei uns? (Vgl. S. 286 f.).

Der Garten und die Stadt

Wohl kaum eine andere Art der städtischen Grünfläche ist so umstritten wie der Garten. Das liegt ohne Zweifel daran, daß jeder, der sich mit städtebaulichen Fragen beschäftigt, entweder selbst den Garten befürwortet oder doch wenigstens die hohe Präferenz berücksichtigt, die der Garten im Bewußtsein eines großen Teils der Bevölkerung besitzt. Selbst ein so energischer Befürworter der urbanen Verdichtung wie der Sozialwissenschaftler Hans Paul Bahrdt gibt zu, daß alle seine Forderungen nach einem Bauen von ›innen nach außen‹, nach der idealen Zuordnung der Einzelräume, nach guter Besonnung zur richtigen Tageszeit, nach großzügiger Ausstattung mit Nebenräumen, nach dem ›Privatraum unter freiem Himmel‹, nach Abschirmung gegen Nachbarn und Straßenverkehr, nach privater Existenz sich im freistehenden Einfamilienhaus mit Garten am leichtesten realisieren lassen (16).

Bahrdt sieht den Garten nur als eine Erweiterung der Wohnung, als einen Ort des familiären Zusammenseins, als einen ›Nebenraum‹ unter anderen, dessen Pflege im übrigen nur eine weitere Belastung der Hausfrau ist. Daß ein Garten durchaus mehr sein kann, eine zur Wohnung komplementäre Qualität besitzt, sieht Bahrdt ebensowenig wie viele andere Soziologen, Planer, Architekten. Sicher hat der Garten für verschiedene Menschen sehr unterschiedliche Bedeutung, unter anderem auch die eines bloßen ›Nebenraums‹. Ebenso sicher bedeutet aber der Garten und gerade auch die Arbeit in ihm für viele Menschen mehr. Die Beschäftigung mit Lebendigem, mit Wachsendem, das dadurch bedingte stärkere Einbezogensein in das Geschehen des Wetters und der Jahreszeiten, die Freude am überblickbar Geschaffenen, an Formen, Farben und Gerüchen, das alles ist für viele Menschen ein wichtiger Ausgleich für eine monotone, technische, ›entfremdete‹ Arbeitswelt. Wie groß die Zahl derjenigen ist, die in einem Garten, selbst wenn er nicht am Haus und selbst wenn er nur gepachtet ist, mehr sehen als nur ein belastendes Accessoire, das zeigt der Eifer der Kleingärtner, das zeigen die langen Wartelisten der Kleingartenvereine.

In der Großstadt ist allerdings das freistehende Haus mit Garten nicht nur ein bodenfressender Luxus, sondern auch schon aus Gründen des Verkehrs, der Ver- und Entsorgung problematisch. Hinzu kommt, daß solche Siedlungsformen heute immer nur irgendwo weit draußen am Stadtrand angeklebt werden können, was mit Sicherheit zu einer einseitigen Ausrichtung auf die City und damit zu den bekannten Schlafstädten und Grünen Witwen führt. Durchaus praktikabel ist aber der Pachtgarten, Kleingarten oder Schrebergarten. Zwar mag sich von denen, die sich einen Garten wünschen, nur jeder Fünfte mit einem Pachtgarten zufriedengeben, dennoch ist der Andrang groß und bedauerlicherweise das Angebot gering. Obwohl die Flächenbeanspruchung beim Kleingarten an der oberen Grenze des Vertretbaren liegt (400 qm pro Familie), erscheint diese Art städtischer Grünerholung, vor allem in der Form kommunalen Bodenbesitzes und privater Nutzung, besonders geeignet, da hier eine aktive und kompensatorische Erholungsweise unter relativ geringem Aufwand an öffentlichen Mitteln möglich ist.

Der städtische Pachtgarten kann immer nur ein dürftiger Ersatz für den Hausgarten sein. Daß er unter den gegebenen Bedingungen vielfach die einzige Möglichkeit ist, sollte für jeden, der sich mit Fragen der Stadtplanung beschäftigt, Anlaß sein, sich grundsätzlichere Gedanken zu machen. Wer Planungsziele entwickeln und nicht Utopien erfinden will, der muß immer einen Teil der bestehenden Verhältnisse auch bejahen. Auf der anderen Seite kann Planung nicht bloß als Fortschreibung bestehender Verhältnisse verstanden werden, und es stellt sich für den Planer immer wieder die Frage, auf welcher Ebene das Akzeptieren vorgefundener Strukturen anfangen und wo es aufhören muß. Viele sehen heute, daß Stadtplanung ›eigentlich‹ nicht erst bei der Architektur anfängt, daß man weiter zu den ökonomischen, politischen, psychologischen Bedingungen menschlicher Gemeinschaften vordringen muß. Man bemüht sich daher pflichtbewußt um die interdisziplinäre Diskusssion, und man stellt – zumindest verbal – einige dieser vorgefundenen fundamentalen Bedingungen in Frage. Nur eins scheinen weder Planer, noch Architekten, noch Soziologen oder Politologen je in Frage zu stellen: die Stadt selbst. Damit ist gemeint die Stadt als Ansammlung mehrerer Hunderttausend oder mehrerer Millionen Menschen, also die Großstadt, die heute die eigentlichen Probleme aufwirft. Es sieht so aus, als seien die meisten, die sich mit Fragen der Stadtplanung beschäftigen, überzeugte ›Urbanisten‹, die ihre eigenen Präferenzen unreflektiert mit in ihr axiomatisches Fundament einbauen, auf dem ihre verschiedenen Konzeptionen sich dann freilich nur noch wie geringfügige Modifikationen ausnehmen. Sicher, ein ›progressiver‹ Planer fragt heute nicht nur nach der technischen, ökonomischen und organisatorischen Funktionsfähigkeit der Stadt, sondern auch danach, ob diese Stadt Wohnort im Sinne von Habitat, Biotop, Lebensraum für ihre Bewohner ist. Und vieles, was (nicht nur heute) an Zielvorstellungen entwickelt wurde, ist tatsächlich auf eine Verbesserung der Lebensbedingungen in der Stadt ausgerichtet.

Was aber, wenn alle diese hübschen Vorstellungen von Hügelstädten, von Terrassenhäusern, von urbaner Verdichtung, von Funktionsmischung, von anonymer ›togetherness‹ an der Tatsache vorbeigehen, daß ein großer Teil der Menschen überhaupt nicht in der Großstadt leben will (vgl. S. 202)? Was, wenn das Bedürfnis nach einem Garten nicht als bloße Ideologie, als ausmerzbarer Atavismus sich erweist? Ginge man in der Stadtplanung wirklich von den Wohn- und Lebensbedürfnissen der Menschen aus und nicht von irgendwelchen Wunschvorstellungen, kapitulierte man nicht so bereitwillig vor der (gänzlich unbewiesenen) Unabdingbarkeit der Großstadt, dann müßte man vielleicht doch (wieder) ausgehen vom Garten.

Das Ziel – sollten sich diese Überlegungen als begründet erweisen – kann dann freilich nicht die Aufschwemmung bestehender Ballungsräume durch Häuschen im Stil amerikanischer Suburbs sein, sondern nur der umgekehrte Weg, die Ausstattung kleinerer Städte mit wenigstens einigen jener großstädtischen Attribute, die unbestreitbar die Lebensqualität verbessern: gute Bildungseinrichtungen, gute Kommunikationssysteme, Raum für Begegnungen, Raum für Privatheit, ausreichende Ver- und Entsorgung, ›Kultur‹ – alles Elemente, deren Vorhandensein und Qualität nicht von Einwohnerzahlen über 100 000 oder 200 000 abhängen, schon gar nicht von Einwohnerzahlen über einer Million. Manche dieser Einrichtungen wie etwa Universitäten dürften sogar in kleineren Städten ihren vernünftigeren Standort haben als in der Großstadt.

Fazit: Wer sich ernstlich Gedanken macht um das, was die Amerikaner unbekümmert ›quality of life‹ nennen, der muß, glaube ich, auch bereit sein, die Großstadt selbst als Lebensraum in Frage zu stellen. Viele Probleme werden sich dadurch unter völlig neuen Aspekten darstellen. Dies trifft in ganz besonderem Maße für Fragen der Grünplanung zu. Eine Stadt von mittlerer Größe, die einen hohen Anteil hauseigener Gärten ermöglicht, sollte zwar eine in Umfang und Qualität mindestens der Großstadt gleichwertige Grünplanung haben, die Ziele werden jedoch weitgehend andere sein: Koordinierung des privaten Grüns zu einem ökologisch und städtebaulich sinnvollen Gesamtsystem, in das das quantitativ zurücktretende öffentliche Grün einbezogen wird, Einbettung der ganzen Stadt in die sie umgebende Landschaft nach Gesichtspunkten der Ökologie, der Vielfältigkeit, der Schönheit, des Erlebnisreichtums. Vielleicht ist nur noch in der Mittelstadt möglich, was in keiner Großstadt der Welt zu gelingen scheint, die Stadt zu einem Ort der Geborgenheit, des Wohlbefindens, der Arbeit *und* der Muße zu machen, aus der die Bewohner nicht bei jeder sich bietenden Gelegenheit entfliehen, weil Lärm und Gestank und Häßlichkeit und Enge nicht übereinstimmen mit den so unglaublich zählebigen Vorstellungen von einem humanen Biotop.

ROBERT NEUWIRTH

Bioklima

Begriffsfestlegung und Historisches

Unter dem Klima eines Ortes wird der mittlere Zustand der atmosphärischen Elemente wie Temperatur, Wind, Luftfeuchte, Strahlung und in neuerer Zeit auch des Aerosols verstanden. Schon 1845, in seinem *Entwurf einer physikalischen Weltbeschreibung,* definierte Alexander von Humboldt jedoch das Klima »in seinem allgemeinen Sinne als alle Veränderungen in der Atmosphäre, die unsere Sinne merklich affizieren«. Damit wies er darauf hin, daß das Klima einen Einfluß auf die Lebensvorgänge hat. Heute wird die Wissenschaft, die sich mit den Zusammenhängen zwischen Klima und Lebensvorgängen beschäftigt, etwas genauer als Bioklima oder, bei stärkerer Betonung der dynamischen Vorgänge, als Biometeorologie bezeichnet. Sämtliche Einwirkungen der uns umgebenden Atmosphäre stellen ein Umweltproblem dar. Diese Zusammenhänge werden in der Öffentlichkeit lebhaft diskutiert. Allerdings denkt der Laie dabei mehr an die negativen Auswirkungen, die Verschmutzung der Gewässer, die Verunreinigung der Luft und an die Störungen durch Lärm. Der Meteorologe beschäftigt sich auch mit diesen Begleiterscheinungen der modernen Zeit, soweit sie durch atmosphärische Vorgänge bedingt sind. Er versucht, sie in Wirkungskomplexe einzugliedern. Nach Heinrich Pfleiderer (322) werden dabei unterschieden:
1. Thermischer Wirkungskomplex, wobei der Einfluß der Temperatur der Luft, des Windes, des Wasserdampfgehalts, ferner der Wärmezustrahlung von Sonne und Himmel im sichtbaren und infraroten Bereich eine Rolle spielt.
2. Aktinischer Wirkungskomplex, der die von Sonne und Himmel ausgehende sichtbare und unsichtbare Strahlung wie Lichtstrahlung, Ultraviolett- und Infrarotstrahlung umfaßt.
3. Luftchemischer Wirkungskomplex, der im wesentlichen die meteorologischen Einwirkungen auf verunreinigte Luft als Gasgemisch und als Aerosol, also als eine Suspension von flüssigen und festen Bestandteilen behandelt.
Die meisten modernen Städte haben sich ohne Berücksichtigung des örtlichen Klimas entwickelt. Es spielten dabei meist nur geographische, historische oder wirtschafts- und sozialpolitische Gesichtspunkte eine Rolle. Der Rat eines Meteorologen wurde höchstens beim Bau einzelner Gebäude und selten beim Entwurf neuer Stadtteile eingeholt. Dabei geht die Einsicht in die ungünstige Wirkung der Bebauung bis auf das Mittelalter zurück. Und 1661 schrieb Evelyn: »Der müde Wanderer, viele Meilen entfernt, riecht die Stadt, zu der er sich begibt, eher als er sie sieht« (zitiert nach 231). August Schmauss verlangte schon 1914, daß bei der Entwicklung von Städten die meteorologischen Grundsätze beachtet werden sollten. Es vergingen jedoch Jahrzehnte bis zur Aufstellung von Richtlinien.
Weitere Anregungen kamen von der Wiener Schule. Die Zusammenarbeit mit Hygienikern und Meteorologen führte zu neuen Erkenntnissen (53). Bahnbrechend

war jedoch die Monographie von Albert Kratzer mit einer ausführlichen Literaturübersicht und der Behandlung vieler Zusammenhänge zwischen größeren menschlichen Siedlungen und dem Klima (221). Zu dieser Zeit begannen moderne Städteplaner die klimatischen Verhältnisse der Umgebung in ihre Überlegungen einzubeziehen. Sie machten sich Gedanken über die Lage der Industrieviertel und die Bedeutung der Grünanlagen. Nach dem zweiten Weltkrieg ermöglichten leider die meist knappen Mittel keine großzügige Planung des Wiederaufbaus der Städte unter Ausnützung bioklimatischer Erkenntnisse. Es ist nun zu hoffen, daß die meteorologischen Untersuchungsergebnisse über das Stadtklima in erhöhtem Maße Berücksichtigung finden und als integraler Teil der Stadtplanung zur Wirkung gelangen.

Thermischer Wirkungskomplex

Die dem Menschen am häufigsten ins Bewußtsein dringenden bioklimatischen Änderungen hängen mit dem Wärmehaushalt zusammen. Der Mensch fühlt sich in einem bestimmten Temperatur-Feuchtemilieu behaglich oder friert bei zu großem Wärmeentzug. Ist die Wärmeabstrahlung des Körpers geringer als die zugeführte Wärmemenge, kann es zu Wärmestauungen mit entsprechenden Folgen – Schwülegefühl, im extremen Fall auch Hitzschlag – kommen. Der Mensch sucht sich ein künstliches Behaglichkeitsklima zu schaffen, wenn die äußeren klimatischen Bedingungen zu große Kältereize oder Wärmebelastungen ergeben. In der Wohnung gelingt ihm das dank der modernen Wärmetechnik, doch in den über den Hausbereich hinausgehenden Siedlungsräumen bis hin zur hochindustrialisierten Großstadt ist dieser Ausgleich nicht immer möglich. Durch die Anhäufung von Wohnhäusern und gewerblichen Bauten können die Einflüsse der Wetterfaktoren verschärft und das großräumige Klima verändert werden.
Im Vergleich zur Umgebung unterscheidet sich die Stadt durch fünf Faktoren. Die Hauptunterschiede liegen
1. in der Beschaffenheit des Oberflächenmaterials,
2. in der Gestaltung der Oberfläche,
3. in den Wärmequellen,
4. in den Feuchtequellen,
5. in der Luftqualität (248).

Die Städte mit ihren großen Steinmassen haben eine größere Wärmekapazität als das freie Land. Dazu kommt, daß sie in die Höhe, also in die dritte Dimension gebaut werden. Die vielen Gebäude und die vielschichtige Oberfläche bringen ein komplexes geometrisches Problem. Weiterhin hat eine Stadt nicht nur eine Wärmequelle von oben, sondern weitere Wärmequellen in verschiedenen Niveaus durch die Kamine der Industrie, die häuslichen Verbrennungsanlagen und die Automobile auf der Straße. Die Konzentration dieser Wärmequellen ist meist weit größer als auf dem flachen Land. Für die Stadt sind die benachbarten ländlichen Bezirke die Quelle der Luftfeuchtigkeit. Es spielen dabei die Unterschiede in der Vegetation und in der Regenhäufigkeit eine Rolle. Hinzu treten die Emissionen von Industrie, Haushalt und Verkehr, die von wesentlichem Einfluß auf die bioklimatischen Ver-

Tabelle 19. Klimadaten (nach Unterlagen des Zentralamtes des Deutschen Wetterdienstes)

Gemäßigte warme Regenklimate (Mittelwerte)

	Jan.	Febr.	März	April	Mai	Juni	Juli	Aug.	Sept.	Okt.	Nov.	Dez.	Jahr
Athen (Seehöhe 107 m)													
Beobachtungszeitraum 1951–1962, Niederschlag 1894–1929 und 1930–1962													
Temperatur	9,9	10,3	11,7	15,6	20,6	25,4	28,0	28,2	23,7	18,7	14,9	11,4	18,2° C
Niederschlag	53	40	30	20	21	16	4	8	16	40	66	69	383 l/qm
Tage mit 1,0 mm Niederschlag	7,8	4,1	5,5	3,8	3,5	1,2	0,6	0,8	2,3	4,6	6,7	7,7	48,6 Tage
Rom (Seehöhe 51 m)													
Beobachtungszeitraum 1921–1950, Sonnenschein 1951–1960													
Temperatur	7,5	8,5	11,3	14,6	18,4	22,8	25,6	25,2	22,2	17,2	12,5	8,7	16,2° C
Niederschlag	69	71	63	56	55	31	9	22	64	115	111	94	760 l/qm
Tage mit 1,0 mm Niederschlag	8	9	8	8	7	4	2	2	5	8	10	10	81 Tage
Sonnenschein	119	125	167	202	261	286	335	320	223	182	143	113	2 478 Std.
Mailand (Seehöhe 121 m)													
Beobachtungszeitraum 1926–1955, Niederschlag 1921–1950, Sonnenschein 1951–1960													
Temperatur	1,7	4,3	9,2	14,0	18,0	22,6	25,1	24,2	20,4	14,0	8,0	3,1	13,7° C
Niederschlag	61	55	68	82	100	80	59	68	74	93	97	75	912 l/qm
Tage mit 1,0 mm Niederschlag	7	5	7	9	10	7	5	5	6	8	8	7	84 Tage
Sonnenschein	54	77	127	176	217	216	268	240	177	121	63	32	1 768 Std.
Freiburg (Seehöhe 259 m)													
Beobachtungszeitraum 1931–1960, Sonnenschein 1951–1960													
Temperatur	1,1	2,1	6,4	10,4	14,8	18,1	19,8	19,2	15,9	10,3	5,4	1,8	10,4° C
Niederschlag	57	50	50	59	76	105	96	95	86	62	64	49	850 l/qm
Sonnenschein	55	73	154	180	231	217	235	225	174	132	62	50	1 788 Std.
Frankfurt/M. (Seehöhe 109 m)													
Beobachtungszeitraum 1931–1960, Sonnenschein 1951–1960													
Temperatur	0,8	1,9	6,0	10,4	14,6	17,8	19,4	18,6	15,2	9,9	5,6	2,0	10,2° C
Niederschlag	58	45	37	44	55	74	69	79	57	51	54	54	677 l/qm
Sonnenschein	46	69	144	188	230	211	218	196	162	103	44	29	1 640 Std.

	Jan.	Febr.	März	April	Mai	Juni	Juli	Aug.	Sept.	Okt.	Nov.	Dez.	Jahr
Hamburg-Flughafen (Seehöhe 12 m)				*Beobachtungszeitraum 1931–1960, Sonnenschein 1951–1960*									
Temperatur	0,1	0,4	3,4	7,8	12,5	15,9	17,6	17,1	13,9	9,2	4,9	1,9	8,7° C
Niederschlag	53	45	37	48	51	61	82	80	59	57	56	54	683 l/qm
Sonnenschein	51	64	131	186	230	222	220	183	171	100	44	28	1 630 Std.
Paris (Seehöhe 50 m)				*Beobachtungszeitraum 1946–1960, Sonnenschein 1951–1960*									
Temperatur	3,8	4,6	7,7	10,8	14,5	17,6	19,6	19,1	16,4	11,7	6,9	3,8	11,4° C
Niederschlag	53	43	38	50	57	50	59	62	48	57	57	54	628 l/qm
Tage mit 0,2 mm Niederschlag	17	14	13	14	13	12	12	12	12	13	15	16	163 Tage
Sonnenschein	62	82	151	197	227	216	227	206	179	125	63	45	1 780 Std.
London (Seehöhe 45 m)				*Beobachtungszeitraum 1921–1950, Sonnenschein 1951–1960*									
Temperatur	4,2	4,4	6,7	8,9	12,2	15,6	17,8	17,2	15,0	10,6	6,7	4,7	10,3° C
Niederschlag	51	38	36	46	46	41	57	56	46	58	64	51	584 l/qm
Tage mit 0,2 mm Niederschlag	17	13	11	14	13	11	13	13	13	14	16	16	164 Tage
Sonnenschein	34	51	102	142	185	198	186	174	132	92	42	28	1 366 Std.
Jakutska (Seehöhe 106 m)				*Beobachtungszeitraum 1829–1923*		Borealer Gürtel (Mittelwerte)							
Temperatur	−43,3	−36,3	−22,9	−8,5	5,2	15,3	19,1	14,9	5,9	−8,5	−28,7	−40,2	−10,7° C
Niederschlag	6	5	3	6	26	35	36	36	22	12	10	7	181 l/qm
Tage mit 0,1 mm Niederschlag	9	8	5	5	6	8	9	9	9	12	12	10	103 Tage
Stockholm (Seehöhe 44 m)				*Beobachtungszeitraum 1931–1960, Sonnenschein 1951–1960*									
Temperatur	−2,9	−3,1	−0,7	4,4	10,1	14,9	17,8	16,6	12,2	7,1	2,8	0,1	6,6° C
Niederschlag	43	30	26	31	34	45	61	76	60	48	53	48	555 l/qm
Tage mit 0,1 mm Niederschlag	10	6	7	7	7	8	9	10	9	9	10	11	103 Tage
Sonnenschein	41	68	155	205	269	289	281	227	170	88	39	23	1 855 Std.
Moskau (Seehöhe 167 m)				*Beobachtungszeitraum 1931–1960*									
Temperatur	−9,9	−9,5	−4,2	4,7	11,9	16,8	19,0	17,1	11,2	4,5	−1,9	−6,8	4,4° C
Niederschlag	31	28	33	35	52	67	74	74	58	51	36	36	575 l/qm

hältnisse einer Stadt sind. Dabei kommt dem thermischen Wirkungskomplex die größte Bedeutung zu. Der Wärmehaushalt wurde von William Lowry auch mathematisch erfaßt (248). In Gleichungen wurde die Zustrahlung durch Sonne und Himmel, die Temperatur der Stadt und der Umgebung unter Einschluß der Bedeckung durch Gebäude, Türme, Bäume usw. berücksichtigt. Da die Einzelmessungen sehr aufwendig und nicht alle Größen genau erfaßbar sind, ergaben die Rechnungen auch kein bis in die Einzelheiten gehendes Resultat. Es kann jedoch aus ihnen geschlossen werden, daß

– bei einer Stadt mit reiner Luft und Wind vom Land in die Stadt das Maximum der Temperatur in der Stadt den ländlichen Höchstwert um einen kleinen Betrag übersteigt. Unter den gleichen Bedingungen ist nachts die Temperatur in der Stadt höher. Das ist auch bei leichtem Wind möglich. Verantwortlich für den Anstieg ist die Speicherung der Wärme durch Straßen und Gebäude und die Heizung in Haushalt und Betrieben;

– bei verunreinigter Luft mehr Sonnenenergie absorbiert wird. Dadurch wird der Temperaturgegensatz während des Tages reduziert im Vergleich zu reiner Luft. In der Nacht werden allerdings die Temperaturunterschiede verstärkt, weil die Verunreinigungen das Strahlungsfenster nach außen schließen und die langwelligen Wärmestrahlen nicht entkommen können.

1. Temperatur. Die Temperaturverhältnisse einer Stadt müssen unter dem Gesichtspunkt ihrer Lage innerhalb der Klimazonen betrachtet werden. Es sind starke Unterschiede vorhanden je nachdem, ob die Stadt in der gemäßigten oder in der subtropischen Zone liegt. In dem äquatorialen Gebiet ist die Höhenlage als Temperaturregulator von ausschlaggebender Bedeutung, und in der borealen, d. h. der nördlichen Zone sind die winterlichen Klimaverhältnisse besonders zu beachten. In Tabelle 19 sind die Klimaverhältnisse einzelner Städte in gemäßigt-warmem Regenklima und in borealem, meist kontinentalem Klima zusammengestellt. Es ist bei der Jahresmitteltemperatur ein Bereich von 18,2° Celsius in Athen über 10,2° Celsius in Frankfurt, 4,4° Celsius in Moskau bis zu minus 10,7° Celsius im sibirischen Irkutsk erfaßt. Die Städte in den Tropen sind wegen ihrer besonders extremen Verhältnisse in dieser Darstellung nicht berücksichtigt. Im wesentlichen wurden die nachfolgend dargestellten Ergebnisse in den Städten der gemäßigten Zone gewonnen. Es sind daher gewisse gleiche äußere Bedingungen vorhanden, die man als das Großklima ansehen kann.

Den Gegensatz dazu bildet das Mikroklima, das die Verhältnisse auf kleinstem Raum umschließt. Besonderheiten wie z. B. das Klima umbauter Höfe gehören zu diesem Bereich. Werner Mahringers Registrierungen der Temperatur im Wiener Stadtbereich ergaben im Sommer Differenzen von 20° Celsius zwischen dem Boden eines Hofs und der Umgebung bei einem engen Querschnitt von 4×2 m und einer Tiefe von 20 m (272). Ein Unterschied von 10° wurde bei einer freien Fläche von 15×18 m Querschnitt und gleicher Tiefe von 20 m ermittelt.

Bei der Untersuchung von Straßenzügen traten ähnliche Eigentümlichkeiten auf. Die Temperaturverhältnisse über einer Asphaltstraße sind ebenfalls sehr extrem. Nach Messungen von G. S. Eaton erhitzt sich die Asphaltdecke auf über 50° (110). In heißen Sommertagen kann auch in Mitteleuropa der Straßenbelag weich werden. Die Unterschiede zum benachbarten Gelände können dabei über 20° betragen.

Auch 30 cm über der Straße wurden in Riverside am frühen Nachmittag noch 43° gemessen. Die Temperaturdifferenz beläuft sich dabei gegenüber der beschatteten, 10 m entfernten Randzone noch auf 6°.
Trotz dieser stark hervortretenden Eigenheiten im Mikroklima einer Stadt kann das Stadtklima nicht als eine Sammlung verschiedener Einzelklimate aufgefaßt werden. Da wesentliche gemeinsame Einflüsse das Klima einer ganzen Stadt bilden, darf man nach dem Vorbild von Kratzer vom Stadtklima als einer Einheit sprechen (221). Die schon erwähnten Berechnungen von Lowry (248), die die Stadt als ein Ganzes in Rechnung stellen, lassen ebenfalls eine solche Auffassung zu.

Tabelle 20. Klimawerte von Berlin
(nach 349)

	Temperaturmittel	Absolutes Maximum	Absolutes Minimum	Mittlere Tagesschwankg.	Sommertage Max. 25°	Eistage Maximum 0,0°	Frosttage Minimum 0,0°
Charlottenburg	9,7	33,0	−13,0	6,9	35	31	68
Tempelhof Flughafen	9,5	35,3	−13,5	7,3	35	35	78
Botanischer Garten	8,9	32,4	−16,0	7,8	38	34	82
Spandauer Forst	8,1	32,4	−22,0	9,6	34	36	120

Einige Einflüsse der Stadt auf die klimatischen Gegebenheiten sollen die in Tabelle 20 zusammengestellten Ergebnisse von Messungen in Berlin zeigen. Richard Scherhag hat ein Netz von Klimastationen über Berlin aufgebaut, die es ermöglichen, einen näheren Einblick in die Verteilung der wichtigsten Klimaelemente der Innen- und Außenbezirke zu gewinnen (349). Der Vergleich zwischen den Extremen im Stadtteil Charlottenburg und am Stadtrand im Spandauer Forst zeigt, daß der Mensch im Innern der Stadt in einem wesentlich höheren Temperaturmilieu als am Stadtrand lebt. Der Unterschied der Jahresmitteltemperatur von 1965 bis 1966 innerhalb des fast ebenen Stadtgebietes von Berlin entspricht auf wenigen Kilometern einer Änderung der Mitteltemperatur, die gleichbedeutend ist mit einem Anstieg am Schwarzwaldrand von 260 m Höhe. Im langjährigen Mittel ist die Temperaturdifferenz etwas geringer. Sie läßt aber erkennen, warum der Großstädter an warmen Tagen aus dem Stadtinneren hinausstrebt.
Der Grad der Überhitzung hängt weitgehend von der Lage der Stadt ab. In Berlin ist die gute Durchlüftung maßgebend dafür, daß keine zu hohen Temperaturen im Stadtzentrum eintreten. Im langjährigen Mittel fand Kratzer sogar nur 1,0° Unterschied zu den Außenbezirken im Vergleich zu Mailand mit 1,3° (221). In Freiburg im Breisgau stellte Hans von Rudloff einen mittleren Unterschied zwischen Innenstadt und der östlichen Vorstadt von ebenfalls 1,0° fest (340). In Stuttgart konnte zwischen dem Stadtinneren (Büchsenstraße) und dem hochgelegenen Vorort Hohenheim unter Berücksichtigung des Höhenunterschiedes eine Differenz von 1,1° (reduziert auf 1931 bis 1969) errechnet werden. Diese Unterschiede sind jahreszeitlich verschieden. *Abb. 8* zeigt den Verlauf der Temperatur über den ganzen Tag in Wien an einer Stadt- und an einer Vorortstation im Juli und im Februar. Die beiden Kur-

ven lassen erkennen, daß die Unterschiede um Mittag nicht sehr groß oder gar nicht vorhanden sind. Ab 15 Uhr kühlt sich die Außenstation jedoch sehr rasch ab, während der Temperaturrückgang im dichtbebauten Gebiet nur langsam vor sich geht. Wie groß dieser Unterschied sein kann, zeigt eine Messung nach einem heißen Julitag in Karlsruhe, wo um 21 Uhr zwischen Stadt und Land noch eine Temperaturdifferenz von 7,0° Celsius gemessen wurde. Dieser langanhaltende Wärmeüberschuß am Abend wirkt sich stark auf den Wärmehaushalt des Menschen aus und behindert die nächtliche Erholung durch unruhigen Schlaf. Interessant ist auch, daß die Stadt mit einem Wärmeüberschuß in den Tag hineingeht. Es gibt allerdings Städte, die durch ein örtliches Windsystem im mittleren Bereich auch am Morgen kälter sind als am Stadtrand. Tabelle 21 läßt erkennen, daß in Freiburg im Breisgau der Botanische Garten in der Nähe der Mittelstadt um 1,8° kälter war als das Gebiet im Westen. Dieser Stadtteil beginnt also entgegen der Darstellung für Wien den Tag mit einer deutlich niedrigeren Temperatur. Tagsüber wird die Differenz geringer und um 21 Uhr steigt sie wieder auf 1,1° an. Es setzt also in diesem Falle die Abkühlung in der Stadt rascher als am Stadtrand ein (300). Die Mittelwerte über den Zeitraum von 1959 bis 1966 zu den drei Beobachtungsterminen stützen dieses Ergebnis. Um Mittag ist es in der Stadt wärmer und am Abend und am Morgen kälter als am Rand. Diese Tatsache zeigt, daß die sommerlichen Temperaturverhältnisse einer Stadt nicht überall gleich sind. Überwiegen wird der in *Abb. 10* dargestellte Verlauf. Freiburg verdankt den Vorzug der abendlichen Abkühlung einer guten Durchlüftung durch den Bergabwind vom Schwarzwald her, der zum Teil vom Höllental herankommt, zum Teil aber von der gesamten Vorbergzone in die Stadt hineinweht.

Die Erwärmung im Stadtinneren und die langsame Abkühlung in der Stadt wurde besonders genau in London studiert. T. T. Chandler spricht von einer ›Wärmeinsel‹ über der Stadt, die in einer direkten Beziehung zu der Art der Oberflächenbedeckung, vor allem der Dichte und der Massenverteilung der Gebäude sowie der

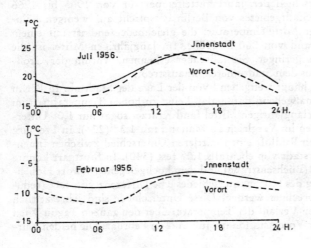

Abb. 8 Temperaturverlauf in Wien während der warmen und kalten Jahreszeit in der Innenstadt und in einem Vorort (nach 272)

Tabelle 21. Verlauf der Temperaturen am 13. August 1966 in Freiburg i. Brsg. (Botanischer Garten und Elsässer Straße) sowie Mittelwerte im Juli der Jahre 1959 bis 1966
(nach 300)

	Botanischer Garten	Elsässer Straße	Differenz
13. August 1966			
07 Uhr	19,6	21,4	−1,8
14 Uhr	33,4	34,2	−0,8
21 Uhr	24,7	25,8	−1,1
Maximum	33,9	34,7	−0,8
Minimum	17,2	17,1	+0,1
Mittel 1959–1966 Juli			
07 Uhr	16,5	16,7	−0,2
14 Uhr	23,6	23,2	+0,4
21 Uhr	18,2	18,6	−0,4

Größe der Freiflächen innerhalb des bebauten Gebietes steht (71). Dieses Ergebnis hatte Howard schon 1833 gefunden (185). Er stellte Unterschiede zwischen dem Land und der Stadtmitte von über 1,2° Celsius im Monatsmittel fest. Auch heute noch gilt seine Begründung für den Unterschied:
– Land: Ebene mit freier Strahlung zum Himmel, Stadt: Gegenseitiges Anstrahlen der Häuser.
– Land: Zugänglich auch leichten Winden, Stadt: Starke Behinderung durch die Häuser.
– Land: Unerschöpflicher Vorrat an Feuchtigkeit, Stadt: Keine Feuchte, schnell erschöpft, auch nach Regengüssen.
Weitere wesentliche Züge des Stadtklimas offenbaren sich bei den winterlichen Verhältnissen, für die wieder die Berliner Werte 1965/66 herangezogen werden sollen. Aus Tabelle 20 ist zu ersehen, daß im Stadtinneren minus 13,0° gemessen wurden, während am Stadtrand ein extremes Minimum von minus 22° auftrat. Auffallend ist auch, daß die Zahl der Frosttage (Minimum unter 0° Celsius) sich zum Stadtrand hin fast verdoppelt. Weniger stark ausgeprägt ist die Differenz bei den Eistagen (Maximum unter 0° Celsius). Trotzdem ist eine deutliche Zunahme der Tage mit auch tagsüber andauerndem Frost zum Stadtrand hin zu erkennen. Die thermische Beanspruchung des Menschen inmitten des Häusermeeres durch die Kältereize ist daher wesentlich geringer als auf dem Land. Das fiel auch Howard auf, der diese Erwärmung auf die Heizung der Gebäude innerhalb der Stadt neben den schon von ihm genannten weiteren Ursachen zurückführte.
Die Wärmebegünstigung der Stadt wirkt sich natürlich auch auf die Heizperioden aus. Die Städter können mit dem Heizen später beginnen und früher aufhören.

Nach Kratzer (221) treten in einzelnen Bezirken Unterschiede bis zu 160 Gradtagen auf (Gradtag bedeutet Anzahl der Tage während der Heizzeit multipliziert mit der Temperaturdifferenz zwischen Haus und freier Luft). Wie groß die Unterschiede in den Temperaturverhältnissen einer Stadt sein können, ergibt sich auch aus Meßfahrten, die sehr frühzeitig von Meteorologen durchgeführt wurden. Bei einer Fahrt, die am 17. Juli 1967 durch Freiburg führte, traten im Stadtbereich deutlich Gebiete mit Überwärmung neben kühleren Bereichen auf. Der Unterschied zwischen extremen Lagen betrug 4°. Den Überhitzungsgebieten einer Stadt treten also die Erfrischungszonen gegenüber (300).

Als Ergänzung dieser Meßfahrten wird in neuerer Zeit die Infrarotthermographie eingesetzt. In der Bundesrepublik Deutschland wurde diese Methode für die Erforschung des Stadtklimas erstmalig von der regionalen Planungsgemeinschaft Untermain, Frankfurt am Main, in größerem Rahmen eingesetzt; im März 1972 wurde darüber berichtet (330). Der Infrarotscanner mißt allerdings Oberflächentemperaturen und nicht Lufttemperaturen. Trotzdem ist für die Untersuchung des Stadtklimas eine solche Methode brauchbar, da die Erwärmung der Luft zu einem großen Teil über dem Boden erfolgt. Die weitere Ausgestaltung des Verfahrens wird neue Einblicke in die Temperaturverhältnisse der Stadt und ihrer Umgebung geben.

2. *Luftfeuchtigkeit.* Für das menschliche Empfinden spielt nicht allein die Temperatur eine Rolle. Wichtigen Anteil am Wärmehaushalt des Körpers hat die Abkühlung durch Verdunstung, die eng mit dem Wasserdampfgehalt oder der Luftfeuchtigkeit zusammenhängt. Hohe Werte rufen das Gefühl der Schwüle hervor und belasten zusammen mit erhöhten Temperaturen Herz und Kreislauf. Es ist dabei die relative Luftfeuchtigkeit

$$RF = \frac{\text{tatsächlich vorhandene Feuchte}}{\text{maximal mögliche Feuchte}} \times 100$$

wichtig. Da die maximal von der Luft aufnehmbare Feuchtigkeit stark mit der Temperatur ansteigt, sinkt die relative Luftfeuchtigkeit bei gleichbleibender absoluter Feuchte mit zunehmender Temperatur rasch ab. Der Sättigungsdampfdruck, der weitgehend mit der absoluten Feuchtigkeit gleichgesetzt werden kann, beträgt bei 10° Celsius 9,20 mm; bei 20° Celsius hat er fast den doppelten Wert von 17,53 mm. Wird kein Wasserdampf zugeführt, so erniedrigt sich die relative Luftfeuchtigkeit eines Luftquantums von 50 % auf 26 % bei einer Erwärmung von 10° auf 20° C. Aus der Temperaturbegünstigung der Stadtluft ergibt sich auch eine niedrigere relative Luftfeuchtigkeit über Siedlungen im Vergleich zum flachen Land. Da die Regenspende durch die ausgeklügelte Kanalisation, abgesehen von Gärten und Anlagen, kaum dem Stadtgebiet zugute kommt, ist der absolute Gehalt an Wasserdampf über der Stadt auch geringer. Das freie Land hat demgegenüber eine viel größere Aufnahmefähigkeit für den Niederschlag und verfügt durch die Vegetation, den feuchten Boden und die Flüsse und Seen über eine große Anzahl von Verdunstungsquellen im Gegensatz zu der häufig ausgetrockneten und überhitzten Stadt. Bei einem Vergleich zwischen Freiburg und dem in der Vorbergzone des Schwarzwaldes gelegenen Badenweiler ergab sich, daß an Sommertagen um 14 Uhr in dem niederen Feuchtebereich von 20 % bis 49 % in der Großstadt 77,3 % der Messungen lagen. In dem mit Kuranlagen durchsetzten Heilbad waren es jedoch nur 48,5 %/o (299). Der Unterschied zwischen der relativen Luftfeuchte in der Stadt und dem benachbarten Land schwankt mit den Temperaturunterschieden. Da die Temperaturdifferenz abends am größten ist, wird auch in den späten Tagesstunden die Luft über der Stadt relativ am trockensten sein. Der Unterschied betrug nach Kratzer in München am Abend 9 %/o und am Morgen und Mittag 4 %/o (221). In Hannover steigerte sich die Differenz der relativen Feuchte bis zu 25 %/o beim nächtlichen Maximum der Luftfeuchtigkeit. Der Grund hierfür ist die langsame Abkühlung der Steinmauern der Stadt, wobei der Feuchtesprung am Stadtrand sehr auffällig ist. Ähnliche Unterschiede fand auch Wolfgang Erikson für Kiel (118). Die Zahlen weisen darauf hin, daß die relative Luftfeuchtigkeit besonders aufmerksam beachtet werden muß. Es müssen die ›Produzenten‹ des Wasserdampfes wie Parkanlagen und kleine Seen im Stadtbereich möglichst zahlreich verbreitet sein. Besonders bei warmem, niederschlagsfreiem Wetter wirken sie sich bioklimatisch günstig aus. An feuchten, regnerischen Tagen ist das Phänomen der Austrocknung der Stadtluft nicht zu beobachten, da genügend Wasser im Stadtbereich über den regennassen Straßen und Häusern, die wärmer sind als die Umgebung, verdampft. Auch bei klaren, kalten Tagen mit einem geringen Luftaustausch über der Stadt ist die Stadtluft wegen der erhöhten Temperatur feuchter als die bodennahe Schicht über dem Land.

Tabelle 22. Tage mit Nebel in Freiburg i. Brsg. (Mittelwerte)

	Jan.	Febr.	März	April	Mai	Juni	Juli	Aug.	Sept.	Okt.	Nov.	Dez.	Jahr
1901–1950	5,4	4,5	2,4	1,4	0,9	0,9	0,7	1,2	3,7	6,8	7,7	7,0	42,6 Tage
1951–1960	7,3	7,1	2,5	1,5	1,5	0,8	0,5	1,1	4,2	6,2	7,9	9,2	49,8 Tage
1961–1970	10,0	4,1	3,7	2,1	1,0	0,4	0,5	2,5	5,9	10,8	9,3	7,4	57,7 Tage
1971–1972	9,0	9,0	2,5	1,0	0,5	1,0	·	2,0	5,5	6,0	7,0	13,5	57,0 Tage
1901–1972	7,9	6,2	2,8	1,5	1,0	0,8	0,4	1,7	4,8	7,4	8,0	9,3	51,8 Tage

In diesem Zusammenhang spielt der Nebel über der Stadt eine besondere Rolle. Bei den vorausgegangenen Untersuchungen wurde festgestellt, daß die Stadt wärmer und trockener ist als die Umgebung. Daraus wäre zu schließen, daß die Kondensationserscheinungen wie Nebel und Dunst über der Stadt auch geringer sind. Es ist deshalb zunächst verwunderlich, daß die Stadtnebel wegen ihrer Häufigkeit, Zähigkeit und ungünstigen Wirkung auf den Menschen besonders bei Erkrankungen der Atemwege bekannt sind. Der Nebel über den Städten wurde wegen dieser Eigenart und seiner ungünstigen gesundheitlichen Wirkung schon frühzeitig untersucht. Daß er tatsächlich mit der Stadt zusammenhängt, wurde durch die Zunahme der Zahl der Tage mit Nebel bewiesen. Sie stieg in London von 50 Tagen im Jahr auf 74 im Zeitraum von 1871 bis 1890 an. Besonders wichtig ist der Unterschied zwischen dem typischen Stadtnebel, der tagsüber noch zunehmen kann, und dem Landnebel, der in seinem Tagesverlauf ein Maximum in der Frühe hat und gegen Mittag sich auflöst. Im langjährigen Verlauf ist das Maximum um 8 Uhr. Städte, die am Rande einer Ebene im Bereich der Windzirkulation des nahen Gebirges

liegen, haben in den einzelnen Stadtteilen sehr unterschiedliche Nebelhäufigkeiten. In Freiburg hat der an die Rheinebene anschließende Stadtteil 57 Tage mit Nebel, während die östlichen Bezirke in der Nähe des Schwarzwaldes nur etwa 35 Tage mit Nebel aufzuweisen haben. Im allgemeinen kann jedoch die Stadt, besonders die Industriestadt, als Nebelherd angesprochen werden. Helmuth E. Landsberg gibt als mittlere Zunahme des Nebels im Winter 100 % und im Sommer 30 % an (232).
Die Ursache für die erhöhte Nebelhäufigkeit in der Stadt liegt in der verstärkten Produktion der Kondensationskerne, an die sich der Wasserdampf niederschlagen kann, durch die Heizungen der Haushaltungen und durch Industrie- und Gewerbebetriebe. Wenn dazu noch eine erhöhte Feuchtigkeit vormittags und in den Herbst- und Wintermonaten kommt, ist der Jahresgang des Nebels mit einem Maximum in den kälteren Monaten verständlich. Einen typischen Jahresgang stellt Tabelle 22 dar. Sie zeigt ein eindeutiges Maximum der Zahl der Tage mit Nebel im Oktober. Zu beachten ist die Zunahme der Nebelhäufigkeit seit der Jahrhundertwende. In Freiburg ist die Lage der Stadt in der Rheinebene für die erhöhte Nebelzahl und die verstärkte Produktion von Kondensationskernen maßgebend. Dieser Befund gilt für alle Städte in Küstenlagen und in wasserreichen Gegenden oder in Talkesseln. Die Ansammlung von feuchter Luft bewirkt eine Zunahme der relativen Luftfeuchtigkeit und damit Kondensation, die in verunreinigter Luft schon unterhalb 100 % Feuchtigkeitsgehalt eintreten kann. Die Städte an Flußniederungen wie Hamburg, Bremen und London mit hoher Feuchte und gleichzeitiger Luftverunreinigung haben daher eine hohe Anzahl von Tagen mit Nebel.

3. Bewölkung. Der Einfluß der Stadt auf die Nebelbildung ist auch bei der Bewölkung zu erkennen. Meistens haben die Städte einen erhöhten Bedeckungsgrad mit Wolken. Für die Entstehung der Wolken ist jedoch nicht allein die Luftfeuchtigkeit und die Konzentration der Kondensationskerne maßgebend: Ein entscheidendes Glied im Entstehungsmechanismus ist die Aufwärtsbewegung der Luft. Wenn die Luft aufwärts steigt, kühlt sie sich ab und die relative Luftfeuchtigkeit nähert sich 100 %. Im Mittel sind 5 bis 10 % mehr Bewölkung in der Stadt als auf dem Land anzunehmen (232). Wenn allerdings an Sommertagen die Austrocknung der Luft über der Stadt überwiegt, so hat das Stadtinnere weniger Wolken als das umgebende Land. Einige Untersuchungen haben es als wahrscheinlich erscheinen lassen, daß die Zahl der heiteren Tage mit einem Bewölkungsmittel unter zwei Zehntel in der Großstadt abnimmt und die Zahl der trüben Tage mit einem Bewölkungsmittel über acht Zehntel zunimmt.

4. Niederschlag. Da über der Stadt eine vermehrte Wolkenbildung im Zusammenhang mit einer verstärkten Aufwärtsbewegung stattfindet, ist auch mit stärkeren Niederschlägen im Stadtgebiet zu rechnen. Nach Landsberg beträgt die Zunahme 5 bis 10 % (232). Es gibt allerdings Städte, bei denen sich orographische Einflüsse und Stadteinwirkungen überlagern. In Kiel stellte Wolfgang Erikson fest, daß durch die Leewirkung der westlich vorgelagerten Endmoränenzüge die Niederschlagssumme geringer ist als in den benachbarten Stationen (118). Ausführlich ging Rudolf Reidat dem Einfluß der Stadt auf die Niederschlagsverteilung bei starken Regenfällen in Hamburg nach (333). Im Bild der Niederschlagsverteilung, das sich auf 37 Niederschlagsmeßstellen im Stadtstaat und 53 in seiner näheren Umgebung stützt, wirken sich orographische Einflüsse und Einwirkungen der Stadt aus. Im Südosten Hamburgs greift ein Trockengebiet in den Raum hinein, und über dem flachen, an der Alstermündung gelegenen, dicht bebauten Stadtzentrum verstärkt sich der Niederschlag von 620 Millimeter Jahresmenge im Südosten bis auf 800 Millimeter ostwärts von Fuhlsbüttel. Sehr deutlich wird der Einfluß der Stadt durch die prozentuale Darstellung von Tagen mit mindestens 20 Millimeter Niederschlag *(Abb. 9)*, bezogen auf einen 100 Tage umfassenden Zeitraum von Januar 1952 bis August 1968, in dem an mindestens einer Meßstelle eine Tagesmenge von mindestens 20 Millimeter gemessen wurde. Die größte Häufigkeit von 55 % kam im Stadtgebiet vor, während in den Randzonen nur knapp ein Drittel mehr als 20 Millimeter Tagesniederschlag hatte. Fast übereinstimmend verhält es sich mit der Gewitterhäufigkeit. Auch dabei ist das Gebiet nordostwärts des Stadtkernes mit einer prozentualen Häufigkeit von 25 % besonders gewitterreich, während der Stadtrand mit 15 % wesentlich gewitterärmer ist. Diese Ergebnisse sind für die Städteplanung von außerordentlicher Wichtigkeit. Im Zusammenhang damit steht nämlich die erhöhte Unwettergefahr über Stadtgebieten. Bei dem am 15. August 1972

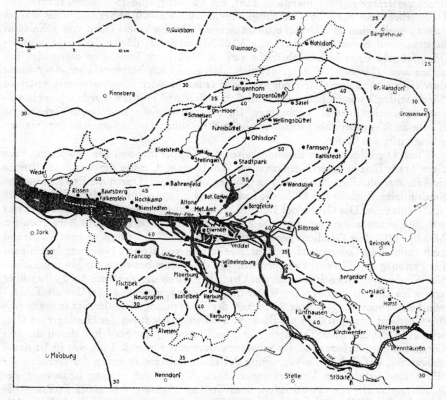

Abb. 9 Prozentuale Häufigkeit von Tagen mit mindestens 20 mm Niederschlag in einem 45 × 42 km großen Gebiet um Hamburg (nach 333)

nachmittags über dem Raum Stuttgart niedergegangenen Unwetter war deutlich die Intensivierung des Hagels durch die Aufwärtsbewegungen der Luft über der Stadt im Zusammenhang mit der vorhandenen Wärmeinsel festzustellen. Der Hagel lag so hoch auf den Straßen, daß die Abflußkanäle verstopft wurden und die Schäden durch das Wasser unverhältnismäßig groß waren.
Die Verstärkung des Niederschlags über der Stadt hängt auch mit der Zunahme der Kondensationskerne im eng besiedelten Gebiet durch die Haushaltungen, den Verkehr sowie industrielle und gewerbliche Betriebe zusammen. In der Stadt kann es daher bei gleicher oder sogar bei etwas geringerer Luftfeuchtigkeit leichter zu schwachem Nieselregen im Herbst und Winter kommen als auf dem Land. Ein Beispiel für die Niederschlagsbildung über einer Stadt lieferte der am 24. Januar 1973 über den nördlich, im Lee des Industrieviertels gelegenen Stadtteilen in Freiburg im Breisgau gefallene Niederschlag. Die Schneehöhe betrug zwei bis drei Zentimeter, an manchen Stellen sogar vier Zentimeter. Die übrigen Stadtteile hatten nur vereinzelt einige Schneeflocken. Die Wetterlage war gekennzeichnet durch eine Hochdruckwetterlage mit stagnierender Luft, die zu Nebel und Hochnebel führte. Die Hochnebeldecke hatte eine Mächtigkeit von 200 bis 400 Meter. Darüber war es nahezu wolkenlos. Die Ursache dieses Schneefalls, der eine Fläche von zehn qkm bedeckte und einem Wasserwert von 30 000 l entsprach, dürfte die starke Wasserdampfabgabe eines Industriebetriebs von ca. 7000 l pro Stunde zu dieser Zeit gewesen sein. Das Beispiel zeigt deutlich, daß es örtlich begrenzt über einer Stadt durch ein vergrößertes Angebot von Wasserdampf oder Kondensationskernen zu Niederschlag kommen kann. Auch im Berner Stadtteil Holigen wurde schon ein solcher Industrieschneefall beobachtet. Im Sommerhalbjahr sind diese Verhältnisse häufig auch gegeben, aber durch die hohe Wolkenuntergrenze erreicht der Niederschlag nicht den Boden.

5. *Wind.* Die klimatischen Besonderheiten der Temperatur und der Bewölkung über einer Stadt liefern auch Eigenarten im Windsystem. Gerade die Windverhältnisse sind für das Bioklima der Stadt von größter Wichtigkeit. Durch die Erwärmung des Stadtinneren fließt in der Höhe die Luft ab und bringt einen Luftdruckfall über der Stadt zustande. Die Größe des Luftdruckunterschiedes zum Stadtrand beträgt nur wenige Zehntelmillimeter. Auf 100 km umgerechnet fand Hellmuth Berg etwa ein Millibar (30). Der Gradient genügt jedoch, um eine Windströmung vom Stadtrand zum Inneren in Gang zu setzen. Untersuchungen von Robert Neuwirth bestätigten für Freiburg den Wechsel zwischen den von den Außenbezirken zur Stadt gerichteten Winden und einer Strömung von Osten her durch das Zentrum (300). Tagsüber von 8 bis 18 Uhr herrscht der Westwind von der Rheinebene vor, der als Talaufwind zu deuten ist. Mit dem Rückgang der Erwärmung über der Stadt dreht sich der Gradient um, und die Luft fließt von Osten in Richtung des überlagerten Ostwindes in das Zentrum. Dadurch tritt eine Säuberung der Stadtluft durch die von Osten aus der Vorbergzone des Schwarzwaldes einströmende Luft ein. Es ist dabei interessant, daß durch die Verengung des Höllentals am Ausgang der Dreisam der Wind eine erhebliche Verstärkung erfährt. Wegen der großen Bedeutung des Windsystems für die Stadthygiene muß in der Planung der Stadt Freiburg die Aufgabe des ›Höllentälers‹, wie der Wind in Freiburg genannt wird, als Luftreiniger gefördert werden. Es darf keine Bebauung stattfinden, die dieses Windsystem

unterdrückt. In bisher drei Versuchsreihen mit Fesselballonaufstiegen konnte gezeigt werden, wie der Wind sich von oben her bis zum Straßenniveau durchsetzt und die Inversion bis auf 250 m ansteigt. Die Meßserie bietet ein gutes Beispiel für die Rolle der Stadt bei der Bildung und Auflösung der Sperrschichten, die als Obergrenze des Dunst- und Nebelgebietes Bedeutung haben. Die aufsteigende Luftbewegung über der Stadt ist als ›Großstadtthermik‹ von den Segelfliegern sehr geschätzt. Die aus den Kaminen aufsteigende Luft wird von den Rändern der Stadt her durch frische Luft ersetzt. Wenn jedoch die Außenbezirke mit Industrieemittenden angehäuft sind, bringt diese an sich günstige Windzirkulation zum Teil unreine Luft bis zur Stadtmitte. Die Ergebnisse zeigen, daß die Regionalplanungen gründliche Studien und Sonderuntersuchungen erfordern.

Neben diesem Windsystem, das durch die thermischen Verhältnisse in der Stadt gefördert wird, gibt es auch noch einen Bremseffekt der Stadt auf die herrschenden Luftströmungen. Dieser Effekt wird um so deutlicher, je ausgedehnter die Stadt ist. Die häufig damit verbundene Verlangsamung der Strömung über der Stadt ist auch durch die Zunahme der Windstillen festzustellen. Über Stuttgart konnte im Zeitraum von 1894 bis 1915 1 % Windstillen errechnet werden. Mit der zunehmenden Ausdehnung der Stadt stieg dieser Anteil auf 23,4 % an. Dabei ist interessant, daß die Hochhäuser, wenn sie richtig zur Windrichtung orientiert sind, durchaus nicht nur einen Bremseffekt ausüben müssen. Sie können zu einer verstärkten Böigkeit und damit zu einer erhöhten Durchmischung der Luft beitragen. Insofern braucht die bioklimatische Wirkung der Hochhäuser nicht durchweg als ungünstig angesehen zu werden. Es muß jedoch darauf geachtet werden, daß der Abstand zwischen den einzelnen Bauten genügend groß ist. Für die Ermittlung des Einflusses der Bebauung auf die Strömungsverhältnisse spielen Modelluntersuchungen im Windkanal eine zunehmende Rolle.

Die erwähnten Windsysteme in Tälern und an Hängen waren für Städte im hügeligen und gebirgigen Land von Bedeutung. Für die an Seen und Meeresküsten gelegenen größeren Siedlungen ist der Einfluß des Land- und Seewindes für die Stadtplanung wichtig. Etwa ab 10 Uhr beginnt in unseren Breiten ein kühler Seewind vom Ufer zur Küste zu blasen. Für jeden Ort wird daher die Überlegung wichtig, ob es ratsam ist, die Küstenstreifen mit Hochhäusern abzuriegeln. Bei solchen Planungen muß wenigstens auf einen genügenden Abstand der einzelnen Objekte geachtet werden. Für weitere Überlegungen zur Stadtplanung im Zusammenhang mit dem Klima sei auf Hans Schirmer verwiesen (352).

6. *Wärmebelastung.* Das Zusammenspiel von Temperatur und Luftfeuchtigkeit wird mit der Äquivalenttemperatur erfaßt, die ein gutes Maß für die Wärmebelastung des menschlichen Körpers darstellt. Der gemessenen Temperatur in Grad Celsius wird der doppelte Dampfdruck in Millimeter Quecksilber zugezählt. Eine Temperatur von 25° Celsius und ein Dampfdruck von 14 mm ergeben eine Äquivalenttemperatur von 53°. Eine Äquivalenttemperatur von mehr als 49° wird vom menschlichen Körper als belastend empfunden. Es ist daher notwendig zu untersuchen, wie häufig sich diese Verhältnisse in unseren Städten einstellen. Tabelle 23 gibt eine Auswahl einiger vom Zentralamt des Deutschen Wetterdienstes errechneten Häufigkeiten der Schwülebelastung.

Schwülebelastung tritt entlang des Rheingrabens besonders deutlich hervor. Als

Stadt im Überhitzungsklima hat Karlsruhe die höchste Anzahl von Tagen (33,7) mit Wärmebelastung, die sich in abgeschwächtem Maße bis zum Niederrhein fortsetzt. Mit der Annäherung an die Nordsee- und Ostseeküste gehen die Werte rasch zurück. Lübeck hat nur die halbe Wärmebelastung im Vergleich zu Düsseldorf. Für die Kurorte in der Bundesrepublik wurde in den *Begriffsbestimmungen für Kurorte, Erholungsorte und Heilbrunnen* 25 Tage mit Wärmebelastung als Grenzwert festgelegt. Die Aufstellung zeigt, daß die Bewohner einer verhältnismäßig großen

Tabelle 23. Häufigkeit der Schwülebelastung nach Angaben des Deutschen Wetterdienstes 1950–1969, 14 Uhr

Tage mit mehr als 49° C Äquivalenttemperatur (Temperatur plus doppeltem Dampfdruck).

Berlin	18,1	Lübeck	14,7
Bonn	24,4	Mannheim	29,0
Düsseldorf	28,6	München-Riem	19,5
Frankfurt	27,8	Nürnberg-Kraftshof	20,6
Freiburg	31,4	Saarbrücken	23,9
Hannover-Langenhagen	18,8	Stuttgart	22,2
Karlsruhe	33,7	Trier	25,7
Koblenz	26,3	Würzburg	26,2

Anzahl von Städten in der Bundesrepublik eine über dieses Limit hinausgehende Wärmebelastung zu ertragen haben. Für ihre Beurteilung ist es wichtig, wie lange die erhöhte Äquivalenttemperatur anhält. *Abb. 10* gibt den Verlauf der Äquivalenttemperatur an einem Strahlungstag im Sommer in Freiburg, in der Stadt und im nahegelegenen Schwarzwald wieder. Es ist deutlich zu erkennen, daß die Wärmebelastung in der Stadt an heißen und schwülen Tagen von 0 Uhr bis fast 24 Uhr anhält. Die Tage sind daher für die Stadtbewohner vom medizinmeteorologischen Standpunkt aus besonders ungünstig, da tagsüber die Arbeitskraft herabgesetzt wird und nachts erhebliche Schlafstörungen auftreten. Die Bedeutung des nahen Mittelgebirges zeigen die Messungen auf dem Schwarzwald in Höchenschwand und auf dem Feldberg. In mittleren Lagen sind nur noch einige wenige Stunden vom Mittag bis zum Frühnachmittag mit Schwüle belastet. Die Gipfellagen haben bei diesen Wettersituationen keine Wärmebelastung. Wo die Möglichkeit nicht gegeben ist, auf den benachbarten Höhen der Schwüle zu entrinnen, sind Parkanlagen wichtig. Entsprechende Unterschiede sind in allen Städten mit Park- und Waldanlagen vorhanden. Es kommt dabei allerdings auf die Dichte des Bestands und die Durchlüftungsmöglichkeit an. Der häufigste Unterschied beträgt etwa 2 bis 3° zwischen Park und benachbartem Wohngebiet. Diese Differenz ist aber ausreichend, um in den Parkanlagen ein Gefühl der Entlastung von der Schwüle der Umgebung zu empfinden.

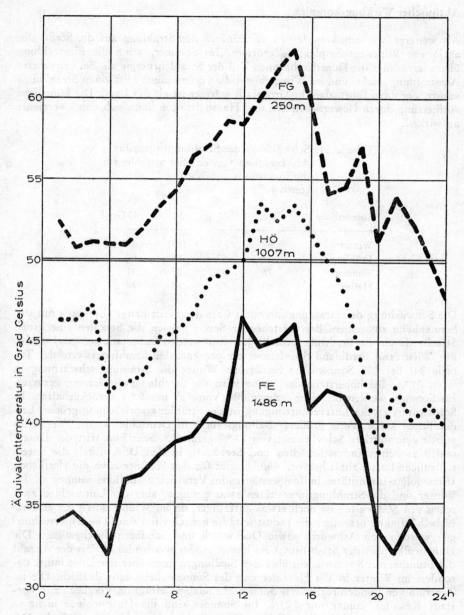

Abb. 10   Tagesgang der Äquivalenttemperatur am 25. 7. 1969
FG Freiburg i. Br., HÖ Höchenschwand, FE Feldberg im Schwarzwald

Aktinischer Wirkungskomplex

Als weiterer Wirkungskomplex ist der Einfluß der Strahlung auf die Stadt, der aktinische Wirkungskomplex, zu erörtern. Im Sommer, wenn die Einstrahlung überwiegt, fängt die Dunsthaube einen Teil der Strahlenenergie ab. Bei vermehrter Ausstrahlung nachts und im Winter bietet die verunreinigte Luft einen Strahlungsschutz, der dazu führt, daß die Großstadt wärmer ist als das Land. Die künstliche Aufheizung durch Gewerbebetriebe und Haushaltungen kann sich dabei vermehrt auswirken.

Tabelle 24. Schwächung der Strahlungsintensität in Abhängigkeit von der Sonnenhöhe für die Innenstadt von Wien (nach 407)

Sonnenhöhe	10	20	30	45 Grad
Winter	69	79	(84)	
Frühling	74	82	86	90
Sommer	75	83	87	91
Herbst	69	79	84	88

Die Schwächung der Strahlungsintensität über der Stadt hängt aber auch mit der Sonnenhöhe zusammen. Bei tiefstehender Sonne müssen die Strahlen eine große Strecke durch die Stadtluft zurücklegen und werden daher stärker geschwächt. Für Wien fand Ferdinand Steinhauser die prozentualen Strahlungswerte der Tabelle 24. Bei 20° Sonnenhöhe beträgt im Winter die Strahlungsschwächung in Wien 21 %. Bei höherstehender Sonne wird die Strahlungsschwächung geringer. Im Sommer werden bei einer Sonnenhöhe von 45° nur 9 % zurückgehalten. In Städten mit großer Luftverunreinigung ist die Strahlungsschwächung größer. Leider liegen keine Werte größerer Ballungsräume in Deutschland vor. Für Berlin wurde eine mittlere Schwächung von 21 % gefunden. Sehr klar tritt der Unterschied zwischen Industriestädten und Seebädern in den USA durch die unterschiedliche Luftqualität hervor. *Abb.* 11 gibt für den Sommer etwa die vierfachen Ultraviolett-Intensitäten in den Seestädten im Vergleich zu Ballungsräumen an. Im Winter sind die Strahlungsintensitäten zwar geringer, aber der Unterschied zwischen den Meßwerten ist noch etwas auffälliger, da im Winter durch die erhöhte Nebelhäufigkeit besonders die Industriestädte benachteiligt sind. Die Untersuchungen wurden von Ashworth sowie Duckworth und Sandberg durchgeführt. Die Dunstwolke über der Stadt bringt ein immer größer werdendes Defizit der Anzahl der Stunden mit Sonnenschein über den Siedlungen gegenüber der Umgebung. Besonders im Winter ist die Herabsetzung des Sonnenscheins sehr deutlich. Die im Zentrum von London registrierte Sonnenscheindauer beträgt im Vergleich zur Vorstadt Kew im Januar nur 70 %. Im Sommer sind die Unterschiede nicht so groß. Die Stadt erhält in dieser Zeit nur 9 % weniger als die Umgebung. Es kommt allerdings auch vor, daß die Stadt im Sommer mehr Sonnenschein hat als das nahe

Gebirge. Freiburg hat im Juli 235 Stunden mit Sonnenschein, während der benachbarte, 1496 m hohe Feldberg nur 196 Stunden im Mittel der Jahre 1951 bis 1960 aufzuweisen hat. Die Geländegestaltung der Umgebung beeinflußt also stark die Unterschiede der Sonnenscheindauer. Über dem Gebirge treten im Sommer an den Nachmittagen Haufenwolken auf, während die Stadt einen Austrocknungseffekt erleidet. In der Regel weisen die Berge aber eine längere Sonnenscheindauer auf. Richard Scherhag stellte für das Jahr 1963/64 die Sonnenscheindauer der deutschen Berge denen der benachbarten Talstationen und Städte gegenüber (350). Der Feld-

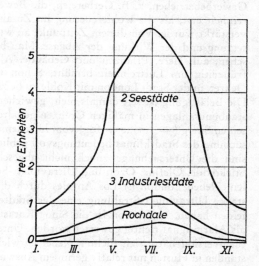

Abb. 11
Jahresgang der Ultraviolett-Strahlungsintensitäten an Orten mit verschiedener Lufttrübung (nach 104)

berg im Schwarzwald hatte im Beobachtungsjahr 119 % des Durchschnittes von 1951 bis 1960 und die Großstadt Karlsruhe nur 99 %. Ein ähnliches Ergebnis brachte der Vergleich zwischen Land bzw. Kurort und Industriestadt. Lingen in Westfalen hatte vom Dezember 1961 bis November 1964 102 % des Durchschnittes von 1951 bis 1960 und Essen nur 94 %. Diese Vergleiche ergeben unter Ausschaltung der örtlichen Einflüsse eine eindeutige Verringerung des Sonnenscheins in unseren Städten im Vergleich zu den benachbarten Orten ohne Stadteinfluß. Bei der Strahlungssumme der Sonnenstrahlung und der Himmelsstrahlung tritt der negative Einfluß der Stadt noch deutlicher hervor. Leo Schulz hat im Mittel der Jahre 1962 bis 1967 im Außenbezirk von Braunschweig 176 Kalorien pro Quadratzentimeter und Tag ermittelt, während in der Innenstadt nur 68 Kalorien festgestellt werden konnten (366).

Die Stärke der Verunreinigung der Stadtluft kann auch mit dem Trübungsfaktor nach Linke gemessen werden. Er gibt an, wieviel reine Atmosphären übereinandergestellt werden müßten, um dieselbe Trübung wie in verunreinigter Luft hervorzurufen. Ein Vergleich der Trübungswerte von Kew in England mit Helsinki zeigt, daß im Jahresmittel in Kew 4,6 Atmosphären übereinanderzuschichten wären und in Helsinki nur 2,7.

Luftchemischer Wirkungskomplex

Einen wesentlichen Teil des Stadtklimas bildet der luftchemische Wirkungskomplex. Wegen der Zunahme der Luftverunreinigungen durch den Verkehr, die Industrie und die Haushaltungen bildet die Untersuchung der Reinheit der Luft über den Städten eine wichtige Aufgabe der stadtklimatischen Untersuchungen. Es steht fest, daß es eine völlig saubere Atmosphäre nicht gibt. In den Städten des Mittelalters belästigten Verbrennungsprodukte von Holz, Gerüche von Haushaltungen und Gewerbebetrieben, z. B. Gerbereien, die Bewohner. Ein Problem wurde die Luftreinheit erst, als die Kohlefeuerung im Zusammenhang mit der Industrialisierung verstärkt wurde. Von diesem Zeitpunkt an wuchs das Interesse an der Zusammensetzung und der Wirkung der Abgase. Man beobachtete Wirkungen auf die Menschen, auf Tiere, Pflanzen und Gebäude. Allerdings hatte man sich in England frühzeitig um Luftreinheit bemüht. Schon um 1300 untersagte ein königliches Dekret, in der Stadt London mit Kohle zu heizen.

Die Belästigung ist seit damals nicht gewichen und kann nur durch moderne Entstaubungsanlagen in mäßigen Grenzen gehalten werden. Gerade London ist durch seinen Smog (= smoke + fog) vom luftchemischen Standpunkt aus für die Untersuchung des Stadtklimas bedeutungsvoll geblieben. Über die Entstehung des Smogs sind die Untersuchungen noch nicht abgeschlossen, doch weiß man heute, daß Stickoxide, Olefine, Ozon und Ultraviolett-Strahlung eine wesentliche Rolle spielen. Neben London ist Los Angeles durch die hohe Kraftfahrzeugdichte und die starke Ultraviolett-Strahlung eine der Städte, die unter dem Smog besonders zu leiden haben. In London ist die Smog-Katastrophe vom 5. bis 9. Dezember 1952 als Alarmsignal richtig gewertet worden. Unter einer stark ausgeprägten Temperaturinversion hatte sich dichter Nebel entwickelt. Die Erkrankungssymptome bestanden in Husten mit relativ geringem Auswurf, gesteigerter Nasensekretion, Halsschmerzen und plötzlich auftretendem Erbrechen. Die Erkrankungshäufigkeit war bei Männern höher als bei Frauen, und die älteren Jahrgänge waren stärker gefährdet. In einem zweiten Zeitabschnitt, der die Woche der Katastrophe und die anschließende Woche umfaßte, traten in Groß-London etwa um 4000 Todesfälle mehr auf als in einem ähnlichen Abschnitt früherer Jahre.

Wichtig für die Entstehung des Smogs ist erhöhte Inversions- und Sperrschichthäufigkeit. Dadurch wird der Luftaustausch verhindert und die Immissionen von Industrie, Verkehr und Haushaltungen sammeln sich in den bodennahen Schichten an. In den deutschen Städten sind ausgesprochene Smoglagen noch nicht aufgetreten. Lediglich im Ruhrgebiet wurde einmal die Grenze zum Smog erreicht. In einzelnen Städten der Bundesrepublik werden ähnlich wie in Los Angeles auch Smogpläne aufgestellt. Im Einvernehmen mit den Landesregierungen und in Zusammenarbeit von Landesstellen in Baden-Württemberg und Rheinland-Pfalz wurde ein Immissionswarnplan ausgearbeitet und durchgeführt. Es wird dabei zwischen Vorwarnung, Warnstufe I und Warnstufe II unterschieden, je nach der Schwefeldioxidkonzentration und der Dauer der austauscharmen Wetterlage. Als Stufen der Schwefeldioxidkonzentration sind eingesetzt: 0,3 Milligramm pro cbm, 0,5 Milligramm pro cbm und ein Wert von 0,75 Milligramm pro cbm an mehr als zwei Halbstundenmitteln sowie 1,5 Milligramm pro cbm. Bisher waren wegen der meteorologischen Situation nur Vorwarnungen notwendig.

Zur Erfassung der Luftqualität sind in einem Großteil der Städte in der Bundesrepublik Untersuchungen im Gange oder abgeschlossen. Besonders die Ballungsräume wurden durch die Arbeiten von Forschungsinstituten und durch besondere Forschungsaufträge sehr gut erfaßt. Hervorzuheben sind die Untersuchungen Hans Walter Georgiis über die Beeinflussung des Klimas von Städten durch Luftverunreinigungen (137). Durch Beobachtungen vom Flugzeug aus konnte die Konzentration von Schwefeldioxid über der Stadt gemessen werden. Der Einfluß von örtlichen Störquellen ist bis zu einer Höhe von 700 m über Industriezentren nachzuweisen. Serien von Flügen zeigten, daß die Dunst- und Staubschichten 500 bis 1000 m Dicke aufwiesen. Wie stark der Unterschied zwischen reiner Luft und der Luft in der Industriestadt Frankfurt ist, läßt *Abb. 12* erkennen. Die Konzentration in Frankfurt/Main ist während des Winters mit 1,0 angenommen. Die Menge der Luftbeimengungen an den Vergleichsorten ist in entsprechenden Bruchteilen angegeben. Es tritt dabei der Unterschied zwischen Frankfurt im Winter mit 250 Mikrogramm pro Kubikmeter zum Sommer mit nur 45 Einheiten deutlich hervor. Aus der Abbildung ist zu ersehen, daß in St. Moritz die Schwefeldioxidkonzentration nur den zwanzigsten Teil der niedrigen Sommerwerte in Frankfurt ausmacht. Bei der Konzentration von NO_2, NH_3 und Cl_2 sind die Unterschiede zwischen der kalten und warmen Jahreszeit nicht so groß. Es treten daher die Vergleiche zu Stationen mit reiner Luft noch deutlicher hervor.

Auch in kleineren Städten können die Luftverunreinigungen zwischen Innenstadt und Stadtrand groß sein (338). In der Innenstadt von Freiburg wurden im Zeit-

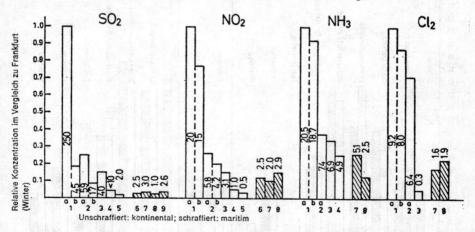

Abb. 12 Konzentration von gasförmigen Beimengungen in reiner und verunreinigter Atmosphäre, in Mikrogramm pro Kubikmeter in den einzelnen Säulen angegeben (nach 137)

1 Frankfurt/Main (a Winter, b Sommer), 2 Kleiner Feldberg (a Winter, b Sommer), 3 Zugspitze (August), 4 St. Moritz (Sommer), 5 Corviglia bei St. Moritz (Sommer), 6 Capreia/Mittelmeer, 7 Florida, 8 Hawaii, 9 Meteor-Expedition 1965 (40°–50° N, Dezember)

raum von Januar bis März 1972 über 100 Mikrogramm pro Kubikmeter Staub gemessen, in den Randbezirken nur 30 Einheiten. Interessant ist dabei, daß tägliche Luftströmungen wie der zur Stadt gerichtete Flurwind und der die Siedlung mit reiner Luft durchströmende Bergwind die Maxima der Verunreinigungen deutlich vor sich herschieben. Die Einflüsse dieser verschiedenen Verunreinigungen konnte Martin Kunze an Flechten nachweisen (225). In der Zone mit hohen Schwefeldioxidkonzentrationen wachsen in Freiburg nur noch Flechten, die die saure Baumborke zum Wachstum brauchen (Acitophyten), während die mehr auf basischer Unterlage gedeihenden Flechten in der Stadtmitte ganz absterben, weil durch die SO_2-Immissionen sämtliche Borken sauer werden.

Von besonderer Wichtigkeit ist der Einfluß der Wetterlage auf die Luftverunreinigungen. Zur Demonstration sollen die vom Deutschen Wetterdienst, Medizinmeteorologische Forschungsstelle Freiburg, aufgestellten langjährigen Meßreihen mit Foliengeräten herangezogen werden. Mit den einfachen Instrumenten lief ein Versuchsprojekt vom 11. Juni 1959 bis 15. Januar 1971 in Mannheim. Gemessen wurden Ablagerungen aus der Luft in Gramm je Quadratmeter pro 30 Tage. In *Abb. 13* ist der Zeitraum vom 24. März 1964 bis 1. April 1965 zusammen mit dem Fünfjahresabschnitt von Dezember 1959 bis Januar 1965, aufgeteilt nach Belastungen

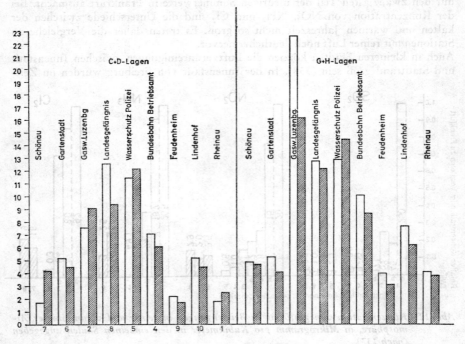

Abb. 13 Mittlere Staubbelastung in Gramm pro Quadratmeter innerhalb 30 Tagen in Mannheim bei West- (C + D) und Hochdruck- (G + H) Wetterlagen (nach 298) Unschraffiert: 1 Jahr, schraffiert: 5 Jahre

bei West- und Hochdruckwetterlagen, dargestellt. Die Hochdruckwetterlagen (G + H) mit ihrer geringen Luftbewegung ergeben höhere Sedimentationswerte an den einzelnen Meßstellen. Das Maximum liegt in der Nähe des Gaswerkes mit 22,65 g je Quadratmeter pro 30 Tage. Bei den mit lebhafter Luftbewegung verbundenen Westwetterlagen ist sowohl die Turbulenz, die reine Luft von oben nach unten bringt, als auch die Advektion, das ist die Zufuhr von Luft aus den Außenbezirken, wichtig. Die Säulen sind daher wesentlich niedriger als bei Hochdruckwetterlagen. Beim Gaswerk war der mittlere Wert bei Hochdruckwetterlagen fast dreimal so hoch wie der entsprechende bei Westwetterlagen. Diese starken Wetterlageneinflüsse ergeben sich auch bei kleinen Orten. Bei Abwesenheit eines Emittenten im Westen bringen die West- und Nordwestwetterlagen die geringsten Immissionen (301). An dem Grad der Staubbelastung bei schwachwindigem Hochdruckwetter konnte auf die Wirksamkeit des örtlichen Zirkulationssystems zwischen Ort und Umgebung geschlossen werden.

Die Einflüsse von Bebauung und Straßenverlauf auf die Luftbewegung innerhalb der Stadt sind besonders groß. Es wäre zu begrüßen, wenn örtliche Modelle im Strömungskanal diese Einzelheiten zu studieren ermöglichten. Bei der Luftverunreinigung spielen die Ausgleichsströmungen zwischen den Grünanlagen und den Verkehrszentren und Wohnblöcken eine wichtige Rolle. Im Zusammenhang mit dem von den Außenbezirken zur Stadtmitte strömenden Wind wirken die Grünanlagen besonders auf den alten Wallgürteln als Staubfilter. Für Frankfurt/Main zeigte das Alois Bernatzky sehr eindringlich (31). In Freiburg ergab eine Messung von Kondensationskernen im Juli 1967 ein besonders auffallendes Verhältnis zwischen dem Colombi-Park nahe der Stadtmitte und dem anschließenden, stark befahrenen Rotteckring. Der Park hatte bei der Versuchsfahrt mit nur 3000 Kernen pro Kubikmeter eine Luft, die reiner Schwarzwaldluft entspricht. Nur wenige Meter davon entfernt wurden auf dem Rotteckring 39 000 Kerne pro Kubikmeter gemessen. Ein wesentlicher Teil dieser Luftverbesserung ist der Filterwirkung der Bäume und Sträucher des Parks zuzuschreiben.

Die Überwachung der Luftverunreinigungen in den Städten wird in neuester Zeit immer wichtiger. Es ist notwendig, durch stadtplanerische Maßnahmen dem Menschen auch in der Stadt eine gesunde Umwelt zu erhalten. Unter Umständen wird es notwendig sein, ganze Stadtteile von den Immissionen der Kohle- und Ölheizung zu befreien und die gesamte Heizung auf Gas oder Elektrizität umzustellen. Besonders in Städten, die nur geringen Luftaustausch haben, wäre dieser Plan zu berücksichtigen.

Die Luftverunreinigung hat, wie die Smog-Katastrophe in London zeigte, starken Einfluß auf die menschliche Gesundheit. In neuerer Zeit hat K. Ph. Bopp Untersuchungen über die Stellenwerte von Umweltreizen und Konstitution bei der Entstehung von chronischen, unspezifischen Lungenerkrankungen gemacht (48). Neben dem Tabakrauchen wird die Luftverschmutzung als die häufigste Ursache von Lungenerkrankungen angesehen. Ein eindeutiges Ergebnis konnte allerdings noch nicht geliefert werden, wenn auch einige Fragen sich heute klar übersehen lassen. Die Schwierigkeiten bei solchen Untersuchungen ergeben sich aus der Notwendigkeit, zwei homogene Kollektive zu vergleichen, die bezüglich aller Merkmale und jeglicher Einflußgröße identisch sind bis auf die Einwirkung der Luftreinheit.

Eine epidemiologische Studie von Bopp, die 8 162 Personen umfaßte, wies Abhängigkeiten der einfachen chronischen Bronchitis vom Alter und den Rauchgewohnheiten nach (48). Aber wesentliche Häufigkeitsunterschiede zwischen einer Großstadt des Ruhrgebiets mit zum Teil erheblicher Luftverschmutzung und ländlicher Bevölkerung wurden nicht festgestellt. Auch der von Hans Otto Hettche erbrachte Nachweis des Zusammenhangs zwischen Luftverunreinigung und Erhöhung der Mortalität an Lungenkrebs scheint statistisch nicht signifikant zu sein (174). Es sind daher noch weitere Ergebnisse abzuwarten, bevor ein Zusammenhang zwischen Luftverunreinigung und der menschlichen Gesundheit auch in der Wirkungsweise feststeht. Bis dahin können die Erfahrungen mit den großen Luftverunreinigungskatastrophen, z. B. im Maastal 1930 und in London 1952, als Beispiel für die Wichtigkeit der Reinheit der Luft herangezogen werden.

Die Untersuchung über die Einwirkungen der Luftverunreinigung auf den Menschen sind weltweit im Gange. Das zeigte der 6. Internationale Biometeorologische Kongreß in Noordwijk 1972. Aus den dortigen Vorträgen sind besonders hervorzuheben: Die Untersuchungen von Symon über den Einfluß der Luftbeimengungen auf den Hämoglobingehalt des Blutes, die Ergebnisse von Pasic in Serajewo über die erhöhte Mortalität im Zusammenhang mit durch Schwefeldioxid stark verunreinigter Luft und die Resultate von Bivens und seinen Mitarbeitern über die Einwirkung von Schadgasen auf die Bevölkerung einer amerikanischen Großstadt. Sie fanden in New York eine Abhängigkeit der Asthmaattacken vom Schwefeldioxidgehalt der Luft, wobei die Abhängigkeit je nach den Temperaturbereichen verschieden war.

Die geschilderten Untersuchungen des luftchemischen Wirkungskomplexes zusammenfassend lassen sich folgende Punkte als Katalog städtebaulich wichtiger Maßnahmen nennen:

1. Untersuchungen über den Einfluß der verschiedenen Wetterlagen besonders bei austauscharmen Inversionswetterlagen.
2. Förderung des Luftaustausches. Die Bebauung darf die örtliche Windzirkulation nicht behindern.
3. Bau von Umgehungsstraßen zur Ableitung des überörtlichen Verkehrs.
4. Umstellung der Heizung in Stadtteilen mit geringer Luftbewegung auf Gas oder Elektrizität.
5. Anlage von Industrievierteln in dem der vorherrschenden Windrichtung entgegengesetzten Teil der Stadt.
6. Vermeiden, daß Verkehrsabgase und Fabrikationsemissionen zusammenkommen.
7. Möglichst zentrale Ableitung der Abgase in hohen Schornsteinen, wobei die untere Inversion durchstoßen werden muß.
8. Planung von Grünstreifen als Pufferzone zwischen Fabrik- und Wohnvierteln.
9. Anlage von Grüngürteln und Parks zur Luftfilterung und Klimaverbesserung innerhalb der Stadt.

In Tabelle 25 sind die wesentlichen Klimaverschiebungen zusammengestellt. Die Werte der Tabelle sind für amerikanische Städte ermittelt worden, haben aber auch Gültigkeit für die Städte Mitteleuropas. Sie geben einen zusammenfassenden Überblick über die Ergebnisse der Untersuchungen des Stadtklimas.

Tabelle 25. Klimatische Änderungen, hervorgerufen
von Städten
(nach 232)

Element	Vergleich mit ländlicher Umgebung
Verunreinigung	
Staubpartikel	10 mal mehr
Schwefeldioxid	5 mal mehr
Kohlendioxid	10 mal mehr
Kohlenmonoxid	25 mal mehr
Strahlung	
Gesamtstrahlung auf horizontaler Oberfläche	15–20 % weniger
Ultraviolett im Winter	30 % weniger
Ultraviolett im Sommer	5 % weniger
Beleuchtung	
Sichtbares Licht Sommer	5 % weniger
Sichtbares Licht Winter	15 % weniger
Bewölkung	
Wolken	5–10 % mehr
Nebel Winter	100 % mehr
Nebel Sommer	30 % mehr
Niederschlag	
Gesamtbetrag	5–10 % mehr
Tage mit mindestens 5 mm Niederschlag	10 % mehr
Temperatur	
Jahresmittel	0,5–1° höher
Winterminima	1–2° höher
Relative Feuchtigkeit	
Jahresmittel	6 % weniger
Wintermittel	2 % weniger
Sommermittel	8 % weniger
Windgeschwindigkeit	
Jahresmittel	20–30 % weniger
Spitzenböen	10–20 % weniger
Windstillen	5–20 % mehr

KARL HEINZ KNOLL

Stadthygiene

Hygiene – präventive Medizin

Fragen und Probleme der Hygiene haben beim Städtebau der Vergangenheit bewußt oder unbewußt eine Rolle gespielt. Sie sind heute zu einem integrierenden Bestandteil jeder kommunalen Entwicklungsplanung geworden und gewinnen unter den Aspekten des Umweltschutzes zunehmende Bedeutung. Vertritt doch die Hygiene die präventive Medizin, eine Wissenschaft, die Wechselbeziehungen zwischen dem menschlichen Organismus und seiner äußeren und sozialen Umwelt erforscht und Maßnahmen vorsieht, die zur Verhütung von Krankheiten führen und optimale Bedingungen für das Leben und das Wohlbefinden des Menschen schaffen.
Hygiene als Gesundheitsfürsorge ist bestrebt – und das in besonderer Weise auf dem Sektor der Stadthygiene – die Vorstellungen der Weltgesundheitsorganisation zu erfüllen, die Gesundheit nicht nur als Freisein von Krankheiten und Gebrechen bezeichnet, sondern als einen Zustand völligen körperlichen, geistigen und sozialen Wohbefindens definiert.
Darüber hinaus ist die Aufgabe der Hygiene, zur Erhaltung und Förderung der Gesundheit auch die sich wandelnde Umgebung des Menschen und seine Adaptation an die jeweils gegebene Umwelt zu erforschen. Sie muß Gesundheit nicht als endgültigen Zustand, sondern als ständige Anpassung physischen und psychischen Verhaltens an die veränderte Umwelt postulieren und sich daher umweltrelevanter Forderungen und Maßnahmen bedienen.
Der Kommunikationsbereich Stadt war in der Menschheitsgeschichte oft Ort gesundheitlicher durch Mangel an Hygiene bedingter Katastrophen wie großer Epidemien und verheerender Seuchen durch Infektionskrankheiten. Er bot den Wissenschaftlern in reichem Maße Gelegenheit, durch Prophylaxe neue Wege der Seuchenverhütung zu beschreiben, die sich auf den kommunalen Bereich optimierend auswirkten und zur segensreichen Einrichtung der gesamten Menschheit wurden. Beispiele dieser Art gibt es unzählige, seitdem Menschen in städteähnlichen Siedlungsbereichen zusammenleben. Derartige Hygienemaßnahmen waren auch nicht an die Kenntnis von Mikroorganismen als Krankheitserreger gekoppelt. Sie wurden vielmehr bereits durchgeführt, als man Seuchen noch nicht als Infektionskrankheiten identifizieren konnte, sondern sie als unabwendbares Schicksal oder als Strafe der Götter betrachtete. So ließen die Ausgrabungen in Mohenjo-daro im Tal des Indus erkennen, daß in einer stadtähnlichen Ansiedlung bereits vor sechstausend Jahren zentrale Wasserversorgung, Kanalisation und kommunale Müllabfuhr, ja bereits Müllschlucker vorhanden waren.
Schon früh erkannte man, daß Wasservorkommen in unmittelbarer Nähe menschlicher Ansiedlungen erhöhten Verunreinigungsmöglichkeiten ausgesetzt sind. Aus diesem Grunde wurden entfernt liegende Quellen als Trinkwasserspender herangezogen. Das waren die Vorläufer zentraler kommunaler Wasserversorgungsanlagen,

von denen die des Königs Salomon in Jerusalem, um 1000 v. Chr., am bekanntesten ist. Für ihre Wasserversorgung sind vor allem die Römer berühmt, zeugen doch heute noch Reste ihrer Wasserleitungen vom hohen Stand römischer Ingenieurkenntnisse. In Wasserleitungen von mehr als 400 Kilometer Länge und über Aquädukte von 64 Kilometer Länge, in den Jahren zwischen 300 v. Chr. und 50 n. Chr. erbaut, wurde das Trinkwasser für die Weltstadt Rom herangeführt. Drei dieser alten Wasserleitungen werden heute noch benutzt. Ein eigener curator aquarum urbis Romae war mit einem entsprechenden Mitarbeiterstab eingesetzt, um den täglichen Wasserzufluß von rund 450 000 Kubikmeter sicherzustellen. Nach den Angaben des Curators Sextus Julius Frontinus, der um die Jahrhundertwende n. Chr. für die Trinkwasserversorgung der etwa 1 Million Einwohner zählenden Hauptstadt verantwortlich war, hat man – abzüglich entsprechender Wasserverluste – bereits damals mit einem absoluten Wasserverbrauch von 230 Liter pro Einwohner und Tag gerechnet.

Auch die Ortsentwässerung ist seit fünftausend Jahren bekannt. In Mesopotamien waren in einem Palast der Sumerer zu Dur-Sargon um 3750 v. Chr. bereits Aborte mit Spülung vorhanden. Ninive hatte seit 1000 v. Chr. eine Kanalisation, wie sie auch schon von den Etruskern in einigen Städten gebaut wurde. Am bekanntesten ist die von Tarquinius Prescius im 6. Jahrhundert v. Chr. in Rom errichtete Cloaca maxima, die teilweise heute noch in Benutzung ist.

Nachdem Parasiten und Mikroorganismen als Erreger von Infektionskrankheiten und ihre Ausscheidung durch Menschen oder Tiere als Infektionsgefahren erkannt waren, wurde auf die eindringliche Forderung von Hygienikern etwa ab der Mitte des vergangenen Jahrhunderts in den Städten die Schwemmkanalisation eingeführt. So hat vor allem Max von Pettenkofer, der in München den ersten Lehrstuhl für Hygiene innehatte, den Zusammenhang zwischen den Typhuserkrankungen und der fehlenden zentralen Abwasserbeseitung in den Städten erkannt: Er setzte in München die Abwasserkanalisation durch. Die Choleraepidemie 1892 in Hamburg mit fast 17 000 Erkrankten und über 8 600 Toten war Anlaß für die Hygieniker, die Wasserversorgung aus der verseuchten Elbe einzustellen und eine hygienisch einwandfreie, zentrale Trinkwasserversorgung für das Stadtgebiet von Hamburg zu fordern.

So führten zentrale Trinkwasserversorgungsanlagen und Abwasserkanalisation zu einer deutlichen Einschränkung von Wurm-, Typhus- und Ruhrerkrankungen in den Städten, ihr Fehlen ist auch heute noch eine der größten Gesundheitsgefahren. Erst wenn Städte einwandfreie Wasserleitungen und Abwässerkanäle besitzen, können sie als assaniert gelten; endemische bakterielle Erkrankungen mit pathogenen Darmkeimen gehen nach statistisch gesicherten Unterlagen mit der Assanierung der Siedlungsbereiche zurück und verschwinden schließlich völlig. Derartige Maßnahmen erfordern zwar beträchtliche Kosten für die Städte, doch hatte schon Pettenkofer darauf hingewiesen, daß solche Aufwendungen Zinsen tragen. Bereits die Abnahme der Typhuserkrankungen mit den Einsparungen an Behandlungskosten und Erstattungsbeträgen für Arbeitsausfall stellten eine gute Verzinsung im Sinne des Gemeinwohls dar.

Bis in die Gegenwart hinein waren es Hygieniker, die im kommunalen Bereich Initiativen für prophylaktische Maßnahmen auf den verschiedensten Teilgebieten menschlichen Zusammenlebens entwickelten, um optimale Voraussetzungen für das Leben und das allgemeine Wohlbefinden der Menschen in der Stadt zu schaffen. Zwar haben sich die Akzente vor allem für die deutschen Städte deutlich verschoben, indem die Prioritäten sich von der Seuchenhygiene auf die Umwelthygiene verlagerten. Dennoch gelten für die Kommunalhygiene im heutigen und zukünftigen Städtebau die gleichen Forderungen nach Präventivmaßnahmen.

Auf der Suche nach Wegen zur menschlichen Stadt im Sinne der Leitlinien der Weltgesundheitsorganisation sind mehrere Disziplinen der Hygiene zur Mitarbeit aufgefordert. Neben allgemeinhygienischen Fragen bei Städteplanung, Städtesanierung und Städtebau müssen seuchenhygienische Probleme beachtet und gelöst werden. Wasser-, Abwasser- und Lufthygiene sind ebenso integrierende Bestandteile kommunalhygienischer Tätigkeit wie Wohnungs- und Arbeitshygiene, Hygiene der Beseitigung fester und flüssiger Siedlungsabfälle oder Aufgaben im Lärmschutz und im gewerbehygienischen und lebensmittelhygienischen Bereich. In zunehmendem Maße bedürfen Probleme des innerstädtischen, des Zubringer- und des Stadt-Umland-Verkehrs der Mitwirkung der Hygieniker.

Schließlich sind für die unterschiedlichen Kommunikationsbereiche innerhalb einer Stadt auch die sozialhygienischen Aspekte menschlichen Zusammenlebens zu berücksichtigen, die ihre Grundlage in sozialen, gesundheitspolitischen und präventiven Überlegungen gleichermaßen haben können. Die heutige soziale Situation der Stadt wird beeinflußt durch ein komplexes, psychosomatisches Streß-Erlebnis. Ihm muß bereits bei der städtebaulichen Planung durch gezielte sozialhygienische Maßnahmen entgegengewirkt werden.

Um für diese Aspekte der Lebensqualität in einer humanisierten Stadt Parameter zu entwickeln, bedarf es einer Wertung aus hygienischer Sicht, die weniger nach Prioritäten von Maßnahmen untereinander als nach ihrer Gewichtung gegenüber anderen Indikatoren vorgenommen werden sollte. Dabei können auch die von der Organisation für wirtschaftliche Zusammenarbeit und Entwicklung (OECD) aufgestellten Sozialindikatoren als Grundlagen zumindest für einige Teilaspekte herangezogen werden. So besitzen die Forderungen nach Gesundheit und persönlicher Sicherheit, Qualität der natürlichen Lebensgrundlagen, Verfügung über Güter und Dienste, Zufriedenheit und Selbsterfüllung in der Gestaltung der Freizeit auch als Indikatoren der Stadthygiene vorrangige Bedeutung.

Als präventive Medizin hat die Stadthygiene prophylaktisch tätig zu sein. Aus diesem Grunde ist die Einschaltung der Hygieniker vor jeder Städteplanung und vor Projektierung aller gesundheitstechnischen Maßnahmen Voraussetzung zur optimalen physischen und psychischen Adaptation des Menschen in einer solchen Stadt. Die gleichen Vorbedingungen gelten auch für Sanierungsmaßnahmen bestehender Städte oder Stadtbezirke. Mit dem Gesetz zur Vereinheitlichung des Gesundheitswesens wurde die Mitwirkung des Gesundheitsamtes und der Ärzte im öffentlichen Gesundheitsdienst bei derartigen Aufgaben geregelt.

Während die materiellen infrastrukturellen Maßnahmen der Städteplaner nach Erschließungsanlagen und Folgeeinrichtungen differenziert werden (vgl. S. 316 ff), scheint es sinnvoller, die Anlagen zur Erschließung aus der Sicht der Hygieniker in Versorgungseinrichtungen und Entsorgungseinrichtungen zu differenzieren. Zu den Folgeeinrichtungen hygienischer Infrastruktur gehören der rekreative Bereich mit Freizeit- und Erholungsanlagen sowie sonstige soziale Einrichtungen mitmenschlicher Kommunikation, welche die Sozialstruktur der Stadt verbessern können.

Hygiene der Stadtplanung

Einwohnerzahl und Bevölkerungsdichte kennzeichnen neben der Geschlossenheit der Siedlungsform und ihrer inneren Differenzierung das Bild einer Stadt. Mit den in derartigen Ballungsgebieten auf engem Raum ablaufenden Verdichtungsprozessen können nun trotz guter klimatischer, geographischer und geologischer Verhältnisse hygienisch-soziale Probleme auftreten, auch wenn gute Wohn- und Ernährungsbedingungen, günstige Arbeitsgelegenheiten und lokale Erholungsmöglichkeiten vorhanden sind. Hygienische Forderungen müssen deshalb bei der Standortwahl einer Stadt beachtet werden. Diese Standortwahl muß die wichtigsten hygienischen Voraussetzungen für ein gesundes Leben jetziger und künftiger Generationen, also für einen sehr langen Zeitraum vorausschauend berücksichtigen. Lokale Stadtplanung nach hygienischen Gesichtspunkten setzt regionale Siedlungsplanung voraus, die auch das gesamte Stadtumland in die Planung einbezieht. Die Nichtbeachtung solcher Kriterien war schon oft die Ursache dafür, daß Städte auf ungesundem Territorium gegründet wurden – in nicht wenigen Fällen Beispiel irreversibler Fehlplanung, bis in unsere Zeit stumme Mahnung, künftige Städte unter günstigeren Hygienekautelen anzulegen.

Hygienische Voraussetzung für die Standortwahl sind zunächst stabile Bodenverhältnisse ohne Überschwemmungs- und Sumpfgebiete, ohne Bodenverunreinigungen und ohne ausnutzbare Bodenschätze im Planungsgebiet. Zur Hygiene des Siedlungsplans gehört die Beachtung der klimatischen Bedingungen wie Höhenlage, Niederschläge, Nebel, Luft-, Wind-, Licht- und Temperaturverhältnisse (vgl. S. 214 ff). So ist im Hinblick auf mögliche Schademissionen und Luftverunreinigungen eine Lage auf der Windseite anzustreben, weil sie künftig notwendigen Luftreinhaltemaßnahmen entgegenkommt. Die topographischen Bedingungen sollten nach Möglichkeit ein Geländerelief mit entsprechender Neigung bieten, damit Niederschlagswasser abfließen und eine Entwässerung angelegt werden kann. Dazu gehören aber auch Wassergewinnungsgebiete in näherer Umgebung sowie günstige Anschlußmöglichkeiten an das Verkehrsnetz von Schiene und Straße. Schließlich müssen bereits in den ersten Stufen der Stadtplanung notwendig werdende Stadterweiterungen einkalkuliert und die hierfür erforderlichen Ausweichflächen vorgesehen werden.

Darüber hinaus sind weitere detaillierte Unterlagen zu Planung oder Sanierung im geplanten Stadtsiedlungsgebiet erforderlich, die aufgrund epidemiologischer Erhebungen und umweltrelevanter Daten geeignete Planungsmaßnahmen auslösen, um ungünstige hygienische Verhältnisse zu verbessern oder zu beseitigen. Hierzu gehören Angaben über die Bevölkerungsdichte mit Hinweisen auf notwendige Sanierungsmaßnahmen, hygienische Beurteilung der gegebenen Wohnverhältnisse, Ausweisung von Gebieten, die für Wohnsiedlungen nicht oder nur bedingt geeignet sind, sowie durch entsprechende Laboruntersuchungen erhärtete Hinweise auf die

Beschaffenheit von Grundwasservorkommen und ihre mögliche Nutzung zu Trink- und Brauchzwecken, Angaben zur Gewässerqualität und zur Belastbarkeit der potentiellen Vorfluter im Planungsgebiet, ferner lufthygienische Gutachten über die Zusammensetzung oder auch die Verunreinigung der atmosphärischen Luft.

Da bei Siedlungsplanungen grundsätzlich weiter vorausgedacht werden muß als bei anderen Planungen, müssen Entwicklungstendenzen berücksichtigt und in die Pläne als Alternativen eingearbeitet werden, wobei insbesondere die funktionellen Beziehungen zwischen Stadt und Land eine umfassende und anpassungsfähige Gesamtplanung erfordern.

Die Siedlungsform Stadt übt als wirtschaftlicher, politischer und Verkehrs-Mittelpunkt eine zentrale Funktion für ihr Umland aus, daneben ist sie kultureller Mittelpunkt für das Gemeinschaftsleben. Aus diesem Grunde haben Planungen zum Neuaufbau oder zur Rekonstruktion von Städten die Grundfunktionen der Stadt nach Wohnung, Arbeit, Kultur und Erholung auch aus der Sicht der Hygiene optimal zu erfüllen.

Im Zeitalter der technischen Hochzivilisation ist die Stadt zur wichtigsten Arbeits- und Wohnstätte der Menschen geworden. Mehr als 50 % der Bevölkerung der Bundesrepublik Deutschland leben auf einer Fläche von nur 7,3 % des Bundesgebietes in den 24 Verdichtungsräumen, denen auch die Großstädte und anderen Stadtregionen zugeordnet sind.

In den Kerngebieten dieser Verdichtungsräume beträgt die Bevölkerungsdichte bereits über 4 000 Einwohner je Quadratkilometer, in den Randzonen liegt sie ebenfalls noch über 1 000 Einwohner je Quadratkilometer. Daher werden sich die städtebildenden Faktoren veränderten Aufgaben der Stadt anzupassen haben. Die Stadt wird sich aber stets durch ihre ökonomischen Grundlagen von anderen Siedlungsformen unterscheiden und damit auch gesundheitliche und sozialhygienische Lebensbedingungen mit veränderten Problembereichen stellen.

Unter der Berücksichtigung der Grundfunktionen einer Stadt beurteilt auch der Hygieniker städtebauliche Funktionszonen. Das Wohngebiet ist das Baugebiet, das vornehmlich dem Wohnen dient oder dafür projektiert ist. Es gliedert sich in Wohngruppen, Wohnkomplexe und Wohnbezirke, sowie in die für die Versorgung der Bevölkerung notwendigen Versorgungs-, Gesundheits-, Kultur- und Sozialeinrichtungen, ferner in Straßen, Plätze und Grünanlagen. Wichtiger hygienischer Index für das Wohngebiet sind die Werte für Bevölkerungsdichte (Einwohnerdichte) und Bebauungsdichte (Wohndichte). Das Wohngebiet sollte bei möglichst großer flächenmäßiger Ausdehnung eine nicht zu hohe Bevölkerungsdichte aufweisen, die geplante Dichte soll vom Zentrum der Stadt zur Peripherie hin abnehmen. Die Wohndichten umfassen in den Städten einen Bereich zwischen 50 bis weit über 1 000 Einwohner je Hektar, der mittlere Bereich wird bei 200 Einwohner je Hektar angenommen.

Das Industriegebiet erfaßt alle industriellen Betriebe, deren Ansiedlung in Wohngebieten aus hygienischen Gründen bedenklich ist. Hierunter fallen Industrien, welche die Luft durch Rauch, Staub, Gas und Dämpfe, das Grund- und Oberflächenwasser durch industrielle Abwässer und den Boden durch feste und flüssige Abfallstoffe verschmutzen, sowie Lärm und intensive Transportbewegungen auslösen. Für die Ausweisung von Standorten können ein oder mehrere Industriegebiete in Frage kommen, wobei die jeweiligen produktionsspezifischen Parameter der verschiedenen Industriebetriebe in ihrer Umweltbeeinflussung von ausschlaggebender hygienischer Bedeutung sind. Industriegebiete sollten auf der dem Wind abgewandten Seite liegen – in unseren Klimazonen meist im Südosten – und auf Wohnbereiche keinerlei Immissionswirkung ausüben.

Das Mischgebiet ist ein Baugebiet, in dem eine Mischung von Wohnbezirken und Industrieansiedlungen vorliegt. Es sollte nach Möglichkeit bei Neuplanungen überhaupt nicht oder nur als Übergangsgebiet eng begrenzten Umfangs vorgesehen werden. Daneben wird von manchen Hygienikern noch ein sogenanntes Transportgebiet eingeplant. In dieser Stadtzone massiert sich der Verkehr durch kommunale Einrichtungen wie Bahnhöfe, Hafenanlagen, Großmarkthallen, Lager- und Kühlhäuser, die auch charakteristische Immissionsfaktoren liefern, so daß unter Umständen eine Abgrenzung gegenüber den Wohngebieten erforderlich wird. Gegebenenfalls wird die Projektierung einer regionalen Transportzone notwendig, falls die Stadt über regionale oder überregionale Verkehrseinrichtungen (Hafen, Flugplatz) verfügt.

Der Stadtrandzone kommt für die Stadthygiene eine besondere Bedeutung zu. Sie ist die Übergangszone zum Stadtumland und damit zu den Naherholungsräumen einer Stadt oder eines Verdichtungsgebietes, sie ist Mittler zwischen Wohngebiet und Erholungsgebiet. Da aber das Stadtrandgebiet der von der Städteplanung bis heute in aller Welt am meisten vernachlässigte Bereich ist, kann es diese verbindende Aufgabe nicht wahrnehmen, sondern stellt einen akuten sozialhygienischen Problembereich dar. Seine Sanierung und Veränderung vom Slum zur Visitenkarte einer Stadt haben besondere gesellschaftspolitische Bedeutung. Letzten Endes dienen derartige Maßnahmen auch übergeordneten Interessen, indem sie den Erholungswert der Landschaft steigern.

Umweltgefahren in städtischen Bereichen

Verstädterung mit zunehmender Bevölkerungsdichte und Zersiedlung der Stadtränder und des Umlands gefährden den Lebensraum, der heute schon manche unmenschlichen Züge aufweist. So stellt die Großstadt weithin ein abiologisches Ökosystem mit antibiotischen Eigenschaften dar. Physisches, psychisches und soziales Wohlbefinden der Stadtmenschen wird durch eine Vielzahl von Streß-Faktoren gestört. Aus der Beobachtung, daß sich in hochkultivierten Industrieländern der prozentuale Anteil der häufigsten Erkrankungen des Menschen, insbesondere des Städters von den Infektionskrankheiten zu umweltbeeinflußten Gesundheitsschäden verlagert, resultierte die Aufgabe der Hygiene, sich intensiver mit diesem Phänomen zu befassen.

Die statistisch gesicherte Zunahme sogenannter Zivilisations- oder Umweltkrankheiten in städtischen Siedlungsbereichen hat unterschiedliche Ursachen, die aber in vielen Fällen sich summieren oder sogar potenzieren und zunehmend das Krankheitsgeschehen beeinflussen. Direkt auf die menschliche Gesundheit wirken Luftverunreinigungen aus Haushaltung, Gewerbe und Industrie ein, sowie die Emissionen des Verkehrs (Kraftfahrzeug-, Flugzeugverkehr u. a.). Typische Krankheitsbilder hierfür sind Staublungenerkrankungen sowie bronchopneumonische Krankheitssymptome, die sich insbesondere bei Smog-Situationen signifikant vermehren und damit auch die Sterblichkeitsziffern erhöhen.

Der prozentual höchste Anteil der Luftverunreinigung in den Städten ist auf den Kraftfahrzeugverkehr zurückzuführen; er beträgt 40 bis 50 % gegenüber einem Anteil von 30 bis 40 % durch Gewerbe und Industrie und von 20 % aus den Heizanlagen der Wohnungen. Die schädlichen Emissionsanteile der Auspuffgase liegen zwischen 1 bis 10 Volumprozent Kohlenmonoxid, 0,01 bis 1 Volumprozent Kohlenwasserstoffe und 0,005 bis 0,3 Volumprozent Stickoxide; 5 bis 30 Milligramm Bleiverbindungen werden pro Kubikmeter Auspuffgas emittiert. Als wichtigste Schademission in Städten wird Kohlenmonoxid fast ausschließlich von Kraftfahrzeugen in unterschiedlicher Konzentration abgegeben, je nach Verkehrsdichte werden 10 bis 200 parts per million (Kubikzentimeter Kohlenmonoxid je Kubikmeter Luft) registriert, in engen, schlecht durchlüfteten Straßen oder in Unterführungen sogar über 500 parts per million. Werte über 50 parts per million werden als gesundheitsgefährdend betrachtet. Von den in Motoren verbrannten Bleiverbindungen werden etwa 60 % als Bleioxid in Aerosolform an die Luft abgegeben, die in Großstädten Werte von 0,5 bis 12 parts per million Blei aufweist. Mit der Atemluft nimmt ein Großstadtbewohner täglich etwa 50 Mikrogramm, mit der Nahrung 300 Mikrogramm Blei auf, sein Blutbleispiegel liegt zwischen 50 bis 400 Mikrogramm pro Liter, wobei ein Bleispiegel ab 300 Mikrogramm als kritisch angesehen wird. Verkehrspolizisten und Müllwerker weisen noch höhere Blutbleiwerte auf.

Tabelle 26. Richtwerte für Lärmimmissionen
(in Dezibel nach der Bewertungskurve A der DIN-Norm)

Meßort	zulässiger maximaler Dauerschallpegel	
	tags	nachts
Krankenhäuser, Kur- und Erholungsgebiete	45 dB (A)	35 dB (A)
reine Wohngebiete	50 dB (A)	35 dB (A)
gemischte Wohngebiete	55 dB (A)	40 dB (A)
Gewerbegebiete	65 dB (A)	50 dB (A)
reine Industriegebiete	70 dB (A)	50 dB (A)

Diese zusammen mit Staub, Ruß und anderen Schwebeteilchen auftretenden Verunreinigungen der Stadtluft wirken sich auch ungünstig auf das örtliche Klima aus (vgl. S. 214 ff). An den Staubteilchen kondensiert der Wasserdampf der Luft, wodurch es zur Bildung von Dunstglocken über den Städten kommt. Sie halten 10 bis 50 % des Sonnenlichts und noch höhere Prozentsätze an ultravioletten Strahlen zurück, auch wird bei verminderter Luftbewegung in dem Stadtbereich der Wärmeaustausch zwischen den Luftschichten gestört. Bei Inversionswetterlagen werden die Emissionen in stark verschmutzten Luftschichten unterhalb der Dunstschichten angereichert, es entstehen Smog-Situationen mit derart hohen Schadstoffkonzentrationen, daß die Gesundheit der Stadtbevölkerung ernstlich gefährdet wird. Aus diesem Grunde wurden für eine Reihe deutscher Städte und Ballungsräume bereits Smog-Warnpläne oder Alarmpläne aufgestellt, die entsprechende Richtlinien von der Einschränkung des Verkehrs und der Produktion bis zu Präventivmaßnahmen für gefährdete Personenkreise enthalten.

Neben dem Straßenverkehr bringen Schienen-, Schiffs- und Luftverkehr (außer Lärmbelästigungen unterschiedlicher Stärke und Intensität) Umweltverschmutzungen teilweise beträchtlichen Umfangs mit sich. So entsprechen die Schademissionen eines startenden Düsenverkehrsflugzeugs etwa denen, die 6 500 Personenkraftwagen beim Anfahren verursachen. Um die emissionsüberlastete Stadt nicht noch stärker zu gefährden, sind diese Verkehrseinrichtungen nach Möglichkeit durch emissionsfreie Verkehrsmittel zu ersetzen oder aus dem städtischen Einwirkungsbereich zu entfernen. Das könnte durch Verlagerung auf unterirdische Verkehrsebenen (Unterpflasterbahn, U-Bahn), Änderung der Einflugschneisen stadtnaher Flugplätze und Entwicklung neuer Antriebsaggregate für die verschiedenen Verkehrsmittel erfolgen. Naturgemäß sind die engeren Citybereiche der Städte am stärksten emissionsgefährdet. Das ist auch der Grund dafür, daß Stadtzentren aus hygienischen Gründen völlig verkehrsfrei als Fußgängerzonen ausgebaut oder vom Individualverkehr freigehalten werden.

Einen nicht zu unterschätzenden Schadensfaktor für die Stadt stellt der Straßenverkehr als wichtigste Lärmquelle neben dem Fluglärm dar. Etwa 70 % der in der Stadt lebenden Menschen geben an, daß der störende Einfluß des Verkehrslärms um ein Mehrfaches größer sei als der aller anderen Geräuschquellen. Die Lärmproduktion nimmt aber zwangsläufig mit der Industrialisierung, der damit verbundenen Verstädterung und der Verkehrsdichte zu. Bei einer Verkehrsbelastung von 1 000 Personenkraftwagen je Stunde wird bereits ein mittlerer Dauergeräuschpegel von fast 70 Dezibel (A) erreicht, bei 4 000 Pkw wird ein Geräuschpegel von 75 Dezibel eingestellt. Lautstärken von 90 Dezibel und mehr während der Hauptverkehrszeiten sind heute in den Städten keine Seltenheit. Nach der von der Bundesregierung herausgegebenen *Technischen Anleitung zum Schutze gegen Lärm* dürfen die in Tabelle 26 aufgeführten Immissionsrichtwerte nicht überschritten werden.

Lärm beeinflußt nicht nur das Hörorgan, sondern den gesamten Organismus. Ge-

Tabelle 27. Mittlere Lautstärken verschiedener Geräuschquellen in 7 Meter Entfernung
(in Dezibel nach der Bewertungskurve A der DIN-Norm)

Hörschwelle	0 dB (A)	Motorrad	80–93 dB (A)
Ticken eines Weckers	30 dB (A)	Eisenbahn	80–100 dB (A)
Normales Unterhaltungsgespräch	50–60 dB (A)	Preßlufthammer	90–100 dB (A)
Personenkraftwagen	73–88 dB (A)	Düsenflugzeug beim Start	120–130 dB (A)
Straßenbahn	76–90 dB (A)	Überschallflugzeug	
Lastkraftwagen	80–91 dB (A)	beim Start	150 dB (A)

räusche von 30 bis 65 Dezibel wirken auf die Psyche des Menschen (Lärmstufe I), bei 65 bis 90 Dezibel kommt es zu vegetativen Wirkungen (Lärmstufe II). Erhöht sich der Lärm auf Werte von 90 bis 120 Dezibel (Lärmstufe III), dann treten otologische Schädigungen ein, und oberhalb von 120 Dezibel kommt es zu direkten Einwirkungen auf die Ganglienzellen (Lärmstufe IV) – dieser Lärm wird als Schmerz empfunden. Das vegetative Nervensystem ist nicht in der Lage, sich an Lärm über 60 Dezibel zu gewöhnen, es reagiert auch im Schlaf auf derartige Geräuschemissionen. Die in Tabelle 27 angeführten mittleren Schallpegel zeigen aber, daß in Wohnungen an verkehrsreichen Straßen ein störungsfreier und damit erholsamer Schlaf nicht möglich ist. In engen Straßen stört zudem der Lärm durch Schallreflexion besonders.

Neurosen und andere Nervenkrankheiten sind erste Anzeichen für eine phonetische Streß-Wirkung, der die moderne Industriegesellschaft ausgesetzt ist. Schwerhörigkeit und Taubheit nehmen in erschreckendem Maße zu und zählen in der Bundesrepublik Deutschland zu den häufigsten Krankheiten. Daß es aber nicht nur bei Schwerhörigkeit, neurotischen Krankheitsbildern, Magenleiden, Herz- und Kreislaufstörungen bleibt, sondern daß echte Organschäden durch Lärmimmission entstehen können, weiß man aus neueren Untersuchungen.

Nach den Grundregeln der Hygiene wäre die beste Lärmverhütung seine Bekämpfung an der Emissionsquelle. Das ist bei den konventionellen Verkehrsmitteln nur bedingt möglich. Eine weitere Maßnahme wäre die Verlagerung des Verkehrs aus der Stadt; sie ist für den Fernverkehr bereits angewendet worden durch Straßentangenten an der Stadtperipherie. Ferner sind schalldämmende bauliche Maßnahmen durch Straßenspezialbeläge, Schallschutzmauern und Bepflanzung der Straßenböschungen möglich. Dabei muß auf ein weiteres umwelthygienisches Problem hingewiesen werden: Durch den Wintereinsatz von Streusalz kann es zu beträchtlichen Salzschäden an der Straßenbepflanzung kommen, falls nicht salzfeste Pflanzen verwendet werden. Als salzresistent haben sich zahlreiche Weidenarten und Schwarzpappeln erwiesen. Da es bisher noch nicht gelungen ist, andere Mittel zu finden, die billig, wirkungsvoll und mit geringen Umweltschäden die Verkehrssicherheit im Winter gewährleisten, kann auf die Verwendung des Streusalzes vorerst nicht verzichtet werden. Wegen der bereits bekannten Umweltschäden aber sollte seine Anwendung gezielt, sparsam und sinnvoll erfolgen. (Im Durchschnitt wurden bisher 3 bis 5 Tonnen Streusalz je Straßenkilometer und Jahr verbraucht.)

Hinzu kommen weitere für die Stadtbevölkerung typischen nervalen Belastungen durch die Hektik und das Tempo im Stadtbereich, durch übermäßige Inanspruchnahme der Sinnesorgane im städtischen Verkehr, durch Beklemmungsgefühle und Platzangst. Zusammenballung großer Menschenmassen und Konzentration von Produktions- und Dienstleistungsbetrieben auf engem Raum können nicht nur zu derartigen psychosomatischen Sensationen mit gefährlichen Stauungen wie auch zu Aggressionsaffekten und hoher Kriminalität führen, sondern auch zu einer Überlastung der gesamten Infrastruktur. Das biologische Gleichgewicht in der Natur wird durch feste, flüssige, gas- und rauchförmige Emissionen aus dem Stadtbereich gestört und zerstört. So verursacht die gesamte Umwelt dann ihrerseits indirekt wieder Erkrankungen des Menschen, die vor allem bei progressiver Ausnutzung der Industriekapazität ins Gewicht fallen. Damit wird die Entwicklung und der Bau menschengerechter Städte nicht nur zu einer Prioritätsforderung jeglicher Stadthygiene, sondern kann auch als das Hauptproblem der weltweiten Umweltkrise angesehen werden.

Für die Großstädte können hygienische Maßnahmen weithin nur als Sanierung funktioneller Strukturen befolgt werden, da der Urbanisierungsprozeß im wesentlichen als abgeschlossen gelten darf. Für die mittleren und kleinen Städte jedoch geht es darum, die Strukturunterschiede in den Siedlungsbereichen auszugleichen. Im Rahmen der in der Bundesrepublik Deutschland durchgeführten Gebietsreform bieten sich dafür ideale Voraussetzungen an. Die künftigen Kernstädte werden sich zu regionalen Städten entwickeln, die gekennzeichnet sind durch weite Freiräume zwischen dem eigentlichen Hauptzentrum, dem Nebenzentrum und den weiteren Gemeinden des Raumes. Die besondere Aufgabe der Hygiene wird es sein, den Trend in der städtebaulichen Entwicklung zu einer konzentrierten Bebauung um Nebenzentren zu unterstützen, vor allem dann, wenn er damit gleichzeitig zu einer expansiveren Nutzung und Gestaltung der Freiräume führt. Diese Grundstruktur wird es nämlich erlauben, dem steigenden Erholungsbedürfnis und der Freizeitgestaltung im rekreativen Bereich Rechnung zu tragen und zugleich zur Verbesserung des bioklimatischen Ökosystems beizutragen.

Die Forderungen der Hygiene nach einer menschlichen Stadt beginnen bereits bei der Bauweise der Häuser, die möglichst in aufgelockerter Form unter Beachtung von optimaler Besonnung, Luftbewegung und Lärmschutz erfolgen sollte. Freistehende Wohnblöcke bieten hierzu, auch als Hochhäuser, bessere Voraussetzungen als Zeilenbauten an beiden Straßenseiten. Wohngebiete sollten gut an den Verkehr angeschlossen, aber nicht von ihm durchflossen werden. Innerhalb der Wohnviertel sind Spielplätze für Kinder, Erholungsgrün und gegebenenfalls auch Sportflächen für die Erwachsenen vorzusehen. Aber auch Kommunikationseinrichtungen sollten jeweils dezentralisiert in einzelnen Wohnbereichen eingeplant werden, wozu Einkaufs-, Rekreations- und Kulturzentren ebenso gehören wie Einrichtungen des Gesundheitsbereiches (Krankenhaus, Gesundheitsamt).

Die Grünanlagen innerhalb des Stadtgebiets begünstigen bei entsprechender Gliederung und vor allem Abschirmung gegenüber Industriegebieten den Staubniederschlag und die Thermik des Stadtklimas und tragen ebenfalls zu Lärm- und Sichtschutz bei. Über Grünanlagen ist die Staubbelastung um das zwei- bis dreifache niedriger als in Stadtstraßen, auch Bodenstaub wird vermindert. Vor allem spielt im Bereich der Städte die Minderung der Luftverunreinigung durch Wälder eine wichtige Rolle. So kann ein Hektar Buchenwald jährlich etwa 70 Tonnen, ein Hektar Fichtenwald rund 30 Tonnen Staub aus der Luft herausfiltern. Grünflächen besitzen auch schallisolierende Eigenschaften, vor allem Strauch- und Baumanpflanzungen führen zu deutlichen Lärmpegelminderungen. Diese Filterung wird zur funktionellen Gliederung der Stadt ausgenutzt, indem Industriegebiete, Verkehrsanlagen und ähnliche Einrichtungen durch entsprechende Grüngürtel von Wohngebieten abgegrenzt, Krankenhäuser, Schulen und Sportanlagen ebenfalls mit ausreichenden Grünflächen versehen werden. Wenn die Grünanlagen solche Schutzfunktionen gegen Luft- und Lärmverunreinigungen wirksam ausüben sollen, müssen sie aber eine Breite von mindestens 10 bis 15 Metern haben.

Hygiene der Versorgungseinrichtungen

Es ist Aufgabe einer Stadt, ihren Bürgern eine Vielzahl von Einrichtungen zur Verfügung zu stellen, ohne die Leben und Zusammenleben in einer Stadt nicht möglich wären. Insbesondere dienen die kommunalen Versorgungsanlagen als lebensnotwendige oder wünschenswerte wichtige Einrichtungen der Gesunderhaltung und dem Wohlbefinden der Stadtbewohner. Von ähnlicher Bedeutung sind auch alle sonstigen kommunalen Kommunikationseinrichtungen, die den sozioökonomischen Bedürfnissen einer Stadtregion zugute kommen. Schließlich gehört in diese Gruppe von Erschließungsmaßnahmen auch der innerstädtische Verkehr, dessen menschengerechte Gestaltung eine der vornehmsten Aufgaben der Stadthygiene darstellt (vgl. S. 243 ff).

Als lebenswichtige kommunale Versorgungseinrichtung ist die Wasserversorgung der Stadt mit Trink- und Brauchwasser an erster Stelle zu nennen. Während in kleineren Gemeinden ein Wasserbedarf von 250 Liter pro Einwohner und Tag vorliegt, werden in Städten bereits Mengen von 500 Liter pro Einwohner und Tag benötigt. Der Wasserbedarf steigt mit dem Lebensstandard; zum Duschen werden 80 bis 200 Liter Wasser, für ein Wannenbad zwischen 150 und 400 Liter verbraucht, zum Spülen eines WC sind 10 bis 40 Liter Wasser notwendig, für einen Waschvorgang in der Waschmaschine ebenfalls zwischen 150 und 400 Liter. Der Frischwasserbedarf beträgt in einem Schwimmbad 50 bis 150 Liter je Badegast und Tag, in einem Krankenhaus 500 bis 750 Liter je Patientenbett und Tag. Die prozentual größten Steigerungsraten im Wasserverbrauch liegen zwischen 2 und 5 % jährlich, bereits in den letzten zehn Jahren hat sich der Wasserverbrauch in der Bundesrepublik Deutschland um 25 % erhöht, und der Bedarf wird weiter steigen. Die Sicherstellung dieser Bedarfsmengen wird in der Stadt durch die Erfordernisse von Gewerbe und Industrie zusätzlich erschwert, beträgt doch in der Bundesrepublik der Bedarf der Industrie an Brauchwasser etwa das Vierfache des Wasserbedarfs der Bevölkerung. Da die Stadt verpflichtet ist, die Bevölkerung jederzeit mit ausreichendem und hygienisch einwandfreiem Trinkwasser zu versorgen, stößt diese Verpflichtung auf Schwierigkeiten, wenn kein entsprechendes Wasserangebot

Tabelle 28. Verteilung des durchschnittlichen Wasser-Gesamtverbrauchs von 400 Liter pro Tag und Einwohner auf verschiedene Verbrauchsbereiche eines Stadthaushalts

Verbrauchsbereich	Minimalverbrauch	Maximalverbrauch
Trinken, Kochen	10 l	20 l
Geschirrspülen	12 l	30 l
Reinigungsarbeiten	10 l	30 l
Körperpflege	30 l	50 l
WC	65 l	130 l
Wäschewaschen	70 l	150 l
Duschen, Baden	70 l	150 l

zur Verfügung steht. Bereits heute werden 60 % des Wasserbedarfs der Bundesrepublik aus Oberflächenwasser gedeckt, in Zukunft müssen es noch mehr sein. Das erfordert zusätzliche Aufbereitungsmaßnahmen, damit aus den immer stärker verschmutzten Gewässern Wasser mit Trinkwasserqualität hergestellt werden kann. Eine besondere Diskrepanz besteht dabei in der Tatsache, daß für einen Großteil des Bedarfs überhaupt keine Trinkwasserqualität notwendig wäre. Im Interesse einer auch in der Zukunft gesicherten Wasserwirtschaft hat es als unverantwortlich zu gelten, wenn Trinkwasser unnütz vergeudet wird. Vergleicht man die in Tabelle 28 angeführte Verteilung des in einem Stadthaushalt verbrauchten Wassers auf die einzelnen Bereiche, dann erhellt bereits daraus, daß nicht für alle Bereiche Trinkwasserqualität notwendig wäre.

Im Hinblick auf die drohende Gefahr, daß einwandfreies Trinkwasser nicht mehr zu angemessenen Preisen ausreichend angeboten werden kann, kommt der Stadt die Aufgabe zu, rechtzeitig derartigen Wassernotständen vorzubeugen. Das kann sowohl mit der Errichtung entsprechend großer Trinkwasserspeicherräume (Wasserbehälter, Reservoire) geschehen als auch mit der Trennung der Versorgungsleitungen in solche von Trinkwasserqualität mit erhöhten hygienischen Anforderungen an Wassergüte und Zusammensetzung einerseits und andererseits in Brauchwasserleitungen, deren Wasser Haushaltungen und Industrie gleichermaßen für Zwecke zur Verfügung steht, für die nicht unbedingt Trinkwasserqualität gefordert werden muß.

Neben der Lieferung hygienisch-bakteriologisch einwandfreien Wassers wird die Kommune in Zukunft auch zur Abgabe technisch einwandfreien Wassers verpflichtet werden müssen. Die zentrale Aufbereitung eines chemisch-physikalisch von der Norm abweichenden Wassers wird nicht nur aus ökonomischen, sondern auch aus umwelthygienischen Gründen eine zwingende Forderung werden. Korrosions- und Inkrustierungserscheinungen in Rohrmaterial und Geräten, Kalkabsonderungen, Waschmittel- und Seifenverbrauch u. a. können damit optimal gesteuert und umweltfreundlich geregelt werden, so daß ein allgemeiner volkswirtschaftlicher Nutzen zu erzielen ist.

Um den steigenden Bedarf der Stadt an einwandfreiem Wasser auch in Zukunft sicherzustellen, gilt dem Schutz der Wassergewinnungsgebiete entsprechende Beachtung. Oft sind es gerade Einflüsse und Auswirkungen der Stadt, die zu einer Wasserverunreinigung führen. Neben verschmutzten Abwässern und festen Siedlungsabfällen können auch gas- und rauchförmige Emissionen aus Haushaltungen, Industrie und Verkehr Ursachen von Schadwirkungen sein. Ölschäden durch undicht gewordene Lagertanks oder durch Öltransporte, auch Salzschäden infolge vermehrter Streusalzanwendung auf den winterlichen Straßen häufen sich. Durch unsachgemäße oder überhöhte Anwendung von Pestiziden, Düngemitteln und anderen Chemikalien können irreversible Schäden in Wassergewinnungsgebieten eintreten oder Inhaltsstoffe in das Trinkwasser gelangen, deren gesundheitsschädigende Wirkung heute vielleicht überhaupt noch nicht bekannt ist. Bereits aus diesen wenigen Andeutungen ergibt sich die Notwendigkeit einer integrierten Betrachtungsweise von Versorgungs- und Entsorgungseinrichtungen einer Stadt. Für die zuständigen Behörden der Stadtverwaltung wird damit eine noch intensivere Koordination in Planung und Betrieb aller dieser Einrichtungen zwingend notwendig.

Von hygienischer Relevanz können ebenso die Einrichtungen der Energieversorgung einer Stadt sein. Neben der zentralen Elektrizitäts- und gegebenenfalls Gasversorgung wird die kommunale Lieferung von Fernwärme und Warmwasser an Einrichtungen der Öffentlichen Hand wie auch an Privathaushalte aus der Sicht des Umweltschutzes an Bedeutung gewinnen. Damit könnten die Schademissionen der individuell beheizten Häuser, die einen beträchtlichen Teil der gesamten Luftverschmutzung einer Stadt ausmachen, auf einen unbedeutend geringen Restanteil gesenkt werden. Zudem wäre eine rationellere Ausnutzung der Energiereserve von Elektrizitätswerken, Fernheizwerken, Müllverbrennungsanlagen u. ä. in einem kontinuierlich über das ganze Jahr verteilten Abnehmerkreis von Energiekonsumenten möglich.
Als obligatorische kommunale Einrichtungen können auch Krankenhäuser, Ambulatorien sowie alle Funktionsbauten des öffentlichen Gesundheitsdienstes angesehen werden. Gerade im Gesundheitsdienst bahnen sich Umstrukturierungen zu integrierten Gesundheitszentren an, in denen ein breites Spektrum gesundheitspflegerischer und präventiver Maßnahmen zur Gesunderhaltung der Stadtbevölkerung angeboten werden soll. Alle diese öffentlichen Gesundheitseinrichtungen sind nicht nur an sich notwendig, sondern bedingen auch besondere bauliche Voraussetzungen, optimale Versorgungseinrichtungen und einwandfreie Entsorgungsmaßnahmen. Sie erfordern daher eine umfassende Stadtplanung, in der die hygienisch-medizinischen Forderungen berücksichtigt werden. So sollen Krankenhäuser dem Kranken eine Umwelt bieten, die schädliche Einflüsse von ihm fernhält und gesundheitsfördernd wirkt. Sie sollen die externe Einschleppung von Krankheitserregern und ihre interne Übertragung (Hospitalismus) verhindern. Für die Allgemeinheit dürfen vom Krankenhaus keine direkten oder indirekten Gefährdungen ausgehen. Somit kommt der Lage des Krankenhauses entscheidende Bedeutung zu. Die Krankenanstalt am Stadtrand wird heute, da zentral gelegene Krankenhäuser überwiegend negativen Einflüssen ausgesetzt sind, bevorzugt. Ihre Einbindung in Grünsektoren oder in Erholungsgebiete schützt sie vor Lärm und Luftverunreinigung, so daß der Genesungseffekt verbessert wird. Als Mindestgrünfläche werden 10 bis 20 Quadratmeter je Bett angesehen.
Die verkehrsmäßige Erschließung hat den Krankentransport und die maximale Besucherfrequenz zu berücksichtigen, wobei die Verkehrswege außerhalb der krankenhausinternen Grünflächen angelegt werden und sie nicht durch Immissionen beeinträchtigen sollen.
Für ambulante Krankenhäuser und Gesundheitszentren gelten diese strengen hygienischen Richtlinien nur bedingt. Sie können vielmehr als zentrale Funktionseinheiten einzelner Stadtbezirke angesehen werden, die, verkehrsgünstig erreichbar, die schnelle ärztliche Versorgung (Notversorgung) der Bevölkerung gewährleisten. Insbesondere müssen für die Errichtung von Unfallkrankenhäusern Standorte möglichst im Zentrum maximaler Unfalldichte gewählt werden, die mit jedem Verkehrsmittel innerhalb kürzester Zeit erreichbar sind.
Für Alten- und Pflegeheime sind ebenfalls dezentrale Standorte im Grünsektorenbereich der Stadt mit guten Verkehrsverbindungen vorzusehen, jedoch müssen Lagen vermieden werden, die sozial isolieren.
Kindergärten, Schulen, Bürgerhäuser erfüllen ihre Aufgabe als kulturpolitische

Kommunaleinrichtungen optimal, wenn sie über eine ausreichende Kapazität bei nicht überlasteter Raumfrequenz verfügen und in einem günstigen Einzugsbereich liegen; sie sollten zu Fuß in nicht mehr als 20 bis 30 Minuten ohne zu starke Gefährdung durch den Verkehr erreichbar sein. Das setzt ihre Etablierung in den einzelnen Stadtbezirken voraus, wobei allerdings Emissionen des Verkehrs und der Industrie von diesen Einrichtungen ferngehalten werden müssen. Ihre Ausstattung hat hohen hygienischen Anforderungen zu genügen, sollen doch hier die gesellschaftspolitischen Aufgaben eines Staatsbürgers, nicht zuletzt auf umwelthygienischem Gebiet, erlernt und damit das allgemeine Umweltbewußtsein des einzelnen gefördert und gefestigt werden.

Weitere wichtige öffentliche Versorgungseinrichtungen einer Stadt, die hygienische Relevanz haben, sind Friedhöfe und Krematorien. Für diese Anlagen müssen Hygiene-Richtlinien beachtet werden, die ihre Lage zu den bestehenden oder geplanten Siedlungen, den Raumbedarf im Verhältnis zum Bevölkerungszuwachs, die Boden-, Untergrund- und Grundwasserverhältnisse zu berücksichtigen haben. Ebenfalls gehören öffentliche Bedürfnisanstalten zu den städtischen Baumaßnahmen, die von der Stadthygiene gefordert werden und noch keineswegs befriedigend verwirklicht sind.

Hygiene der Entsorgungsanlagen

Die verstärkten Bemühungen um den Umweltschutz brachten auch eine Verlagerung der kommunalen Umweltprobleme mit sich; Aufgaben der schadfreien Entsorgung sind nun vorrangig vor denen der Versorgung zu lösen. Die teilweise enge Verflechtung dieser beiden städtischen Erschließungssysteme macht die schnelle und einwandfreie Entfernung von flüssigen und festen Schadstoffen aus den Siedlungsbereichen des Menschen durch kommunale Einsammlung und kommunalen Abtransport zu einer hygienischen Notwendigkeit.

Die Einführung der Schwemmkanalisation durch Hygieniker hat weitgehend zur Herabsetzung der Morbidität und Letalität durch bakterielle und parasitäre Darmkrankheiten in den Städten beigetragen. Die seuchenhygienische Problematik verlagerte sich aber damit auf die als Vorfluter dienenden Gewässer, deren Selbstreinigungskraft heute nicht mehr in der Lage ist, die ihnen zugemuteten ungeheuren Mengen biologisch abzubauen. Andererseits müssen diese Gewässer wieder zur Wassergewinnung herangezogen werden. Damit ist eine umfassende Abwasserreinigung gefordert, die nunmehr als Ersatz für die verlorengegangene natürliche Selbstreinigungskraft der Gewässer von biologisch arbeitenden Kläranlagen wahrgenommen werden muß. Welcher Nachholbedarf an derartigen kommunalen Entsorgungseinrichtungen besteht, erhellt aus der Tatsache, daß bis heute das Abwasser von nur 45 % der Bevölkerung der Bundesrepublik Deutschland ausreichend gereinigt wird. Nur 38 % der im Bundesgebiet täglich über öffentliche Kanalisationen der Gemeinden in die Gewässer eingeleiteten 18 Millionen Kubikmeter Abwasser werden vollbiologisch gereinigt.

Der Bau vollbiologisch arbeitender Kläranlagen für die Aufbereitung kommunaler Abwässer wird daher zu einer dringenden Forderung jeglicher Stadthygiene. Ihr

Standort wird durch die topographischen Verhältnisse mitbestimmt, er sollte aber eine zentrale Erfassung aller Abwasserkanäle ermöglichen, ohne zu einer Gefährdung der Stadtbewohner oder der Umwelt zu führen. Folglich kommt Stadtrandlage in Frage, wobei sich Gewerbe- oder Industriegebiete anbieten, während ein ausreichender Abstand zu Wohngebieten – mindestens 500 Meter – auch bei einer möglichen Ausdehnung der Stadt eingehalten werden muß. Das setzt individuelle, projektbezogene Planung voraus, die sowohl das zahlenmäßige und räumliche Wachstum einer Stadt als auch die Belastbarkeit der Vorflutsysteme berücksichtigt. Ferner ist eine ausreichende Flächengröße für die Kläranlage auszuweisen, nicht nur im Hinblick auf eventuelle Erweiterungen der Abwasserkläreinrichtungen, sondern auch als Standort für tertiäre Aufbereitungsanlagen im Sinne einer hygienisch optimalen zentralen Lösung der Gesamtabfallbeseitigung über Systemanlagen. Da bei der Abwasserklärung stets Klärschlamm anfällt, der potentiell infektiös ist, müssen für seine endgültige Beseitigung entsprechende Entseuchungsmaßnahmen wie Heißtrocknung, Verbrennung oder Kompostierung vorgenommen werden. Diese Behandlung sollte zweckmäßigerweise ebenfalls auf dem Gelände der Kläranlage stattfinden.

Werden dabei auch feste Siedlungsabfälle mitverarbeitet, so ergibt sich zwangsläufig eine zentrale Gesamtabfallbeseitigungsanlage. Gerade die hygienisch einwandfreie Beseitigung von Hausmüll, festen Gewerbe- und Industrieabfällen, ist unter dem Eindruck eines gesteigerten Umweltbewußtseins und durch entsprechende Gesetzgebung (Abfallbeseitigungsgesetz der Bundesrepublik) zu einer zwingenden Notwendigkeit für die Kommunen geworden. Die jährlich im Bundesgebiet anfallenden Mengen von 120 Millionen Kubikmeter Hausmüll und ca. 20 Millionen Kubikmeter Klärschlamm sind zu einem Problem geworden, da sie meist auf wilden Müllkippen beseitigt wurden. Problematisch wird die Abfallbeseitigung insbesondere für die Städte, da hier eine Konzentration von Abfallstoffen vorliegt, ohne daß für ihre Beseitigung geeignetes Gelände vorhanden wäre. So entstanden in Stadtrandgebieten oder den eigentlichen Grün- und Erholungszonen des Stadtumlands Müllplätze mit allen ihren negativen Folgen für die Gesundheit der Städter.

Die Schwierigkeiten der Müllbeseitigung beginnen bereits bei der Einsammlung. In den City-Bereichen der Städte, die meist ein besonders hoher Müllanfall kennzeichnet, sind konventionelle Einsammlung und Abfuhr der festen Siedlungsabfälle infolge des massierten Verkehrsaufkommens des fließenden wie des ruhenden Verkehrs kaum noch möglich. Neue Verfahren müssen konzipiert werden, um eine schnelle und schadlose Entfernung aller festen Abfälle aus den Siedlungsbereichen – die primäre Forderung der Stadthygiene – zu gewährleisten. Dafür bieten sich beispielsweise pneumatische Sammelsysteme an, die, an die hausinternen Müllschlucker angeschlossen, eine weitgehend emissionsfreie Entsorgung ermöglichen. Im übrigen ist die staubfreie Systemmüllabfuhr obligatorisch, gegebenenfalls unter Einbeziehung des Containersystems, von Umlade- und Verdichtungsstationen, die bei größeren Entfernungen zwischen Entsorgungsgebiet und Aufbereitungsanlage notwendig werden können.

Die eigentliche Beseitigung fester und schlammiger Siedlungsabfälle ist heute nur nach den Verfahren der geordneten Deponie, Verbrennung oder Kompostierung gestattet. Dabei gewinnen diejenigen Methoden zunehmend an Bedeutung, die das Prinzip des ›Recycling‹ verwirklichen: die Einführung eines biologischen oder energetischen Kreislaufs und die damit verbundene Rückführung von Rohstoffen, womit einer stellenweise schon heute deutlichen Rohstoffverknappung Einhalt zu gebieten versucht wird (275 a). So können über die Müllverbrennung Fernwärme und Warmwasser als Energiegewinn wieder an die Stadtbevölkerung geliefert werden. Über die Kompostierung von Hausmüll, die durch die Mitverarbeitung von Klärschlamm zu einem bodenverbessernden Kompostprodukt führt, kann die in den Abfällen enthaltene organische Substanz bei der Landschaftsgestaltung, im Landschaftsschutz und in verschiedenen landwirtschaftlichen Bereichen, wo Naturdünger nicht ausreicht oder völlig fehlt, mit bestem Erfolg eingesetzt werden. Gerade an diesem Beispiel wird deutlich, wie eng Entsorgungsprobleme mit Versorgungsmaßnahmen verknüpft sind, und welche Beziehungen zum Stadtumland, aber auch zu den stadtinternen und Stadtrand-Grünsektoren und Erholungsgebieten durch die Entsorgung der Stadt entstehen können.

Hygiene der Freizeit-, Sport- und Erholungsanlagen

In der modernen Industriegesellschaft mit ihrem Trend zu steigendem Wohlstand und stetig zunehmendem Freizeitangebot wird der gesamte rekreative Bereich einen breiten Raum in der städtebaulichen Planung einnehmen müssen. Sind es doch die kompensatorischen Bereiche, die für den streß-geschädigten Stadtmenschen Rehabilitationsmöglichkeiten bieten und die heute dringend von seiten der Hygiene gefordert werden müssen. Grünanlagen, Parks und Alleen haben nicht nur emissionsmindernde Funktionen, sondern besitzen auch einen hohen Freizeit- und Erholungswert (vgl. S. 201 ff). Nach Möglichkeit sollten etwa zwei Drittel dieser Grünflächen auf die Wohngebiete einer Stadt entfallen. Auch Wasserflächen im Stadtgebiet können eine ähnliche Erholungsfunktion besitzen.
Die oft monotonen Arbeitsprozesse in der heutigen Leistungsgesellschaft verlangen in immer stärkerem Maße sportliche Ausgleichsbetätigung. Stadien, Sport- und Spielanlagen, die zu einem überwiegenden Teil für den Leistungssport genutzt wurden, müssen in Zukunft verstärkt dem Ausgleichssport zur Verfügung gestellt werden. Daneben gewinnen Trimm-dich-Anlagen, Gesundheits- und Rehabilitationszentren, konzipiert nach den neuesten Erkenntnissen präventiver und rehabilitiver Medizin, zunehmend an Bedeutung. In besonderer Weise ist das Schwimmen geeignet, den gesamten Muskel- und Bewegungsapparat des modernen Menschen, der durch einseitige, mangelnde oder völlig fehlende Bewegungsabläufe zu degenerieren droht, ganzheitlich therapeutisch zu beeinflussen; nicht ohne Grund sagt man daher dem Schwimmen die beste physiotherapeutische Wirkung nach. Der Bau von Schwimmbädern ist deshalb auch eine wichtige Forderung der Hygiene. Da die freien Gewässer in der Bundesrepublik Deutschland praktisch überhaupt nicht mehr zur Nutzung für Schwimm- und Badezwecke in Betracht kommen, weil ihre Wassergüte nicht ausreicht, sind künstliche Schwimmanlagen erforderlich. In Anbetracht der relativ kurzen Nutzungszeit von Freibädern – lediglich drei bis vier Monate je Saison – geht man heute mehr zum Bau von ganzjährig nutzbaren Hallen-

bädern über. Das optimale Einzugsgebiet derartiger kommunaler Schwimmhallen liegt nach heutigen Erkenntnissen bei 10 000 bis 20 000 Einwohnern. Das bedeutet für größere Städte die Anlage mehrerer Hallenbäder, die über Schwimmer-, Nichtschwimmer-, Lehrschwimmbecken und eventuell über separate Sprungbecken verfügen sollten. Kinderplanschbecken sind bis heute problematisch geblieben, weil die einwandfreie Beschaffenheit des Beckenwassers auch durch entsprechende Aufbereitungsmaßnahmen nicht sichergestellt werden kann, so daß diese Becken mitunter die Quellen von Infektionskrankheiten enthalten. Überhaupt stellen Schwimmbäder neben ihrer positiven präventiven Bedeutung dann hygienische Problembereiche dar, wenn durch fehlerhafte Bauplanung, mangelnde Wasserführung und -aufbereitung, sowie nicht ordnungsgemäße Desinfektion Badewasserqualitäten zustande kommen, die zu gesundheitlichen Schäden verschiedenster Art führen können. Auch im Bäderwesen sind die Aufgaben der Hygiene doppelter Natur, da Schwimmbäder als optimale Präventivmaßnahmen in ausreichender Menge gefordert werden müssen und sie andererseits laufender hygienischer Kontrolle bedürfen. Kommunale Brause-, Wannen- und medizinische Bäder sowie Saunen werden ebenfalls von der Hygiene gefordert, solange noch ein Fehlbedarf an privaten Badeeinrichtungen in den Stadtwohnungen herrscht.

Stadthygiene ist eine komplexe ökologische Aufgabe. Sie hat Städtebau, Versorgungseinrichtungen und Entsorgungsanlagen, den Verkehr und den rekreativen Bereich in ihrer wechselseitigen und kumulativen Wirkung unter den Aspekten einer menschlichen Stadt zu beurteilen. Gesundheit und allgemeines Wohlbefinden des Menschen in der Stadt müssen Maßstab aller hygienischen Maßnahmen sein, die unsere Vorstellungen von der Lebensqualität in der Stadt zu verwirklichen helfen.

PAUL ARTHUR MÄCKE
Verkehr

Verkehr ist Kommunikation

Ein wesentliches Element des Stadtlebens ist die soziale Kommunikation, die jederzeit und unverbindlich zwischen Bürgern, Bürgern und Besuchern oder – beispielsweise in Weltstädten – auch unter Besuchern aufgenommen werden kann. Kommunikation bereichert das Leben des Menschen. Fühlungsvorteile, die ihm die Stadt bietet, bringen auch ganz konkret durch die Ermöglichung einer arbeitsteiligen Wirtschaft Daseinssicherung durch materielle und kulturelle Versorgungsvorteile ein. Die Entwicklung des Städtewesens in siebentausend Jahren der Menschheitsgeschichte ist daher gleichzusetzen mit der Entwicklung der Zivilisation (von civitas = Bürgerschaft). Heute will sich die gesamte Menschheit zivilisieren, d. h. wie in der Stadt leben. Sie verstädtert sich oder versucht, mit Hilfe des Verkehrs jederzeit und unverbindlich Stätten der Begegnung oder Versorgung aufzusuchen.
Die vor unseren Augen sich abspielende Verstädterung (man kann auch sagen: die Emanzipation des Menschen von der Fron der Natur) ist ambivalent. Solange es Städte gibt, gibt es ein Umweltproblem für den Menschen. Da z. B. kein Leben ohne Wasser und Hygiene möglich ist, gehören Aquaedukt und cloaca maxima zu den bedeutendsten Ingenieurleistungen der frühen Stadt. Es waren Transportsysteme, die den heutigen Anstrengungen des Gütertransportes mittels pipe lines gleichzusetzen sind. Genauso gehören die persönlichen Kontakte in der Öffentlichkeit, in der vom Menschen selbst gebauten Umwelt, zum Stadtleben: via vita. Wenn aber die Erdoberfläche verstädtert, wird die Komponente ›via‹ gegebenenfalls zur Hypertrophie, die die Zivilisation rückwirkend in Frage stellt.
Die frühe Stadt war mehr oder weniger auch Wirtschafts- und Schutzgemeinschaft und grenzte sich gegen das Umland ab. Ihre Versorgungsmöglichkeit auf Land- und Wasserwegen beschränkte ihr Wachstum; sie blieb im Durchmesser zu Fuß durchschreitbar. Innerstädtischer Personenverkehr war größtenteils Fußverkehr; Güterverkehr erfolgte in Schrittgeschwindigkeit mit Hilfe von Trägern, Last- und Zugtieren.
Verkehr zwischen den Städten diente der Versorgung und dem Austausch. Er löste die bedeutendsten Leistungen im Straßen-, Hafen- und Brückenbau aus. Mit Einführung der Eisenbahn im vorigen Jahrhundert wuchs nicht nur die Geschwindigkeit sprunghaft an, auch die Beförderungskapazitäten schnellten in die Höhe: Das veränderte Raum-Zeit-Leben ließ die Erdoberfläche sozusagen schrumpfen, die Städte kamen dem Lande näher und rückten enger zusammen. Den Städten waren hinsichtlich ihrer Ausdehnung keine Fesseln mehr gesetzt, sie sprengten sie schnell und gründlich.
Das Gleichgewicht war gestört, das sich zwischen Verkehrsbau und Hochbau der Stadt eingependelt hatte. Die zu Fuß begehbare Stadt mit ihren Märkten, Vorfahrten und Hofeinfahrten hatte sich auf einen wirksamen Straßenbau eingestellt, der

der Schrittgeschwindigkeit angemessen war und entsprechende Erlebnisräume gestaltete (ein Hinweis übrigens darauf, daß wir nach Möglichkeit heute wieder diese Dimension der Begehbarkeit herstellen sollten, um der ursprünglichen Funktion des Kernstadt-Straßennetzes gerecht zu werden). Parkprobleme existierten nicht, da es strenge Verbote gegen das Abstellen der sperrigen Gefährte gab: Die meisten Städte verlangten, daß Fuhrwerke vor den Stadttoren auf den Wiesen blieben, den späteren Festwiesen und Spezialmärkten, die sich heute noch in manchem Stadtkörper kundtun.

Das städtische Verkehrskonzept war übersichtlich: Zu Fuß begangene Gebiete wurden mittels altüberlieferter Verkehrssysteme erschlossen, die ihrerseits diese Gebiete untereinander und mit dem Hinterland verbanden. Der Verkehr war individuell, wie es einer ständigen und unverbindlichen sozialen und wirtschaftlichen Kommunikation entsprach, die auch noch ein Bedürfnis unserer heutigen Zivilisation ist.

›Jederzeit und unverbindlich‹ bedeutet, daß das Kommunikationsmittel einen hohen Verfügbarkeitsgrad für den Benutzer hat, so daß er seinen individuellen Bedürfnissen entsprechend am Stadtleben teilnehmen kann. Individuell sind Verkehrsmittel, wenn sie immer verfügbar sind, und individualisierend wirken solche, die häufig verkehren.

Dem Stadtleben entsprechen daher Konzepte, die eng begrenzte, abschreitbare städtebauliche Verdichtungen vorsehen, und sie mit häufig und schnell verkehrenden Kommunikationsmitteln untereinander verbinden. Ihre Güterversorgung kann kapazitätsmäßig leicht gesichert werden (Siedlungsachsen im Raum Hamburg, Siedlungsschwerpunkte-Programm im Rhein-Ruhr-Raum, Visionen der Ökumenopolis von Doxiadis u. a.). Weltumgreifende audiovisuelle Nachrichtenübertragung kann dabei den Personenverkehr, Transport in Rohrleitungen den Güterverkehr jeweils ergänzen oder sogar teilweise ersetzen. Ein weites Feld für neue Technologien tut sich auf, die trotz wachsender Weltbevölkerung und steigender Verstädterung noch Fortschritte in der Befreiung des Menschen von mechanischen Arbeiten versprechen (351).

Städtebau als Straßenbau?

Das Kapitel ›Verkehr‹ läßt sich – wie jeder weiß – aber nicht so einfach abschließen. Die typische deutsche Stadt hat sich in den letzten hundert Jahren nicht so entwickelt, daß sich mühelos der Übergang von der vieltausendjährigen Konzeption der Fußgänger-Stadt zur Zukunftsvision finden ließe, trotz aller Logik der Realisierungsnotwendigkeiten. Das hat im wesentlichen zwei Gründe; einen, der in der (atavistischen?) Natur des Menschen liegt, und einen zweiten darin, daß der Mensch eine individuelle Ubiquität durch das Auto erlangt hat, die an der überlieferten städtebaulichen Gestalt der Stadt rüttelt und diese in Frage stellt (was die ›Disurbanisten‹ als Planer zu Anfang dieses Jahrhunderts auch wirklich taten):
1. Jeder Mensch lebt in der Polarität von Aktivität und Ruhe, von Rollenspiel und Verbergen, von Öffentlichkeit und Intimsphäre. Der deutsche Städter möchte (in Anlehnung an Tucholsky) vor seiner Wohnung die Friedrichstraße und hinter ihr

die Ostsee haben. Diese physikalische Unmöglichkeit kompensiert er durch das Pendeln zwischen dem Leben in der Natur und dem Leben in der künstlichen Umwelt, in den letzten Jahren mehr und mehr sogar täglich. Solange der Mensch Ruhe und Erholung, Grün und Garten, Ausblicke und Einsamkeit in wechselnden Zeiten und alternativ zum sonst erstrebten Stadtleben verlangt, wird diejenige Stadtgestalt in Zweifel gezogen, die dieses Wechseln nicht ermöglicht. Und die Stadterweiterungen der Gründerjahre und nach den Kriegen bieten in dieser Hinsicht meist wenig Erfreuliches; sie zwingen zu immer größeren Pendelwegen.
2. Der Mensch weicht aus und paßt sich an, bevor er angreift. Die Technologie des Autos setzt ihn in den Stand, in kurzer Zeit an dem Ort zu sein, den er aufsuchen möchte, sei es ein Ort der Aktivität oder der Ruhe. Die Formen der Städte lösen sich bei diesem Anpassungsprozeß auf. Immer mehr Menschen weichen – da sie es können – in die Ruhe- und Naturzonen aus, um von dort her tagtäglich zu den Fühlungsvorteilen der Altstadt oder ihrer Industriebezirke zu pendeln. Wenn auf diese Weise Zonen entstehen, die in immer größer werdenden Massen Autofluten zur Innenstadt schicken, wird durch die gegenseitige Behinderung das Pendeln, das Ausweichen, selbst in Frage gestellt. Der Mensch wird aggressiv. Der Angriff der Menschen aufeinander ist die eigentliche Verkehrsmisere der Stadt, nicht so sehr die umweltverschlechternden Emissionen, die zu allen Zeiten von Verkehrsmitteln (Pferden!) ausgingen und die durch verbesserte Technologien in absehbarer Zeit abgestellt und durch geschickten Verkehrsstädtebau gemildert werden könnten (56). Es drängt sich hier die bekannte ›Lösung‹ auf, daß das Auto durch öffentliche Verkehrslinien, im Stadtverkehr also durch kollektiven Personennahverkehr, ersetzt werden müsse. Abgesehen davon, daß bisher nirgends auf der Welt, wo das Auto verfügbar wurde, ein politisches Konzept gefunden werden konnte, das den Verkehrsteilnehmern die Benutzung des Autos entzieht, ist der Städtebau seit einem halben Jahrhundert durch die Absicht, ›autogerecht‹ zu handeln, zu Stadtformen gelangt, die nur schwer dem Einsatz rentabel betriebener Massenverkehrsmittel entgegenkommen, mit Ausnahme allerdings der wenigen monozentrierten Weltstädte, deren immer größere Massierung nicht ohne leistungsfähige Massenverkehrsmittel möglich wäre. In diesen Weltstädten vollzieht sich vor unseren Augen die Wandlung zur utopischen Stadt mit vollklimatisierten und mit tertiären Diensten versehenen Wohntürmen, die ein Leben in immerwährendem Frühling versprechen (351).
Die mittlere deutsche Stadt aber – Kiel, Münster, Aachen, Kassel, Würzburg, Ulm – kann in absehbarer Zeit kaum daran denken, sich auf leistungsfähige Kollektivverkehrsmittel (z. B. U-Bahnen) umzustellen und die letzten achtzig Jahre zu vergessen, die zunächst mit dem Einsatz der Straßenbahn, dann mit Auto und Autobus das Straßennetz so entwickelten, daß es das alleinige lebenspendende Adergeflecht des Stadtorganismus zu sein scheint. Man fragt sich heute, ob den Städten ihr Schicksal hätte erspart werden können. Der deutsche Städtebau war nicht immer vorwiegend auf den Straßenbau ausgerichtet. Blättert man in alten Fachbüchern der zwanziger Jahre (40), so findet man dort mehr Anweisungen zur Konstruktion von Hoch- und U-Bahnen als von Straßenkreuzungen. Man muß sich bewußt werden, daß der seit 1920 stärker werdende Einfluß der Architektur auf den Städtebau seinen Eindruck nicht verfehlt hat. Der Architekt ist begeisterungs-

fähig und kann die Öffentlichkeit mitreißen, nicht zuletzt durch Vereinfachung der Konzepte. Die Faszination, die vom Auto ausging, inspirierte zu großartigen Leistungen: Von Wright und Le Corbusier bis Reichow wetteiferten die Entwerfer; von Radburn bis zur Stadt am Limes sind perfekte Autostädte entstanden, die vielerorts Vorbild wurden. Diese Vorbilder sind auch heute noch planungsrelevant für Siedlungsgebiete, die sich weitgehend auf das Auto abstützen wollen. Sie haben die Trennung von Fahrverkehr und Fußverkehr perfektioniert und den Fußverkehr eingebettet in das Stadtgrün, das auch Spiel- und Sportplätze, Kindergärten und Grundschulen enthält. Hier finden wir praktiziert, was Buchanan später ›environmental planning‹ nannte (56).

Wenn heute nun Architekten den Straßenbau bezichtigen, für die Städte schädlich zu sein, so entspricht das in etwa dem Vorwurf an die Statik, falsch zu sein, wenn ein Haus seiner geplanten Funktion nachträglich nicht gerecht wird. Und die frühe Begeisterung ist verständlich: Zunächst befreite das Auto von Lärm und Unrat der Pferde, dann brachte es eine große Vereinfachung in die Planung. Bis auf den heutigen Tag sind in realisierten städtebaulichen Entwürfen neben den Hochbauten kaum andere Strukturen als individuelle Fuß- und Straßenverkehrsanlagen eingezeichnet, die sich bis zu den Außenanlagen der einzelnen Grundstücke (Fußwege, Zufahrten, Höfe, Garagen) lückenlos fortsetzen. Selbst die Gruppe der Architekten, die heute – und in ihrer Begeisterung wieder radikal und einseitig – die Abkehr von der Straße fordert, weiß ihre Hochbauten im Grunde auch nur mit Hilfe von Straßenverkehrsanlagen an das öffentliche Kommunikationssystem der jeweiligen Stadt anzuschließen.

Gerade aus der Sicht des Stadtverkehrs wird deutlich, daß die schlichte Identifizierung von Architektur und Städtebau in den letzten Jahrzehnten eine Fehlentwicklung war. Eine Stadt hat ein komplexes – für das komplexe Leben des Menschen geeignetes – Gehäuse zu sein; hieran sind viele Fachleute zu beteiligen, nicht zuletzt wieder auch mehr der Ingenieur als derjenige, der die größeren Zusammenhänge beherrscht (in Anknüpfung z. B. an Planer der ersten Hälfte unseres Jahrhunderts wie Otto Blum, Robert Schmidt, Carl Pirath).

Stadtentwicklung und Verkehrsplanung

Der deutsche Städtebau ist dabei, die Konsequenzen zu ziehen. Die Stadtentwicklungsplanung wird heute bereits interdisziplinär aufgefaßt. Kernstück einer solchen Planung ist der Generalverkehrsplan (der sich allerdings aus dem unter der Vorherrschaft des Radburn-Prinzips erworbenen Odium, in Wirklichkeit nur ein Generalstraßenplan zu sein, befreien muß). Dieser zunächst als Hilfsplan der Bauleitplanung aufzufassende Generalverkehrsplan bekommt immer stärkeres Eigengewicht, so z. B. im Gemeindeverkehrsfinanzierungsgesetz (183), ja es mehren sich die Anzeichen, daß von ihm die konzeptionellen städtebaulichen Impulse auszugehen haben. Die in aller Welt in Erprobung befindlichen Stadtentwicklungsmodelle gehen von einem erstrebten Raum-Zeit-Leben bzw. von einer Minimierung des Verkehrs aus, die der erkannten Wechselbeziehung zwischen Standorteignung und Verkehr im Städtebau entsprechen (247, 274). Wenn man die Verkehrsentwicklung der deutschen Städte lenken und voraussagen will, tut man daher gut daran, das Instrumentarium der Verkehrsplanung im Städtebau kennenzulernen und einzusetzen.

Die von einer interdisziplinären Planergruppe zu leistende Arbeit umfaßt mehrere Phasen, die in einem Lernprozeß untereinander und mit der simultan laufenden Bauleitplanung verbunden sind und wie letztere turnusmäßig zur Überarbeitung der Resultate von der Stadtverwaltung und dem Rat wiederaufzunehmen sind (409).

1) Die erste Phase ist die klärende. Sie mündet durch Erhebungen, Auswertungen und Bewertungen in die Diagnose ein, das ist die Modellanalyse der bestehenden funktionalen Zusammenhänge zwischen den normativen Vorgaben (Baugesetzgebung, Finanzgesetzgebung usw. mit ihren humanitären und ökonomischen Zielen), den „physikalischen Vorgaben" (topographische, hochbauliche und verkehrliche städtebauliche Strukturen) und den beobachteten Verhaltensweisen der Stadtbevölkerung als reflektorische Wechselwirkung mit den besagten Normen und der Physik der Stadt. Sie schließt mit einem Zielsystem ab, das die humanitären und Umweltbedingungen sowie das mögliche Budget der Stadt zur Verkehrsentwicklung in einem ersten Ansatz umreißt.

2) Die zweite Phase ist die Prognose, und zwar zunächst die der Trends in der technologischen Entwicklung, der Verhaltensweisen und der normativen Vorstellungen, dann die Modellprognose, die bereits diese Trends und Ziele in die mathematischen Zusammenhänge einführt und mit konkreten Planungsalternativen konfrontiert, letztere in einer überwiegend kreativen Phase konzipiert.

3) Die nächste Phase ist die Wahl der besten Alternative aufgrund einer Nutzwertanalyse, die die Planergruppe gemeinsam mit den beschlußfassenden und Prioritäten setzenden politischen Gremien betreiben muß.

Die Modellprognose und die Nutzwertanalyse der Alternativen mögen in absehbarer Zeit zusammengefaßt und ersetzt werden durch Optimierungsprogramme innerhalb einer linearen Planungsrechnung, was man heute wegen der zu geringen Rechnerkapazitäten noch nicht kann.

4) Es schließt sich dann die Realisierungsphase an mit einer Detailplanung der zu verwirklichenden Projekte unter Festlegung notwendiger legaler und ökonomischer Maßnahmen (eventuell sogar Änderung der Normen, z. B. des Ladenschlußgesetzes, der Arbeitszeitregelungen usw. in Hinblick auf die das Stadtleben belastenden Verkehrsspitzen) und Fortschreibung der Entwicklung mit Erfolgskontrollen, um jederzeit in das Zielsystem und die Planung gemäß den wechselnden Bedingungen erneut eingreifen zu können.

Für die Fachplanung des Ingenieurs ist die zweite genannte Phase sehr wichtig. Bei der augenblicklichen Lage des Stadtverkehrs gilt, daß es *das* ideale Stadt- und Regionalverkehrsmittel nicht gibt und auch die absehbare technologische Entwicklung nicht einen entscheidenden Durchbruch zu einem universellen Stadtverkehrsmittel verspricht.

Müßte man überhaupt erst ein Stadtverkehrsmittel neu entwickeln, das jeden Standort in der Stadt erreichen kann und jederzeit verfügbar ist, würde man – außerhalb der zu Fuß erreichbaren Zonen – sicherlich zu einer Art Auto kommen, das allerdings in seiner Antriebsart umweltfreundlicher und im Komfort mehr standardisiert wäre als das existierende, wie die Konzepte für Stadtwagen (Elektrowagen), aber auch für Kabinenbahnen zeigen. Letztere haben mit den konventionellen Schienenbahnen den Nachteil gemeinsam, mit ziemlich großen Haltestellenabständen rechnen und die flächenhafte Erschließung des Hinterlandes mit engmaschigen, dadurch im Bau und Betrieb kostspieligen zusätzlichen Infrastrukturen betreiben zu müssen, ohne aber dabei wesentlich leistungsfähiger als heutige Autoströme oder Busliniensysteme zu sein.

Die Leistungsfähigkeit der herkömmlichen Stadtschnellbahnen ist hervorragend und braucht nur hinsichtlich Komfort und Automatisierung weiterentwickelt zu werden. Neue Antriebsarten sind möglich, höhere Geschwindigkeiten nur im weiter ausgreifenden Verkehr (z. B. Intercity-Verkehr) leistungssteigernd und erstrebenswert.

Zwischen diesen Möglichkeiten liegt ein weites Feld für den Omnibus, der alle anderen Verkehrssysteme in Stadt und Land überlagert mit einem Netz, das sich wie das individuelle Kraftfahrzeug der Straßen bedient. Dieses öffentliche Netz ist so weltweit und in der Haltestellenanordnung so anpassungsfähig, daß man trotz aller Schwächen, die in der Umweltbeeinträchtigung, Störanfälligkeit durch die Auseinandersetzung mit dem übrigen Straßenverkehr, geringem Komfort und geringen Reisegeschwindigkeiten in der Stadt (wegen der möglichen vielen Haltestellen und der Stadtverkehrsregelung) liegen, kaum eine Ablösung dieses Konzepts in absehbarer Zeit erwarten kann.

Ideale Verkehrsmittel werden nach wie vor (wenn auch leider nur für eng begrenzte Distanzen) die Beine der Stadtbevölkerung sein. Städtebaulich gut gelöste Fußgängerzonen könnten durch neue Technologien (rollende Fußsteige, eventuell in wetterschützenden Röhrenbrücken) ihre Erweiterung finden.

Bei dieser Übersicht fällt auf, daß heute
– kein universelles Verkehrsmittel der Stadtentwicklung zugrunde gelegt werden kann,
– je nach Örtlichkeit ein anderes Verkehrsmittel planerisch zu bevorzugen sein wird,
– als Konsequenz nicht nur die Verkehrskonzeption einer Stadt aus ihrem heutigen und geplanten strukturellen Aufbau abgeleitet werden darf, sondern auch umgekehrt die Strukturentwicklung nach den Affinitäten der einzusetzenden Verkehrsmittel diesen Strukturen gegenüber zu lenken ist. Nur Maßnahmenbündel, die für das Zusammenwirken in der Bewältigung der Verkehrsarbeit geeignet sind, können das Stadtleben auf lange Sicht befriedigend sichern.

Diese Einsicht aber erfordert den Einsatz aller planerischen Möglichkeiten bis an die Grenze unseres Wissens, wobei die tausendfachen Möglichkeiten einer Stadtverkehrsverflechtung nur mit Hilfe von modernen Datenverarbeitungsanlagen geprüft werden können.

Die wechselseitige Beeinflussung von Strukturen und Verkehr im Städtebau, wie sie zur Analyse (Diagnose und Prognose) von Planungsalternativen rechnerisch nachvollzogen werden muß, läßt sich durch Modelle darstellen, die das Verhalten der Stadtbevölkerung bei Vorgabe von Flächennutzungen und Infrastrukturen sozusagen simulieren. Die inzwischen klassisch zu nennende Aufeinanderfolge der im Planungsprozeß verwendeten Modelle ist – vereinfacht – folgende:

– Modell, das den Entschluß der Bevölkerung, zu verschiedenen Zwecken Reisen anzutreten, nachvollzieht bzw. antizipiert, indem die Notwendigkeit der Raumüberwindung auf die dem Lebensrhythmus dienenden Flächennutzungen zurückgeführt wird (Verkehrserzeugungsmodell);
– Modell, das die Wahl der den jeweiligen Verkehrszwecken dienlichen Ziele gemäß deren Attraktion und Erreichbarkeit nachvollzieht bzw. antizipiert (Verkehrsverteilungsmodell);
– Modell, das die Wahl des Verkehrsmittels durch die Bevölkerung gemäß Verkehrszweck, angestrebtem Ziel, Verfügbarkeit und komparativen Vorteilen nachvollzieht bzw. antizipiert (Verkehrsaufteilungsmodell = modal split);
– Modell, das die Wahl von Linien oder Routen auf dem Wege vom Startpunkt zum Ziel gemäß komparativer Widerstände in den Stadtverkehrssystemen nachvollzieht bzw. antizipiert und die auf diesen Linien oder Routen sich ergebenden Verkehrsbelastungen errechnet (Verkehrsumlegung);
– Rahmenmodell, das den Lernprozeß der Bevölkerung bei der Benutzung des vorgelegten (konzipierten) Stadtsystems mittels sukzessiver Approximation durch Iteration* simuliert bis zur Konvergenz der Verhaltensweisen in einem dem Planungsziele entsprechenden präferentiellen Gleichgewicht (feed backs);
– Bewertungsmodelle, die das jeder Planungsalternative gemäße Bevölkerungsverhalten an Zweckmäßigkeits- und ökonomischen Kriterien messen, um in der Nutzwertanalyse durch Maßzahlen die erforderliche Entscheidungshilfe bieten zu können (Leistungs- und Aufwandsmodelle);
– Dimensionierungsverfahren, die über Abmessungen, Ausgestaltung und Betrieb der Elemente (Strecken, Knoten, Haltestellen) der Stadtverkehrsanlagen aufgrund der zu erwartenden Belastungen und Geschwindigkeitsanforderungen Auskunft geben unter Berücksichtigung umwelttechnischer Randbedingungen.

Begründung, Form und Programmierung solcher Modelle sind Teil eines umfassenderen Wissensgebietes, das dem Bauingenieurnachwuchs bereits heute in den Fächern Stadtbauwesen oder Verkehrswesen und Städtebau von den Hochschulen mit auf den Weg gegeben wird. Allerdings kann nur die Praxis dem theoretischen Instrumentarium, auf das hier nicht weiter eingegangen werden kann, zur sinnvollen Anwendung verhelfen.

Die Anpassung der Stadtstruktur an den Verkehr

Stadtstrukturen sind in Deutschland durch eine lange, wechselvolle Geschichte geprägt. Wegen der Vielzahl der historischen Ansatzpunkte geraten unsere städtischen Strukturen und insgesamt unsere Städte in Konkurrenz zueinander, so daß sich ganze polyzentrische Regionen und Bandstrukturen herausbilden (Braunschweig/Hannover/Ostwestfalen; Rhein/Ruhr/Wupper; Rhein/Main; Rhein/Neckar) oder sich starke Monozentren in einer verstädterten Zone regionalisieren (Hamburg, Stuttgart, München). Das Wachstum, unter Umständen auch das Schrumpfen, wird unterschiedlich auf viele Schwerpunkte verteilt, so daß sich vielerorts in Deutsch-

---

* Schrittweises Näherungsverfahren durch Wiederholung des gleichen Rechenvorgangs.

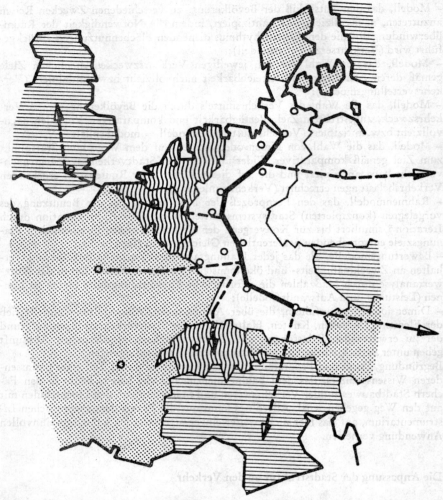

Abb. 14 Mögliche Streckenführung einer Hochleistungsschnellbahn für Güter- und Personentransport von Hamburg nach München (nach 403)

land ein Übergang zur polyzentrischen Regionalstadt – oft durch Landesentwicklungspläne und Siedlungsschwerpunkte-Programme unterstützt (230, 23) – vollzieht. Darin liegt eine Chance des Städtebaus in der Bundesrepublik: Viele Zentren partizipieren am Raum-Zeit-Leben und können damit theoretisch und praktisch an effektiven Verkehrsmitteln beteiligt werden.

Die Entwicklung der Autobahnen und Eisenbahnen beweist die Auslastungsmöglichkeit dieser Netze zwischen den Zentren; die Weiterentwicklung regionaler

Autobahnen (63), des Intercity-Verkehrs der Deutschen Bundesbahn, letztlich die Konzeption von Ergänzungsstrecken und einer Hochleistungsschnellbahn (186, *Abb. 14*) zeigen die Möglichkeiten, die der Verkehrsentwicklung durch die Reihungen von Siedlungsschwerpunkten geboten werden. Umgekehrt haben diejenigen Schwerpunkte die größten Lebenschancen, die in dem umfassenden Verkehrssystem günstig eingebunden sind.
Auf regionaler Ebene gilt Analoges. Soweit heute unser Erkenntnishorizont reicht, scheint die polyzentrische Struktur der verstädterten Räume auf lange Sicht befriedigende Lebensmöglichkeiten zu schaffen, wenn durch eine hierarchische Staffelung der Zentralitäten sowohl Höchstleistungen als auch breite Versorgung auf den Gebieten der Dienstleistungen, der Kultur und der Bildung angeboten werden können und wenn wegen der Reihungen wirtschaftliche Produktion und leistungsfähiger Transport und Verkehr ermöglicht werden. Von dieser Vorstellung eines geordneten, polyzentrisch entwickelten Ballungsraums geht der Entwurf des Siedlungsverbandes Ruhrkohlenbezirk für eine regionale Infrastruktur aus (35), der der Zersiedelung innerhalb der Ballung, die öffentliche und private Dienstleistungen und den Stadtverkehr weitgehend ineffektiv macht, Einhalt gebieten soll. Die umfassende qualitative Verbesserung der Lebensbedingungen des Planungsraums erfordert, daß die städtebauliche Tätigkeit sich mehr in Siedlungsschwerpunkten konzentriert als bisher. Es werden unterschieden:
– Teilgebietszentren (mit dem höchsten Niveau aller Funktionen zur Bedienung eines größeren Hinterlandes),
– Stadtzentren,
– Stadtteilzentren,
– Wohnschwerpunkte.
Die angestrebte Raumordnung läßt sich durch Strukturdaten fixieren, für die Abschätzungen vorliegen (377). Dieser angestrebten Struktur sind offensichtlich Städteschnellbahnen als Verkehrsmittel förderlich, deren Bau hier sicherlich finanziell eher tragbar erscheint als in mittleren Einzelstädten. Die Landesverkehrsplanung hat daher eine Stadtbahn entwickelt, die im Verein mit S-Bahnstrecken der Deutschen Bundesbahn und kommunalen Ergänzungsstrecken die Städteregion an Rhein und Ruhr bedienen soll. Aus einer Studie über die Effektivität solcher Verkehrsmittel bei der städtebaulichen Zielsetzung des Siedlungsverbandes Ruhrkohlenbezirk sind dabei einige allgemein interessierende Ergebnisse bekanntgeworden (269):
1. Das zukünftige Schnellbahnnetz kann die raumordnerischen Zielsetzungen des Siedlungsschwerpunkte-Konzepts unterstützen. Die gestaffelt ›dezentralisierte Konzentration‹ hochwertiger Dienstleistungen in der bisherigen amorphen Verstädterung (ebenso die gebündelte Dezentralisation in den Ballungen der heutigen Monozentren) setzt die gute Erreichbarkeit dieser Dienste voraus. Sie wird hergestellt durch das Angebot häufig befahrener und direkter (bis in die Fußgängerzonen vorstoßender) Verbindungen zwischen den einander zugeordneten Zentren, Wohn- und Arbeitsschwerpunkten.
2. Das zukünftige Zeitbudget der Bevölkerung (gekennzeichnet durch größeren Anteil der Arbeit im tertiären Sektor, Neuverteilung der Arbeits- und der komplementären Freizeiten sowie Umschichtung in den Aktivitäten, die alte und neue

Reisezwecke auslösen werden) erfordert keine längeren (unproduktiven) Reisezeiten im Tagesrhythmus als heute, um eine größere Auswahl an attraktiven Zielen (d. h. einen größeren Lebensraum mit entsprechend gesteigerten Fühlungsvorteilen) zu erschließen. Voraussetzung ist, daß eine geometrisch günstige Vermaschung des Schnellbahnnetzes sowie der Verbund mit Fernverkehrsmitteln einerseits und dem nachgeordneten Nahverkehrsliniennetz (das zur Hauptsache aus Buslinien besteht) andererseits und die Verknüpfung mit dem individuellen Straßenverkehr in Park-and-Ride-Stationen realisiert werden (55). Dadurch wird das Verständnis eines Lebensraumes wie des Ruhrgebiets als Einheit gefördert. Die Vermutung, daß der Personenkraftwagen die Verkehrsaufgaben allein bewältigen könne, ist falsch. Andererseits sind die zentrenfreundlichen Schienenverkehrsmittel auf die Ergänzung durch flächenerschließende Straßenverkehrsmittel angewiesen.

3. Hochverdichtete Siedlungsschwerpunkte in der polyzentrischen Region können durch ein engmaschiges Netz von Schnellbahnen so gut erschlossen werden, daß die Wege in den Fußgängerzonen zwischen den Haltestellen und städtischen Zielen gering werden, für den Fußgänger zumutbar sind und somit die Einrichtung eines zusätzlichen City-Erschließungs-Verkehrssystems für den Personenverkehr entfällt. Diese Situation ist allerdings nur in den Ballungsräumen an Rhein, Ruhr und Main sowie in den größeren deutschen Monozentren gegeben.

Ein mittlerer deutscher Siedlungsschwerpunkt wird diffizilere Erschließungssysteme aufbauen müssen (55). Das ist bereits bedingt durch folgende Attribute, die einem solchen Schwerpunkt beigelegt werden müssen:

– Dem städtischen Leben entsprechende hohe Wohndichte, die mit Wohnformen erreicht werden muß, welche hohen Komfort, Individualität, kurze Wege zu Gemeinschaftseinrichtungen, öffentlichen und privaten Verkehrsanlagen aufweisen und ausreichend mit privatem Grün (z. B. auf Garten-, Balkon-, Loggia- und Terrassenflächen) ausgestattet sind (106).

– Hohe Beschäftigtendichte im Dienstleistungsbereich und im nichtstörenden (unter Umständen publikumsorientierten) Gewerbe.

– Eventuell nichtstörender Industriebereich (wenn dieser kein selbständiges Zentrum bildet).

– Grund-, Gesamt-, Berufs- und Fachschulen.

– Gegebenenfalls Universitätsbereich (wenn dieser kein selbständiges Zentrum bildet).

– Fußgängereinkaufs- und -besorgungszonen.

– Kulturelle Einrichtungen.

– Spiel-, Sport-, Freizeit- und Erholungsstätten.

– Erschließungs- und Andienungsanlagen für den Güterverkehr (Ver- und Entsorgung).

– Andienungsanlagen für den Personenverkehr (Haltestellen, Verknüpfungs- und Übergangspunkte, Parkgaragen).

Im Gegensatz zum oftmals heute noch praktizierten Städtebau, der aus einer falschen Interpretation der Charta von Athen resultierte (vgl. S. 460 f), werden in einem Siedlungsschwerpunkt (z. B. auch in einem Stadtkern einer mittleren deutschen Stadt) relativ hohe städtebauliche Verdichtungen mit einer Mischung der Funktionen angestrebt. Viele Bedürfnisse würden sich dann im Fußgängerverkehr erledigen lassen. Ein störungsfrei geführtes Fußwegesystem stellt somit das Rückgrat der inneren Erschließung dar. Parallel oder in einer anderen Ebene zu den Fußgängerzonen hätte der Andienungsverkehr (z. B. der Gütertransport und die Abfallbeseitigung) zu erfolgen (219). Der Personenverkehr erfordert des weiteren im allgemeinen außer einem primären noch ein sekundäres Erschließungssystem.

Das primäre wird sich je nach den Möglichkeiten der Stadt aus Strecken der Bundesbahn, Straßenbahn-, Bus- oder Obuslinien, vielleicht sogar aus einer oder einigen Stadtbahnstrecken (U-Bahn, Schwebebahn) zusammensetzen müssen; es ist hauptsächlich das System der äußeren Erschließung, die im übrigen nach wie vor durch Verkehrsstraßen (Regionalautobahnen, Zubringer, Magistralen, Citytangenten) ergänzt werden muß.

Das sekundäre vervollständigt die innere Erschließung des Siedlungsschwerpunktes, die bei großen Haltestellenabständen nicht allein den Fußwegen überlassen bleiben darf *(Abb. 15)*. Dabei kann sich der individuelle Verkehr auf den Wirtschafts- und Anliegerverkehr beschränken, so daß ein vertretbares Straßennetz die privaten und öffentlichen Parkplätze mit einem Schnellstraßensystem, das den Siedlungsschwerpunkt tangiert, verbinden würde und Buslinien, die hier zum sekundären System zu rechnen sind, direkt mit den Flächennutzungen in Berührung brächte. Im übrigen werden die Fußgängerzonen, die Verknüpfungspunkte und Park-and-Ride-(oder Park-and-Go-)Anlagen verbunden und ergänzt werden können durch weitere sekundäre Verkehrsmittel. Hier ist auch das weite Feld neuer Technologien zu sehen, die vom elektrischen Selbstfahrtaxi über Rollsteige bis zu allen Arten der Minirailsysteme mit Magnetschwebe- und Linearmotor-Antriebstechnik reichen mögen. Praktisch sind heute bereits Busse und Kleinbusse, unterstützt durch Taxis, einsatzbereit.

4. Die Schnellbahnsysteme der polyzentrischen Stadtregionen können so verknüpft werden, daß sie leicht begreifbar sind (d. h. den Benutzern eine gute Orientierungsmöglichkeit verschaffen) und betriebstechnisch gut zusammenhängen.

5. Die Strategie der Siedlungsschwerpunkte ermöglicht eine wirtschaftliche Ausnutzung der auszubauenden Schnellbahnstrecken, die z. B. nach den Vorstellungen der Landesverkehrsplanung Nordrhein-Westfalen bei mindestens 5000 Personenfahrten in der stärker belasteten Richtung während der maßgebenden Morgenstundengruppe von 5 bis 9 Uhr liegt. Umgekehrt ermöglichen Kapazität und Geschwindigkeit der Schnellbahnstrecken den weiteren Fortschritt, der in der Erschließung neuer Aktivitätsmöglichkeiten für die Bevölkerung (meßbar in steigender Mobilität) liegt, ohne neuen Zeitaufwand und ohne weitere Überlastung der Straßen. Der Anteil der Bevölkerung, der öffentliche Verkehrsmittel in der Stadt benutzt, kann drastisch gesteigert werden. In Hamburg liegt der Anteil des öffentlichen Personenverkehrs bereits heute bei mehr als 50 %, im Ruhrgebiet läßt er sich gemäß Prognoserechnungen durch Ausbau des Schnellbahnsystems (bestehend aus S-Bahnstrecken der Bundesbahn, aus Strecken der Stadtbahn Rhein-Ruhr und aus kommunalen Ergänzungsstrecken) und Realisierung des Siedlungsschwerpunktekonzepts von 25 % auf 40 % steigern.

An dieser Stelle sei hervorgehoben, daß die Bundesbahnstrecken, die S-Bahnen erhalten, einen wichtigen Anteil am Schnellbahnnetz der verstädterten Regionen ausmachen werden. Deutschland wurde im vorigen Jahrhundert mit einem dichten

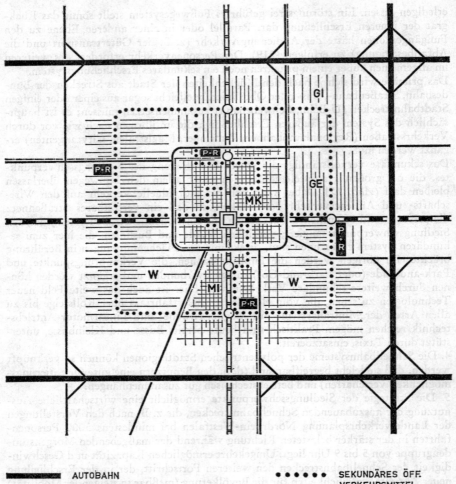

Abb. 15 Schema der Verkehrserschließung eines Siedlungsschwerpunktes
MK Kerngebiet, MI Mischgebiet, W Wohnbauflächen, GE Gewerbegebiet, GI Industriegebiet, P+R Park and Ride

Eisenbahnnetz überzogen, so daß heute vielfach die Bundesbahn in den Stadtverkehr einbezogen werden kann. Die Bundesbahn ist gewillt, sich an der Bewältigung des Personennahverkehrs zu beteiligen (226).

Dabei kann es durchaus vorkommen, daß – nach einer verhältnismäßig langen Zeit der Ruhe – die Stadt wieder Baustellen für die Erweiterung der Eisenbahnanlagen aufweisen wird. Wir tun gut daran, uns einige städtebauliche Grundregeln unserer Väter ins Gedächtnis zurückzurufen:
– Eisenbahnstrecken sollen die Stadt radial anlaufen, aber die Kernstadt an ihrem fußläufigen Bereich nur tangieren. Der Hauptbahnhof soll *am* und nicht *im* Verkehr liegen, um einen leistungsfähigen Bahnhofsvorplatz (als Verknüpfungspunkt und mit Pkw- und Taxivorfahrten) ausbilden zu können. Wenn S-Bahnstrecken unterirdisch gebaut werden, gelten allerdings für deren Haltestellen die Regeln der Stadtschnellbahnen.
– Eisenbahnbetriebsanlagen sollen radial zum Stadtkern ausgerichtet sein, da ihre beträchtliche Längen- und Breitenentwicklungen sonst Entwicklungsschatten auslöst, die städtebaulich nur mit Mühe auszugleichen sind. Ein gutes Beispiel gibt Hamburg, aus der Vielzahl der weniger guten sei Düsseldorf herausgegriffen.
– Personenbahnhöfe sollen in Siedlungsschwerpunkte integriert werden; Ortsgüterbahnhöfe haben sich an leistungsfähigen Straßenanschlüssen auszurichten (fast 100 % des Konsumgüterverteilungsverkehrs geht letztlich über das Straßennetz). Sowohl Personen- als auch Ortsgüterbahnhöfe sind aus der heutigen Sicht oft zu relokalisieren, um sie aus den ungünstigen Lagen der frühtechnischen Stadt zu befreien.
– Die Eisenbahn hat sich im vorigen Jahrhundert vielfach die Zäsur der alten Stadtmauer oder vorhandener Bebauungsgrenzen zunutze gemacht. Die Abschirmung des Stadtkerns sollte durch Einsatz aller städtebaulichen Möglichkeiten (bis zur wegen der Finanzierung heute utopisch erscheinenden Überbauung) gemildert werden. Überbrückungen und Unterfahrungen sind zu fördern. Wie schwierig eine solche Aufgabe werden kann, zeigt die planerische Behandlung der Eisenbahnzäsur in der Bundeshauptstadt Bonn.

6. Die notwendige Anpassung der Stadtstruktur an die verkehrsstädtebaulichen Anforderungen gelingt auch in Hinblick auf den Straßenverkehr. Ein überregionales und regionales Raster von Autobahnen kann leistungsfähig so dimensioniert werden, daß es den kommenden Ansprüchen genügt (63). Es ist Teil eines orthogonalen Straßennetzes, das je nach Funktion und Lage der Siedlungsschwerpunkte, die nur tangiert und niemals ebenerdig durchstoßen werden, in seiner Maschenweite variiert wird und viele günstige Zuschnitte für die städtebauliche Entwicklung und für Industrieerweiterungen und -neuansiedlungen aufweist. Die Maschen bilden somit Tangentialsubsysteme, die Stadtkerne und Industriekomplexe andienen und untereinander und mit dem Fernverkehrsnetz verbinden.
Das historisch gewachsene Stadtstraßennetz wird möglichst gut in die Maschen des Regionalstraßennetzes einzubinden sein, wobei eine Abstufung nach der Funktion seiner Elemente nützlich sein wird. Die deutsche Stadt hat oftmals ein Radial-Ring-System aufgebaut, dessen Ausfallstraßen heute meist die wichtigsten Magistralen geworden und mit Signalsteuerungen (›Grüne Welle‹) ausgestattet sind und öffentliche Verkehrslinien tragen. Oftmals müssen sie ergänzt und entlastet werden durch anbaufreie neue Stadtverkehrsstraßen, die auch die Zubringerfunktion zum regionalen Autobahnnetz übernehmen.
Verkehrsstraßen und Magistralen werden abzufangen sein in Citytangentenringen,

die für die Verteilung des Stadtstraßenverkehrs sorgen und die städtebauliche Substanz schützen (268).
Der Stadtstraßenverkehr verteilt sich in den Wohngebieten über anbaufreie und schließlich anbaufähige Wohnsammelstraßen bis zu den einzelnen durchgangsverkehrsfreien Anliegerstraßen (125), in den übrigen Flächennutzungen über Andienstraßen, die im Personenverkehr ein System von Park-and-Ride-Plätzen und Parkgaragen enthalten und im Güterverkehr zu Ladezonen führen, die dem Verbrauch der Geschäftsviertel gewachsen sind (102). Die Nutzung der Hochbaustrukturen ist dabei auf das Stadtstraßensystem neu abzustimmen.
Unterstützung findet die wechselseitige Anpassung historischer Stadtstraßen und historischer Bausubstanz durch die Straßenverkehrstechnik, die mit Hilfe der Signalsteuerung Unübersichtlichkeiten kompensiert und Fußgänger schützt, Kriterien für die Einrichtung von Fußgängerstraßen, Anliegerstraßen und Anlieferstraßen aufstellt, notwendige Unterführungen lokalisiert, den Betrieb und die Orientierung, z. B. durch geschickten Einbahnverkehr, vereinfacht, die Parknotwendigkeiten ermittelt und den Parkraum so lokalisiert und bewirtschaftet, daß nur erwünschter Verkehr, der in dem Stadtbereich Quelle und Ziel hat, auftritt.
Städte und Bürgerschaft sind heute ehrlich bemüht, den Straßenverkehr in seiner dienenden Funktion zu sehen und ihn nicht als Wert an sich zu verabsolutieren, selbst wenn immer mehr Bürgerinitiativen das Gegenteil behaupten. Vielerorts kann die Stadt den notwendigen Straßenbau bereits nicht mehr vorantreiben. Sobald Entlastungen geplant werden, stehen in der zersiedelten Stadtlandschaft meist reiche Minoritäten auf (die sich Architekten und Rechtsanwälte als Sprecher halten können), die solche Planungen verhindern und noch die große Menge der Stadtbevölkerung durch Argumente des Umweltschutzes auf ihre Seite bringen, obwohl der Bevölkerung eine bessere städtische Umwelt durch Entlastung im Sinne der ›environmental planning‹ zugedacht war. Es ist das eine Situation, die viele Stadtentwicklungsplaner heute lähmt: Den Straßenverkehr im Stadtkern und in den Siedlungen *wollen* sie nicht ausweiten, weil dies der Nutzung der Bausubstanz abträglich ist und Wohn- und Fußgängerbereiche zu schützen sind, die Entlastungen *dürfen* sie nicht vornehmen, weil Bürgerinitiativen die Interessen einzelner am Stadtrand und in den Zäsuren schützen. Abhilfe kann nur die konsequente Siedlungsschwerpunkte-Strategie schaffen, die die Zersiedelung des Umlandes und der Zwischenzonen als bekämpfenswertes Unrecht erscheinen läßt.
Verkehr – sowohl der Schiene als auch der Straße – hindert dort die Naherholung nicht so sehr wie die Streusiedlungen, die Waldränder und Seeufer besetzt halten. Im Gegenteil, Tausenden von Menschen wurden in den letzten Jahren Erholungsmöglichkeiten durch neue Zugangswege erst erschlossen; es ist schon immer eine gute Kommunalpolitik gewesen, die Verkehrs- mit der Grünflächenplanung zu verbinden.
Der Stadtverkehr, insbesondere die Ausbildung leistungsfähiger Schnellbahnnetze, aber auch die Reaktivierung des Straßenverkehrs, führt letztlich in die weltweit sich heute abzeichnende Politik der polyzentrischen Raumordnung (440), die im ländlichen Raum eine Geometrie von Orten verschieden gewichtiger zentralörtlicher Bedeutung (76, 243) anstrebt, in städtischen Verflechtungsgebieten und verstädterten Regionen das Siedlungsschwerpunkte-Konzept verfolgt und in den Ballungszentren

eine gebündelte Dezentralisierung erreichen muß. Letztere wird allerdings kaum erreicht durch gut gemeinte Satellitenstädte; die Ballung selbst muß sich strukturieren in eine für den Bewohner günstige räumliche und zeitliche Abfolge von Aktionszentren, die gleichzeitig zu Fuß erreichbare Einzugsbereiche der Verkehrsanlagen sind (d. h. der Haltestellen und Verknüpfungspunkte, die nach Örtlichkeit und verwendeten Technologien ausgebaut werden müssen).
Eine polyzentrische Raumordnung ist die Antithese sowohl zur Zersiedelung als auch zur amorphen Ballung; sie strukturiert das Feld, als das sich die besiedelte Erdoberfläche darstellt. Streiten kann man sich noch über die Feinheit der Struktur, über die ›Körnigkeit‹ des Städtebaus. Auszuschließen bei der deutschen Stadt ist sicherlich die Feinkörnigkeit, die zum Disurbanismus führt, und die Grobkörnigkeit, die sich in hypertrophen Hochhausverdichtungen kundtut. Die Notwendigkeit, von Fall zu Fall den richtigen Maßstab zu finden, damit die Maschen der Erschließungsnetze von Straße und Schiene zu formen, erhebt den Städtebau zur Kunst, die durch rationale Optimierung begleitet wird.

Die Aufteilung der Verkehrsarbeit

Wenn wir den Verkehrsstädtebau in die Nähe der Kunst rücken, so sind damit Ästhetik, Intuition und städtebauliches Können gemeint, aber auch die Kunst, Tatsachen zu erarbeiten und zu verarbeiten. Fehler im Städtebau ergaben sich immer dann, wenn die Verhaltensweisen der Bevölkerung mißachtet oder in schädliche Bahnen gelenkt wurden. Die bestgemeinte Konzeption taugt nichts, wenn sie nur von der Hoffnung lebt, daß die Bevölkerung sie auch so annimmt, wie der Planer es sich gedacht hat. Hier helfen auch Appelle oder vorher durchgeführte Meinungsumfragen nicht weiter; die Befragten zeigen Wohlverhalten und konzedieren z. B. die Zweckmäßigkeit einer öffentlichen Nahverkehrsbedienung, obwohl sie weiterhin Auto fahren. Zudem trügt auch das Apriori-Wissen des Planers, der z. B. ganz genau weiß, daß schädlicher Autoverkehr erst gar nicht seine Konzeption belasten kann, wenn er ihn aussperrt: Wahrscheinlich sperrt er damit gleichzeitig auch die Lebensfähigkeit seines städtischen Bereiches aus, wenn es noch Freiheiten in der Zielwahl innerhalb der Region gibt. Was städtebaulich zweckmäßig ist, läßt sich einzig und allein aus dem Zusammenwirken aller Wahlmöglichkeiten hinsichtlich der Ziele, Verkehrsmittel und zeitlichen Distanzen, die man heute oder im jeweils betrachteten planerischen Zeitpunkt der Stadtbevölkerung anbieten kann, beurteilen. Und das reflektorische, auf das Angebot ausgerichtete Verhalten der Bevölkerung muß man dabei ex post erarbeiten und ex ante planerisch in Rechnung stellen; es läßt sich nicht durch Ermahnungen und nur widerwillig durch Schikanen (die sich als Verringerung des Angebots manifestieren) manipulieren.
Die reflektorische Verhaltensweise der Stadtbevölkerung im Verkehr läßt sich in keiner deutschen Stadt besser studieren als in Hamburg (270), da hier die natürliche Verkehrsverflechtung mit dem Hinterland und die der außerordentlich verschiedenartig strukturierten Stadtteile untereinander und mit dem Stadtkern seit langem auf einem vielseitigen Angebot konkurrierender und komplementärer planungs-

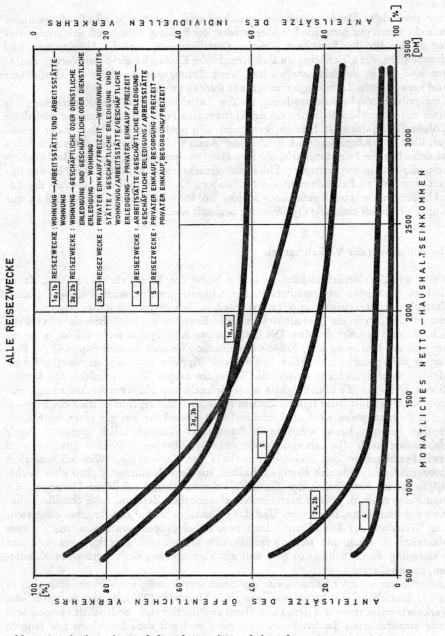

Abb. 16 Aufteilung der Verkehrsarbeit und Haushaltseinkommen

relevanter Verkehrsmittel basiert. Als Reisearten kommen hier nämlich in Frage: Fußgänger, PKW-Selbstfahrer, normaler Linienbus, U-Bahn, Fahrrad, PKW-Mitfahrer, S-Bahn (Bundesbahn), Straßenbahn, Schnellbus, Fernbahn (Bundesbahn), Vorortbahn (Bundesbahn), Schiff, Fähre, Motorrad, Moped, Mofa, Taxi, Werkbus.

Die Reihenfolge versucht, den Stellenwert des jeweiligen Reisemittels mit dem Blick auf die Benutzung durch einen befragten Querschnitt der Bevölkerung wiederzugeben. Sie spiegelt zwar nur die augenblickliche, unvollkommene verkehrsstädtebauliche Situation wider, interessant sind aber die Affinitäten zwischen Reisezweck und Reisemittel bei verschiedenen Standortlagen der Quelle und des Ziels, die nicht auf Meinungen beruhen, sondern sich zahlenmäßig ergeben haben. Dabei wurden (um Verhaltensweisen auch antizipierbar zu machen) Fallunterscheidungen nach Motorisierungsgrad und Haushaltseinkommen der Bevölkerung getroffen. Das erarbeitete Wissen füllt mehrere Bände; hier seien kurz folgende Thesen belegt:

1. Die Aufteilung der Verkehrsarbeit zwischen öffentlichen Verkehrsmitteln und PKW ist vom Nettohaushaltseinkommen der Bevölkerung abhängig. Die prozentuale (nicht absolute!) Aufteilung zeigt *Abb. 16*. Das Diagramm ist nur richtig zu interpretieren, wenn man weiß, daß die Anzahl PKW je Haushalt und die Mobilität mit dem Netto-Haushaltseinkommen stark interkorreliert sind; die Mobilität der befragten Hamburger Bevölkerung lag am unteren Ende der Skala bei 1,3, am oberen bei 2,1 Reisen je Einwohner und Tag. Die abfallenden Kurven bedeuten also nicht einen gleich steilen Abfall der in öffentlichen Verkehrsmitteln aufgetretenen Beförderungsfälle.

Eine relative Verlagerung aller Reisen, die mit privatem Einkauf und Freizeit zusammenhängen, mit steigendem Einkommen (und steigender Motorisierung) auf das Auto ist offensichtlich, was seine besondere Aussagekraft noch dann bekommt, wenn man weiß, daß der Zuwachs an Mobilität in besonders starkem Maß durch diese Reisezwecke hervorgerufen wird.

Von mittleren Netto-Haushaltseinkommen an ist die Aufteilung der Verkehrsarbeit bei den Reisezwecken, die mit dem Arbeitspendeln und dem Beruf zu tun haben, fast konstant. Die Indifferenz gerade beim Pendeln zwischen Wohnung und Arbeitsstätte dem Einkommen gegenüber ist bemerkenswert; bei diesem Reisezweck zeigt sich auch eine starke Affinität zum öffentlichen Verkehr, während geschäftliche Erledigungen fast nur mit PKW-Benutzung abgewickelt werden.

Interpretiert man – ob man es darf, müßten weitere sozioökonomische Untersuchungen bestätigen – versuchsweise steigende Haushaltseinkommen als Trend, so würden Reisen, die mit der Arbeitsstätte und dem Berufsleben zusammenhängen, in absehbarer Zukunft sich im fast gleichen Verhältnis dem öffentlichen Verkehrsmittel zuwenden wie heute. Das setzt allerdings städtebaulich gleiche Ausgangsbedingungen voraus; es läßt sich durch Lagegunst-Studien zeigen, daß bei verbessertem öffentlichem Verkehrsanschluß am Ausgangsort und Parkrestriktionen im Zielbereich der im öffentlichen Linienverkehr zu bewältigende Anteil bedeutend ansteigen kann. Nur ein Restanteil von ca. 20 % ist auch dann noch auf das Auto angewiesen, da es bei diesem Anteil der Bevölkerung (heute) untrennbar mit der beruflichen Existenz verbunden ist.

Freizeit- und private Einkaufsfahrten wird die Verkehrsbevölkerung immer mehr mit dem Auto auszuführen versuchen. Restriktionen in Geschäftsvierteln würden sich städtebaulich schädlich auswirken, da außenliegende Einkaufszentren und Freizeitparks stellvertretend für die Möglichkeiten der Stadtkerne auftreten und diese letztlich aushöhlen. Nur wenn attraktive öffentliche Verkehrsmittel mit Gepäckaufbewahrungsmöglichkeit direkt in die Geschäftsstraßen vorstoßen und über Park-and-Ride-Stationen und Umsteigehaltestellen die flächenhafte Verteilung in der Stadtregion besorgen, läßt sich die Vielfalt des innerstädtischen Lebens auch ohne steigenden Straßenverkehr entwickeln.

2. Die Abhängigkeit der Aufteilung der Verkehrsarbeit von der Güte der Parkmöglichkeit und der Güte des Anschlusses an öffentliche Personennahverkehrsmittel in städtebaulichen Zellen mit Kernstadt-, Kernstadtrand-, Mittel- und Randlage ist klar erwiesen. Z. B. werden in Hamburg mit dem öffentlichen Verkehr 66 % des Fahrtenvolumens zwischen Bezirken der Kernstadtrandlage abgewickelt, bis zu 80 % sogar zwischen Bezirken der Mittellage mit guten Zugangs- und Übergangsmöglichkeiten (Park and Ride) und der Kernstadt. Bei mäßiger Anschlußgüte sinken bei solchen Verkehrsbeziehungen die Anteile des öffentlichen Nahverkehrs sofort deutlich ab. Rand- und Mittellagen korrespondieren untereinander z. T. mit Anteilen von nur 25 bis 35 %; hier ist die Erreichbarkeit der Standorte durch öffentliche Verkehrsmittel oft schlecht, aber Parkmöglichkeiten sind meistens ausreichend gegeben.

In der verkehrsstädtebaulichen Anwendung bedeutet dies, daß grundsätzlich in jedem Stadtbereich ein anderes Aufteilungsverhältnis das tägliche Leben bestimmt und jeweils eine andere Verkehrsnotwendigkeit planungsbestimmend sein wird, andererseits auch, daß mit gezielten städtebaulichen Maßnahmenbündeln bei Schwerpunktbildung, Funktionsentwicklung und Verkehrsausbau die Benutzung der stadtkernfreundlichen Verkehrssysteme gelenkt und in starkem Maße gefördert werden kann.

3. Die Reisen zwischen Wohnung und Arbeitsstätte, auch Schule, prägen den Stadtverkehr entscheidend; sie bestimmen das Ausmaß der Verkehrsspitzen. Die Reisemittelwahl und Reiselängen in Hamburg bei diesem Verkehrszweck gehen aus den Diagrammen der *Abb. 17* und *18* hervor.

Es ist eine vieldiskutierte Frage, ob die Verkehrsspitzen, die negativ zu bewerten sind, wenn sie sich in Straßenverstopfungen und beengten Stehplatzverhältnissen kundtun, abgebaut werden können. Sicherlich sind organisatorische Maßnahmen (Staffelung oder Gleiten der Arbeitszeiten) geeignet, Stadtverkehrsverhältnisse zu verbessern (172). Schon die Verlegung der Unterrichtszeiten würde die scharfe Schülerspitze morgens, die just in die Berufsspitze fällt, in manchen Städten mildern. Wegen des erforderlichen hohen Gleichzeitigkeitsgrades der Arbeit in den Betrieben und zwischen den Betrieben wird aber der Staffelungszeitraum nicht groß genug sein, Kurse bei öffentlichen Verkehrsmitteln einzusparen (im Gegenteil, verdichtete Zugfolgen würden in einem *breiteren* Zeitraum morgens und nachmittags erforderlich werden), was jedoch bedeutet, daß das Platzangebot verbessert und der öffentliche Nahverkehr attraktiver wird. Im Straßenverkehr führt – wie die Erfahrung zeigt – gleitende Arbeitszeit oft zunächst zur Jagd auf früh morgens noch freie Parkplätze. Die Standortgunst eines Stadtbereichs wird dadurch nicht verbessert, denn die Spitze der Parkraumbelegung ergibt sich unabhängig von den

Verkehr 273

REISEZWECK : WOHNUNG — ARBEITSSTÄTTE UND ARBEITSSTÄTTE — WOHNUNG

ANTEILSÄTZE DES ÖFFENTLICHEN VERKEHRS ALS FUNKTION VON LAGE*- UND VERKEHRSGUNST* (ANGABEN IN %)

NACH VON	1	2	3	4	5	6	7	8
1	75	70	72	75	70	70	72	50
2	72	53	45	55	53	33	45	35
3	72	50	33	50	44	25	40	28
4	75	57	53	40	38	20	35	21
5	73	54	44	40	35	16	28	16
6	71	35	25	20	18	16	21	5
7	74	50	51	35	30	21	5	5
8	57	40	29	21	20	5	5	5

1. KERNSTADT: SCHLECHTE PARKMÖGLICHKEIT; GUTER ÖNV-ANSCHLUSS
2. KERNSTADTRANDLAGE: MITTLERE PARKMÖGLICHKEIT; GUTER ÖNV-ANSCHLUSS
3. KERNSTADTRANDLAGE: MITTLERE PARKMÖGLICHKEIT; MITTLERER ÖNV-ANSCHLUSS
4. MITTELLAGE: GUTE PARKMÖGLICHKEIT; GUTER ÖNV-ANSCHLUSS
5. MITTELLAGE: GUTE PARKMÖGLICHKEIT; MITTLERER ÖNV-ANSCHLUSS
6. MITTELLAGE: GUTE PARKMÖGLICHKEIT; SCHLECHTER ÖNV-ANSCHLUSS
7. RANDLAGE: GUTE PARKMÖGLICHKEIT; MITTLERER ÖNV-ANSCHLUSS
8. RANDLAGE: GUTE PARKMÖGLICHKEIT; SCHLECHTER ÖNV-ANSCHLUSS

FAKTOREN ZUR BERÜCKSICHTIGUNG VON EINKOMMENSNIVEAU** UND PKW-DICHTE

HAUSHALTS- EINKOMMEN (DM)**	FAKTOR
800	1,46
1000	1,23
1200	1,09
1400***	1,00
1600	0,95
1800	0,92
2000	0,89
2500	0,85
3000	0,84
3500	0,84
4000	0,84

PKW- DICHTE (PKW/1000-E)	FAKTOR
100	1,53
125	1,40
150	1,28
175	1,17
200	1,07
225***	1,00
250	0,93
275	0,88
300	0,85
325	0,84
350	0,84

**) ALS HAUSHALTSEINKOMMEN IST DAS MONATLICHE NETTOEINKOMMEN EINES HAUSHALTES UNTER BERÜCKSICHTIGUNG DES KAUFKRAFT-VERHÄLTNISSES (1970 = 100) ANZUSETZEN

***) DIE IN DER LINKEN TABELLE ANGEGEBENEN ANTEILSÄTZE DES ÖFFENTLICHEN VERKEHRS GELTEN FÜR EIN MITTLERES EINKOMMENS-NIVEAU VON 1400 DM UND EINE MITTLERE PKW-DICHTE VON 225 PKW/1000-EINWOHNER

Abb. 17   Anteile der öffentlichen Reisemittel am werktäglichen Personenverkehr

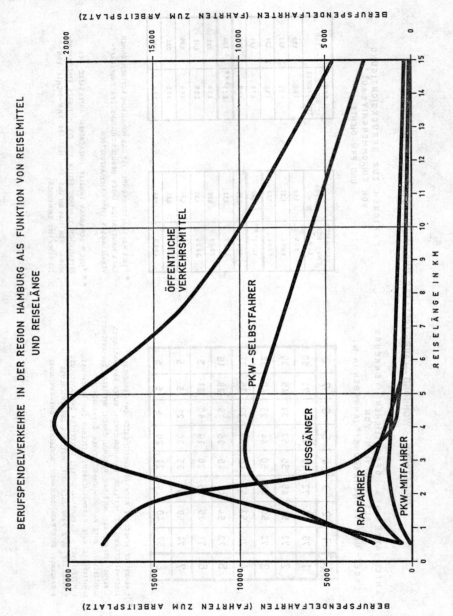

Abb. 18   Reisemittelwahl und Reiselänge

Arbeitsbeginnzeiten erst nach Überlagerung mit anderen Reisezwecken gegen 11 Uhr, was die Planung durch Bilden der Differenzensummen zwischen eintreffendem Ziel- und ausfahrendem Quellverkehrsaufkommen quantifiziert.

Eine unerwünschte Umlagerung der Aufteilungsverhältnisse kann jedoch bei ungeschickten Anfangszeiten erfolgen: Arbeitspendler würden morgens noch früher den verfügbaren Parkraum belegen und den etwa auftretenden wichtigeren Wirtschaftsverkehr noch mehr als heute verdrängen. Die Straßenverkehrsverhältnisse zu den Spitzenzeiten sind durch Staffelungen nicht wesentlich zu verbessern, da Autofahrer bereits heute versuchen, räumlich und zeitlich den Verstopfungen auszuweichen. Allerdings lassen sich dabei auftretende unproduktive Zeiten durch Staffelungen einsparen, was im Bereich großer Industriewerke wichtig ist. Dabei wird die Umstrukturierung der Wirtschaft in den Regionen der ›alten‹ Industrien (Bergbau, Schwerindustrie) die Verkehrsspitzen in nächster Zukunft eher verschärfen als mildern, da immer weniger Schichtbeschäftigte außerhalb der Morgen- und Nachmittagsspitze pendeln und zur allgemeinen Tagesarbeitszeit, die in den wachsenden Wirtschaftssektoren üblich ist, übergehen; sie werden damit die Flutstunden zusätzlich belasten. Möglichkeiten der Entlastung ergeben sich allerdings dabei – aber dies ist zur Zeit nicht spruchreif – durch neue Arbeitszeiten im Dienstleistungssektor, z. B. auch durch Revision des Ladenschlußgesetzes.

Die Staffelung der Arbeitszeiten nach Arbeitstagen dürfte noch nicht reif zur Entscheidung sein, solange nicht weitere soziologische Forschungen angestellt worden sind. Die Staffelung nach Arbeitstagen erscheint naheliegend in einer Gesellschaft, die noch stark von ›rollenden Einsätzen‹, d. h. Schichten zur Aufrechterhaltung von Produktionsabläufen, geprägt ist. Sollte aber eine zukünftige Gesellschaft sich als ›Freizeitgesellschaft‹ verstehen, so wird der Wunsch übermächtig sein, daß die einzelnen Familienmitglieder (Haupterwerbsperson der Familie, erwerbstätiger Ehepartner, im Beruf oder in der Ausbildung stehende Kinder usw.) ihre Zeit auch gemeinsam gestalten. Das würde aber wegen der Vielzahl der in Übereinstimmung zu bringenden Arbeits- und Ausbildungszeiten scheitern. Wahrscheinlich ist daher weiterhin der Trend zu einer kompakteren Freizeit am Wochenende und zum Zusammendrängen der Arbeitszeiten auf wenige Werktage.

Eine entscheidende Verbesserung der Lebensqualität kann nur der Verkehrsstädtebau bringen, der Wohnungen, Arbeitsstätten und Geschäfte so ordnet und zusammenlegt, daß einerseits wieder viele Wege in der Stadt fußläufig werden, andererseits sich der Einsatz von solchen öffentlichen Verkehrsmitteln lohnt, die weitgehend überlastungsunempfindlich sind.

4. Die Widerstände, die sich im Verkehrssystem der Stadtbevölkerung entgegenstellen und die sich als Zeitverbrauch und Unbequemlichkeit (Umsteigen) definieren lassen, können durch gute Verflechtung und durch Verkehrsverbund abgebaut werden. In Hamburg tritt bereits heute bei zahlreichen Personenfahrten eine Kombination von zwei oder mehr Reisemitteln auf: Im öffentlichen Personenverkehr waren 38,6 % aller Fahrten eines befragten Bevölkerungsquerschnittes mit Umsteigevorgängen verbunden; 31,9 % waren hierbei Einfach-Umsteigevorgänge, 6,7 % Mehrfach-Umsteigevorgänge. Zum Vergleich sollte man wissen, daß z. B. in Wuppertal insgesamt 22 %, in Remscheid 14 %, in Solingen 11 %, in Krefeld nur 10 % Umsteiger im gesamten öffentlichen Personenverkehr auftreten, was jeweils den

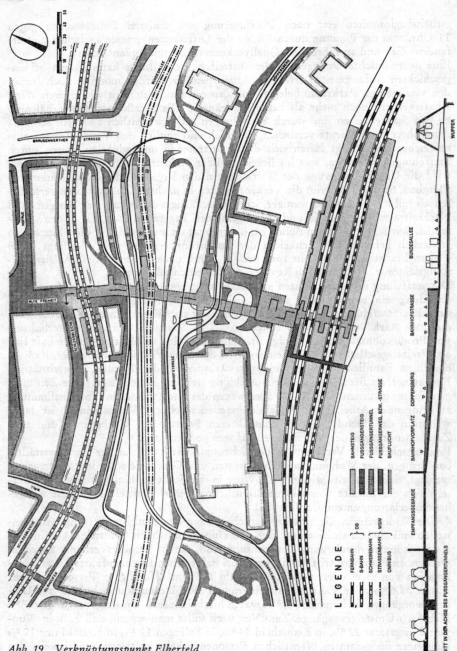

Abb. 19 Verknüpfungspunkt Elberfeld

Grad der Anpassung des Netzes an die Struktur, aber auch den Grad der Leichtigkeit des Umsteigens anzeigt. In Hamburg kombinierte der befragte Bevölkerungsteil bei 1,1 % aller Fahrten PKW und öffentliche Verkehrsmittel, was durch weiteren Ausbau von Park-and-Ride-Stationen gesteigert werden kann.
Der Hamburger Verkehrsverbund ist in der gesamten Bundesrepublik Vorbild geworden. Konkret wirkt sich das in der Planung und Realisierung von Verknüpfungspunkten aus, den augenblicklich interessantesten Bauvorhaben unserer Städte. Als realisiertes Beispiel sei der Verknüpfungspunkt Elberfeld in der Stadt Wuppertal angeführt (355; *Abb. 19*). Die Übergänge zwischen den Verkehrsmitteln sollen so leicht wie möglich gemacht und in den Fußgängerbereich der Kernstadt einbezogen werden. Vom Bundesbahnhof (künftig auch S-Bahnhof) führt ein Fußgängertunnel in nördlicher Richtung unmittelbar in den Fußgängerbereich. Diese Fußgängerführung ist die ca. 200 m lange Orientierungsachse, von der aus zehn Bahnsteige mit 16 Haltestellen erreicht werden können, und zwar der Bundesbahn, Schwebebahn, Straßenbahn und Buslinien. Mehrere Rolltreppen helfen, die Höhenunterschiede zu überwinden. Bei dem gegebenen bandartigen Stadtzuschnitt, den besonders ungünstigen topographischen Verhältnissen und dem Lauf der Wupper sind gute Verbindungen zwischen den verschiedenen Verkehrsmitteln erreicht worden, die Länge der Fußwege für rund 60 000 Fahrgäste täglich wurde minimiert.
Nördlich geht der Verknüpfungspunkt in die Elberfelder City über, eine 35 ha große Fläche, die, als Fußgängerzone ausgebaut, einen Durchmesser von nur 6 Fußweg-Minuten aufweist. Diesen Bereich der Stadt Wuppertal besuchen täglich 84 000 Menschen, die wegen einer hohen Wohndichte in der Nachbarschaft zu einem großen Teil zu Fuß kommen. Bei dem überlieferten Straßennetz und den kleinparzelligen Grundstückszuschnitten erfolgt der Andienungsverkehr der Geschäfte nachts und morgens von den Fußgängerstraßen aus, eine Notlösung, die sich aber sicherlich in vielen deutschen Städten als Sofortmaßnahme ermöglichen läßt.
Für die 23 000 Kraftfahrzeuge, die täglich die City Elberfeld anfahren oder verlassen, wurde durch Differenzensummenbildung ein Parkbedarf von 4 800 Ständen an einem normalen Werktag ermittelt. Die Parkhäuser liegen an der Peripherie der Fußgängerzone so, daß in maximal 11 Gehminuten das am weitesten entfernte Ziel in der City erreicht werden kann.
Zur Ausschaltung vagabundierender Suchfahrten und zur möglichst guten Ausnutzung der Parkhauskapazitäten wurde ein Parkleitsystem entwickelt, wie es in vielen deutschen Städten heute versucht wird (88, 87). Parkleitsysteme werden mehr und mehr Teil der Signalsteuerungen in der Stadt, die zunächst aus Sicherheits-, dann Kapazitätsgründen in unsere Städte eingeführt wurden.
Es würde zu weit führen, in einem kurzen Abriß zum Verkehrsstädtebau auf die Verkehrslenkung und Lichtsignalsteuerung in den Stadtstraßen näher einzugehen, die die komparativen Widerstände in der Stadt nachhaltig beeinflussen. Vielleicht ist aber der Hinweis interessant, daß verkehrsabhängige Zentralsteuerungen auch dazu eingesetzt werden können, den Verkehr so zu steuern, daß in keinem Stadtbereich eine normativ festgelegte zulässige Verkehrsmenge überschritten wird. Wie schon im Mittelalter bei zu starkem Verkehrsandrang an den Stadttoren der ausfahrende Verkehr bevorzugt abgewickelt und der einfahrende Verkehr aufgehalten wurde und wie es heute analog bereits bei Parkplätzen und -häusern geschieht, so

könnte durch geschickte Programmierung die gesamte städtische Region mit Hilfe von Verkehrsrechnern vor Überfüllung in den Stadtbereichen bewahrt werden.

Verbesserung durch Lernprozesse

Durch Lernprozesse (feed backs) stehen alle Widerstände im Stadtverkehr miteinander in Zusammenhang. Es sind im wesentlichen:
- Fahrzeit im öffentlichen Verkehrsmittel, abhängig vom System und der Anzahl der Haltestellenaufenthalte,
- Umsteigezeit und Warten auf den Anschluß, abhängig vom Fahrplan oder von Zugfolgezeiten und von der Kürze der Verbindungen in den Verknüpfungspunkten und Park-and-Ride-Plätzen,
- Fußwegzeit zur Einstiegshaltestelle und Fußwegzeit nach Ausstieg, beide abhängig von dem Grad der Erfüllung eines Siedlungsschwerpunkte-Konzepts,
- Fahrzeit im Auto abhängig von unterwegs angetroffenen Verkehrsmengen (capacity restraint) und von der Verkehrssteuerung an Knoten,
- Parkplatzsuchzeit, abhängig von der Orientierung und Leitung im Siedlungsschwerpunkt,
- Fußwegzeiten zum und vom geparkten Auto,
beeinflußt noch von Reise- und Parkierungskosten und Verfügbarkeit der Verkehrsmittel. Der Vergleich dieser Widerstände durch die Bevölkerung geschieht aus der Erfahrung und unbewußt, ist aber entscheidend für die Wahl sowohl des dem auslösenden Reisezweck angemessenen Ziels in oder außerhalb der Stadt als auch des verfügbaren Verkehrsmittels, schließlich sogar für die eingeschlagene Route oder die benutzte Linie. Die Natur des Menschen ist nicht aus der Natur unserer Welt herausgelöst: Sie handelt nach dem ökonomischen Prinzip des geringsten Widerstandes; der einzelne greift zu der von ihm als einzig möglich oder als besser eingeschätzten Alternative, Bevölkerungsgruppen teilen sich daher je nach Zusammensetzung auf die Alternativen auf. Damit aber wird der Stadtverkehr kalkulierbar: Widerstandsmodelle beherrschen die Gravitation bei der Zielwahl, den ›Modal Split‹ bei der Verkehrsmittelwahl und den ›Routen Split‹ bei der Wegewahl; Lernprozesse, simuliert durch Rückkoppelungsprozesse bei der Diagnose und Prognose, führen zum Erkennen des präferentiellen Gleichgewichts bei historisch oder planerisch vorgegebenen Stadtstrukturen (267). – Für die Stadt ergibt sich aus dieser Möglichkeit die Chance, planerisch auf das Widerstandsgefüge so gezielt einzuwirken, daß ein verbessertes Verkehrsbild entsteht. Ein solches Bild läßt sich für Hamburg – und mit sinngemäßen Abstrichen oder Ergänzungen eventuell für andere Siedlungsschwerpunkt-Gefüge – wie folgt idealisieren (381):
- Im Umland und im Randgebiet der Stadt kann dem Individualverkehr Spielraum gelassen und können seine Vorteile genutzt werden. Dort sind in den werktäglichen Spitzenstunden die Verkehrsströme verträglich mit dem angestrebten Straßenbau; sie sind relativ schwach und verdichten sich erst allmählich auf den Einfallstraßen. Wirtschaftsverkehr und motorisierter Berufsverkehr können hier uneingeschränkt dem vorgegebenen und geplanten Widerstandsgefüge des Straßennetzes (Widerstände der Strecken und Knoten) überlassen bleiben.

– Am Stadtrand liegende Arbeitsstätten können zu Zeiten des Berufspendelns durch individuellen und eventuell vorhandenen oder durch Werkbusse ergänzten öffentlichen Verkehr erschlossen werden nach Maßgabe des natürlichen Widerstandsgefüges, das sich entwicklungsmäßig ergeben hat oder planerisch vorgesehen ist.
– Zwischen dem äußeren und dem inneren Stadtbereich liegt eine Zone zahlreicher städtebaulicher Einheiten. Der von außen einfließende Autoverkehr trifft in den Spitzenzeiten auf Verdichtungen und Stauungen; der Wirtschaftsverkehr wächst zunehmend. Der Berufsverkehr mit PKW und Omnibussen soll hier mit Hilfe von Umsteigeanlagen (Park-and-Ride-Plätzen) und Verknüpfungspunkten im Zuge der Entwicklungsachsen so weit wie möglich auf die Schnellbahn übergeleitet werden. Alle Übergangswiderstände sind entsprechend abzubauen. Am Kernstadtrand sollten die meisten Omnibuslinien bereits einen Verknüpfungspunkt als Ziel angelaufen haben; der Verknüpfungspunkt Wandsbek-Markt in Hamburg wäre ein Beispiel.
– Der Kernstadtbereich wird durch solche öffentliche Verkehrsmittel erschlossen, die wenig überlastungsempfindlich sind. Im Straßenverkehr ist der *notwendige* Verkehr zugelassen, dazu gehören der Zulieferverkehr mit Last- und Lieferwagen und der beruflich unvermeidbare Personenwagenverkehr. So weit wie möglich ist auch dem nützlichen individuellen Verkehr Rechnung zu tragen, zu dem z. B. der Einkaufsverkehr gehört. Unnötiger und schädlicher Verkehr, der die notwendigen Verkehre beeinträchtigt, wie reiner Pendelverkehr zwischen Wohnung und Arbeitsstätte, ist durch entsprechende Widerstandsgestaltung (Parkraumbewirtschaftung) zu unterdrücken, was insofern berechtigt ist, als verstärkt Park-and-Ride-Plätze in den Außen- und Mittelzonen ausgebaut und dort im Zuge der Entwicklungsachsen entstehende neue Baugebiete in der Umgebung der Haltestellen konzentriert angeordnet werden. Schnellbahnen können dadurch auf lange Sicht Zeit- und damit Präferenzgewinne verbuchen.

Das Hamburger Konzept ist sicherlich nicht ohne weiteres übertragbar, zeigt aber einige deutliche Leitlinien auf, die in den Ballungen an Rhein und Ruhr durch das Siedlungsschwerpunkte-Konzept aufgenommen und in anderen Monozentren durch eigene Beiträge, wie die hervorragenden Fußgängerzonen in München, abgewandelt und ergänzt werden können. Kleinere Städte müssen ihre öffentlichen Verkehrslinien sinnvoll nutzen (271) und auch ohne Schnellbahn versuchen, mit Hilfe von Park-and-Ride- und Park-and-Go-Anlagen die Kernstadtinnenzonen dem erwünschten Stadtleben gemäß zu entwickeln – solange wir ›die Stadt‹ bejahen.

Wenn die Städte überleben sollen

Die große Masse des Verkehrs ist Nahverkehr; er findet auch in absehbarer Zukunft vor allem in den Städten statt. Die Verkehrsnachfrage wächst wegen weiterer sozioökonomischer Umschichtungen und steigender Mobilität weiterhin schnell an. Wenn die Städte als Gehäuse der Zivilisation in adäquater physischer Gestalt überleben sollen – und nur unter dieser Prämisse sind die gemachten Ausführungen zum Stadtverkehr berechtigt –, haben sie die Möglichkeiten der Verkehrsplanung stärker als bisher auszuschöpfen durch
– Einflußnahme auf die Menge und Richtung des Verkehrs,

– sinnvolle Erweiterung der Verkehrsflächen und Schaffung neuer Verkehrseinrichtungen,
– bessere Ausnutzung der vorhandenen Flächen und Einrichtungen,
und zwar unter Beachtung von Prioritäten, deren Einhaltung zu städtebaulich guten Lösungen führt. Vorrang ist den Schienenbahnen (oder neuen spurgebundenen Verkehrsmitteln) zu geben; sie sind leistungsfähig, flächensparend und erlauben Verdichtungen in den Einzugsbereichen der Haltestellen. Vorrang hat weiter die Erhaltung der Stadtsubstanz, somit im Straßenverkehr der Innenstadt nur der Buslinienverkehr und der motorisierte Wirtschafts- und Käuferverkehr. Verdichtungen und neue Baugebiete sollten vorrangig nur in Verbindung mit leistungsfähigen Verkehrsanlagen und unter dem Gesichtspunkt der Minimierung des zu Fuß nicht zu erledigenden Verkehrs und der Reisezeiten zugelassen werden.
Damit wird die stärkere Integration des Generalverkehrsplans in den Stadtentwicklungsplan berührt. In verstädterten Regionen und im Umland der Großstädte können gemeinsame grenzüberschreitende Planungen bessere Verkehrsgelegenheiten schaffen. Länder und Bund sind aufgerufen, die Verkehrsinfrastrukturen zu finanzieren, die nicht von den Gemeinden selbst getragen werden können, ja, sie können die eigentlichen Initiatoren werden, wie das Projekt der Schnellbahnen im Rhein-Ruhr-Raum zeigt, und Verkehrs- (im Endziel Betriebs-) verbund des Schienenverkehrsbetriebs verfolgen. Auf Bundesebene ist sicherlich auch die Entwicklung neuer Stadtverkehrssysteme zu betreiben.
Das Straßennetz kann trotz aller Priorität, die in der Innenstadt eindeutig bei der Erhaltung der hochbaulichen Substanz liegt, nicht vernachlässigt werden, da unsere Zivilisation bei gleichbleibend guter wirtschaftlicher Entwicklung auch in den nächsten Jahrzehnten auf das Auto nicht verzichten wird (95).
Der Industrie ist letztlich die Aufgabe gestellt, weiter nach dem idealen Personenbeförderungsmittel zu suchen, wobei – und hier schließt sich der Kreis der Aussagen – von einem Sowohl-als-auch von mehr leistungsfähigen kollektiven und mehr flächenbedienenden individuellen Fazilitäten ausgegangen werden muß. Nur so lassen sich alle Ansprüche erfüllen, die der Stadt dienen:
– Sicherheit für den Benutzer und für die übrige Bevölkerung,
– Umweltfreundlichkeit, und zwar sowohl im Blick auf die Emissionen (Lärm, Staub, Abgase) als auch auf die Ästhetik (Strukturen, die auch mit historischer Bausubstanz harmonieren),
– Ubiquität, d. h. Andienung der Schwerpunkte ohne zu lange Zu- und Abwege und aller Adressen des Hinterlandes,
– Verfügbarkeit (quasi jederzeit),
– Gelegenheit der Gepäckaufbewahrung und -beförderung,
– Angemessene Geschwindigkeit, damit jeder Reisezweck in der Stadtregion in zumutbarer Zeit erfüllt werden kann,
– Billigkeit, gute Durchsetzbarkeit und bautechnische Realisierbarkeit der Planung,
– Bequemlichkeit und freundliches Milieu bei der Beförderung (soziale Gleichstellung der Benutzer),
– Leistungsfähigkeit,
– Entlastung des Benutzers von Arbeit (z. B. von der Führung des Gefährts) und von Anstrengungen der Höhenüberwindung und der Orientierung.

FELIZITAS LENZ-ROMEISS
Freizeitraum Stadt

Freizeitgesellschaft

Wir befinden uns auf dem Weg zur Freizeitgesellschaft (90), oder zumindest scheint es so, wenn man den vielen entsprechenden Trendanalysen Glauben schenken will. Was ist von der propagierten Freizeitgesellschaft heute schon zu erkennen, wer profitiert von ihr – und welche Voraussetzung für sie bestehen in unseren Städten? Ist es ein Zufall, daß sich die Freizeitgesellschaft der Werbeplakate entweder außerhalb von Städten bewegt, im Grünen, auf Ski-Pisten, oder in der Privatsphäre, in Wohnung und Garten? Ist es ein Zufall, daß sie meist von jungen, gutaussehenden, chic gekleideten Menschen dargestellt wird?
Mit dieser Frage sind wir mitten in den zentralen Thesen der folgenden Ausführungen:
1. Den Freizeitraum Stadt, wie der Titel dieses Aufsatzes lautet, gibt es nicht. Es gibt ihn nicht in der Planung, es gibt ihn kaum im Bewußtsein der Bürger – es gibt ihn auch de facto nicht. Der zukünftigen Freizeitgesellschaft stellt sich vorläufig noch die Gegenwart entgegen, der Alltag, insbesondere die alltägliche Umwelt.
2. Die propagierte Freizeitgesellschaft von morgen ist eine Gesellschaft für die Privilegierten von heute: für junge Menschen, für mobile Menschen. Alte, sozio-ökonomisch Benachteiligte, psychisch und materiell wenig Mobile haben an dieser Gesellschaft keinen Anteil. Sie passen auch nicht in die Klischees von Sonne, Segeln, Schneegestöber. Sie müssen in der Stadt bleiben und sehen, wie sie zurechtkommen.
Definiert man Freizeit relativ offen als den Zeitraum, der neben der Arbeit noch übrig bleibt und von dem außerdem noch die gesamten ›Rüstzeiten‹ (Essen, Waschen, Anziehen usw.) abgezogen sind, so kommt man zu dem Schluß, daß die Mehrzahl der Bevölkerung durchaus nicht so sehr mit Freizeit gesegnet ist, wie es die ›Freizeitgesellschaft‹ voraussetzt.
Ein Schnitt von dreieinhalb Stunden täglicher Freizeit, von sechs Stunden am Samstag und von sieben bis acht Stunden am Sonntag plus zwei bis drei Urlaubswochen ist zwar gegenüber den Anfängen der Industriegesellschaft ein großer Fortschritt. Aber im weiteren historischen Rahmen gesehen ist es durchaus keine Revolution. Im Gegenteil: Wir bewegen uns wieder auf einen historisch normalen Zustand hin.
Vor dem Beginn der Industrialisierung standen Arbeit und Freizeit insgesamt in einem ähnlich günstigen Verhältnis wie heute; allerdings war die Freizeit anders geregelt. Feiertage wechselten mit Arbeitsperioden ab, die Arbeit war den jahreszeitlichen und witterungsmäßigen Bedingungen zwangsläufig stärker angepaßt, als das heute der Fall sein muß.
Innerhalb des von der Zeitbudgetforschung errechneten Freizeitdurchschnitts für die Gesellschaften vom Lebensstandard der Bundesrepublik gibt es erhebliche Abweichungen nach oben und nach unten. Manche Gruppen können keine genaue Ab-

grenzung zwischen Arbeit und Freizeit treffen, etwa die Hausfrauen (weshalb sie von der Freizeitforschung konsequent ignoriert werden). Schließlich legen andere Gruppen auf Freizeit überhaupt keinen Wert, etwa ein Teil der Gastarbeiter.
Diese Differenzierungen können hier nur am Rande erwähnt werden. Wichtig ist an Zeitbudgetstudien, daß sie rein quantitativ angeben, wann wer wieviel freie Zeit hat. Interpretiert man diese Quantitäten, so ergeben sich daraus auch Aufschlüsse über die Chancen für die einzelnen, die ›Freizeitgesellschaft‹ wenigstens in Perioden bruchstückhaft zu genießen. Und dazu eignen sich derzeit nur Urlaub und Wochenende. Das hatte zur Folge, daß Tourismus und Wochenendfreizeit die größte Aufmerksamkeit der Freizeitindustrie und der Öffentlichkeit auf sich zogen.
Folgt man der Zeitbudgetforschung weiter, so muß man aber auch zur Kenntnis nehmen, daß eine weitere, drastische Verkürzung der Arbeitszeit auf weniger als das gegenwärtig anzutreffende Minimum von sechsunddreißig Stunden wöchentlich in den nächsten Jahren unwahrscheinlich ist. Die personen- und arbeitszeitintensiven Dienstleistungen sind ständig im Zunehmen begriffen – nicht zuletzt sorgen sie für die Gestaltung der Freizeit. Schließlich darf man bei all diesen Prognosen nicht vergessen, daß jede Arbeitszeitverkürzung ein Akt politischer Willensbildung ist, mit dem sich auch die Arbeitnehmer kritisch auseinandersetzen müssen.
Die ›Freizeitgesellschaft‹ setzt, so wie sie derzeit suggeriert wird, außer Zeit noch etwas voraus: disponibles Einkommen. Man darf davon ausgehen, daß Freizeitgesellschaft und ›Konsumgesellschaft‹ nicht zu trennen sind. Was produziert wird, muß konsumiert werden, wann sonst, wenn nicht in der Freizeit. Und je weiter die Güterproduktion von der Befriedigung der menschlichen Grundbedürfnisse sich entfernt, je differenzierter, ja überflüssiger sie wird, desto mehr Zeit wird auch zum Konsumieren erforderlich.
Freizeitausrüstungen als Statussymbole animieren vielfach zur Ausübung einer Aktivität – nicht umgekehrt. Räume, in denen man die Freizeitausrüstung auch zeigen kann, haben u. a. daher ihre Attraktivität: Wasser für Boote, Pisten für Ski usw. Die Eskalation der Freizeitausrüstungen läßt sich aus den konventionellen Untersuchungen zum Freizeitverhalten nicht ablesen, weil immer nur nach den Aktivitäten selbst gefragt wird. Die Triebkräfte der aktiven Freizeitgesellschaft werden verschleiert.
Konsum in jeder Form – nicht nur von Freizeitausrüstungen – wird in Zukunft noch mehr als gegenwärtig eine typisch städtische Freizeitbeschäftigung werden (wenn man die Entwicklung laufen läßt) und zwar in sublimierter Form, nicht einfach durch Kaufen und Bezahlen. Wie die Verpackung schon heute selten dem Gebrauchswert der Ware entspricht, so wird auch das Konsumieren selbst besser ›verpackt‹ werden, in Boutiquen (wo man zum Pulloverkauf einen Gin Tonic bekommen kann), in Edelkaufhäusern und nicht zuletzt in Fußgängerzonen, die ja nicht nur entstehen, um die Passanten vor dem Auto zu schützen. Das Einkaufserlebnis wird zum Freizeiterlebnis – für diejenigen, die es sich leisten können, immer neuere, spezialisiertere Erzeugnisse zu kaufen. Die Entwicklung zur totalen Konsumgesellschaft ist ebenso absurd wie die zur totalen Freizeitgesellschaft. Konsum als Freizeitbeschäftigung hat aber wenigstens eine positive Seite: Kritischer Konsum, Preisvergleich ist nur ohne Zeitdruck möglich. Die deutschen Ladenschlußgesetze verhindern diese profitreduzierende Chance konsequent.

Die heutige Freizeitgesellschaft bzw. das, was von ihr schon sichtbar ist, konsumiert den Marktanalysen zufolge vor allem Innenausstattung und Möbel. Das ist kein Zufall. Denn hier wird der Stellenwert der Privatsphäre als Freizeitbereich deutlich. Die Familie selbst steht als Freizeitbeschäftigung im Wunschkatalog der Bevölkerung hoch oben, und dem wird nach und nach der passende Rahmen geschaffen.
Die Tendenz zur totalen Privatheit in der Freizeit ist Ausfluß der Funktionalisierung und ›Parzellierung‹ (Henri Lefèbvre 237, 238) unserer Gesellschaft, in der der einzelne kaum noch Zusammenhänge erlebt. Er selbst ist in eine Fülle von Rollen und Positionen innerhalb von gesellschaftlich übergreifenden Organisationen zerlegt, die für ihn nicht durchschaubar sind. Die Familie bleibt hier scheinbar als Leerraum, den der einzelne selbst bestimmen und gestalten kann. Die Wohnung, das Haus, sie werden zur Fluchtparzelle, privater Lebensstil und Wohnkultur zur Demonstration scheinbarer Individualität. Daß die wenigsten Wohnungen dem gerecht werden, ist unter Fachleuten bekannt. Der normale Bürger muß sich am Markt orientieren, der nichts anderes bietet als das normierte Repräsentativwohnzimmer, die Kinder-Zelle, das Schlafzimmer und die Naßzellen. Eigentlich nicht viel Raum für die individualistische Freizeitgesellschaft.
Bedenkt man nicht zuletzt, welche Arbeitsbedingungen die überwiegende Mehrzahl der Erwerbstätigen, aber auch der Schüler und Studenten in der Bundesrepublik fünf, zum Teil sechs Tage lang acht Stunden und mehr am Tag hinzunehmen hat, so kann man sich kaum vorstellen, wo denn die Energie für die aktive ›Freizeitgesellschaft‹ noch herkommen soll. Ihre Propagandisten und Analytiker haben da im allgemeinen gut reden.
Gerade diese Arbeitsbedingungen führen aber auch dazu, daß der einzelne den Verlockungen der ›Freizeitgesellschaft‹ so leicht nachläuft und erliegt: Weil er hier scheinbar er selbst, ja überhaupt jemand sein kann, weil hier das eigentliche Leben ist, wo man die Arbeit, den Inbegriff von Ernst, Monotonie, Zwang und sozialen Konflikten vergessen kann. Ein perfekter Regelkreis: Produktionsnotwendigkeiten führen zu Konsumzwängen, die Arbeitsbedingungen bleiben auf einem Niveau, das den Konsum mit seinem Drumherum als Erlösung erscheinen lassen muß, die freie Zeit dazu wird zur Verfügung gestellt, das entspricht den Produktionsnotwendigkeiten usw...
Das Leben polarisiert sich in Arbeit – Konsum – Freizeit, Arbeit – Privatheit, Arbeitsplatz – Wohnung, Arbeitsplatz – Wochenendziel. Wo bleibt da die Stadt?

Wohnwert – **Freizeitwert**

Der ›Freizeitwert‹ einer Stadt ist seit einigen Jahren in aller Munde. Er ist *das* Kennzeichen von Attraktivität, und jede Stadt, die sich einen hohen Freizeitwert zuschreiben kann, rechnet mit Wachstum. Also versuchen auch solche Städte, die bislang im Meinungsbild der Bevölkerung nicht mit hohem Freizeitwert ausgestattet sind, sich einen solchen zu verschaffen, und sei es nur im Image.
Der Freizeitwert ist zur Determinante der Standortwahl von Betrieben geworden. In einer Zeit des permanent überspannten Arbeitsmarktes können Unternehmen

ihre Arbeitskräfte dann leichter rekrutieren, wenn sie zusätzlich zum gesicherten Arbeitsplatz einen hohen Wohn- und Freizeitwert anzubieten haben. Außerdem ist es an solchen Standorten wesentlich leichter durchzusetzen, daß Lohnerhöhungen nicht mehr in Geld, sondern in Freizeit bezahlt werden, weil dann mit der zusätzlichen Freizeit auch etwas angefangen werden kann.

Eindeutig geht die Tendenz dahin, daß ab einem gewissen – allerdings schwer bestimmbaren – Schwellenwert der materiellen Versorgung das Wohlgefühl oder (wie der Soziologe Scheuch es nennt) der ›milde Hedonismus‹ angestrebt und verwirklicht wird. Individueller Lebensstil wird kultiviert, dieser legitime Versuch, sich gegenüber den undurchschauten Zwängen des Alltags seine Autonomie zu erhalten – freilich eine Scheinautonomie. In Städten mit hohem Freizeitwert erwartet man hier die besten Verwirklichungschancen.

Der Freizeitwert einer Stadt ist allerdings aus den Erwartungshaltungen etwa von Zuziehenden kaum exakt herauszudefinieren. Die ›Abstimmung mit den Füßen‹ für den Süden der Bundesrepublik gibt zwar Hinweise darauf, daß Klima und Landschaft eine Rolle spielen, auch Faktoren wie Lebensart, kultureller Rahmen u. ä. (341). Aber das ist nicht alles.

Das Image Münchens, lange Zeit *die* Stadt mit Freizeitwert, zeigt, wie sehr in diesen Erwartungshaltungen negative Aspekte, etwa geringeres Lohnniveau, überlasteter Wohnungsmarkt und die Arbeitswelt insgesamt verdrängt werden. Man hat den Eindruck, daß es sich hier um einen kollektiven Versuch handelt, die im (Arbeits-) Alltag zu erleidenden Frustrationen mit dem Freizeitwert zu kurieren: Alles ist lustiger, bunter, leichter. Hoffnungen werden auf einen Ort projiziert, eine Überprüfung des Images an der Realität findet kaum statt oder wird durch imagekonformes Freizeitverhalten lange hinausgeschoben. Die Vision des besseren Lebens in Städten mit Freizeitwert dient der gesellschaftlichen Konfliktvermeidung.

Der Freizeitwert der wenigsten Städte liegt in ihnen selbst; er liegt in ihrem Umland: Hamburgs und Lübecks hervorragende Freizeitwerte sind Seen, Meer und Lüneburger Heide, Bremen bezieht sich ebenfalls auf die Heide, mehrere Ruhrstädte auf das Sauerland und Münchens Freizeitwert liegt vor allem in Oberbayern – Freizeitwerte, die immerhin zum Teil eine Autostunde von der Stadt, zu der sie gerechnet werden, entfernt sind. Als tatsächlich städtischen Freizeitwert gibt man vielleicht noch Theater, Museen und hervorragende Sportanlagen an, ansonsten pflegt die Stadt selbst eine untergeordnete Rolle zu spielen.

Der Begriff ›Wohnwert‹, der ursprünglich eine Wandlung in den Präferenzen gegenüber dem ›Lohnwert‹ einer Stadt kennzeichnete, ist aus der Diskussion fast völlig verschwunden. Die Wohnung und ihre Umgebung, in der sich nachweislich 70 bis 80 % der Freizeit abspielen, treten als Freizeitwert nicht in Erscheinung. Verdrängt werden die in den wenigsten Fällen der privaten Familienfreizeit angemessenen Grundrisse, zu kleine oder fehlende Gärten und Balkone, nicht vorhandene Spiel- und Auslaufflächen und schließlich die mangelhafte Umweltqualität vieler Wohngebiete. ›Freizeitwert‹ wird assoziiert mit Sonne, netten Menschen, reizvoller Landschaft, etwas Kultur und guten Verkehrsverbindungen ins Grüne.

Diese ziemlich banale und irrationale Eingrenzung entspricht keinesfalls der Definition von Freizeitwert, die eine Frankfurter Expertenrunde für den Freizeitentwicklungsplan der Stadt gab. Freizeitwert konstituiert sich danach aus:

» – dem Grad der Mischstruktur, den die einzelnen Stadtbezirke, insbesondere der Stadtkern aufweisen...
– Anzahl, Qualität und Lage der einzelnen öffentlichen Freizeiteinrichtungen, sowie dem Beziehungsgefüge, in dem diese zueinander stehen... (besonderer Wert wird auf komplexe, multifunktionale Einrichtungen gelegt, d. A.)
– der Summe aller Freizeitangebote und deren Vielfältigkeit sowie aus der Summe aller Möglichkeiten für Freizeitaktivitäten...
– dem Urbanisierungsgrad und der Attraktivität einer Stadt,
– optimal gestalteten Freizeitanlagen, d. h. für die Bedürfnisse der verschiedensten Bevölkerungs- und Altersgruppen geschaffenen Anlagen, die es erlauben, Freizeit auf nicht reglementierte Weise zu verbringen (Ziel: Erholung, Unterhaltung und Bildung, kulturelle Motivierung und Bedürfnisartikulation)« (397).
Die Definition legt das Schwergewicht auf Freizeitanlagen als Infrastruktur. Nicht erwähnt sind in dieser Aufzählung Klima und Topographie einer Stadt.
Solche Definitionen von Freizeitwert müssen als Planungsgrundlage dienen. Die Erkenntnis, daß die Bemühungen um den Freizeitwert einer Stadt nicht rein humanitäre, sondern politökonomische Hintergründe haben, darf nicht dazu führen, Freizeit in der Stadt zu vernachlässigen. Hier müssen Wege der kritischen Planung gefunden werden.

Wie wird der Freizeitwert geplant?

Freizeit als definierter, bestimmte Räume beanspruchender Lebensbereich tritt in der Planungsgesetzgebung praktisch nicht auf. Man muß die einzelnen, möglicherweise dazugehörigen Themenkreise wie Grünplanung, Kultur, Jugendpflege, Erwachsenenbildung, Sportförderung usw. aus den verschiedensten Paragraphen zusammensuchen. Die Gesetzgebung hinkt hinter den gesellschaftspolitischen Anforderungen hinterher.
In der Raumordnungsgesetzgebung sind nur die verwandten Begriffe ›Erholung‹ und ›Fremdenverkehr‹ vertreten, beides in Verbindung mit ›Landschaft‹. Gleiches gilt für die Landesentwicklungspläne und -programme. Städte finden dort als Freizeiträume kaum Berücksichtigung (433).
Im Bundesbaugesetz, das die Flächennutzungsplanung und die Bauleitplanung der Gemeinden definiert, kommt ›Freizeit‹ indirekt folgendermaßen vor: § 1 (Zweck und Arten der Bauleitplanung), Abs. 4 weist u. a. pauschal darauf hin, daß die Bauleitpläne den Bedürfnissen der Bevölkerung dienen sollen – zu denen wohl auch Freizeitbedürfnisse zu rechnen sind. Abs. 5 schreibt u. a. die Erfüllung der Bedürfnisse der Jugendförderung, des Naturschutzes, des Landschaftsschutzes und der Gestaltung des Orts- und Landschaftsbildes vor. § 5 erwähnt als Inhalt des Flächennutzungsplanes u. a. kulturelle und sonstige öffentliche Gebäude und Einrichtungen (Gemeinbedarf), Grünflächen und Parkanlagen, Dauerkleingärten, Sport-, Spiel-, Zelt- und Badeplätze, Wasserflächen und Flächen für die Land- und Forstwirtschaft. § 9 (Bebauungsplan) spezifiziert diese allgemeinen Angaben noch, u. a. auch hinsichtlich Anpflanzung und Erhaltung von Bäumen und Sträuchern.
Bereits in dieser groben Darstellung einiger Rechtsgrundlagen wird das bisherige

Planungsverständnis im Bereich Freizeit deutlich. Dem fragmentarischen Freizeitbegriff entspricht die Organisation der Freizeitplanung, die Verteilung von Planungskompetenzen. Schon auf Bundesebene zeigt sich eine Zersplitterung, die sich bis in die Gemeinden hin fortsetzt: Sieben Ministerien teilten sich 1972 in das, was unter Freizeitplanung verstanden werden kann, nämlich die Bundesministerien für Arbeit und Sozialordnung; für Ernährung, Landwirtschaft und Forsten; für Jugend, Familie und Gesundheit; für Inneres; für Städtebau und Wohnungswesen; für Verkehr und das Bundesministerium für Wirtschaft und Finanzen (4). In den meisten Kommunen ist es die gleiche Anzahl Dezernate oder Referate. Die Stadt Erlangen richtete 1971 als erste Gemeinde ein eigenes Amt für Freizeit ein. Systematisch und nach einem integrierten Gesamtkonzept geplant wurde der Freizeitwert einer Stadt bislang in keinem Fall – wenn man die Image-Pflege der Fremdenverkehrsämter hier einmal ausnimmt. Aus den vielfältigen Planungsansätzen lassen sich jedoch im wesentlichen drei Verständnisweisen von Freizeitplanung ablesen.

1. *Freizeit = Trimm Dich = Sport und Spiel.* Die veränderten Arbeitsbedingungen erfordern heute eine veränderte Form der Erholung. An die Stelle körperlicher Anstrengung treten während der Arbeitszeit zunehmend psychische Anspannung und nervlicher Streß. Das bedingt auch einen Wandel der in der Freizeit notwendigen Kompensation: statt passivem Ausruhen psychophysisches Regenerieren gerade auch durch Aktivität. Diese objektiven Notwendigkeiten werden jedoch oft sehr einseitig ausgelegt. ›Aktivität‹ wird zur Maxime des Freizeitverhaltens schlechthin. Demgegenüber werden passive, kontemplative Momente geradezu abgewertet. Im Namen der Volksgesundheit werben groß angelegte Kampagnen für das Trimmen. Wer etwas mit seiner Freizeit anzufangen weiß, gilt etwas, wie es deutlich eine Broschüre des Bundesgesundheitsministeriums *(100 Tips für Freizeitspaß)* ausdrückt: »Wer etwas kann, wird für andere interessant. Das gilt für den guten Tänzer, für den Weltenbummler, auch für die Eltern in den Augen ihrer Kinder. Diese Anerkennung ist von großer Bedeutung für die Stellung des einzelnen, die er haben möchte. Umgekehrt sind passive Menschen uninteressant, bleiben häufig allein, stehen abseits, fühlen sich einsam und finden keine richtige Erholung.« Sportliche und spielerische Leistung gerät auf diese Weise zu einem ähnlichen Druck wie die berufliche Leistung. Arbeitsleistungsdruck wird mit Freizeitleistungsdruck kompensiert.

Der Werbeaufwand für den aktiven Freizeitsportler täuscht allerdings über die Realität. Die Freizeit der meisten Menschen verläuft gegenwärtig noch gänzlich undramatisch und vorwiegend passiv. Dabei ist allerdings nicht bestimmbar, wie weit die verbreitete Freizeitpassivität einem Bedürfnis entspricht und wie weit man sich hier nur dem Mangel an Gelegenheiten anpaßt, da das Freizeitverhalten generell sehr stark vom Angebot abhängig ist. Überprüft man z. B. die konventionellen Sportanlagen auf ihre Eignung für die Art von Bewegung, die die Mehrzahl der Bevölkerung zu leisten bereit ist, so kommt man zu dem Ergebnis, daß Turnhallen, Schwimmbäder und Sportplätze in den meisten Fällen nicht besonders attraktiv für jedermann sein können, weil sie nach den Normen des Leistungssportes angelegt sind. Für einfache Gymnastik, ein paar Runden Schwimmen oder Laufen sind sie zwar *auch* geeignet. Aber die Atmosphäre in ihnen ist selten so, daß sie zum Verweilen oder zu einem unverbindlichen Besuch auffordert. Man kann außer einer gezielten Aktivität kaum etwas tun. Ohne Zweifel hat der Leistungssport Orientierungsfunktion für den Breitensport. Daß diese Orientierung aber darin bestehen soll, die Ausführungsbestimmungen für alle Sportanlagen denen des Leistungssportes gleichzusetzen, muß angesichts der zunehmenden Normierung unserer Umwelt zurückgewiesen werden.

Ein weiteres Hindernis des breit angelegten Trimmens ist auch die Tatsache, daß viele Sportanlagen nur über Vereine zugänglich sind. Der Eintritt in einen Verein bedeutet jedoch eine soziale Verpflichtung, die – trotz der Redensart vom deutschen Vereinsmeier – von vielen gescheut wird.

In die Lücke der nicht auf Leistungssport angelegten und unverbindlich zugänglichen, quasi als Dienstleistung käuflichen Sporteinrichtungen stoßen in den letzten Jahren zunehmend Freizeit- und Fitneß-Zentren aller Art. In ihnen wird versucht, ein vielfältiges Angebot an sportlichen Aktivitäten, meist organisiert um einen zentralen Wasserbereich, wetterunabhängig und mit einer gewissen gesellschaftlichen Atmosphäre versehen, darzubieten. Die geschlossenen Aktivitäts- und Freizeitwelten mit der Illusion von Sonne und Meeresstrand erfreuen sich großer Beliebtheit. Hier kann man auf kleinem Raum in der Stadt finden, was die Werbung kündet: die bunte, quirlige, trimmende Freizeitgesellschaft, ein Erlebnis, das man sich jederzeit kaufen kann. Diese abgeschlossenen, überdachten, auf x Quadratmeter beschränkten Freizeit-Gegenwelten setzen die bereits im Alltag angelegte Polarisation von Arbeit und Freizeit fort, aus der die Stadt selbst ausgeklammert bleibt. Sie entstehen zudem prototypisch überall gleich, in Frankfurt, Hamburg, Köln und München. Jedoch schließen sie oftmals eine Versorgungslücke in der Freizeitinfrastruktur.

Die gegenwärtige finanzielle Ausstattung der meisten Gemeinden läßt weder eine quantitativ noch qualitativ ausreichende Versorgung der Bevölkerung mit investitionsintensiven Sportanlagen zu. Die Folge davon ist u. a. eine zunehmende Versorgung im privaten Bereich: Swimming-Pools und Gymnastikräume in Kellern von Wohnanlagen, Privatsaunen usw. Sie dienen aber nur einer sehr begrenzten Bevölkerungsschicht. Die gewerblichen Sport- und Spielzentren erzeugen mit ihren relativ hohen Eintrittspreisen ebenfalls eine gewisse soziale Exklusivität (wobei die Erfahrung zeigt, daß sie nicht so stark ist, wie man erwarten sollte). Sozio-ökonomisch nicht privilegierte Gruppen bleiben ausgeschlossen, sie werden auf die öffentlichen Anlagen verwiesen. Es entsteht ein Versorgungsungleichgewicht, das die öffentlichen Einrichtungen sozial zu disqualifizieren droht (vgl. S. 210 f).

2. *Freizeit = Kultur = Bildung.* Eine Definition des Zusammenhanges von Freizeit und Kultur erweist sich als schwieriger, als es die Bedeutung der Feuilletons in den Lokalzeitungen und der kulturellen Verwaltungsressorts zunächst annehmen läßt. Geht man von der Praxis aus, wie sie sich im kulturellen Angebot der meisten Städte darstellt, so bedeutet Kultur im Zusammenhang mit Freizeit die traditionellen Einrichtungen des Theater- und Musiklebens, Museen, Galerien, Bibliotheken. Als Freizeiteinrichtungen verstehen sich diese Institutionen bislang allerdings kaum. In so banalen Kontext wird das kulturelle Angebot einer Stadt selten gestellt. Regelmäßig ist hier von Tradition die Rede, von Kunst, höheren Werten an sich und ähnlichem. Kultur wird um ihrer selbst willen betrieben (was sich in ihrem

hohen Subventionsbedarf ausdrückt). Das Für und Wider dieser Haltung sei hier nicht erörtert. Fest steht jedoch, daß diese Art von kulturellem Leben elitär und nur einer Minderzahl der Stadtbewohner zugänglich ist, vom Eintrittspreis her, von der Atmosphäre und vom intellektuellen Niveau her. Das städtische Theater erreicht nach Expertenschätzungen etwa 5 % der Stadtbewohner.
Die Bestrebungen mehren sich jedoch, vom traditionell elitären Kulturangebot wegzukommen und vor allem die sozialen Zugänglichkeitsschwellen abzubauen. Damit einher geht die Überzeugung, daß durch ein neues, wesentlich erweitertes Verständnis von Kultur die Chancen typisch städtischen Lebens, das vom Verfall bedroht scheint, wieder angehoben werden können. Begriffe wie Kommunikation, Urbanität, Multifunktionalität, Öffentlichkeit werden in Zusammenhang mit Kultur gebracht. Die Kunst wird den Kulturtempeln entrissen und auf die Straße geholt. In städtebaulichen Wettbewerben tauchen immer wieder ›Agoras‹ oder ›Freilichttheater‹ auf. Die Vielfalt der neuen Anstöße und Ideen ist zur Zeit kaum übersehbar.
Bei den meisten der neuen Impulse steht im Hintergrund das Bestreben, breitere soziale Schichten als bisher mit kultureller Bewußtseinsbildung zu erreichen und damit zur sozialen Emanzipation beizutragen. Diese Zielvorstellung hat damit zu kämpfen, daß die in ihrem Kern ja politische Bewußtseinsbildung mit Freizeit nur sehr ungern in Verbindung gebracht wird. Freizeit ist im allgemeinen Verständnis lustbetonte, rein private Zeit. Kultur im traditionellen Sinne wird zwar von jedermann als Freizeitinhalt Nr. 1 gefordert. De facto ist die kulturelle Betätigung jedoch gering, und sie sinkt, wenn ein politischer Anspruch damit verbunden wird.
Aus diesem Grunde ist den heute überall angestrebten öffentlichen Kommunikationszentren, Kulturzentren, Freizeitforen, Informationszentren usw. Skepsis entgegenzubringen. Vielfach steht dahinter eine mangelnde Reflexion der soziologischen Voraussetzungen für eine Kommunikation im öffentlichen oder quasi-öffentlichen Bereich, ein falsches Verständnis von Öffentlichkeit überhaupt (vgl. 153, 17, 164, 242, 315) und eine Überschätzung der Freizeitpädagogik. Freizeitzentren, Kunstzentren und Kulturzentren sind trotz oft großem architektonischem Aufwand nicht so frequentiert, wie ihre Erbauer es sich vorstellten, gar nicht davon zu reden, ob sie als alltägliche Einrichtungen akzeptiert werden und ob sie Bürgersinn oder soziale Mitte einer Stadt repräsentieren, wie das oft vorgegeben wird.
Die Zentralisierung von Kommunikation und Kultur in speziell dafür bestimmten Häusern hat nicht die positiven Auswirkungen für den Freizeitraum Stadt, die man sich von der Ausweitung und Politisierung des traditionellen Kulturbegriffs versprechen konnte. Das liegt unter anderem auch daran, daß mit der räumlichen Fixierung die Parzellierung der Lebensbereiche fortgeführt wird, anstatt daß der politische Kulturbegriff diese Parzellierung gerade übergreifend im Freizeitraum Stadt aufzulösen versucht: statt zentralisierter Standorte ihre Integration in das gesamte Stadtleben, in Straßen, Wohngebiete, Einkaufszentren. Die Rendite-Determination der städtischen Umwelt muß nach und nach ästhetisch und kommunikativ überformt werden. Damit geraten auch scheinbar so weit vom traditionellen Kulturangebot entfernte Dinge wie Stadtgestalt, historisch gewachsene Lebensart und typische lokale Kommunikationsformen (etwa Feste) ins Blickfeld.

Sie entziehen sich zwar bislang dem Zugriff der Planung, doch sollte gerade das Anlaß sein, nach entsprechenden Steuerungsinstrumenten zu suchen.
Es sei die These gewagt, daß es die Mehrzahl der Bürger einer Stadt weniger trifft, wenn ein Theater oder ein Museum geschlossen wird. Wenn aber die Atmosphäre ihrer Stadt zerstört wird oder langsam verschwindet, wenn Treffpunkte, Bummelzonen, Gelegenheiten zum Sehen und Gesehenwerden verloren gehen, so wird das von weitaus mehr Menschen schmerzlich vermerkt werden. Die Reste urbaner Öffentlichkeit, die heute noch in unseren Städten vorhanden sind, stellen Freizeiteinrichtungen par excellence dar.

3. Freizeit = Grün = Natur und Landschaft. Der Freizeitwert vieler Städte liegt, das wurde bereits festgestellt, zu einem guten Teil außerhalb der Stadtgrenzen. Erholung und Freizeit werden mit Landschaft und Natur gleichgesetzt. In der Stadt selbst ist Natur nicht mehr zu finden. Sie ist zu Grünflächen verkümmert, obgleich das Ideal von der durchgrünten, aufgelockerten Stadt ja die Natur in die Stadt hereinholen wollte. Doch diese Grünflächen sind Restflächen und Abstandsflächen. Offizielle Grünpläne erreichen ihren grünen Eindruck dadurch, daß sie auch Friedhöfe, Flughäfen und vollgeparkte Freiflächen als Grünflächen ausweisen (61).
Tatsächlich aber ist uns die Vorstellung typisch städtischen Grüns, das einen ganz anderen Charakter als die freie Natur haben muß, verloren gegangen. Der attraktive Wechsel zwischen dichter Bebauung und urbanem Park, den man in den älteren Zonen der Großstädte noch findet, wurde im modernen Städtebau durch allgemeine Auflockerung beseitigt. Dieses Grün ist nicht mehr attraktiv. Also fährt man hinaus ›ins Grüne‹. Naherholungsgebiete, wie der offizielle Ausdruck hierfür heißt, werden in Entfernungen von der Stadt aufgesucht, bei denen das Attribut ›nah‹ oft zur Ironie wird. In der Regel läßt sich ein Radius von 50 bis 60 km um die Großstädte schlagen, innerhalb dessen die meisten Zielorte liegen. Untersuchungen über den Naherholungsverkehr von Großstadtbewohnern haben gezeigt, daß durchschnittlich ein Drittel von ihnen am Wochenende hinausfährt, an Schönwetter-Wochenenden allerdings erheblich mehr (vgl. S. 208 ff).

Die Freizeitregion

Die spektakulären Begleiterscheinungen des Naherholungsverkehrs am Wochenende, verstopfte Straßen, überfüllte Badestrände, lange Wartezeiten überall haben das Augenmerk der Öffentlichkeit und der Planung hauptsächlich auf diese Probleme gelenkt. Die Abhandlungen, Planungsvorstellungen und Projekte zur Gestaltung von Naherholungsflächen, zu Problemen des Landschafts- und Umweltschutzes sowie die darin engagierten Institutionen sind nicht mehr zu zählen.
Dieses Engagement ist bei zunehmendem Ausverkauf der Landschaft durch unkontrollierte Belastungen wie Verkehr, Camping, Lagern, Zweitwohnsitze usw. notwendig. Auf der Ebene der Raumordnung versucht man den Problemen durch Schaffung von Planungsregionen, Naturparks und eigens ausgewiesene Erholungsflächen mit unterschiedlichen Aktivitäts- und Intensitätszonen Herr zu werden. Innerhalb der Planungsgebiete sollen die Belastungen durch geregelte Erschließung – Parkplätze, Wanderwege, Radwege, Reitwege, Badeplätze usw. –

steuerbar und kontrollierbar werden, wobei der spontanen Bewegung in der Landschaft ein Riegel vorgeschoben wird.
Bei dieser Entwicklung (423) sind die verschiedensten Interessen beteiligt:
1. Der konservative Naturschutz besteht auf einer möglichst ursprünglichen Erhaltung von weiten Landschaftsteilen. Aktivitäten sind abzudrängen auf Randzonen, wo sie die Stille der Natur nicht stören.
2. Interessen der Volksgesundheit fordern Bewegung und Aktivität in der frischen Luft. Die an sich bereits vielfältige Bewegungsmöglichkeiten bietende Landschaft wird mit eigens dafür angelegten Bereichen durchsetzt, mit Trimm-Dich-Pfaden, Schweißtropfenbahnen u. ä. Flankierend werden Programme zur Förderung der Aktivität wie Volksmärsche und Volksskilauf organisiert. Mit ihnen soll gleichzeitig auch ein soziales Erlebnis vermittelt werden.
3. Die Ideologie der aktiven Freizeit wird hauptsächlich im Verkehr umgesetzt. Die Auslegung des regionalen Straßennetzes auf die Spitzen des Erholungsverkehrs statt auf die des Wirtschafts- und Berufsverkehrs wird zur Notwendigkeit. Das Auto gehört zur Freizeitausrüstung, die Naherholungsgebiete werden für den Individualverkehr erschlossen, also braucht man ein Auto, die Straßen werden immer breiter – ein sich ewig steigernder Zirkel. Überflüssig, die dahinter stehenden Interessen zu nennen.
4. Privatunternehmen konzentrieren ein vielfältiges Angebot an Freiluft-Aktivitäten auf Freizeitzentren und Freizeitparks in den Randgebieten der Städte. Profit- und betriebstechnische Motive und die Tatsache der Raumknappheit in den Städten ergänzen sich mit der Überzeugung, daß die drohende Langeweile der Freizeitgesellschaft durch »kombinierte Möglichkeiten mit vielfältiger Struktur und multidimensionalem Angebot für Erholung, Zerstreuung, Spiel, Spaß, Amüsement, Kultur und physische Entfaltung« (Viggo Blücher, *Auf dem Wege zur Freizeitgesellschaft*. In: 90) abgewendet werden müsse.
5. Raumplanung und Agrarstrukturreform weisen der Landwirtschaft neue Funktionen für die Freizeitregion zu. Die Erhaltung des gegenwärtig geschätzten Landschaftsbildes erscheint nur durch die bestehende Agrarstruktur gewährleistet, die aber oft gerade in landschaftlich reizvollen Gebieten unrentabel ist. Folglich sollen die Landwirte zu Landschaftspflegern und -erhaltern werden. Ihre Subventionierung bekäme eine neue Legitimation.
Aus diesen Argumenten wird ersichtlich, wie intensiv die Diskussion um Möglichkeiten und Grenzen der Naherholung außerhalb der Stadt selbst geführt wird. Manche Großstädte engagieren sich regional, um die Naherholungsmöglichkeiten für ihre Bevölkerung zu beeinflussen, mitzufinanzieren und sicherzustellen. Die erheblichen Belastungen, die der Naherholungsverkehr für die Umlandgemeinden mit sich bringt, auf die Dauer ihnen allein zu überlassen, ist nicht möglich. Die Freizeitregion ist bereits Realität.
Diskussionen und Bemühungen um den Freizeitraum Stadt existieren hingegen nicht in annähernd gleichem Ausmaß. Das hat – wie schon gezeigt – seine Ursache in der mangelnden Berücksichtigung der Freizeit als definiertem Planungsbereich in Gesetzgebung und Vollzug. Es äußert sich hierin aber auch ein Ausweichen vor den drängenden urbanen Problemen: Bodenspekulation, Funktionstrennung im Städtebau, Verkehr und Umweltverschmutzung. Sie vernichten den Freizeitraum Stadt,

bevor er entstehen konnte. Ihre konsequente Behandlung könnte unter Umständen einige Probleme des Naherholungsverkehrs vermindern. Vor allem aber käme ihre Lösung der auf den Freizeitraum Stadt verwiesenen, nicht mobilen Bevölkerung zugute.
Nicht geklärt ist bislang, wo beim Naherholungsverkehr ins Grüne die Grenze liegt zwischen dem Bedürfnis nach enger Berührung mit Natur und Landschaft – unabhängig von der städtischen ›Unwirtlichkeit‹ – und der ›Stadtflucht‹ vor Überfüllung, Gestank, Enge und Beton. Entsprechende Untersuchungen ergeben hier keine eindeutigen Kausalbeziehungen, weil sich Bestimmungsfaktoren des Naherholungsverhaltens, wie z. B. die Wohnumwelt, nur schwer von anderen Determinanten isolieren lassen.
Für die zukünftige Planung der Freizeitregion wird die Frage jedoch von großer Bedeutung sein, ob mit einer Belebung und Intensivierung des Freizeitraumes Stadt die periodische ›Stadtflucht‹ zurückgeht, oder ob auch unter akzeptablen städtischen Lebensbedingungen der Zugang des Menschen zur Natur eine verstärkte Notwendigkeit ist, weil die fortschreitende Entfremdung des Menschen von der Natur, wie sie jede Art der Urbanisierung mit sich bringt, erhöhte Aggressivität, Asozialität usw. zur Folge hat – eine Vermutung, die der Naturwissenschaftler René Dubos wiederholt äußerte (105). Überlegungen dieser Art sind bislang in der Planung zu wenig angestellt worden.
Auch über die Konsequenzen des zunehmenden Wochenenderholungsverkehrs für das Stadtleben selbst, über die Polarisierung des Wochengeschehens in fünf Tage Arbeit in der Stadt und zwei Tage Freizeit außerhalb der Stadt sollte mehr nachgedacht werden. Besonders akut wird diese Frage dann, wenn – wie schon in manchen Betrieben – die Arbeitswoche sich auf dreieinhalb bis vier Tage verkürzt und das Wochenende sich entsprechend verlängert. Ist eine solche Polarisierung für das Leben in der Stadt wünschenswert? Oder wird ›die Stadt‹ in Zukunft überhaupt zur Illusion?

Planung für den Freizeitraum Stadt

Die Tatsache der zunehmenden Verstädterung ist kein Beweis dafür, daß ›Stadt‹ noch soziologischen und politischen Realitätsgehalt hätte. Der Zerfall von Qualitäten städtischen Lebens wie Öffentlichkeit, Urbanität und lokale Identifikation ist schon so viel beklagt worden, daß man meinen könnte, die Entwicklung sei ohnehin nicht mehr zu steuern. Städte gehen in Regionen auf, Regionen in Wirtschaftsräumen. Tatsächlich müßte man die Ursachen dieses Zerfalls, die im monopolkapitalistischen Gesellschaftssystem liegen, angeben, wollte man die Entwicklung aufhalten.
Eine solche politische Entscheidung könnte legitim nur demokratisch zustande kommen. Entscheidungsfähig werden die Bürger aber nur dann, wenn sie sich mit den Dingen auseinandersetzen können, und zwar nicht vor dem Fernsehschirm mit großer Politik, sondern vor der eigenen Haustür, mit den lokalen, politischen Querelen um Mieterprobleme, Luftverpestung, Spielplätze, Versorgungsprobleme usw. Die Bürgerinitiativen, die in vielen Städten gegründet werden, sind ein An-

zeichen für das politische Erwachen. Der Argwohn, der ihnen von institutionalisierten Macht- und Entscheidungsträgern entgegengebracht wird, bestätigt nur die Bedeutung ihrer Existenz.
Politisches Nachdenken und Engagement lassen sich zeitlich nicht fixieren. Die Voraussetzungen hierzu sind jedoch unter den gegenwärtigen Bedingungen bei den meisten in ihrer Freizeit gegeben. Politisches Engagement als Freizeitbeschäftigung (240) also? Die verbreitete Gleichsetzung von Politik mit Arbeit verhindert dies. Nur ein erweiterter Begriff von Politik, nämlich das Bewußtsein, daß sogar und gerade die Kleinigkeiten des Alltags politisch bestimmt sind und man politisch auf sie einwirken kann, könnte Freizeit mit politischem Inhalt versehen, könnte den Alltag politisieren. Die Gleichsetzung von Politik mit großer Politik ist ein typisches Ablenkungsmanöver vom politischen Charakter individueller Existenzprobleme.
Gegen diese These pflegt eingewandt zu werden, daß politische Bewußtseinsbildung im gesellschaftlich bestimmenden Produktionsbereich, nicht aber im marginalen Freizeit- oder Reproduktionsbereich anzusetzen habe, um Veränderungsdruck zu erzielen. Der Einwand hat seine theoretische Berechtigung. Praxisnäher erscheint es jedoch, außerhalb der Arbeitswelt anzusetzen. Denn 1. bleiben die politischen Erfahrungen in der Freizeit nicht ohne Wirkung auf übrige Lebensbereiche, 2. sind Handlungsergebnisse hier schneller zu erzielen, und 3. lassen sich im Reproduktionsbereich »Konflikt- und Handlungsfelder erschließen, auf die sich der Bürger einlassen kann, ohne sich einer unmittelbaren Existenzbedrohung auszusetzen« (15).
Die bisherige Freizeitplanung, vor allem ihre in den letzten Jahren aufkommende Spielart, erschwert allerdings politische Bewußtseinsbildung und politisches Engagement. Das technokratische Planungsverständnis von Freizeit hält sich an die gesetzlich sanktionierte Trennung der Funktionen Sport, Kultur und Grün. Die Stadt als Gesamtraum wird planerisch zerlegt, übergreifende Vorstellungen können von der funktions- und ressortorientierten Planung nicht vertreten werden. Der alltägliche Erlebnisraum des Bürgers wird kaum als Gesamtraum begriffen und nicht begreifbar gemacht, da entsprechend der soziologischen ›Parzellierung‹ überall eine gewisse Verhaltensspezialisierung erwartet wird.
Rentabilitätsgründe und Zentren-Ideologie drängen derzeit die innerhalb der traditionellen Freizeitfunktionen mögliche räumliche und inhaltliche Variationsbreite zusammen auf kompakte Freizeit-Gegenwelten, deren Einseitigkeit von Begriffen wie Kommunikation oder Multifunktionalität verdeckt wird. Der soziale Druck der Forderung nach Freizeitaktivität – möglichst in jenen Freizeit-Zirkeln der tausend Möglichkeiten – läßt Reflexion über den eigenen Alltag kaum aufkommen.
Räumlich und bewußtseinsmäßig sind die Stadt und der Alltag in ihr fragmentarisiert. Das Begreifen von Zusammenhängen wird damit blockiert. Bei der gewohnten Fahrt ins Grüne verläßt man die Stadt überhaupt ganz.
Planung für den Freizeitraum Stadt müßte in Zukunft versuchen, die Funktionsfragmente der bisherigen Planung zusammenzufügen und die ganze Stadt als Raum attraktiv und begreifbar zu machen. Daß dies nicht mehr Planung von gesonderten Erholungsflächen und von Freizeitinfrastruktur bedeuten kann, leuchtet ein. Ein wesentlich weiterer, politischer Blickwinkel über die Grenzen der technokratischen

Planung hinaus muß angewendet werden. Zum Beispiel muß der Zusammenhang mit den Arbeitsbedingungen, der Verteilung der Arbeitszeit und mit den Betriebs- und Ladenschlußzeiten gesehen werden. Der Freizeitraum Stadt wird sehr stark von zeitlichen Faktoren geprägt. So würde die Einführung der Vier-Tage-Woche mit dreitägigem Wochenende ein qualitativ anderes Freizeitverhalten nahelegen als etwa eine Sechs-Tage-Woche, innerhalb derer die arbeitstägliche Zeit von sechs bis sieben Stunden flexibel gestaltet werden kann. Auch dieses Modell ist in einigen Betrieben bereits realisiert.

Eine zusammenhängende dreitägige Freizeit veranlaßt zu Wochenendfahrten, allerdings nur mobile Gruppen. Sozio-ökonomische Randgruppen bleiben auf die Stadt verwiesen, die unter dem Vorwand, die Masse fahre ja doch aus der Stadt hinaus, als Freizeitraum vernachlässigt wird. Eine breitere Verteilung der Arbeitszeit (wobei längere Wochenendfahrten möglich bleiben) würde den Aufenthalt in der Stadt wahrscheinlicher machen und zusätzlich dem einzelnen eine Entscheidungsfreiheit über den eigenen Tageslauf geben, die einen emanzipatorischen Effekt hat. Eine Neuordnung der Betriebs- und Ladenschlußzeiten in der Bundesrepublik würde eine weitere Dispositionsfreiheit bewirken. Beide Entwicklungen entzerren zudem Belastungsspitzen der Verkehrs- und Freizeit-Infrastrukturen, so daß sich zusätzliche Investitionen auf diesen Sektoren unter Umständen erübrigen.

Freizeitplanung muß es zunächst einmal wieder attraktiv machen, die Freizeit überhaupt in der Stadt und nicht ausschließlich im privaten Bereich oder in den Naherholungsgebieten zu verbringen. Damit wird sie integrierter Bestandteil und nicht wie bisher grüner Schnörkel der Stadtentwicklungsplanung. Im Wohnungsbau, in der Versorgung, in der Verkehrsplanung, in der Stadterhaltung und Stadtgestaltung – überall ist Freizeit partieller Planungsgegenstand. Die vermeintliche Banalität und Selbstverständlichkeit von Freizeit und das Übergewicht von im Kern arbeitsorientierten Profit- und Wachstumsinteressen hat eine solche Integration bislang verhindert. Erst langsam entdeckt man, wie profitabel die Freizeit der Konsumgesellschaft eigentlich ist, und die entsprechenden Unternehmen setzen den Trend der polarisierenden Freizeit-Gegenwelt konsequent in der Stadt fort.

Räume, in denen man nicht in irgendeiner Form konsumieren, in denen man einfach nur ›dasein‹ kann, etwa reizvolle Plätze, Höfe, kleine Parks, gibt es zu wenige, oder sie sind vollgeparkt. Die nicht zielgerichtete Bewegung in der Stadt wird verhindert, und sie ist bei Lärm und Gestank auch kein Vergnügen.

Die systematische Vernichtung der Architektur und die renditebestimmte Monotonie oder Maßstabslosigkeit des Neuentstehenden verringern zusätzlich die Chance, die Stadt als Freizeitraum anzunehmen. Die Stadt zu einem angenehmen Aufenthaltsort insgesamt zu machen, wäre aber schon bewußte Freizeitplanung. Eine solche Entwicklung ginge freilich an die Grundfesten lokaler Macht- und Kapitalverwertungsinteressen.

Integrierte Planung für den Freizeitraum Stadt bedeutet schließlich eine konzeptionelle und institutionelle Zusammenfassung der heute noch verstreuten Planungskompetenzen. Von einer solchen Institution aus hätten dann auch die notwendigen sozialen und partizipatorischen Impulse auszugehen, ohne die Freizeitplanung nicht legitimiert wäre. Denn es kann ja nicht darum gehen, die Freizeit der Bürger total zu verplanen – eine Vorstellung, die dem Begriff Freizeit diametral entgegengesetzt ist. Sondern die Bürger selbst sollen ihre Freizeit in dem Sinne politisch begreifen, daß sie die Abhängigkeit ihres Alltags von politischen Zusammenhängen einsehen, Eigeninitiative gegen Mißstände entfalten und Partizipation an lokalen Entscheidungsprozessen herbeiführen (15).

Ein ›Amt für Bürgerinitiative‹ also? Eine Laus im verfilzten Pelz der Stadtverwaltung oder ein Paradoxon? Erlangen hat 1971 sein ›Amt für Freizeit‹ unter dem Vorsatz der Bürger-Aktivierung und Gemeinwesenarbeit im Freizeitbereich eingerichtet. Der Erfolg dieses Modells bleibt abzuwarten.

Der Abbau lokaler Herrschaftsstrukturen wird sicher nur von beiden Seiten geschehen können, von den Bürgern selbst und von der planenden Verwaltung aus. Solange aber die Planung den die Stadtentwicklung bislang bestimmenden ökonomischen Interessen konform arbeitet, muß jeder Versuch der Institutionalisierung von Bürgerbeteiligung in den Verdacht der Konfliktvermeidung, des politischen Frühwarnsystems und letztlich des Alibis geraten. Deshalb wird man hier andere Formen finden müssen.

FRIEDRICH MIELKE mit KLAUS BRÜGELMANN[*]
Denkmalpflege

Konservieren oder restaurieren

Die deutsche Denkmalpflege wurzelt am stärksten in der Aufklärung und im romantischen Nationalismus. Der Entwicklungsgedanke in der Geschichtswissenschaft und die erregende Polarität von Fortschritt und Verfall der Kulturen führten schon im 17. Jahrhundert zu der Auffassung, daß es Pflicht eines jeden Volkes sei, Kulturgüter zu schützen und zu bewahren. Später, zu Beginn des 19. Jahrhunderts, erweiterte Goethe diese These, indem er für alle Menschen einen Gemeinbesitz an den Schätzen der Kunst und Kultur postulierte. Damit war das seit Menschengedenken stets privat und in gesellschaftlichen Gruppen betriebene Streben nach Besitz, Besitzerhaltung und Traditionspflege auf eine universelle Basis gehoben. In Europa taten die napoleonischen Okkupationen ein übriges, das Nationalgefühl und den Stolz auf die nationalen Besitztümer zu wecken. In diesem Sinne wurden u. a. die großen Dome in Magdeburg (1826–34) und in Bamberg (1831–38) sowie die Marienburg (1817–42, 1882–1902) und die Wartburg (1839, 1847–90) als erste ergänzt, restauriert und rekonstruiert.

So sehr die Liebe zu den vaterländischen Denkmälern Architekten und Kunsthistoriker einte, so strittig waren die Methoden. Das wurde besonders deutlich bei der Wiederherstellung des Heidelberger Schlosses, die nach dem Kriege 1870/71 einen besonderen politischen Akzent bekam. Es ging um die Frage, wie weit die Behandlung eines Denkmals gehen dürfe, um den Charakter des Objektes möglichst unverfälscht zu erhalten. ›Konservieren‹ oder ›restaurieren‹ (womit ein Rekonstruieren gemeint war) hießen die grundsätzlichen Standpunkte der beiden sich rasch herausbildenden und sich heftig befehdenden Parteien. Im Grunde genommen ging es hier weniger um die Austragung persönlicher Meinungen als um die grundsätzliche Entscheidung zwischen einer wissenschaftlichen Auffassung vom Denkmalbegriff und einer pragmatischen Lösung. Die Wissenschaft braucht das Dokument, um eine gültige Aussage über das ursprüngliche Wesen des Objektes machen zu können. Ihr muß deshalb eine unangetastet gebliebene Ruine wertvoller sein als eine ergänzte, erneuerte oder gar kopierte Bausubstanz. Henry Thode, seinerzeit Ordinarius für Kunstgeschichte in Heidelberg, verlangte damals (um 1900), man solle das Heidelberger Schloß lieber »in Schönheit sterben lassen« als es restaurieren. Damit wäre aber weder der Wissenschaft noch der Öffentlichkeit gedient gewesen, für die die Denkmale ja erhalten werden sollten. Der sogenannte Zahn der Zeit, die ständig fortschreitende Verwitterung, verwischt die Handschrift des Baumeisters und seiner Mitarbeiter; auch wenn die Bausubstanz von Menschen nicht angetastet wird, zernagen Wind und Wetter die Oberfläche jedes Baues so sehr, daß von der Aussagefähigkeit des Originals oft wenig übrig bleibt. In der Eigenschaft eines Denkmals liegt es aber be-

---

[*] Klaus Brügelmann verfaßte den Abschnitt *Rechtsgrundlagen der Denkmalpflege*.

gründet, daß es seine Denkwürdigkeit möglichst lange erhält. Wenn das also im Originalzustand nicht geschehen kann, weil dieser – in unserem Jahrhundert mehr als je zuvor – durch naturgegebene Umwelteinflüsse verändert wird, dann bleibt nur als Ausweg eine ständige Erneuerung der alten Substanz, das heißt, ein Ersatz dessen, was sowohl im substantiellen als auch im ästhetischen oder künstlerischen Sinne unbrauchbar geworden ist, durch ein materialgerechtes Surrogat. Daß ein solcher Ersatz alle Mängel hat, die einer Kopie gewöhnlich anhaften, versteht sich; aber ein schlechter Ersatz ist immer noch mehr wert als ein völliger Verlust. In diesem Sinne etwa wurde auch die Kontroverse um das Heidelberger Schloß, speziell um den Ottheinrichsbau (1557– nach 1566) entschieden. Mit aller Behutsamkeit sind die Sicherungsarbeiten an den freistehenden Wänden und die nach und nach immer zahlreicher notwendig werdenden Restaurierungsarbeiten unternommen worden, wobei es sich nicht verhindern ließ, daß alle originalen Skulpturen ausgebaut, ins Museum gebracht und durch Kopien ersetzt wurden.

Bis zum zweiten Weltkrieg etwa herrschte in der deutschen Denkmalpflege der Grundsatz vor: ›Konservieren, nicht restaurieren‹. Wenn auch Restaurierungen nicht immer zu umgehen waren, so bemühte man sich doch, möglichst vielfältige konservierende Verfahren zu entwickeln und anzuwenden. Die verheerenden Zerstörungen des letzten Krieges jedoch änderten die Voraussetzungen und forderten dadurch eine neue Methodik in der denkmalpflegerischen Praxis. Angesichts der Ruinen vieler ehemals bedeutender Bauten wollte man einen drohenden Totalverlust vermeiden und mühte sich allerorten zu retten, was noch zu retten war, um möglichst bald mit einem Wiederaufbau, d. h. mit der Rekonstruktion des Zerstörten beginnen zu können.

Die Problematik jeder Rekonstruktion soll hier nicht erörtert werden, wichtiger ist die Frage nach der Rolle, welche die historischen Bauten in einem sich aus den Trümmern erneuernden Gemeinwesen in Zukunft spielen würden. Waren sie einst mit den sie umgebenden Bauten in gegenseitiger Korrespondenz und Abhängigkeit entstanden, so konnte man jetzt nicht mehr voraussetzen, daß die neue Umgebung unter neuen Voraussetzungen noch die alten Bedingungen gelten lassen würde. Bis in das 20. Jahrhundert hinein sind die Städte noch nach mittelalterlichem Modell gebaut worden, das ein hierarchisches Prinzip widerspiegelt: Die »zur höheren Ehre Gottes« errichteten Kirchen durften mit ihren Türmen die Spitzen der Stadtkrone bilden. In mittlerer Position folgten die Bauten der weltlichen Gewalten, die Türme oder die demonstrativ hochgezogenen Schauwände der Rathäuser, in Lübeck, Rostock und Stralsund beispielsweise. In der unteren Region waren die Häuser der Bürger angesiedelt, die mit ihrer Masse die Basis des Systems bildeten. Die Stadtansichten aller vergangenen Jahrhunderte zeigen prinzipiell den gleichen gesellschaftlichen Aufbau der Architektur, der in der Gestaltung von Straßen und Plätzen seine Entsprechung hatte und vielfach auch heute noch hat.

Obwohl die Denkmalpflege schon frühzeitig auch die alten Stadtanlagen in ihr Blickfeld einbezog, ist es zu einer städtebaulichen Denkmalpflege im umfassenden Sinne kaum jemals gekommen. Gewiß, es gab schon um die Jahrhundertwende Ortssatzungen, die sich den Schutz des Stadtbildes angelegen sein ließen. Das preußische sogenannte Verunstaltungsgesetz (*Gesetz gegen die Verunstaltung von Ortschaften und landschaftlich hervorragenden Gegenden* vom 15. 7. 1907) hat die gleiche Tendenz. Verschönerungsvereine und Heimatverbände haben in oft mühevoller Kleinarbeit viel zu Erhaltung und Pflege eines schönen Stadtbildes beigetragen. In der Zeit zwischen dem ersten und dem zweiten Weltkrieg wurden dann die großen Altstadtsanierungen unternommen, z. B. in Köln, Braunschweig, Hannover, Hildesheim, Frankfurt und Hamburg. Aber all diesen Bemühungen konnten nur Teilerfolge beschieden sein, denn der Hebel, mit dem die Denkmalpflege ansetzte, war zu kurz. Städtische Behörden und Denkmalpfleger beschäftigten sich letztlich doch nur mit der Erhaltung und Wiederherstellung einer Summe von einzelnen Häusern, selbstverständlich unter Berücksichtigung von sanitären Verbesserungen, gesunden Belichtungsverhältnissen und ausgekernten Hofräumen. Die über die Zukunft entscheidende Frage nach dem Stellenwert der historischen Bausubstanz in einem modernen Gemeinwesen wurde nicht aufgeworfen.

Vielleicht konnte man bis zum zweiten Weltkrieg auch die Überzeugung haben, daß – abgesehen von einigen Industriezentren und Großstädten – keine einschneidenden Neuerungen in der Stadtentwicklung zu erwarten seien und deshalb auch die historischen Viertel ihre gewohnte Rolle weiterspielen würden. Diese Auffassung war – wenn sie zuvor überhaupt richtig gewesen sein sollte, was zu bezweifeln ist – etwa nach 1950 zu überprüfen, wurde aber leider bis heute nicht grundlegend revidiert. Jetzt zeigt sich deutlich, daß bisher immer nur an den Symptomen kuriert worden war. Man hatte für schöne und historisch getreue Fassaden gesorgt, Verschandelungen beseitigt und auch nicht vergessen, die Plätze durch Standbilder und Blumen zu schmücken, ohne daran zu denken, daß dies zwar stadtbildpflegende, aber keine stadtbildenden Faktoren sind. Inzwischen haben Produktionsstätten, Verkehr und die großen Dienstleistungsbetriebe (Behörden, Geldinstitute, Warenhäuser usw.) das Zentrum der Stadt ihren Zwecken nutzbar zu machen gesucht und dabei eine tödliche Bedrohung für die alten Stadtkerne heraufbeschworen, ohne daß diese Gefahr von der Denkmalpflege als epochale Auseinandersetzung erkannt worden wäre.

Nach 1945, nach dem Ende eines Krieges, der nicht nur auf politischem Gebiet umwälzende Konsequenzen zur Folge gehabt hat, war schlechterdings nicht zu erwarten, daß die historischen Denkmale aufs neue den überlieferten Stellenwert im städtebaulichen Gefüge einnehmen könnten. Da aber andererseits niemand zu sagen wußte, wie die Zukunft aussehen würde, sah die Denkmalpflege ihre Aufgabe darin, die als wertvoll und unverzichtbar betrachteten historischen Bauten soweit als möglich zu rekonstruieren, oder wie man sich auszudrücken pflegt: zurückzugewinnen. So entstanden u. a. die fast völlig zerstörten Schlösser in Stuttgart, Karlsruhe, Bruchsal und Berlin-Charlottenburg neu, wurden der Dresdener Zwinger und das Braunschweiger Gewandhaus wieder aufgebaut sowie die Bürgerhäuser am Prinzipalmarkt in Münster auf dem alten Grundstücksschema mit (ungefähr) den alten Ansichten der steilen, ehemals gotischen Giebel. Die neuerstandenen Denkmale gerieten auf diese Weise zu Fixpunkten im Wiederaufbau, mit denen sich die moderne Planung auseinanderzusetzen hatte.

Denkmalpflege als Planungsfaktor

Während nach dem ersten Weltkrieg die wiederaufgebauten Monumente in Frankreich ihren damals herkömmlichen Platz im städtischen Gefüge aufs neue einnehmen und für weitere Jahrzehnte bewahren konnten, suchten nach dem zweiten Weltkrieg die Kräfte in Wirtschaft und Industrie, denen in erster Linie das deutsche Wirtschaftswunder zu verdanken ist, sich ihrerseits auch städtebaulich angemessen zu präsentieren. Angemessen aber kann für diese energiereichen Kräfte der Volkswirtschaft nur eine neue Dimension des Bauens sein, die sich in gewaltigen Industrieanlagen und riesigen Hochhauskomplexen adäquate Dokumente ihres Daseins schafft. Die neuen Dimensionen lassen sich mit der Kleinteiligkeit historischer Stadtgebilde nicht vereinbaren; in der Auseinandersetzung mit ihnen pflegt das Alte verdrängt zu werden. Die Anwälte des historischen Kulturerbes aber, in erster Linie die Denkmalpfleger, können sich nicht auf auch nur annähernd gleichwertige Finanz- und Machtmittel stützen. Ihr Durchsetzungsvermögen ist in allen Bundesländern ohne eine Denkmalschutzgesetzgebung auf die Kraft ihrer Überzeugungsfähigkeit beschränkt. Die Operationsbasis der staatlichen Denkmalämter ist also schmal, zu schmal für die Fülle der Aufgaben. Hinzu kommt, daß die denkmalpflegerischen Absichten verschiedentlich schwer zu realisieren sind, weil sie nicht rentabel werden. Die Erhaltung von Kunst- und Baudenkmalen bedingt in der Regel Zuschüsse, die von der Öffentlichen Hand als verlorene Zuschüsse gegeben werden müssen. Die dafür ausgeworfenen Summen sind zwar – im Vergleich zum Militäretat – nur bescheiden zu nennen, doch schlagen sie in den Haushalten der Länder, denen die Kulturhoheit zusteht, zu Buch. Die Kostenzahlen für Personal und denkmalpflegerische Aufwendungen von 1961 bis 1970 sind in Tabelle 29 zusammengestellt.

Es kommt nicht selten vor, daß der wünschenswerte Schutz für ein Objekt daran

Tabelle 29. Ausgaben der Länder für die Sicherung und Betreuung historischer Denkmäler in Mio. DM
(nach 401, 402)

	1961	1962	1963	1964	1965	1966	1967	1968	1969	1970
Baden-Württemberg	18,7	22,6	34,9	38,4	33,3	36,7	29,8	26,9	30,4	33,9
Bayern	17,3	18,3	22,7	23,6	24,7	27,7	25,2	24,7	28,2	35,7
Berlin	2,8	3,3	3,0	3,9	5,0	5,4	2,7	2,7	3,3	3,0
Bremen	0,2	0,3	0,2	0,2	0,2	0,2	0,2	0,2	0,2	0,2
Hamburg	1,3	0,3	0,8	2,3	1,9	1,7	0,4	0,5	0,6	0,6
Hessen	5,2	5,4	6,7	6,8	7,0	9,4	9,0	7,3	7,1	7,6
Niedersachsen	0,4	0,4	0,8	1,1	1,2	1,0	1,7	1,5	1,5	2,0
Nordrhein-Westfalen	13,7	22,5	21,6	24,2	24,8	23,1	23,4	26,3	26,3	28,2
Rheinland-Pfalz	2,1	2,6	2,5	3,4	3,3	3,6	3,6	3,2	3,7	4,7
Saar	1,6	1,3	0,8	0,9	0,8	0,8	0,7	0,5	0,6	0,7
Schleswig-Holstein	0,6	0,7	0,7	0,7	0,7	0,7	0,7	0,8	0,8	0,8

scheitert, daß er nicht bezahlt werden kann. Auch die Zahl der in den Listen der Ämter geführten und damit als schutzwürdig klassierten Denkmale richtet sich nicht zuletzt nach den Geldern, die bewilligt werden.

Im Jahr 1971 ließ die Direction d'Architecture im Ministère des Affaires Culturelles, der die französische Denkmalpflege untersteht, eine Untersuchung über die mögliche Verwendung von Steinersatzmitteln vornehmen, weil die Kosten einer handwerkgerechten Ausbesserung von Schäden mit ganzen Natursteinen ins Ungemessene anzuwachsen drohen.

Es ist dagegen eine verbreitete, widerspruchslos hingenommene Auffassung, daß jede Altstadtsanierung hohe Zuschüsse erfordert. Altstadtsanierung heißt immer: Kosten für einige hundert oder gar einige tausend Häuser pro Stadt, die durchaus nicht alle Denkmalwert besitzen, aber als Ensemble eine wichtige Funktion bei der Erhaltung der Denkmäler haben. Multiplizieren wir den für die einzelnen Häuser eines Ortes notwendigen Zuschuß mit der Anzahl wertvoller Altstädte in Deutschland, dann kommen Summen heraus, die zu berechnen sich bisher auch Fachleute gescheut haben, weil sie in Generationen nicht aufgebracht werden können. Es bleibt also nur die Wahl zwischen drei Möglichkeiten:

1. Altstadtsanierungen werden als insgesamt zu teuer grundsätzlich abgelehnt. Das hat zur Folge, daß die Altstadt zum abrißreifen Slumgebiet degeneriert, dessen Stelle sehr bald für die Citybildung in Anspruch genommen wird. Die Nachteile für den Wohnbereich sind bekannt.

2. Altstadtsanierungen werden nur auf einzelne ausgewählte Städte oder Stadtteile beschränkt. Das wiederum hat zur Folge, daß eine prinzipielle und allgemeine Aufwertung aller Altstädte zu einem gesunden, modernen und darum bevorzugten Wohnbereich blockiert ist, weil die sporadisch durchgeführten Sanierungen mehr ein Kuriosum hervorbringen als einen nachahmenswerten Modellfall.

3. Die Sanierung von Altstädten wird als wirtschaftlich rentables Unternehmen aufgefaßt. Dazu ist folgende Überlegung anzustellen: Alte, in ihrem Gebäudewert längst abgeschriebene, aber ohne echte Rücklagen gebliebene Wohnbauten können nur dann von dem Eigentümer instandgesetzt werden, wenn dieser dazu finanziell in der Lage ist. Die Lage des Hauses in einem Slumgebiet ist dafür die ungünstigste Voraussetzung. Wenn dagegen durch geeignete städtebauliche Maßnahmen das Altstadtgebiet prinzipiell vom Autoverkehr verschont und zu einem Fußgängerbereich wird, der sich durch relative Ruhe und abgasfreie Luft auszeichnet, dann steigt nicht nur – wie in Stuttgart nachgewiesen – der Bodenwert durch die günstige Geschäftslage, sondern auch der Wohnwert. Das Altstadtgebiet kann durch diese gezielte Lenkung und Förderung zu einem bevorzugten Wohngebiet werden, das dem privaten Geldgeber Anreize bietet, dort zu investieren oder Vorhandenes aus eigenen Mitteln zu erhalten, weil die Rendite günstig ist. Sind die städtebaulichen Voraussetzungen erst einmal geschaffen, wird sich mit der Revitalisierung auch die Sanierung zwangsläufig einstellen.

Gegenwärtig werden Sanierungsvorhaben auf die verschiedenste Weise gehandhabt:

Die Neue Heimat zieht es vor, Altbauten durch Neubauten zu ersetzen. Die Flächensanierungen in Hameln, Herford, Flensburg und andernorts legen davon Zeugnis ab. Das Verfahren ist risikolos; eine subtile Objektsanierung wird vermieden.

Bei der Objektsanierung des Blutgassenviertels in Wien hat man sich dagegen sehr sorgfältig mit der historischen Substanz auseinandergesetzt. Die Kosten lagen bei 4000 Schilling (= ca. 560 DM) pro Quadratmeter Nutzfläche. Bei einer Flächensanierung und vergleichbarer Neubebauung hätte der Quadratmeter Nutzfläche etwa 3000 Schilling gekostet, die Abräumkosten nicht gerechnet.
Auch in Frankreich hat die Société d'Economie mixte de Restauration de la Ville de Tours errechnet, daß die staatlich geförderten Renovierungen von Altbauten in Tours und Chinon wesentlich teurer geworden sind, als es gleich große Neubauten gewesen wären.
In der Auseinandersetzung um die Erhaltung des Gasthauses Schiff am Rathausplatz in Kempten (Allgäu) konnten dagegen ortskundige Architekten ermitteln, daß eine grundlegende Sanierung des alten Patrizierhauses nur 60 % der Kosten eines völligen Neubaues ausmachen würde.
Der Kunsthändler Brinkama in Hamburg hat im Laufe mehrerer Jahre fünfzig alte Häuser erworben, instandgesetzt und vermietet. Es wird versichert, daß alle Instandsetzungskosten die Kosten eines hypothetischen Neubaus mit gleicher Nutzfläche nicht überstiegen haben.
Die gleiche Erfahrung hat auch Dipl.-Ing. Walter Ferstl in Salzburg gemacht, der dort zwei alte Gerberhäuser erwarb, grundlegend instandsetzte und mit allem modernen Komfort – auch mit Fahrstuhl – versah und dennoch nicht teurer baute, als ein Neubau an derselben Stelle mit gleichem Volumen und Raumprogramm gekostet hätte.
Am Beispiel des Runtinger-Hauses in Regensburg ist dagegen zu studieren, wie ein mangelhaftes Renovierungskonzept die Umbaukosten in die Höhe treibt. Das Bestreben, einen ursprünglichen Zustand mit archäologischer Treue herauszuschälen, kann bei Wohnbauten zu schwerwiegenden Komplikationen führen, die das Unternehmen so teuer machen, daß es nicht nur fragwürdig wird, sondern daß darüber hinaus auch alle anderen denkmalpflegerischen Bestrebungen dieser Art in Verruf geraten. Die Beispiele aus Hamburg, Kempten und Salzburg zeigen jedoch, daß es bei sorgfältiger Planung von wirtschaftlicher und technischer Seite sehr wohl möglich ist, die Revitalisierung eines alten Hauses nicht kostspieliger werden zu lassen, als es Neubauten der gleichen Größenordnung sind.
In Potsdam wurde in den Jahren 1955–57 ein beachtenswertes Experiment unternommen: In einer durch den Krieg schwer beschädigten Straße sind auf der einen Straßenseite zehn Häuser unter Verwendung der historischen Fassaden, der Keller und einiger Querwände wieder aufgebaut worden, während zur gleichen Zeit auf der anderen Straßenseite völlig neue Häuser entstanden. Der Preis pro Kubikmeter umbauten Raumes betrug bei den Neubauten im Mittel 70,30 DM (Ost), bei den restaurierten Bauten 69,70 DM (Ost).
Es wird also darauf ankommen müssen, die Revitalisierung von historischen Bauten so sorgfältig differenziert vorzubereiten, daß sie im Preis mit Neubauten konkurrieren und dadurch auf verlorene Zuschüsse verzichten kann. Ferner muß die Ausstattung der denkmalpflegerisch wichtigen Altbauten so komfortabel, großzügig und modern sein, daß sie auf lange Sicht den Ansprüchen jener Einwohnerschichten entgegenkommt, die durch ihre Miete den Charakter des Hauses und in summa den Charakter der ganzen Altstadt zu erhalten in der Lage sind.

Denkmalpflege

Für die Hauseigentümer in einer Altstadt stellt sich das Problem etwas anders dar; sie brauchen ein Startkapital, weil – wie erwähnt – die Häuser abgeschrieben sind, ohne daß echte Rücklagen gemacht wurden. Die für eine Renovierung notwendige Finanzierungsbasis ist also wieder neu zu schaffen. Hier ist zweierlei möglich: Entweder muß die Öffentliche Hand durch zinsgünstige Kredite und lange Rückzahlungsfristen eingreifen (wie in Frankreich) oder aber die Bürger helfen sich selbst. Beispiele für finanzielle Selbsthilfen bieten einige dänische Orte (z. B. Tønder, Christiansfeld u. a. m.). Für die Wiederherstellung und für den Ausbau der Kauzenburg über Bad Kreuznach zu einem Gastronomiebetrieb wurde 1969 eine Aktiengesellschaft gegründet. Die Nachfrage nach den von der Deutschen Bank übernommenen Aktien war so groß, daß 1971 eine Kapitalerhöhung vorgenommen werden konnte. Eine ähnliche Verbreiterung seiner persönlichen Kapitalbasis schwebt auch dem Kunsthändler Brinkama in Hamburg vor, der ebenfalls an die Ausgabe von Anteilscheinen denkt, um noch mehr alte Häuser instandsetzen zu können.
Was in Dänemark, Bad Kreuznach und in Hamburg-Harvestehude durch Privatinitiative entstanden ist und sich zweifellos bewähren wird, kann auch in anderen Orten zur finanziellen Sicherung einer Revitalisierung der Altstadt beitragen. Die Hilfe des Staates sollte sich durch eine geeignete Beratung der Bürgerinitiativen ebenso wie der Denkmalpflege selbst auswirken. Weder die Bürgerinitiativen noch die Denkmalämter sind als Wirtschaftsunternehmen gegründet worden. Auf die Wirtschaftlichkeit der Altstadtsanierungen aber kommt es an, wenn diese überhaupt eine Chance für die Zukunft haben sollen.
Um die Denkmalpflege nicht in ein falsches Licht zu rücken, muß festgehalten werden, daß sie bisher niemals ausersehen war, in der Gruppe der stadtgestaltenden Kräfte eine tragende Rolle zu spielen. Die Denkmalämter waren und sind auch heute nur beratende Institutionen, die bei Baumaßnahmen an den geschützten Objekten selbst oder in deren Umgebung gehört werden sollen. Aber wie oft kommt es vor, daß Private ebenso wie Baubehörden das Denkmalamt nicht fragen, weil sie es entweder gar nicht kennen oder aber nicht wissen, welche Kompetenzen es hat.
Die heute nur als antiquiert anzusehende Aufgabendefinition und die entsprechend mangelhafte Ausstattung der Denkmalämter hat dazu geführt, daß die Denkmalpflege allgemein zwar als hochspezialisierte Institution, nicht aber als Faktor im Städtebau angesehen wird. Angesichts der vielen glücklicherweise noch erhaltenen Altstädte mit einer schier unübersehbaren Fülle historischer Bauten von zum Teil großem Wert ist diese Einschätzung der Denkmalpflege nur dann verständlich, wenn man weiß, daß sie selbst nie bestrebt war, sich als Entscheidungsfaktor im Städtebau zu qualifizieren. Das ist um so bedauerlicher, als die Aufgaben der Denkmalpflege größtenteils in städtischen Bereichen liegen und dort entschieden werden.
Dafür einige Beispiele:
Die Schlösser sind selten isoliert von einer bürgerlichen Wohnbebauung errichtet worden. Entweder hat das Schloß zu dominieren wie in Aschaffenburg oder es bildet den Kernpunkt eines Straßensystems, das durchaus nicht immer radial angelegt sein muß wie in Karlsruhe. Ähnlich aber wie in Karlsruhe hatte auch das Mannheimer Schloß eine sehr enge Beziehung zum Rastergrundriß der Stadt. Stadt und Schloß bilden ein bipolares Stadtbausystem, in dem das eine ohne das andere seine urbanen Qualitäten verliert, zumal das Schloß durch den hinter ihm liegen-

den Park eine zwanglose Verbindung zum Rhein hatte. Als nach dem letzten Krieg ein besserer Straßenverkehrsanschluß zur jenseits gelegenen Stadt Ludwigshafen herzustellen war, baute man eine leistungsfähige Brücke in unmittelbarer Nähe des Schlosses und führte die zahlreichen Auf- und Abfahrten durch den Schloßgarten und um das Schloß, das nunmehr dem Laokoon gleicht, als er mit den Schlangen kämpfte. Der für jedes große Werk der Architektur nötige Respektabstand, der bei Schlössern durch Höfe und Parkanlagen geschaffen wird, ist hier völlig mißachtet, ja sogar vernichtet worden. Dadurch, daß zwischen Schloß und Stadt eine Hauptverkehrsstraße hindurchführt, ist ihre einst leicht begehbare Verbindung zu einem Hindernisrennen geworden, das selbst die so wichtigen Sichtbeziehungen unterbricht. Bei der Planung der Rheinbrücke zwischen Mannheim und Ludwigshafen wäre ein Denkmalpfleger zu beteiligen gewesen. Nicht, weil ein Denkmalpfleger bessere Brücken bauen könnte als die dafür spezialisierten Ingenieure, sondern weil jede Neuerung im Städtebau – und sei sie auch nur klein – Konsequenzen hat, die ein ausgereiftes und ausgewogenes Stadtbild empfindlich stören können. Wenn das schon bei kleinen Eingriffen der Fall zu sein pflegt, um wieviel mehr bei einer so folgenreichen Entscheidung über die Lage der Brücke zu einer industrieintensiven Nachbarstadt. Es ist von den Brückenbaustatikern schlechterdings nicht zu verlangen, daß sie städtebaulich qualifizierte Entscheidungen treffen, auch wenn wertvolle Stadtorganismen auf dem Spiele stehen. Hier sollten Fachleute ergänzend mitwirken, die von der Denkmalpflege gestellt werden könnten, aber zumeist nicht werden, weil die Denkmalpfleger die weitergreifende Problematik nicht kennen und zufrieden sind, wenn – wie beim Beispiel Mannheimer Schloß – das unter Schutz stehende Objekt selbst nicht angetastet wird, oder aber, weil das Denkmalamt aus den gleichen Gründen gar nicht erst eingeschaltet wurde. Beide Denkweisen sind fast normal zu nennen. Geschädigt ist stets das historische Bauwerk, von dem alle, nicht nur die Denkmalpfleger, behaupten, daß es wertvolles Kulturgut sei und geschützt werden müsse.

Das Problem ist offenkundig. In dem Interessengegensatz zwischen Erhaltung des Alten, Schönen, Wertvollen und Gewohnten auf der einen Seite und den notwendigen Neuerungen an der Substanz und der Organisation unserer Städte auf der anderen Seite gibt es keine allgemeinverbindlichen Grenzwerte. In der Auseinandersetzung zwischen den Interessenvertretern hat die Denkmalpflege bestenfalls eine beratende, keinesfalls aber eine entscheidende Stimme, und das, obwohl jedermann weiß und es in amtlichen Verfügungen bestätigt wird, daß es sich stets um Kulturgüter von unersetzlichem Wert handelt. Es klafft also eine große Lücke zwischen dem Wert der historischen Objekte und dem möglichen Einfluß ihrer Anwälte. Soweit Gesetze vorhanden sind, sehen sie vor, daß die Wahrnehmung des Denkmalschutzes auch bei den kreisfreien Städten liegt. Damit aber sind die Städte überfordert. Sie geraten nahezu stets in einen Konflikt zwischen ihren eigenen Neuerungsabsichten und der Verpflichtung zum Schutz der Denkmäler. Da mit den Neuerungsabsichten handgreifliche Vorteile erreicht werden sollen, während Denkmalschutz vordergründig oft als ebenso handgreifliche finanzielle Belastung angesehen wird, entscheidet man sich nicht gerade selten für den naheliegenden Vorteil oder was man dafür hält.

Die Funktion des Historischen

Warum mühen sich eigentlich in aller Welt Tausende von Spezialisten um die Erhaltung des sogenannten historischen Kulturerbes? Aus Pietät, aus Respekt, aus einer nur romantisch zu nennenden Gesinnung? Ist es nicht immer in den vergangenen Jahrhunderten und Jahrtausenden so gewesen, daß Neues an die Stelle des Alten trat, daß das Moderne das Altmodische ersetzte, daß Solides an die Stelle des Verbrauchten gesetzt wurde? Waren die Wandlungen im Bauen nicht ein Spiegelbild der Menschen und der Abfolge ihrer Generationen? Warum sollte das nun anders werden?

Die Antwort gibt uns die moderne Architektur selbst. Nicht nur in Illustrierten und Fachzeitschriften wird beklagt, daß die moderne Architektur – aus welchen Gründen auch immer – den Menschen, dem innen Wohnenden ebenso wie dem außen Betrachtenden, wenig Sympathisches bieten könne. Moderne Häuserblocks sind möglicherweise zweckmäßig, aber als schön werden sie selten angesehen. Nicht nur die Franzosen sprechen von ›cages à lapin‹ (Kaninchenställen). Die heute üblichen Großsiedlungen sind weder gemütlich, noch ästhetisch mit den alten Stadtbildern vergleichbar. Sie lassen kein Heimatgefühl aufkommen, d. h. die Bewohner identifizieren sich nicht mit dem, was ihnen ein Großbauunternehmen als Normunterkunft vorgefertigt hat. Diese Anonymität des Wohnens und Lebens provoziert zwangsläufig die Sehnsucht nach dem Individuellen, dem Persönlichen, dem auf menschliche Maßstäbe Zugeschnittenen, was sich nicht zuletzt auch im Fremdenverkehr äußert. Ganz offensichtlich werden die Zeugen der Vergangenheit in ihren verschiedenen Ausprägungen vom Einzelkunstwerk bis zum städtebaulichen Ensemble zu dem essentiellen Pendant der Gegenwart, zu einem notwendigen Bestandteil des menschlichen Lebens, mit der Aufgabe, das psychische Gleichgewicht in der Einseitigkeit eines modernen Daseins wieder herzustellen. Historische Werke haben also nicht nur ihren Wert als Altertümlichkeit, Seltenheit, Kunstwerk oder allgemein als Zeugnis der Historie, sondern sind auch eine Art Regulativ für das Wesen der modernen Menschheit. Diese ausgleichende Funktion des Historischen ist nicht nur an Baudenkmälern zu beobachten, sondern ebenso auch bei der Nachfrage nach Antiquitäten, Stilmöbeln, Filmen historischen Inhalts usw. Eine Untersuchung der deutschen Möbelproduktion hat ergeben, daß zur Zeit etwa genau die Hälfte aller hergestellten Wohnmöbel eine historische Note hat, also verallgemeinernd als ›Stilmöbel‹ bezeichnet werden kann. Die Werbemanager haben längst begriffen, daß das Bedürfnis nach Individualität, wie es sich in den Zeugnissen der Vergangenheit verkörpert, keine vorübergehende modische Erscheinung ist, sondern dauerhafter Bestandteil menschlicher Lebensäußerung.

Unser Zeitalter, das auch Zeitalter der Technik oder neuerdings Atomzeitalter genannt wird, begann im 18. Jahrhundert mit der sogenannten industriellen Revolution, die eine technische und wirtschaftliche Revolution zugleich war. Wenn sich ihre Auswirkungen erst voll im 20. Jahrhundert entfalteten, können wir doch sehr deutlich zwischen den von menschlichen Kräften bestimmten vorangegangenen Jahrhunderten und den weitgehend technisch orientierten Kräften der letzten beiden Jahrhunderte unterscheiden. Ganz zweifellos hat die Technik das menschliche Leben in einer Weise verändert, wie es in den vorangegangenen Jahrtausenden niemals geschehen ist. Historiker pflegen den Beginn der Neuzeit mit der Renaissance anzusetzen; das mag seine geistesgeschichtliche Berechtigung haben, zum Durchbruch aber kam die Neuzeit erst mit dem 19. Jahrhundert. Wenn wir das Jahr 1800 als fiktive Grenze zwischen der individuell geprägten, auf menschliche Maßstäbe bezogenen, vergangenen großen Menschheitsepoche und der kollektiven, nur in technischen Potenzen zu begreifenden neuen Ära ansehen wollen (wobei große zeitliche Überschneidungen vorauszusetzen sind), wird verständlich, daß die der Epoche vor 1800 entstammenden Altstädte heute keine gleichartige Fortsetzung finden können. Sie sind Ausprägungen einer Gesellschaft, in der das Haus noch Heim war, in der man sich gegenseitig persönlich kannte und in der die Verwaltung in den Händen von Individuen lag, die für ihre Taten selbst einzustehen hatten. Dergleichen gibt es noch heute, aber der Trend zur Anonymität in Verwaltung und Gesellschaft ist unverkennbar, ja vielerorts Prinzip. Je mehr aber einerseits die Zunahme der Bevölkerung und das Wachstum von Industrie und Dienstleistungsbetrieben diesen Trend zur anonym organisierten Massengesellschaft verstärken, desto mehr wird auf der anderen Seite das Verlangen nach der Individualität eines Gemeinwesens steigen. In diesem Bereich haben die Altstädte eine neue Chance, ihre Eigenart zu bewahren und zugleich wichtige gesellschaftliche Aufgaben wahrzunehmen. Hier kann das Bedürfnis nach individuellem Wohnen in einer Umgebung mit menschlichem Maßstab ebenso verwirklicht werden wie die Erhaltung wertvoller historischer Bauten.

Historische Bauten sind immer dann, wenn sie einzeln unter Schutz stehen, mehr gefährdet, als wenn sie einem großen städtebaulichen Ensemble angehören. Das Einzelbauwerk erhält erst durch den größeren Rahmen den richtigen, d. h. den ihm gemäßen Maßstab, der sowohl städtebaulich als auch sozial zu verstehen ist. Gelingt es, die Altstadt wieder zu einem Wohnviertel werden zu lassen, das wirtschaftlich in den ihm angemessenen Grenzen aktiv ist, dann besteht auch keine Gefahr für das einzelne Bauwerk, sei es wertvoll oder weniger wertvoll. Diesem Gedanken hat man zunächst in sogenannten Traditionsinseln, z. B. in Braunschweig, zu folgen versucht. Doch sind diese Inseln stets nur nach architektonisch städtebaulichen Gesichtspunkten konzipiert, als charmante Relikte einer vergangenen Zeit. Wie das Goldgräbergäßchen auf dem Prager Hradschin bieten sich auch die Christstraße in Berlin-Charlottenburg, die Burgstraße in Hannover, das Schnoorviertel in Bremen letztlich als pittoreskes Milieu dar, das wegen seiner Absonderlichkeit aufgesucht und bestaunt wird. Diese Traditionsinseln erheben keinen Anspruch darauf, als vorbildhafte Wohnform zu gelten oder als diskutable Alternative zur modernen Hochhausbebauung angesehen zu werden.

Gerade das aber ist ein Fehler, der, wenn er nicht korrigiert wird, sich früher oder später rächen muß. Traditionelle Bauweisen lassen sich nicht in großem Stil als kostspielige Luxusobjekte über lange Zeiträume subventionieren; sie müssen sich selbst erhalten können und auch einen Gewinn abwerfen. Zwei Modelle stehen zur Wahl: Disneyland oder normal finanzierbarer Wohnungsbau. Da Disneyland als Vorbild aus den verschiedensten Gründen ausgeschlossen ist, bleibt nur der Wohnbau in seiner speziellen historischen Ausprägung, deren Individualität dem ebenfalls um Individualität bemühten Menschen der Gegenwart sympathisch sein muß. Hier liegt die große Aufgabe für die Altbausanierung. Altbauten mit individuell entwickelten Grundrissen und Fassaden stehen im Gegensatz zu den modernen Wohnungsgroßbauten. Wer nicht im Wohnsilo leben möchte, dem bieten die Häuser speziell in historischen Altstädten eine Auswahl und Fülle nichtgenormter Behausungen.

Die Erhaltung des Charakters, der einer historischen Stadt zu eigen ist, geschieht nicht um seiner selbst willen als l'art pour l'art, sondern aus der Überzeugung, daß der alten Stadt Werte innewohnen, die auch einem modernen Menschen des 20. Jahrhunderts willkommen sein müssen. In einer Entwicklung, die sich oft über mehr als ein halbes Jahrtausend spannt, ist die Gestalt jeder Stadt von vielen Generationen unter den verschiedensten Bedingungen geformt und erprobt worden, bis sich schließlich für die jeweilige topographische Situation Formen und Größen herausbildeten, die wir als Bestformen bezeichnen dürfen. Sie bieten sämtlich eine Urbanität, die in keiner modernen Stadt bisher erreicht werden konnte. Es ist bekannt, daß sich das vielfältig verflochtene Zusammenspiel menschlicher Aktivitäten in einer Stadt nicht perfekt planen und organisieren läßt. Martin Einsele schreibt in seinem Bericht über Hattingen: »Auch das ›Team‹ allein schafft es nicht!... Die interdisziplinäre Planung kann aus ihrer Zusammenschau abgewogene Entwicklungsmodelle und Strategien anbieten und zur Diskussion stellen, kann sie nach neuen Bedingungen ergänzen und fortschreiben... niemals aber gezielt und völlig in eine Gesamtschau integriert einsetzen« (116). Die dafür nötigen Kenntnisse, Einrichtungen und Bauten müssen sozusagen wachsen, im Laufe von Generationen gefunden und so lange verändert werden, bis sie sich – möglicherweise nach Jahrhunderten – so aufeinander eingespielt haben, daß eine relativ beständige Allgemeingültigkeit erreicht wird.

Diesen langwierigen Prozeß konnten die modernen Städte noch nicht hinter sich bringen. Vielleicht wird man auch bei ihnen nach einigen Jahrhunderten von einer Bestform sprechen können; gegenwärtig jedoch ist das weder bei der nach dem Kriege völlig neu wiederaufgebauten Stadt Rotterdam der Fall noch bei Brasilia. Solange also moderne Städte trotz Beton und Glas und großzügigen Verkehrslösungen diesen Bestzustand einer viel kleineren und bescheideneren, aber ausgereiften Altstadt nicht erreicht haben, besitzt die Altstadt den Vorzug der größeren Urbanität, d. h. wohlausgewogene Dimensionen in allen ihren Bereichen, in den Größenordnungen der Straßen, Plätze und Häuser, in der Individualität der Wohnungen, in Abmessung und Zahl ihrer Dienstleistungsbetriebe und in der Einordnung von Arbeitsstätten und Verkehr. Diese Wohlausgewogenheit der sozialen, wirtschaftlichen, technischen und ästhetischen Dimensionen ist in den letzten beiden Jahrhunderten oft empfindlich gestört worden; sie wiederherstellen zu helfen, wird auch eine Aufgabe der Denkmalpflege sein. Eine isolierte Behandlungsweise der im engeren Sinne denkmalpflegerischen Probleme muß die Denkmalpflege gegenüber den weit stärkeren Komponenten von Wirtschaft, Verkehr und Verwaltung ins Hintertreffen geraten lassen.

Die Zukunft der Altstädte

Verfolgen wir die Frage nach den möglichen Zukunftsaufgaben der Altstädte etwas detaillierter, empfiehlt es sich, vorzugsweise drei große Bereiche zu betrachten: Verkehr, Gewerbe und Wohnen.
Man hat den Verkehr als den Lebensnerv einer Stadt bezeichnet, und das ist zweifellos richtig. Ohne Verkehr ist ein urbanes Leben nicht möglich (vgl. S. 254 ff), zuviel Verkehr aber muß schaden; jedes Übermaß schadet. Die Verkehrsmisere unserer Innenstädte ist durch einen Denkfehler verursacht, der die Existenz aller Altstädte gefährdet. Er liegt in der Verkennung des Charakters und der Möglichkeiten einer Altstadt. Man behandelt sie wie ein Gemeinwesen, das den Anschluß an eine Entwicklung zur größeren Stadt bisher nicht gefunden hat, aber möglichst bald finden soll, und verkennt, daß große Bereiche ihrer Entwicklung bereits abgeschlossen sind, daß diese Bereiche ein Stadium erreicht haben, das zu überwinden nicht möglich ist, ohne den Charakter der Altstadt wesentlich zu stören oder sogar zu zerstören. Den Anforderungen eines neuen technisch dimensionierten Verkehrs können die in herkömmlicher Weise dimensionierten Altstädte unmöglich gewachsen sein. Straßen und Plätze, die für Fußgänger und langsam fahrende Wagen gebaut worden sind, können nicht auch für Personen-, Lastkraftwagen, Busse und Straßenbahnen ausreichen.
War es einst nötig, den landfahrenden Verkehr in die Stadt zu ziehen, um aus Mautgebühren und Stapelrechten Gewinn zu erzielen, so hat sich heute, nach Wegfall dieser Einnahmequellen, das Verhältnis von Verkehr und Stadt genau umgekehrt; um in einer Stadt leben zu können, muß der Verkehr auf das unerläßliche Minimum reduziert werden. Das gilt ganz speziell für die Altstädte, deren Wert nicht in einer turbulenten, die Umwelt verschmutzenden Transportdynamik begründet ist, sondern in statischen, städtebaulich-räumlichen architektonischen Qualitäten. Wollen wir diese Werke erhalten, haben sich alle anderen, das Stadtgeschehen beeinflussenden Komponenten unterzuordnen. Daß dies nötig und möglich ist, wurde inzwischen auch von Planern eingesehen, die nicht denkmalpflegerisch orientiert sind. Es gilt heute allgemein als selbstverständlich, den Fahrverkehr zu differenzieren und den Durchgangsverkehr nicht durch die Stadt, sondern auf einer Umgehungsstraße um sie herumzuführen. Wenn diese Umgehungsstraße außerdem durch eine Ringstraße ergänzt wird, die etwa außerhalb der alten Stadtbefestigung verläuft, kann auch die Altstadt vom innerstädtischen Verkehr verschont bleiben. Die Idealvorstellung, das ganze Terrain einer Altstadt vom Autoverkehr zu befreien, ist sicher nicht utopisch, wenn man sich die Situation einer so großen Stadt wie Venedig oder topographisch vergleichbarer Orte wie Dubrovnik (Ragusa) oder Helgoland vor Augen hält, wo gut ohne Autos im Stadtbereich auszukommen ist, obwohl (oder gerade weil) sich jährlich die Ströme des Fremdenverkehrs in diese Städte ergießen. Die Straßen und Platzräume sind im Besitz der Benutzerschicht, für die sie einst geschaffen wurden: des zu Fuß gehenden Menschen. Straßen und Platzräume gehören ihm; er kann sich auf ihnen ungefährdet bewegen und sogar mit dem Ehepartner und den Kindern nebeneinander gehen, was eigentlich selbstverständlich sein sollte. Nicht nur in dem fränkischen Städtchen Kronach, in Höxter an der Weser oder in Regensburg muß der Fußgänger stellen-

weise auf Bürgersteigresten balancieren, die schmaler sind, als ein Mensch gewöhnlich breit ist. In der rücksichtslosesten Weise wird der Fußgänger vom rollenden Verkehr buchstäblich an die Wand, die Häuserwand nämlich, gedrückt. In seiner normalen Fortbewegungsweise gilt der Mensch nichts, das Auto alles. Dieser Zustand wird in Altstädten besonders kritisch. Deshalb wäre eine Entfernung des gesamten Autoverkehrs aus jeder Altstadt und die Einrichtung von Fußgängerzonen nicht nur erwünscht, sondern notwendig; die dabei auftretenden Probleme werden meist überschätzt, sie sind jedenfalls nicht so groß, daß sie nicht lösbar wären.

Der Anlieferverkehr läßt sich auf bestimmte Tageszeiten beschränken oder durch sogenannte Verkehrsschleifen, rückwärtige Andienungsstraßen u. ä., ermöglichen. Eine nächtliche Belieferung ist wenig wünschenswert, weil sowohl den Kaufleuten als auch anderen Bürgern eine ungestörte Nachtruhe zu gönnen ist. Anliegerverkehr und Parken können in geschickt im Stadtgrundriß verteilten Parkhäusern oder in Tiefgaragen aufgefangen werden. In Frankreich scheint man Tiefgaragen den Vorzug zu geben; sie bieten eine dauerhafte, ästhetisch gute Lösung, zugleich sind sie im Katastrophenfall als Schutzräume für die Bevölkerung nützlich. In München aber überlegt man bereits ein Jahr nach Einrichtung der Fußgängerzone, was man mit den in der Innenstadt gebauten Parkhochhäusern anfangen kann, wenn sie demnächst inmitten des bedeutend vergrößerten Fußgängerbereichs liegen werden. Kaum eine der deutschen Altstädte (Ausnahmen sind Regensburg und Bamberg) ist so groß, daß man sie nicht in kurzer Frist zu Fuß von einem Ende zum anderen durchschreiten könnte. Selbst die Altstadt von Nürnberg hat in ihrer größten Ausdehnung nur einen Durchmesser von 1,4 km, das sind etwa 15 Minuten zu Fuß.

Mit einer drastischen Einschränkung des motorisierten Stadtverkehrs kann die Altstadt wieder werden, was sie war und sein sollte, nämlich der Großwohnraum für alle ihre Bürger. Die Stadt ist dann nicht mehr nur Gehäuse für einen hektischen kommerziellen Betrieb mit eingeplanter Lebensgefahr und nervlicher Zerrüttung, sondern erlebbarer Lebensraum für alle, die in ihr wohnen oder sie aufsuchen. Durch Beseitigung der leider üblichen ständigen Aggressionen des Verkehrs mit seinem Lärm und seiner Umweltverschmutzung kann die Altstadt durchaus zu einem bevorzugten Wohngebiet werden. Der bisher überall zu beobachtende Vorgang, daß selbst renommierte Wohnviertel zu Slumgebieten degenerieren, ist durch eine Aufwertung des Altstadtbereiches zu stoppen und sogar umzukehren. Der Kunsthändler Brinkama hat das in Hamburg-Harvestehude (Pöselsdorf) durch seine private Initiative bewiesen, obwohl er dort auf den Autoverkehr keinen Einfluß nehmen konnte.

Angesichts des Konfliktes zwischen motorisiertem Verkehr und historischer Altstadtbebauung kann eine Lösung nur gefunden werden, indem Prioritäten gesetzt werden. Bewahrung alter Bausubstanz und zugleich ein dem Autoverkehr gegenüber geübtes Laisser-faire, laisser-aller führen zu so katastrophalen Zuständen wie z. B. in der Innenstadt von Rom. Soll der Autoverkehr den Vorrang bekommen, wird die alte Bebauung weichen müssen, breite Schnellstraßen werden ihr Gebiet durchziehen, und Parkhochhäuser werden Akzente setzen. Daß die Altstadt sich dann in eine neue Innenstadt wandelt, ist zwangsläufig. Eine Bewahrung historischer Substanz im denkmalpflegerischen Sinne wird unter dieser Voraussetzung insgesamt nicht mehr möglich sein. Bestenfalls bleiben einige Fassaden oder Surrogate in historischen Formen als Erinnerungsposten übrig wie in Frankfurt am Main. Der Wohnanteil wird zugunsten von großen Dienstleistungsunternehmen stark zurückgedrängt, die Innenstadt ist weder Altstadt noch Kernstadt mit attraktiven Wohnungen. In Tokio kann man bereits heute innerstädtische Zustände studieren, die wir möglicherweise morgen haben werden. Am 18. August 1972 mußte in Tokio ein ganzer Stadtteil für den Autoverkehr gesperrt werden, weil der durch Autoabgase entstandene weiße Smog zu schweren Erkrankungen der Bevölkerung führte. Es ist also nicht allein ein denkmalpflegerisches Anliegen, die Innenstadt vom Autoverkehr freizuhalten, sondern ein allgemeines Postulat, das sich jedes Planungsamt, jede Stadtverwaltung zu eigen machen sollte.

Die Forderung, ein ganzes Altstadtgebiet Fußgängerzone werden zu lassen, wie es in Elberfeld fast vollständig bereits der Fall ist, erscheint gegenwärtig noch ein wenig avantgardistisch. Man befürchtet Schwierigkeiten, welche die Altstadt funktionsuntüchtig machen könnten. Einige Beispiele haben sich aber bereits bewährt.

Bewohner und Geschäftsleute standen in vielen Städten der Einrichtung von Fußgängerzonen anfangs skeptisch gegenüber. Man konnte sich z. B. nicht vorstellen, daß jemand einkaufen will, wenn er nicht direkt mit dem Auto vor das Geschäft fahren kann, sondern laufen muß. Dabei ist den Stadt- und Verkehrsplanern seit langem bekannt, daß die Funktionen einer Hauptgeschäftsstraße nur in den seltensten Fällen miteinander zu verbinden sind. Auch ein Laie weiß, daß ein fahrender Kunde kein kaufender Kunde sein kann, weil er dort, wo er kaufen möchte, bei der heutigen Verkehrsintensität keinen Parkplatz erhält. Nach zeitraubendem Suchen findet er vielleicht weitab von seinem Einkaufsziel eine Parkmöglichkeit und muß dann doch laufen, möglicherweise weiter als in einer Fußgängerzone mit richtig disponierten Parkhäusern. Erhebungen in dreizehn Städten verschiedener Größe, unterschiedlicher geographischer Situation mit entsprechend verschiedenen Einzugsgebieten in den Jahren um 1970/71 haben ergeben, daß die Geschäftsleute all dieser Städte mit den eingerichteten Fußgängerzonen zufrieden sind, weil die Umsätze sich zum Teil beträchtlich gesteigert haben (251). Das drückt sich nicht nur in den inzwischen vorgenommenen Renovierungen aus, sondern auch darin, daß z. B. in Stuttgart die Grundstückspreise im Fußgängerbereich seit 1949 um das Dreizehnfache gestiegen sind, während sie außerhalb dieses Bereiches nur um 9 % stiegen. Es ist daher verständlich, daß die Geschäftsleute in Essen, Gelsenkirchen und Hildesheim eine Ausdehnung der bisherigen Fußgängerzonen auf weitere Straßen verlangten, um auch in den Genuß dieser umsatzsteigernden Einrichtung zu kommen. In Hildesheim haben die anliegenden Geschäftsleute voll die Ausbaukosten der Fußgängerzone übernommen, in Stuttgart, Wuppertal und Köln haben sie sich prozentual an den Kosten beteiligt; in Coburg baten Geschäftsleute ihre Stadtverwaltung, die Spitalgasse für den Kraftfahrzeugverkehr zu sperren, die Umbaukosten des Pflasters zur Fußgängerzone wollten sie selbst übernehmen.

Es ist offenkundig, daß Fußgängerzonen in den Innenstädten durch den Handel aktiviert werden. Dadurch wird einer ›toten City‹ entgegengewirkt, zugleich aber auch eine neue Gefahr heraufbeschworen. Nicht nur der Fußgänger gewinnt eine Bewegungsfreiheit wieder, die ihm der rollende Verkehr genommen hatte, sondern auch der Handel empfindet das Fußgängerparadies als attraktiv. Wir beobachten

von Jahr zu Jahr, daß auch die großen Warenhauskonzerne diese Marktchance wahrnehmen und ihre überdimensionalen Konsumpaläste in den Altstädten errichten. Regelmäßig fällt ihnen eine Reihe von – oftmals wertvollen – historischen Häusern zum Opfer; in Regensburg wird ein ganzes Häuserviertel vom Hortenkonzern umgebaut. In der Folge entstehen Versorgungs- und Entsorgungsprobleme – Straßenzüge müssen erweitert oder sogar verlegt werden (Regensburg) –, die ihrerseits die städtebauliche Struktur des Kernbereichs so nachhaltig stören, wenn nicht gar verändern, daß sie nicht nur in ihrer engeren Umgebung, sondern in der ganzen Altstadt zu einer Gefahr werden. Da hilft es dann auch nichts, wenn man in Celle versucht hat, die Kleinteiligkeit der alten Fachwerkstadt auf ein ähnliches Betonraster der Warenhausfassade zu übertragen oder den neuen Warenhausbau in Wolfenbüttel mit einer vorgeblendeten Fachwerkfassade zu kaschieren.
Das Problem Warenhaus und Altstadt liegt nicht in der Oberfläche und auch nicht so sehr im Bauvolumen, sondern in der hinter der Fassade verborgenen, sich städtebaulich auswirkenden Wirtschaftskraft. Großvolumige Bauten hat es auch schon früher in Altstädten gegeben, Klöster z. B. und Schlösser. Doch mit keinem dieser Bauten war ein solches Verkehrsaufkommen, ein derart umfangreicher Zuliefererbetrieb verbunden wie mit einem modernen Warenhaus. Mag der gestaltende Architekt auch noch so tüchtig sein, mag die ästhetisch-architektonische Einpassung des Warenhauses in das Gefüge der andersartigen Altstadthäuser gelingen, es bleibt doch immer ein Wolf im Schafspelz, der die historische Substanz schluckt, zumal Warenhäuser selten Solitäre bleiben. Wo ein Warenhaus erst einmal den Einzugsbereich der Stadt für seine Zwecke aktiviert hat, kommt sehr bald ein zweites, vielleicht noch ein weiteres hinzu (Augsburg, Heilbronn usw.).
Was für das Warenhaus gilt, gilt gleicherweise auch für die anderen großen Dienstleistungsbetriebe, Geldinstitute und Verwaltungen. Diese Gefahren sollte die Denkmalpflege sehen und versuchen, ihnen zu begegnen. Bedauerlicherweise aber pflegt man nur auf die Symptome zu achten, nicht auf die Ursachen.
Der Vorgang ist überall gleichartig: Die Städte sind in der Regel ringförmig um ihren historischen Kern gewachsen. Die Altstadt ist Mittelpunkt auch für die größer gewordene Stadt und ursprünglicher Sitz aller Verwaltungen. Wenn die Stadt wächst, muß auch der Behördenapparat sich vergrößern; wo früher ein kleines Rathaus genügte, muß zwangsläufig ein größeres geschaffen werden. Der größere Behördenapparat erzeugt einen größeren innerstädtischen Verkehr, der vergrößerte Verkehr regt den Handel zu baulichen Investitionen an, Handel und Verkehr ziehen die Geldinstitute nach sich. Kurz, es bildet sich eine City, in der der tertiäre Sektor mit seiner arbeitenden Bevölkerung ein Übergewicht erhält und die Wohnbevölkerung verdrängt. Mit den für den tertiären Sektor notwendigen Neubauten ändert die Altstadt ihren Charakter. Ungeachtet der mühevollen und kostspieligen Restaurationen der Denkmalpflege wird den zu schützenden Häusern die wirtschaftliche Existenzberechtigung entzogen. Sie werden funktionell ausgehöhlt und sind deshalb substantiell kaum noch zu erhalten. Dieser Vorgang ist sehr anschaulich in Salzburg zu studieren, aber auch in vielen deutschen Städten. Zumeist wird er jedoch erst bemerkt, wenn die Großbauten der Verwaltung und Warenhäuser errichtet werden und wenn der in die City strömende Verkehr eine Dichte erreicht hat, die das Wohnen in der Altstadt unerträglich macht. Dann wird über die Ba-

nausen geschimpft, welche die Kulturwerte des Volkes nicht zu schätzen wissen und mit gewinnsüchtiger Kaltschnäuzigkeit ihre Ziele verfolgen. In diesem Stadium der Entwicklung sind die Weichen aber bereits gestellt, der Zug der Zeit ist nicht mehr aufzuhalten; die Altstadt in ihrer historischen Ganzheit als Architekturensemble zu bewahren, ist nicht mehr möglich. Vielleicht gelingt es noch, das eine oder andere Gebäude zu retten, es in die wachsende City einzugliedern, doch das sind Lichtblicke, die das Versagen einer umfassenden städtebaulichen Denkmalpflege nicht überstrahlen können. In der Regel ist ein Maßstabbruch nicht zu vermeiden, für den die Trinity-Church in New York exemplarisch ist, die zwischen Wolkenkratzern in ein reziprokes Verhältnis zu ihrer Umgebung geriet. War sie einst eine Dominante in der Stadtsilhouette, kann sie jetzt bestenfalls noch einen Überraschungseffekt auslösen, wenn man sie in den Schluchten der Wolkenkratzer entdeckt. Es zeichnet sich also eine ganz neue Stadtgestalt ab, die selbstverständlich anders ist als die vergangene war, deren endgültige Form aber heute noch nicht abzusehen ist. Die Frage nach dem Stellenwert der historischen Baudenkmale im Stadtbild und auch im wirtschaftlichen und verkehrsbestimmenden Stadtorganismus kann deshalb noch nicht beantwortet werden. Daß die gebauten Zeugnisse unserer Kultur erhalten bleiben sollen, steht außer Frage, doch wie, ob als stadtgestaltender Faktor oder als Architektur-Nippes, ist umstritten.

Rechtsgrundlagen der Denkmalpflege

Die im ganzen noch wenig ermutigende Bilanz städtebaulicher Denkmalpflege hat auch zu tun mit dem Rechtszustand auf diesem Gebiet. Lange Zeit wollte man die ›empfindliche Materie‹ nicht mit rüdem Gesetzesbefehl bewältigen, sondern durch ›Belehrung und Bekehrung des Volkes‹. Und nur bis diese Bemühungen gefruchtet hätten, als Notbehelf für eine Übergangszeit, mochten die Konservatoren sich mit rechtlichen Regelungen befreunden. Heute tut man gut daran, Denkmalpflege nüchtern als eine öffentliche Aufgabe unter anderen zu sehen, die wie jene ihre feste Grundlage und Ordnung auch im Rechtlichen braucht, wenn sie sich behaupten soll. Dafür gilt es, Zuständigkeitsbereiche abzugrenzen und Beteiligungspflichten festzulegen, vor allem zu einer verbindlichen Fixierung des Erhaltenswerten und seiner Merkmale zu kommen.
Solche Forderungen sind heute noch längst nicht überall erfüllt. Von Denkmalschutzgesetzen kann man zwar in der Tagespresse viel lesen, in der Wirklichkeit aber gehören sie keineswegs schon überall zum festen Bestand. Soweit es sie gibt, beschränkt sich ihre Geltung nicht selten auf die Grenzen früherer Kleinstaaten; so in Hessen ein Gesetz von 1902 auf das Gebiet des damaligen Großherzogtums, in Niedersachsen ein Gesetz von 1909 auf den heutigen Verwaltungsbezirk Oldenburg. Hamburg muß bis heute mit Vorschriften von 1920 zurechtkommen, an ihrer Komplettierung wird seit längerem gearbeitet. Ein verhältnismäßig modernes Gesetz gab sich Schleswig-Holstein 1958 (mit Ergänzungen von 1972). Die vorläufig jüngsten Denkmalschutzgesetze haben Baden-Württemberg (1971) und Bayern (1973) vorzuweisen.
Weitere Bundesländer arbeiten an entsprechenden Entwürfen, sind aber erst mit

Anbruch der siebziger Jahre, unter dem Druck der Öffentlichkeit, angesichts eines galoppierenden Ausverkaufs der Zeugnisse der Geschichte, auf das Thema aufmerksam geworden – man kann nur hoffen: nicht zu spät. Denn von verpaßten Chancen läßt sich nicht nur in der städtebaulichen Praxis weithin reden, auch Stimmung und Stimmenverteilung in den parlamentarischen Gremien lassen durchgreifende Neuregelungen heute kaum noch erwarten. Immerhin handelt es sich um Beschränkungen des Privateigentums, es geht ferner um nicht unerhebliche öffentliche Investitionen für eine Sache, über deren Nutzen oder Nachteil man sich offenbar noch nicht überall schlüssig geworden ist, und es geht auch darum, die rechte Zuordnung von Staat und Gemeinde für diesen Bereich zu finden. So darf man gespannt sein, was die weitere Gesetzgebung uns hier noch bescheren wird; mindestens Hessen, Niedersachsen und Rheinland-Pfalz sollen noch Absichten in dieser Richtung hegen.

Was darf man von Denkmalschutzgesetzen erwarten? Jedenfalls noch keine unmittelbare Klarheit darüber, was nun im einzelnen zu erhalten und wie das zu bewerkstelligen sei; dazu liegen die Fälle und Probleme in der Praxis zu unterschiedlich. Denkmalschutzgesetze enthalten daher in erster Linie Organisations- und Verfahrensvorschriften: Sie regeln Aufbau und Zuständigkeit der Fachbehörden, sie zeichnen vor, wer über Erhaltung oder Preisgabe vorhandener Bausubstanz letztlich entscheiden soll, sie legen fest, in welcher Form diese Entscheidung allseits verbindlich zu machen und durchzusetzen ist und welche Folgerungen sich sonst noch daraus ergeben, z. B. Möglichkeiten und Wege der Finanzierung.

Im Organisatorischen ist es heute die Regel, daß für jedes Land ein zentrales Landesdenkmalamt besteht mit einer Art Doppelcharakter: als staatliche Fachbehörde und zugleich als wissenschaftliches Institut, nämlich soweit ihm die Erforschung und fundierte Aufnahme des historischen Bestandes aufgetragen sind. Abweichungen aber gibt es schon hinsichtlich der Zuständigkeit. Hier weist nahezu jedes Land seine Eigenheiten auf, sei es auf Grund unterschiedlicher Verwaltungsorganisation, sei es auf Grund landschaftlicher Traditionen; noch der ganz persönliche Stil eines Landeskonservators fällt meist spürbar ins Gewicht. Das mag der eine als föderalistische Vielfalt reizvoll finden, während es den andern stört als unübersichtliche Zersplitterung, die den Erfahrungsaustausch und eine gemeinsame Sprache erschwert – und dies zu einer Zeit, da gerade die dringlichsten Probleme von Nord bis Süd doch im wesentlichen die gleichen sind.

Die Art des denkmalpflegerischen Vorgehens kennt also unterschiedliche Wege. Sie verlaufen irgendwo zwischen Liste und List – wenn die leichte Überspitzung im Ausdruck hier erlaubt ist; sie zielt nur auf die Extrempositionen ab. Diese Positionen wären etwa zu umreißen als herkömmlich-reaktive und vorausschauend-initiative. Nach der herkömmlichen Methode werden die erhaltenswerten Bauwerke, zumindest die bedeutenderen unter ihnen, amtlicherseits in eine Liste (Verzeichnis, Denkmalbuch) aufgenommen. Dann haben andere Behörden und öffentliche Stellen die so festgehaltene Bewertung zu beachten. Der Eigentümer wird durch die Eintragung verpflichtet, sich vor allen Veränderungen an dem Bauwerk mit dem Denkmalamt abzustimmen und dessen Genehmigung einzuholen. Werden ihm dabei Auflagen gemacht, die unzumutbare Kostensteigerungen nach sich ziehen – und alles nicht Serienmäßige hat sich ja inzwischen nahezu in Luxuspreise hineingesteigert –, so darf er in der Regel mit staatlichen Zuschüssen rechnen, freilich immer nur im Rahmen der dafür bereitstehenden Haushaltsmittel. Die hier verfügbaren Summen sind in den Ländern recht unterschiedlich, stehen aber meist in groteskem Mißverhältnis zum Bedarf. Ob auch schon für die bloße Nutzungsbeschränkung eine Entschädigung nach enteignungsrechtlichen Maßstäben ausgeworfen werden muß, ist eine heikle Frage; beantworten läßt sie sich meist nur nach einer differenzierten Beurteilung des Einzelfalles. Schließlich gibt es für diesen öffentlichen Zweck auch indirekte Subventionen, mit denen die Privatinitiative angeregt werden soll: die meisten Steuergesetze sehen für Denkmaleigentümer Vergünstigungen vor, aber die wollen ja erst einmal erwirtschaftet sein.

Reaktiv ist ein solcher Schutz zu nennen, weil er seinen Hauptgegner im Eigentümer sieht und darum auch seinen Haupterfolg von behördlicher Kontrolle der Privatinitiative erwartet. Als Muster haben hier unverkennbar die Formen des einstigen Baupolizeirechts gedient. Aber so wie dieses inzwischen weiterentwickelt bzw. durch andere Formen abgelöst wurde, so hat auch die denkmalrechtliche Genehmigungspflicht an Wirksamkeit eingebüßt; die eigentlichen Weichen werden oft genug anderswo gestellt: in den Planungsbüros der Städte und Gemeinden, aber auch der Fachplanungsträger wie Straßenbauverwaltung oder Bundesbahn.

Noch in anderer Hinsicht ist das herkömmliche, auf der Schutzliste aufbauende System fragwürdig geworden: Zu stark geht es von der isolierenden Aneinanderreihung einzelner Bauwerke aus, während die Denkmalpflege längst zur Erhaltung größerer Zusammenhänge, Ensembles oder Stadtstrukturen fortgeschritten ist. Die entsprechende Rechtsform wäre also eher in einem flächenhaften Gebietsschutz zu suchen, für den es Vorbilder in anderen Sachbereichen gibt. Auch die neueren Denkmalschutzgesetze versuchen sich in dieser Richtung, indem sie von ›Gruppen von Sachen‹ (Schleswig-Holstein) oder von ›Gesamtanlagen‹ (Baden-Württemberg) sprechen. Was damit praktisch erreicht werden kann, bleibt abzuwarten.

Von anderer Art ist demgegenüber der Ansatz einer Denkmalpflege, die vorausschauend-initiativ genannt und mit ›List‹ in Verbindung gebracht wurde. Das soll nun nicht heißen, es ginge dabei nicht alles mit rechten, mit rechtlichen Dingen zu. Was allerdings hier dem Konservator abgefordert wird, ist ein erhöhtes Maß an Wendigkeit und Weitblick, vielleicht sogar an ›Grenzüberschreitung‹ und sicher an Engagement. Denn es geht darum, Bedeutung und Funktion des historischen Bestandes nicht von der Vergangenheit, sondern von der Zukunft her zu bestimmen, als notwendigen Ausgangspunkt jeder realistischen Planung und unter dem Gesichtswinkel: Was werden die steingewordenen Zeugnisse des Lebens von vorgestern dem Menschen, der Gesellschaft von morgen zu sagen haben? An welcher Stelle und in welchem Zusammenhang?

Solche Fragestellungen zwingen dann alsbald dazu, alle Erhaltungsbemühungen eng zu koordinieren mit den Entwicklungszielen anderer Behörden, Ressorts und schließlich eines ganzen Landes, wie es bisher vor allem – vielleicht bezeichnenderweise – in den rheinisch-westfälischen Ballungsgebieten praktiziert wird. Dort stützen Denkmalpflege und Stadterneuerung sich gegenseitig ab und profitieren beide davon: Die Planungsstellen erhalten fundierte Grunddaten zur Bestandsaufnahme, und die Denkmalpflege sichert sich durch diese Datenaufbereitung nicht nur ihren Platz am gemeinsamen Tisch, sondern kann auch finanziell endlich einmal mehr als nur Almosen auf die ihr anvertrauten Objekte hinlenken. Rechtlich liegt dem das Instrumentarium der Landesentwicklungsplanung zugrunde, das freilich in manchem Bundesland erst noch auszubauen wäre und auch dann noch immer nur eine Art Rahmen abgeben kann für die, die ihn – je nach individuellem Geschick und gutem Willen – mit konkreter Verwaltungskunst auszufüllen haben.

Von dem, was sich zwischen diesen Extrempositionen denkmalpflegerischer Praxis abspielt, mag einiges rechtlich fester konturiert erscheinen – ein Eindruck freilich, der sich bei näherem Zusehen oft genug als Schein erweist. Das ist einmal das Verunstaltungsverbot, heute im Bauordnungsrecht verankert, zum anderen die Mitwirkung der Denkmalämter an der gemeindlichen Bauleitplanung. Die Frage der Verunstaltung stellt sich mit jedem Baugesuch von neuem, betrifft jedoch weniger die einzelnen Baudenkmale selbst als das, was um sie her an Neu- und Umbauten entsteht; sie sind nach dem Gesetz »mit ihrer Umgebung in Einklang zu bringen« und dürfen das Ortsbild nicht stören. Das sind freilich – ähnlich wie die geforderte »Rücksicht auf erhaltenswerte Eigenarten« – zunächst einmal Blankoformeln, Worte, mit denen und über die sich trefflich streiten läßt. Man denke nur an das Hochhaus, das dem einen als Barbarei, dem andern als städtebauliche Dominante gilt, ganz zu schweigen von feineren Merkmalen wie dem sichtbaren Material und der Formensprache moderner Fassaden.

Der durchschnittliche Kreisbauinspektor läßt den gestalterischen Aspekt eingereichter Entwürfe oft wohl mehr aus Achtlosigkeit durchgehen, vielleicht auch aus Ratlosigkeit, wie es besser zu machen wäre, zumal wenn er nicht auf den Gedanken kommt (oder kommen will), solchen Rat an sachkundiger Stelle einzuholen. Damit könnte er ja auch bereits bedenklich über das Niveau des ›gebildeten Durchschnittsmenschen‹ hinausgeraten, der hier immer noch als Maßstab gilt. Dabei hat doch vorrangiges Maßstabselement – das erkennen auch die Gerichte zunehmend an – die örtliche Situation zu sein, die Eigenprägung einer Umgebung, in die jemand hineinbaut. Diese Eigenprägung auch rechtlich zum Maßstab zu erheben, läge in der Hand der Gemeinden: Sie könnten ihre Gestaltungsabsicht zu örtlichen Vorschriften verdichten und damit Bauherren und Baubehörden gleichermaßen binden. Praktisch aber gehen diese Ortsvorschriften nur selten über gewisse Mindestregeln für die Außenreklame hinaus. Welcher Ratsherr – meist doch zugleich Hausbesitzer und/oder Gewerbetreibender – sollte auch schon darauf versessen sein, sich auf solche Weise die eigene Gestaltungsfreiheit einzuschnüren? Hier steckt eine der heiklen Fragen örtlicher Denkmalpflege. Gewiß gibt es manche beachtliche Ausnahme, wo Einsicht, Gemeingeist und Disziplin sich in einem Stadtbild niederschlagen, das nicht nur sehenswert (für hastige Touristen), sondern auch lebenswert (für ständige Bewohner) ist. Schade nur, daß solche Maßstäbe zu lange in Vergessenheit geraten waren und erst jetzt, da oft nicht mehr viel zu retten ist, wiederentdeckt werden.

Inzwischen hat sich das Recht des Städtebaus zunehmend dynamisiert. Der Steuerungseffekt der einzelnen Bauerlaubnis ist großenteils abgelöst worden durch das Gewicht des vorausgehenden Gesamtplans. Im Grunde entspricht dieser Wandel nur dem in der Denkmalpflege selbst: vom Punktuellen zum Globalen. Die rechtliche Verklammerung indessen ist bislang noch unbefriedigend. Schon die Zuständigkeitsverteilung läßt etwas davon ahnen: Die Planungsgesetzgebung liegt

beim Bund; die Denkmalpflege ist bei den Ländern installiert; die örtliche Planung hingegen wird von den Städten und Gemeinden wahrgenommen, und zwar »in eigener Verantwortung«, was dann in leicht mißverständlichem Sprachgebrauch zur ›Planungshoheit‹ gesteigert wird. Richtig ist, daß die Abwägung zwischen den raumrelevanten Bedürfnissen wie dann auch die Entscheidung über die zulässige Bodennutzung im örtlichen Bereich formell der unteren, der lokalen Ebene übertragen ist. Doch der Rat als Ortsgesetzgeber befindet sich nicht im luftleeren Raum, er ist eingespannt in ein Netz vielfältiger Bindungen: durch die im Bundesbaugesetz vorgezeichneten Kriterien, wenn sie auch recht allgemein gefaßt sind; durch eine Staatsaufsicht, wenn sie auch gegenüber früheren Zeiten sichtlich geschwächt ist; durch die überörtlich gesetzten Ziele der Raumordnung und Landesplanung, die schon ernster zu nehmen sind; und namentlich durch die Abhängigkeit von staatlichen Zuschüssen bei den meisten größeren Projekten.
Wo in diesem Geflecht die Denkmalpflege ihren Platz finden soll, ist nicht immer ganz klar. Das Bundesbaugesetz jedenfalls erwähnt sie nur ganz am Rande in einer Verfahrensvorschrift, im übrigen sparte der Bund sie aus, um nicht in eine Domäne der Länder einzugreifen. So bleiben die Denkmalämter dann auch oft beschränkt auf eine mehr kursorische Beteiligung an der Planaufstellung, wie sie ebenso den zahlreichen anderen ›Trägern öffentlicher Belange‹ zusteht: Sie dürfen als Außenstehende Stellung nehmen, im Grunde aber nicht verantwortlich mitwirken. Und damit geraten sie schon fast in eine Linie mit den von der Planung Betroffenen, die oft genug nur noch der Form halber angehört werden. Daß hier neue Wege gefunden werden müssen, ist heute verbreitete Meinung; praktikable Formen haben sich noch kaum herausgebildet.
Hierzu trägt auch das Städtebauförderungsgesetz noch nicht viel bei. Neben mancher Neuerung, die aufhorchen läßt, stecken in ihm doch Tendenzen, die gerade dem umfassenden Konzept einer erhaltenden Erneuerung gefährlich werden können. Die vage und allzu isolierte Klausel von der »Rücksicht auf Baudenkmale« (§ 10), erst in fortgeschrittenem Stadium der Gesetzgebung gegen Widerstände durchgesetzt, dürfte allein kaum die mit ihr verbundenen Erwartungen erfüllen. Es bleibt allerdings eine Frage, ob ein solches allgemeines und eher rahmensetzendes Gesetz viel mehr enthalten konnte. Der entscheidende Impuls dafür, was und wie saniert wird, muß aus der örtlichen Situation erwachsen und dann auch von der dort wirksamen Öffentlichkeit mitgetragen werden. Das Städtebauförderungsgesetz schneidet solche Möglichkeiten nicht ab. Insgesamt muß man aber wohl sagen, daß es uns noch an brauchbaren Verfahrensmodellen für die durchgreifende Wiederbelebung funktionsgestörter Altstädte fehlt.
Das Ausland scheint uns da einiges vorauszuhaben. Besonders das französische Gesetz von 1962, die sogenannte Loi Malraux, wird hier in aller Regel als Beispiel herangezogen, meist auch gleich mit deutlich positiven Akzenten versehen. In der Tat: Der Idee nach handelt es sich um ein einleuchtendes Konzept insofern, als die historischen Viertel einmal wirklich in ihrer Besonderheit erkannt und in den Mittelpunkt einer umfassenden, funktionalen und aktiven Erneuerungsstrategie gestellt werden. Technische und baukünstlerische, wirtschaftliche und soziale Momente sollen sich, das ist die Vorstellung, zu einem Maßnahmenbündel vereinigen, das allein noch der fälligen Entwicklungsaufgabe adäquat sein könnte. Die prakti-

schen Erfolge allerdings, etwa im Pariser Stadtteil Marais oder in Chartres, in Poitiers, Saumur oder Angers, werden vorerst noch recht maßvoll beurteilt; das weitgespannte Programm befindet sich, vorsichtig gesagt, noch immer in der Anlaufphase. Ohnehin werden sich ausländische Vorbilder nicht unbesehen in die anders gearteten Rahmenbedingungen hierzulande übertragen lassen. So sind die Entscheidungen – für Frankreich kaum überraschend – stark zentralisiert, kommen ›von oben‹; ihre Durchsetzung erfordert einige Rigorosität. Zwar können die Hausbesitzer mit erheblichen Finanzhilfen rechnen, aber den Mietern bleibt meist nur das Los dauernder Umquartierung.

Gerade darin geht die 1969 verabschiedete Entwicklungsplanung für das Centro Storico von Bologna ganz andere Wege. Dort war die Initiative in erster Linie eine Sache der örtlichen Bürgerschaft selbst, und ›Refunktionalisierung‹ wird vor allem betrieben, um die Lebensbedingungen der dort Wohnenden zu verbessern, aber nun nicht durch einseitige hygienische Maßnahmen, sondern gerade auch durch erhaltende Aufwertung der historischen Struktur. Gewiß kann ein so primär sozial engagiertes Projekt nicht verzichten auf nachhaltige Eingriffe in die Sphäre des einzelnen (Nutzungs- und Verkehrsbeschränkungen), die in diesem Falle von der Gesamtheit bejaht werden. Aber es wäre der Prüfung wert, ob derlei wirklich nur dort realisierbar ist, wo die kommunistische Partei in der Mehrheit ist.

Wieder anders ist der von England eingeschlagene Weg. Seit dem Civic Amenities Act von 1967 (einer Art umfassendes Verunstaltungsgesetz, inzwischen eingebaut in den Town Planning Act von 1971) sind die örtlichen Planungsbehörden verpflichtet, historische Schutzbereiche auszuweisen und in ihnen nicht nur das Baugeschehen besonders zu überwachen, sondern auch durch konsequente öffentliche Maßnahmen auf eine schrittweise Regeneration hinzuwirken. Vier Altstädte (York, Chester, Bath, Chichester) wurden im Auftrag der Regierung als Mustersanierungen bearbeitet und sorgfältig publiziert. Schon vorher, ohne besondere gesetzliche Grundlage, hatte es ähnliche modellhafte Erneuerungen für eine Reihe anderer Stadtkerne gegeben. Das entschiedene Eintreten des Staates für die große Aufgabe, gestützt durch ein starkes Interesse in der Öffentlichkeit, hat schon zu manchem beachtlichen Erfolg geführt.

An beidem scheint es in der Bundesrepublik noch zu fehlen. Zwar verfügen wir über eine groß angelegte Studie über die Zukunft der Altstadt von Regensburg aus dem Jahr 1967 (400), die indessen nicht in die Praxis umgesetzt wird. Auch hat das Städtebauministerium schon verschiedene Studien- und Modellvorhaben zum Problem der erhaltenden Erneuerung finanziert, deren Ergebnisse aber bisher nicht veröffentlicht sind. Ratlos stehen wir vor unsern größten ›Sorgenkindern‹: Lübeck und Bamberg. Zu wünschen wäre immerhin, daß wir bis zum Denkmalschutzjahr 1975, wenn die Denkmalpfleger der Welt zur ICOMOS-Tagung in unser Land kommen, wenigstens einige überzeugende Beispiele vorzuweisen hätten.

EDMUND GASSNER

Die städtebauliche Infrastruktur

Definition der Begriffe

Der Ausdruck ›Infrastruktur‹ beinhaltet in den Wirtschafts- und Sozialwissenschaften, wo er häufig verwandt wird, die »Gesamtheit der materiellen, institutionellen und personellen Einrichtungen und Gegebenheiten, die der arbeitsteiligen Wirtschaft zur Verfügung stehen und dazu beitragen, daß gleiche Faktorentgelte für gleiche Faktorleistungen (vollständige Integration) bei zweckmäßiger Allokation der Ressourcen (höchstmögliches Niveau der Wirtschaftstätigkeit) gezahlt werden« (vgl. Stichwort *Infrastruktur* in 5). Für unsere Betrachtung interessiert der Teil der Infrastruktur, der als ›materielle Infrastruktur‹ bezeichnet wird. Sie »umfaßt die Gesamtheit aller Anlagen, Ausrüstungen und Betriebsmittel in einer Gesamtwirtschaft, die zur Energieversorgung, Verkehrsbedienung, Telekommunikation und zur Konservierung der natürlichen Ressourcen und Verkehrswege dienen. Ferner sind ihr die Gebäude und Einrichtungen der öffentlichen Verwaltung, des Erziehungs-, Forschungs-, Gesundheits- und Fürsorgewesens zuzuschreiben. Die materielle Infrastruktur ist damit der Teil des Realkapitalstocks einer Wirtschaft, der dazu dient, Nutzungen zu erzeugen, die überwiegend als Vorleistungen in die Produktion von Gütern und Diensten eingehen« (5). Zur materiellen Infrastruktur gehört auch die ›städtebauliche Infrastruktur‹, deren Inhalt durch die Summe von technischer Infrastruktur (Erschließungsanlagen) und Folgeeinrichtungen (soziale Infrastruktur) umschrieben ist. Nimmt man zu diesen öffentlichen und quasi-öffentlichen Gütern, die allgemeine Vorleistungen zur Daseinsvorsorge darstellen, noch die privatwirtschaftlichen Unternehmen wie Handels- und Dienstleistungsbetriebe hinzu, so kommt man zu den bei städtebaulichen Entwicklungen insgesamt erforderlichen ›Aufschließungsmaßnahmen‹.

Unter ›Aufschließung‹ versteht man nach dem *Planungswörterbuch des Deutschen Verbandes für Wohnungswesen, Städtebau und Raumplanung* (1970) »die Gesamtheit der Maßnahmen mit dem Ziel, in einem bisher nicht genügend entwickelten Raum planmäßig eine Grundausstattung als Voraussetzung für eine bestmögliche Nutzung zu schaffen«. Ein Überblick über alle Anlagen und Einrichtungen, die unter den Begriffen ›städtebauliche Infrastruktur‹ und – erweitert – ›städtebauliche Aufschließung‹ zusammengefaßt werden können, wird in *Abb. 20* gegeben. Das Schema enthält die Untergliederung der Aufschließung in Erschließungsanlagen, Folgeeinrichtungen und private Versorgungseinrichtungen. Die städtebauliche Infrastruktur ist nach der angeführten Terminologie auf die Erschließungsanlagen im öffentlichen Bereich und die Folgeeinrichtungen begrenzt.

Der Erschließungskomplex ist detailliert dargestellt. Der Begriff ›Erschließung‹ umfaßt nach dem *Planungswörterbuch* allgemein die »Gesamtheit der von der öffentlichen Hand und von Bauherren zu treffenden Maßnahmen, die ermöglichen sollen, daß Grundstücke baulich genutzt, insbesondere freigelegt und an das öffentliche Verkehrs- und Versorgungsnetz angeschlossen werden können«. Die Erschließungsanlagen bestehen aus den Verkehrsanlagen wie Straßen, Wege, Plätze, Anlagen für den öffentlichen Personennahverkehr, Parkierungsanlagen, aus den Leitungsnetzen der Versorgung und Entwässerung einschließlich der Gewinnungs- und Klärwerke sowie den Anlagen zur Beseitigung fester Abfallstoffe. Je nach städtebaulicher Konzeption ist in den Erschließungsflächen auch sogenanntes Erschließungsgrün ausgewiesen, als Straßenbegleitgrün, als Trenn- oder Lärmschutzgrün und als »zur Erschließung notwendiges« Erholungsgrün.

›Folgeeinrichtungen‹ sind öffentliche und diesen gleichzusetzende Einrichtungen, die infolge einer größeren Anzahl von Wohnungen erforderlich sind, um die bildungsmäßige, seelsorgerische, gesundheitliche, soziale und verwaltungsmäßige Betreuung der Bewohner zu gewährleisten. Die Folgeeinrichtungen gliedern sich, wie aus *Abb. 20* hervorgeht, in zwei Gruppen: in ›Gemeinbedarfseinrichtungen‹ und in ›Grünflächen‹, wobei hier diejenigen Grünflächen gemeint sind, die über das Erschließungsgrün hinausgehen, z. B. Parkanlagen, Sport-, Spiel-, Zelt- und Badeplätze, Friedhöfe, Dauerkleingartenanlagen. Daß auch Folgeeinrichtungen der Erschließung bedürfen, sei ausdrücklich vermerkt. Man muß daher jeweils prüfen, welcher Anteil vom gesamten Erschließungskomplex der betreffenden Anlage zukommt. Zu den ›privaten Versorgungseinrichtungen‹ gehören im wesentlichen in Neubaugebieten die Ladengruppen mit Einzelhandelsgeschäften, Handwerksbetrieben, Kreditinstituten, Dienstleistungsunternehmen, gegebenenfalls auch Ärztezentren.

Die Erschließung ist ein wesentlicher Teil einer jeden städtebaulichen Maßnahme, ja ihr baulicher Beginn. In ihrer Konzeption korrespondiert sie mit städtebaulichen Struktur- und Gestaltungsvorstellungen, wobei wachsende zivilisatorische Ansprüche (Wohnungs- und Arbeitshygiene, Wasser- und Energiebedarf, Fernwärme, Beseitigung flüssiger und fester Abfallstoffe), die Befriedigung der durch den Verkehr sich stellenden Anforderungen, soziale und kulturelle Ansprüche an die Grundausstattung sowie Forderungen an die Umweltqualität den Gemeinden als den gesetzlichen Trägern der städtebaulichen Planung und der Erschließung eine gegenüber früher sehr viel größere technische und wirtschaftliche Verantwortung auferlegen. Von der Erschließungskonzeption in Verbindung mit der Standortbestimmung für die Folgeeinrichtungen und bauliche Nutzungszonen, vom städtebaulichen Strukturkonzept also hängt entscheidend ab, welche Infrastrukturaufwendungen jeweils anfallen und von den Beteiligten, d. h. von der Gemeinde oder der Öffentlichen Hand sowie von den Grundeigentümern und Bauherren getragen werden müssen (133).

Der Erschließungskomplex

Die Erschließungsanlagen bedürfen einer genaueren Untersuchung in bezug auf ihre Differenzierung in äußere und innere Erschließung sowie in die drei Erschließungsbereiche: öffentlicher Bereich, Gemeinschaftsbereich und Bereich des Baugrundstückes *(Abb. 20)*. Wegen der räumlichen und funktionellen Unterschiede hat sich in der Praxis der Raumplanung die Aufgliederung der Erschließung in ›äußere‹ und ›innere Erschließung‹ als nützlich erwiesen. Bei Wirtschaftlichkeitsbetrachtungen ist diese Aufspaltung von grundlegender Bedeutung.

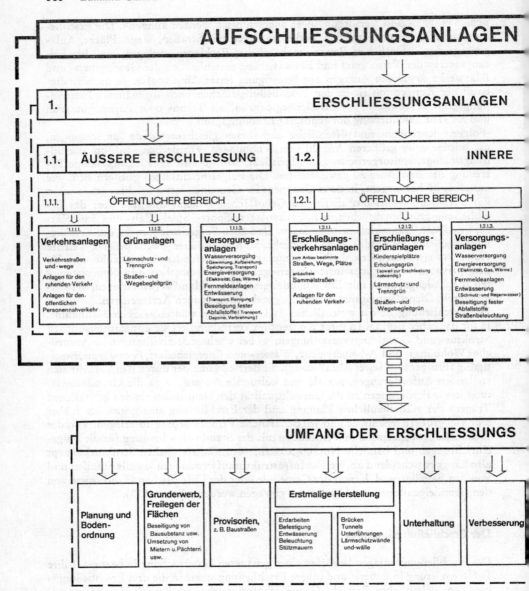

Abb. 20 Übersicht über die Anlagen und Einrichtungen der städtebaulichen Infrastruktur (nach 46)

Die städtebauliche Infrastruktur 319

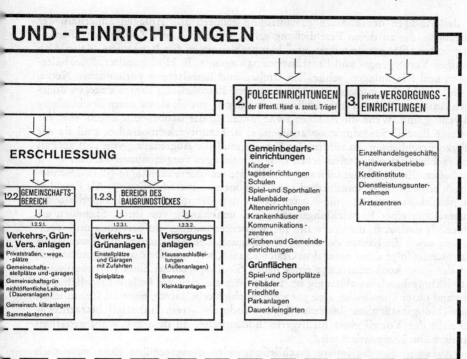

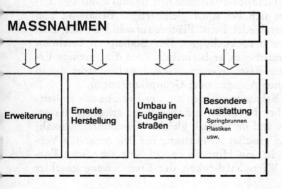

Zu den Anlagen der äußeren Erschließung gehören alle Anlagen außerhalb der Baugebiete, die zu deren Erschließung erforderlich sind, wie Zubringerstraßen zu Baugebieten, Hauptzuleitungen und Hauptableitungen für Baugebiete, Anteile an sonstigen Versorgungs- und Entwässerungsanlagen, z. B. Hochbehälter, Rückhaltebecken und Kläranlagen, schließlich Umbau und Erweiterung vorhandener Netze, an die Anschluß genommen wird. Zur inneren Erschließung zählen dagegen diejenigen Anlagen, die innerhalb der Baugebiete liegen, soweit sie zu deren Erschließung notwendig sind. Wenn die Anlagen zwar innerhalb der Baubereiche liegen, aber für sie keine Erschließungsfunktion ausüben, z. B. Hauptverkehrsstraßen, sind sie zur äußeren Erschließung zu zählen. Im übrigen muß die Abgrenzung von Fall zu Fall nach sachbedingten städtebaulichen Zusammenhängen vorgenommen werden.

Der äußere Erschließungsaufwand ist teilweise standortunabhängig (›Basiserschließung‹), teilweise aber standortbedingt (›Standortzusatzerschließung‹). Als Erschließungsbasiskosten werden die Kosten betrachtet, die in jedem Fall außerhalb des Baubereiches einer Entwicklungsmaßnahme, unabhängig von ihrem Standort, erforderlich sind, z. B. der Aufwand für Wassergewinnung, -aufbereitung und -speicherung sowie die Kosten der Abwasserreinigung. Die Abgrenzung der Standortzusatzkosten erfolgt dann unter dem Gesichtspunkt, wie weit der Aufwand tatsächlich von der ganz konkreten Lage eines neuen Siedlungsgebiets, eines städtebaulichen Entwicklungsbereiches abhängig ist. Es leuchtet ein, daß der äußere Erschließungsaufwand unter Umständen eine ganz erhebliche Vorbelastung einer städtebaulichen Entwicklungsmaßnahme bedeuten kann, wodurch – rein finanziell betrachtet – vielleicht der Vorteil eines niedrigeren Bodenpreises an dem zur Wahl gestellten Standort überkompensiert wird.

Der Aufwand für die innere Erschließung wird demgegenüber ganz wesentlich vom Bebauungsplan bestimmt, d. h. von der Parzellierung, der Form und Dichte der Bebauung und von den Erschließungssystemen. Freilich beeinflussen außer diesen städtebaulichen Festsetzungen auch die örtlichen Gelände-, Untergrund- und Grundwasserverhältnisse, ja auch die Gefälleverhältnisse den Bauaufwand von Erschließungsanlagen. Dadurch ergeben sich bei sonst gleichartiger Bebauung und Erschließung beachtliche Kostenunterschiede. Beim Flächenaufwand ist der Einfluß unterschiedlicher Bodenpreise zu berücksichtigen. Der Bodenpreis bestimmt nicht nur den Preis des Nettobaugrundstückes, er beeinflußt über die anteilige Erschließungsfläche auch den zugehörigen Erschließungsaufwand, unbeschadet der in dieser Fläche zu investierenden baulichen Anlagen oder Grünpflanzungen.

Analysen einer größeren Anzahl von Bebauungsplänen aus der Praxis nach einheitlichen Maßstäben und auf einheitlicher Kostenbasis haben u. a. erkennen lassen, daß der spezifische Erschließungsaufwand im Bereich gleicher Geschoßflächenzahlen, gleicher Bodenpreise und auch bei gleicher Ausstattung für den ruhenden Verkehr außerordentlich unterschiedlich ist, ein Hinweis darauf, wie sehr beim Entwurf von Bebauungsplänen auf die Wirtschaftlichkeit der Erschließung geachtet werden muß (133, 125).

Wie in *Abb. 20* dargestellt, betrifft die äußere Erschließung nur den öffentlichen Bereich, während die innere Erschließung darüber hinaus auch in einem Gemeinschaftsbereich sowie im Bereich des Baugrundstückes durchgeführt wird. Der Gemeinschaftsbereich bildet eine Zwischenstufe zwischen öffentlichem und Grund-

Die städtebauliche Infrastruktur 321

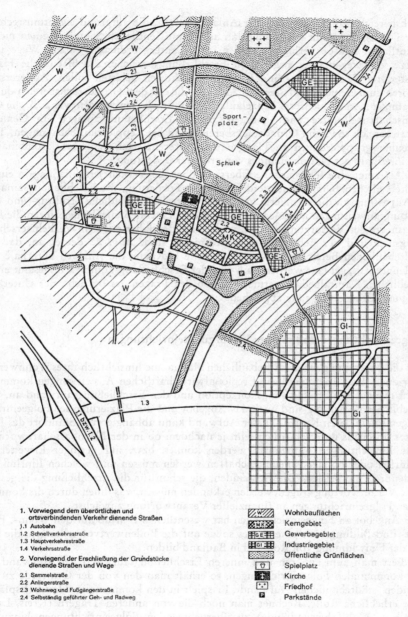

1. Vorwiegend dem überörtlichen und ortsverbindenden Verkehr dienende Straßen
1.1 Autobahn
1.2 Schnellverkehrsstraße
1.3 Hauptverkehrsstraße
1.4 Verkehrsstraße
2. Vorwiegend der Erschließung der Grundstücke dienende Straßen und Wege
2.1 Sammelstraße
2.2 Anliegerstraße
2.3 Wohnweg und Fußgängerstraße
2.4 Selbständig geführter Geh- und Radweg

- Wohnbauflächen
- Kerngebiet
- Gewerbegebiet
- Industriegebiet
- Öffentliche Grünflächen
- Spielplatz
- Kirche
- Friedhof
- Parkstände

Abb. 21 Verkehrserschließung eines Baugebietes (nach 125)

stücksbereich. Einmal werden hier Anlagen erfaßt, die aufgrund eigentumsrechtlicher Festsetzungen im Bebauungsplan aus dem öffentlichen Sektor in einen nichtöffentlichen Sektor verlagert werden, z. B. untergeordnete Straßen, Wege und Plätze, die wegen ihres begrenzten Erschließungsbereiches die öffentliche Hand nicht durch Herstellungs- und Unterhaltungskosten belasten sollen. Andererseits gehören zum Gemeinschaftsbereich Anlagen, die aus dem Grundstücksbereich durch Zusammenfassung mehrerer Einzelanlagen herausgehoben werden wie z. B. die Gemeinschaftsstellplätze und -garagen. Solche Erschließungsanlagen im Gemeinschaftsbereich sowie im Grundstücksbereich sind bei Teppichhausbebauungen, Terrassenhausgruppierungen an Hängen und differenzierten Wohnblockkombinationen innerhalb des Nettobaulandes von größerer Bedeutung.
Abb. 21 zeigt eine schematische Übersicht über die Verkehrserschließung in einem städtebaulichen Bereich und verdeutlicht die Forderung, die Erschließungsanlagen in Anpassung an differenzierte und qualifizierte städtebauliche Struktur- und Gestaltungsanweisungen auszulegen. Unter diesen Erschließungsflächen liegen die Leitungsnetze der Versorgung und Entwässerung, die daher mit dem Verkehrserschließungsnetz und der Bebauung zu koordinieren sind. *Abb. 22* deutet an, daß im städtebaulichen Bereich auch der sogenannte U-Raum, die Anlagen unterhalb des Bodenniveaus, geplant werden muß und der Erschließungskomplex insgesamt einen erheblichen Kapitalbedarf verursacht, von den Fragen des Betriebs, der Unterhaltung und Erneuerung ganz abgesehen.

Folgeeinrichtungen und private Versorgungseinrichtungen

Für die Beurteilung einer städtebaulichen Maßnahme hinsichtlich ihres Wohnwertes, aber auch ihrer kommunal- und regionalwirtschaftlichen Auswirkungen kommt es nicht nur auf die Erschließungskonzeption und den Erschließungsaufwand an, von erheblicher Bedeutung sind auch das Angebot und die Plazierung der Folgeeinrichtungen sowie deren Kosten. Dieser Aufwand kann abhängig vom Standort des Projektes durchaus unterschiedlich sein, je nachdem ob in der Nachbarschaft vorhandene Einrichtungen mitbenutzt werden können bzw. nur geringer Erweiterung bedürfen oder ob eigens neue geschaffen werden müssen und welchen Einfluß der Bodenpreis hierbei hat. Die Gemeinden, die schon für die Erschließung die gesetzliche Verantwortung tragen, werden erkunden müssen, was ihnen durch die kommunalen Folgeeinrichtungen an finanzieller Verantwortung zuwächst.
Das Angebot an Folgeeinrichtungen hat wesentlichen Einfluß auf den Wohn-, Freizeit- und Bildungswert eines Ortes sowie auf die Bodenwertvorstellungen, die sich bei der Umwidmung von Rohland in Bauland bilden.
Addiert man zum äußeren und inneren Erschließungsaufwand den Aufwand für die kommunalen Folgeeinrichtungen, so erhält man den von der Gemeinde zu leistenden ›städtebaulichen Aufwand‹. Er spielt in den kommunalen Haushaltsplänen eine erhebliche Rolle. Rechnet man noch die von anderen Trägern (Kreis, Land, Kirchen, Wohlfahrtsverbände) zu übernehmenden Folgeeinrichtungen hinzu, so zeigt sich der gesamte ›städtebauliche Infrastrukturaufwand‹, der im Rahmen der Ansiedlung geleistet werden muß.

Ein weiteres Problem ist die Ausstattung mit privaten Versorgungseinrichtungen. Die Bewohner einer Siedlung oder eines Stadtteiles erwarten eine Mindestausstattung, die ihnen eine qualifizierte Deckung des täglichen Bedarfes in der Nähe ermöglicht, während man Güter des höheren Bedarfes in vertretbarer Entfernung zur Verfügung haben möchte.

Mit den gewachsenen Ansprüchen an öffentliche Folgeeinrichtungen und private Dienstleistungen ist daher die Frage der Tragfähigkeit verquickt und damit auch die Frage nach den anzustrebenden Siedlungsgrößen im engeren und weiteren Verflechtungsbereich. Es gilt also z. B. festzustellen, wieviele Einwohner in etwa zur Grundausstattung oder zur gehobeneren Ausstattung erforderlich sind und wie daher bei gestreuter Siedlungsstruktur Entwicklungsimpulse im Sinne von Schwerpunktbildungen gelenkt werden sollten (182).

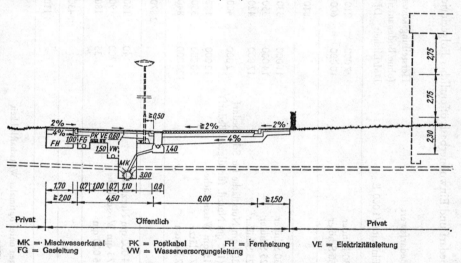

Abb. 22 Anordnung der Versorgungsleitungen in einer Erschließungsstraße (nach 125)

Es leuchtet ein, daß die Betriebe des privatwirtschaftlichen Versorgungsbereiches auf die Kaufkraft einer bestimmten Zahl von Einwohnern angewiesen sind, wenn eine sichere Existenzgrundlage erwartet werden soll. Bei den öffentlichen Einrichtungen stehen zwar wirtschaftliche Aspekte weniger im Vordergrund und normative Ansprüche machen sich geltend. Hier ist die ›Funktionsgröße‹ maßgebend, die sich nach Abwägung aller Gesichtspunkte und nach kritischer Bewertung aller feststellbaren Erfordernisse als die günstigste Größe für die jeweilige Einrichtung ergibt (389).

In Tabelle 30 ist das quantitative Ergebnis einer Untersuchung zusammengestellt, die sich mit dem Aufwand und der Einwohnerbasis öffentlicher Folgeeinrichtungen befaßt. Es handelt sich um durchschnittliche, freilich kritisch abgeleitete Werte, die immerhin einen ersten Anhalt bieten. Die Herstellungskosten und der Flächenbedarf sind auf einen Einwohner bezogen, in der letzten Spalte ist die zur Beurtei-

Tabelle 30. Herstellungskosten, Flächenbedarf und Einwohnerbasis öffentlicher Folgeeinrichtungen. Kostenstand 1972 (nach 20 fortgeschrieben)

Nr.	Einrichtungen	Bedarfswert Einheiten/1 000 E	Herstellungskosten (ohne Bodenanteil) DM/Einheit	Herstellungskosten (ohne Bodenanteil) DM/E	Flächenbedarf qm/E	Optimaler Einzugsbereich E
1	Kindergarten	30 Kinder	7 000	210	1,00	2 000–4 000
2	Grundschule (Primarstufe)	60 Schüler	10 000	600	1,50	4 000–8 000
	Zwischensumme			810	2,50	
3	Hauptschule (Sekundarst. I)	30 Schüler	11 000	330	0,80	≧ 10 000
4	Realschule (Sekundarst. I)	25 Schüler	14 000	350	0,60	≧ 14 000
5	Gymnasium (Sekundarst. I u. II)	25 Schüler	17 000	420	0,60	≧ 18 000
6	Turn- und Sporthalle	200 qm Nutzfläche für Schulbedarf (150 qm Nutzfl. für allgem. Bedarf)	2 000	400	0,70	≧ 3 000
7	Hallenbad	15 qm Wasserfläche	12 000	180	0,20	≧ 13 000
8	Altenheim, -wohnheim	7 Plätze	50 000	350	0,50	20–30 000
9	Krankenhaus (Akukr., Grundv.)	7 Betten	120 000	840	0,70	≧ 30 000
	Zwischensumme			2 870	4,10	
10	Spiel- und Sportanlage	4 000 qm Nutzfläche	40	160	5,80	≧ 3 000
11	Freibad	75 qm Wasserfläche	1 200	90	1,40	≧ 10 000
12	Friedhof	5 000 qm	35	180	5,00	80–100 000 [1]
	Zwischensumme			430	12,20	
	Gesamtsumme			4 110	18,80	

[1] Bei voller Ausstattung mit Betriebseinrichtungen unter optimaler Wirtschaftlichkeit

Die städtebauliche Infrastruktur 325

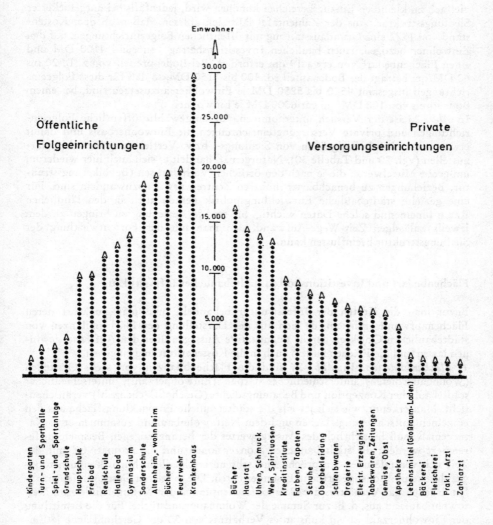

Abb. 23 Einwohnerbasis ausgewählter Folge- und Versorgungseinrichtungen in anzustrebenden Zielgrößen (nach 20 und 182 fortgeschrieben)

lung maßgebende Einwohnerbasis vermerkt. Die auffallend breite Einwohnerbasis beim Friedhof ist unter dem Gesichtspunkt voller Ausstattung bei optimaler Wirtschaftlichkeit zustandegekommen. Bei der Ausstattung mit Friedhöfen sind freilich auch noch andere Gesichtspunkte zu berücksichtigen, so daß man in der Praxis vielfach zu kleineren Einzugsbereichen kommen wird, jedenfalls bei aufgelockerter Siedlungsstruktur. Aus der Zahlentafel läßt sich ablesen, daß nach dem Kostenstand von 1972 eine Grundausstattung mit öffentlichen Folgeeinrichtungen, auf den Einwohner bezogen, einen baulichen Investitionsbetrag von rund 4100 DM und einen Flächenbedarf von etwa 19 qm erfordert. Bei Bodenpreisen von z. B. 20 bis 60 DM/qm beträgt der Bodenanteil rd. 400 bis 1150 DM, so daß für diese Folgeeinrichtungen insgesamt 4500 bis 5250 DM je Einwohner anzusetzen sind, bei einem Bodenpreis von 100 DM/qm gar 6000 DM je Einwohner.

In *Abb.* 23 ist der Versuch unternommen, für ausgewählte öffentliche Folgeeinrichtungen und private Versorgungseinrichtungen die Einwohnerbasis und damit etwa anzustrebende Zielgrößen von Siedlungs-, bzw. Verflechtungsbereichen darzustellen (vgl. 20 und Tabelle 30). Naturgemäß handelt es sich auch hier wiederum um grobe Mittelwerte, die je nach den örtlichen Verhältnissen (Bevölkerungsstruktur, Beziehungen zu benachbarten höheren Zentren usw.) abzuwandeln sind. Für eine gezielte städtebauliche Entwicklungspolitik gerade auch in den ländlichen Raum hinein sind solche Daten wichtig. Sie sind in Beziehung zu bringen zu dem jeweils zulässigen Zeit-Wege-Aufwand, den man mit der Fortentwicklung der Siedlungsstruktur beeinflussen kann.

Flächenbedarf und Investitionskosten städtebaulicher Infrastruktur

Bevor man die Kosten der Infrastruktur behandelt, muß man zunächst deren Flächenaufwand ermitteln, da sich aus der Darstellung der Flächenbilanzen von städtebaulichen Objekten bereits quantitative Aussagen über den Aufwand gewinnen lassen und die Flächen zudem auch in die Kostenermittlung eingehen.

1. *Flächenbilanzen.* In *Abb.* 24 sind die Flächenbilanzen von sechs Ortsteilen (Wohnbaugebieten) unterschiedlicher Größe (Einwohnerzahl), unterschiedlicher städtebaulicher Konzeption und Bebauungsdichte (Geschoßflächenzahl) veranschaulicht. Man erkennt, wie sich jeweils die städtebauliche Entwicklungsfläche aus den einzelnen Aufschließungsflächen und dem Nettowohnbauland zusammensetzt. Naturgemäß muß hinsichtlich des Aussagewertes der herangezogenen Beispiele differenziert werden; die städtebaulichen Konzeptionen und die normativen, mit der Zeit sich verändernden Ansprüche sind sehr unterschiedlich, hinzu kommen topographische und sonstige örtliche Besonderheiten. Die mittleren Geschoßflächenzahlen drücken das Verhältnis der Geschoßflächensumme der Wohngebäude zum Nettowohnbauland aus, d. h. zur Summe der Wohnbaugrundstücke. Für die Ermittlung der Einwohnerzahl ist ein konstantes Verhältnis von 30 qm Geschoßfläche je Einwohner zugrunde gelegt, so daß ein eindeutiger Bezug zur Geschoßflächensumme des Objekts besteht. Die Übersicht zeigt, wie mit zunehmender Dichte die Flächen für den Gemeinbedarf eine wachsende Tendenz aufweisen. Die Aufschließungsflächen insgesamt können bei umfangreichen Projekten sogar bis etwa 50 % der

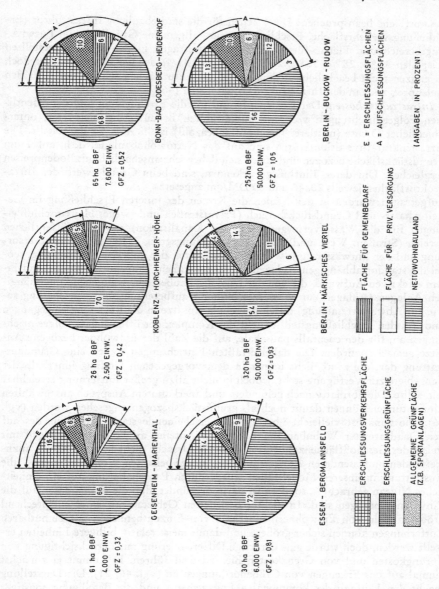

Abb. 24 Flächenbilanzen von sechs Ortsteilen (Wohnbaugebieten) unterschiedlicher Größe, städtebaulicher Konzeption und Bebauungsdichte (nach 46)

Gesamtfläche beanspruchen! Die Flächen für die städtebauliche Infrastruktur (Erschließungsverkehrsfläche, Erschließungsgrün, allgemeine Grünfläche im Entwicklungsbereich und Fläche für Gemeinbedarf) betragen in den sechs vorgestellten Beispielen 32 %, 28 %, 30 %, 26 %, 40 % und 41 % der Gesamtfläche. Der doch im ganzen recht beachtliche Bedarf an Infrastrukturflächen schlägt sich über den Bodenpreis auch in den Infrastrukturkosten nieder (46).

2. *Infrastrukturkosten.* Der Kostenaufwand für die Erschließung und die öffentlichen Folgeeinrichtungen von drei ausgewählten Bebauungsbeispielen mit unterschiedlicher Dichte (mittlerer Geschoßflächenzahl) ist in *Abb. 25* dargestellt. Die Infrastruktur-Investitionskosten sind auf das Nettowohnbauland, d. h. auf 1 qm Grundstücksfläche bezogen und lassen sich daher sehr anschaulich mit Bodenpreisen vergleichen. Um deren Einfluß zu erkennen, sind beim Grunderwerb der Infrastrukturflächen jeweils 20, 40 und 60 DM/qm angesetzt.

Aufgetragen wurden in den Säulen die Kosten der inneren Erschließung im Gemeinschafts- und Grundstücksbereich (Privatstraßen und -wege, Hausanschlußleitungen für die Wasserversorgung und die Kanalisation) sowie im öffentlichen Bereich (Straßen, Wege und Plätze, Erschließungsgrün, Netze der Wasserversorgung und der Entwässerung), weiterhin die Kosten der äußeren Erschließung, wobei die standortabhängigen Anlagen (Zufahrtsstraßen, Transportleitungen) mit ihrem effektiven Aufwand, die von der Lage der Baubereiche weitgehend unabhängigen Anlagen (Anlagen zur Wassergewinnung, -aufbereitung und -speicherung sowie zur Abwasserreinigung) durch pauschale Ansätze in die Rechnung eingegangen sind. An den Erschließungsteil schließt der Komplex der öffentlichen Folgeeinrichtungen an, für den ebenfalls pauschale, auf die Zahl der Einwohner bezogene Ansätze gemacht wurden. Die dabei erfaßten Einrichtungen stellen eine Grundausstattung dar, die zwar nicht immer in dem vorgegebenen Umfang innerhalb der Baugebiete zur Verfügung steht, jedoch in nicht allzu großer Entfernung erreichbar sein sollte. Die normativ nach geltendem und anerkanntem Anspruch ausgewählten Einrichtungen können damit noch als grundstücksbezogen angesehen werden (vgl. 46). Die zunächst vielleicht überraschend erscheinende starke Zunahme des auf den Quadratmeter Wohnbauland bezogenen Anteiles an Folgeeinrichtungen mit steigender Geschoßflächenzahl (GFZ) hat ihre Ursache nicht in einer häufig anzutreffenden umfassenderen Ausstattung der dichter bebauten Wohnsiedlungen – die Ausstattung in unseren Modellfällen wurde durch Pauschalierung auf ein einheitliches Niveau gebracht –, sondern ist darin begründet, daß die Kostendaten auf die Einwohner bezogen sind. In dichter besiedelten Gebieten mit einer entsprechend größeren Zahl von Einwohnern innerhalb von Einzugsbereichen mit zumutbaren Entfernungen können sicher größere und damit meist relativ billigere Einheiten erstellt werden, doch würde eine derartige Differenzierung mit Berücksichtigung von Sprungkosten und von Grenzkosten hier zu weit führen. Es kommt ja zunächst einmal auf das Erkennen von Größenordnungen an (vgl. 46, 21). Die Darstellung macht den Umfang des kommunalen Engagements und die Beteiligung sonstiger Öffentlicher Hände und Gemeinbedarfsträger deutlich. Es dürfte keinem Zweifel unterliegen, daß eine städtebauliche Kalkulation dieser Art für die Beurteilung von Standort und Konzeption städtebaulicher Maßnahmen von entscheidender Bedeutung ist.

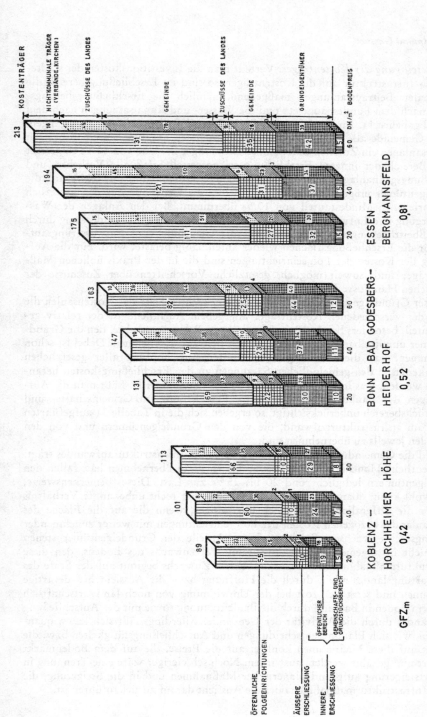

Abb. 25 Die Kosten der städtebaulichen Infrastruktur (Erschließung und öffentliche Folgeeinrichtungen) von drei Ortsteilen (Wohnbaugebieten) bei unterschiedlichen Bodenpreisen und die Beteiligung der Kostenträger (nach 46 und 21). Die Infrastrukturkosten sind in DM aufgetragen und auf den Quadratmeter Nettowohnbauland bezogen.

3. Die Beteiligung der Kostenträger. Verteilt man die Investitionskosten der städtebaulichen Infrastruktur auf die Kostenträger, so sind im Erschließungsbereich die kommunalen Beitragssatzungen maßgebend, nämlich die Erschließungsbeitragssatzung nach dem Bundesbaugesetz und die Wasser- und Kanalsatzungen nach dem Landesabgabenrecht. Im Bereich der äußeren Erschließung sei davon ausgegangen, daß die Gemeinde alle Aufwendungen zu übernehmen hat, wobei freilich bei den Verkehrsanlagen ein Zuschuß überkommunaler Träger in Höhe von 80 % eingesetzt ist. Im Bereich der inneren Erschließung sei unterstellt, daß alle Verkehrs- und Erschließungsgrünanlagen beitragsfähig sind und kostenmäßig mit 90 % auf die Grundeigentümer umgelegt werden, so daß hier die Gemeinde nur den gesetzlich vorgeschriebenen Mindestanteil von 10 % übernimmt. Bei den Anlagen der Wasserversorgung und Entwässerung der Grundstücke wird volle Kostendeckung durch Anschlußbeiträge angenommen, während die Gemeinde vom Entwässerungsaufwand für die Erschließungsflächen wieder anteilmäßig belastet wird. Für die Aufbringung der Kosten der Folgeeinrichtungen sind die in der Praxis üblichen Maßnahmeträger und, soweit möglich, gesetzliche Vorschriften über Zuschüsse der Öffentlichen Hand usw. berücksichtigt.

Auf dieser Grundlage sind in Tabelle 31 auf der rechten Seite der Kostensäulen die Anteile der verschiedenen Kostenträger angegeben. Auffallend ist der relativ geringe Anteil, besonders bei den Beispielen höherer Bebauungsdichte, den die Grundeigentümer unmittelbar oder mittelbar durch Beiträge übernehmen. Dabei ist schon angenommen, daß die Grundeigentümer unter Ausschöpfung aller gesetzlichen Möglichkeiten in den gemeindlichen Satzungen zu den Erschließungskosten herangezogen werden, was in der kommunalen Praxis kaum zutrifft. Läßt man die Aufwendungen der Bauherren für die innere Erschließung im Gemeinschafts- und Grundstücksbereich unberücksichtigt, so ergeben sich die in Tabelle 31 aufgeführten Anteile am Infrastrukturaufwand, die von den Grundeigentümern und von den Gemeinden jeweils zu übernehmen sind.

Während die Gemeinde etwa 40 bis knapp 50 % des Infrastrukturaufwandes trägt, die Öffentliche Hand insgesamt etwa 65 bis 75 % zu übernehmen hat, fallen den Grundeigentümern lediglich rund 20 bis 25 % zur Last. Dieses bemerkenswerte, bisher wohl kaum quantitativ vorgestellte und daher recht unbekannte Verhältnis wird für die Öffentliche Hand noch ungünstiger, wenn die auf die Fläche des Wohnbaulandes bezogenen Kosten der Folgeeinrichtungen mit weiter zunehmender Bebauungsdichte wachsen. Solche geringen Anteile der Grundeigentümer stehen sicher nicht in angemessener Relation zum Wertzuwachs des Bodens, den diese Infrastrukturmaßnahmen erst bewirken. Dieser Zuwachs beginnt auf der Stufe des Bauerwartungslandes allein durch die Hoffnung bzw. die Aussicht auf derartige Maßnahmen und setzt sich fort bei der Umwidmung von noch landwirtschaftlich genutztem Boden in Bauland durch die Bauleitplanung sowie mit der Aufschließung des Geländes durch die Aktivität der Gemeinde. Allerdings läßt sich kaum quantifizieren, wie sich Planungsentscheidungen und Aufschließungstätigkeiten bzw. die Aussicht auf diese Maßnahmen konkret auf die Preise, die auf dem Bodenmarkt gefordert und gezahlt werden, auswirken. Noch schwieriger wäre eine Trennung in die Wertsteigerung aufgrund planerischer Maßnahmen und in die Steigerung, die auf die Infrastrukturmaßnahmen oder die Aussicht darauf zurückzuführen ist.

Die städtebauliche Infrastruktur 331

Tabelle 31. Übersicht über die Verteilung des investiven städtebaulichen Infrastrukturaufwandes (nach 21)

Ortsteil (Wohnbaugebiet)	Mittlere Geschoßflächenzahl GFZ m	Rohbaulandpreise DM/qm	Aufschließungskosten DM/qm	Anteile der Kostenträger %				
				Grundeigentümer	Verbände, Kirchen	Gemeinde	überkomm. Träger	Öffentliche Hände insgesamt
Koblenz-Horchheimer Höhe	0,42	20	84	21	10	40	29	69
		40	94	24	9	41	26	67
		60	105	26	8	42	24	66
Bonn – Heiderhof	0,52	20	121	23	7	39	31	70
		40	136	25	7	40	28	68
		60	151	26	7	40	27	67
Essen – Bergmannsfeld	0,81	20	170	18	9	43	30	73
		40	189	18	8	46	28	74
		60	208	19	7	48	26	74

Zusammenfassend kann man aus den Analysen zahlreicher praktischer Beispiele feststellen, daß ein ganz erheblicher Teil des Infrastrukturaufwandes, der von der Allgemeinheit, d. h. von den steuerzahlenden Bürgern, aufzubringen ist, über den Bodenwertzuwachs den Grundeigentümern zufließt. Der Staat und die Gemeinden setzen nämlich durch Landesentwicklungsplanung, Regionalplanung und Bauleitplanung auf dem Bodenmarkt die entscheidenden Daten. Diese stehen aber der Öffentlichen Hand bei der Realisierung ihrer Ziele im Wege, insofern sie den Boden für die Infrastrukturanlagen teuer erwerben muß und dadurch ganz erheblich belastet wird. Das können wir uns einfach nicht mehr leisten, wenn wir künftig die notwendige Infrastruktur vorhalten wollen. Es ist daher berechtigt, die Grundeigentümer und Bauherren stärker als bisher am kommunalen Infrastrukturaufwand zu beteiligen (46, 21).

Die Verteilung des Wertzuwachses

Bei der städtebaulichen Entwicklung spielen nicht nur der weitgehend standortbedingte äußere Erschließungsaufwand und der durch den Bebauungsplan beeinflußbare innere Erschließungsaufwand eine Rolle, sondern auch die Folgeeinrichtungen, die von der Öffentlichen Hand, insbesondere von der Gemeinde zu leisten sind. Der auf diese Weise ermittelte städtebauliche Infrastrukturaufwand ist bei einer Stadterweiterung oder einer Neusiedlung auf ›grüner Wiese‹ von Fall zu Fall unterschiedlich und auch vom Bodenpreis abhängig. Analysiert man die Zusammenhänge, so stellt man fest, daß die Ansprüche an die Infrastruktur gegenüber früher erheblich gestiegen sind, wogegen die Beiträge der Grundeigentümer zu diesen öffentlichen Investitionen, die ja im wesentlichen erst die Bodenwertsteigerungen begründen, nach dem geltenden Erschließungsbeitragsrecht des Bundesbaugesetzes und dem Landesabgabenrecht keineswegs ein Äquivalent darstellen. Die städtebauliche Infrastruktur muß vielmehr weit überwiegend von der Öffentlichen Hand getragen werden.
Die Folgen liegen auf der Hand. Wo nicht durch kluge, frühzeitige Bodenvorratspolitik und Einschaltung geeigneter Erschließungs- und Entwicklungsträger oder durch Anwendung des Städtebauförderungsgesetzes ein wesentlicher Teil des Wertzuwachses vom Rohland zum beitragsfreien fertigen Bauland zur Leistung der städtebaulichen Infrastruktur herangezogen werden kann (133), sind die Gemeinden, in denen Entwicklungsmaßnahmen realisiert werden sollen, überfordert. In solchen Fällen wird die bauliche Infrastruktur entweder ganz kümmerlich bemessen oder in wesentlichen Teilen zurückgestellt. Den Schaden haben die Bewohner. Auch wird die Erschließungstätigkeit gebremst, und das wiederum verschafft Bodenmonopole mit der Konsequenz weiterer Bodenpreissteigerungen. Also muß, wenn eine angemessene städtebauliche Entwicklung zustande kommen soll, die Allgemeinheit mit erheblichen Subventionen einspringen. Und weil sie das in der Regel tut, wirkt es wiederum bodenpreissteigernd und nicht etwa dämpfend. Es ist daher die Frage gestellt, wie man und in welchem Umfange man die Grundeigentümer künftig stärker als bisher an den Kosten der kommunalen Infrastruktur beteiligen soll. Die zur Zeit diskutierten Reformvorschläge zielen entweder auf eine

unmittelbare Abschöpfung des durch Planungsentscheidungen und Infrastrukturmaßnahmen der Öffentlichen Hand entstandenen Bodenwertzuwachses zugunsten der Gemeinde oder auf entsprechend bemessene Beiträge ab. Von beiden Lösungen erhofft man eine bodenpreisdämpfende Wirkung und eine Verbesserung der finanziellen Möglichkeiten der Gemeinden, ihre Infrastrukturverpflichtung zu erfüllen.

Regionale Städtebaupolitik wird für die alten Industrieländer mit ihren internen Ausgleichsaufgaben ebenso wichtig wie für die Entwicklungsländer, die vor Urbanisierungsprozessen stehen. Es besteht heute wohl Übereinstimmung darin, daß der Allgemeinheit die Verpflichtung zukommt, für die öffentlichen Folgeeinrichtungen zu sorgen und Entwicklungsimpulse in entwicklungsbedürftigen Gebieten zu geben, und daß auch nationale Grenzen in dieser Hinsicht kein Hindernis brüderlicher Hilfe sein sollten. Um aber die gewaltigen Vorleistungen und Starthilfen, die für die sozialen Dienste der Ausbildung, Gesundheitsfürsorge, Kultur und Versorgung zu leisten sind, optimal einzusetzen, wird man eine Teilung der Verantwortung, eine gegenüber bisher angemessenere Aufteilung der finanziellen Verpflichtungen auf die Öffentliche Hand und auf die Interessenten und Begünstigten vornehmen müssen, also – und das muß mit aller Deutlichkeit gesagt werden – für eine gerechtere Verteilung des Wertzuwachses in städtebaulichen Bereichen zu sorgen haben.

Diese Aufgabe ist nicht einfach zu lösen. Sie muß vielmehr gesehen werden im Zusammenhang mit sonstigen Maßnahmen auf dem Gebiet des Planungs-, Boden- und Steuerrechtes und sollte zum Ziele haben, einerseits den Gemeinden die finanzielle Basis für Infrastrukturmaßnahmen zu verbessern, andererseits den Anreiz zu privater Unternehmung nicht zu lähmen.

GERHARD ISENBERG

Kommunale Wirtschafts- und Finanzpolitik

Stadt und Land

Zu den Angelegenheiten der örtlichen Gemeinschaft, von denen das Grundgesetz im Artikel 28 spricht, gehört es, für die Bewohner, auch ›Bürger‹ genannt, ›Lohnwert und Wohnwert‹ zu sichern. Unter dem Lohnwert verstehen wir Existenzgrundlagen mit den Möglichkeiten, in erreichbarer Nähe Erwerb und Verdienst zu finden, unter dem Wohnwert die äußeren Umweltbedingungen, wie sie durch den Verkehr, die technische Versorgung, die Landschaft, die Einrichtungen für Bildung, Gesundheit, Erholung u. a. gegeben sind. Lohnwert und Wohnwert stehen miteinander in engem Zusammenhang, teils fördernd, teils hemmend. Beide zu einem Zusammenspiel zu bringen, ist eine der wesentlichen Aufgaben der Wirtschafts- und Finanzpolitik der gemeindlichen Selbstverwaltung.
Gegenstand der Betrachtung ist hier die Stadt; sie ist trotz vielerlei Nivellierungstendenzen nicht schlechthin gleichzusetzen mit der Gemeinde überhaupt. Daher muß vorweg auf die Unterschiede hingewiesen werden, die vom raumwirtschaftlichen Gesichtspunkt zwischen der Stadt und dem übrigen Land, hier kurz ›Land‹ genannt, bestehen (vgl. S. 129 f).
Die Verschiedenartigkeit von Stadt und Land läßt sich optisch eindrucksvoll zum Ausdruck bringen, wenn wir die Beziehungen, die zwischen den Menschen als Wirtschaftssubjekten bestehen, in eine Landkarte eintragen. Auf ihr hebt sich, in unterschiedlicher Größe und Dichte, eine Vielzahl von Knoten heraus: Hier befinden sich die Städte, während das Geflecht der Wirtschaftsbeziehungen auf dem Land sehr dünn und ganz überwiegend nach außen gerichtet ist. Die Dichte der Knoten in der Stadt ist zu einem großen Teil dadurch verursacht, daß die Beziehungen nach innen, d. h. auf die eigene Bevölkerung gerichtet sind. Es handelt sich um die ›Zentralen Funktionen‹, so genannt nach Walter Christaller (76). Mit ihnen müssen wir uns näher befassen, um das Wesen der Stadt zu verstehen.
1. Zentrale Funktionen. Die Zentralen Funktionen stellen die Endstufen im Wirtschaftslauf dar, der von der Urproduktion in der Land- und Forstwirtschaft (Agrarsektor) über die industrielle Verarbeitung und den Fernhandel bis zu der Darbietung von Waren und Dienstleistungen an die ansässige Bevölkerung geht. Zu den Endstufen gehören größtenteils der Einzelhandel, das Reparaturhandwerk, die Dienstleistungsberufe, darunter auch diejenigen kommunaler Art. All das ist Bestandteil der Grundausstattung, die es überhaupt möglich macht, daß die Einwohner ihr Einkommen am Platz verwenden können.
Der Wert des einzelnen Geschäftsfalles (Einkauf, Besuch von Schule, Arzt u. a.) ist dabei im Alltag so klein, daß dem auch der Entfernungsaufwand, d. h. der für den Geschäftsfall erforderliche Aufwand an Zeit und Geld angepaßt sein muß. Der räumliche Wirkbereich der Zentralen Funktionen findet seine Grenzen in der Angemessenheit des Entfernungsaufwands (›Distanzrelation‹).

Die Grenzen sind für die Träger der Zentralen Funktionen um so enger gezogen, je häufiger die Leistungen beansprucht werden und je geringer die Umsätze im Einzelfall sind. Für höherwertige Leistungen kann man gemäß der Distanzrelation weitere Wege auf sich nehmen, die Einzugsbereiche sind dementsprechend größer. Das ist zumeist auch notwendig, um spezialisierte Apparaturen und Berufe hinreichend auszulasten. Aus der Distanzrelation läßt sich ableiten, daß es bei den Zentralen Funktionen eine Stufung geben muß. Sie geht unter den westdeutschen Verhältnissen mit vielerlei Übergängen vom kleinen Alltagsbereich für den gewöhnlichen Tagesbedarf mit etwa 10 000 Einwohnern über den Grundbereich für etwas mehr spezialisierte Leistungen mit etwa 50 000 Einwohnern zunächst bis zum Mittelbereich für den gehobenen Bedarf mit etwa 300 000 Einwohnern (I–III). Die Ausstattung des Mittelbereichs reicht in der Regel aus, um den normalen Bedarf des Konsumenten zu decken.

Über dem Mittelbereich bauen sich dann noch die gehobenen Stufen der Zentralen Funktionen auf: Oberbereich und Großbereich (IV, V), etwa einem größeren Bundesland mit etwa 10 Millionen Einwohnern entsprechend. Es handelt sich weniger um Leistungen an den Endkonsumenten als um vor- oder nachgeschaltete Leistungen etwa im Großhandel, Bankwesen oder um Instanzen für Führung, Aufsicht und Berufung, so vor allem beim Staat.

Die Träger der Zentralen Funktionen sind in der Regel in den Städten ansässig; damit wird der Verkehrsaufwand für den Leistenden und den Abnehmer gering gehalten. Auf die Städte läßt sich das Prinzip der Stufung in der gleichen Weise anwenden wie für die räumlichen Wirkbereiche überhaupt: Man spricht von Kleinzentrum (ländlicher Mittelpunkt), Grundzentrum, Mittelzentrum, Oberzentrum und von der Metropole und nennt den Einzugsbereich auch ›Hinterland‹ (im Englischen eines der wenigen deutschen Fremdwörter).

Die Städte der höheren Stufen sind nicht beschränkt auf ihre obersten Funktionen, sondern umfassen auch die nachrangigen Stufen, diese naturgemäß nur mit dem entsprechend kleineren Hinterland. Auf diese Weise häufen sich die Zentralen Funktionen in den höheren Zentren, eine wesentliche Grundlage für eine hohe Einwohnerzahl. Eine Großstadt, etwa ein Oberzentrum, bedient ringförmig die einzelnen Stufen, diejenigen des Nahbereichs, der sich entsprechend auf die einzelnen, unter Umständen auch doppelt gestuften Stadtteile beschränkt, alsdann des Grundbereichs und des Mittelbereichs sowie des Oberbereichs.

2. *Spezielle Funktionen.* Das Gegenstück zu den Zentralen Funktionen bilden, nach Christaller, die ›Speziellen Funktionen‹. Sie sind im Grundsatz mit ihren Kapazitäten nach außen, und zwar ohne Bindung an bestimmte Bereiche, gerichtet, auf das ganze Gebiet der Bundesrepublik und darüber hinaus, was eine Belieferung der Nachbarschaft nicht auszuschließen braucht.

Das Land beschränkt sich fast ausschließlich auf die Speziellen Funktionen; Zentrale Funktionen sind kaum vertreten, hier ist man von der Stadt abhängig. In der Stadt sind üblicherweise beide Gruppen ansässig.

Zu den Trägern der Speziellen Funktionen gehören vor allem die Anfangsstufen des Wirtschaftsablaufs, der Agrarsektor und der Bergbau, die in sich durch Vorleistungen und Zulieferbeziehungen verflochtene Industrie, dagegen vom Dienstleistungsbereich (Tertiärsektor) nur die dem Endkonsumenten sehr weit vorgeschalteten Stu-

fen, so der doppelseitige Fernhandel, vom öffentlichen Dienst das Militär, weiter der Ferntourismus, der nicht die eigene, sondern eine sonst auswärts wohnende Bevölkerung bedient u. ä.
Die Trennung zwischen den Speziellen und den Zentralen Funktionen ist für das Verständnis des raumwirtschaftlichen Zusammenhangs im Grundsatz wesensnotwendig, obwohl eine exakte Abgrenzung statistisch kaum möglich ist, weil die Übergänge zwischen den beiden Gruppen vor allem auf den höheren Stufen fließend sind. Die Trennung wird in der Wirklichkeit noch dadurch erschwert, daß die Träger der Zentralen Funktionen nicht nur im Dienst der Endverwendung des Einkommens, also des Endverbrauchers, stehen, sondern auch, wie vor allem das Handwerk, Vorleistungen an die Träger der Speziellen Funktionen erbringen und für deren Standortwahl insoweit eine wichtige Rolle spielen können. Allerdings ist der Anteil der Vorleistungen bei den Trägern der Zentralen Funktionen im ganzen gewöhnlich wesentlich geringer als die Endleistungen, bei denen das Hauptgewicht liegt.
Bei der Wahl des Standorts pflegen für die Träger der Speziellen Funktionen, im Gegensatz zu der Absatzorientierung bei den Zentralen Funktionen, die Bezugsbedingungen im Vordergrund zu stehen: Rohstoffe, ›Landschaft‹ etwa für den Tourismus, Verkehrslage, Grundausstattung mit den erwähnten Trägern von Vorleistungen, Fähigkeiten der Arbeitskräfte u. ä. Ob dabei das Land oder die Stadt als Standort bevorzugt wird, hängt von den Anforderungen ab: Bei Weitläufigkeit der Funktionen bietet ein ländlicher Standort unmittelbar oder mittelbar wegen der Lebensansprüche von bodenverbundenen Arbeitskräften mehr Vorteile, bei Kontaktorientierung werden enge Nachbarschaft und gute Lage im Fernverkehr verlangt.
Die Abmessungen des städtischen Raumes sind durch die Motorisierung wesentlich erweitert, aber sie finden ihre Grenzen in dem Entfernungsaufwand, der für die Alltagsbeziehungen, hier vor allem im Berufsverkehr des ›Normalarbeiters‹, zumutbar ist. So hebt sich auch der erweiterte städtische Lebensraum, ganz abgesehen von den zentralörtlichen Beziehungen, durch die zumutbare Reichweite des Berufs- oder Pendelverkehrs deutlich vom Land ab. Auf der Stufe der größeren Städte, etwa vom Mittelzentrum ab, könnte man den Pendlereinzugsbereich als ›Stadtregion‹ bezeichnen. Die Bezeichnung ist von Olaf Boustedt geschaffen; er versteht darunter vor allem den Bereich des intensiven Pendelverkehrs (49). Hier wollen wir den Begriff ausdehnen auf den gesamten Bereich des *zumutbaren* Pendelverkehrs, der je nach den Verkehrsverhältnissen 20 bis 35 km betragen kann. Um Verwechslungen zu vermeiden, sprechen wir im folgenden schlicht von der ›Region‹.
Auf dem Land hat die Motorisierung ebenfalls Veränderungen ausgelöst; sie greifen dort in struktureller Hinsicht sogar noch tiefer ein als in der Stadt. Früher, auch noch während des erst nach dem zweiten Weltkrieg auslaufenden Eisenbahn-Zeitalters, war das Land in weiten Teilen Deutschlands ganz überwiegend agrarisch orientiert. Es hat dabei in den Reinerträgen der landwirtschaftlichen Betriebe mit der Entfernung von der Bahnstation ein deutliches Gefälle bestanden. Als Folge des hohen Transportaufwands auf der Straße lag die Selbstversorgungsquote nicht nur in der Versorgung mit Nahrungsmitteln, sondern auch mit sonst gewerblichen und öffentlichen Leistungen, beachtlich hoch. Jetzt ist die Eignung des Landes als Standort für gewerbliche Betriebe, vor allem für die Verarbeitungsindustrie und für die flächenbeanspruchende Lagerhaltung des Großhandels sowie für den Frem-

denverkehr und die daran anschließenden Zweitwohnsitze, aber auch als Hauptwohnsitz von Auspendlern in einem ungeahnten Maß verbessert worden. All das schlägt wieder auf die Stadt – meist zu ihrem Vorteil – zurück. Die erhöhte Einbeziehung des Landes in den geldlichen Kreislauf kommt in einer entsprechend höheren Beanspruchung und damit in einer qualitativen Verdichtung der Zentralen Funktionen zur Wirkung.

Damit beginnt im Verhältnis zwischen Stadt und Land zumindest in fachlicher (sektoraler) Hinsicht ein Prozeß der Angleichung einzusetzen, der auch über die Grenzen des intensiven Pendelverkehrs hinausgeht.

3. *Sozialfunktionelle Schichtung.* Ungeachtet der Angleichungstendenzen verbleiben zwischen Stadt und Land grundsätzliche Unterschiede; man spricht vom ›Stadt-Land-Gefälle‹. Dieses Gefälle bezieht sich vor allem auf die sozialfunktionelle Schichtung, die sich in Sachverhalten äußert wie:

– Die Zentralen Funktionen verbleiben, zwar etwas mehr als früher aufgelockert, in der Stadt zusammengefaßt. In vielen Sparten wird dabei eine höhere Ausbildung verlangt, ihre Träger werden dementsprechend, vor allem in dem starren Laufbahnsystem des öffentlichen Dienstes (bis jetzt noch!), höher bezahlt als bei den üblichen Tätigkeiten der Speziellen Funktionen etwa in der industriellen Fertigung.

– Dies gilt in besonderem Grad für die Landwirtschaft. Deren Einkommen wird, solange der Schrumpfungsprozeß noch nicht abgeschlossen ist, jedenfalls im Schnitt noch etwas unter der ›Parität‹ liegen, also unter dem Einkommen, das bei ›gleichwertiger‹ Tätigkeit im Gewerbe erzielt wird. Von der Einkommensschwäche der Landwirtschaft wird ausschließlich das Land betroffen. In der Stadt und am Stadtrand haben sich zumeist schon Betriebsformen entwickelt, die für ein gleichwertiges Einkommen tragbar sind.

– Innerhalb der Verarbeitungsindustrie wird in all den Fällen, wo die Kontaktmöglichkeiten im Vordergrund stehen, auf einen Standort in der Stadt Wert gelegt. Er braucht zwar dank der Motorisierung und des Ausbaus der Straßen nicht mehr in der City zu liegen. Es genügt, daß die Anlagen für den Fernverkehr und die gehobenen Zentralen Dienste leicht erreichbar sind. Eine solche Grundausstattung gewinnt als Standortfaktor eine zunehmende Bedeutung im Hinblick auf die Anforderungen, die nicht nur von der Unternehmung selbst ausgehen, sondern auch von den gehobenen Arbeitskräften. Die Attraktivität einer Stadt erhöht sich mit der Stufe; auf der Stufe der Metropole ist die Grundausstattung am meisten qualifiziert und spezialisiert.

Dementsprechend neigen die Firmenleitungen dazu, in der Stadt zu bleiben. Rund 80 % der größten Unternehmen der Bundesrepublik haben ihren Firmensitz in den Metropolen oder ihrem nächsten Umland. Die Verlagerungen oder Neueinrichtungen beschränken sich auf die ausführenden Tätigkeiten, in der Industrie in der Hauptsache auf die Fertigungsvorgänge. Je enger die Verbindung zum Firmensitz, desto mehr wird auf einen Standort Wert gelegt, der leicht erreichbar ist, möglichst in einer Autostunde; die leichte Erreichbarkeit gewinnt mit der Verkürzung der Arbeitszeit für die Standortwahl an Gewicht.

– Aus den gleichen Gründen wie die Großunternehmen sind auch die meist recht lukrativen Hilfseinrichtungen der Wirtschaft, Verbände, Ingenieurbüros, Beratungsberufe, Großfilialen der Banken u. ä. fast ausschließlich in den großen Städten ansässig. Dabei ist die Vorzugsstellung der City noch weniger in Frage gestellt als bei den Spitzen der Industriekonzerne.

– Soweit die Verarbeitungsindustrie in der Stadt verbleibt, handelt es sich um Fertigungsprozesse, die hochwertige Arbeitskräfte und Ausbildung in einer Vielfältigkeit erfordern, wie sie nur in größeren Städten geboten werden. Hierbei sind die Verdienste üblicherweise höher als in den einfacheren Fertigungen der Filialbetriebe.

Diese Sachverhalte finden ihren Niederschlag in der sozialfunktionellen Schichtung, die sich in etwa durch die folgenden Merkmale umreißen läßt:

	Stadt	Land
Schreibarbeit-Handarbeit-Relation (Verhältnis der Zahl der Angestellten und Beamten zur Zahl der Arbeiter)	hoch	niedrig
Anteil gehobener Arbeitnehmer (Bezieher von lohnsteuerpflichtigem Einkommen mit mehr als DM 25 000 (1968) im Jahr je 1 000 Einwohner)	hoch	niedrig
Akademikerquote (Anteil der Personen mit Hochschulabschluß an der Bevölkerung)	hoch	niedrig
Tertiäre Wertschöpfung je Kopf (Beitrag der Tertiären – Handel, Verkehr, Dienstleistungen – zum Bruttoinlandprodukt je Kopf der Wohnbevölkerung)	hoch	niedrig
Innerhalb der Industrie: Lohn-Gehalt-Relation (Verhältnis der Summe der gezahlten Arbeiterlöhne zu derjenigen der Angestelltengehälter)	niedrig	hoch

Auf eine kurze Formel gebracht heißt das: Das Land ist Sitz der Bodenbearbeitung, der industriellen Werkstätten und der Erholungs- und Freizeitanlagen; die Stadt ist Sitz des Managements, also der Büros, der Verkaufsstätten und des Services sowie der Einrichtungen für die gehobene Bildung. So verhält es sich im Grundsatz: Je höher die Stufe, desto größer der Abstand zwischen Stadt und Land. An der Spitze steht die Metropole.

Man kann den Unterschied zwischen Stadt und Land auch relativ sehen. Für die Stadt einer hohen Stufe gilt das Hinterland als ›Land‹, auch wenn es noch mit den Zentren der einfacheren Ordnung besetzt ist.

Das Gefälle zwischen Stadt und Land wird noch dadurch verschärft, daß die einfachen Arbeiten zunehmend von Ausländern, Gastarbeiter genannt, übernommen werden. Im höchsten Maße geschieht das in den Metropolen. Dort ist das Ungleichgewicht zwischen der Nachfrage und dem Angebot an Arbeitskräften am größten und dementsprechend auch der Anteil der Gastarbeiter. Um so weniger findet man bei unbeliebten und einfachen Arbeiten Einheimische, im Gegensatz zum Land, wo im Zug der Rationalisierung der landwirtschaftlichen Arbeit noch immer – wenn auch nur langsam und in schwindendem Umfang – Kräfte frei werden. Bezogen auf die einheimische, d. h. hier deutsche Bevölkerung beträgt die Schreibarbeit-Handarbeit-Relation auf dem Land nur einen Bruchteil von derjenigen in der Stadt. In der Stadt liegt in typischen Fällen die Relation bei 1,35:1, auf dem Land bis jetzt noch bei 0,45:1.

Mit einem weiteren Rückzug aus unbequemer Handarbeit ist bei den Deutschen unter dem Einfluß des Bildungsangebots einstweilen zu rechnen. Der Prozeß wird sich allerdings abschwächen, wenn sich die Marktlage für die Schreibberufe verschlechtert. Die Zunahme an gescheiterten Existenzen wird den Abstand, der jetzt noch in der Entlohnung zwischen Schreibarbeit und Handarbeit besteht, verringern oder sogar ins Gegenteil umkehren, wie heute bereits in den Ländern mit hohem Anteil von Abiturienten.

Unsere Ausführungen, die sich bis jetzt auf das Verhältnis zwischen Stadt und Hinterland bezogen haben, lassen sich auch auf die Regionen ausdehnen, hier allgemein als die zumutbaren Pendlereinzugsbereiche von Mittelzentren und darüber aufzufassen. Bei den Regionen der Metropolen, die naturgemäß viel kleiner sind als ihr zentralörtliches Hinterland, ist der Verflechtungsgrad mit der Kernstadt besonders hoch, nicht nur wegen des Pendelverkehrs, sondern wegen der Beziehungen zwischen Stammfirma und Fertigungsbetrieben und allgemein zwischen der Hauptfunktion und den Hilfsfunktionen. In diesem Sinne weisen die Regionen der Metropolen den höchsten ›Verstädterungsgrad‹ auf, wir wollen sie kurz als ›Städtischen Raum‹ bezeichnen. Sie heben sich damit als Ganzes deutlich hervor aus der Masse der übrigen Regionen, vor allem derjenigen, die sich um die kleineren Mittelzentren gruppieren. Die letzteren lassen sich einschließlich ihrer Zentren schlechthin als ›Ländlicher Raum‹ bezeichnen. Dessen Ausstattung beschränkt sich auf die des einfachen Mittelzentrums und damit in der Hauptsache auf die Funktionen, die dem Endverbraucher dienen; die vorgeschalteten Funktionen, vor allem im kommerziellen Bereich, befinden sich bereits in den nächstliegenden Oberzentren der Metropolen. Das Gefälle, das wir vorher allgemein beim Verhältnis zwischen Stadt und Hinterland festgestellt haben, treffen wir in ähnlicher Weise im Verhältnis zwischen dem Städtischen Raum und dem Ländlichen Raum an.

Auch hier liegt der Unterschied in der sozialfunktionellen Schichtung, weniger in der sektoralen Gliederung. Wegen der vielerlei Überlappungen, die im Umland der Metropolen, aber auch der Mittelzentren, zwischen den Gemeindegebieten bestehen, sind die Daten der Regionsebene als Merkmale zur Hervorhebung der wesentlichen Unterschiede besser geeignet als die Daten nach Gemeinden.

Lohnwert

1. Raumwirtschaftliche Zusammenhänge. Der Lohnwert ist von jeher Gegenstand der Wirtschaftspolitik von Stadtgemeinden; sie pflegt auf ein Mehr an Arbeitsplätzen abzuzielen. Im Vordergrund gestanden hat früher der Fürsorgeetat, der fast ganz zu Lasten der Gemeinden ging. Jetzt, wo die Gemeinden davon weitgehend entlastet sind, liegt das Interesse in erster Linie in der Erhöhung der Steuereinnahmen. Deren Verwendung dient vorwiegend dem Wohnwert. Damit die Bürger besser mit kommunalen Diensten versorgt werden, zieht man neue Betriebe heran oder will abzugswillige halten. In zweiter Linie werden von den zusätzlichen Arbeitsplätzen ›Folgeeffekte‹ für das stadtorientierte Gewerbe erwartet. Wie hoch und welcher Art solche Folgeeffekte sind, darüber fehlt es allerdings noch an offiziellen Unterlagen. Hier kann der Hinweis auf den Unterschied zwischen außengerichteten und innengerichteten Tätigkeiten, zwischen Speziellen und Zentralen Funktionen nützlich sein.

Verwertbar ist dieses Gliederungsprinzip vor allem unter dem Gesichtspunkt des großräumigen Wirtschaftskreislaufs. An ihn muß jedes Gebiet angeschlossen sein, damit seine Bevölkerung die von ihr verlangten Güter (Waren und Leistungen) von auswärts beziehen kann. Zur Beschaffung der Gegenwerte sind nur die Speziellen Funktionen in der Lage, nicht die Zentralen. Die ersteren liefern Güter nach außen; die letzteren sind, nach der Natur ihrer Leistungen, wegen der Distanzrelation auf das eigene Gebiet, also auf innen beschränkt.

Daher verdienen die Speziellen Funktionen den Namen ›Grundlegende‹, d. h. Träger der Existenzgrundlagen, ›Fundamente‹, englisch ›Basics‹. Die Zentralen dagegen sind, da sie in ihrem Erwerbsspielraum von der Wertschöpfung (Umsatz ab Vorbezüge oder Vorleistungen) der Grundlegenden abhängen, als Folgetätigkeiten ›Abgeleitete‹, ›Derivative‹ oder englisch ›Nonbasics‹ zu bezeichnen.

Es würde hier zu weit führen, die Zusammenhänge zwischen Folge und Grundlegende als geschlossene Kausalitätskette aufzuzeigen (vgl. 198). Hier genügt es zu sagen, daß der Folgeeffekt, nämlich das Verhältnis, das in der Wertschöpfung zwischen den Grundlegenden und den darauf aufbauenden Zentralen besteht, bestimmt wird in erster Linie durch die Wertschöpfung der Grundlegenden selbst, alsdann durch den Umfang, in dem dabei Vorleistungen der Zentralen beansprucht werden (bezeichnet als ›Vorleistungsquote‹) und durch den Anteil, der von dem insgesamt dabei entstehenden Einkommen für Leistungen der Zentralen ausgegeben wird wie Handelsspannen, Entgelte für Dienstleistungen, Mieten, Gemeindesteuern und ähnliches (bezeichnet als ›innergebietliche Verwendungsquote‹).

In ähnlicher Weise lassen sich die Gedankengänge von der Wertschöpfung auf die Zahl der Arbeitskräfte anwenden. Die Folgeeffektziffer zeigt an, wieviele Arbeitskräfte bei den Zentralen Funktionen durch eine gegebene Anzahl von Speziellen Funktionen in Erwerb gesetzt werden. Man darf sich das allerdings nicht als einen sofortigen Effekt vorstellen; es kann Jahre dauern, bis sich hier die Kapazitäten im Folgebereich auf die Verhältnisse im grundlegenden Bereich eingerichtet haben. Vereinfacht werden bei den Folgeeffekten stabile, d. h. gleichbleibende Verhältnisse mit gleichmäßiger Arbeitsproduktivität angenommen.

Von den Folgeeffekten zu unterscheiden sind die ›Entwicklungseffekte‹. Darunter werden die Wirkungen verstanden, die aus der Ansiedlung von neuen Betrieben (oder der Erweiterung der Wertschöpfung im Speziellen Bereich überhaupt) über Veränderungen in Technik und Marktlage nicht nur auf die Zentralen, sondern auch auf die Speziellen Bereiche ausgreifen und innerhalb des eigenen Gebietes die Schaffung von zusätzlichen Kapazitäten hervorrufen. So werden mit der Errichtung einer Automobilfabrik Zulieferbetriebe herangezogen, die ihrerseits auch andere Gebiete beliefern u. ä. Solche Entwicklungseffekte sind zumeist durch die Lage

der Branche bedingt und bei Expansion zu erwarten, kaum aber bei Stagnation. Anders als bei den Folgeeffekten gibt es kaum Möglichkeiten, die Entwicklungseffekte größenmäßig zu bestimmen.
Die Ergebnisse dieser Betrachtungen sind nun vom Gebiet auf die Stadt allein (also ohne Hinterland) zu übertragen. Die Stadt, d. h. die hier ansässigen Betriebe, bedient das Gebiet je nach ihrer Stufe zu einem mehr oder weniger großen Teil. Dementsprechend ist die Stadt als Sitz von Folgetätigkeiten an das Schicksal des Hinterlandes, d. h. der dort ansässigen Speziellen Funktionen geknüpft. Insoweit sind Stadt und Hinterland mit Recht als eine Einheit aufzufassen. Vom Gesichtspunkt der Stadt allein sind dabei die hinterlandsorientierten Zentralen Funktionen nach außen gerichtet und dafür in gleicher Weise als grundlegend wie die Speziellen Funktionen anzusehen.
Dem stehen die Tätigkeiten gegenüber, die die Zentralen Funktionen im Dienst der in der Stadt selbst ansässigen Bevölkerung ausüben. Vom Gesichtspunkt der Stadt sind diese Tätigkeiten als nach innen gerichtet anzusehen und dementsprechend als Folgetätigkeiten zu werten. Ihr Umfang wird nach dem oben Gesagten bestimmt in erster Linie durch die Wertschöpfung aus den nach außen gerichteten Leistungen, seien es Spezielle Funktionen oder Leistungen für das Hinterland, alsdann bei den stadtorientierten Zentralen Funktionen durch die Vorleistungsquote und durch die innergebietliche Verwendungsquote.

2. Bestimmungsgründe und Größenordnungen der Folgeeffekte. Der Zusammenhang zwischen grundlegenden Tätigkeiten und Folgetätigkeiten ist seit langem bekannt. So spricht Werner Sombart von ›Städtegründern‹ (= grundlegende Tätigkeit) und ›Städtefüllern‹ (= Folgetätigkeit); Gunther Ipsen spricht vom ›doppelten Stellenwert‹ (385, 189). Darunter wird verstanden, daß die Schaffung eines Arbeitsplatzes im grundlegenden Bereich die Entstehung eines weiteren Arbeitsplatzes im Folgebereich auslöst.

Allgemein besteht ein enger Zusammenhang zwischen Folgeeffekt und Ausstattung. Je besser und umfassender die Ausstattung mit zentralen Einrichtungen, desto mehr ist Gelegenheit zu ihrer Benutzung gegeben. Die Ausstattung ergibt sich wiederum in der Hauptsache aus den Stufen der Zentralität. Umfassend ist die Ausstattung nur auf der Stufe der Metropole, dort werden auch die höchsten Folgeeffekte erreicht; sie beziehen sich auf die Vorleistungen und auf die Tätigkeit im Dienst der Einkommensverwendung.

Die zentralen Vorleistungen sind von Sektor zu Sektor und von Branche zu Branche recht unterschiedlich. In der Landwirtschaft ist die zentrale Vorleistungsquote üblicherweise mit 12 bis 20 % der eigenen Wertschöpfung recht hoch; in der Industrie liegt sie selten über 6 %, und innerhalb der Industrie ist sie wieder bei eigenständigen Mittelbetrieben höher als bei Konzernbetrieben, die sich weitgehend in eigener Regie versorgen. Soweit die Konzerne zentrale Vorleistungen beanspruchen, geschieht dies vorwiegend auf den höheren Stufen – wie etwa von Ingenieurbüros, Großfilialen der Banken, Werbeagenturen. Ihnen kommen die Vorleistungseffekte auch von solchen speziellen Betrieben zugute, die als Filialen im Ländlichen Raum liegen. Die Vorleistungen an die Landwirtschaft erfolgen demgegenüber überwiegend auf den unteren Zentralitätsstufen.

Zu den Faktoren, die den Verwendungseffekt bestimmen, gehören:

– Die Abflüsse, die aus der Wertschöpfung aller Betriebe als Steuern, Kapitalerträge, Investitionen u. ä. nach auswärts gehen, sowie von den Einkommen diejenigen, die durch die Einpendler von der Stadt in die Wohngemeinde gebracht werden, und die Heimsendungen der Gastarbeiter. Solche Abflüsse engen den Erwerbsspielraum der Zentralen Funktionen ein. Sie stehen in mannigfachem Zusammenhang mit den Eigentumsverhältnissen an den Unternehmungen und am Boden, sowie mit der Herkunft und dem Integrationsgrad der Arbeitskräfte.

– Das Kopfeinkommen, in dem der materielle Wohlstand seinen Niederschlag findet. Bei hohem Stand pflegen Leistungen beansprucht zu werden, die über Handelsspannen usw. einen hohen inneren Verwendungseffekt abwerfen. Bei existenznotwendigen Waren ist dieser Effekt dagegen meist gering.

– Das Verwendungsverhalten (Konsumverhalten). Der Spielraum für das Konsumverhalten ist bei niedrigem Einkommen durch Sachzwänge eingeengt, bei hohem Einkommen ist er dagegen groß, beispielsweise mit den Varianten: Hofhaltung zu Hause mit hohem Verwendungseffekt oder aufwendige Reisen und Mehrfachwohnsitze mit niedrigem Effekt für den Wohnsitz. Das Konsumverhalten hängt mit dem Integrationsgrad zusammen. Wo die Bevölkerung in einer neuen Stadt noch nicht eingelebt ist, bleibt weniger hängen als in einer alten Stadt. In Wolfsburg beispielsweise haben die Umsätze des Einzelhandels in den Anfangsjahren nicht die Erwartungen der Planung erreicht.

Im ganzen sind die Unterschiede in der Einkommensverwendung in den einzelnen Gebieten – auf die gleiche Stufe der Zentralität bezogen – vergleichsweise bescheiden, eine Folge der Nivellierungstendenzen. Das wird durch die Volks-, Berufs- und Arbeitsstättenzählung von 1970 bestätigt. Es ist daher möglich, die Quoten und Effekte in Richtzahlen zu fassen.

Es sollten zu den Folgeeffekten einige Größenordnungen angeführt werden; sie beruhen auf eigenen Studien und auf Erfahrungswerten, die aus der Auswertung der Arbeitsstättenzählungen 1961 und 1970 gewonnen sind. Die Größenordnungen zeigen, daß die Folgeeffekte in ihrem vollen Umfang nur den Großregionen im ganzen, d. h. hier vor allem den Metropolen zugute kommen. Hier wird der sogenannte ›doppelte Stellenwert‹, wonach ein Arbeitsplatz bei den Grundlegenden einen weiteren im Folgebereich nach sich zieht, also ein Verhältnis 1:1, sogar überschritten: Der Effekt betrug 1970 1:1,13 (oder ähnlich). Je weiter aber nach unten gegangen wird, desto mehr verkleinert sich die Folgeeffektziffer. Denn es bleibt von einem gegebenen Betrag ein entsprechender Teil an den höheren Stufen der Zentralität (Vorleistungen von Großhändlern, Vertretern, Beratungsbüros, Banken usw.) hängen. Auf der Stufe des Mittelbereichs und des Mittelzentrums beträgt der Folgeeffekt im Schnitt immer noch 1:0,9. Aus 100 Arbeitsplätzen beispielsweise in der gutsituierten Industrie erwachsen 90 Arbeitsplätze im Folgebereich. Die Mittelzentren erweisen sich, wie man aus ihrer Ausstattung und dem Kaufverhalten der Bevölkerung entnehmen kann, als die wichtigste Stufe der Zentralen Funktionen und damit als der wichtigste Bestandteil der Folgeeffekte. Auf der Stufe des hauptsächlich durch Kleinstädte repräsentierten Grundzentrums dagegen wird der Folgeeffekt auf kaum mehr als 1:0,5 eingeengt, und auf der Stufe des Kleinzentrums auf nicht viel mehr als 1:0,33.

Die angegebenen Größenordnungen dürfen lediglich als grobe Richtpunkte aufgefaßt werden. Sie können im konkreten Einzelfall nach oben abweichen, z. B. bei ertragreicher Landwirtschaft und hoher Agrarquote, gehen aber nach unten bei einem starken Besatz mit Gastarbeitern, bei konzernabhängigen Fertigungsbetrieben verbunden mit hohen Transferabflüssen und allgemein bei schwacher Integriertheit einer neu zugewanderten Bevölkerung. Mindernd wirkt darüber hinaus die Aufspaltung der Zentralen Funktionen auf eine Mehrzahl von Städten.

3. Die Existenzgrundlagen und ihre Quellen. Vom Standpunkt der Stadt aus werden die Existenzgrundlagen aus Quellen dreierlei Art gespeist:
– aus den Zentralen Funktionen für das Hinterland,
– aus den Speziellen Funktionen und
– aus den Transfers.

Die Zentralen Funktionen, die die Stadt für das Hinterland ausübt, werden in ihrem Umfang bestimmt durch die ihrerseits auf Größe und Leistungskraft beruhende Wertschöpfung des Hinterlands, durch die Folgeeffekte und durch den Anteil, der von diesen auf die Stadt entfällt. Je höher die Stufe, desto höher der Anteil. Die Metropolen verdanken weitgehend die große Zahl der Einwohner den Funktionen der obersten Stufen IV und V für das große Hinterland.

Daß die Zentralen Funktionen räumlich in einer Stadt konzentriert sind, trifft in der Regel für die zentralistischen Staaten zu: Paris ist ein Beispiel. Bemerkenswert ist die Ähnlichkeit in Japan für Tokio. Entsprechend den theoretisch errechenbaren Größenordnungen müßten etwa 15 % bis 20 % der gesamten Einwohnerzahl in der Hauptmetropole (einschließlich der Umland-Region) konzentriert sein. Zuweilen ist der Anteil, allerdings dann auch aus speziellen Gründen, noch wesentlich höher. Solch hohe Anteile werden jedoch weder in der Bundesrepublik noch in den USA und den UdSSR, ebensowenig in Italien erreicht. Die Region New York müßte theoretisch etwa 40 Millionen Einwohner umfassen statt jetzt ›nur‹ 15 bis 18, eine etwaige Bundeshauptstadt in Deutschland etwa 10 Millionen. Daß es nicht zu solchen Größenordnungen kommt, ist der föderativen Struktur zuzuschreiben; sie bezieht sich nicht nur auf die Politik, sondern auch auf die Wirtschaft. Selbst in den Konzernen, die Metropolen bevorzugen, sind die Entscheidungsbefugnisse weitgehend dezentralisiert, in den USA und der Bundesrepublik zumeist mehr als etwa in Frankreich. Die Folge einer solchen Aufspaltung der Spitzenfunktionen – sowohl im Zentralen wie im Speziellen Bereich – ist, daß die Einwohnerzahlen der Hauptmetropolen weit unter dem ›theoretischen Soll‹ liegen.

Die räumliche Aufspaltung der Spitzentätigkeiten bei den Speziellen und bei den Zentralen Funktionen steht in Zusammenhang mit ihrer fachlichen Gliederung: etwa im Kommerzbereich (Großhandel, Banken, Versicherungen u. a.), Technik (Servicestellen der Großfirmen zur Bedienung der Abnehmer, Büros von Ingenieuren und Architekten u. a.), Humanbereich (Kultur, Bildung sowie Gesundheitswesen) und in der Politik (Staatsführung, Verwaltung, Gerichte, Verbände u. a.). In der Bundesrepublik ist lediglich die politische Spitze der Bundesstufe in der Bundeshauptstadt Bonn ansässig und auch innerhalb Bonns statt in einem angestrebten Regierungsviertel bis jetzt in einer integrationsfeindlichen Streuung. Eine räumliche Aufspaltung ist jedoch nur sinnvoll für die Sonderfunktionen, die nicht auf ständigen Kontakt mit der Spitze angewiesen sind. Wesentliche Funktionen der Bundesspitze sind in der Hauptsache auf die Metropolen (gegebenenfalls einschließlich der Nachbarstädte) Frankfurt, Köln-Düsseldorf, Hamburg und München verteilt. Im Kulturbereich ist eine Anhebung auf die Bundesstufe durch das Grundgesetz erschwert. Der Kommerzbereich ist weit aufgespalten, in Frankfurt für die Banken, für Bahn und Luftverkehr mit Flughafen (dieser von höherer Bedeutung als Paris) sowie mit US-Stellen, in Köln-Düsseldorf für Versicherung und Großhandel, partiell Einfallstor der Japaner, in Hamburg für den Seehandel; Hamburg ist zugleich auch Sitz von führenden Einrichtungen in Presse und Funk; München ist partiell zuständig für Technik (Patentamt) und Kultur. Die ehemalige Reichshauptstadt Berlin ist nur im Ostsektor durch die Zentralen Funktionen bestimmt. Westberlin ist in dieser Hinsicht hochgradig ausgehöhlt und lebt nahezu ausschließlich von Industrie und Transfers.

Daß in der Bundesrepublik Vielmillionenstädte fehlen, ist größtenteils eine Folge der räumlichen Aufspaltung der Spitzenfunktionen. Zwar ist es zur Bildung der Rhein-Ruhr-Ballung mit rund 11 Millionen Einwohnern gekommen, aber deren Existenz beruht im Gegensatz zu Paris nur in sehr bescheidenem Maß auf Zentralen Funktionen, sondern ganz überwiegend auf der Industrie. Die großräumigen Zentralen Funktionen liegen dabei vor allem an der Rheinachse (Bundeshauptstadt Bonn, Landeshauptstadt Düsseldorf usw.). Selbst auf den mit der Landesebene gleichzusetzenden Stufen IV und V sind die Zentralen Einrichtungen zersplittert – am meisten in Nordrhein-Westfalen, aber auch im Norden und in der Mitte. Nur München vereint nahezu umfassend die Einrichtungen der Landesebene, eine Frucht des bayrischen Zentralismus. Der umfassenden Ausstattung verdankt München weitgehend das Image der ›heimlichen Hauptstadt Deutschlands‹.

Die fachliche Aufspaltung der Zentralen Funktionen geht in der Bundesrepublik, abgesehen von Bayern, bis auf die unteren Stufen. Dem ist es zuzuschreiben, daß eine wohlgemeinte Verwaltungsreform erschwert wird, denn die Zentralen Funktionen des Staatssektors spielen für die Sitzstädte oft eine wichtige Rolle. So wird es auch in der Bevölkerung empfunden. Gegen die Sitzverlegung von Dienststellen kommt es allenthalben zu Protestaktionen. Sie beschränken sich bei uns allenfalls auf Verbalinjurien, während sie in Süditalien, wo Behörden als Existenzgrundlage für die Städte mangels Industrie nahezu unentbehrlich sind, in Aufruhr und Beschädigung der Regierungsgebäude ausarten können wie in Reggio di Calabria.

Daß die Träger der Speziellen Funktionen, insbesondere die Industrie, vornehmlich in den großen Städten ansässig sind, ist weitgehend den Vorteilen einer umfassenden Grundausstattung zuzuschreiben. In vielen Fällen entstehen mancherlei Entwicklungseffekte; die Industrie folgt den Zentralen Funktionen. Häufiger kommt allerdings das Umgekehrte vor: Auf der Basis von Industriebetrieben bauen sich als Folgeeffekte die Zentralen Funktionen auf, so in Wolfsburg und früher im Ruhrgebiet. Sie beschränken sich anfangs weitgehend auf die eigene Stadt, und erst nach längerer Zeit dringen sie auf Kosten der traditionellen Zentren ins Hinterland ein.

Betrachten wir nun die Bedeutung, die den einzelnen Sektoren in einer lohnwertorientierten Politik der Stadt zukommt:

– Der Agrarsektor spielt nur in kleinen Zentren noch eine Rolle. In den großen Städten ist der Agrarsektor – als Landwirtschaft und als Forstwirtschaft – unter dem Gesichtspunkt des Wohnwerts zu sehen.

– Die Industrie ist unter den Speziellen Funktionen in der überwiegenden Mehrzahl der größeren Städte die beherrschende Grundlage. Wesentlich sowohl für den Lohnwert wie für den Wohnwert ist dabei, welche Gruppen vorherrschen: Grundstoffgewinnung und die ersten Stufen der Umformung wie Bergbau, Stahlwerke, Schwerchemie mit hohem Flächenbedarf, mit viel Transportmengen und Umweltbelastung; oder als Gegenpol die hochwertige Feinindustrie, so vor allem die expansive Elektronik; oder als Mittelstück die Montagebetriebe, d. h. Betriebe, in denen das Endprodukt aus einer größeren Zahl von fertigen Vorprodukten zusammengesetzt wird wie beim Bau von Maschinen und Kraftfahrzeugen.

Neben der sektoralen Gruppierung gewinnt auch in der Industrie die sozialfunktionelle Schichtung eine zunehmende Bedeutung (vgl. S. 337 f). Es kommt mehr auf die Qualität als auf die Quantität an, zumal Qualität weniger Flächen und ›Umwelt‹ beansprucht.

– Der Tertiärsektor von überbereichlichem Rang ohne Bindung an die üblichen zentralörtlichen Bereiche ist in sich recht verschiedenartig wie Militär, Seehäfen, Forschungsanstalten, Tourismus, spielt aber im Gegensatz zur Industrie nur in wenigen Städten eine beherrschende Rolle. Wo solche Einrichtungen auf den unteren Stufen in Klein-, Grund- und Mittelzentren vertreten sind, tragen sie häufig zur Hebung des Einkommensniveaus bei. Zumeist werden die größeren Städte bevorzugt, abgesehen vom Fremdenverkehr, der außerhalb einer geschäftlichen Hilfsfunktion nur in München und in den Bäderstädten durchschlägt.

Die Transfers, worunter Geldzuflüsse ohne direkte Gegenleistungen zu verstehen sind, gehören zwar nicht zu der Wertschöpfung im Sinne der Sozialproduktrechnung, bewirken aber die gleichen Verwendungseffekte. Der Umfang der Transfers ist in einem Sozialstaat als Existenzgrundlage von einer Bedeutung, die kaum unterschätzt werden kann. In räumlicher Hinsicht schlagen die Effekte allerdings nur dort zu Buch, wo Salden zwischen Zu- und Abflüssen entstehen. Überwiegen die Zuflüsse, so ergeben sich Empfangssalden, und die Existenzgrundlagen werden erweitert; umgekehrt werden die Existenzgrundlagen bei Abflußsalden verkleinert. Bei Empfangssalden wird mehr an Leistungen des Staates (Pensionen, Finanzausgleich) empfangen als an dafür bestimmt zu denkenden Steuern und an Beiträgen nach auswärts abgeführt wird. Das ist der Fall in Städten mit vielen Rentnern, so etwa auch jetzt im Ruhrgebiet (früher gab es im Ruhrgebiet Abflußsalden!). Wenn sich der Rückgang des Kohlenbergbaus nicht nachhaltiger auf die Ruhrstädte ausgewirkt hat, ist das zu einem beachtlichen Teil der Umkehr der Transferströme (der Bund trägt u. a. größtenteils die Lasten der Knappschaftsversicherung) zuzuschreiben.

In die Kategorie der Transfers fällt auch das Einkommen der Pendler. Fast ausnahmslos sind die großen Städte Ziel großer Einpendlerströme. Deren Einkommen wird zwar in der Stadt verdient, jedoch zunächst in der Wohngemeinde verwendet. Dort entsteht der Verwendungseffekt; er fließt aber der Stadt partiell im Rahmen der Zentralen Funktionen wieder zu. Nur selten gibt es für die Großstädte selbst Auspendlersalden; diese sind dagegen typisch für die Randstädte der Metropolen. In solchen Fällen bildet das Auspendlereinkommen eine Existenzgrundlage beispielsweise für einige Ruhrstädte, im Ausland für Neapel.

Mit der Zusammensetzung der Quellen ist weitgehend die Struktur einer Stadt vorgegeben. Dabei kommt es auf die Speziellen Funktionen an, denn nur diese

sind in die zwischenräumliche Arbeitsteilung, die wesensgemäß zu Ungleichartigkeit führen muß, eingegliedert. Demgemäß sind die Träger der Speziellen Funktionen in den einzelnen Räumen sehr unterschiedlich zusammengesetzt, während die Zentralen, innerhalb der gleichen Stufe, als Ausfluß einer nivellierten Lebensführung ziemlich gleichmäßig verteilt sind. Die Struktur einer Stadt wird in erster Linie durch die Speziellen Funktionen bestimmt, in zweiter Linie auch durch den Umfang der zentralen Tätigkeit für das Hinterland.
Nach dem Vorherrschen der grundlegenden Funktionen lassen sich die Strukturtypen bilden:
– Zentrale Städte, die in der Bundesrepublik auf den oberen Stufen in Reinheit kaum vorkommen;
– Industriestädte, die sehr häufig vorkommen, aber in sehr unterschiedlicher Zusammensetzung, etwa mit Vorherrschen der Grundstofforientierung wie bisher im Ruhrgebiet oder der Feinindustrie wie in den Schwarzwaldstädten;
– Tertiärstädte, wobei jedoch nicht der Oberbegriff, sondern der besondere Sektor für die Namensgebung verwendet wird, so ›Seehandelsstädte‹, ›Beamtenstädte‹ (=Behördenstädte), ›Hochschulstädte‹, und bei den Transfers als Existenzgrundlage: ›Pensionärstädte‹, ›Auspendlerstädte‹ (die bei kleineren Trabanten von Metropolen vorkommen).
Zumeist mischen sich die Quellen der Existenzgrundlagen, so am häufigsten Zentrale Funktionen mit Industrie, gegebenenfalls ergänzt durch überbereichliche Funktionen des Tertiärsektors. Mit dem Grad der Mischung erhöht sich die Vielseitigkeit einer Stadt, wie dies allenthalben im Interesse der Sicherung des Lohnwerts angestrebt wird. Mit der Vielseitigkeit wird auf den oberen Stufen eine entsprechend hohe Einwohnerzahl vorausgesetzt, allein schon deshalb, weil zugleich im Konkurrenzkampf großbetriebliche Formen vorzudringen pflegen. Die Einwohnerzahlen unserer Großstädte sind nicht *einer* Funktion, sondern der Häufung der Funktionen zu verdanken. Wer Krisenfestigkeit und Entfaltungsmöglichkeit wünscht, muß dabei räumliche Konzentration in Kauf nehmen.
Neben den funktionalen und sektoralen Elementen sind in eine Betrachtung der Struktur wiederum die sozialfunktionellen Elemente, das Sozialprodukt, die demografischen Gegebenheiten (wie Altersaufbau, Frauenarbeit) einzubeziehen. Die Elemente stehen untereinander in mehr oder weniger engem Zusammenhang, bilden aber doch jedes für sich eine selbständige Komponente. So kann das Vorwiegen der Industrie mit einem hohen Anteil an gehobenen Schichten zusammentreffen wie in Konzernsitzen u. ä., aber auch mit einem ausgesprochen niedrigen Anteil. Düsseldorf und Wuppertal sind beide stark mit Industrie besetzt, aber der Anteil gehobener Schichten ist in Düsseldorf als der Hauptstadt von Verwaltung und Konzernen um ein Mehrfaches höher als in Wuppertal.
4. Strukturelle Ziele der Stadtgemeinden. Die Städte als Träger der gemeindlichen Selbstverwaltung sind nach dem Bundesbaugesetz vom 23. 6. 1960 gehalten, sich über ihre künftige Entwicklung Vorstellungen zu machen. Gemeint sind dabei ›Prognosen‹ – sie können neutral oder zielbezogen sein. Im ersten Fall beschränkt man sich darauf, die allgemein großräumig wirksamen Tendenzen zu erfassen und auf die besonderen Verhältnisse der eigenen Stadt zu übertragen, das sind ›status quo-Prognosen‹. Im zweiten Fall werden in die Prognosen Ziele eingebaut,

Kommunale Wirtschafts- und Finanzpolitik 347

auf die eine Beeinflussung der wirkenden Faktoren auszurichten ist. Dabei sollte man sich bewußt sein, daß der Spielraum für eigene Maßnahmen auf der Stufe der Gemeinde sehr begrenzt ist.
Zielsetzungen gelten solchen Faktoren, von denen direkt oder indirekt ein Bedarf an Flächen und Grundausstattung (›Infrastruktur‹) ausgeht. Mit deren Ordnung hat sich gerade das Bundesbaugesetz zu befassen. Bedarfsbestimmende Faktoren sind vor allem die Zahl der Einwohner, das Sozialprodukt (mit wachsendem Wohlstand erhöhen sich die Anforderungen), die sektorale Struktur (unterschiedlicher Flächenbedarf der Branchen), die sozialfunktionelle Schichtung (wichtig zur Ausweisung von Bauland für gehobene Schichten, für Anlagen der Kultur und Ausbildung, Fachzüge im Berufsschulwesen).
Bei den Zielsetzungen stand bis in die jüngste Zeit die Zahl der Einwohner, hier vereinfacht als Quantität bezeichnet, im Vordergrund. Mehr Menschen ist das Ziel – und als Voraussetzung dafür mehr Lohnwert, in erster Linie mehr Arbeitsplätze im grundlegenden Bereich. Dabei pflegt man das Hauptgewicht auf die Industrie zu legen. Erst neuerdings wendet man dem Tertiärsektor mehr Aufmerksamkeit zu. Von einigen negativen Ausnahmen wie im Ruhrgebiet abgesehen, hat die bisherige Entwicklung solche expansiven Zielsetzungen bestätigt. Für den größtenteils noch vor uns stehenden Zeitabschnitt von 1970 bis 1985 muß eine gleiche Expansion als Ziel in Frage gestellt werden, hauptsächlich wegen des inzwischen einsetzenden Geburtenrückgangs, aber auch wegen der Grenzen, die mancherorts durch die ökologische Tragfähigkeit gezogen sind.
Die Beweggründe, sich auf ein Wachstum der Bevölkerung einzurichten, sind mannigfacher Art:
– Vorsorge: Man will nicht von der Entwicklung überrollt werden, denn nachträgliche Umbauten sind meist viel kostspieliger als etwaige zeitweise Überkapazitäten und die daraus erwachsenden Belastungen. Bisher hat der Zeitablauf dem recht gegeben, der zu groß gebaut hat.
– Interesse des Folgebereiches, also der Zentralen Funktionen, die meist in den Gemeindeparlamenten überrepräsentiert sind. Wachstum hat Bautätigkeit zur Folge und damit eine gute Auftragslage für das Handwerk, aber auch höhere Umsätze im Handel sowie Aufstiegsmöglichkeiten für die Bediensteten der Stadtgemeinde und reizvolle Aufgaben für die Bauräte und Architekten.
– Steigende Bodenpreise und gute Mieteinnahmen für die Grundeigentümer, deren Schicksal mit dem der Stadt nahezu gleichläuft.
– Erhöhtes Steueraufkommen als Auswirkung zuerst im grundlegenden Bereich. Das gilt vor allem für die Gewerbesteuer, künftig, nach der Beteiligung der Gemeinden an der Einkommensteuer, auch für den Folgebereich.
Bei der Beurteilung der Zielsetzungen ist ein Unterschied zu machen zwischen den Mittelstädten (einschließlich vieler Kleinstädte) und den Großstädten, insbesondere den Metropolen. Dabei ist es für unsere Betrachtung sinnvoll, die Untergrenze der echten Großstadt bei 500 000 Einwohnern zu setzen, nicht bei 100 000, wie bisher in der Statistik; bei letzteren handelt es sich um größere Mittelstädte.
Bei den Mittelstädten der verschiedenen Größenordnungen reichen die Flächen, soweit die Landschaft es zuläßt, in der Regel, vor allem seit der Weg zu Eingemeindungen freigegeben ist, für ein weiteres Wachstum aus. Bei den Großstädten ma-

chen sich die üblichen Überlastungsvorgänge so oder so bemerkbar. Der Boden wird immer knapper, nicht nur wegen der steigenden Einwohnerzahl, sondern wegen der Erhöhung der Ansprüche an Wohnen und Grundausstattung. Bei einfachem Standard reichen direkt und indirekt 80 qm je Kopf an Grundfläche aus, bei gehobenem Standard sind es 150 qm und mehr. Die Folge des wachsenden Bedarfs ist eine Bevölkerungsabnahme in der Kernstadt. Um so mehr nehmen die Randgebiete der Stadtregion zu. Bevölkerungsabnahme ist in der Kernstadt eine Folge der Expansion der Grundlagen, nicht wie sonst einer Schrumpfung.

Mit dem zunehmenden Anspruch an die knappen Flächen wird eine Zusammenarbeit über die derzeitigen Grenzen der Stadt hinaus unausweichlich, damit die Funktionen im Raum richtig verteilt werden, City und Vorstadtkerne, Gewerbeflächen, Grün und Auslauf, und vor allem die Verkehrswege mit den zu erschließenden Wohngebieten. Eine solche Flächennutzung setzt nicht nur einheitliche Konzeptionen voraus, sondern auch die Möglichkeit, sie durchzusetzen. Dazu sind Eingemeindungen notwendig. In Betracht kommen, vor allem wenn es im Interesse der Überschaubarkeit liegt, auf der Basis der Unterbereiche oder der Region auch übergemeindliche Organisationen. Sie werden auf längere Sicht nur dann Erfolg haben, wenn sie mit eigenen Einnahmequellen in einem Maße ausgestattet sind, das zur Erfüllung der Hauptaufgaben genügt. Fehlen die Voraussetzungen, so werden die Zielsetzungen im Ernstfall, wie viele Beispiele zeigen, durch die Sonderinteressen der Mitglieder blockiert (vgl. S. 414 ff).

Gegenüber der Quantität beginnt sich, vor allem in den Großstädten, bei den Zielsetzungen mehr und mehr der Gesichtspunkt der Qualität durchzusetzen. Qualität bezieht sich in erster Linie auf die sozialfunktionelle Schichtung. Angesichts des Mangels an Flächen und der Kostenprogression, die sich besonders bei Verkehrsanlagen auswirkt, ist die Hebung der Qualität der geeignete Weg, der einer standortgerechten Funktionsteilung entgegenkommt. Eine solche Zielsetzung kann sich auf die bereits angedeutete Ursachenkette berufen: Hohe Nachfrage nach Boden – hoher Bodenpreis, hohe Mietpreise, hohes Lohnniveau, um überhaupt die Mietpreise erschwingen zu können – hoher Preis für ortsgebundene Dienstleistungen usw.

All dies verschärft den Prozeß der Auslese. Die Großstadt muß sich, von innen nach außen abschwächend, auf die Spitzenfunktionen im weitesten Sinne beschränken, sowohl im Management wie in der Fertigung, soweit die Fertigung mit dem Management räumlich verbunden sein muß. Dem Verdrängungsprozeß im höchsten Maße unterworfen sind Betriebe, die viel Fläche beanspruchen und in geringerem Grad auf die spezifischen Kontaktvorteile der Kernstadt angewiesen sind. In welcher Entfernung sich die verdrängten Betriebe niederlassen, hängt ab von der Intensität der täglichen Beziehungen zur Kernstadt. Der Industrieverdrängungsprozeß hat in Berlin bereits vor der Jahrhundertwende eingesetzt, in anderen Städten wie Stuttgart, Frankfurt und Hamburg zwischen den Kriegen und, soweit die Expansion sich fortsetzt, in verstärktem Maß im letzten Jahrzehnt.

Als Folge des Verdrängungsprozesses, der zunehmend auch flächenbeanspruchende Zentrale Funktionen einbezieht – Großhandelslager, Supermärkte mit Parkplätzen usw. – und durch die Motorisierung gefördert wird, verstärkt sich das Gefälle zwischen Stadt und Land in qualitativer Hinsicht. Dagegen schwächt sich die Konzentrationstendenz in rein quantitativer Hinsicht ab.

In Städten, die nicht vom Entwicklungstrend begünstigt sind, erfordert die Heranziehung von Betrieben mit hoher Qualität in sozialfunktioneller Hinsicht große Anstrengungen. Die Angebote solcher Städte gehen zuweilen zu Lasten des Wohnwertes – Grünflächen, Sportflächen, gehobene Wohngebiete wurden, wie jüngste Beispiele zeigen, geopfert, um die Spitzen der Firmen zur Niederlassung zu bewegen. Um so schmerzlicher ist es, wenn der Erfolg ausbleibt. Vom qualitativen Standpunkt aus können neben den Konzernspitzen der Industrie auch Einrichtungen des nichtbereichsgebundenen Tertiärsektors und die Zentralen Funktionen wertvoll sein. Durch die Ausweisung attraktiver Wohngebiete lassen sich auch Anreize zur Niederlassung von wohlhabenden Rentnern schaffen.

In engem Zusammenhang mit Quantität und Qualität steht die Vielseitigkeit. Sie wird nahezu von allen Städten angestrebt, selbst wenn das vom Gesichtspunkt des Arbeitsmarkts derzeit nicht gerechtfertigt erscheint. Man will die Palette der verschiedenen Existenzgrundlagen vervollständigen, um vor allem in finanzieller Hinsicht gegen Rückschläge spezieller Art sowie gegen allgemeine Krisen widerstandsfähig zu sein. Ausgefüllt werden die Lücken auf dem Arbeitsmarkt ganz überwiegend durch die Gastarbeiter, die für die Großstädte den besonders ins Gewicht fallenden ›Vorzug‹ haben, daß sie, solange ohne Familie und Auto, weniger an Flächen und Grundausstattung benötigen als eine deutsche Arbeitskraft. Am höchsten ist die Gastarbeiterquote in den Großstädten, die vom allgemeinen Expansionstrend derart begünstigt sind, daß eigene Fördermaßnahmen sich erübrigen, wie in Stuttgart, Frankfurt und München. Es gilt hier der Satz: Die Gastarbeiterquote wird bestimmt durch die allgemeine Lage am Arbeitsmarkt und durch die Bodenknappheit und ist daher dort am höchsten, wo beides extrem zusammentrifft. Das ist zur Zeit der Raum Stuttgart.

Wohnwert

1. Die Stellung der Stadtgemeinde im Staat. Beim Wohnwert ist der Spielraum, der für eine Beeinflussung durch die Gemeinden gegeben ist, weiter gezogen und besser fundiert als beim Lohnwert. Beim Lohnwert beschränken sich die Möglichkeiten der Gemeinden darauf, Anreize – positiver oder negativer Art – für eigenständige Träger zu schaffen. Die letzte Entscheidung über die Niederlassung oder den Umbau eines Betriebes liegt jedoch bei der Unternehmung, über die Bestimmung eines Behördensitzes bei der übergeordneten Instanz, über die Wahl des Wohnsitzes bei dem wohlhabenden Pensionär. Beim Wohnwert dagegen hat die Gemeinde die Möglichkeit – und auch die Verpflichtung –, selbst und unmittelbar zu gestalten im Rahmen der Grenzen, die durch Natur, Technik und allgemeine Leistungskraft gezogen sind. Mittelbar können die Ergebnisse auf die Entscheidungen der anderen eine wichtige Rolle spielen. Das Image einer Stadt hängt sehr weitgehend mit dem Wohnwert zusammen und gewinnt, wie eine jüngste Befragung zeigt, auch für die Wahl des Standorts vor allem von gehobenen Arbeitskräften eine zunehmende Bedeutung (329). Positiv gilt das unter den Metropolen in erster Linie für München, aber auch für Hamburg und Stuttgart, negativ für Frankfurt und Köln. In noch

höherem Grad spielt das Image eine Rolle bei kleineren Städten; es gibt Städte, »wo niemand hin will«.
Die Möglichkeiten zur Gestaltung verdankt die Gemeinde dem Staatsaufbau. Sie ist nach dem Grundgesetz mit Zwangsbefugnissen ausgestattet, die sie bei den Angelegenheiten der örtlichen – besser gesagt: der räumlichen – Gemeinschaft in eigener Verantwortung auszuüben hat. Eine derartige Autonomie, die sich im vorigen Jahrhundert anfangs hauptsächlich auf ideologisch-gesellschaftspolitischen Gesichtspunkten gegründet hatte, findet in der Zukunft ihre Rechtfertigung in der technisch-ökonomischen Entwicklung.
Dabei ist vor allem zu denken an
– die weitere Verdichtung der Beziehungen hauptsächlich in den Zentralen Funktionen, als Folge der fortschreitenden Spezialisierung einerseits und der Auflösung der hauswirtschaftlichen Selbstversorgung andererseits, und damit zusammenhängend
– die räumliche Aufspaltung der täglichen Lebensvorgänge in Wohnen, Arbeiten, Erholen u. ä.;
– die räumliche Umgruppierung, die durch die individuelle Motorisierung ausgelöst wird, und schließlich
– die störenden Auswirkungen auf die Umwelt, die, wie der Raum überhaupt, weder über der Erde noch darunter streng abteilbar ist und daher ein Ganzes bildet.
All diese Momente machen es notwendig, nach Wegen zu suchen, über die sich die fachlich so weit aufgespaltenen Lebensvorgänge im Raum wieder zum Zusammenspiel bringen lassen. Der räumliche Gesichtspunkt wird sich in weit höherem Grad als vor der Mitte dieses Jahrhunderts gegenüber den fachlichen Gesichtspunkten Geltung verschaffen müssen. Vertreten wird der räumliche Gesichtspunkt dem Wesen nach innerhalb des Staates durch die Stufe der Gemeinde. Die Tendenzen laufen entgegen manchen Annahmen, die im Hinblick auf die hochgradige Spezialisierung mit einem Vordringen des Fachprinzips rechnen, auf eine Stärkung und Wiederbelebung der kommunalen Selbstverwaltung hinaus, allerdings mit der erforderlichen Maßstabserweiterung.
Die Stufe der Gemeinde bietet sich für die notwendige Integration der Funktionen im Raum deshalb an, weil hier die Verbindung zwischen der staatlichen, auf Zwangsbefugnissen beruhenden Tätigkeit und den anderen Lebensbereichen, so vor allem der Erwerbswirtschaft, besonders eng ist. Im Gegensatz zu den oberen Stufen, wo eine strikte Einhaltung der Prinzipien des Staats geboten ist, sind die Übergänge zur Erwerbswirtschaft auf der Stufe der Gemeinde fließend. Gleichwohl, oder besser gesagt: gerade deswegen ist es für den wirksamen Einsatz der kommunalen Maßnahmen notwendig, sich bewußt zu machen, in welcher Weise sich der Staat von der Wirtschaft in den Formen und Motiven des Handelns unterscheidet:
– Bei der Erwerbswirtschaft: Orientierung des Handelns am Gewinnstreben; Entscheidungsfreiheit, aber unter dem Druck und Sog des Marktes; Ausgleich zwischen Bedarf und Kapazität – d. h. Auslese der Bewerber – über den Preis; Gegenwertigkeit (Äquivalenz: Leistung gegen gleichwertige Gegenleistung); Wettbewerb einer Vielzahl von Trägern.
– Beim Staat: Aufgabenerfüllung ist Orientierung am Gesetzesauftrag; Ausgleich

zwischen Bedarf und Kapazität nach normierten Merkmalen; Gegenwertlosigkeit, d. h. bei der Steuer: nehmen, ohne zu geben, bei der Zuwendung: geben, ohne zu nehmen; Eindeutigkeit der Kompetenz bei der Aufgabenerfüllung, also Monopol mit Andienungspflicht auch in Fällen hochgradiger Unrentabilität.
Der Gemeinde stehen im Rahmen der durch die marktwirtschaftliche Ordnung gezogenen Grenzen beide Formen offen, und davon wird je nach der Art der Aufgabe vielfältiger Gebrauch gemacht. Das gilt vor allem für die räumliche Seite. Bei der Gemeinde ist dabei zu unterscheiden zwischen den Aufgaben der Ordnung und denen der Leistung, letztere im Sinne der Bedarfsdeckung als ›Öffentliche Leistungswirtschaft‹ bezeichnet. Beide hängen eng zusammen.

2. *Raumbezogene Aufgaben der Gemeinde.* Unter den vielerlei Ordnungsaufgaben steht die Bauleitplanung nach dem Bundesbaugesetz von 1960 an erster Stelle; sie ist ein wichtiges Instrument, um wirtschaftspolitische Ziele zu verwirklichen (vgl. S. 361 ff). Die Bauleitplanung vollzieht sich zunächst grobkörnig in der Festlegung der Zwecke für die Nutzung der Flächen, für City (Geschäftszentrum), Gewerbe, Erholung, Wohnen usw. Alsdann wird sie feinkörnig umgeformt in die sich konkret auf die einzelnen Bauwerke beziehende Bebauung in Verbindung mit der Erschließung. Den wirtschaftspolitischen Absichten der Gemeinden werden Grenzen gesetzt durch die Verpflichtung, die Ziele der von dem übergeordneten Staat, von Land und Bund ausgehenden Raumordnung zu berücksichtigen. Dies gilt nicht nur für die materiellen, d. h. hier flächenbeanspruchenden Vorhaben wie Trassen für Bundesstraßen, militärische Anlagen und Wasserschutzflächen, sondern auch für die Struktur etwa im Sinne der Einwohnerzahl, des Besatzes mit Industrie. Solche Ziele festzusetzen, obliegt nach den hauptsächlich im Laufe der sechziger Jahre erlassenen Gesetzen zur Landesplanung und zur Raumordnung dem Bundesland, allenfalls der Regionalplanung. Diese Neuerung schneidet tief in das Wesen der kommunalen Selbstverwaltung ein, ist aber im Hinblick auf die Maßstabsvergrößerung und die großräumigen Entwicklungstendenzen dringend geboten. Für die Großstädte ist hierbei vor allem das Verhältnis zur umliegenden Region zu berücksichtigen, darüber hinaus aber auch zum Ganzen des Landes. Es handelt sich um das Ausmaß und die Grenzen der räumlichen Konzentration. Dabei wird wieder die Alternative zwischen Quantität und Qualität der Struktur betroffen.
Als Instrument zur Sicherung des Wohnwerts reicht das Bundesbaugesetz für sich allein nicht aus, weil es sich in der Hauptsache nur auf die reinen Baugebiete, d. h. auf die Umwandlung von Agrarflächen in städtische Nutzungsarten bezieht. Von dem Wandel der Anforderungen werden – so unter dem Einfluß der Motorisierung – aber zunehmend auch die vorhandenen Baugebiete betroffen. Hier sind ordnende Maßnahmen, vor allem in den Stadtkerngebieten, notwendig, um das Schicksal zu vermeiden, dem viele amerikanische Downtowns ausgesetzt sind. Der Situation will das Städtebauförderungsgesetz von 1971 Rechnung tragen. Wiederum sind die Gemeinden mit der Aufgabe betraut; sie kann an geeignete Trägerorganisationen (Entwicklungsgesellschaften u. ä.) weitergegeben werden, vor allem, wenn es sich um die Errichtung neuer Städte handelt, die der Entlastung der Kerngebiete dienen sollen. Die Maßnahmen des Städtebauförderungsgesetzes können dazu beitragen, die City einer Stadt wieder funktionsfähig zu machen und damit auch die Stellung als Zentraler Ort zu stärken, was sich wiederum auf den Lohnwert positiv auswirkt.

Die mit der Bauleitplanung verbundene Erschließung ist zu den Leistungsaufgaben der Gemeinde zu rechnen und hier ebenfalls unter dem Gesichtspunkt des Wohnwertes zu sehen. In welchem Umfang die Gemeinde tätig werden kann, hängt weitgehend von ihrer finanziellen Leistungskraft ab. Gerade rasch wachsende Gemeinden – also Gemeinden mit hohem Lohnwert – hinken in der Leistungswirtschaft häufig nach. Wohlgemeinte Vorschläge der (meist nur großräumig abstrakt) geschulten Wirtschaftsexperten empfehlen, die Gemeinden sollten sich, was auch im Stabilitätsgesetz 1967 anklingt, bei der durch die Wirtschaft verursachten Anpassung des Arbeitsmarktes gerade an den Brennpunkten des Bedarfs zurückhalten; dabei wird der Zusammenhang zwischen Grundlegender Tätigkeit und Folgeeffekt verkannt. Eine so gebotene Zurückhaltung der Gemeinden würde letzten Endes dem expandierenden Werk zum Schaden gereichen. Man denke an die Störungen im Produktionsfluß, die durch das Fehlen von Versorgungsanlagen und Straßen eintreten. Die Belegschaft und die übrigen Einwohner werden – bei dem konjunkturpolitisch erwünschten ›Wohlverhalten‹ der Gemeinde – durch die Mängel in der Leistungswirtschaft des Humanbereichs betroffen und mittelbar auch in der privaten Infrastruktur, zu denen Einzelhandel und Ärzte gehören. All das schlägt auf den Verursacher, auf den expandierenden Industriebetrieb, zurück in schlechter Ausbildung des Nachwuchses mangels Berufsschulen, in Arbeitsausfällen wegen langer Wartezeiten in Arztpraxen und Krankenhäusern. Glücklicherweise hat sich das Klima in der Zusammenarbeit zwischen den Unternehmungen und der Stadt verbessert, weil sich die Erkenntnis durchgesetzt hat, daß zwischen Staat und Wirtschaft ein Verhältnis der Ergänzung besteht, nicht der Bekämpfung. Mehr Straßen statt mehr Autos, nicht umgekehrt!

Mit der öffentlichen Leistungswirtschaft greift die Stadtgemeinde in die verschiedensten Bereiche aus, räumlich auf die Umlandgemeinden über Zweckverbände, Energie-Lieferverträge, Schulbusse usw., sachlich auf die Fachverwaltungen des Bundeslandes, etwa im Schulwesen mit der Teilung der Aufgaben in raumgebundene Angelegenheiten der Gemeinde (Schulgebäude, Hausmeister usw.) und in den eigentlichen Unterricht, der vom Staat finanziert wird. Sie greift ferner auf die Erwerbswirtschaft im technisch-materiellen Bereich der Versorgung aus, wo u. a. von der Form der Aktiengesellschaft Gebrauch gemacht wird, und auf die Nichterwerbsorganisationen wie Caritas und Arbeiterwohlfahrt im Gesundheitswesen, in der Alten- und Jugendpflege.

Im Hinblick auf die vielerlei Verflechtungen ist es schwierig, eine Größenvorstellung über den Umfang kommunaler Leistungstätigkeit zu gewinnen. Er ist erheblich größer als das, was in den Haushalten ausgewiesen wird. Vom Volkseinkommen (Nettoinlandprodukt zu Faktorkosten) dürften mindestens 7 % ausgegeben werden für Leistungen, die durch die Gemeinden unmittelbar oder mittelbar über spezielle Träger dargeboten werden. In vielen Fällen stehen die Stadtverwaltungen mit ihren öffentlichen Umsätzen an der ersten Stelle der ansässigen Erwerbsunternehmungen; nur in den Konzernsitzen übertreffen die Umsätze der führenden Unternehmungen diejenigen der Städte.

Bezogen auf den Einwohner sind die Leistungen der Städte größer als die der Landgemeinden. Allerdings ist gegenüber der Vorkriegszeit, bedingt durch die Motorisierung und den Strukturwandel der Landwirtschaft, eine Annäherung eingetreten. In vieler Hinsicht wird das ›platte Land‹ gleichwertig versorgt, in manchem sogar besser, so etwa bei Schwimmbädern, Gemeindehallen usw. Wenn die Stadt dem Land im ganzen überlegen ist, liegt es an den Zentralen Funktionen, die zugleich – wenn auch wegen des Entfernungsaufwandes nur stark abgeschwächt benutzbar – dem Lande dienen.

In der Kostenstruktur der Leistungen besteht ein weiterer Wesensunterschied zwischen Stadt und Land. In der Energieversorgung wird das Leitungsnetz in der Stadt um ein Vielfaches besser ausgenutzt; die hohen Anschlußwerte bringen den Versorgungsunternehmungen meist Gewinn. Er wird zum Teil kompensiert durch die Verluste, die bei gestreuter Siedlungsweise entstehen. Insoweit besteht hier innerhalb des kommunalen Leistungsbereichs eine Art Finanzausgleich, d. h. die Städte kommen mit für die Lasten auf, die das Land als Folge der gestreuten Siedlungsweise verursacht. Auch der Aufwand für den Verkehr ist trotz der vielerlei Überlastungsschäden in der Stadt geringer als bei dem weitläufigen Netz des Landes. Selbst die Defizite, die im öffentlichen Personenverkehr unvermeidlich überall auftreten, sind, bezogen auf den Personenkilometer, in der Stadt geringer als auf dem Land. Eine gestreute Siedlungsweise macht eine Bedienung nahezu unmöglich. In solchen Fällen nimmt die Bundespost, im Zusammenhang mit dem Zustellungsdienst, Lasten ab, die sonst der kommunalen Wirtschaft obliegen müßten; ähnliches gilt im übrigen auch im städtischen Raum von der Bundesbahn. Bei einer anderen Verteilung der Steuerquellen müßte es die Stadt sein, die der Bundesbahn die im Nahverkehr entstehenden Lasten abnehmen würde; derzeit übernimmt der Bundeshaushalt die Lasten, und das mit Recht, solange er auf Kosten der Länder und Gemeinden einen so hohen Anteil der Steuerquellen auf sich vereint. Damit ist sicherlich in Bezug auf Erhebung und Gleichartigkeit ein Vorteil verbunden, der aber bei weitem aufgewogen wird durch die Nachteile, die durch ein die Interessenlagen korrumpierendes Zuweisungssystem entstehen.

Den Vorteilen, die die Stadt bietet, stehen die Nachteile gegenüber, die sich aus der Überlastung der Flächen und der Apparaturen ergeben. Es ist allerdings bei dem derzeitigen Kenntnisstand schwierig, den Punkt zu erkennen, von dem ab die Vorteile einer Kostendegression mit einer weiteren Zunahme der Einwohnerzahl und der Wirtschaftsbetriebe in die Nachteile einer Überlastungsprogression umschlagen. Die Grundstückspreise könnten hier, wenn sie nicht durch marktwidrige Unterlassungen oder Eingriffe verfälscht werden, einen wertvollen Indikator bilden: Ein Preis von 100 000 DM/qm, wie er in Normallagen der City nicht bei uns, aber in Tokio vorkommt, wäre zweifellos bereits als negativer Indikator zu werten.

Eine wesentliche Beziehung besteht zwischen den Maßnahmen der Stadt und dem Preis des Bodens, der sich in der Regel in privater Hand befindet (vgl. S. 385 ff). Durch die Umwidmung von der agrarischen Nutzung zu städtischen Nutzungsarten wird der Wert meist um ein Vielfaches gesteigert. Vom Standpunkt des maximalen Geldnutzens aus müßte sich der Eigentümer nach der ökonomischen Theorie veranlaßt sehen, den Boden in der von der Gemeinde vorgesehenen Weise selbst zu nutzen, etwa für Wohnbauten, oder ihn für diesen Zweck zu verkaufen. Das geschieht jedoch meist in nur sehr unzureichendem Maße, weil die derzeitigen Regelungen, vor allem die Unterlassungen, einen Anreiz zur Hortung des Bodens geben (Steuerfreiheit von Vermögen und von sonst der Einkommensteuer unterliegendem Vermögenszuwachs u. a. m., allgemeine Geldwerteinbußen). Durch eine derartige Verknappung des Angebots wurden die Preise oft weit über das Maß hinaus erhöht, das nach der marktwirtschaftlichen Auslesefunktion sinnvollerweise gerechtfertigt wäre.

Von derartigen Mängeln wird die Realisierung der Ziele, die die Gemeinde mit der Bauleitplanung, d. h. mit der richtigen Zuordnung der einzelnen Funktionen im Raum verfolgt, in hohem Maße beeinträchtigt, ja ins Gegenteil verkehrt. Am meisten machen sich die negativen Auswirkungen in den Großstädten bemerkbar, aber auch in den Mittelstädten mit expansivem Lohnwert. Ein Fall aus einer Universitätsstadt mag stellvertretend für viele andere die Schäden kennzeichnen, die sich aus lagewidrig überhöhten Preisen ergeben: Vorgesehen war für ein Studentenheim die Lage in der Mitte zwischen Instituten und Mensa, beide noch im Fußgängerverkehr erreichbar. Da ein geeignetes Grundstück nicht zu den üblichen Verkehrswerten erworben werden konnte, müßte der Bau, um das Verfallen von bereitgestellten Mitteln zu vermeiden, 4 bis 5 km entfernt von beidem errichtet werden – mit der Folge, daß der Gebrauch des individuellen Personenwagens für den Studenten unausweichlich wird, was wiederum u. a. zu weiterer Überlastung der Innenstadt bis zur Funktionsunfähigkeit beiträgt. (Der Bau unterblieb dann mangels Mitteln.)

Erschwerend für eine Mobilität des Bodens, wie sie für die Zuordnung erforderlich wäre, wirkt weiterhin der Mangel an Durchsichtigkeit des Grundstücksmarkts, was zur Aufblähung einer – sonst durchaus im Gesamtinteresse sinnvoll möglichen – Maklertätigkeit mit überhöhten Gebühren führt. Auch die derzeitige Höhe der Grunderwerbssteuer hemmt die Mobilität. Eine Anpassung an die veränderten Verhältnisse wird den Gemeinden weiterhin erschwert durch die Höhe der Entschädigungen, die bei Enteignungen für öffentliche Zwecke oder bei einer Herabsetzung der Nutzungsintensität nach den – meist durch die Vorteile der Planung bedingten – Verkehrswerten zu zahlen sind. Das übliche Finanzvolumen reicht dafür nicht aus; wenn es erhöht würde, könnte es zu einem weiteren Preisauftrieb auf dem Grundstücksmarkt führen.

Daß eine Differenzierung der Grundstückspraxis nach Lage, kleinräumig oder großräumig, notwendig ist, um die am besten geeigneten Bewerber um einen Standplatz im kleinen und Standort im großen auszulesen, ist bereits gesagt worden. Kleinräumig erhöhen sich die Preise, abgesehen von den besonderen meist durch Natur und Umwelt bedingten Lagevorzügen, vom Rand zur Mitte, d. h. zur City, in allen Stufen der Zentralen Orte – in der Metropole bis zur Fünfstelligkeit. Großräumig ergibt sich ein Gefälle jeweils für die entsprechenden Lagewerte vom Kleinzentrum bis zur Metropole. Hier werden für rohes Wohnbauland in Randlage, aber noch günstig zum öffentlichen Verkehr, je Quadratmeter rund 250 DM bezahlt, in den Mittelzentren 70 DM und in Kleinzentren 15 DM (Preisstand 1970). Innerhalb eines solchen Gefälles kommen die Unterschiede des Lohnwertes in Abweichungen nach oben oder unten zum Ausdruck.

Für die Gemeinden ist es gerade im Hinblick auf die Verfälschungen der Grundstückspreise von großem Wert, wenn sie über eigenen Bodenbesitz verfügen. Das gilt wieder besonders für die Großstadt und ihren Bereich. Mit dem eigenen Grundbesitz ist den Städten ein Instrument gegeben, das die Verwirklichung der Planung erleichtert; sei es, daß verkaufsunwilligen Privateigentümern Austauschgelände angeboten oder das Land für eigene Zwecke genutzt werden kann. Oft wird auch Land an Betriebe, die den Lohnwert erhöhen, zu Preisen abgegeben, die weit unter dem Marktwert liegen.

Aus der Grundeigentumstatistik könnte der Eindruck gewonnen werden, daß den Städten eine ausreichende Manövriermasse zur Verfügung steht. In den Großstädten befinden sich im Schnitt rund 30 % der Gesamtfläche im Eigentum der Gemeinde. Aber weitaus der größte Teil ist bereits für die Zwecke der Infrastruktur und für sonstige öffentliche Aufgaben gebunden – die eigentliche Manövriermasse ist recht bescheiden. Meist ist das Gemeindeeigentum in den fünfziger Jahren, in Verkennung der Bedeutung für die städtebauliche Ordnung, aber auch als Instrument der Lohnwertpolitik zum Zwecke des sozialen Wohnungsbaus verwendet worden. Städte, die das Glück haben, noch über eine große Manövriermasse zu verfügen, werden es bei der Bewältigung der Zukunftsaufgaben leichter haben als solche, wo der Ausverkauf beendet ist. Köln scheint in dieser Hinsicht besser zu stehen als Düsseldorf oder gar als Stuttgart oder Frankfurt. In München ist manches durch die Olympiabauten erleichtert, trotzdem türmen sich auch hier die Schwierigkeiten; es ist die einzige Großstadt, deren Bevölkerung bis 1970 noch rapide zunahm, sonst hat sich die Zuwanderung auf die Randgemeinden verlagert. Einige von ihnen verfügen über reichlichen Grundbesitz; er wird der kernstadtverdrängten Industrie aus steuerlichen Gründen gelegentlich stark verbilligt angeboten. Dies kann im Fall stark expansiver Tendenzen bewirken, daß sich um die Großstädte ein Industriegürtel bildet auch an solchen Stellen, die besser für Erholung und Landschaftsschutz geeignet sind. Den Fördergebieten, wo es besonders auf die Erhöhung des Lohnwerts ankommt, entgehen auf diese Weise mancherlei Chancen. Dabei ist allerdings zuzugeben, daß ein Teil der stadtverdrängten Betriebe mit Rücksicht auf Belegschaft und Kundschaft auf benachbarte Standorte, möglichst im Bereich der Autohalbstunde, angewiesen ist.

3. Finanzen. Was zur Stellung, die die Gemeinde in Wirtschaft und Staat einnimmt, bisher gesagt ist, wird, ausgenommen die außerhalb der Haushalte laufenden Funktionen, durch die Finanzstatistik bestätigt (405).

Von den gesamten Bauinvestitionen der drei Stufen des Staates entfallen rund zwei Drittel auf die Gemeinden. Diese Investitionen sind kennzeichnend für die öffentliche Leistungswirtschaft, die sehr bauintensiv ist (abgesehen von dem arbeitsintensiven Schulwesen, dessen Personalaufgaben in der Hauptsache von der Landesstufe getragen werden). Bezogen auf die Summe der Gemeindehaushalte, die neben den laufenden Ausgaben auch die jährlichen Investitionen umfassen, ist der Anteil der öffentlichen Leistungswirtschaft noch größer – es sind etwa drei Viertel, unter Einbeziehung der Außerhaushaltsbetriebe sogar noch mehr. Der Rest entfällt in der Hauptsache auf solche Hoheitsaufgaben, die zur Entlastung der oberen Staatsapparatur durch die Gemeinden als Auftragsangelegenheiten wahrgenommen werden, und auf die gegenwertlosen Einkommensübertragungen der Sozialhilfe.

Die Gemeinden können demnach wie Wirtschaftsunternehmungen aufgefaßt werden. Sie haben den auf ihrem Areal auftretenden Bedarf an öffentlichen, d. h. für das Erwerbsprinzip ungeeigneten Leistungen zu decken. Es liegt im Normalfall auf der Hand, daß die dabei entstehenden Aufwendungen entsprechend dem in der Erwerbswirtschaft geltenden Grundsatz der Äquivalenz von denen aufgebracht werden, die in den Genuß der Leistungen kommen oder die Aufwendungen irgendwie sonst verursachen. Doch kann hier entsprechend dem Charakter der Leistungen nicht das für die Erwerbswirtschaft wesentliche Prinzip der strikten Einzeläquivalenz in Betracht kommen, sondern das der ›Gruppenäquivalenz‹. Je nach dem Grad der Zurechenbarkeit kann es sich um begünstigte Einzelgruppen handeln oder um die Gesamtheit der Gemeindebevölkerung und ihrer Wirtschaft. Voraussetzung für die Zurechenbarkeit ist wieder die mehrfach erwähnte Maßstabsvergrößerung. Im ganzen könnte man, bei allen notwendigen Einschränkungen, von einer ›Finanzautarkie‹ der Gemeinden sprechen. Sie wäre das Korrelat des Selbstverwaltungsprinzips: Die Bürger hätten im Rahmen der Mindestanforderungen, die durch die Belange des Bundes im ganzen (und seiner Länder) gegeben sind, zu entscheiden über Ausmaß und Art der öffentlichen Leistungen und über die dabei erwachsenden Belastungen. Betroffen ist unter solchen Bedingungen das Geld der Bürger und Nutznießer, nicht das der anderen Leute. Das bedeutet, die Einnahmen sollten sich vorwiegend zusammensetzen aus den marktähnlichen Formen der Preise sowie aus Gebühren, Beiträgen und Umlagen (einschließlich etwaiger Anleihen). Nur für den ›marktfremden‹ Rest sind die für die Nichtäquivalenz kennzeichnenden Steuern zu erheben, und auch bei diesen tunlichst in einer Weise, bei der die Nutznießer und Verursacher getroffen werden. In der Tat unterscheiden sich die Gemeinden von den höheren Stufen des Staates dadurch, daß der Anteil der marktähnlichen Einnahmequellen einschließlich der Erträge von Wirtschaftsunternehmungen u. ä. fast ebenso hoch ist wie die der (gemeindeeigenen) Steuern.

Auf der Ebene des Bundes werden dagegen mehr als fünf Sechstel der Ausgaben durch die für die Staatsmacht charakteristischen Steuern gedeckt. Dem entspricht auf der anderen Seite das Überwiegen von Hoheitsaufgaben, namentlich der Verteidigung, und, was finanziell noch mehr ins Gewicht fällt, von Einkommensübertragungen (»geben, ohne zu nehmen«) über den Sozialhaushalt oder als Investitionen für Zwecke der Wirtschaftspolitik. Fast nur im Verkehr tritt der Bund als Leistender auf, über die Bundesfernstraßen und ganz massiv über Bundespost und Bundesbahn. Bei letzteren ergeben sich mittelbar vielerlei Überlappungen mit den Haushalten der Großstädte, wie das Beispiel Großraum Hannover zeigt. Der größte Teil der Haushaltsmittel dieses Verbandes wird für die Defizite des öffentlichen Nahverkehrs, darunter auch als Beitrag an die Bundesbahn, beansprucht. Allgemein ist der gegenwärtige Zustand von dem einer wirklichen Finanzautarkie der Gemeinden weit entfernt. Zur Erfüllung ihrer Aufgaben standen den Gemeinden im Jahr 1969, dem letzten Jahr vor der beschleunigten Geldentwertung, 53,6 Milliarden DM zur Verfügung. Das sind ohne die Stadtstaaten, bei denen Länder- und Gemeindeaufgaben zusammenfallen, rund 29 % der gesamten Haushaltvolumen der drei Stufen – mehr als das Haushaltsvolumen der flächigen Bundesländer. Über die Haushalte der Gemeinden laufen je Einwohner einschließlich der Aufgaben der Ordnung und Übertragung im Schnitt annähernd 1000 DM bei einem Bruttoinlandprodukt von 10 000 DM. Der Bürger wird jedoch über die Gemeinde, über Steuern, Gebühren, Wassergeld u. ä. nicht in gleichem Umfang, sondern nur mit rund 40 Milliarden DM belastet. Der Rest wird den Gemeinden von Land und Bund zugewiesen, davon der überwiegende Teil den ländlichen Gemeinden (hier ganz grob vereinfacht; unter ›ländlichen Gemeinden‹ sind die kreisangehörigen Ge-

meinden und Kreise zu verstehen). Die Großstädte sind demgegenüber in viel höherem Grade autark. Erst in jüngster Zeit beginnen sie, für die Verkehrsbauten an Bundeszuweisungen aus der Mineralölsteuer nennenswert zu partizipieren.
Großstädte mit Metropolfunktionen überschreiten den Bundesdurchschnitt der gemeindlichen Ausgaben am meisten, mit 30 bis 50 %. Im allgemeinen nehmen die Ausgaben je Kopf mit der Stufe der Zentralität zu. Doch gibt es vielerlei Abweichungen, die ihre Gründe nicht nur im Lohnwert, sondern auch in unterschiedlichen Regelungen der Landesstufe haben. In den Ausgaben stehen nicht die Großstädte an der Spitze, sondern einige ›Abundanz‹-Städte der Größenklasse von 20 000 bis 100 000 Einwohnern, wie Sindelfingen oder Leverkusen.
Ungerechnet die Finanztransaktionen (Schuldendienst, Rücklagen, Pensionen) verteilen sich die unmittelbaren Ausgaben der Gemeinden mit etwa 45 % auf den technisch-materiellen Bereich (Versorgung mit Wasser usw., Entsorgung, Stadtplanungsmaßnahmen), mit etwa 30 % auf den Humanbereich (Schulen, Kunst, Gesundheit und Sport), rund 10 % entfallen auf die allgemeine Verwaltung, darunter auch Auftragsangelegenheiten einschließlich der nur partiell kommunalen Polizei, die, obwohl nicht zur öffentlichen Leistungswirtschaft gerechnet, durch die Verminderung der Kriminalität zur Erhöhung des Wohnwerts beitragen kann. Der Rest verteilt sich auf die Übertragungen der Sozialhilfe und auf andere Aufgaben.
Die Städte unterscheiden sich in der Grobgliederung nur wenig von den ländlichen Gemeinden. Je Kopf sind die Ausgaben verständlicherweise höher, dabei kaum in der allgemeinen Verwaltung, die in den ländlichen Gemeinden wegen der kleinen Siedlungskörper relativ teuer ist. Innerhalb des technisch-materiellen Bereichs überwiegen in der Stadt die kommunalen Gemeinschaftsdienste einschließlich der Wirtschaftsunternehmungen (hierbei u. a. wegen der Defizite des Nahverkehrs); in den ländlichen Gemeinden sind es die Straßen. Im Humanbereich treten in der Stadt die höheren Schulen sowie der ›Kunstbetrieb‹ weit stärker hervor. Auf dem Land waren es bis 1969 noch die Volksschulen, von da ab gewinnt das Vordringen der gehobenen Bildung finanziell an Gewicht.
In bezug auf die Arten der öffentlichen Ausgaben heben sich die Gemeinden insgesamt gegenüber Bund und Land durch die Sachinvestitionen hervor, und zwar die Städte und die ländlichen Gemeinden in ähnlicher Weise. Die hohe Bedeutung der Sachinvestitionen, meist Bauten, kommt in ihrer Relation zu den laufenden Ausgaben zum Ausdruck. Sie beträgt auf der Gemeindestufe 58 : 100. Auf der Landesstufe, die wegen des Bildungswesens am meisten Personalkosten hat, sind es 12 : 100 und beim Bund, dem im großen Umfang die hoheitlichen Übertragungsaufgaben vor allem im sozialen Bereich obliegen, nur 7 : 100.
Bei den Personalausgaben drückt sich der Dienstleistungscharakter der Gemeinden vor allem in einem sehr hohen Anteil der Arbeiterlöhne aus. Gastarbeiter sind für die Städte ebenso unentbehrlich geworden wie für die Industrie. Innerhalb der Gemeindestufe sind die gehobenen Tätigkeiten in den Städten weit mehr vertreten als in den ländlichen Gemeinden. Die Städte sind wegen des höheren Besatzes mit Beamten durch Pensionszahlungen wesentlich stärker belastet.
In der künftigen Entwicklung werden auf die Städte, was sich in den bisherigen Zahlen noch nicht niederschlägt, zusätzliche Belastungen aus den Sanierungsmaßnahmen und aus dem Verkehr zukommen. In der Tendenz nehmen dabei die Preise

stärker zu als bei den übrigen Posten. Das wird auf eine Steigerung des Anteils hinauslaufen, den die Finanzmasse der Städte am gesamten Sozialprodukt einnimmt. Ungelöst ist bis jetzt die Frage der Defizite im Nahverkehr. Im Schnitt wird man (Preisstand 1970) einschließlich Bahn und Post mit 100 DM je Einwohner zu rechnen haben, wenn man die derzeitigen Betriebsbedingungen zugrunde legt. Die Voraussetzungen für eine Senkung dieses Betrags werden u. a. in Maßnahmen liegen, die nicht direkt in den Verkehrsbereich entfallen, so vor allem in einer verkehrsgerechten Zuordnung von Wohnungen, Betrieben und Einrichtungen des Humanbereichs. Hinzu tritt die Notwendigkeit einer einheitlichen Finanzierung durch die Gemeindestufe im Gegensatz zu den derzeitigen Lösungen, bei denen Fachbehörden, wie etwa die Kultusministerien bei den Schulbussen, zunehmend eingreifen.

Bei den Einnahmen ist der Spielraum für mögliche Lösungen wesentlich größer als bei den Ausgaben, die weitgehend durch Sachzwänge technischer und gesellschaftlicher Art vorgegeben sind. Dementsprechend bunt ist das Bild in den hochentwickelten Staaten der westlichen Welt, im Gegensatz zu den sonst wachsenden Nivellierungstendenzen. In der Bundesrepublik weicht der derzeitige Stand wesentlich ab von dem, was man sich unter der Eigenständigkeit der Gemeindestufe vorstellen könnte; ihr hat man vor dem Krieg viel näher gestanden.

Die Mängel sind dreierlei Art:

– Die Finanzmasse der Gemeinden reicht insgesamt nicht aus, um die Anforderungen zu erfüllen, wie sie an den Wohnwert gestellt werden. Dabei bleibt die Frage offen nach den Quellen, aus denen der Mehraufwand zu decken ist. Das kann bei gleichbleibender Gesamtlast auf Kosten anderer Staatsaufgaben gehen, etwa des Einkommens aus Übertragungen für soziale oder sektorale Zwecke oder allgemein auf Kosten des Steuerzahlers (worauf es wohl aus politischen Gründen hinauslaufen wird) oder schließlich zu Lasten des Benutzers der kommunalen Anlagen über höhere Entgelte. Dabei wird der am meisten ins Gewicht fallende Nahverkehr wegen der Infragestellung des Wohnwertes, der ja gerade angestrebt wird, am wenigsten geeignet sein. Sicherlich läßt sich für die Erhöhung des Wohnwerts auch manches erreichen, wenn vorhandene Mittel wirkungsvoller als bisher eingesetzt werden. Eine Wiederbelebung der Selbstverwaltung im echten Sinne kann dazu beitragen, unter der Voraussetzung, daß das Prinzip der Integration im Raum wieder mehr neben die rein fachlichen Gesichtspunkte tritt, die durch das staatliche Zuweisungssystem derzeit überbetont sind.

– Die eigenen Finanzquellen der Gemeinden sind innerhalb der gegebenen Masse zu klein. Das gilt in erster Linie für die ländlichen Gemeinden, was eine Folge des Steuersystems ist, in zweiter Linie, und zwar mit zunehmender Verschlechterung für die Städte, vor allem im Verkehrswesen. Anstatt die Situation bei den laufenden Ausgaben im Nahverkehr zu erleichtern, werden die Großstädte durch Dotationen des Bundes zu Investitionen animiert, die unabsehbare laufende Folgelasten nach sich ziehen (U-Bahn-Bau statt Sperrung von Stadtteilen für den Individualverkehr usw.).

Innerhalb der eigenen Finanzmasse sind die Städte viel zu sehr an Regelungen gebunden, die den räumlich lokalen Anforderungen entgegenstehen. Sie verhindern lagegerechte Parkplatzgebühren, eine vorstellbare Subventionierung der Tarife für Taxis und vieles andere mehr.

– Die den Gemeinden gewährten Steuern sind, abgesehen von der zu geringen Gesamtmasse, viel zu wenig den verschiedenartigen Strukturen, Bedarfs- und Interessenlagen angepaßt. Dazu wäre eine Mehrzahl von Steuerarten notwendig; sie sollten möglichst weitgehend an die Tatbestände anknüpfen, die in Zusammenhang mit den Leistungen der Gemeinden stehen. Hierbei fällt das Übergewicht der Gewerbesteuer auf. Sie knüpft zu 85 % an den äquivalenzfremden Ertrag an und verleitet damit die Gemeinden, sich um den Ansatz von lukrativen Industriebetrieben auch dort zu bemühen, wo andere Nutzungen sachlich vorteilhafter wären. Das Übergewicht der Gewerbesteuer ist dank der Empfehlungen der im Jahr 1964 eingesetzten Finanzreformkommission (leider nicht in der qualitativen Zusammensetzung, sondern nur quantitativ) abgemildert worden durch die Beteiligung der Gemeinden an der persönlichen Einkommensteuer, wobei einstweilen die äquivalenzwidrigen Progressionswirkungen ›abgekappt‹ werden. Auf die für die Eigenständigkeit so wichtige Beweglichkeit der Hebesätze wurde zunächst verzichtet.

In diesem Zusammenhang ist auch die Gesamtmasse der Gemeindesteuern erhöht worden, was allerdings durch andere Vorgänge gemindert wird. Nach wie vor bleibt die Abhängigkeit von einer kleinen Zahl von Steuern, jetzt von zweien statt von einer. Die übrigen Steuern, vor allem die Grundsteuer (und ihre Verwandten), die früher mehr als ein Viertel der Großstadtsteuereinnahmen umfaßt hat, sind – jedenfalls in den Großstädten – fast zur Bedeutungslosigkeit herabgesunken. Eine Vielzahl von Steuerquellen hätte für die Gemeinden, selbst wenn dadurch etwas mehr direkter Verwaltungsaufwand anfällt, den großen Vorteil, daß man der strukturellen Mannigfaltigkeit (Badestädte, Pensionärstädte, Arbeiterwohngemeinden usw.) gerecht werden könnte, nicht nur wie jetzt mit den beiden Steuerarten den Groß- und Industriestädten. Durch eine Vielseitigkeit der Tatbestände, an die die Steuern anknüpften, würde auch Interessenlagen entgegengewirkt, durch die die Städte zu sach- und raumordnungswidrigem Verhalten verleitet werden, so wie das jetzt nach wie vor geschieht. Mehrausgaben in der Verwaltung würden um ein Vielfaches kompensiert durch die Ersparnisse aus vernünftigem Handeln.

Möglichkeiten städtischer Wirtschafts- und Finanzpolitik

Die ›Politik‹ der Städte ist zum größten Teil durch die Wirtschaft im Sinn der Deckung von Bedarf ausgefüllt. Dabei kann Politik in zweierlei Weise aufgefaßt werden, allgemein im Sinn der Belange der Kommunalstufe überhaupt und im besonderen als die Tätigkeit der einzelnen Stadtgemeinde.

Allgemein kommt es darauf an, die Gesetzgebung von Bund und Ländern zu beeinflussen mit dem Ziel, den Spielraum für ein eigenständiges Handeln mit rationalen Erwägungen zu erweitern. Für diese Forderung spricht der Umstand, daß eine Abstimmung unter räumlichen Gesichtspunkten wegen der zunehmenden Beeinträchtigungen ebenso notwendig ist wie eine Vervollkommnung in der Sache selbst. Ein höherer Grad der Selbständigkeit setzt in der Willensbildung und in den Entscheidungsbefugnissen eine Maßstabsvergrößerung voraus. Sie ist vorgezeichnet in der Erweiterung des Wirkbereichs durch den Kraftverkehr – grob gesprochen – linear auf das Zehnfache, in der Fläche allerdings nicht im Quadrat, sondern etwas eingeschränkt durch das Erfordernis nach Überschaubarkeit und intensiver Umweltpflege. Hier gehört es zu den großen Aufgaben der kommunalen Organisationen, auf ihre Mitglieder einzuwirken. Enge Lokalinteressen könnten die Chancen, die in der Zukunft der Selbstverwaltung gegeben sind, zunichte machen. Nichtanpassung müßte eine Verstärkung des Fachprinzips und der damit verbundenen Zentralisierungstendenzen auslösen.

Unter den derzeitigen Verhältnissen ist der Spielraum, der den einzelnen Stadtgemeinden offensteht, recht eng gezogen. Die Beschränkung bezieht sich in erster Linie auf den Lohnwert. Mittelbar sind die Möglichkeiten jedoch je nach den besonderen Bedingungen, unter denen die einzelne Gemeinde steht, etwas weiter gefaßt: Im Vordergrund stehen die Instrumente, die den Wohnwert bestimmen oder wenigstens beeinflussen, wie die Bauleitplanung hauptsächlich bei der Schaffung von neuen Baugebieten und die städtebauliche Sanierung bei der Umgestaltung vorhandener Bausubstanz, ferner die Erschließung und die Grundausstattung im Humanbereich. Die für den Lohnwert so wichtige Attraktivität hängt, im Rahmen der von der Natur gezogenen Grenzen, in hohem Grad von der Aktivität der Stadt ab.

Der Spielraum wird hier in erster Linie durch die Finanzmasse bestimmt und zwingt in der Regel zu einer Beschränkung. Sie läßt sich auflockern, wenn es gelingt, die Bürger zu tätiger Mitarbeit heranzuziehen, was im allgemeinen in den kleineren Städten leichter ist als in den großen. Aber auch da lassen sich entsprechende Formen finden, vor allem bei einer sinnvollen Untergliederung. Abgesehen von einigen gewerbesteuerbedingten ›Abundanzgemeinden‹, die alle zu der Größenklasse der Mittelstädte (gelegentlich auch der Kleinstädte) gehören, fallen Wunsch und Wirklichkeit auseinander. Das gilt auch für die Großstädte; in ihnen machen sich die Störfaktoren, die mit der Verdichtung progressiv wachsen, bemerkbar, zum Teil als Folge von Unterlassungen des Bundesgesetzgebers, die im Verkehr besonders gravierend sind. Solche Mängel hindern die Städte daran, die Instrumente im Interesse der Hebung des qualitativen Lohnwerts einzusetzen; dem setzt die Überlastung der Infrastruktur Grenzen.

In dieser Hinsicht scheinen manche Städte, die bisher durch die Entwicklung benachteiligt waren und daher noch relativ finanzschwach sind, besser gestellt zu sein. Sie können bis zu einem gewissen Grad eine noch wenig belastete Infrastruktur und vor allem billigen Boden anbieten. Insoweit vollziehen sich im kommunalen Bereich Ausgleichsvorgänge ähnlicher Art wie in der Marktwirtschaft. Eine Nachhilfe von oben ist allerdings in solchen Fällen unentbehrlich.

HARTMUT DYONG

Städtebaurecht

Die historische Entwicklung

Unsere Gesellschaftsstruktur sowie die Anforderungen, die der einzelne an die vom Staat zu erbringenden Leistungen der Daseinsvorsorge im weitesten Sinne stellt, haben dazu geführt, daß sich die Bürger in bestimmten Bereichen einer Gemeinde geschlossen ansiedeln. Das Zusammendrängen zahlreicher Menschen auf engem Raum bedingt aber – wie zu allen Zeiten – eine Ordnung des Bauens.
Das Baurecht bis zum 18. Jahrhundert enthielt nur wenige städtebauliche Regelungen. Die Vorschriften waren im wesentlichen geprägt von den Anforderungen, die im Hinblick auf die Feuersicherheit und die nachbarschaftlichen Beziehungen für erforderlich gehalten wurden.
Wie in der Begründung des Regierungsentwurfs eines Bundesbaugesetzes (BBauG) vom 16. April 1958 (Bundestagsdrucksache III/336) hervorgehoben wurde, hat man gegen Ende des 18. Jahrhunderts mit dem aufkommenden Liberalismus den Grundsatz von der Freiheit des einzelnen in allen Lebensbereichen in den Vordergrund gestellt. Auf dem Gebiet des Baurechts wurde der Grundsatz von der Freiheit des Eigentums – die sogenannte Baufreiheit – abgeleitet aus § 65 I 8 des Preußischen Allgemeinen Landrechts, nach dem jeder Eigentümer in der Regel wohl befugt ist, seinen Grund und Boden mit Gebäuden zu besetzen oder diese Gebäude zu ändern. Die Regelung der baulichen Ordnung war damals Angelegenheit der Polizei, deren Befugnisse auf die Erhaltung der öffentlichen Ruhe, Sicherheit und Ordnung und auf die Abwehr der der Allgemeinheit oder dem einzelnen drohenden Gefahren beschränkt waren. Ein selbständiges städtebauliches Planungsrecht gab es nicht. Die Festsetzung der sogenannten Fluchtlinien war eine polizeiliche Aufgabe. Diese Fluchtlinienpläne waren, rechtlich betrachtet, Polizeiverordnungen.
Eine Änderung brachte erstmals für den preußischen Bereich das Fluchtlinien-Gesetz vom 7. Juli 1875. Dieses Gesetz gab der Gemeinde zur Gestaltung ihres Gebiets die Befugnis, die Fluchtlinie der Straße verbindlich für den Bauherrn festzulegen. Es regelte weiterhin die Zulässigkeit der Enteignung von Land für Straßenbauzwecke sowie die Möglichkeit der Erhebung eines Anliegerbeitrages. Zur gleichen Zeit etwa wurden in den einzelnen Ländern des Deutschen Reiches Bauordnungen erlassen, die sich u. a. mit der Gestaltung der Bauten, ihrem Verhältnis zueinander und ihrer Benutzung befaßten.
Die weitere Rechtsentwicklung ist gekennzeichnet von dem Bestreben, die mit der aufkommenden Industrialisierung und dem Bevölkerungswachstum in städtebaulicher Hinsicht zusammenhängenden Probleme zu lösen. Es wurden jedoch immer nur diejenigen Probleme normativ geregelt, die dringend einer Lösung bedurften. Zu einer Gesamtkodifikation des Städtebaurechts kam es nicht.
Kennzeichnend ist vor allem die Situation nach dem zweiten Weltkrieg. Die damals gestellte Aufgabe, für zahlreiche ausgebombte Familien und Flüchtlinge schnell

und ausreichend Wohnungen zu schaffen, war mit dem bis dahin geltenden Recht nur schwer zu lösen. In den Jahren 1948–50 ergingen daher zur Bewältigung des Wiederaufbaues in den meisten Ländern die sogenannten Aufbaugesetze. Diese Gesetze begnügten sich mit Teilregelungen, die für den Wiederaufbau besonders dringlich erschienen. Die Rechtszersplitterung im Städtebaurecht, die vor allem im Hinblick auf die dadurch bedingte unterschiedliche Ausgestaltung der verfassungsrechtlichen Eigentumsgarantie bedenklich war, hat schließlich zur Schaffung des Bundesbaugesetzes geführt.

Das Bundesbaugesetz erfaßt aber nicht alle baurechtlich erheblichen Sachverhalte. Die Gesetzgebungskompetenz des Bundes für diesen Bereich besteht nämlich gemäß Artikel 74,18 des Grundgesetzes (GG) nur – soweit hier von Interesse – für die Regelung des Rechts der städtebaulichen Planung, der Baulandumlegung (also der Neuordnung der Grundstücksgrenzen), des Bodenverkehrs, der Erschließung, der Bodenbewertung sowie – nach Artikel 74,14 GG – der Enteignung. Eine Regelung des Baupolizeirechts im bisher gebräuchlichen Sinne ist dem Bund verwehrt. Insoweit haben die Länder eigene Gesetze, die sogenannten Bauordnungen, erlassen. Sie regeln die grundsätzlichen Anforderungen, die an einzelne Bauwerke, Baustoffe und das Baugrundstück im Interesse der öffentlichen Sicherheit und Ordnung zu stellen sind.

Die Regelungen des Städtebaurechts im Bundesbaugesetz sowie die Vorschriften des Baupolizeirechts in den Bauordnungen der Länder stehen allerdings in einem engen Zusammenhang. So knüpfen Vorschriften des Bundesbaugesetzes an die Bauordnungen an (z. B. § 29 BBauG) wie auch umgekehrt. Darüber hinaus enthalten die Bauordnungen Vorschriften, die auch städtebaulich relevant sind, wie z. B. die Bestimmung über Grenzabstände, die bei der Errichtung eines Gebäudes einzuhalten sind.

Auch das Recht der städtebaulichen Sanierung und Entwicklung ist im Bundesbaugesetz nur unvollkommen geregelt. Hier enthält das Städtebauförderungsgesetz (vgl. S. 372 ff) besondere Vorschriften.

Städtebaulich relevant ist auch das Recht der Raumordnung und Landesplanung, das im Bundesraumordnungsgesetz vom 8. April 1965 sowie den jeweiligen Landesplanungsgesetzen geregelt ist. Aufgabe der Raumordnung ist es, alle raumwirksamen Maßnahmen der öffentlichen Hand vorbereitend zu planen und zu koordinieren mit dem Ziel, eine optimale Wirkung für die Entwicklung der einzelnen Gebiete des Staates zu erhalten (120). Raumordnung ist also die zusammenfassende übergeordnete Planung und Ordnung des Raumes. Sie ist übergeordnet, weil sie überörtliche Planung ist und weil sie vielfältige Fachplanungen zusammenfaßt und aufeinander abstimmt. Raumordnung und Landesplanung sind also etwas anderes als Bauleitplanung. Denn die Bauleitplanung hat grundsätzlich örtlichen Bezug, sie allein regelt konkret die zulässige Art und das Maß der baulichen Nutzung, während die Planung der Raumordnung nur Grundsätze für die Raumgestaltung aufstellt. Die Bauleitpläne sind den Zielen der Raumordnung und Landesplanung anzupassen.

Darüber hinaus enthalten viele Einzelgesetze wie das Abfallbeseitigungsgesetz, die Gewerbeordnung, das Bundesfernstraßengesetz, um nur einige Beispiele zu nennen, städtebaulich relevante Regelungen. Im folgenden sei jedoch nur der Inhalt des

Bundesbaugesetzes und des Städtebauförderungsgesetzes im Zusammenhang dargelegt. Im Anschluß daran soll ein Überblick über die beabsichtigte Novellierung des Bundesbaugesetzes gegeben werden. Dabei ist es im Rahmen dieser Darstellung notwendig, den Inhalt der einzelnen Rechtsinstitute vereinfacht aufzuzeigen.

Das Bundesbaugesetz

1. Die Bauleitplanung. Um die städtebauliche Entwicklung in Stadt und Land zu ordnen, ist die bauliche und sonstige Nutzung der Grundstücke durch Bauleitpläne vorzubereiten und zu leiten. Die Bauleitpläne sind von der Gemeinde in eigener Verantwortung aufzustellen, sobald und soweit es erforderlich ist.
Die Bauleitplanung vollzieht sich in zwei Stufen. In der ersten Stufe hat die Gemeinde für das ganze Gemeindegebiet einen Flächennutzungsplan (vorbereitender Bauleitplan) aufzustellen. In diesem Flächennutzungsplan ist für das gesamte Gebiet der Gemeinde, die diesen Plan aufstellt, die beabsichtigte Art der Bodennutzung nach den voraussehbaren Bedürfnissen der Gemeinde in den Grundzügen darzustellen. Der Flächennutzungsplan zwingt die Gemeinde also, sich über die gesamte bauliche Entwicklung ihres Bereiches Gedanken zu machen und ihre Vorstellungen in einem Plan zu konkretisieren. Aus diesem Plan läßt sich dann entnehmen, in welche Richtung die bauliche Entwicklung des Gemeindegebietes voraussichtlich verlaufen und welche Art der baulichen Nutzung auf einem Grundstück voraussichtlich zulässig sein wird.
Gegenüber dem Bürger entfaltet der Flächennutzungsplan jedoch keine unmittelbaren Rechtswirkungen. Das heißt, ein Bauwilliger kann sich bei einem Vorhaben nicht darauf berufen, daß es den Darstellungen des Flächennutzungsplanes entspricht. Da der Flächennutzungsplan jedoch die beabsichtigte Gemeindeentwicklung konkretisiert, kann er einem Bauvorhaben außerhalb der geschlossenen Ortslage entgegengehalten werden und dessen Unzulässigkeit begründen, wenn es mit den im Flächennutzungsplan enthaltenen Darstellungen nicht im Einklang steht. Der Flächennutzungsplan bindet jedoch andere öffentliche Planungsträger (z. B. bei Straßenplanungen), wenn diese bei seiner Aufstellung beteiligt wurden und dem Plan nicht widersprochen haben.
Die Gebietsgrenzen einer Gemeinde haben sich nun historisch entwickelt, sie berücksichtigen nicht die städtebaulichen Verflechtungen. So sind z. B. häufig die Verkehrsverhältnisse benachbarter Gemeinden eng miteinander verflochten oder einheitliche Baugebiete nur durch die Gemeindegrenzen voneinander getrennt. Damit eine geordnete Entwicklung des gesamten Raumes erreicht wird, sollen daher Bauleitpläne aufeinander abgestimmt werden. Hat die Verflechtung benachbarter Gemeinden aber einen solchen Grad erreicht, daß eine bloße Abstimmung nicht mehr ausreicht, um eine geordnete städtebauliche Entwicklung zu bewirken, vielmehr ein gemeinsames Vorgehen erforderlich ist, so können die Gemeinden gemeinsame Flächennutzungspläne aufstellen oder sich (unter Umständen zwangsweise) zu einem Planungsverband zusammenschließen, um durch gemeinsame zusammengefaßte Bauleitplanung den Ausgleich der verschiedensten Belange zu erreichen.
Aus dem Flächennutzungsplan ist als zweite Stufe der Bebauungsplan (verbind-

licher Bauleitplan) zu entwickeln. Dieser Bebauungsplan enthält die rechtsverbindlichen Festsetzungen für die städtebauliche Ordnung. Er regelt die Art und das Maß der zulässigen baulichen Nutzung in den Einzelheiten und bildet die Grundlage für die städtebauliche Beurteilung von Bauvorhaben. Im Gegensatz zum Flächennutzungsplan entfaltet der Bebauungsplan gegenüber dem Bürger unmittelbare Rechtswirkungen. Ein Bauvorhaben, das den Festsetzungen des Bebauungsplanes entspricht, kann nicht aus städtebaulichen Gründen verhindert werden.

Die im Bebauungsplan zulässigen Festsetzungen zählt das Bundesbaugesetz abschließend auf. Zum Beispiel können durch Zeichnung, Farbe, Schrift oder Text festgesetzt werden »das Bauland und für das Bauland die Art und das Maß der baulichen Nutzung«, »die Mindestgröße der Baugrundstücke«, »Grundstücke, die von der Bebauung freizuhalten sind«, »die Verkehrsflächen«, »die Grünflächen«, »Flächen für Gemeinschaftsstellplätze und Gemeinschaftsgaragen«, »Bindungen für Bepflanzungen und für die Erhaltung von Sträuchern, Bäumen und Gewässern«, um nur einige Beispiele zu nennen. Die zulässigen Festsetzungen werden durch die von der Bundesregierung erlassene Verordnung über die bauliche Nutzung der Grundstücke (Baunutzungsverordnung) weiter konkretisiert.

Die Gemeinde braucht nun nicht – darf es in der Regel sogar nicht – alle nach dem Bundesbaugesetz in Verbindung mit der Baunutzungsverordnung möglichen Festsetzungen in einem Bebauungsplan treffen. Denn Festsetzungen dürfen nur getroffen werden, soweit sie »erforderlich« sind, um die beabsichtigte städtebauliche Entwicklung zu ordnen.

Der Gemeinde steht bei der Aufstellung der Bauleitpläne ein Planungsermessen zu. Das bedeutet, daß der Gemeinde ein Spielraum an Gestaltungsfreiheit hinsichtlich der angestrebten städtebaulichen Ordnung und der zu ihrer rechtssatzmäßigen Verfestigung zu treffenden Festsetzungen zusteht. Der Bebauungsplan ist deshalb nur einer beschränkten gerichtlichen Kontrolle zugänglich. Diese Kontrolle beschränkt sich darauf, festzustellen, ob im Einzelfall die gesetzlichen Grenzen der Gestaltungsfreiheit überschritten sind und ob das Verfahren zur Aufstellung des Bebauungsplanes dem Gesetz entsprechend durchgeführt wurde.

Die Grenzen der Gestaltungsfreiheit in einem Bebauungsplan ergeben sich einmal aus den allgemeinen Wertentscheidungen der Verfassung, insbesondere der Eigentumsgarantie des Artikels 14 GG, aus der Bindung an die Ziele der Raumordnung und Landesplanung, aus dem Erfordernis, die öffentlichen und privaten Belange gegeneinander und untereinander gerecht abzuwägen, sowie aus den städtebaulichen Ordnungsprinzipien, die das Bundesbaugesetz selbst setzt. Danach haben sich die Bauleitpläne nach den sozialen und kulturellen Bedürfnissen der Bevölkerung, ihrer Sicherheit und Gesundheit zu richten. Die Bauleitpläne sollen ferner den Wohnbedürfnissen der Bevölkerung dienen und die Eigentumsbildung im Wohnungswesen fördern. Weiter haben die Bauleitpläne die von den Kirchen und Religionsgesellschaften des öffentlichen Rechts festgestellten Erfordernisse für Gottesdienst und Seelsorge zu berücksichtigen, die Bedürfnisse der Wirtschaft, der Landwirtschaft, der Jugendförderung, des Verkehrs und der Verteidigung zu beachten sowie den Belangen des Natur- und Landschaftsschutzes und der Gestaltung des Orts- und Landschaftsbildes zu dienen.

Für das Verfahren zur Aufstellung eines Bebauungsplanes enthält das Bundesbaugesetz eingehende Regelungen (entsprechendes gilt im wesentlichen auch für die Aufstellung des Flächennutzungsplanes). Die Gemeinde hat danach die Entwürfe der Bauleitpläne mit einem Erläuterungsbericht oder einer Begründung auf die Dauer eines Monats öffentlich auszulegen. Ort und Dauer der Auslegung sind mindestens eine Woche vorher ortsüblich bekanntzumachen mit dem Hinweis darauf, daß Bedenken und Anregungen während der Auslegungsfrist vorgebracht werden können. Die Bedenken und Anregungen sind von der Gemeinde zu prüfen und dem Betroffenen mitzuteilen. Rechtsbehelfe gegen nicht berücksichtigte Bedenken und Anregungen sieht das Bundesbaugesetz allerdings nicht vor.

Die Gemeinde beschließt den Bebauungsplan nach Prüfung der Bedenken und Anregungen als Satzung und legt ihn der höheren Verwaltungsbehörde zur Genehmigung vor. Der genehmigte Bebauungsplan ist alsdann zusammen mit der Begründung öffentlich auszulegen, Genehmigung sowie Ort und Zeit der Auslegung sind ortsüblich bekanntzumachen. Mit der Bekanntmachung wird der Bebauungsplan rechtsverbindlich.

2. *Sicherung der Bauleitpläne.* Die Aufteilung eines Bauleitplanes ist ein Prozeß, der sich über einen längeren Zeitraum hinzieht. Meist sind umfangreiche Untersuchungen notwendig, um Beurteilungsunterlagen zu erhalten, beispielsweise über die sozialen und strukturellen sowie die städtebaulichen und verkehrlichen Verhältnisse in dem zu überplanenden Gebiet. Denn nur auf der Grundlage solcher Daten kann eine sinnvolle Konzeption für die Neugestaltung eines Gebietes erarbeitet werden. Das Bemühen um eine den jeweiligen Verhältnissen entsprechende und auch zukünftige Tendenzen berücksichtigende städtebauliche Ordnung könnte aber zunichte gemacht werden, wenn während der Planaufstellung von den Grundstückseigentümern oder sonstigen Nutzungsberechtigten erhebliche Änderungen der Grundstücke vorgenommen oder bauliche Anlagen errichtet werden, die die möglichen Alternativen einer Neugestaltung des Gebietes präjudizieren würden. Das Bundesbaugesetz gibt daher der Gemeinde, wenn sie beschlossen hat, einen Bebauungsplan aufzustellen, die Möglichkeit, eine ›Veränderungssperre‹ (Satzung) zur Sicherung der Bauleitplanung zu erlassen. Eine solche Veränderungssperre kann zum Inhalt haben, daß bauliche Tätigkeiten und sonstige erhebliche oder wertsteigernde Veränderungen der Grundstücke in dem Gebiet nicht mehr zulässig sind. Um auch vor Erlaß einer Veränderungssperre Einzelfälle beabsichtigter baulicher Vorhaben verhindern zu können, die die Durchführung der zukünftigen Planung unmöglich machen oder erschweren würden, können Baugesuche auf Antrag der Gemeinde bis zu zwölf Monate zurückgestellt werden.

Eine Veränderungssperre berührt die aus Artikel 14 GG fließende Befugnis des Eigentümers zur Nutzung seines Eigentums. Eine zeitliche Nutzungsbeschränkung aus Planungsgründen ist entschädigungslos hinzunehmen, soweit ihre Dauer gerechtfertigt ist, um eine sinnvolle Planung zu ermöglichen. Das Bundesbaugesetz hat hier einen Zeitraum von vier Jahren für ausreichend erachtet. Bei einer länger dauernden Veränderungssperre ist dann eine Entschädigung zu zahlen.

Mit der Veränderungssperre wird nun lediglich erreicht, daß während der Aufstellung des Bebauungsplanes keine Maßnahmen tatsächlicher Art vorgenommen werden können. Aber auch Rechtsvorgänge wie die Veräußerung eines Grundstückes zum Zwecke der Bebauung oder die Teilung eines Grundstückes können sich störend auf die Bauleitplanung und ihre Durchführung auswirken. Diese Rechtsvorgänge sind daher in bestimmten Bereichen der Gemeinde zu jeder Zeit genehmigungspflichtig (›Bodenverkehrsgenehmigung‹). So bedarf die Teilung eines Grundstückes zu ihrer Wirksamkeit im Geltungsbereich eines Bebauungsplanes oder innerhalb eines im Zusammenhang bebauten Ortsteiles einer Genehmigung. Im Außenbereich sind auch die Auflassung, also die Einigung über den Eigentumsübergang, sowie die Bestellung des Erbbaurechtes genehmigungspflichtig, wenn sie zum Zwecke der Bebauung vorgenommen werden. Die Genehmigung für diese Rechtsvorgänge ist zu versagen, wenn die beabsichtigte Nutzung oder die Aufteilung eines Grundstückes einer geordneten städtebaulichen Entwicklung zuwiderlaufen würden. Wird die Genehmigung nicht innerhalb von zwei Monaten versagt, so gilt sie mit allen sich daraus ergebenden Konsequenzen als erteilt.

Die Bodenverkehrsgenehmigung hat aber auch eine Schutzfunktion zugunsten des Käufers. Denn wird die Genehmigung erteilt, so darf grundsätzlich eine Baugenehmigung, die innerhalb von zwei Jahren nach Erteilung der Bodenverkehrsgenehmigung beantragt wurde, für die mit dem Rechtsvorgang erkennbar bezweckte Nutzung aus städtebaulichen Gründen nicht versagt werden. Etwas anderes gilt nur, wenn die für die Erteilung der Genehmigung maßgebenden tatsächlichen und rechtlichen Verhältnisse sich geändert haben. Dann aber hat der Eigentümer, wenn ihm eine Baugenehmigung innerhalb der Zwei-Jahres-Frist nicht erteilt wird, einen Anspruch auf angemessene Entschädigung.

Zur Sicherung der Bauleitplanung gehört auch das ›Vorkaufsrecht‹. Danach kann die Gemeinde in einen zwischen zwei Parteien geschlossenen Kaufvertrag als Käufer eintreten, und zwar zu den Bedingungen – das gilt auch für den vereinbarten Kaufpreis –, der zwischen den Parteien vereinbart wurde. Das Vorkaufsrecht der Gemeinde besteht jedoch nur in bestimmten, im Gesetz genau bezeichneten Bereichen und kann nur ausgeübt werden, wenn der Erwerb des Grundstückes dem Wohl der Allgemeinheit dient. Das Vorkaufsrecht stellt sich dabei nicht als eine Enteignung dar, sondern als ein Rechtsinstitut, das im Rahmen der Sozialbindung des Eigentums liegt.

Die Funktion des Vorkaufsrechtes als Instrument zur Sicherung der Bauleitplanung ist in folgendem zu sehen: Ein wesentlicher Teil des Planinhaltes muß durch Maßnahmen der Gemeinde verwirklicht werden. Dazu ist der Erwerb von Grundstücken erforderlich. Die Gemeinde wird nun durch den Grundstückserwerb bei der Ausübung des Vorkaufsrechtes in die Lage versetzt, bei der Ordnung des Grund und Bodens ausgleichend zu helfen bzw. die für öffentliche Maßnahmen benötigten Grundstücke zu erhalten, ohne daß es im Einzelfall einer Enteignung bedarf.

3. *Regelung der Nutzung und Planungsschadensrecht.* Eine ungeordnete Bautätigkeit ist städtebaulich nicht zu vertreten. Sie würde zu einer Zersiedelung der Landschaft führen, die letzten Endes den Belangen aller Bürger zuwiderläuft. Bei den Anforderungen, die in städtebaulicher Hinsicht an Vorhaben zu stellen sind, unterscheidet nun das Bundesbaugesetz vier Bereiche:
– Einmal die Gebiete, die im Geltungsbereich eines Bebauungsplanes liegen, der mindestens Festsetzungen über die Art und das Maß der baulichen Nutzung, über die überbaubaren Grundstücksflächen und über die örtlichen Verkehrsflächen ent-

hält (qualifizierter Bebauungsplan). Die Zulässigkeit eines Vorhabens ist dann in städtebaulicher Hinsicht danach zu prüfen, ob es den Festsetzungen nicht widerspricht und ob die Erschließung, also die straßenmäßige Anbindung, Versorgung mit Strom und Frischwasser u. ä., gesichert ist. Das Gesetz gibt dabei – allerdings unter engen Voraussetzungen – die Möglichkeit, in Einzelfällen durch Erteilung von Ausnahmen und Befreiungen im Baugenehmigungsverfahren zu gestatten, daß ein Vorhaben von den Festsetzungen des Bebauungsplanes abweicht.
– Nicht alle Gemeinden haben jedoch rechtsverbindliche Bebauungspläne für alle Baugebiete aufgestellt. Das Gesetz trägt dieser Situation Rechnung. So ist ein Vorhaben zulässig, wenn die Gemeinde erst beschlossen hat, einen Bebauungsplan aufzustellen, dieser noch nicht rechtsverbindlich ist, das beabsichtigte Vorhaben aber den künftigen Festsetzungen entspricht.
– Eine Beschränkung des Baugeschehens auf solche Grundstücke, die innerhalb des Geltungsbereichs eines Bebauungsplanes liegen bzw. innerhalb eines Bereichs, für den die Gemeinde die Aufstellung eines solchen Bebauungsplanes beschlossen hat, würde im praktischen Ergebnis zu einer Erschwerung der Bautätigkeit führen und unter Umständen eine Bautätigkeit völlig ausschließen, wenn die Gemeinde einen Bebauungsplan nicht aufstellt. Das wäre aber bei Berücksichtigung des hier allein maßgeblichen Gesichtspunktes, eine geordnete städtebauliche Entwicklung zu gewährleisten, sachlich nicht gerechtfertigt. Es widerspräche auch der Zielsetzung des Bundesbaugesetzes, die Durchführung eines Vorhabens nicht zu erschweren, sondern zu ermöglichen, soweit es mit der geordneten baulichen Entwicklung der Gemeinde vereinbar ist. Hat die Gemeinde keinen Bebauungsplan aufgestellt, so ist es möglich und geboten, die für die geordnete städtebauliche Entwicklung der Gemeinde entscheidenden materiellen Kriterien ausschließlich den örtlichen Gegebenheiten zu entnehmen und hiernach die städtebauliche Zulässigkeit eines Vorhabens zu beurteilen. Soll ein Vorhaben innerhalb eines nicht überplanten, im Zusammenhang bebauten Ortsteiles durchgeführt werden, so ist es nach dem Bundesbaugesetz zulässig, wenn es nach der »vorhandenen Bebauung und Erschließung unbedenklich« ist. Diese Kriterien für die Zulässigkeit eines Vorhabens im unbeplanten Innenbereich sind notwendigerweise unscharf. Es wird damit vieles zulässig, was ein Bebauungsplan, der ja auch die künftigen Entwicklungsziele der Gemeinde berücksichtigt, nicht zulassen würde oder was jedenfalls in einem Bebauungsplan ausgeschlossen werden könnte.
– Schließlich regelt das Bundesbaugesetz in § 35 die Zulässigkeit von Vorhaben im Außenbereich, also außerhalb des Geltungsbereichs eines Bebauungsplanes und außerhalb der im Zusammenhang bebauten Ortsteile. Das Gesetz geht davon aus, daß im Außenbereich grundsätzlich nur solche Vorhaben errichtet werden dürfen, die ihrer Natur nach in den Außenbereich gehören, wie z. B. Bauernhöfe oder Betriebe, die wegen ihrer nachteiligen Wirkungen auf die Umgebung nicht in bebauten Bereichen errichtet werden können. Sonstige Vorhaben sind im Einzelfall zuzulassen, wenn ihre Ausführung oder Benutzung öffentliche Belange nicht beeinträchtigt. Eine solche Beeinträchtigung kann z. B. vorliegen, wenn das Vorhaben unwirtschaftliche Aufwendungen für Straßen und andere Verkehrseinrichtungen erfordert, wenn dadurch das Ortsbild verunstaltet oder die natürliche Land-

schaft beeinträchtigt wird oder wenn die Entstehung einer Splittersiedlung zu befürchten ist. So beeinträchtigen z. B. Wochenendhäuser regelmäßig öffentliche Belange und sind daher im Außenbereich unzulässig.
Die nach dem Bundesbaugesetz mögliche Nutzung eines Grundstückes kann nun durch einen Bebauungsplan aufgehoben oder geändert (Herabzonung) werden. Die strittige Frage, ob ein solcher Fall eine entschädigungspflichtige Enteignung nach Artikel 14 GG darstellt oder ob er sich im Rahmen der Sozialbindung des Eigentums hält, die der Eigentümer entschädigungslos hinnehmen muß, hat der Gesetzgeber – jedenfalls soweit es Grundstücke betrifft, deren bauliche Nutzbarkeit sich aus einem qualifizierten Bebauungsplan ergibt – im ersten Sinne entschieden. Dem Eigentümer ist eine angemessene Entschädigung in Geld zu gewähren, wenn die bisher zulässige Nutzung eines Grundstückes aufgehoben oder geändert wird und das zu einer Wertminderung des Grundstückes führt. Es spielt dabei keine Rolle, ob der Eigentümer die vorher zulässige Nutzung realisiert hat oder nicht. Unerheblich ist auch, wann der Bebauungsplan geändert wird. In der Konsequenz bedeutet es, daß ein Eigentümer, der erst durch einen Bebauungsplan die Möglichkeit der baulichen Nutzung seines Grundstückes erhält und damit auf Kosten der Allgemeinheit einen erheblichen Wertzuwachs bekommt, ohne seinerseits etwas dafür tun zu müssen eine Entschädigung empfängt, wenn aus städtebaulichen Gründen die bisher zulässige Nutzung geändert wird. Dieses sogenannte Planungsschadensrecht bietet damit keinerlei Anreiz, die nach dem Bebauungsplan gewollte städtebauliche Ordnung auch zu verwirklichen. Auf der anderen Seite werden damit Planungsmaßnahmen der Gemeinde erschwert, da die Gemeinde mit hohen Entschädigungsansprüchen zu rechnen hat, wenn sie einen Bebauungsplan zuungunsten eines Eigentümers ändert.

4. Bodenordnung. Die Grundstücksgrenzen in bebauten Gebieten und Bereichen, die durch einen Bebauungsplan erstmals einer baulichen Nutzung zugeführt werden sollen, bilden für eine städtebauliche Ordnung meist keinen geeigneten Bezugspunkt. Denn diese Grenzen sind im Laufe der Zeit z. B. durch Erbteilungen mehr oder weniger willkürlich, ohne Bezug auf städtebauliche Gesichtspunkte, entstanden; sie lassen eine geordnete Bebauung der einzelnen Grundstücke meist nicht zu. Das die Bebauung ordnende Instrumentarium des Bundesbaugesetzes wäre unvollständig und in vielen Fällen wirkungslos, wenn nicht die Möglichkeit bestünde, zu kleine oder zu schmal geschnittene Grundstücke, auch schräge Grundstücksgrenzen in der Weise neu zu ordnen, daß nach Lage, Form und Größe für die Bebauung oder sonstige Nutzung zweckmäßig gestaltete Grundstücke entstehen.
Selbstverständlich bleibt es den Eigentümern unbenommen, sich hinsichtlich der Neuordnung ihrer Grundstücksgrenzen zu einigen. Das Gesetz gibt hierzu sogar einen Anreiz, indem es eine Gebühren-, Auslagen- und Abgabenbefreiung für den Fall der Einigung vorsieht. Einigen sich die Eigentümer aber nicht, so ist der Gemeinde mit dem Rechtsinstitut der Bodenordnung (Umlegung und Grenzregelung) die Möglichkeit eingeräumt, durch Hoheitsakt einen neuen Grundstückszuschnitt herbeizuführen.
Die Umlegung ist ein rechtlich geregeltes Grundstückstauschverfahren, denn den Eigentümern von Grundstücken im Umlegungsgebiet kann in diesem Verfahren ein anderes Grundstück zugeteilt werden. Es handelt sich hierbei nicht um eine Ent-

eignung, denn bei einer Enteignung wird dem Eigentümer im fremden Interesse sein Grundstück weggenommen. Die Umlegung erfolgt aber auch im Interesse des Grundstückseigentümers, nämlich um ihm ein bebaubares Grundstück zu geben. Ein vergleichbares Rechtsinstitut kennen wir im landwirtschaftlichen Bereich in der Flurbereinigung.
Für die Durchführung einer Umlegung enthält das Bundesbaugesetz im wesentlichen folgende Regelungen:
Die Grundstücke, die in dem von der Gemeinde bestimmten Umlegungsgebiet liegen, werden ohne Rücksicht auf ihre rechtlichen und tatsächlichen Verhältnisse rein rechnerisch zu der Umlegungsmasse vereinigt. Grundbuchrechtlich wird das nur insoweit erkennbar, als ein Umlegungsvermerk eingetragen wird. Aus der Umlegungsmasse werden nun zunächst die Flächen ausgeschieden, die nach dem Bebauungsplan als örtliche Verkehrsflächen und Grünflächen festgesetzt sind. Diese Flächen werden der Gemeinde oder einem anderen Erschließungsträger zugeteilt. Sonstige Flächen, für die nach dem Bebauungsplan eine Nutzung für öffentliche Zwecke festgesetzt ist, können ausgeschieden und dem jeweiligen Bedarfsträger zugeteilt werden, wenn dieser dafür geeignetes Ersatzland in die Verteilungsmasse einbringt.
Die Umlegungsmasse, die nach Abzug der oben genannten Flächen verbleibt, bildet die Verteilungsmasse. Sie ist entsprechend dem Ziel des Umlegungsverfahrens und seinem Charakter als Grundstücktauschverfahren in zweckmäßig gestaltete Grundstücke aufzuteilen. Diese sind den beteiligten Eigentümern (möglichst in gleicher oder gleichwertiger Lage wie die eingeworfenen Grundstücke) zuzuteilen.
Es entspricht dem Wesen der Umlegung, daß sie in der Regel weder eine Minderung noch eine Mehrung des Vermögens der Eigentümer zur Folge haben darf. Wenn die Umlegung wegen der meist mit ihr verbundenen Zuweisung neuer Verkehrs- und Grünflächen an die Gemeinde oder den sonstigen Erschließungsträger im allgemeinen auch dazu führt, daß der Eigentümer an Fläche verliert, so ist dieser Flächenverlust noch nicht gleichbedeutend mit einer Vermögensminderung. Vielmehr kann das Vermögen des Eigentümers trotz Verkleinerung der Fläche eine Vermehrung erfahren. Sie ist darauf zurückzuführen, daß die mit der Umlegung begriffsnotwendige Grenzverbesserung den Wert der neu zugeteilten Grundstücke wesentlich erhöhen kann. Solche ohne Einsatz von eigener Arbeit und eigenem Kapital bewirkten Werterhöhungen sollen der Allgemeinheit, der sie zu verdanken sind, zugute kommen. Der Eigentümer muß sie daher in Geld ausgleichen. Sollte sich im Einzelfall der Flächenverlust einmal wertmäßig höher auswirken als die mit der Umlegung verbundene Werterhöhung, bedeutet dies für den Eigentümer im Ergebnis eine Vermögensminderung. Dafür erhält er einen Ausgleich in Geld.
Das Umlegungsverfahren wird mit der Aufstellung des Umlegungsplanes abgeschlossen. Aus diesem Plan geht der in Aussicht genommene Neuzustand mit allen tatsächlichen und rechtlichen Änderungen hervor (neue Eigentumsverhältnisse, Ablösung von Grundpfandrechten u. ä.), welche die im Umlegungsgebiet gelegenen Grundstücke erfahren. Die Gemeinde (Umlegungsstelle) hat den Zeitpunkt der Unanfechtbarkeit des Umlegungsplanes bekanntzumachen. Mit der Bekanntmachung wird – außerhalb des Grundbuches – der bisherige Rechtszustand durch den im Umlegungsplan vorgesehenen neuen ersetzt. Die Bekanntmachung schließt die

Einweisung der neuen Eigentümer in den Besitz der zugeteilten Grundstücke ein. Das Grundbuch ist zu berichtigen.

Die Grenzregelung, als das weitere zur Bodenordnung gehörende Rechtsinstitut, ermöglicht es, Teile benachbarter Grundstücke gegenseitig auszutauschen oder einseitig zuzuteilen. Ziel der Grenzregelung ist – wie bei der Umlegung – die Ermöglichung einer ordnungsgemäßen Bebauung. Sie kann aber auch zur Beseitigung baurechtswidriger Zustände durchgeführt werden. Das Verfahren der Grenzregelung ist im Hinblick auf die wenigen Beteiligten einfacher ausgestaltet als bei der Umlegung.

5. *Enteignung.* Die in einem Bebauungsplan sich konkretisierende städtebauliche Ordnung kann nur dann verwirklicht werden, wenn auch die Grundstücke zur Verfügung stehen, die hierzu erforderlich sind. Das Bundesbaugesetz konnte aus diesem Grund nicht auf das ebenfalls in früheren Baugesetzen enthaltene Rechtsinstitut der Enteignung verzichten. Wenn also ein einzelner nicht bereit ist, sein Grundstück, das im Interesse der Allgemeinheit benötigt wird, freiwillig abzugeben, kann es ihm zwangsweise entzogen werden.

Die Zulässigkeit der Enteignung ist im Bundesbaugesetz nicht kasuistisch geregelt, sondern mehr in der Art einer Generalklausel umschrieben. Es kann ein Grundstück enteignet werden, um es entsprechend den Festsetzungen des Bebauungsplanes zu nutzen oder um eine solche Nutzung vorzubereiten. Möglich ist daher auch eine Enteignung, um ein Grundstück Wohnbauzwecken zuzuführen. Enteignungsbegünstigter kann dabei sowohl die öffentliche Hand wie eine Privatperson sein. Als weiteren Enteignungszweck nennt das Bundesbaugesetz die Enteignung eines Grundstückes innerhalb eines im Zusammenhang bebauten Ortsteiles (z. B. zur Schließung einer Baulücke) sowie die Enteignung, um ein Grundstück für die Entschädigung in Land zu beschaffen.

Durch eine Enteignung können aber nicht nur das Eigentum, sondern auch Rechte bezüglich eines Grundstückes entzogen werden, die z. B. zum Erwerb, zum Besitz oder zur Nutzung eines Grundstückes berechtigen, etwa ein Mietrecht.

Voraussetzung für den zwangsweisen Entzug des Eigentums im Einzelfall ist, daß das Wohl der Allgemeinheit die Enteignung erfordert und der mit der Enteignung verfolgte Zweck nicht auf andere, weniger schwer in die Rechte des einzelnen eingreifende Weise erreicht werden kann. So ist z. B. eine Enteignung, um ein Grundstück mit einem Wohnhaus zu bebauen, unzulässig, wenn der Eigentümer selbst dieses Vorhaben verwirklichen will und kann. Schließlich setzt die Enteignung voraus, daß zuvor versucht wurde, das Grundstück freihändig zu erwerben und keine geeigneten anderen Grundstücke zur Verwirklichung des mit der Enteignung verfolgten Zweckes zur Verfügung stehen.

Nach Artikel 14, Absatz 3 GG muß Art und Ausmaß der bei einer Enteignung zu gewährenden Entschädigung im Gesetz geregelt sein (sogenannte Junktim-Klausel). Das Bundesbaugesetz trägt diesem Verfassungsgebot Rechnung. Die Entschädigung für den Entzug des Grundeigentums bemißt sich nach dem Verkehrswert des Grundstückes oder des sonstigen Gegenstandes der Enteignung. Verkehrswert ist dabei der Wert, der im gewöhnlichen Geschäftsverkehr für das Grundstück in der Regel gezahlt würde. Darüber hinaus sind auch die durch eine Enteignung eintretenden sonstigen Vermögensnachteile zu entschädigen, allerdings nicht als Scha-

denersatzleistung im Sinne des Bürgerlichen Rechts, sondern als ein Wertersatz für die durch die Enteignung erfolgten Vermögenseinbußen. So sind z. B. die notwendigen Aufwendungen für einen durch die Enteignung erforderlich werdenden Umzug zu ersetzen.
Die Entschädigungsregelungen des Bundesbaugesetzes gehen zugunsten des Eigentümers weit über das hinaus, was in früheren Gesetzen, wie den Aufbaugesetzen und dem Baulandbeschaffungsgesetz, geregelt war. Denn nach den extensiven Bestimmungen des Bundesbaugesetzes sind auch die Bodenwerte zu entschädigen, die weder durch Arbeit noch durch Kapitalaufwand des Eigentümers entstanden sind. Die sich daraus ergebenden Folgen sind evident. So muß die Öffentliche Hand auch die Wertsteigerungen des Grund und Bodens bei einer Enteignung als Entschädigung bezahlen, die erst durch ihre Maßnahmen und durch den Einsatz allgemeiner Steuermittel zur Errichtung der Infrastruktur entstanden sind. Dies gilt auch dann, wenn das Grundstück für öffentliche Zwecke – z. B. für den Bau eines Kindergartens – benötigt wird.
Eingehende Regelungen enthält das Bundesbaugesetz für das Enteignungsverfahren. Zuständig für eine Enteignung ist die höhere Verwaltungsbehörde. Sie entscheidet nach einer mündlichen Verhandlung durch Beschluß über Art und Umfang der Enteignung und über die zu gewährende Entschädigung. Ist der Enteignungsbeschluß unanfechtbar geworden, so setzt die Enteignungsbehörde den Tag fest, an dem der alte Rechtszustand durch den im Enteignungsbeschluß geregelten neuen ersetzt wird. Das Grundbuch ist alsdann zu berichtigen.
6. *Erschließung*. Grundstücke erhalten erst dann ihren Charakter als Bauland, wenn zuvor die notwendigen Straßen gebaut sind. Die Errichtung dieser Erschließungsanlagen ist nach dem Gesetz grundsätzlich eine Pflichtaufgabe der Gemeinde. Dem einzelnen Grundeigentümer entsteht hieraus allerdings kein Rechtsanspruch. Nicht geregelt ist im Gesetz, welche Maßnahmen die Gemeinde zur Erschließung eines Gebietes im einzelnen zu treffen hat. Das richtet sich allein nach den örtlichen Verhältnissen und Bedürfnissen.
Aus der Tatsache, daß ein Grundstück erst nach Errichtung der notwendigen Erschließungsanlagen seinen Wert als Baugrundstück erhält, zieht das Gesetz – wie schon frühere Gesetze – die Konsequenz, daß der Eigentümer einen Erschließungsbeitrag zu zahlen hat. Dieser Beitrag kann allerdings nur insoweit erhoben werden, als eine Erschließungsanlage erforderlich ist, um die Baufläche und die gewerblich zu nutzenden Flächen entsprechend den baurechtlichen Vorschriften nutzen zu können. Der beitragsfähige Erschließungsaufwand, von dem die Gemeinde selbst mindestens 10 % tragen muß, kann dabei entweder nach den tatsächlich entstandenen Kosten ermittelt werden oder nach bestimmten Einheitssätzen entsprechend den üblicherweise für vergleichbare Anlagen aufzuwendenden Kosten. Verteilungsmaßstab für den Erschließungsaufwand kann dabei Art und Maß der zulässigen baulichen oder sonstigen Nutzung des Grundstückes sein oder die Größe der Grundstücksfläche oder auch die Grundstücksbreite an der Erschließungsanlage. Diese Verteilungsmaßstäbe können auch miteinander verbunden werden. Es ist Aufgabe der Gemeinde, das durch Satzung zu regeln.
Bodenpolitisch von Bedeutung ist der Zeitpunkt der Entstehung des Erschließungsbeitrages. Dieser ist nämlich nicht wie früher nur an den Bebauungsvorgang ge-

knüpft, sondern bereits an die endgültige Herstellung der Erschließungsanlage. Darüber hinaus ist es möglich, Vorausleistungen zu verlangen. Durch diese Regelungen sollte einer Hortung von Baugrundstücken entgegengewirkt werden, an deren baulicher Nutzung der Eigentümer kein Interesse hat. Man ging davon aus, daß die hohen Erschließungsbeiträge den Eigentümer zur Veräußerung seines Grundstückes veranlaßten. Eine Preisberuhigung ist jedoch – wie die Entwicklung zeigt – durch die Regelungen über den Erschließungsbeitrag nicht eingetreten.

7. Ermittlung von Grundstückswerten. Bodenpolitisch von Bedeutung sollten nach Auffassung des Gesetzgebers auch die Vorschriften im Bundesbaugesetz über die Ermittlung von Grundstückswerten sein. Das Gesetz sieht hier vor, daß ein Gutachterausschuß bei den kreisfreien Städten und Landkreisen zu bilden ist. Er setzt sich aus unabhängigen Gutachtern zusammen, die ihr Gutachten nach bestem Wissen und Gewissen abzugeben haben und an Weisungen nicht gebunden sind.

Der Gutachterausschuß soll den gemeinen Wert (Verkehrswert) der Grundstücke ermitteln. Die Schwäche des Gutachtens liegt jedoch darin, daß ihm keine bindende Wirkung zukommt. Es kann nur durch die Richtigkeit seiner Schätzungen überzeugen.

Zur Übersichtlichkeit des Grundstücksmarktes bestimmt das Gesetz weiterhin, daß bei den Geschäftsstellen der Gutachterausschüsse Kaufpreissammlungen einzurichten sind, auf Grund derer Richtwerte für den Verkehrswert der Grundstücke im Gemeindegebiet ermittelt werden sollen. Man glaubte, hiermit eine Transparenz des Bodenmarktes erreichen zu können, die sich wiederum preismindernd auswirken würde. Das Gegenteil ist jedoch eingetreten. Die Richtwertkarten, die die hohen Grundstückswerte ausweisen, haben mit dazu beigetragen, daß sich die Verkäufer von Grund und Boden hieran orientierten und ihrerseits hohe Forderungen beim Verkauf eines Grundstückes stellten.

Das Städtebauförderungsgesetz

Die Erfahrungen der Vergangenheit haben gezeigt, daß das rechtliche Instrumentarium des Bundesbaugesetzes nicht ausreicht, um Maßnahmen zur Beseitigung städtebaulicher Mißstände in bebauten Bereichen oder den Neubau eines Ortes oder Ortsteiles durchzuführen. Bereits kurz nach Verabschiedung des Bundesbaugesetzes wurde daher ein Städtebauförderungsgesetz (StBauFG) vorbereitet. Es bedurfte jedoch vier Anläufe seitens der Bundesregierung, bis es schließlich am 27. Juli 1971 verabschiedet wurde.

Das Städtebauförderungsgesetz gilt nicht für alle städtebaulichen Maßnahmen. Sein Anwendungsbereich ist zeitlich und räumlich beschränkt. Räumlich insoweit, als es nur für Sanierungs- und Entwicklungsmaßnahmen gilt. Sanierungsmaßnahmen sind dabei solche Maßnahmen, durch die ein Gebiet zur Behebung städtebaulicher Mißstände, insbesondere durch Beseitigung baulicher Anlagen und Neubebauung oder durch Modernisierung von Gebäuden wesentlich verbessert oder umgestaltet wird. Entwicklungsmaßnahmen definiert das Gesetz als Maßnahmen, durch die entsprechend den Zielen der Raumordnung und Landesplanung
– neue Orte geschaffen oder

– vorhandene Orte zu neuen Siedlungseinheiten entwickelt oder
– vorhandene Orte um neue Ortsteile erweitert werden.
Der Anwendungsbereich des Städtebauförderungsgesetzes ist zeitlich beschränkt, da nach Durchführung einer Sanierungs- oder Entwicklungsmaßnahme für das betreffende Gebiet wieder die allgemeinen baurechtlichen Vorschriften gelten.

1. *Vorbereitung der Sanierung.* Für Sanierungsmaßnahmen schreibt das Gesetz zunächst einmal etwas Selbstverständliches vor, nämlich die Durchführung vorbereitender Untersuchungen mit dem hauptsächlichen Ziel, Beurteilungsunterlagen für die Notwendigkeit der Sanierung zu gewinnen. Nach dem Gesetz dürfen sich die vorbereitenden Untersuchungen aber nicht nur auf die Erhebung statistischer Daten und die Erforschung der strukturellen und städtebaulichen Verhältnisse und Zusammenhänge beschränken sowie auf die Frage, wer von den Eigentümern nun an der Sanierung mitmachen will, welche Kosten entstehen und wie im einzelnen die beabsichtigten Maßnahmen durchgeführt werden sollen – die Gemeinde wird darüber hinaus verpflichtet, im Rahmen der vorbereitenden Untersuchungen auch die Grundzüge für einen Sozialplan zu erarbeiten.

Bei diesem Sozialplan handelt es sich um ein neues Rechtsinstitut, dessen Einführung sich aus der Notwendigkeit ergab, bei Sanierungs-, aber auch bei Entwicklungsmaßnahmen die Belange der Betroffenen sowie die Interessen der Allgemeinheit zu einem gerechten Ausgleich zu bringen.

Naturgemäß bringt nämlich die Sanierung, auch wenn sie primär als bauliche Neugestaltung der Umwelt zu verstehen ist, Eingriffe in menschliche Lebensumstände, vor allem in Eigentums- und Wohnverhältnisse, in wirtschaftliche Existenzen und nachbarschaftliche Beziehungen mit sich. Gerade diese wirtschaftlichen und gesellschaftlichen Zusammenhänge müssen aber bei einer Sanierung besonders beachtet werden, wenn die Maßnahme zu einem erfolgreichen Ende geführt werden soll. Es geht vor allem darum, den betroffenen Bürgern die Gewißheit zu verschaffen, daß sich die bauliche Gemeindeentwicklung mit allen gesellschaftsrelevanten Folgen nicht über sie hinweg, gewissermaßen von Amts wegen vollzieht. Deshalb muß dafür Sorge getragen werden, daß die Nöte der Bevölkerung in die gemeindlichen Gesamtüberlegungen einfließen und zu erwartende Spannungen im wirtschaftlichen und sozialen Bereich vermieden oder wenigstens gemildert werden. Betroffene im Sinne des Sozialplans sind dabei nicht nur die Eigentümer, sondern auch die Mieter, Pächter und sonstigen Nutzungsberechtigten von Grundstücken im Sanierungsgebiet.

Der Sozialplan ist aber kein statischer Plan, wie es etwa der Bebauungsplan nach dem Bundesbaugesetz ist. Das bedeutet, die Gemeinde kann sich nicht damit begnügen, nur einmal mit den Betroffenen die sie angehenden Probleme zu erörtern. Die Erörterungen müssen vielmehr – und das schreibt das Gesetz ausdrücklich vor – während der gesamten Dauer der Sanierung fortgesetzt werden. Der Sozialplan wird somit gewissermaßen ein Parallelprozeß zur technischen Durchführung der Sanierung. Nach der Konzeption des Gesetzes sollte der Sozialplan – gleichsam programmatisch – die sich durch die bauliche Umgestaltung ergebenden sozialen und wirtschaftlichen Probleme erfassen und darüber hinaus Vorstellungen darlegen, wie nachteilige Auswirkungen in Folge der Sanierung beseitigt oder gemildert werden können.

2. *Förmliche Festlegung des Sanierungsgebietes und Aufstellung des Bebauungsplanes.* Ist die Gemeinde auf Grund der vorbereitenden Untersuchungen zu dem Ergebnis gelangt, daß sie ein Gebiet mit den Handhaben des Städtebauförderungsgesetzes sanieren will, so muß sie das betreffende Gebiet förmlich festlegen. Dies geschieht – wie auch beim Bebauungsplan – durch Satzungsbeschluß der Gemeinde.
Nach Genehmigung und Bekanntmachung des Beschlusses über die förmliche Festlegung des Sanierungsgebietes ist die Gemeinde weiter gehalten, für die Neugestaltung des Gebietes einen Bebauungsplan aufzustellen. Die Aufstellung richtet sich dabei grundsätzlich nach den Vorschriften des Bundesbaugesetzes, wie überhaupt das Städtebauförderungsgesetz davon ausgeht, daß Sanierungs- und Entwicklungsmaßnahmen nach dem Bundesbaugesetz durchzuführen sind; es werden lediglich für einige Teilbereiche besondere Instrumentarien zur Verfügung gestellt. So enthält auch das Städtebauförderungsgesetz für die Aufstellung des Bebauungsplanes zwei zusätzliche Punkte. Die Gemeinde wird nämlich einmal verpflichtet, mit den Eigentümern der im förmlich festgelegten Sanierungsgebiet gelegenen Grundstücke möglichst frühzeitig die beabsichtigte Neugestaltung des Gebietes zu erörtern. Hiermit wird dem Grundsatz Rechnung getragen, daß die städtebauliche Planung nicht von Amts wegen, sondern daß sie nur im engen Zusammenwirken mit den betroffenen Bürgern erfolgen soll. Damit wird ein entscheidender Schritt in Richtung dessen getan, was wir gemeinhin als Demokratisierung der Planung bezeichnen. Darüber hinaus wird die Gemeinde verpflichtet, bei der Aufstellung eines Bebauungsplanes auf die Erhaltung der Bauten, Straßen, Plätze oder Ortsteile von geschichtlicher, künstlerischer oder städtebaulicher Bedeutung Rücksicht zu nehmen. Bauliche Anlagen, die aus diesen Gründen erhalten werden sollen, müssen in dem Bebauungsplan kenntlich gemacht werden.
3. *Die Durchführung der Sanierung.* Ist ein Gebiet nun förmlich festgelegt und ist weiterhin ein Bebauungsplan aufgestellt, der Auskunft über die beabsichtigte Maßnahme gibt, und ist vor allem klar, wie die beabsichtigten Vorhaben finanziert werden sollen, kann die Gemeinde mit der eigentlichen Durchführung beginnen. Sie kann sich hierbei eines ›Sanierungsträgers‹, z. B. eines Wohnungsunternehmens, bedienen. Der Gemeinde oder dem Sanierungsträger obliegt es, die sogenannten Ordnungsmaßnahmen durchzuführen; durch Vertrag kann diese Aufgabe auch den Eigentümern überlassen werden.
Zu den Ordnungsmaßnahmen gehören: die Umlegung, also Neuordnung der Grundstücke; der Umzug der Bewohner und Betriebe; die Beseitigung baulicher Anlagen; die Erschließung sowie sonstige Maßnahmen, die zur Durchführung der Baumaßnahmen notwendig sind. Die Baumaßnahmen, also die Neubebauung oder die Modernisierung baulicher Anlagen, sind von den Eigentümern durchzuführen. Grundsätzlich werden nur für die Ordnungsmaßnahmen Mittel der öffentlichen Hand zur Verfügung gestellt.
Versagen aber nun die Eigentümer ihre Mitwirkung bei der Durchführung der Baumaßnahmen oder ist die zweckmäßige Durchführung der vertraglich übernommenen Ordnungsmaßnahmen oder der Baumaßnahmen durch einzelne Eigentümer nicht gewährleistet, so gebietet es das öffentliche Interesse, daß die Gemeinde die Durchführung der Maßnahmen selbst übernimmt. Das Gesetz stellt hierfür besondere bodenrechtliche Vorschriften zur Verfügung, die die Gemeinde

in die Lage versetzen, die von ihr gewollten Ziele auch zu verwirklichen. Im wesentlichen handelt es sich um zwei Problemgruppen. Einmal nämlich um ein Instrumentarium, das es der Gemeinde ermöglicht, die für die Durchführung der Sanierung benötigten Grundstücke so schnell wie möglich zu erhalten, und zwar zu Preisen, die mit der beabsichtigten Zweckbestimmung noch im Einklang stehen. Zum anderen werden der Gemeinde Handhaben zur Verfügung gestellt, die es ermöglichen, die gewollte und sich im Bebauungsplan konkretisierende städtebauliche Ordnung des Sanierungsgebietes im Interesse der Betroffenen und der Allgemeinheit so schnell wie möglich zu realisieren, unter Umständen auch gegen den Willen der Eigentümer.

4. Die bodenpolitische Konzeption des Städtebauförderungsgesetzes für Sanierungsmaßnahmen. Wird eine Sanierungsmaßnahme von der Allgemeinheit, von der Gemeinschaft der Bürger also, veranlaßt und erst durch den Einsatz erheblicher öffentlicher Mittel ermöglicht, beruhen somit der Erfolg der Sanierung und die Wertsteigerungen der Grundstücke auf Leistungen der Allgemeinheit, so ist es auch nur recht und billig, wenn die sanierungsbedingten Wertsteigerungen nicht bezahlt werden müssen, falls die Gemeinde ein Grundstück erwerben muß, z. B. um dort einen Kindergarten zu errichten. Das Gesetz sieht daher vor, daß bei der Bemessung von Ausgleichs- und Entschädigungsleistungen Werterhöhungen, die lediglich durch die Aussicht auf die Sanierung, durch ihre Vorbereitung oder ihre Durchführung eingetreten sind, nur insoweit berücksichtigt werden, als der Betroffene diese Werterhöhungen durch eigene Aufwendungen zulässigerweise bewirkt hat. Änderungen in den allgemeinen Wertverhältnissen auf dem Grundstücksmarkt sind jedoch zu berücksichtigen. Das Städtebauförderungsgesetz enthält insoweit also eine Abkehr von dem strikten Verkehrswertprinzip des Bundesbaugesetzes.

Nun darf es aber nicht so sein, daß derjenige, der enteignet wird, die sanierungsbedingten Wertsteigerungen bei der Enteignung nicht entschädigt erhält, derjenige aber, der bei der Sanierung mitmacht, im vollen Umfange Nutznießer der durch die Öffentliche Hand hervorgerufenen Wertsteigerungen seines Grundstücks bleibt. Die an der Sanierung beteiligten Eigentümer haben daher einen Ausgleichsbetrag an die Gemeinde zu zahlen, der der Wertsteigerung ihrer Grundstücke entspricht. Diese Regelung stellt sich als eine spiegelbildliche Vorschrift zu der Bestimmung über die Bemessung von Entschädigungsleistungen dar. Die beiden aufeinander abgestimmten Vorschriften stellen also sicher, daß einzelnen Eigentümern die sanierungsbedingten Wertsteigerungen nicht verbleiben, diese vielmehr der Allgemeinheit zufließen und für die Finanzierung der notwendigen Infrastrukturen, die ja von der Gemeinde durchzuführen sind, herangezogen werden können.

Werden aber nun Sanierungsgewinne bei Entschädigungsleistungen nicht honoriert und wird weiterhin der mitmachende Eigentümer zu einem Ausgleichsbetrag in Höhe der sanierungsbedingten Wertsteigerungen seines Grundstückes herangezogen, so muß auch sichergestellt werden, daß die Sanierungsgewinne nicht im rechtsgeschäftlichen Verkehr vorweggenommen werden. Das ist zur Gleichbehandlung aller von der Sanierung betroffenen Eigentümer erforderlich. Aus diesem Grund und zur Wahrung der Preisstabilität wird daher im Gesetz für die Veräußerung eines Grundstückes eine präventive Preiskontrolle eingeführt. Die Genehmigung eines Kaufvertrages ist zu versagen, wenn ein überhöhter Preis vereinbart worden ist. Als überhöht ist ein Preis dann anzusehen, wenn er die sanierungsbedingten Wertsteigerungen einschließt oder, um es einfach auszudrücken, wenn er höher ist als der Wert, den die Gemeinde zu zahlen hätte, wenn sie das Grundstück enteignen würde. Diese Preiskontrolle bedeutet also, daß jeder Kaufvertrag über ein Grundstück innerhalb des Sanierungsgebietes der Gemeinde vorzulegen ist. Ergibt sich, daß der vereinbarte Kaufpreis zu hoch ist, so muß die Genehmigung für den Kaufvertrag versagt werden. Dieser ist also unwirksam.

Die Preiskontrolle hat aber nicht nur das Ziel, in Sanierungsgebieten zu stabilen Preisverhältnissen zu kommen. Sie schützt vor allem auch den Erwerber eines Grundstücks. Ohne eine solche Kontrolle bestünde die Gefahr, daß er im Falle einer Enteignung des gekauften Grundstückes eine niedrigere Entschädigung erhielte, als er selbst als Kaufpreis bezahlt hat. Auch müßte er die infolge der Sanierung eintretenden Wertsteigerungen des Grund und Bodens unter Umständen doppelt bezahlen. Einmal nämlich durch den überhöhten Kaufpreis des Grundstückes an seinen Verkäufer und zum anderen als Ausgleichsbetrag nach Abschluß der Sanierung an die Gemeinde.

5. Vereinfachung des Enteignungsverfahrens. Dem Ziel des Gesetzes, der Gemeinde Grundstücke zu verschaffen, wenn sie für die Durchführung der Sanierung benötigt werden, dienen die Vorschriften über eine Erleichterung des Enteignungsverfahrens. Auf Grund der bisherigen Rechtslage war es häufig so, daß die von einer Enteignungsmaßnahme betroffenen Grundbesitzer Ankaufgebote der Gemeinde ablehnten und sich enteignen ließen, um anschließend den Enteignungsbeschluß in einem langen Instanzenweg vor den Gerichten anzufechten. Halten die Gerichte das Kaufangebot der Gemeinde in preislicher Hinsicht nicht für angemessen, so ist die Gemeinde gezwungen, bei der endgültigen Enteignung des Grundstückes den Preis zu bezahlen, der im Zeitpunkt der letzten gerichtlichen Tatsachenverhandlung dem Verkehrswert entspricht. Da der Wert der Grundstücke von Jahr zu Jahr steigt, kann daher die Anfechtung eines Enteignungsbeschlusses für den Privatmann eine lukrative Angelegenheit sein, während sie für die öffentliche Hand enorme Nachteile mit sich bringt. Das geltende Enteignungsrecht bringt aber noch eine andere Schwierigkeit mit sich: Die Gemeinden sind heute vielfach gezwungen, die Grundstücke zu überhöhten Preisen anzukaufen, wenn nicht notwendige städtebauliche Maßnahmen infolge des zu erwartenden langwierigen Gerichtsweges unterbleiben sollen. Das Städtebauförderungsgesetz bestimmt nun, daß auf Antrag die Enteignungsbehörde vorab über den Übergang des Eigentums an dem zu enteignenden Grundstück entscheiden muß. Dadurch wird es möglich, daß das Verfahren über die Zulässigkeit der Enteignung und das Verfahren über die Entschädigung voneinander getrennt werden, was eine erhebliche Beschleunigung für die Durchführung der Sanierungsmaßnahmen bedeutet. Eine weitere Erleichterung besteht darin, daß das Enteignungsverfahren bereits eingeleitet werden kann, bevor ein Bebauungsplan aufgestellt ist. Die endgültige Enteignung ist jedoch, wie auch nach dem Bundesbaugesetz, erst dann zulässig, wenn ein rechtsverbindlicher Bebauungsplan vorliegt.

6. Das Vorkaufsrecht und das Grunderwerbsrecht. Das Ziel des Gesetzes, die Gemeinden in die Lage zu versetzen, die von ihr zur Durchführung der Sanierung benötigten Grundstücke so schnell wie möglich erwerben zu können, wird auch durch eine Vereinfachung des Vorkaufsrechtes ermöglicht. Das Vorkaufsrecht hat jedoch einen erheblichen Nachteil, der seine Wirksamkeit mindert. Die Gemeinde kann es nämlich nur zu den Bedingungen ausüben, die zwischen den Vertragsparteien vereinbart worden sind. Das gilt auch für den vereinbarten Kaufpreis. Haben die Vertragsparteien jedoch einen überhöhten Kaufpreis vereinbart, so muß die Genehmigung für den Kaufvertrag versagt werden. Der Vertrag ist damit nichtig, die Ausübung des Vorkaufsrechts scheidet folglich aus. Wenn die Gemeinde das Grundstück zur Durchführung der Sanierung benötigt, bleibt in diesem Fall nur das schärfste Instrumentarium im Bodenrecht übrig, nämlich die Enteignung.

Diese Lücke füllt das Grunderwerbsrecht, durch das der Gemeinde die Möglichkeit gegeben wird, ein Grundstück auch dann zu erwerben, wenn für einen Kaufvertrag z. B. wegen überhöhter Preisvereinbarung eine Genehmigung nicht erteilt worden ist – in einem, wenn man so will, vereinfachten Enteignungsverfahren. Allerdings ist die Gemeinde dann nur verpflichtet, den Kaufpreis zu zahlen, den sie auch bezahlen müßte, wenn sie das Grundstück enteignete. Die sanierungsbedingten Wertsteigerungen einschließlich der Planungsmehrwerte bleiben also außer Ansatz.

Das Grunderwerbsrecht ist seiner Rechtsnatur nach eine Enteignung. Gegenüber der normalen Enteignung besteht allerdings die Besonderheit, daß es einen Eigentümer trifft, der bereit war, sein Grundstück abzugeben. Diese Ausgangsposition rechtfertigt es, das Verfahren zur Ausübung des Grunderwerbsrechtes gegenüber dem Enteignungsverfahren nach dem Bundesbaugesetz zu vereinfachen. Die materiell-rechtlichen Voraussetzungen, die vorliegen müssen, damit das Grunderwerbsrecht ausgeübt werden kann, gleichen aber denen für die Enteignung. Der Erwerb des Grundstücks muß nämlich zur Durchführung der Sanierung erforderlich sein. Das bedeutet, daß schon konkrete Tatbestände vorliegen müssen, aus denen zu ersehen ist, daß der Erwerb einer ganz bestimmten Parzelle zur Durchführung der im öffentlichen Interesse liegenden Sanierung notwendig ist.

Dem Eigentümer ist jedoch im Gesetz bei Ausübung des Grunderwerbsrechts ein Abwendungsrecht eingeräumt worden. Wenn nämlich der Eigentümer schriftlich erklärt und glaubhaft macht, daß er die Sanierung selbst durchführen will und kann, wenn er also bereit und in der Lage ist, die für sein Grundstück notwendigen Maßnahmen selbst durchzuführen, so kann die Gemeinde das Grunderwerbsrecht nicht ausüben. Das ist an und für sich selbstverständlich. Denn wenn der Eigentümer die Sanierungsmaßnahmen selbst durchführen kann und auch will, besteht vom öffentlichen Interesse her keine Notwendigkeit, sein Grundstück in Anspruch zu nehmen.

7. *Genehmigungspflichten, Bau-, Abbruch- und Modernisierungsgebote.* Das Städtebauförderungsgesetz stellt weiterhin Instrumentarien zur Verfügung, die eine zügige Realisierung der von der Gemeinde angestrebten baulichen Entwicklung in dem Sanierungsgebiet ermöglichen sollen. So sind tatsächliche Veränderungen eines Grundstückes genehmigungspflichtig. Eine Genehmigungspflicht besteht aber auch für Rechtsvorgänge wie beispielsweise Veräußerung eines Grundstückes, Bestellung von Erbbaurechten, Abschluß von langfristigen Nutzungsverträgen u. ä., durch die

eine Sanierung unter Umständen erschwert oder gar unmöglich gemacht werden kann.
Die Genehmigungsversagung hat der Eigentümer grundsätzlich entschädigungslos hinzunehmen. Die Gemeinde macht sich allerdings entschädigungspflichtig, wenn sie bei der Durchführung der Sanierung nicht mit der gebotenen Zügigkeit handelt, also die Genehmigungsversagung über Gebühr ausdehnt. Darüber hinaus hat der Eigentümer einen Übernahmeanspruch, wenn die Genehmigung versagt wird. Durch diesen Übernahmeanspruch werden alle verfassungsrechtlichen Bedenken, die gegen den Ausschluß der Entschädigung bei Versagung der Genehmigung erhoben werden können, ausgeräumt.
Der zügigen Realisierung der Sanierung dient weiterhin ein Abbruchgebot. Die Notwendigkeit für dieses Rechtsinstitut bei der Durchführung einer Sanierung bedarf kaum einer Begründung. Das Abbruchgebot ist durchsetzbar, wenn die Bewohner ›umgesetzt‹ sind, d. h. einen anderen Wohnplatz bezogen haben. Diese im Gesetz ausdrücklich erhobene Forderung ist wohl eine Selbstverständlichkeit.
Von besonderer Bedeutung ist die im Städtebauförderungsgesetz vorgesehene Möglichkeit, ein Baugebot auszusprechen. Hierdurch kann die Gemeinde den Eigentümer verpflichten, daß er die für sein Grundstück im Bebauungsplan festgesetzte Nutzung innerhalb angemessener Frist realisiert, beziehungsweise eine bestehende bauliche Anlage den Festsetzungen des Bebauungsplanes anpaßt. Kommt der Eigentümer der Verpflichtung aus einem Baugebot nicht nach, so kann die Gemeinde sein Grundstück enteignen.
Bei einer Sanierung geht es aber nicht nur darum, überalterte Bausubstanz abzureißen und durch neue Bebauung zu ersetzen. In der Praxis wird es häufig so sein, daß sich im Sanierungsgebiet Gebäude befinden, deren Beschaffenheit zwar den allgemeinen Anforderungen an Wohn- und Arbeitsverhältnisse nicht entspricht, die in ihrer Bausubstanz aber erhaltenswert sind und auch aus städtebaulichen Gründen nicht beseitigt werden müssen. Wenn hier der Eigentümer die notwendigen Maßnahmen nicht freiwillig durchführt, steht der Gemeinde ein Modernisierungsgebot zur Verfügung. Kommt der Eigentümer diesem Gebot nicht nach, so können die notwendigen Maßnahmen im Wege der Ersatzvornahme von der Gemeinde auf Kosten des Eigentümers durchgeführt werden.
8. Die Privatisierungspflicht. Die bodenrechtlichen Vorschriften des Städtebauförderungsgesetzes stehen unter der Entscheidung des Gesetzgebers, daß bei Sanierungsmaßnahmen das private Eigentum möglichst erhalten bleiben und an anderer Stelle, gegebenenfalls auch in anderer Rechtsform, neu begründet werden soll. Die Gemeinde ist verpflichtet, alle Grundstücke, die sie im Zuge der Durchführung der Sanierung freihändig durch Enteignung oder andere Maßnahmen nach dem Städtebauförderungsgesetz erworben hat, wieder zu veräußern; ausgenommen sind selbstverständlich diejenigen Grundstücke, die für öffentliche Zwecke benötigt werden. Die Frage, an welchen Personenkreis die Grundstücke veräußert werden müssen, löst das Gesetz mit einem Rangfolgekatalog. Zunächst sind nämlich solche Personen privatisierungsberechtigt, die im Zuge der Sanierung Grundstücke übereignet oder verloren haben. Dabei sind die Personen wiederum vorrangig zu berücksichtigen, die sonst kein oder nur wenig Eigentum besitzen oder die im Sanierungsgebiet eigengenutzten Wohn- und Geschäftsraum verloren haben. Die dann

noch übrigbleibenden Grundstücke sollen unter Beachtung des Sanierungszweckes an weite Kreise der Bevölkerung veräußert werden.
Die Gemeinde wird nun nicht immer in der Lage sein, jedem ehemaligen Eigentümer wieder Parzelleneigentum zu verschaffen. Das wird schon deswegen nicht möglich sein, weil im Sanierungsgebiet regelmäßig eine Umlegung stattfindet, bei der neue Grundstücke, meist größeren Zuschnitts, gebildet werden. Die Gemeinde kann ihre Privatisierungspflicht daher auch erfüllen, indem sie den zu berücksichtigenden Personen Miteigentum an einem Grundstück, grundstücksgleiche Rechte oder Rechte nach dem Wohnungseigentumgesetz verschafft. Im Rahmen der Privatisierungspflicht können auch Anteilscheine an Immobilienfonds vergeben werden.

9. *Entwicklungsmaßnahmen.* Das bau- und bodenrechtliche Instrumentarium, das das Gesetz für Sanierungsmaßnahmen zur Verfügung stellt, kommt im wesentlichen auch bei Entwicklungsmaßnahmen, also z. B. beim Bau neuer Ortschaften, zur Anwendung. So gelten auch im Entwicklungsbereich die Vorschriften über den
– Sozialplan
– die Genehmigung von Vorhaben und Rechtsvorgängen
– die Vereinfachung des Vorkaufsrechts
– die Erleichterung des Enteignungsverfahrens
– das Grunderwerbsrecht
– das Abbruch-, Bau- und Modernisierungsgebot
– die Vorschriften über die Bemessung von Entschädigungsleistungen, also der Ausschluß von entwicklungsbedingten Wertsteigerungen der Grundstücke bei der Enteignung
– die Verpflichtung zur Privatisierung.

Trotz dieser Gemeinsamkeiten zwischen Sanierungs- und Entwicklungsmaßnahmen ergeben sich für den Entwicklungsbereich dennoch einige Besonderheiten, die auch einer besonderen rechtlichen Ausgestaltung bedürfen.

Nach dem Gesetz ist die Gemeinde verpflichtet, bei einer Entwicklungsmaßnahme die Voraussetzungen dafür zu schaffen, daß ein lebensfähiges örtliches Gemeinwesen entsteht, das nach seinem wirtschaftlichen Gefüge und seiner bevölkerungsmäßigen Zusammensetzung dem Zweck der städtebaulichen Entwicklungsmaßnahme entspricht. Darüber hinaus muß eine ordnungsmäßige und zweckentsprechende Versorgung der Bevölkerung mit Gütern und Dienstleistungen sichergestellt sein.

Zur Verwirklichung dieser Ziele sieht das Städtebauförderungsgesetz vor, daß die Gemeinde – notfalls im Wege der Enteignung – *alle* im Entwicklungsbereich gelegenen Grundstücke erwerben soll. Nur so kann die Neugestaltung und Aufschließung des Gebiets ohne Rücksicht auf bestehende Grundstücksgrenzen entsprechend der Planung ermöglicht werden. Nur so kann auch gewährleistet werden, daß im Entwicklungsbereich eine soziale Struktur geschaffen wird, die dauerhaft die Lebensfähigkeit einer neuen Siedlung gewährleistet. Denn nur wenn sich das Eigentum an den im Entwicklungsbereich gelegenen Grundstücken bei der öffentlichen Hand vereinigt, ist es möglich, daß bei der Wiederveräußerung Nutzungswillige berücksichtigt werden, die eine dem Entwicklungsziel entsprechende Grundstücksverwendung gewährleisten. Mit den baurechtlichen Handhaben des Bundesbaugesetzes läßt sich dieses Ziel nicht erreichen. Denn nach diesem Gesetz ist der Gemeinde nur die Handhabe gegeben, einen Bebauungsplan aufzustellen und in diesem Plan verschiedene Gebietskategorien wie beispielsweise ›reines Wohngebiet‹, ›allgemeines Wohngebiet‹, ›Mischgebiet‹ u. ä. festzusetzen. Innerhalb dieser festgesetzten Gebiete ist jedoch eine Fülle von Nutzungsmöglichkeiten zulässig, auf deren Realisierung im Einzelfall die Gemeinde keinen Einfluß hat. Die Gemeinde könnte zwar durch ein Baugebot den Eigentümer verpflichten, sein Grundstück entsprechend den Festsetzungen des Bebauungsplanes zu nutzen. Was der Eigentümer jedoch im Einzelfall baut, ob beispielsweise eine Apotheke, eine Wirtschaft oder ein Wohngebäude, das richtet sich allein nach den Wünschen des Bauherrn und nach den Alternativen, die die Festsetzungen des Bebauungsplanes zulassen. Wenn jedoch die Gemeinde alle Grundstücke erwirbt, wie es das Städtebauförderungsgesetz für den Bereich der Entwicklungsmaßnahmen vorsieht, kann sie bei der Wiederveräußerung im Rahmen des Privatrechts bestimmen, wie das Grundstück genutzt werden soll.

Die Erwerbspflicht der Gemeinde ist allerdings nicht so ausgestaltet, daß nicht auch Ausnahmen zulässig wären. Die Gemeinde soll vielmehr von dem Erwerb solcher Grundstücke absehen, bei denen Art und Maß der baulichen Nutzung bei der Durchführung der Entwicklungsmaßnahmen nicht geändert werden müssen. Ausgenommen von der Erwerbspflicht sind ferner solche Grundstücke, auf denen der Eigentümer für sich ein Eigenheim oder eine Kleinsiedlung bauen will, sowie Grundstücke, die innerhalb eines im Zusammenhang bebauten Gebietes liegen. Im letzteren Fall muß das betreffende Gebiet allerdings innerhalb des Entwicklungsbereiches durch Satzung festgelegt werden.

10. Die städtebauliche Gestaltung von Sanierungs- und Entwicklungsgebieten. Das Städtebauförderungsgesetz sieht bewußt von Vorschriften ab, die im einzelnen regeln, wie eine sanierte Stadt oder ein neuer Ortsteil aussehen sollen. Denn solche Vorschriften wären verhängnisvoll. Die Konzeption für die bauliche Gestaltung eines Gebietes kann nur an Ort und Stelle getroffen werden. Es ist ein erheblicher Unterschied, ob eine Sanierung in einem Dorf oder im Citygebiet einer Großstadt durchgeführt werden soll. Bundesrechtliche Vorschriften, die eine bestimmte städtebauliche Gestaltung eines Gebietes vorschreiben würden, hätten darüber hinaus zur Folge, daß eine unerwünschte Uniformität im städtebaulichen Bereich einträte. Es bleibt vielmehr eine Aufgabe der Gemeinde, im Zusammenwirken mit Bürgern eine städtebauliche Lösung zu finden, die den Belangen aller gerecht wird.

Die Novellierung des Bundesbaugesetzes

Die Neubesinnung auf den Inhalt des Eigentums und die Ausformung seiner Sozialpflichtigkeit im Bau- und Bodenrecht durch das Städtebauförderungsgesetz ist eine Aufgabe, die nicht auf das Grundeigentum in Sanierungs- und Entwicklungsgebieten beschränkt bleiben darf. Sie stellt sich in gleicher Dringlichkeit auch im Bereich des sonstigen Städtebaurechts. Die das Bundesbaugesetz teils ergänzenden, teils modifizierenden besonderen bau- und bodenrechtlichen Vorschriften des Städtebauförderungsgesetzes haben im übrigen zu einer Disparität im städtischen Bodenrecht geführt, die jedenfalls auf längere Sicht aus rechtspolitischen und verfassungs-

rechtlichen Gründen nicht hingenommen werden kann. In der Regierungserklärung vom 18.1.1973 ist dargelegt, daß die Möglichkeiten des Städtebauförderungsgesetzes in das allgemeine Baurecht übertragen werden sollen. Die Steigerung im Kaufwert, die Grundstücken durch Planungen und Investitionen der Öffentlichen Hand zufällt, soll zur Finanzierung städtebaulicher Maßnahmen herangezogen werden.
Bundesminister Hans-Jochen Vogel hat in dem Arbeitsprogramm des Ministeriums für Raumordnung, Bauwesen und Städtebau für die Novelle des Bundesbaugesetzes folgende Hauptpunkte hervorgehoben:

1. *Verzahnung der Bauleitplanung mit der städtebaulichen Entwicklungsplanung.* Die Bauleitplanung wurde bisher lediglich als ein Instrumentarium betrachtet, das die zulässige Art und das Maß der baulichen Nutzung in einem Baugebiet ordnet, also der privaten Initiative zur baulichen Nutzung eines Grundstücks lediglich einen Rahmen setzt. Das Problem der Finanzierung sowie die Frage, wann die jeweiligen Maßnahmen realisiert werden sollen, werden davon nicht berührt. Viele Gemeinden sind deshalb dazu übergegangen, eine städtebauliche Entwicklungsplanung zu erarbeiten, in der die beabsichtigten städtebaulichen Maßnahmen, die Zeitfolge ihrer Durchführung und die Möglichkeit ihrer Finanzierung geregelt werden. Die Bauleitpläne sollen sich nun in eine solche von der Gemeinde aufgestellte städtebauliche Entwicklungsplanung einfügen. Die damit erreichte Berücksichtigung des Zeitfaktors und der Finanzierung bezüglich der Durchführung eines Bauleitplanes gibt ein klareres Bild von der voraussichtlichen Entwicklung eines Gemeinwesens, als es der auf Flächendispositionen angelegte Bauleitplan allein kann. Damit wird zugleich gewährleistet, daß die von den verschiedenen Trägern öffentlicher Belange im Rahmen der Stadtentwicklung eingesetzten Mittel rationell verwendet werden. Die städtebauliche Entwicklungsplanung ist allerdings nicht als eine zusätzliche förmliche Planungsebene gedacht. Ihr Inhalt wird vielmehr erst durch die Bauleitpläne rechtsnormativ konkretisiert.

2. *Differenziertere Festlegung der Nutzungsarten.* Für eine moderne Städtebaupolitik ist es notwendig, daß den Gemeinden die Möglichkeit gegeben wird, die zulässige Art der baulichen Nutzung konkreter festzusetzen, als das bisher möglich war. Nach geltendem Recht bestand im wesentlichen nur die Möglichkeit, die Art der baulichen Nutzung gemäß den in der Baunutzungsverordnung verwandten Kategorien festzusetzen. Wenn beispielsweise die Gemeinde im Bebauungsplan einen bestimmten Bereich als Mischgebiet festsetzte, bedeutete das, daß sieben verschiedene Nutzungsarten zulässig waren. Es blieb dann dem Eigentümer überlassen, welche dieser Nutzungsarten er im einzelnen wollte. Die Folge war, daß im Regelfall das Vorhaben gebaut wurde, das dem Eigentümer die größte Rendite brachte. Ob eine solche Nutzung auch im Interesse der Allgemeinheit lag, danach wurde nicht gefragt. Ist die Gemeinde dagegen in der Lage, konkret festzusetzen, was im einzelnen auf einem Grundstück gebaut werden soll, so kann sie damit sicherstellen, daß die Vorhaben errichtet werden, die aus städtebaulichen Gründen an ganz bestimmten Orten im Siedlungsgefüge gebaut werden müssen.

3. *Verstärkte Einschaltung der Öffentlichkeit und der Betroffenen in das Verfahren der Bauleitplanung.* Das Städtebauförderungsgesetz verpflichtet die Gemeinden, mit den beteiligten Bürgern so früh wie möglich die beabsichtigte Neugestaltung des Ge-

bietes zu erörtern. Diese Regelung soll nun auf die Aufstellung aller Bauleitpläne in der Gemeinde übertragen werden. Wenn der Bürger sachgerecht die beabsichtigte Neugestaltung eines Gebietes beurteilen soll, müssen ihm aber auch verschiedene Lösungen für die städtebauliche Entwicklung des Plangebietes aufgezeigt werden.

Zur Zeit befinden sich die Beteiligungsformen noch im Experimentierstadium. Allen geeigneten Möglichkeiten der Partizipation, die sich auch nach den Verhältnissen des Einzelfalles richten, muß Raum gelassen werden. Es wäre daher verfehlt, wenn hier durch Normierung bestimmter Formen und Arten eine Fixierung der sogenannten Demokratisierung der Planung herbeigeführt würde.

4. *Einführung einer Entwicklungsgenehmigung für die weitere Wohnstätten- und Arbeitsplatzverdichtung in überlasteten Teilgebieten.* Nach dem geltenden Recht ist die Zulässigkeit eines Vorhabens im Hinblick auf die Erschließung davon abhängig, daß Straßen gebaut und die Anlagen für die Beseitigung von Abwässern und festen Abfallstoffen sowie für die Versorgung mit Wasser, Licht und Wärme vorhanden sind. Hier soll die Möglichkeit gegeben werden, die Zulässigkeitsvoraussetzungen zu erweitern. Für bestimmte Problembereiche soll eine weitere Verdichtung von Wohn- und Arbeitsstätten nur zulässig sein, wenn die Anlagen und Einrichtungen des öffentlichen Verkehrs, insbesondere des öffentlichen Nahverkehrs, sowie sonstige Erschließungsanlagen, Gemeinbedarfs- oder Folgeeinrichtungen einen Ausbaustand erreicht haben, der den Anforderungen an eine gesunde Stadtstruktur entspricht. Es handelt sich also darum, die weitere bauliche Entwicklung eines solchen Gebietes in Abstimmung mit den erforderlich werdenden Folgemaßnahmen zeitlich zu steuern. Es dreht sich nicht darum, Bauansprüche aufzuheben. Vielmehr soll die Möglichkeit der baulichen Nutzung davon abhängig gemacht werden, daß die durch sie bedingten Folgemaßnahmen seitens der öffentlichen Hand alsbald durchgeführt werden oder durchgeführt worden sind.

5. *Einführung eines Bau-, Abbruch- und Modernisierungsgebotes.* Um der Gemeinde die Möglichkeit zu geben, auf die Realisierung eines Bebauungsplanes hinwirken zu können, soll ihr – entsprechend den Regelungen des Städtebauförderungsgesetzes – die Möglichkeit gegeben werden, ein Bau-, Abbruch- oder Modernisierungsgebot auszusprechen, soweit dies erforderlich ist.

6. *Angleichung der Vorschriften über das Bauen im Außenbereich an den Strukturwandel der Landwirtschaft.* Im landwirtschaftlichen Bereich macht sich ein tiefgreifender Strukturwandel bemerkbar. Um diesem Strukturwandel Rechnung zu tragen, wird es erforderlich sein, die Vorschrift des Bundesbaugesetzes über die Errichtung von Vorhaben im Außenbereich zu ändern. Dabei muß jedoch bedacht werden, daß einer Zersiedelung der Landschaft nicht Vorschub geleistet werden darf. Von Bedeutung ist hier vor allem, daß es in Zukunft dem Landwirt, der seinen Betrieb aufgibt, ermöglicht werden soll, die nicht mehr genutzten Gebäude einer anderen Nutzung zuzuführen, soweit öffentliche Belange nicht entgegenstehen. Darüber hinaus soll unter engen Voraussetzungen ein Landwirt, der seinen Hof abgegeben hat, auch später noch in der Nähe seiner ehemaligen Hofstelle für seinen eigenen Bedarf ein Wohngebäude errichten können.

7. *Vereinfachung und Fortentwicklung des Enteignungs- und Entschädigungsrechts.* Das Enteignungsverfahren des Bundesbaugesetzes hat sich als zu langwierig erwiesen. Das Städtebauförderungsgesetz sieht hier bereits wesentliche Erleichterun-

gen vor, die in das Bundesbaugesetz übertragen werden sollen. Im wesentlichen handelt es sich dabei um folgende Punkte:
– Das Enteignungsverfahren soll eingeleitet werden können, noch bevor ein Bebauungsplan aufgestellt ist. Der Enteignungsbeschluß soll jedoch erst ergehen dürfen, wenn ein rechtsverbindlicher Bebauungsplan vorliegt.
– Entsprechend den Regelungen des Städtebauförderungsgesetzes sollen als Entschädigung auch Miteigentum an einem Grundstück, grundstücksgleiche Rechte, sonstige dingliche Rechte oder Anteilscheine an Immobilienfonds gewährt werden können.
– Wenn eine Entschädigung in Ersatzland beantragt ist, so soll die Entschädigung unter bestimmten Voraussetzungen auch in grundstücksgleichen Rechten, beispielsweise in einem Erbbaurecht, erfolgen können.
– Das Enteignungsverfahren soll aufgespalten werden können in ein Verfahren über den Grund der Enteignung und ein Verfahren über die Höhe der Entschädigung.
8. *Einführung eines mit der Planungsentschädigung korrespondierenden Planungswertausgleichs.* Die gerechtfertigten Ansprüche der Gesellschaft und des einzelnen können im städtebaulichen Bereich nur erfüllt werden, wenn den Wertentscheidungen der Verfassung auch in der städtebaulichen Rechtsordnung gefolgt wird. In Anlehnung an die bodenpolitischen Grundsatzentscheidungen des Städtebauförderungsgesetzes ist vorgesehen, daß die infolge der Aufstellung, Änderung, Ergänzung sowie Durchführung eines Bebauungsplanes eintretenden Wertsteigerungen des Grund und Bodens der Allgemeinheit zufließen. Die durch Maßnahmen der Öffentlichen Hand bewirkten Wertsteigerungen der Grundstücke sollen als Ausgleichsbetrag an die Gemeinden gezahlt werden, sobald die im Bebauungsplan festgesetzte Nutzung für die betreffenden Grundstücke realisiert wird. Ein solcher Ausgleichsbetrag rechtfertigt sich – wie auch beim Städtebauförderungsgesetz – schon deshalb, weil die planungsbedingten Wertsteigerungen und die infolge der Durchführung eines Bebauungsplanes eintretenden Werterhöhungen der Grundstücke von dem Eigentümer weder durch Kapitalaufwand noch durch eigene Arbeitsleistung bewirkt worden sind. Die Wertsteigerungen treten vielmehr nur dadurch ein, daß die Öffentliche Hand die für eine bauliche Nutzung notwendigen Infrastrukturleistungen wie Straßenbau, Abwasserbeseitigung, Versorgung mit Wasser und Elektrizität u. ä. erbringt, und zwar unter Einsatz erheblicher allgemeiner Steuermittel. Erst durch diese Aktivitäten der Gemeinde wird die bauliche Nutzung ermöglicht. Es ist daher gerechtfertigt, wenn die durch Maßnahmen der Allgemeinheit erreichten Wertsteigerungen der Grundstücke auch wieder der Öffentlichen Hand zufließen und zur Finanzierung der notwendigen Infrastrukturmaßnahmen eingesetzt werden.
Auch bei der Bemessung von Entschädigungsleistungen für die Enteignung sollen die infolge der Aufstellung, Änderung, Ergänzung und Durchführung eines Bebauungsplans eintretenden Wertsteigerungen unberücksichtigt bleiben.
9. *Fortentwicklung des Vorkaufsrechtes der Gemeinden; Einführung eines preislimitierten Vorkaufsrechtes.* Das Vorkaufsrecht des Bundesbaugesetzes hat sich nicht bewährt. Hier erscheint entsprechend den Regelungen des Städtebauförderungsgesetzes eine Änderung und Ausweitung geboten.

Die Gemeinde kann ihr Vorkaufsrecht grundsätzlich nur zu den Bedingungen ausüben, die zwischen Käufer und Verkäufer vereinbart wurden. Das gilt auch für die vereinbarte Höhe des Kaufpreises. Infolge der hohen Bodenwerte ist damit das Vorkaufsrecht ein für die Gemeinde wirkungsloses Instrumentarium. Es ist daher beabsichtigt, es zu einem limitierten Vorkaufsrecht weiterzuentwickeln. Das bedeutet: Übt die Gemeinde ihr Vorkaufsrecht in Gebieten aus, in denen sie auch einen Ausgleichsbetrag erheben kann, so hat sie nur den Preis zu zahlen, den sie auch zu zahlen hätte, wenn das Grundstück enteignet würde. Aus verfassungsrechtlichen Gründen wird es hier allerdings notwendig sein, dem Verkäufer ein Rücktrittsrecht einzuräumen, falls er zu dem von der Gemeinde angebotenen Kaufpreis das Grundstück nicht hergeben möchte. Ein solches Rücktrittsrecht ist aber dann nicht sachgerecht, wenn das Grundstück später ohnehin enteignet werden müßte. In diesem Fall ist es gerechtfertigt, das Grundstück frühzeitig durch das verfahrensmäßig einfachere Vorkaufsrecht zu erwerben, anstatt den komplizierten Weg der Enteignung einzuschlagen. Das gilt um so mehr, als der Eigentümer durch den Abschluß eines Kaufvertrages gezeigt hat, daß er sich ohnehin von seinem Grundstück trennen möchte.

10. *Einführung eines boden- und steuerrechtlichen Instrumentariums.* Die im Arbeitsprogramm des Bundesministeriums für Raumordnung, Bauwesen und Städtebau angekündigte Novelle eines Bundesbaugesetzes wird nur einen ersten Schritt darstellen können zur Erreichung des Zieles, ein unseren gesellschaftlichen Anforderungen entsprechendes Baurecht zu schaffen und unerwünschte Bodenspekulationen auszuschließen. Ihm werden weitere Schritte folgen müssen. Es sind in dieser Hinsicht auch bereits vielfältige Vorschläge gemacht worden, zu deren gesetzgeberischer Konkretisierung noch weitere Überlegungen erforderlich sind. Das gilt vor allen Dingen für den Abbau der derzeit noch bestehenden steuerrechtlichen Privilegien des Grund und Bodens und der Erfassung solcher Bodenwertsteigerungen, die außerhalb der Plangebiete liegen. Es wird erforderlich sein, durch ein kombiniertes boden- und steuerrechtliches Instrumentarium die Funktionsschwäche des Bodenmarktes insgesamt zu beseitigen.

FOLKER SCHREIBER

Soziale Bodenpolitik

Mensch und Boden

Alles Leben des Menschen spielt sich auf der Fläche ab. Auch die kompliziertesten Konstruktionen menschlichen Zusammenlebens ruhen auf der Oberfläche der Erde, dem Boden. Sie sind im Grunde eine Weiterentwicklung des Urverhältnisses Mensch–Natur.

Die Art, wie Boden genutzt wird, entscheidet damit auch über die Art, wie gelebt werden kann. In einer differenzierten und komplexen Gesellschaft wie der unsrigen, die gekennzeichnet ist durch die Konzentration der Wohnbevölkerung auf bestimmte Teile der bewohnbaren Fläche, die sogenannten Agglomerationsgebiete, bestimmt die Art der Bodennutzung die Organisation der Gesellschaft, das Aktionsfeld der Bewohner.

Die Nutzung einer Fläche wird in der Bundesrepublik Deutschland von Einzelentscheidungen über bestimmte Parzellen im Rahmen gesetzlicher Regelungen determiniert. Die Gesamtheit dieser Einzelentscheidungen ergibt jeweils die gebaute Umwelt, in der sich das Leben (in den Gemeinden) abspielt. Ob ein Grundstück öffentlich oder privat genutzt wird, hängt wesentlich von der Entscheidung eines Individuums – des Eigentümers – ab, hat aber für eine Vielzahl von Bürgern weitreichende Folgen, für die Länge des Schul- oder Arbeitsweges, die Möglichkeit des Zugangs zu Erholungsgebieten (und damit die individuelle Organisation der Freizeitaktivitäten) oder die Wohnsituation. Die Art der Bodennutzung entscheidet vor allem über die Art des Wohnungsbaus, die Standortwahl der Wirtschaft, die Siedlungsstruktur und die Stadt- und Regionalplanung.

Auch die Art, wie sich soziales Verhalten in einer Stadt entwickelt, ob das Leben beispielsweise als ›städtisch‹ oder ›urban‹ beschrieben werden kann, ist eine wesentliche Folge der Nutzung des vorhandenen Bodens. Die mit dem Bodeneigentum verknüpften Verfügungsrechte der Eigentümer bestimmen entscheidend den Entwicklungs- und Planungsspielraum der Gesellschaft und ihrer politischen Organe, insbesondere der Kommunen. Obwohl der Bürger in vielen Lebensbereichen von den Folgen der gegenwärtigen Bodenpolitik betroffen ist, wird nur wenigen der Zusammenhang zwischen den persönlichen Lebensumständen und der Bodenordnung bewußt.

Kritik an der Raumordnung

Aus der mangelnden Einsicht in die Phänomene der Bodenordnung darf nicht geschlossen werden, sie seien unaktuell oder von untergeordneter Bedeutung. Zwar werden Aspekte des Themenkomplexes Boden mittlerweile schon in den Spalten der Tagespresse behandelt, auf offenkundige Mißstände wird dabei hingewiesen.

Die Darstellungen gehen dabei aber meist auf einen isolierten Aspekt des Problems ein. Im Vordergrund der Kritik steht die Entwicklung der Bodenpreise. Das ist in einer Gesellschaft, die wirtschaftliche Stabilität als eines ihrer höchsten Ziele anstrebt, durchaus nicht verwunderlich. Tatsächlich lassen sich die meisten erkannten Probleme der Bodennutzung auf die ökonomische Verwertbarkeit des Gutes Boden, also auf die Preisbildung, zurückführen. Wenn sich die bodenpolitische Diskussion auf diesen Bereich konzentriert, so spiegelt sich darin die unmittelbare Erfahrung beim Umgang mit diesem Gut wider.

Vergleicht man die Entwicklung wesentlicher, einen Haushalt beeinflussender Faktoren des Zeitraums zwischen 1962 und 1971, so ergibt sich folgendes Bild:

	1962 (= 100)	1971
Lebenshaltungskosten	100	130
Industriearbeiterlohn	100	197
Wohnungsmiete	100	173
Baupreise	100	163
Preis für baureifes Land	100	220

Obgleich die Steigerungsrate beim Bauboden am höchsten ist, sagt diese Statistik relativ wenig über die tatsächliche Bodenpreisentwicklung aus. Sie enthält lediglich den gewogenen Durchschnitt der umgesetzten Baulandflächen. Der enorme Sprung vom Ackerland zum Bauland, der sich permanent an den Stadträndern vollzieht, sowie die relativen Verschiebungen in den Innenstädten, also die Entwicklung der bereits bebauten Flächen, und damit zwei der wesentlichen Einflußgrößen der Bodenpreisentwicklung werden von der Statistik nicht erfaßt. Stadtränder und Innenstädte aber bilden besondere stadtentwicklungspolitische und bodenpolitische Problemzonen.

Der Anstieg der Bodenpreise hat sich weiter verstärkt. So sind im ersten Quartal des Jahres 1972 die Baulandpreise in der gesamten Bundesrepublik wieder durchschnittlich um 12 % (gegenüber dem Vorjahr) angestiegen. Dabei treten regional erheblich Schwankungen und Unterschiede auf (z. B. Bayern: + 28 %, Nordrhein-Westfalen: + 20 %, Saarland: — 20 %). Ein Abflachen des Preisanstiegs für Boden ist jedenfalls nicht zu erwarten, wird auch nicht prognostiziert. In besonderem Maße sind Preissteigerungen innerhalb der städtischen Regionen und noch mehr innerhalb der Stadtkerne zu verzeichnen. Hier können sich in Jahresfrist die Grundstücke um 100 % verteuern. Selbst binnen Wochen lassen sich erhebliche Preissteigerungen feststellen. So etwa 1972 in der Stuttgarter Fichtestraße, wo innerhalb von nur 20 Tagen ein Grundstück zweimal den Eigentümer wechselte, die Preise von 1,5 Millionen DM und 2,5 Millionen DM zahlten. Oder 1972 in Hamburg, wo in der Innenstadt ein im Rahmen einer Stadtsanierung als Ersatzgrundstück zugewiesenes Fabrikgelände im Werte von 1 Million DM durch Änderung des betreffenden Bebauungsplans für 7,5 Millionen DM weiterveräußert wurde. Derartige Vorgänge lassen sich auch 1973 und 1974 beobachten.

Die wirtschaftliche Betätigung einzelner in unserer kapitalistisch organisierten Gesellschaft bringt — solange das Gut Boden allen anderen Gütern rechtlich gleichgestellt ist — notwendigerweise derartige Erscheinungen mit sich. Der moralisierende Vorwurf des Spekulantentums bleibt eine Geste, wenn kein gesamtgesellschaftlich anerkannter Kodex über erlaubte oder moralisch vertretbare Preisgestaltung besteht. Nach den bisherigen Normen verhalten sich Bodenspekulanten durchaus marktkonform und damit systemgerecht. Wenn man für die Spekulanten z. B. die Metapher ›Bodenhaie‹ benutzt, so drückt dies nur die ängstliche Hilflosigkeit der Betroffenen aus. Um es deutlich zu sagen: Solange Boden wie jedes andere Gut marktwirtschaftlich gehandelt werden kann, erleichtert die moralische Verurteilung dieses marktkonformen Verhaltens allenfalls das Gewissen. An den Zuständen ändert Entrüstung nichts.

Gleichwohl darf man die emotionalisierende Darstellung der Bodenspekulation in den Massenmedien nicht unterschätzen. Sie macht eine breitere Öffentlichkeit nicht nur auf einen geschilderten Zustand und damit auf ein Problem aufmerksam, sie trägt vor allem zur Bewußtmachung der Bodenproblematik bei und fördert damit einen Prozeß, der als ›Druck der Öffentlichkeit‹ zur – nur politisch durchsetzbaren – Änderung dieses Tatbestandes führen kann.

Zunehmend kritisch wird von vielen Bürgern auch die Weigerung einzelner Grundstückseigentümer registriert, ihre Parzellen zu einem als angemessen angesehenen Preis für öffentliche Nutzungen zur Verfügung zu stellen, beispielsweise für Schulen, Krankenhäuser oder andere soziale Einrichtungen.

Drastisch wurde dieses als soziales Fehlverhalten bewertete Vorgehen während des Baues der Autobahn Wiesbaden–Frankfurt demonstriert: Für ein altes, historisch keineswegs wertvolles Haus, das genau auf der geplanten Trasse stand – Schätzwert 50 000 DM – verlangte eine Erbengemeinschaft außer einem Ersatzgrundstück und einer Ersatzwohnung für die Bewohnerin noch 100 000 DM Barabfindung. Da die Behörden sich dazu nicht bereit fanden, mußte der Verkehr um das Haus herumgeführt und ein langwieriger Enteignungsprozeß eingeleitet werden.

Es sind diese konkret erlebbaren Fälle, die den Bewohnern einer Region bewußt werden lassen, wie durch die Verfügungsgewalt einzelner über den Boden und die Art der Nutzung Lebens- und Aktionsräume gestaltet werden und damit ein wesentlicher Faktor der Qualität des Lebens beeinflußt wird.

Die Ansatzpunkte der Kritik an der bestehenden Bodenordnung sind zusammengefaßt folgende:

– Die Bodenpreise steigen unverhältnismäßig schnell und zum Teil extrem hoch an, was teilweise auf den Zwang der Öffentlichen Hand zu Investitionen zurückzuführen ist (besonders deutlich beim Übergang von Ackerland zu Bauland).

– Die überhöhten Bodenpreise verteuern und erschweren den notwendigen Wohnungsbau.

– Die steigenden Bodenpreise führen bei der kleinen Gruppe der Bodeneigentümer zu außerordentlichen, als ungerechtfertigt bewerteten Vermögensgewinnen.

– Der ständig zunehmende Bodenbedarf für öffentliche Zwecke (Schulen, Spielplätze, Parks, Krankenhäuser, Straßen usw.) kann oft nicht rechtzeitig und im angemessenen Umfang oder nur zu extrem hohen Preisen gedeckt werden.

– Maßnahmen im Rahmen der Stadtentwicklung wie Sanierung und Stadterweiterung oder allgemeine bauliche Veränderungen, die eine Verschiebung bestehender Grenzen oder eine Änderung der Eigentumsverhältnisse erfordern, sind – wenn überhaupt – in der Regel nur unter großen rechtlichen und finanziellen Schwierigkeiten und zeitlichen Verzögerungen durchsetzbar. Für die Allgemeinheit im Sinne

einer Daseinsfürsorge als nützlich und gut bewertete städtebauliche Lösungen scheitern oft an der Starrheit der bestehenden Rechte.
– An den Stadträndern und in Vorortgemeinden bilden sich ungeordnete und zersplitterte Bauzonen, die vor allem aus sozialen und ökonomischen Gründen (Ver- und Entsorgung, Folgeeinrichtungen), schließlich auch aus ästhetischen Erwägungen unerwünscht sind.
Diese Kritik läßt sich auf zwei wesentliche Probleme verdichten:
– auf das Nutzungsproblem (Wie soll der Boden, zu welchen Zwecken von welchen Personen genutzt werden?) und
– auf das Verteilungsproblem (Wie sollen die von der Nutzung abhängigen Einkommens- und Vermögensgewinne verteilt werden?)

Rechtsentwicklung

Die Nutzung des Bodens und die Verteilung der damit verbundenen Vermögensgewinne werden heute im Rahmen unserer Wirtschaftsordnung nach ökonomischen Prinzipien geregelt. Danach bestimmt weitgehend der Eigentümer der Sache Boden, ob er und wie er den Boden gewinnbringend nutzen will oder nicht. Die Grundlage für sein Tun oder Unterlassen bildet die bestehende Rechtsordnung: Boden ist eine Sache wie jede andere, die zum Eigentum erworben werden kann. Im Grundgesetz wird das Eigentum ausdrücklich gewährleistet (Artikel 14). Gleichzeitig wird darauf hingewiesen, daß der Gebrauch des Eigentums »zugleich dem Wohle der Allgemeinheit dienen« (Artikel 14, Absatz 2) soll. Offensichtlich war auch den Vätern des Grundgesetzes bewußt, daß Grund und Boden eine andere Qualität habe als eine beliebige Sache. Denn sonst hätten sie wohl kaum die Möglichkeit zur Sozialisierung (Artikel 15 GG) ausdrücklich eingeräumt.
Die Grundsätze über den Gebrauch einer Sache sind fixiert im Bürgerlichen Gesetzbuch, im sogenannten Sachenrecht. In § 903 dieses aus den Gründerjahren des vorigen Jahrhunderts – man könnte auch salopp formulieren: aus den Flegeljahren des Kapitalismus – stammenden Gesetzeswerkes heißt es lapidar: »Der Eigentümer einer Sache kann, soweit nicht das Gesetz oder Rechte Dritter entgegenstehen, mit der Sache nach Belieben verfahren und andere von jeder Einwirkung ausschließen.«
Es kann hier nicht der Ort sein, über die Entstehung des Eigentums und seiner Funktion in der Gesellschaft zu räsonieren. Hinzuweisen ist jedoch auf die gesellschaftliche Bedingtheit des Eigentums, auf unterschiedliche Interpretationen des Eigentums und seiner Funktionen in verschiedenen historischen Epochen.
Eigentum an Grund und Boden im heute vorherrschenden Verständnis ist nicht – wie vielfach angenommen – das Ergebnis eines vor Jahrhunderten bereits abgeschlossenen Prozesses der aus christlichen Wurzeln stammenden Rechtsentwicklung. Noch im Mittelalter gab es kein Einzeleigentum an Grund und Boden. Der Boden gehörte dem Stadtherrn, der Kirche oder dem Souverän. Das Haus darauf gehörte dem Bürger. Boden und Bauten waren also rechtlich getrennt. Für das Recht, zu bauen und das Haus zu besitzen, zahlte der Bürger dem Grundherrn einen jährlichen Erbzins (›Kanon‹, ›ewiger Pfennig‹). Das Recht am Boden war erblich und konnte in der Regel mit dem Haus an Dritte veräußert werden. Erst

im 17. Jahrhundert gaben die Kommunen, die mittlerweile meist die Grundherren geworden waren, ihr Obereigentum auf. Gegen eine einmalige Kapitalabfindung wurden die Hauseigentümer auch zu Bodeneigentümern, mithin zu Haus- *und* Grundbesitzern. Erst Ende des 18. Jahrhunderts befand sich in den Städten die Mehrheit des Bodens in Privateigentum. Durch den Wegfall der hoheitlichen Bindung wurde das Eigentum am Boden mobil. Durch das Zusammentreffen mit verfügbarem Kapital erhielt es Warencharakter. Der ökonomische Verwertungsprozeß des Bodens bzw. des Bodeneigentums konnte damit beginnen.

Eigentum am Boden

Mit der langsamen, aber stetigen Überführung des Obereigentums an viele Private wurde die Grundlage gelegt für die rechtliche Stellung des Bodens als Sache im Rahmen einer Eigentumsordnung, die sich in den letzten zweihundert Jahren entwickelt hat. Gleichwohl wird Boden – vor allem Eigentum an Boden – ein anderer Stellenwert im Bewußtsein unserer Gesellschaft beigemessen als anderen Sachen und dem Eigentum daran. Dem Eigentum an Boden werden die Funktionen zugeschrieben, »Voraussetzung für Freiheit und Unabhängigkeit« (*Leitsätze der CDU zur Eigentumspolitik,* 1960) zu sein, »Grundlage menschlicher Freiheit«, »Bedingung für die freie Entfaltung der Persönlichkeit«. Eigentum soll soziale und wirtschaftliche Abhängigkeit mindern und gar dem Unabhängigen »den Stolz des freien Menschen geben« (Carl Föhl). Noch immer ist für viele Eigentum an Grund und Boden der »Ausweis schöpferischer Individualität« (John Locke).
An diesen dem Bodeneigentum beigelegten Funktionen wird deutlich, daß man es bei der Bodenordnung, im Sinne der soziologischen Theorie von Marcel Maus, mit einem ›phénomène social total‹ zu tun hat. Mit einem sozialen Problem, das seine rechtlichen, wirtschaftlichen, ethischen, emotionalen, gar religiösen Implikationen hat.
In fast jeder Skala von Besitzwünschen rangiert der Wunsch nach Eigentum von Grund und Boden (verbunden mit dem Wunsch nach dem eigenen Haus) an erster Stelle. Nach zwei Kriegen und zwei Inflationen und bei der beobachtbaren Tendenz zu allgemeinen Preissteigerungen erscheint Bodenbesitz (einschließlich Anteilen an Immobilienfonds) als einzige Form des Eigentums von noch dauerhaftem oder gar steigendem Wert. Die Preisentwicklung rechtfertigt diese Einstellung. Und die Suche nach materieller Sicherheit, die ›Flucht in die Sachwerte‹, erscheint ökonomisch betrachtet durchaus rational und als verständliche Folge »mittelständischer Vorteilssuche« (Werner Hofmann, 179).
Daß trotz Streuung des Bodeneigentums dieser Ausweis von Individualität relativ wenigen vorbehalten ist, wird kaum zur Änderung der sozialen Bewertung des Bodeneigentums beitragen, sie eher rechtfertigen. Daß sich dahinter eine handfeste Ideologie verbirgt, wird zunehmend denen bewußter, die selbst erfahren mußten, welche Einschränkungen der individuellen Entfaltungsmöglichkeit und persönlichen Freiheit ihren Ursprung im privaten Eigentum haben: Zu ihnen zählen die sogenannten Randgruppen auf dem Wohnungsmarkt, die Studenten, Gastarbeiter, alleinstehenden Alten und kinderreichen Familien. Sie lernen, daß Eigentum als Herrschaft über eine Sache Auswirkungen auf Personen hat.

Die soziale Dimension des Bodeneigentums wird auch erkennbar, wenn man nach den Trägern dieses Eigentums fragt. Es gibt öffentliche und private Bodeneigentümer, also den Bund, die Länder, die Vielzahl der Gemeinden im öffentlichen Bereich, ferner die Landwirte, Eigenheimer, die Bauherren, die Gewerbetreibenden, die Industrie im privaten Bereich. Diese unterschiedlichen Gruppen haben ein gesellschaftlich unterschiedliches Interesse am Boden. So sind die Absichten eines öffentlichen Eigentumsträgers in der Regel andere als die eines Eigenheimbesitzers, die eines Landwirts andere als die eines Gewerbetreibenden. Wer Boden für den Bau eines Eigenheimes erwerben will, verfolgt ein anderes Ziel als derjenige, der Boden zurückhält, um so eine höchstmögliche Einnahme zu einem von ihm zu bestimmenden Zeitpunkt zu erzielen. Ebenso unterscheiden sich die Interessen von Pächtern und Verpächtern, von Mietern und Vermietern. Gerade am Bodeneigentum wird wie bei kaum einer anderen Form von Eigentum das ganze Spektrum gesellschaftlicher Interessen sichtbar. Diese ihrer Natur nach nicht gleichgerichteten, sich vielmehr oft diametral widersprechenden Zielvorstellungen erschweren eine rationale Erörterung der Bodenproblematik. Sie sind mit der Grund dafür, daß es bis heute noch nicht gelungen ist, die aufgeworfenen Fragen zu beantworten und politisch zu entscheiden, d. h. Lösungsvorschläge und -möglichkeiten in die Praxis umzusetzen.

Anders als in der agrarisch-feudal strukturierten Gesellschaft haben die durch Bodenbesitz unmittelbar geprägten sozialen Beziehungen (z. B. Lehnsherr – Tagelöhner) kaum noch Bedeutung. Der Platz des einzelnen in unserer Industriegesellschaft ist nicht mehr weitgehend durch seine Teilhabe oder Nichtteilhabe am Boden oder durch die Verfügungsgewalt über Boden bestimmt. Dennoch wirken sich für den noch vor Jahren als ›entwurzelt‹ (da nicht mit ›seiner Scholle‹ verwachsen) beschriebenen Städter auch heute Bodenbesitz und Bodenordnung – freilich meist indirekt und vermittelt – in seinem engsten Lebensbereich aus. Jede Bodenordnung setzt sich auf zahlreichen Wegen und Umwegen in individuelle Handlungschancen und Handlungsbedingungen um. Das Vorhandensein von Infrastruktureinrichtungen wie Kindergärten, Schulen, Krankenhäusern und Altenheimen, die Möglichkeit zur Naherholung, die landschaftliche Umgebung werden für viele Bürger zunehmend ebenso wichtig wie ihr Einkommen, der sichere Arbeitsplatz und die Wohnung. Es sind jene raum- und bodenbezogenen Merkmale, die eher unbewußt als bewußt, aber zunehmend deutlicher individuelle Entscheidungen beeinflussen. Sie bilden wesentliche Faktoren dessen, was heute schlagwortartig mit Qualität des Lebens umschrieben wird.

Der Boden als Wirtschaftsgut

Boden bildet gleichsam die natürliche Basis des wirtschaftlichen Geschehens. Die Landwirtschaft, die gewerbliche Produktion, die Nutzung der Bodenschätze sind in besonderem Maße vom Bodeneigentum abhängig. Die Bodenordnung bildet die Grundlage für die Regional- und Stadtplanung, die Verkehrs- und die Standortplanung, mithin für die Ordnung des ökonomischen Gesamtraumes.

Nach der klassischen Lehre der Ökonomie ist Boden neben Arbeit und Kapital

einer der drei Faktoren wirtschaftlicher Produktion. Die neuere ökonomische Theorie spricht vom Boden als einem vom Kapital abgeleiteten Faktor, als Kapitalelement oder Kapitalgut, oder auch nur als Wirtschaftsgut. Mit dieser Qualifizierung wird Boden anderen Wirtschaftsgütern wie Maschinen gleichgesetzt und auf dem Markt, als Ort des Austausches von Gütern und Leistungen, gehandelt.
Das Kapitalgut Boden – es ist sowohl Objekt für Vermögensanlage als auch Wirtschaftsgut – unterscheidet sich allerdings wesentlich von anderen Kapitalelementen und Wirtschaftsgütern:
1. Boden ist – abgesehen von den in der Bundesrepublik ökonomisch bedeutungslosen Neueindeichungen und Aufschwemmungen – ein Bestand und insoweit nicht vermehrbar.
2. Boden ist weder reproduzierbar noch transportierbar.
3. Boden ist damit, im Gegensatz zu produzierten Kapitalobjekten, nicht akkumulierbar. Das Eigentum an Boden ist jedoch kumulierbar. Allerdings sind in der Bundesrepublik der Konzentration von Bodeneigentum – im Gegensatz zur Konzentration von Kapitaleigentum – relative Grenzen gesetzt.
4. Im Unterschied zu anderen Wirtschaftsgütern ist die Nutzung beim Boden nicht vorgegeben. Boden läßt sich agrarisch oder gewerblich, intensiv oder extensiv nutzen. (Die Intensivierung der Bodennutzung, also dessen bessere ökonomische Verwertung, zeigt sich in den steigenden Flächenerträgen der Landwirtschaft ebenso wie in der Erschließung der dritten Dimension, dem Bauen für Industrie- oder Wohnzwecke in die Höhe und Tiefe.)
5. Durch die natürliche Begrenztheit des verfügbaren, nahezu unvermehrbaren Areals, dem relativ hohen Grad seiner Erschließung in den Industrienationen mit dichter Besiedlung und wachsenden Agglomerationen ist Boden ein besonders begehrtes und im Angebot begrenztes Gut. Der mit der industriellen Entwicklung einhergehende »säkulare Vorgang der Bodenverteuerung« (Werner Hofmann, 179) hat Boden auch damit zu einem besonderen Wirtschaftsgut gemacht.
6. Im Gegensatz zu anderen Gütern wird Boden im Rahmen des bestehenden Steuersystems privilegiert behandelt (vgl. S. 395 ff).
7. Die Besonderheiten des Wirtschaftsgutes Boden und seiner administrativen und politischen Behandlung haben für die ökonomische Verwertung des Kapitalelements Boden einen eigenständigen Markt gebildet.

Analyse des Bodenmarktes

Die Steuerung der Bodennutzung und die Verteilung der damit zusammenhängenden Vermögensgewinne erfolgt in einem kapitalistisch strukturierten Wirtschaftssystem wie dem der Bundesrepublik Deutschland über den Bodenmarkt. Der Markt entscheidet weitgehend über die ökonomische Verwertung des Produktionsfaktors Boden; in liberaler Terminologie: Der Boden geht jeweils zum besten Wirt.
In der Regel setzt die Steuerung der Verwendung eines Faktors mittels Marktmechanismus unter anderem voraus, daß der Faktor vermehrbar ist, daß also eine Verknappung und daraus folgende Preissteigerung zu einer mengenmäßigen Erhöhung des Angebots führt. Diese Angebotsausweitung führt dann wiederum zum

teilweisen oder völligen Abbau der Preissteigerung. Beim Bodenmarkt hingegen steigt infolge der Stadtentwicklung die Nachfrage nach Boden ständig. Eine entsprechende Ausweitung des Angebots ist aber nur in seltenen Fällen möglich. Zwar ist das Angebot an Bauland prinzipiell vermehrbar (z. B. durch Änderung des Bebauungsplans). Aber diese Vermehrung ist an bestimmte administrative und fiskalische Voraussetzungen gebunden, anders ausgedrückt: von politischen Entscheidungen abhängig. Der Ausweitung des Bodenangebots muß eine Ausweisung bestimmter Gebiete als Bauland innerhalb der Bebauungsplanung vorausgehen. Meist konzentriert die städtische Planung (bestimmungsgemäß!) die Nachfrage auf bestimmte Gebiete und hält damit das Angebot in engen Grenzen. Zudem ist die Vermehrung des Baulandes nur durch Erschließung möglich, d. h. durch den Einsatz öffentlicher Mittel, die nicht in beliebiger Höhe zur Verfügung stehen.

Während eine Maschine schnell für einen bestimmten Zweck eingesetzt werden muß, damit sie nicht technisch veraltet und unrentabel wird, ist die Nutzung des Bodens zeitlich unbegrenzt möglich. Seine Vorhaltung verursacht zudem keine Kosten. Zur raschen Verwertung des Faktors Boden besteht daher kein ökonomischer Zwang. Die Zurückhaltung des Landes vom Markt steht so im Belieben des Eigentümers.

Spezifikum des Kapitalguts Boden ist weiterhin seine Untransportierbarkeit. Jedes Stück Boden liegt unverrückbar in einer bestimmten Lage (z. B. innerhalb der City oder am Stadtrand) und ist damit ein Marktgut eigener Art. Jede Parzelle hat demnach ihren eigenen Markt.

Die Knappheit des Angebots und die ständige Steigerung der Nachfrage veranlassen die Grundstückseigentümer häufig, Boden auch aus wirtschaftlichen Gründen zurückzuhalten. Sie können – zumindest bei Grundstücken in den Agglomerationsräumen – mit einem sicheren und kontinuierlichen Preisanstieg rechnen und gehen bei der Hortung des Bodens keinerlei Risiko ein. Im Gegenteil, je länger sie ihre Grundstücke zurückhalten (was freilich auch aus außerökonomischen Gründen z. B. bei Familienbesitz geschieht), desto höher sind ihre Gewinnaussichten.

Auf dem Bodenmarkt ist ein circulus vitiosus zu beobachten. Die erhöhte Nachfrage nach Boden führt nicht wie bei anderen Gütern zu einer Ausweitung, sondern zu einer zusätzlichen Verknappung des ohnehin natürlich begrenzten Angebots. Die Bodenpreise steigen weiter und damit die Gewinnerwartung.

Wegen des dauernden Preisanstiegs steht Boden in dem Ruf, eine sichere und überdies gewinnbringende Kapitalanlage zu sein. So treten auf dem Bodenmarkt nicht nur Nachfrager auf, die den Boden produktiv nutzen wollen, sondern auch Interessenten, die einen über den jeweiligen Nutzungsbedarf hinausgehenden spekulativ überhöhten Preis zu zahlen bereit sind.

Eine zusätzliche Begrenzung des Bodenangebots entsteht dadurch, daß für bestimmte (städtische) Entwicklungsmaßnahmen auch bestimmte Grundstücke eines Areals notwendig sind. Das Angebot dabei ist von vornherein begrenzt und die Nachfrage meist unbegrenzt hoch (z. B. bei Verkehrsinvestitionen). Wenn die Eigentümer nicht zum Verkauf bereit sind, können sie bislang noch Veränderungen, die im Interesse vieler sind, erschweren oder gar verhindern. Meist jedoch finden sich Anbieter, die bei sehr hohem Angebot (d. h. über den bisherigen Wert deutlich hinausgehend) ihr Grundstück verkaufen. Der hohe Verkaufserlös wiederum erweckt bei den übrigen Eigentümern verstärkte Gewinnerwartungen, ihre Preisforderungen steigen

weiter. Es findet ein Prozeß des Aufschaukelns statt, der zuweilen groteske Formen mit Preissteigerungsraten von einigen 1000 % annimmt. Den Eigentümern fällt allein aufgrund der Lage ihres Grundstücks ein Gewinn zu, der weit über dem konkurrenznotwendigen Normalgewinn (Durchschnittsgewinn) liegt, eine Lage- und Monopolrente. Diese Renten und damit vielerorts die oft beklagten exorbitanten Preissteigerungen treten immer dann auf, wenn die Nachfrager keine anderen Standortalternativen haben, Lage und Qualität eines Grundstücks den Grundeigentümern also eine monopolartige Stellung verschafft. Am Beispiel einer Straßen- oder Betriebserweiterung ist dieses Verhalten leicht nachvollziehbar.
Die Lenkung der Nutzung des Kapitalelements Boden mittels Marktmechanismus ist durch eine Vielzahl von partiellen, nicht aufeinander oder untereinander abgestimmten Einzelentscheidungen gekennzeichnet. Notwendigerweise fördern die Marktkräfte Tendenzen ungeordneter und zersplitterter Nutzung. Dies findet seinen Ausdruck in einer ›verkleckerten‹, vielfach kleinkariert wirkenden Bebauung. Eine gesamtwirtschaftliche, insbesondere aber eine gesellschaftspolitischen Zielen verpflichtete planvolle Besiedlung wird so erschwert oder verhindert.
Nimmt die Öffentliche Hand Planungs- und Erschließungsmaßnahmen vor, so entstehen Änderungen des Bodenwerts. Die Kosten für diese Entwicklungsvorhaben werden meist nicht oder nur in geringem Umfang von den Bodeneigentümern getragen. Die Erträge (nicht erst bei Erlös des im Wert gestiegenen Grundstücks) fallen ihnen jedoch voll zu (vgl. S. 375 f, 383).
Im Gegensatz zu allen anderen Kapitalgütern steigt der Gewinn beim Boden wegen seiner besonderen Eigenschaften durch das Handeln dritter und ohne jegliche Erhöhung des Kapitaleinsatzes seitens der Eigentümer. Diese Bodenwertsteigerungen und – bei Kapitalisierung – auftretenden Gewinne werden zunehmend als sozial ungerecht, unerwünscht, gar skandalös angesehen. So entstanden mit der Entscheidung, am Rande Bielefelds eine Universität zu errichten, von einem Tag zum anderen Wertsteigerungen von 77 %, in einem Fall sogar von 146 %. Bei dem Flächenbedarf einer Universität läßt sich leicht ermessen, welche Summen von der Öffentlichen Hand allein für den Bodenerwerb bereit gestellt werden mußten.
Da die Marktlenkung der Bodennutzung mit allen ihren Mängeln nicht die Nutzung des Bodens gemäß einer übergeordneten Sozialfunktion oder einer gesamtgesellschaftlichen Zielverpflichtung garantieren kann, sind neben den Kräften des Marktes politische Entscheidungen für die Steuerung der Bodennutzung verantwortlich zu machen. Das sind vor allem die vielfältigen Entscheidungen der Administrationen und die Auswirkungen des Steuersystems.
Es stellt sich somit die Frage, ob dieses bau-, boden- und steuerrechtliche Instrumentarium die aufgezeigten Nachteile einer Marktsteuerung behebt. Zunächst ist festzustellen, daß die sich auf die Nutzung von Bodenflächen auswirkenden Entwicklungen im privaten und öffentlichen Sektor nicht synchron verlaufen. Der Flächenbedarf der Gemeinden z. B. für Infrastruktur-Investitionen nimmt ständig zu, überproportional zu dem des privaten Sektors. In den Städten stieg dieser Bedarf zwischen 1930 und 1960 von 80 qm auf 140 qm pro Einwohner. Die Öffentliche Hand ist deshalb heute einer der größten Nachfrager auf dem Bodenmarkt. Da ihr Bedarf meist unabweisbar, nämlich sozial-dringlich ist, jedoch keine Möglichkeiten bestehen, sozial übergeordnete Belange der Gebietskörperschaften auf

dem Bodenmarkt vorrangig zu befriedigen, ist sich die Öffentliche Hand in ihrem Bemühen um Preisdämpfung selbst im Wege. Überdies konkurrieren auf den lokalen Bodenmärkten häufig diverse Hoheitsträger um dieselben Standorte und stützen damit den Trend steigender Bodenpreise noch weiter. Ein der Stadt Bonn 1972 angebotenes Grundstück zum Preis von 125 DM pro Quadratmeter war der Stadt wie dem Bund zu teuer – beide Nachfrager wollten versuchen, den Preis zu drücken. Unerwartet für beide wurde das Stück Land gleichsam über Nacht vom Land Nordrhein-Westfalen für 220 DM pro Quadratmeter erworben.

In diesem Zusammenhang ist folgender Aspekt von Bedeutung: Da de facto in der Bundesrepublik keine Baufreiheit besteht, d. h. ein Grundstück erst von seinem Eigentümer bebaut werden kann, wenn ein Bebauungsplan vorliegt, wird die Nachfrage meist auf die begrenzten, relativ kleinen Areale der Bebauungspläne konzentriert. Die Eigentümer in diesen Gebieten erzielen so durch die Umwandlung von Boden in Bauland ohne eigene Leistungen einen speziellen Vermögensvorteil, eine Lagerente. Folge: ein durch die Administration verursachter und sanktionierter Teuerungseffekt. Diese Wirkung ist besonders markant bei der Wandlung von Ackerboden in Bauboden an den Stadträndern.

Zwischen den Jahren 1960 bis 1970 sind etwa 440 000 Hektar, das sind 4,4 Milliarden Quadratmeter, von der landwirtschaftlichen Nutzung zu einer intensiveren Nutzung für Bau-, Verkehrs- oder sonstige Zwecke übergegangen. Dabei entstand ein Gesamtwertzuwachs von rund 75 Milliarden DM. Die Realisierung dieser außerordentlichen Wertsteigerungen fiel überwiegend steuerfrei an. Welchen Personengruppen diese Vermögensgewinne zugefallen sind, läßt sich nicht feststellen.

Neben der Ausweisung in den Bebauungsplänen sind es die von den Kommunen vorzunehmenden Erschließungen, die Boden zu Bauland werden lassen. Die Gemeinden sind die Träger der Folgelasten, sie haben für die Verkehrsanlagen, die Ver- und Entsorgungssysteme, für Schulen, Krankenhäuser, verschiedene Ämter usw. vor allem aufzukommen. Verkauft ein Eigentümer erschlossenes, also baureifes Land, so bietet er neben dem Boden auch Erschließungsleistungen der Gemeinden an, deren Kosten er nicht in vollem Umfang, nur anteilig, getragen hat. Mit der Disposition des Bodens entscheidet der private Eigentümer demnach auch über die Verwendung öffentlicher Investitionen. Seine damit schon starke Position auf dem Bodenmarkt wird noch durch die chronisch schlechte Finanzlage der Kommunen verstärkt, die zu einer Knappheit der Erschließungsleistungen und damit wiederum zum Anstieg der Bodenpreise führt.

Ähnliche Prozesse lassen sich nicht nur im Rahmen der Stadterweiterung, sondern auch im Innern der Städte beobachten. Ob es um die Erweiterung einer Straße geht, die Schließung einer Baulücke, die Erneuerung eines Stadtviertels, fast immer stehen sich die Interessen der Grundstückseigentümer und die der Kommunen, insbesondere der Planungsämter, gegenüber. Daß die meist unmittelbar Betroffenen, die Bewohner, sich nicht äußern, auch nicht äußern können, da sie anders als die Eigentümer keine Machtposition in diesem Prozeß innehaben, sei hier nur angemerkt. Ebenso muß darauf hingewiesen werden, daß eine entscheidende Stärkung der Öffentlichen Hand auf dem Bodenmarkt und damit ihre Möglichkeiten zur Steuerung der Bodennutzung nicht automatisch zu besseren Lösungen und zur Verbesserung der Wohn- und Lebensqualität der Stadtbewohner führt. Das ist aus einigen Neuentwicklungs- und Sanierungsmaßnahmen, die ohne große Behinderung durch die starke Stellung der Bodeneigentümer durchgeführt werden konnten, zwingend zu schließen (z. B. Märkisches Viertel in West-Berlin).

Auch in den Innenstädten hat sich bislang allerorten gezeigt, daß allein schon mit der Änderung eines Flächennutzungsplans oder der Aufstellung eines Sanierungsplanes die Bodenpreise in Erwartung der zukünftig besseren Nutzbarkeit steigen. Die Projekte werden dadurch erheblich verteuert, teilweise sogar undurchführbar. Schon die bloße Ankündigung einer Maßnahme erschwert oft ihre Durchführung.

In zahlreichen Stadträten sind die Haus- und Grundbesitzer sowie die Vertreter der Bauindustrie an prominenter Stelle vertreten. So kommt es häufig vor, daß – noch ehe ein Vorhaben der Stadtverwaltung vom Stadtrat genehmigt und danach verkündet ist – die interessierte Lobby bereits irreversible, dieses Vorhaben beeinflussende Dispositionen getroffen hat. Mit Werner Hofmann läßt sich die Entwicklung des Baubodenmarktes als »Quelle wie als Ausdruck einer tiefen Korrumpierung der Wirtschaftsmoral« bezeichnen (179). So ließe sich in fast jeder beliebigen Stadt eine Chronik der Bodenaffären führen, an denen Bundes-, Landes- oder Kommunalbehörden, öffentlich Bedienstete, Kommunal-, Landes- und Bundespolitiker sowie Angehörige der Wirtschaft beteiligt waren und sind.

Trotz der Finanzreform von 1969 bildet nach wie vor die Gewerbesteuer die weitaus wichtigste Einnahmequelle im Budget einer Gemeinde. Zur Erfüllung ihrer vielfältigen Aufgaben sind die Kommunen geradezu gezwungen, möglichst hohe Gewerbesteuereinnahmen zu erzielen, d. h. konkret, neben dem bestehenden Gewerbe die Ansiedlung neuer Industrien zu fördern. Folglich gibt es in jeder größeren Stadt ein – wenn auch vielfach auf Landes- und Bundesebene unkoordiniertes – Industrieansiedlungsprogramm.

Aufgrund dieser meist sehr flächenintensiven Programme weisen die Gemeinden Industriegelände aus und erschließen es. In der unerbittlichen Konkurrenz der Gemeinden um neue Betriebe werden alle Register gezogen, um sie zur Ansiedlung oder Erweiterung zu bewegen. Häufig werden dabei Grundstücke aus städtischem Eigentum weit unter ihrem Wert verkauft. Bei dieser Subventionierung der Industrie tritt ein unerwünschter Verteilungseffekt auf. Überdies kann er die Betriebe zur Verschwendung bzw. zur Hortung des knappen Produktionsmittels Boden verleiten. Da die Gemeinden meist nicht bereit sind, Wohnbauflächen ebenso großzügig auszuweisen – denn zusätzliche Einwohner verursachen zusätzliche Folgekosten und bringen für die Gemeinden keine entsprechenden Steuereinnahmen – geht auch von diesem institutionell vorgeprägten Verhalten der Gemeinden keine Entwicklung aus, die über eine Ausweitung des Baulandangebots zur Bekämpfung des Bodenpreisanstiegs führen würde. Das Angebot an Bauland bleibt knapp, die Bodenpreise steigen und folglich auch die Mieten.

Die steuerliche Behandlung des Bodens

Daß Grund und Boden besonders bevorzugte Vermögensanlageobjekte sind und daß der Bodenmarkt sich so deutlich von dem Markt anderer Kapitalgüter unterscheidet, ist wesentlich mitverursacht durch die Privilegierung des Bodeneigentums

im geltenden Steuerrecht. Diese steuerliche Behandlung des Bodens trägt zur ›Unwirtlichkeit unserer Städte‹ (Alexander Mitscherlich, 284) bei.
Bewertungsgrundlage für die Steuerfestsetzung der Grundsteuer, der Vermögenssteuer und der Erbschaftssteuer sind bislang Einheitswerte aus dem Jahre 1935 (!), dem Jahr, in dem sie ihren niedrigsten Stand seit 1900 erreicht hatten. Diese fiktiven Einheitswerte bilden nur einen Bruchteil der heutigen Verkehrswerte, die meist den Anstoß geben zur Realisierung der Dispositionsbefugnisse über Grundeigentum. Einheitswert und Verkehrswert stehen in einem nur noch grotesk zu nennenden Mißverhältnis zueinander. Auch die Neubewertung der Grundstücke zum 1. Januar 1964 führte nicht zu einer realitätsnahen Festlegung der Einheitswerte. Danach wird ein Grundstück erst dann als Bauland bewertet, wenn es in einem Bebauungsplan ordnungsgemäß ausgewiesen ist. Sämtliche in Erwartung dieser Ausweisung erfolgenden Wertsteigerungen bleiben unberücksichtigt. Zudem geht die Bewertung von der aktuellen tatsächlichen Nutzung aus. Sie berücksichtigt nicht die zukünftige mögliche. Schließlich war das Bewertungsgesetz schon zum Zeitpunkt seines Inkrafttretens, dem 1. Januar 1974, veraltet, da in der Zwischenzeit die Bodenwerte weiterhin kräftig angestiegen sind. Die Multiplikation der 1964er-Werte mit dem Faktor 1,4 trägt der unterschiedlichen Wachstumsdynamik der Bodenpreise ungenügend Rechnung.
Bei der Vermögenssteuer überschreiten die Grundstücksbelastungen, die aufgenommen werden, regelmäßig die steuerlichen Einheitswerte, da die Belastungen auf Grund der realen Bodenwerte ermittelt wurden. Das führt in der Regel zu einer ›Überschuldung‹ des Grundbesitzes, die steuerschuldmindernd geltend gemacht werden kann. Damit ergibt sich eine Möglichkeit, Vermögenssteuer zu vermeiden.
Auch von der Körperschaftssteuer geht ein zusätzlicher Anreiz zum Erwerb von Grund und Boden und damit über den Bodenmarkt zur Beeinflussung der Bodennutzung aus. Gewinne aus Grundstücksverkäufen, die zum Betriebsvermögen gehören, werden steuerfrei belassen, wenn sie binnen zwei Jahren in Betriebsgrundstücke reinvestiert werden. Diese Regelung, die einer Verkaufsbestrafung gleichkommt, begünstigt ein Hinausschieben von Grundstücksverkäufen, hält also das Angebot weiter knapp. Sie verstärkt andererseits aber auch die Nachfrage, da ein Unternehmen, das einen hohen Veräußerungsgewinn erzielt hat (der aus der Differenz zwischen Buch- und Verkehrswert resultiert), gezwungen ist, wieder Grundstücke zu kaufen, um einer Besteuerung zu entgehen. Um den Gewinn ›unterzubringen‹, d. h. rentierlich anzulegen, wird es unter Umständen einen höheren Preis zahlen oder eine größere Fläche aufkaufen als eigentlich erforderlich wäre. Dieses Phänomen läßt sich bei Betriebsvergrößerungen und -verlagerungen beobachten.
Besonders bedeutsam für die Beeinflussung der Bodennutzung ist schließlich die einkommensteuerliche Behandlung des als Wirtschaftsgut gehandelten Bodens. Gewinne aus Bodenverkäufen, seien sie auch noch so hoch, gelten dann nicht als zu versteuerndes Einkommen, wenn zwischen An- und Verkauf ein Zeitraum von zwei Jahren liegt, bzw. der Handel mit Grundstücken nicht gewerbsmäßig betrieben wird. Praktisch werden auch keine Wertsteigerungen von der Einkommensteuer erfaßt.
Die steuerliche Behandlung des Bodens stellt also geradezu eine Herausforderung für den homo oeconomicus dar, sie bedeutet ein ›must‹ für den Spekulanten. Solange

derartige, dem Grundstückseigentümer außergewöhnlich hohe Gewinnchancen einräumende Regelungen bestehen, ist es müßig, auf die überragende Bedeutung des Gutes Boden für die Allgemeinheit hinzuweisen und zu hoffen, damit schädliche Verhaltensweisen zumindest zu erschweren.
Legt man an diese Möglichkeit, Geld zu verdienen, den Maßstab des in unserem marktwirtschaftlich organisierten Gesellschaftssystem verfochtenen Leistungsprinzips an, so bedeuten diese steuerlichen Begünstigungen von Gewinnen, die keiner Leistung entsprechen, ein Unterlaufen, eine Verkehrung des Leistungsprinzips. Dieser strukturelle Mißstand der Bodenordnung sollte auch denen zu denken geben, die als Apostel einer dem Leistungsprinzip verpflichteten marktwirtschaftlichen Ordnung auftreten.
Die strukturell bedingte starke Machtposition der Eigentümer auf dem Bodenmarkt, der ein Anbieter-Markt ist, wird zusätzlich durch die politisch gewollte steuerliche Privilegierung und das administrative Handeln der Gebietskörperschaften vergrößert. Die Bodeneigentümer mit ihren betriebswirtschaftlich rationalen Einzelentscheidungen (das ist im Einzelfall auch eine Spekulation) oder mit anders motivierten Entscheidungen (z. B. dem Hängen am Familienbesitz, der ›Verwurzelung‹ auf einem Stück Land) sind in der Lage, den Prozeß der Bodennutzung wesentlich zu beeinflussen. Sie können eine Umstrukturierung der Bodennutzung verzögern, verteuern, schließlich verhindern.
Es gibt bislang keine eindeutigen Kriterien, nach denen die optimale Lage eines neuen Wohnquartiers oder der günstigste Standort für eine öffentliche Dienstleistungseinrichtung, z. B. eine Schule, bestimmt werden können. Die bloße juristische Verfügbarkeit über ein Stück Bauland, also oft die Bereitschaft eines Grundeigentümers, rechtzeitig zu verkaufen, kann ein brauchbares Entscheidungskriterium nicht sein. Solange das geltende Steuerungssystem der Bodennutzung beibehalten wird, solange also die Realisierung der Dispositionsbefugnisse über Grundeigentum einen so strukturierten Markt zur Voraussetzung hat und die skizzierte Rechtslage fortdauert, ist eine Verbesserung der Verhältnisse im Bereich der Bodennutzung nicht möglich.

Ziele einer Bodenpolitik

Ziel einer Bodenpolitik kann es nicht nur sein, offenkundige Mängel der Bodenordnung, die inzwischen von keiner politisch relevanten Gruppe mehr bestritten werden, zu beheben. Die Bodenordnung ist ein gesamtgesellschaftliches Phänomen. Die Arten und Möglichkeiten der Bodennutzung stehen in einem vielfältigen Zusammenhang mit der Qualität der Lebens- und Umweltbedingungen der Bürger. Bei der Zielfindung und -formulierung einer Bodenpolitik können der Faktor Boden, seine ökonomische Verwertung und Nutzung sowie die Interessen der Bodeneigentümer nicht im Vordergrund stehen. Bodenpolitik ist vielmehr als ein Aspekt im Spektrum der Gesellschaftspolitik anzusehen und muß vor einem gesamtgesellschaftlich orientierten Zielhorizont entwickelt werden.
Bodenpolitik hat sich demnach beispielsweise sowohl für Fragen einer gerechten Verteilung der auftretenden Vermögensgewinne zu interessieren als auch für die

Optimierung von Standortentscheidungen. Eines der grundsätzlichen Probleme bei der Zielformulierung wird es sein zu prüfen, ob das Marktprinzip für den Bereich von Grund und Boden als Instrument zur Erreichung der bodenpolitischen Ziele fortgelten kann oder ob nicht andere, eventuell neu zu entwickelnde Instrumente besser zu den angestrebten Zielen führen.

Es würde den Rahmen dieser Arbeit sprengen, hier ein konsistentes, kompatibles Zielsystem zur Bodenpolitik vorzulegen. Einige Ziele, die von einem dringend gewordenen Problemstau ausgehen, seien aber genannt:

1. Boden sollte – seiner Natur entsprechend – weder juristisch jeder beliebigen Sache noch ökonomisch jedem beliebigen Wirtschaftsgut gleichgesetzt werden. Das würde bedeuten, daß das Eigentum an Boden und die damit verbundene Verfügungsgewalt überprüft, zumindest neu definiert werden müßten. Dabei ist von einem Verständnis des Eigentums auszugehen, das von gesellschaftlicher Verpflichtung und sozialer Bindung bestimmt ist.

2. Bodenpolitik hat davon auszugehen, daß Boden, die »natürliche Grundlage unserer gesamten materiellen Zivilisation« (Werner Hofmann, 179) ist. Die Art der Bodennutzung bestimmt das physische und das soziale Umfeld der Bewohner. Bodennutzung und Ordnung des Raumes haben der Gesellschaft eine angemessene Umwelt zu sichern. Bei der inhaltlichen Bestimmung von ›Angemessenheit‹ sollten Kriterien der Wirtschaftlichkeit nicht den Ausschlag geben. Sozial- und gesundheitspolitische, bildungspolitische sowie ethische und ästhetische Kriterien sollten dabei gleichrangig zur Geltung kommen.

3. Boden ist ein bedeutender Produktionsfaktor bei der Erzeugung von Gütern und Dienstleistungen. Dabei sind insbesondere zwei Funktionen zu unterscheiden: Einmal dient der Boden der agrarischen und mittlerweile auch gewerblichen Erzeugung von Nahrungsmitteln; zum anderen dient er als Standort für Produktionsstätten, Wohnungen und Infrastruktureinrichtungen (288).

Bodenpolitik hat ein geordnetes Nebeneinander beider Funktionsausübungen zu gewährleisten. Standortentscheidungen sollen nicht von den Zufällen der augenblicklichen Verfügbarkeit eines Grundstücks, also von mehr oder weniger willkürlichen Entscheidungen eines Einzeleigentümers abhängen, sondern bestimmt sein von einer die öffentlichen wie die privaten Interessen gleichermaßen berücksichtigenden örtlichen und überörtlichen Entwicklungsplanung. Damit nicht der höchstmögliche private Gewinn den Ausschlag gibt, bedarf es einer ausreichenden Verfügungsmacht der Gebietskörperschaften. Diese müssen ihrerseits verpflichtet werden, nicht gemeindeegoistischen Zielen, d. h. einer kurzsichtigen Kirchturmspolitik zu verfallen (z. B. jeder benachbarten Gemeinde eine ›Schwimmoper‹, aber keine öffentlichen Dienstleistungseinrichtungen für alte Menschen). Die Gemeindeplanung muß mit der Regional-, Landes- und Bundesplanung verzahnt werden.

Bodenpolitik hat damit ein ausgewogenes Verhältnis von privaten und öffentlichen Anforderungen an Standorte zu ermöglichen. Einer stärker beteiligten Öffentlichkeit an den Planungsprozessen und -entscheidungen würde dann die Rolle zufallen, die Dominanz einer Interessengruppierung zu brechen.

Den Gebietskörperschaften müßte es möglich werden, ein geordnetes Nebeneinander der sich auf die Nutzung von Boden richtenden Interessen zu planen. Die bei der Nutzung des Produktionsmittels Boden auftretenden Prozesse der Einkom-

menserzielung und der Vermögensbildung dürfen nicht länger den Zufälligkeiten des Geschehens auf einem lokalen Bodenmarkt folgen. Sie müssen Prinzipien von sozialer Gerechtigkeit und gesellschaftlicher Verpflichtung im Rahmen eines sozialen Rechtsstaates genügen.
Als Unterziele wären hier vor allem aufzuführen:
– Aufhebung der Bodensperre, die vielfach durch Zurückhaltung des Bodens für private und öffentliche Nutzung besteht;
– Abschaffung der besonderen Attraktivität des Bodens als Vermögensanlage;
– Stärkung der Verfügungsmacht der Gemeinden, um schneller und billiger für öffentliche Zwecke benötigte Grundstücke zu beschaffen;
– mit allen drei genannten Unterzielen: Einengung des Preisgestaltungsspielraums, Bekämpfung des Bodenpreisanstiegs;
– Erhaltung eines ökologischen Gleichgewichts (soweit noch vorhanden) und gegebenenfalls seine Wiederherstellung, Schutz der Natur, Öffnung der natürlichen Ressourcen für alle Bürger (angesichts einer prognostizierbaren Zunahme frei verfügbarer Zeit);
– Chancengleichheit bei der Zuteilung von Nutzungsmöglichkeiten am Boden insbesondere zur Befriedigung des Grundbedürfnisses Wohnen.
Diesem Zielkatalog einer Bodenpolitik gerecht zu werden, bedarf es zum Teil weitreichender Reformen.

Ansätze zur Reform

Die Frage nach einer gerechten Bodenordnung spielte in Deutschland bereits um die Jahrhundertwende eine bedeutende Rolle. Man kann sogar sagen, daß die Bodenreform damals eine politische Bewegung wurde. Die ideengeschichtlichen Anstöße hierfür kamen aus dem bereits vorher mit Problemen der Bodennutzung konfrontierten England. Der agrarsozialistischen Bewegung folgend hatte John Stuart Mill 1870 die Land Tenure Reform Association gegründet. Ihr Ziel war vor allem die Wegsteuerung der Grundrente, des ›unearned increment‹. Artikel 4 des Programms dieser Gesellschaft lautete: »Der Staat soll durch eine Steuer den steigenden Mehrwert des Bodens, soweit man ihn feststellen kann, oder wenigstens einen großen Teil dieses Mehrwerts zurückfordern, denn dieser folgt ganz natürlich aus dem Wachstum der Bevölkerung und des Reichtums, ohne daß der Eigentümer etwas dazu beiträgt; doch bleibt den Eigentümern das Recht vorbehalten, ihre Ländereien dem Staate zu überlassen gegen den Marktpreis, der zu der Zeit gilt, wo dieser Grundsatz Gesetz wird.« Im Licht neuerer Vorschläge zur Reform der Bodenordnung erscheint dieser Passus durchaus aktuell. Sehr großen Einfluß auf die Verfechter einer Bodenreform in Deutschland (wie in anderen europäischen Ländern) hatte der Amerikaner Henry George mit seinem Hauptwerk *Progress and Poverty* (1879), in dem er unter anderem die Wegsteuerung der Grundrente damit begründete, daß Eigentum sich nur auf die Früchte menschlicher Arbeit richten könne, nicht aber auf den Boden, der von niemandem erarbeitet sei.
Zur politischen Bewegung wurde in Deutschland der Bund deutscher Bodenreformer, als Adolf Damaschke 1898 dessen Vorsitz übernahm. Ihr Sprachrohr bildeten

das monatlich zweimal erscheinende Periodikum *Bodenreform* (ab 1907) und die Vierteljahresschrift *Jahrbuch der Bodenreform*. Um 1910 hatte der Bund etwa 600 000 Mitglieder.
Im Gegensatz zu den von Henry George stark beeinflußten Vorstellungen der ersten Vertreter der Bodenreformbewegung (etwa Flürsheim, Harmening, Backhaus) verfolgte der Bund deutscher Bodenreformer unter Damaschke in der zweiten Periode nicht die Beseitigung des Privateigentums an Boden und damit der privaten Grundrente, sondern in »schrittweiser organischer Entwicklung« eine »Nutzbarmachung der Wertsteigerungen der Zuwachsraten« für das »Volksganze«. Damaschkes Kampf galt vor allem der städtischen Grundrente. Seine rührige Agitation hatte die Bodenfrage weiten Kreisen bewußt gemacht, vor allem die Idee, daß der unverdiente Mehrwert, der dem Eigentum an einem natürlichen Monopol zu verdanken sei, der Allgemeinheit zugeführt werden müsse. Das galt gleichermaßen für die Reformschwerpunkte in der Förderung des kommunalen Wohnungsbaus durch Anwendung des Erbbaurechts, Ausdehnung des kommunalen Bodeneigentums und durch Reform der Hypothekenvergabe.
Wenngleich man bedauern kann, daß die politische Stoßkraft der Bodenreformer nach dem ersten Weltkrieg spürbar nachließ, daß die Bodenfrage nicht zu einem bewußtseinsprägenden gesellschaftlichen Ereignis wurde, die Bodenreform, nach Werner Hofmann, vielmehr in der »Idylle der Heimstättenbewegung« zerlief, so bleibt doch festzuhalten, daß ihr Reformansatz von einem gesamtgesellschaftlich orientierten Zielansatz ausging und einem »sozialpolitischen und Verteilungsinteresse« (A. Wagner) verpflichtet war.
Auch nach dem zweiten Weltkrieg wurden hin und wieder meist schüchterne Versuche unternommen, die Problematik der Bodenordnung zu diskutieren. Obgleich eine Fülle von Lösungs- und Reformvorschlägen vorgelegt wurde, fand die gesellschaftliche Bedeutung des Bodeneigentums im Gegensatz zu seiner wirtschaftlichen Bedeutung wenig Beachtung. Die Gründe dafür sind vielfältig, dürften aber zuvörderst in der Vielfalt der sich auf den Boden richtenden (zum Teil sich gegenseitig neutralisierenden) Interessen zu suchen sein.
Mittlerweile ist ein Interessen- und Meinungswandel zu verzeichnen. Vor allem im Zusammenhang mit der Kritik an der Entwicklung der Bodenpreise und mit der Diskussion des Umweltkomplexes ist die gesellschaftliche Dimension des Bodeneigentums und die damit verbundene Verfügungsmacht im Rahmen unserer Gesellschaftsordnung wieder ins Bewußtsein von Teilöffentlichkeiten und Betroffenen gerückt. Bodenpolitik als Teil der Gesellschaftspolitik gewinnt wieder an Bedeutung.
Versucht man die vielfältigen Denkansätze von Lösungsvorschlägen zu systematisieren, so ergibt sich folgendes Bild: Viele Vorschläge gehen vom geltenden Bodenrecht aus, definieren das Problem der Bodenordnung als ein Rechtslückenproblem und versuchen erkannte Mängel durch Modifikation bestehender Gesetze zu heilen. Das Planungshandeln analysierend will eine Reihe von Reformideen eine Optimierung des Planungsprozesses erreichen, der nicht mehr durch die Zufälligkeiten des Bodenbesitzes beeinflußt werden soll. Von der ökonomischen Funktion des Bodens gehen andere Modelle aus und fordern eine Bodenordnung, die keine besondere Bevorzugung des Wirtschaftsgutes Boden kennt. Einige Vorschläge konzentrieren

sich auf bestimmte Nutzungsarten und jeweils davon besonders betroffene Personengruppen und entwickeln Lösungen für diese Gruppen (z. B. Agrarstrukturreform, Modelle für Sanierungsgebiete und Ballungsräume). Eine Anzahl von Autoren nimmt die spezifische Natur des Bodens als Ausgangspunkt und kommt zu unterschiedlichen Modellen, die ihr gerecht werden sollen. Andere Reformvorhaben setzen bei einem geschlossenen theoretischen System an, z. B. beim Marxismus oder bei der christlichen Soziallehre, und entwickeln entsprechende Lösungen.

Aus den verschiedenen Denkansätzen erklärt sich die unterschiedliche zeitliche Reichweite der Reformvorschläge: In den bau- und planungsrechtlichen Vorschlägen finden sich Weiterentwicklungen bestehender Gesetze, Einzelmaßnahmen wie Einführung eines Bau- oder Modernisierungsgebots, Vereinfachung und Beschleunigung des Enteignungsverfahrens, Erweiterung des Umlegungsrechts, Ausweitung des gemeindlichen Vorkaufsrechts (Bodenvorrat). Etwas weiter reichen Vorstellungen, nach denen Werterhöhungen und -minderungen, die durch bestimmte Festsetzungen der Planung bewirkt werden, durch Zahlungen auszugleichen sind, die von den Grundeigentümern entrichtet oder an sie geleistet werden (Planungswertausgleich). Modifizierungen davon sind die sogenannte konsequente Einheitswertlösung, der ›aufgestockte Erschließungsbeitrag‹, der Infrastrukturbeitrag oder die Entwicklungsabgabe (vgl. S. 361 ff).

Die steuerrechtlichen Vorschläge haben zum einen Teil das Ziel, Wertsteigerungen von Grundstücken abzuschöpfen, zum anderen soll der Bodenmarkt wieder fungibel gemacht werden, indem die Zurückhaltung des Bodens bestraft und somit eine Ausweitung des Angebots und damit eine preisdämpfende Wirkung erzielt werden. Genannt seien hier die Vorhaben einer Bodenwertsteuer, Bodenwertzuwachssteuer, Grundwertsteuer, Bodenwertabgabe und Grundrentenabgabe.

Eine Anzahl von Reformmodellen sieht die Errichtung besonderer baubodenwirtschaftlicher Institutionen vor, die für den Ankauf und Verkauf (oder nur Ankauf) von Bauboden ein Monopol oder ein limitiertes Vorkaufsrecht besitzen und Bauland zu ›angemessenen‹ Preisen zur Verfügung stellen sollen (Schaffung eines öffentlichen Bodenmarkts, Einrichtung gemeinnütziger Baulandgesellschaften). Pläne, die – vom gegenwärtigen Zustand aus betrachtet – am weitesten reichen, schlagen eine Änderung der geltenden Eigentumsordnung vor. Grund und Boden sollen danach ganz oder teilweise kommunalisiert oder in Staats- (Gesellschafts-)eigentum überführt werden. Andere Vorschläge zielen auf die Einführung eines öffentlichen Obereigentums ab, wobei die Öffentliche Hand dann an Private Nutzungsrechte vergibt.

Die Reichweite von Reformvorschlägen hat unmittelbaren Einfluß auf die Chance ihrer Realisierbarkeit. Im Rahmen des parlamentarisch-politischen Systems ist staatliches Handeln zunächst auf die Verringerung und Behebung von Konflikten und Krisen gerichtet. Von daher muß man den Vorschlägen zur Reform bzw. zur Weiterentwicklung des Bau- und Bodenrechts die größten Chancen einräumen. Ansatzpunkt für eine solche Bodenreform bildet das nach jahrelangem Tauziehen in der vergangenen Legislaturperiode endlich zustande gekommene Städtebauförderungsgesetz. Es ist anzunehmen, daß die Vorschriften, die nur für spezifische Entwicklungsgebiete in den Stadtkernen und -randzonen gelten, auch auf die übrigen Baugebiete ausgedehnt werden.

Selbst der sonst eher konservative (49.) Deutsche Juristentag konnte 1972 die Frage: »Empfehlen sich weitere bodenrechtliche Vorschriften im städtebaulichen Bereich?« weitgehend mit Ja beantworten. Über einen eher technokratischen Reformansatz kann hinausführen, was Bundeskanzler Brandt in seiner Regierungserklärung am 18. Januar 1973 aussprach: »Wir werden eine Bodenwertzuwachssteuer vorbereiten...« Sollte dieses Versprechen realisiert werden, dann würden die Rahmendaten des bisher dysfunktionalen Bodenmarktes verändert.

Auch die Urheber von steuerrechtlichen Reformvorschlägen knüpften nach dem zweiten Weltkrieg an Überlegungen aus der Vorkriegszeit an. Bereits Anfang 1946 wurde vom Süddeutschen Länderrat, den Ministerpräsidenten der von Amerikanern besetzten Länder, ein Gesetz zur ›Erfassung der steigenden Grundrente‹ (Lex Lubahn) beschlossen. Von der Besatzungsmacht nicht genehmigt, trat es nie in Kraft. Ein zweiter Versuch, eine steuerrechtliche Regelung zur Abschöpfung von Wertsteigerungen einzuführen, scheiterte bei der Beratung des Bundesbaugesetzes an der damals noch fehlenden Gesetzgebungszuständigkeit des Bundes.

Nach diesen relativ frühen, wenngleich vergeblichen Reformanstößen verstummte die Diskussion; Bodenpolitik wurde nurmehr in politisch entlegenen Fachzirkeln diskutiert. Das Desinteresse an einer Reform der Bodenordnung war für die bezeichnenderweise mit ›Wiederaufbau‹ umschriebene Phase der bundesdeutschen Entwicklung symptomatisch. Erst Ende der sechziger, Anfang der siebziger Jahre nahm die Zahl der Überlegungen, Postulate, Leitlinien, Proklamationen und Vorschläge steuerrechtlicher Art wieder zu.

Den theoretischen Ansatz für die Mehrzahl der Steuerreformvorstellungen bilden Definitionen des Bodens als einer Sache eigener Art, die nicht mit den bisherigen juristischen oder ökonomischen Beschreibungen übereinstimmen, sowie Auffassungen von Eigentum, die von mehr oder weniger verschwommenen Kriterien sozialer Gerechtigkeit oder sozialer Verpflichtung ausgehen. Allen Vorschlägen ist gemeinsam, daß sie den Zuwachs oder die Steigerungen am Wert des Bodens besteuern wollen. Nach der ökonomischen Analyse kann man Zuwachs statisch und dynamisch beschreiben, nämlich als ›Bestandsgröße‹ und als ›Stromgröße‹ (Nell-Breuning, 294). Soll Zuwachs als Bestandsgröße festgestellt und besteuert werden, so ist es unerheblich, ob man vom Verkehrswert oder vom Ertragswert ausgeht. Es kommt – darin sind sich die Reformvorschläge einig – auf den gegenwärtig tatsächlich realisierbaren Veräußerungspreis an.

Beim Zuwachs als Stromgröße und seiner Besteuerung gibt es vorwiegend zwei kontroverse Auffassungen: Zum einen soll der Wert, der zum Zeitpunkt oder innerhalb eines Zeitraumes zuwächst und durch den Verkauf realisiert wird, besteuert werden, zum anderen soll jeder tatsächliche Wertzuwachs, also auch der nicht realisierte, herangezogen werden. Durch Versteuerung des Bodenwertzuwachses fallen die Gewinne aus Bodenveräußerungen nicht mehr ungeschmälert den Eigentümern zu. Mit der Besteuerung dieser Vermögensgewinne wird auch in diesem Bereich der Volkswirtschaft ein gewisser Maßstab sozialer Gerechtigkeit eingeführt. Die Öffentlichkeit, genauer, die Gemeinden, werden an den Wertsteigerungen, die sie vielfach verursachen, beteiligt. Der Anreiz, Boden zu horten oder vom Markt zurückzuhalten, wird genommen, zumindest geschmälert. Die Chance, daß mehr Grundstücke angeboten werden, steigt. Das gilt freilich nur, wenn realisierte und nichtrealisierte Bodenwertsteigerung besteuert werden. Eine Erfassung allein des realisierten Wertzuwachses käme einer Bestrafung des Verkaufs gleich; sie würde das Angebot noch weiter verknappen, die Preise noch weiter ansteigen und damit Boden verstärkt zur bevorzugten Vermögensanlage werden lassen. Die Bodensperren würden damit nicht aufgebrochen. Eine konsequent gestaltete Bodenwertzuwachssteuer für alle Grundstücke würde dagegen die Möglichkeiten spekulativen Handelns einengen.

Dieser zunächst rigoros erscheinende Vorschlag, der in der zuweilen polemisch geführten politischen Auseinandersetzung auch mit Adjektiven wie ›radikal‹, ›nicht marktkonform‹ oder ›grundgesetzwidrig‹ belegt wird, ist die logische Ausformulierung des Reformziels, im Rahmen einer marktwirtschaftlichen Lösung das Bodenangebot auszuweiten und so den Bodenpreisanstieg zu dämpfen und die Bodenspekulation zu brechen. Jede Ausnahme, sprich Besteuerung nur des realisierten Wertzuwachses, würde die Einheitlichkeit des Steuersystems zerstören. Der Spekulation würden neue Möglichkeiten eröffnet. Sie würde erneut politisch sanktioniert.

Die neueren Vorschläge gehen folglich davon aus, den gesamten Boden, ob er bebaut oder unbebaut ist, zu erfassen. Ausgenommen von der Feststellung des sogenannten reinen Bodenwerts sind freilich Gebäude und andere Investitionen. Daß dabei äußerst diffizile Bewertungsprobleme auftreten, ist den Autoren der Vorschläge weitgehend bewußt.

An der Bewertungsproblematik und -technik kann die Einführung einer Bodenwertzuwachssteuer sogar scheitern. Es gilt, klare und eindeutige Bewertungskriterien festzulegen. Dabei sind Bodenwert und Gebäudewert zu trennen. Auf jeden Fall sollte vermieden werden, daß letztlich die Verwaltungsgerichte – via Widerspruchsverfahren – über die Festlegung von Bodenwerten entscheiden und damit schon vom Zeitaufwand der Verfahren her die Bodenwertzuwachssteuer als Mittel zur Beeinflussung des Bodenmarktes in ihrer Wirkung konterkariert wird.

Die Feststellung der Wertsteigerung soll nach unterschiedlichen Kriterien erfolgen: Einmal soll die nominelle, zum anderen die reale Steigerung (also ohne Geldwertminderung) erfaßt werden. Andere Vorschläge sehen die Bildung von Indikatoren für ›normale‹ oder ›übernormale‹ Wertsteigerungen vor. Die Mehrzahl der Pläne sieht eine Besteuerung des Wertzuwachses in Anlehnung an das Einkommensteuergesetz vor, indem sie entweder eine neue Art von Einkünften definieren oder die begriffliche Einengung des derzeitigen Einkommensbegriffs im Einkommensteuergesetz überwinden.

Einig sind sich die Steuerreformer darüber, daß die Steuereinnahmen den jeweiligen Gemeinden zukommen sollen. Freigrenzen und Freibeträge, für deren Festlegung es keine streng logischen, aus dem Modell folgenden Kriterien gibt, sondern die als relativ frei gegriffene Ausnahmen politisch definiert werden müssen, sollen verhindern, daß die Mehrzahl der »Eigenheimbesitzer außerhalb der Brennpunkte städtischer Bodenpreisentwicklung, die Masse der Landwirte und Mietgrundstücke mit normalen Grundstückspreissteigerungsraten« (SPD-Vorschläge zur Reform der Bodenordnung, 1972; 217) besteuert werden. Damit würde ein möglicher ›Vertreibungseffekt‹ der Steuer vermieden, sie mithin vermutlich verfassungsrechtlich (Artikel 14 GG) unbedenklich, da der Kern der Eigentumsgarantie, nämlich dem »Eigentümer eine eigenverantwortliche Gestaltung des Lebens zu ermöglichen« (Entscheidung des Bundesverfassungsgerichts 24, 389), nicht berührt wird.

Mit dem Wunsch, die Mehrzahl der Eigenheimer zu verschonen, taucht zwangsläufig das Problem auf, wieweit und wie lange diese sozial begründete Rücksichtnahme aufrecht erhalten werden kann. Ob z. B. bei dem Fortgang der städtischen Entwicklung einmal festgelegte Wohngebiete niedriger Nutzung oder Eigenheimbereiche auch weiterhin von einer Bodenwertzuwachsbesteuerung ausgenommen werden sollen, wenn die Bodenwerte in Erwartung einer Änderung des Bebauungsplanes bereits ansteigen. Ob die Nutzungsvorschriften auf Zeit oder auf Dauer gelten sollen und damit die Besteuerung zeitlich begrenzt wird oder ob eine Änderung (meist Intensivierung) der Nutzung zugelassen wird. Wie auch immer das Problem gelöst wird, es hat weitgehende Folgen für die Entwicklung einer Gemeinde.

Von den Vorschlägen, die sich im Rahmen der gesellschaftlichen Grundordnung, kodifiziert im Grundgesetz, halten, kann man den steuerrechtlichen Plänen zur Verbesserung der Sozialfunktion des Bodens den höchsten Wirkungsgrad zuweisen. Ob und wie sie die Probleme lösen, hängt freilich von der Art ihrer Ausgestaltung und ihrer Umsetzung ab. Eine Bodenwertzuwachssteuer würde, wie gezeigt wurde, das Eigentum an Grund und Boden nicht abschaffen, wohl aber seine Sozialbindung konkretisieren. Der mit der Eigentumsgarantie verbundenen Dispositions- und Verfügungsbefugnis würden neue Rahmenbedingungen gesetzt. Die Realisierung dieser Dispositionsbefugnisse erfolgte weiter über den Markt. Die Funktionsfähigkeit des Bodenmarktes würde verbessert, das Marktprinzip stimuliert.

Selbst wenn man nicht einer ideologischen Charakterisierung des Marktes folgte etwa im Sinne der ›Sozialen Marktwirtschaft‹, nach der der Markt Ort der Rationalität von Entscheidungen ist, die beispielsweise eine optimale Nutzung am optimalen Standort zur Folge hätten, sondern einer instrumentalen, nach der der Markt als eines unter mehreren Hilfsmitteln zur ›Feststellung von Bedürfnissen‹ (wobei formal geäußerte Nachfrage als Bedürfnis bewertet wird), also als Steuerungsinstrument gesehen wird, so bleibt es bei der relativen Monopolstellung der jeweiligen Grundstückseigentümer. Sie haben Anteil an einem (in der jeweiligen Lage) unvermehrbaren Gut, dessen marktmäßige Verwertbarkeit in dem Maße zunimmt, wie die Nachfrage der Allgemeinheit oder einzelner Bürger nach Boden weiter zunimmt. Dieser Nachfrageüberhang ist, abgesehen von siedlungs- und verkehrsfernen landwirtschaftlichen Gebieten, strukturell, er ist von Dauer. Die Monopolstellung des Eigentümers wie die mit dem Marktprinzip verbundenen schädlichen Auswirkungen der Bodennutzung lassen sich durch eine Bodenwertzuwachssteuer allenfalls mildern, nicht beseitigen. Das wird besonders deutlich in den Kernbereichen großer Städte, wo auch eine Bodenwertzuwachssteuer den Konzentrationsprozeß von Bauten großer Kaufhäuser und Verwaltungen, also eine eindimensionale Nutzung der Innenstadt mit der Folge der Verödung nicht verhindern kann.

Will man diese Kernzonen städtisch, urban, lebenswert gestalten, bedarf es einer Einschränkung des Marktprinzips selbst. Diese Eingrenzung kann durch immanente Regelungen geschehen, beispielsweise durch Intensivierung der gemeindlichen Bodenvorratspolitik, durch externe Maßnahmen, beispielsweise durch stärkere Kontrolle des Grundstückverkehrs, oder aber durch Einführung neuer, in sich abgestufter Formen von Sachherrschaft über Boden in den Kernbereichen, etwa durch die Schaffung einer kommunalen Rechtsträgerschaft an Grund und Boden, z. B. in der Art eines gemeindlichen Obereigentums. Hier wäre auch an Vorschriften zu denken, durch welche die Gemeinden die Nutzung von Gebäuden vorschreiben, um etwa in den Kernzonen eine bestimmte Relation von Wohnflächen zu Büro- oder Verkaufsflächen in Gebäuden zu erreichen.

Eine Politik des Sowohl-als-auch, also einerseits Besteuerung des Bodenwertzuwachses und der Spekulationsgewinne und andererseits Einschränkung des Marktprinzips, scheint nicht möglich. Eine Besteuerung von Wertzuwachs und Gewinn und die Beteiligung der Öffentlichen Hand daran setzt die Ermöglichung entsprechender Gewinnchancen durch weitgehendes Geltenlassen des Marktprinzips voraus. Eine wirksame Beschränkung oder Einengung des Marktprinzips muß einen Verzicht auf Wertzuwachs- und Gewinnabschöpfungsmaßnahmen zur Folge haben. Gerade für den Bereich der Cities großer Städte bedarf es einer bodenpolitischen Prioritätsentscheidung. Der strukturellen Lösung ›Eingrenzung, nicht Abschaffung des Marktprinzips‹ wird im Sinne eines humanen Städtebaus der Vorrang zukommen. Die Funktion des Marktes bleibt dabei erhalten, indem im Rahmen eines (Stadt-)Planungskonzepts nicht mehr um Verfügungsrechte, sondern um Nutzungsrechte am Boden (z. B. Standorte) konkurriert wird.

Vorschläge zu einer Reform der Bodenordnung, die auf den Übergang des gesamten Privateigentums an Grund und Boden auf die Gesellschaft zielen, lösen gewiß das Problem des Auftretens und Verteilens von Wertzuwächsen. Das Problem einer geordneten, sozial gerechten Nutzung des Bodens ist dadurch jedoch noch nicht beseitigt. Eine Vergesellschaftung des Bodeneigentums garantiert keine konfliktfreie Bodennutzung. Die Gefahr der willkürlichen Zuteilung von Standorten und Nutzungschancen ist erheblich.

Geht man von der Gültigkeit des Grundgesetzes aus – was die Mehrzahl der Autoren sehr weitreichender Bodenreformvorstellungen tut –, so bedarf es nach dem Entschädigungsgebot seines Artikels 14, Absatz 3 bei ihrer Realisierung eines nicht abschätzbaren Finanzaufwands. Einer Realisierung dieser Vorschläge sind außerdem die mangelnde politische Macht ihrer Vertreter und das Fehlen verbündeter gesellschaftlicher Kräfte hinderlich. Die gesellschaftliche Funktion mancher dieser Vorschläge besteht denn auch eher darin, als Vorwand gegen alle Bemühungen um eine Reform der Bodenordnung zu dienen und damit den Status quo zu erhalten.

Chancen einer sozialen Bodenpolitik

Seit mehr als hundert Jahren dreht sich die Bodenpolitik im Kreise. Immer wieder werden Pläne und Vorschläge zur Reform der Bodenordnung vorgelegt. Auch von den hier genannten ist keiner wirklich neu. Daß weitgehend nichts geschah, ist für Werner Hofmann Ausdruck des »gesellschaftspolitischen Immobilismus«.
Erst in den letzten Jahren sind einer zunehmend breiteren Öffentlichkeit Mängel unserer Umweltbedingungen bewußt geworden, die rückführbar sind auf die Restriktionen der bestehenden Bodenordnung (z. B. der mangelnde Zugang zu Seen).

Durch das Bekanntwerden von Verzögerungen, Verschleppungen oder Verhinderungen von Planungsvorhaben und die Forderung nach Verbesserung der Qualität des Lebens kam es zu einem Problemstau. Dieser Stau hat sich in politischen Druck umgesetzt. Alle gesellschaftlich relevanten Gruppen sind diesem Druck konfrontiert. Die politischen Parteien, die Kirchen, die Gewerkschaften haben mittlerweile die Forderung nach Reform der Bodenordnung aufgegriffen. Ihre Vorstellungen gehen je nach Interessenschwerpunkt unterschiedlich weit.

Ein erster Niederschlag des veränderten Problembewußtseins findet sich in der mit dem Städtebauförderungsgesetz endlich erreichten Änderung des Bau- und Planungsrechts (vgl. S. 372 ff). Mittlerweile führt die Bundesrepublik die Reform des Bau- und Bodenrechts fort. Bau-, Modernisierungs- oder Abbruchsgebot, Erleichterung und Beschleunigung des Enteignungsverfahrens werden in einer Novelle zum Bundesbaugesetz eingeführt werden. Ein Planungswertausgleich soll die Gemeinden an den von ihnen verursachten Wertsteigerungen der Grundstücke beteiligen. Die Grundsteuer soll auf der Basis aktuellerer Einheitswerte erhoben werden. Eine Bodenwertzuwachssteuer soll vorbereitet werden. Bei der Planung dieser Steuer ist eine Reihe von regierungsinternen Konflikten als Folge von Interessengegensätzen unvermeidlich. Während die SPD alle Wertzuwächse erfassen möchte, will die FDP nur die realisierten Wertsteigerungen besteuern.

Auch die Frage, wie mit dem Boden, der noch wirklich landwirtschaftlicher Nutzung dient, steuerrechtlich verfahren werden soll, wird Konflikte auslösen. Nur um der politisch noch immer starken Landwirtschaft nicht wehe zu tun, kann auf die Einbeziehung des in der Landwirtschaft sich vollziehenden Strukturwandels in die Neugestaltung der Bodenordnung nicht verzichtet werden. Die Gefahr, politisch delikate Probleme nicht anzugehen und eindeutig zu lösen, ist groß. Sie ist um so größer, wenn zwei, unterschiedliche Interessen vertretende Institutionen einen Vorschlag erarbeiten wollen.

Damit nicht ein innerlich brüchiges, unschlüssiges und daher die Mängel nicht beseitigendes Gesetz entsteht, bedarf es weiterer Anstrengungen, den Bürgern nachhaltig bewußt zu machen, welche Probleme der Bodenordnung – auch mit ihrer Beteiligung – gelöst werden müssen. Hier könnte Hegels Satz zutreffen: »Ist erst das Reich der Vorstellungen revolutioniert, so hält die Wirklichkeit nicht stand.«

Noch hat es in der Bundesrepublik keine politisch günstigere Ausgangslage zur Realisierung einer sozialen Bodenpolitik gegeben. Es wird sich zeigen, ob Hofmanns Pessimismus berechtigt ist, nach dem es zur »Signatur der Zeit« gehöre, »daß sie kein ernsthaftes gesellschaftliches Problem mehr zu lösen vermag«.

Perspektiven der Planung

KURT BECKER-MARX

Überörtliche Planung – Raumordnung

Raumordnung: alte Aufgabe mit neuem Namen

Es hat auf der lokalen und auf der zentralen Ebene von jeher Raumordnung gegeben. Auf der lokalen Ebene, weil das Zusammenleben in der tradierten Stadt bei der starken Konzentration sozialer Funktionen auf dem begrenzten urbanen Raum nicht anders denkbar ist als durch eine Rationierung des städtischen Bodens: durch die Zweckbindung des Bodens nach den unterschiedlichen Sachbedürfnissen, im Grundsatz also nach Maßstäben und Quoten des gemeinen Nutzens.
Das gleiche gilt für den konventionellen Nationalstaat, dessen Kompetenzen nach innen und dessen Aktionsfähigkeit nach außen durch die volle Mobilisierung der räumlichen Ressourcen gesteigert werden können. In diesem Sinne sind beispielsweise die jahrhundertelangen Aktionen zur Trockenlegung der Pontinischen Sümpfe oder die Besiedlung des Warthe-Bruchs ebenso Maßnahmen der Raumordnung wie die Kolonisation Nordamerikas oder die Erschließung Siebenbürgens. Die farbige Schilderung des preußischen Oberamtmanns Fromme über die Visitation Friedrichs II. von Preußen im Rhin- und Dorsebruch gibt ein charakteristisches Bild von den Maßnahmen der Raumordnung im alten Wohlfahrtsstaat.
Dabei spielt keine Rolle, unter welcher Vokabel das Unternehmen auftritt. Städtische Raumordnung erscheint als integrierender Bestandteil der Kommunalpolitik, ohne daß sie sich in der städtischen Bauverwaltung besonders artikulieren muß.
Die staatliche Raumordnung mag in vielen Verwaltungsfunktionen ressortieren, etwa bei den Instanzen für die Agrarpolitik, für die Siedlungspolitik, aber auch für das Verkehrswesen, vor allem für die Wirtschaftspolitik und – heute – für den Umweltschutz.
Merkwürdig ist aber, daß in diesem Jahrhundert die Raumordnung nun auf allen Stufen räumlicher Organisation als eigenständige Aufgabe hervortritt, also auch auf der mittleren Ebene bei den Landkreisen, Regierungsbezirken, den Departements oder den Counties, zudem auch bei völlig neuen Einheiten, etwa den Wirtschaftsräumen, den Konzentrations- und Stagnationsgebieten oder den ›Regionen‹.
Wenn sie überhaupt schon hervortraten, waren diese Einheiten bisher höchstens als Teile des Staatsgebietes von staatlichen Lenkungsmaßnahmen erfaßt, auf welche die Unternehmungen staatlicher Strukturpolitik reflektieren. Aber jetzt wachsen ihnen derartige Aufgaben förmlich zu, notwendig und unvermeidbar. Diese unversehene Generalisierung der Raumordnung ist zunächst schwer verständlich. Woher mag sie kommen?
Jetzt erst erhält die Aufgabe auch allenthalben ihren heute geläufigen Begriff, sie heißt – bei uns – Raumordnung. Daß wir im Deutschen freilich an diesem gestelzten Ausdruck festhalten, der erstmals bei einem unbekannten Magistraten des ehemaligen Reichsernährungsministeriums um das Jahr 1935 in den Akten auftaucht und der zudem aus der Kombination zweier transzendierender und nebelhafter

Begriffe stammt, ist ein terminologischer Schönheitsfehler, bleibt aber ohne sachliche Bedeutung. Hier wird ein Schlagwort aus einer überlebten Zeit konserviert; aber wir verwenden den Begriff zu oft, als daß seine anachronistischen Elemente noch ins Bewußtsein träten.

Die Aktualisierung: Systembruch durch Technik

Die Ursache für diesen raschen Aufstieg der Raumordnung ist der vollständige Systembruch in den gewohnten und instituierten räumlichen Strukturen durch das Auftreten der Technik. Daß in der technischen Epoche soziale Strukturen abgelöst werden, die bis in graue Vorzeiten zurückreichen, haben uns Philosophen und Soziologen hinlänglich bewiesen. Metaphern wie die von der neuen ›Achsenzeit‹ (Karl Jaspers) oder die Parallele, die zwischen dieser unserer Epoche und der frühen Epoche der Seßhaftwerdung der Menschheit gezogen wird (Arnold Gehlen), sind Versuche, diese Zeit in die richtigen Dimensionen zu setzen.

Aber der pragmatische Vergleich räumlicher Strukturen bietet handfesteres Material für den Vorgang als die gelehrten Analysen. Hier zeigt sich im Übergang von den tradierten zu neuen räumlichen Formen in der Tat nicht nur eine Modifikation, also eine Fortentwicklung zu immer geeigneteren räumlichen Figuren, sondern der Trend zum völligen Ersatz der gegebenen alten Strukturen durch gesuchte neue, mithin ein Bruch in den Grundlagen des räumlichen Systems. Es treffen sich diese räumlichen Prozesse mit den revolutionären Zeitströmungen, welche diese Epoche erschüttern, auf einer tiefen und letzten Ebene.

Dafür ein Beispiel: die überlieferte ›homogene‹ Raumstruktur. Die tradierte Gesellschaft hat ihr Grundsystem, das System der Agrarstruktur, zuerst auf der Basis des bäuerlichen Hofes errichtet. Die Höfe sind außer von geographischen und topographischen Voraussetzungen abhängig von sozialen Voraussetzungen, vor allem von der Notwendigkeit, eine gleichbleibend große oder langsam, in größeren Zeiträumen wachsende bäuerliche Bevölkerung zu ernähren. Das zwingt die Höfe mit ihren landwirtschaftlichen Nutzflächen zwar nicht in eine allgemeine Standardgröße, orientiert sie aber an der Fähigkeit, einer bäuerlichen Familie die Existenzgrundlage zu geben, also an der ›Ackernahrung‹. Die Ackernahrung wird damit zu einem Strukturprinzip der bäuerlichen Gesellschaft, von dem nur die großen Grundherrschaften die Ausnahme bilden.

Zum zweiten organisieren sich die Höfe zu geschlossenen Siedlungen, den ländlichen Gemeinden, ›Dörfern‹, vor allem um der Kontaktvorteile willen und um die Existenzfähigkeit des bäuerlichen Gewerbes zu ermöglichen, das in seiner Ausbildung wie jedes Gewerbe einen bestimmten Kreis von Konsumenten nötig hat. Das ergibt die Grundform des Siedlungssystems.

Drittens: Es orientiert sich die flächenmäßige Ausdehnung der dem Dorf zugehörigen Feldflur ebenfalls an einer Bestimmungsgröße, nämlich an der Möglichkeit, die Feldfluren der im Dorf vereinigten Höfe von der Hofstelle aus zu bewirtschaften. Das ergibt auf der Grundlage der Wegeentfernung Hof–Feldflur annähernd gleiche oder doch vergleichbare Radien für die Bemessung der Gemarkungen und damit auch ähnliche Grundgrößen im Raster politischer Raumgliederung.

Überörtliche Planung – Raumordnung 411

Diese wesentliche Bezugsgröße hält die dörflichen Gemeinden klein: Noch heute, also nach der durch die Verwaltungsreformen eröffneten Zusammenlegung der ehemals bäuerlichen Gemeinden machen die Gemeinden unter 200 Einwohnern in der Bundesrepublik 14,2 %, die Gemeinden unter 2000 Einwohner 67,1 % der Gemeinden überhaupt aus.

Zum vierten und letzten ist dieses Zellensystem der ländlichen Gemeinden überzogen von einem weitmaschigen Netz zentraler Orte, der Städte, in denen sich die weiteren Zentralfunktionen des politischen, militärischen und ökonomischen Lebens abspielen.

Auch die städtischen Zentren haben demnach vergleichbare Größenordnungen. Sie erreichen durchweg kaum mehr als 5000 Einwohner; an den Verkehrswegen der größeren Ströme können sie auf 20 000 bis 30 000 Einwohner anwachsen (422). Die Metropolen, in denen sich das Leben der weiten Dimensionen abspielt, sind die großartigen Ausnahmefälle.

Dieses einfache System bringt eine ebenso sinnfällige wie kategorische Homogenität der Landschaftsstruktur. Sie prägt sich in allen Kulturstaaten in fast gleicher Weise aus.

Aber davon bleibt nichts mehr, sobald sich die technischen Entwicklungen durchsetzen, die zunächst die Städte als Träger der technischen Funktionen in einer bisher unvorstellbaren Weise aufblähen. Die Städte wachsen oft binnen eines Jahrhunderts auf die zehnfache Größe ihres bisherigen, durch die Jahrhunderte stabil erhaltenen Einwohnerbestandes an. Sie erweitern ihren Einflußbereich in einem weiten regionalen Umkreis, zu dem allerdings ihre Beziehungen sehr bald und erwartungsgemäß ambivalent und neuralgisch werden. Komplikationen werden nicht zuletzt dadurch verursacht, daß diese Städte gar keine politische oder administrative Korrespondenz mit ihrem regionalen Bereich erhalten. Denn die versteinerten Kommunalstrukturen halten an der städtischen Selbständigkeit und Eigenständigkeit fest, als ob noch immer Stadtluft allein frei mache oder als ob noch immer die Heere Wallensteins oder Ludwigs XIV. vor den befestigten Stadttoren lägen. Hier wird zum erstenmal der politische Verzögerungseffekt deutlich, der diesen Umschichtungsprozeß so schwierig und so gefährlich werden läßt. Endlich aber entwickeln sich benachbarte städtische Zentren unter dem wachsenden Einfluß des Verkehrswesens zu neuen begünstigten sozio-ökonomischen Raumeinheiten, zu Aktivräumen, denen die weniger oder gar nicht begünstigten als Stagnations- oder Passivräume gegenübertreten. Die Unterschiede der finanziellen Leistungskraft zwischen Gemeinden in derartigen Aktiv- und Passivräumen können dabei Spannweiten erreichen, die im Verhältnis 30 : 1 liegen. Man könnte meinen, der alte soziale Gegensatz zwischen kapitalistischen und proletarischen Bereichen schlage sich hier in neuen Formen der Landschaftsstrukturen nieder.

Damit ist von der Homogenität der Landschaftsstruktur nichts mehr geblieben. Die neue technisch induzierte Struktur zeigt im Gegenteil die äußerste Inhomogenität mit Konzentration und Dekonzentration, Anhäufung und Entleerung, Überfluß und Mangel, allerdings auch mit Überfunktion und Unterfunktion, kurz, sie zeigt die Auflösung der alten und die Ausbildung völlig neuer und ungewohnter Raumformen.

Es ist nun ungemein störend und peinlich, daß wir für diese neuen Strukturen nicht die nötigen Entwicklungsprinzipien zur Hand haben und deshalb auch nicht die geeigneten Steuerungsinstrumente, ja daß es selbst an der rechten Vorstellung fehlt, wie diese Prinzipien und diese Instrumente zu beschaffen wären. Wir bewegen also die Technik, aber nicht deren räumliche Folgen. Der Prozeß läuft noch ohne unseren aktiven Eingriff ab: Wir werden bewegt.

Die erste Stufe der Raumordnung: Raumplanung

Dieser Prozeß bleibt niemand verborgen. Es hat auch jedermann – für sich und zu Hause – seine Remedur zur Hand, wie man die überbordende räumliche Unordnung beseitigen könnte, indem man gleichsam den einen oder den anderen Widerstand abschafft oder paralysiert und neue Gleichrichter einbaut. Die Zeit provoziert die Programme und die Programmisten, aber in den Serien immer neuer Rezepte offenbart sich sowohl die Gutwilligkeit ihrer Erzeuger wie die mangelnde Überzeugungskraft der ungezählten Erzeugnisse.

Denn selbstverständlich werden mit ein paar rasch fertigen Programmen die eingefrorenen sozialen Strukturen nicht beseitigt, vor allem nicht, wenn jeder davon überzeugt ist, zur Herstellung richtiger Verhältnisse sei es zuerst nötig, die Positionen des Nachbarn abzubauen. Wäre die Welt mit Programmen zu ändern, dann wäre es heute eine Lust zu leben.

Es nutzt deshalb nicht viel, in Deklamationen darzustellen, was man ändern will oder soll oder muß, wenn man nicht gleichzeitig Vorsorge dafür trifft, daß die geforderten Veränderungen sich auch durchsetzen können. Es gelingt den Programmatikern nicht, die Kräfte zu mobilisieren, die zur Realisierung ihrer Programme nötig wären. Das alles mag nicht die Schuld der Initiatoren sein. Man muß den Tatbestand zur Kenntnis nehmen: Es geht nicht um Schuld oder Verdienst, sondern um Ursache und Wirkung. Allerdings muß oder müßte sich das ja alles ändern, sobald die Öffentliche Hand eingreift, deren Kompetenz nicht in der Erklärung der Umwelt oder in der Exposition von Gedanken, sondern in der politischen Schubleistung zu suchen ist.

Natürlich geht die Öffentliche Hand nicht an diesen evidenten Erscheinungen vorbei. Aber sie engagiert sich vorsichtig: Für sie ist die Kenntnisnahme von den neuen Entwicklungen zugleich die Kenntnisnahme vom Entstehen neuer Widersprüche und Komplikationen. Es werden Umschichtungen, also politische Spannungen auftreten, mithin gilt es, vorsichtig zu sein. Die Umschichtungen werden sich zuerst auf dem Finanzsektor auswirken, wo politische Novitäten am schnellsten von sich reden machen; aber sie können vermutlich bald auch tiefere Schichten des politischen Systems erreichen. Einen solchen Tatbestand muß man in das bestehende System integrieren, soweit es geht.

Also wird die erste Stufe die einer intellektuellen Bemächtigung des Vorgangs sein. Soll das alles geschehen, muß man erst den Fall klären, durchdenken, man muß also ›planen‹. Bezieht sich dieses Nachdenken auf räumliche Strukturen, dann ist die räumliche Planung, die Raumplanung, geboren und zugleich auch das Verfahren, das nun die notwendigen Änderungen induzieren soll.

Es kommt also nicht in einem einzigen Anlauf zur Akkreditierung der Raumordnung als einer umfassenden Aufgabe räumlicher Strukturänderung, sondern erst zu

dem Vorschaltverfahren der Raumplanung, womit zunächst die theoretische Exposition der Raumordnung gemeint ist. Man erkennt leicht, wie sich progressive und konservative Tendenzen vorsichtig die Waage halten. Man erkennt aber auch, daß die Zäsur erst in dem Augenblick zutage treten wird, in dem nach der Theorie die Realisierung, nach der Raum-Planung die eigentliche Raum-Ordnung an der Reihe ist.
Dabei soll man den Fortschritt nicht übersehen: Zwar ist Raumplanung im Ansatz zunächst nicht mehr als der Entwurf von Programmen: Aber sie ist der Entwurf von Programmen unter Kalkulierung der Widerstände, also ein Verfahren mit Bezug auf die Durchsetzung. Dieser Fortschritt mag sehr vorsichtig eingeleitet sein, aber jetzt stehen wenigstens die Weichen richtig. Damit wird die Raumplanung als das kalkulierte Verfahren räumlicher Programmierung zur ersten Reaktion der Öffentlichen Hand auf die Veränderungen des technischen Zeitalters. Diese Planung erwächst sehr bald in reicher Fülle.

Das Experimentierfeld der ›mittleren Ebene‹

Nun spielen sich diese neuen Entwicklungen vorwiegend auf einer anderen Ebene ab als der lokalen der Gemeinde oder der zentralen des Staates. Hier gewinnt die mittlere Ebene im Planungswesen ihre Konturen: Die technischen Innovationen verlangen Maßstäbe, für die im Regelfall die Lokalebene zu eng, die des Staates zu weit ist. Sie bevorzugen weite, aber überschaubare Räume. Finden sie die entsprechenden Einheiten auf der politischen Landkarte nicht vor, so schaffen sie selbst die nötigen Ersatzformen, auch wenn diese noch keine politischen Kompetenzen haben. Man spricht dann von Regionen oder Stadtregionen, Umlandbereichen, Wirtschaftsräumen, Einzugsgebieten, oder wie sonst sich diese etwas abstrakten und blassen, aber ihrer Richtung nach sehr wohl deutbaren Begriffe nennen mögen.
Auf dieser mittleren Ebene entstehen deshalb – vor allem seit dem zweiten Weltkrieg – auch die bedeutendsten Planungs- und Raumordnungsprobleme und deshalb auch die ersten Lösungsversuche.
Der Staat als Träger höchster politischer Kompetenz hält sich zurück. Er organisiert allenfalls in Anlehnung an die Situation der vergangenen Periode in den ministeriellen Zentren oberste Landesplanungsbehörden, denen aber in den mittleren und vor allem den unteren Instanzen die rechte Unterstützung fehlt, um dort wirksam zu werden. Auch haben diese obersten Planungsbehörden als Verkünder avantgardistischer und oft störender Konzepte genug zu tun, sich gegenüber dem Widerstand der ministeriellen Fachressorts im Respekt zu halten – eine Aufgabe, die ihnen gelegentlich auch heute noch obliegt.
Also sind es die auf den mittleren Ebenen ansässigen kommunalen Körperschaften, Landkreise, größere Städte oder Großstädte und Konsortien von Gemeinden, die bei der Entwicklung der technischen Lebensformen erkennen, daß sie allein und für sich diese Aufgaben nicht lösen können, und die deshalb nach den größeren Dimensionen zur Realisierung räumlicher Aufgaben suchen müssen.
Der erste Widerstand, der zu kalkulieren und zu überwinden ist, sind dann aber die alten politischen Gebietsstrukturen.

Die regionalen Planungsgemeinschaften

Dieser Widerstand muß bewältigt werden, soweit Zuständigkeit und auch Eintracht der Beteiligten reichen können. Also beschlossen an vielen Orten und in vielen rechtlichen Figuren und Formen die verantwortlichen und interessierten Kommunalverwaltungen, Planungsgemeinschaften als Notgemeinschaften zu errichten. Die Planungsgemeinschaften umfassen diejenigen räumlichen Bezirke, welche die Beteiligten selbst in der Verwaltungs-Empirie als technische Funktionsbereiche zu verstehen gelernt haben oder die ihnen die zur Hilfe gerufene Wissenschaft als solche deklariert. In der Praxis schließen sich oft mehrere Landkreise und ihre Gemeinden mit der zentralen Großstadt zusammen; fehlt eine solche, dann wird das Gebiet von drei oder mehr Landkreisen den regionalen Planungsbereich bilden. Regelmäßig liegen also diese neuen regionalen Wirkungsbereiche in den Größenordnungen zwischen den Landkreisen und den Regierungsbezirken.
Regionale Aufgabengebiete sind dabei alle die sozialen und administrativen Bereiche, in denen die technische Entwicklung neue Maßstäbe – und zwar regelmäßig Maßstabserweiterungen – induziert. Beispielgebend ist dabei das Versorgungswesen, das mit Strom und Gas schon seit dem Ende des 19. Jahrhunderts neue Organisationsformen und neue Versorgungsbereiche geschaffen hat. So dehnt sich auf diesem Sektor die zwischengemeindliche Planungsaktivität weiter aus, etwa bei der Versorgung mit Wasser, einem Thema, das vor allem für die wachsenden Städte ohne zwischengemeindliche Planung kaum zu bewältigen ist. Die Kehrseite ist das überhandnehmende Aufgabengebiet der Entsorgung, also hauptsächlich der Abwasser- und Müllbeseitigung (vgl. S. 251 ff).
Liegen bei diesen Aufgaben vor allem die Ressourcen in den ländlichen Bereichen, die Bedarfsträger aber in den städtischen oder verstädterten Bezirken, so kehrt sich das Verhältnis um, wenn zentralörtliche Aufgaben zu lösen sind, Aufgaben also, die sich möglichst im Zentrum des Nutzerkreises vorfinden müssen. Das ist der Fall bei den großen sozialen Leistungsträgern und den Bildungseinrichtungen, vor allem den Krankenhäusern und den Schulen. Verbunden werden diese spezialisierten Funktionen durch ein modernes Verkehrssystem – oder besser, sie sollen mit einem solchen verbunden werden.
Schließlich erkennt man, daß diese ganze Kooperation bei den ›Dienstleistungen‹ gar nicht denkbar ist, wenn man nicht vorher ein Siedlungsmodell definiert, das den zusammenwachsenden Funktionen entspricht und das Zusammenwachsen erst ermöglicht. Hier kommt die Aufgabe auf ihren Grund. Wie sehr dieses Siedlungsmodell gefragt ist, zeigt etwa der Verkehrssektor, wo der beste Verkehr ebenso die beste Siedlungsstruktur voraussetzt wie die beste Siedlungsstruktur den besten Verkehr. Im Augenblick – d. h. seit einem Jahrzehnt – diskutieren aber noch die Scholastiker des modernen Siedlungs- und Verkehrswesens, was hier das Ei und was die Henne sei, und wir warten den Ausgang dieses Streites geduldig ab.
Bei der Bildung der Planungsgemeinschaften hält man sich mit Fragen juristischer Organisation wenig auf: Es gilt sich zusammenzuschließen, um eine gemeinsame Aufgabe zu erledigen. Dafür können Rechtsfiguren wie der Zweckverband, die Gesellschaft des bürgerlichen Rechts oder auch ein Verein durchaus die nötigen Grundlagen leisten. Es spielt deshalb auch hier gar keine Rolle, Aufbau und Ver-

fahren dieser Gemeinschaften im einzelnen zu identifizieren. Vorbild für alle diese Neubildungen ist der durch Gesetz des Landes Preußen bereits 1920 geschaffene Siedlungsverband Ruhrkohlenbezirk, für Jahrzehnte das unerreichte Ideal regionaler Verfassung. Dessen Kompetenzen (Aktivitäten auf den Gebieten des Planungswesens, der Grundstücks- und Grünpolitik, des Verkehrswesens und der Entsorgungswirtschaft) können allerdings die freihändigen regionalen Neugründungen nicht an sich ziehen.
Aus diesen Zusammenhängen ergibt sich die Frage, warum es notwendig sei, solche irregulären Formen der Zusammenarbeit zu erfinden und einzurichten, wenn doch erprobte und oft praktizierte Instrumente zur Verfügung stehen, etwa das Mittel der Eingemeindung oder der Maßstabsvergrößerung von Landkreisen. Beides wird ja auch in den Verwaltungsreformen unternommen, die nun allenthalben in der Bundesrepublik modern, wenn nicht gar modisch geworden sind.
Mit solchen konventionellen Mitteln holt man die Wirklichkeit jedoch nicht ein. Freilich ist die Eingemeindung heute ein unentbehrliches politisches Instrument geworden. Aber mit diesem verwaltungspolitischen Korrektiv, das wir seit Beginn unseres Jahrhunderts in Etappen einsetzen, laufen wir, die städtischen Grenzpfähle in der Hand, der Entwicklung nach ohne die geringste Aussicht, sie jemals zu erreichen. Vorteilhaft kann eine Eingemeindung dort sein, wo eine Siedlungsintegration zwischen Stadt und Umlandgemeinde eingetreten ist und wo deshalb organisatorische Konsequenzen unaufschiebbar werden. Aber das ist nicht unsere Frage.
Es steht genauso mit den Maßstabserweiterungen der Landkreise. Die Kreise wären allerdings viel eher in der Lage, moderne Lebensbereiche abzugreifen. Solange sich aber die konventionellen Landkreis-Reformen nicht an wesentlich größeren räumlichen Dimensionen orientieren als an den heute üblichen, die ja doch kaum über Einheiten für 200 000 oder 300 000 Einwohner hinausgehen, ist gar keine Korrespondenz mit den viel weiter gespannten modernen Lebensräumen herzustellen. Abgesehen davon bleibt das ganze Geschäft für unser Thema insoweit nutzlos, als die Zentralstädte ja doch ihre Kreisfreiheit weiter behaupten – und das um so mehr, als sie durch Eingemeindungen in ihrem Selbstbewußtsein gestärkt werden. Die Verwaltungsreformen, in ihrer ersten Phase vor fünf oder zehn Jahren durch bedeutsame theoretische Expositionen gekennzeichnet, haben sich längst mit der bescheideneren Rolle von Verwaltungsreparaturen begnügen müssen.
Die zwischenkommunalen Aktivitäten der neuen Planungsgemeinschaften können überall da planerische Erfolge und die beteiligten Körperschaften auch praktische Fortschritte erreichen, wo parallele oder sich ergänzende Interessen zutage treten. Hier bieten sich der Kontakt und die Verfestigung des Kontaktes an. Vor allem ist es nützlich und naheliegend, mit der geballten Kraft einer kampfbereiten Front kommunaler Interessenträger gemeinsame Forderungen an die übergeordneten Investitionsträger der Länder oder des Bundes durchzusetzen; das ist ebenso legitim wie bisweilen notwendig. Diese Planungsgemeinschaften sind also in erster Linie planerische ›Zugewinngemeinschaften‹: Das bezeichnet ihr Vermögen, aber auch ihre Schranken.
Denn die Möglichkeiten dieser Planungsgemeinschaften hören dort sofort auf, wo planerische Opfer von einem oder von mehreren der Beteiligten verlangt werden müssen, und das bleibt nicht aus. Hier ist nicht etwa Unvermögen der Beteiligten

festzustellen, sondern das Unvermögen der Organisation: Es ist bei einem Konsortium von gleichberechtigten – und freiwilligen – Kombattanten kaum denkbar, einer werde um des anderen willen seine Interessen oder vielleicht auch seine Belange auf dem Altar der Gemeinschaft opfern. Es gibt keinen derartigen kommunalpolitischen Arnold von Winkelried, der da alle Lanzen auf seine Brust vereinigen und der Freiheit eine Gasse bahnen würde, eben weil der Held bei dieser Aktion sterben muß – oder es stünden hinter einer solchen Figur, ehe sie überhaupt in Aktion treten könnte, ganze Geschwader von Stadt- und Kreisräten, Bürgern und Bürgermeistern auf, die dieser unzeitgemäßen Nächstenliebe schnell das Handwerk legen würden.

Hier führt kein Weg weiter. Wie sehr das Problem eine Frage der Institution, nicht der beteiligten Menschen oder Instanzen ist, zeigt der Vergleich mit ähnlichen Institutionen auf anderen Ebenen, etwa den europäischen Gemeinschaften auf der kontinentalen oder der Konferenz Norddeutschland auf der nationalen Ebene: Gleiche Voraussetzungen bringen gleiche Schwierigkeiten. Immerhin haben aber die regionalen Planungsgemeinschaften den ersten Schritt getan: die kooperative, konkordierte Planung.

Planungsverbände als instituierte Planungsträger

Es muß deshalb der Augenblick kommen, in dem sich der Staat einschaltet, der ja dazu berufen ist, autoritative Entscheidungen zu treffen, wenn partnerschaftliches Miteinander nicht mehr ausreicht. Der Staat hat aber auch – abgesehen von aller Sorge um die Entwicklung der Lebensverhältnisse in der technischen Gesellschaft – ein eigenes, eigennütziges Interesse daran, diese weitreichenden Innovationen auf den überörtlichen Planungsfeldern nicht unbeeinflußt oder ungelenkt weiterlaufen zu lassen.

Denn hier zeichnen sich Entwicklungen ab, welche die bedeutendsten Wirkungen auf allen Etagen staatlicher Wirksamkeit haben können. Hier werden Kompetenzen oder kompetenzähnliche Funktionen unter der Hand geschaffen oder verlagert, vor allem neue kommunale Wirkungsbereiche eröffnet, in denen der Staat nicht präsent ist. Sollen diese Innovationen wenn auch nicht reglementiert, so doch kanalisiert werden, dann muß man zuerst die lockeren Planungsgemeinschaften institutionalisieren, also in öffentlich-rechtliche Formen umgießen. Dann erhalten sie rechtliche Wirkungsmöglichkeiten, und das werden sie begrüßen; sie erhalten dann aber auch die Staatsaufsicht, und das wird der Staat begrüßen. Die staatliche Aufsicht oder Mitwirkung wird man so einrichten können, daß der Staat die Grundlagen der Planungen dekretiert und daß er die fertigen Pläne sanktioniert und damit rechtlich verbindlich werden läßt; alles übrige mögen die institutionalisierten Träger handhaben.

Dieses Verfahren der Kanalisierung wird auch schon angewendet: Alle deutschen Flächenstaaten haben Landesplanungsgesetze erlassen, in denen derartiges, freilich in der unausweichlichen Differenzierung, geregelt wird. Die regionalen Planungsgemeinschaften erhalten regelmäßig, mit gewissen Schattierungen von Land zu Land, öffentlich-rechtlichen Status und damit Rechte und Pflichten. Sie können nun – das ist das Entscheidende – durch offizielle Pläne die Strukturen auf der regionalen Ebene festlegen und den vermutlichen Abweichlern rechtzeitig entgegentreten. Das ist ein zweiter Schritt der Planung auf dieser mittleren Ebene, die von der Technik so sehr akzentuiert wird. Die beteiligten kommunalen Körperschaften, Städte, Kreise und Gemeinden bleiben aber Träger der neuen Planungsverbände. Es leuchtet auch ein, warum der Staat keine anderen Mittel findet, als diese Ergänzung bestehender Verwaltungsinstrumente mitzumachen. Keine der üblichen juristischen oder politischen Handhaben würde ausreichen. Die normale Rechts- oder Fachaufsicht über die Gemeinden kann nichts bringen, weil sie sich wohl an die einzelne Gemeinde richtet, aber weil sie nicht das Konsortium von Gemeinden zustande zu bringen vermag, das die Aufgabe erst lösen könnte. An das heiße Eisen des Pflicht-Zweckverbandes, den es in der juristischen Ordnung zwar gibt und der hilfsweise auch einige regionale Konstruktionen zuwege brächte, rührt ohnehin niemand mehr gern.

Auch Subventionen oder andere Finanzmittel erreichen dann nichts. Sie sind zwar heute bei der abnehmenden Intensität staatlicher Machtmittel gegenüber den Gemeinden vorzügliche und unentbehrliche Steuerungsinstrumente geworden – nicht die goldenen Zügel, sondern die goldenen Sporen staatlicher Gemeindepolitik. Aber sie sind weniger zur ›systemkonformen‹ Erledigung regionaler Aufgaben geeignet, weil sie zwar die Investitionen für eine konkrete Maßnahme stimulieren, aber nicht den Konsens vieler beteiligter Gemeinden herbeiführen können, diese Maßnahme gemeinsam zu wollen. Der erste Schritt muß also immer die planende Gemeinschaft der beteiligten Körperschaften sein. Ohne diesen Bogen wird das Troja der modernen Infrastrukturpolitik nicht erobert.

Von dem Punkt, den wir heute erreicht haben, läßt sich das ganze Feld der Planung auf der mittleren Ebene in seinen Wirkungsmöglichkeiten überschauen. Nicht auf den ersten, aber auf den zweiten Blick zeigt sich, daß auch jetzt das Verfahren noch keineswegs ausgereift ist. Zwar lassen sich nun mit den verbesserten Instrumenten auch höhere Ziele erreichen. Und diese Ziele werden hier und da erreicht – absolute Fortschritte, die ins Auge springen, wenn man den bisherigen Stand zugrunde legt, aber keine Fortschritte, die im Verhältnis zum Notwendigen, also relativ zur Marschgeschwindigkeit der Lebensverhältnisse und zum Volumen der Aufgabe beträchtlich wären.

So haben etwa der alte Ruhrsiedlungsverband von 1920 oder die neuen Planungsverbände um Hannover oder Frankfurt interessante Leistungen erbracht; Konzepte und zum Teil auch materielle Lösungen auf den Gebieten des öffentlichen Nahverkehrs, der Städte- und Gemeindeplanung im Ballungsraum oder der räumlichen Klimaverbesserung gewinnen hier festere Konturen. Aber man muß nur diesen Katalog sehen, um zu erkennen, welche gewaltigen Massen noch zu bewegen sind.

Dieses immer noch beträchtliche Zurückbleiben hinter den Erfordernissen hat ebenfalls seine Gründe: Das Verfahren hat mit der Bindung der Regionalplanung an Recht und Gesetz natürlich die bedeutendsten Vorteile; aber die Nachteile folgen auf dem Fuß. Die juristische Formel lautet: 1. Die regionalen Planungsträger formulieren die Pläne; 2. diese Pläne werden mit staatlicher Genehmigung verbindlich; 3. die Kommunen haben bei ihren Planungen die regionalen Direktiven zu beachten. Das ist alles.

Aber jetzt wird der Pferdefuß sichtbar: Die Regionalplaner können zwar – wenn sie ihre Waffen nicht stumpf werden lassen – jedem Zuwiderhandelnden den Verstoß gegen ihre Pläne untersagen, aber sie können niemanden zwingen, eine Planung aufzustellen, die der ihren entspricht, und diese Planung auch zu verwirklichen. Beispiel: Sie können in ihren räumlichen Dispositionen ein Erholungsgebiet ausweisen und sanktionieren; sie können die Gemeinde daran hindern, dort ein Gewerbegebiet, einen Hafen, eine Siedlung zu errichten, aber sie können die Gemeinde nicht zwingen, dieses Erholungsgebiet auch tatsächlich in ihre Planungen einzubeziehen und einzurichten. Tut die Gemeinde nichts, so geschieht eben nichts, und der Aufwand ist vertan. Auf den großen Plänen allein aber kann sich niemand erholen; die Gemeinden werden hoffen, die schönen grünen Farbsignaturen in den Planwerken würden mit der Zeit schon verblassen. Hier kommt die Dissonanz in den planerischen Akkord. Die Konstruktion ist so angelegt, daß die regionale Planung prohibitiv, aber nicht stimulativ wirken kann, daß sie also allein durch Verbot, nicht durch Gebot effektiv werden kann. Was der Planung fehlt, ist die Befugnis zur Aktion, zumindest die Initiative zur Aktion. Die verbindliche, aber prohibitive Planung ist also nur ein zweiter Schritt. Wo bleibt der dritte und entscheidende Schritt, die aktive Planung?

Freilich wird niemand, der einiges politisches Verständnis hat, über diese Kurve vor dem Ziel erstaunt sein. Nur ein Schritt weiter, und alle politischen Apparaturen zwischen Gemeinde- und Staatsebene wären in Frage gestellt. Die sorgsam über die Zeiten gerettete kommunale Selbstverwaltungsgarantie – die Mumie des Freiherrn vom Stein inmitten einer Szenerie von Computern und Raketen – würde ebenso vor ihrem hohen Sockel erzittern wie die systematische Ordnung der unteren und mittleren staatlichen Institutionen. Was hier aber gerettet wird, schlägt sich in der Planung nieder, d. h. es geht zu Lasten einer zeitkonformen Raumentwicklung. Hier wird mitten in dem sonst progressiven Prozeß ein restaurativer Zug erkennbar. Der ist der erste Mangel.

Aber sofort nach diesem (formellen) Gesichtspunkt tritt dann die (materielle) Frage auf, wer überhaupt für die Verwirklichung der Planung zuständig sei, welche die regionalen Planungsverbände jetzt so mustergültig besorgen können. Nun schiebt sich wieder die Frage in den Vordergrund, die ich vorher angeschnitten habe: Wenn man damals im ersten Schritt zu der Exposition kommen mußte, es sei zu ›planen‹, d. h. über bloße programmatische Proklamationen hinaus der Fortschritt in allen seinen Auswirkungen zu formulieren und zu fixieren, so ist nun der Punkt erreicht, in dem man über die Realisierung des geplanten Fortschrittes Rechenschaft geben muß.

Aber hier beobachtet man die gleiche Rückkoppelung auf die bestehenden politischen Figuren, die im Planungswesen schon erkennbar war. Kompetent für die Realisierung sind und bleiben zunächst Bund und Länder, soweit deren Aufgabenbereiche betroffen sind, woran man ja auch nicht viel ändern kann, wenn man nicht der törichten Meinung ist, regionale Konzepte sollten auch die Konzepte der übergeordneten Organe aus den Angeln heben können. Im übrigen aber sind oder bleiben kompetent für die eigentlichen kommunalen Aufgaben die Städte, Kreise und Gemeinden, also die bisherigen Kompetenzträger.

Das ist nun bei allen interessanten und fortschrittlichen Prozessen ein trauriger Zirkelschluß, der den ganzen Planungsprozeß im Kreise dreht: die Reproduktion des alten Mangels nun auf dem Felde der Planungsrealisierung. Was unter Fanfarenstößen in Richtung Planung in Marsch gesetzt worden ist, strebt bald zurück in die warmen Quartiere der gewohnten Politik. Man ist von einer Illusion heimgekehrt. Allein im neuen baden-württembergischen Regionalverbandsgesetz (frühere oder schwächere Ansätze bleiben unberücksichtigt) können die Regionalverbände bestimmte exekutive Funktionen übernehmen – wenn die Kommunen diese ihnen überlassen. Es ist sicher keine Preisfrage, was sie überlassen werden.

Dadurch verliert das Verfahren erneut durch Unschärfe und Aktionsschwäche. Wenn es schon ein Unding sein muß, von Städten, Kreisen und Gemeinden, also von den Betroffenen selbst zu erwarten, sie würden als die berufenen Träger regionaler Planungsverbände bereit sein, einander wechselseitig Opfer zu bringen, so wird man von ihnen noch weniger erwarten können, derartige ständige Akte des Altruismus auch noch aus eigenen Mitteln zu bezahlen, worauf Realisierung ja regelmäßig hinausläuft. Hier liegt der zweite Mangel heutiger regionaler Organisation. Er liegt in der Diskrepanz von Planungskompetenz, die bei den selbständigen regionalen Planungsträgern heute ressortiert, und von Realisierungskompetenz, die eine Ebene unterhalb angesiedelt ist, also bei den beteiligten Kommunen und, was schlimmer ist, bei jeder von ihnen. Denn man kann zwar einen Renegaten bei der Planung überstimmen, vorzüglich im Wege des staatlichen Genehmigungsvorbehalts, aber man kann nicht seine Zustimmung zur Realisierung, also seine Finanzhoheit ersetzen. Hier bleibt die Realisierungsgemeinschaft der Beteiligten vom freien Einspruchsrecht eines jeden der Beteiligten abhängig.

Nun muß man dem Mißverständnis vorbeugen, die regionalen Planungsträger seien bei einer derartigen mangelhaften Verfassung und bei mangelhaften Wirkungsmöglichkeiten etwa Konsortien des beharrlichen Bremsens und des Kampfes aller gegen alle. Denn sie haben nach wie vor eine Legitimation, die außerordentliche Triebkräfte freimacht, nämlich ihre regionale Relevanz, also ihre vollständige oder teilweise räumliche Identität mit den Raumformen des technischen Zeitalters. Das ist ein Motor, der die Organisationen nicht nur am Leben erhält, sondern der ihnen Aktivität verleiht und sichert, der leider aber auch den organisatorischen Mangel kaschiert. Wenn es bei dem Elend ihrer Verfassung deshalb – und gleichwohl – zu Erfolgen kommt, dann wirkt sich hier die Parallelschaltung zwischen technischen Schubkräften und regionalen Organisationen aus, so mangelhaft die letzteren immer noch zusammengezimmert sein mögen. Es ist nur unangenehm, daß die Effektivität dieser Organisationen dadurch so entscheidend geschwächt wird, daß sie auf das Prokrustesbett einer alten und überständigen Verwaltung gespannt werden, die aus naheliegenden und verständlichen Gründen nur zu gerne bereit ist, alles das an den größeren Figuren der Planung ringsum abzuschneiden, was über die eigenen kleineren Raumdimensionen hinausreicht. Jeder Tag bringt hier neue Schäden oder kann sie bringen. Wir bleiben hinter einer Aufgabe zurück und nicht nur hinter einer beliebigen.

Der rationalistische Irrtum

Es gilt einen Punkt nachzutragen, und nun erhält offenbar das Problem auch seine größte Tiefenschärfe: Hier reflektieren die regionalen Vorgänge unmittelbar auf die politischen Felder. Die Folgerungen, die sich daraus ergeben, sind für den einen Bereich deshalb nicht weniger bedeutungsvoll als für den anderen.

Die Ausgangsform für die Entwicklung des gesamten Planungswesens war der Satz, es sei Planen, also kritisches und integratives Denken, notwendig, um die Erfordernisse der Zeit zu verstehen, zu formulieren und zu realisieren. Dieser Satz ist richtig, aber er ist unvollständig.

Denn was hier vorausgesetzt wird, ist die Überzeugung, der Mangel an den ›richtigen‹ Raumstrukturen sei nichts anderes als der Mangel an ›richtiger‹ Einsicht, mangelnde Transparenz, ein Erkenntnisdefizit, also im letzten der Mangel an Vernunft. Planen heißt vernünftig denken; Planung ist danach, wie Georg Picht diesen Gedanken sehr treffend umreißt, ein Akt der produktiven Vernunft (323). Hier kommt Weltanschauung ins Spiel: Denn es bedarf nur eines kleinen Schrittes, um anzunehmen, die Gegenläufigkeiten, Widersprüche und Konflikte seien endlich durch einen Akt vernünftigen Denkens auszuschalten.

Das gleiche haben die Rationalisten des 18. Jahrhunderts geglaubt, und wir überschauen die Folgen. Es tut sich hier die Illusion des Rationalismus auf, der rechte und unbeschädigte Gebrauch der Vernunft löse alle unvernünftigen Positionen auf und schaffe von selbst einen Zustand des Wahren und Rechten. Dahinter steht noch immer die Überzeugung von einer ›prästabilierten Welt‹ im Sinne von Leibniz, die es herzustellen gelte und die man auch herstellen könne. Das ist der Rückgriff auf frühe rationalistisch-idealistische Vorstellungen. Mit der Planung scheint eine neue Ära der Aufklärung heraufzuziehen, in der noch einmal der Versuch gemacht wird, den Menschen durch den Appell an die Vernunft aus seiner ›selbstverschuldeten Unmündigkeit‹ (Kant) zu befreien. Wir haben aber in der Zwischenzeit andere Bilder vom Menschen und seiner Welt, als daß wir glauben könnten, wir kämen so leichten Kaufs davon.

Andererseits entspricht natürlich diese Philosophie des Rationalismus einem Zeitalter, das durch ungemessene Aktionen technischer Rationalisierung, also durch gesteigerte Anwendung vernünftiger Prozesse, die technischen Apparaturen wirksamer, besser, vielleicht auch billiger werden läßt. Hier ist in der Tat jede überwundene Stufe falsch und die erreichte richtig; hier funktioniert der rationale Prozeß vollständig.

Ganz anders bei den räumlichen Strukturen, in denen sich Sozialstrukturen niederschlagen: Auf diesem Gebiet läßt sich nicht eine falsche Struktur gegen eine richtige austauschen wie die Röhre an einem Fernsehgerät. Hier handelt es sich vielmehr um ein kompliziertes und komplexes Regelsystem, bei dem die günstige Veränderung auf einem Felde Reaktionen auf sehr viel mehr Feldern auslöst, und auf denen diese Reaktionen mehr an Schwierigkeiten provozieren können, als die Verbesserung selbst auszuschalten fähig ist.

Es ist sicher angenehm, eine Wohnsiedlung für 20 000 Menschen in einem grünen Bereich zu bauen, eine vernünftige Aktion, im Prinzip ›richtige‹ Planung. Aber das kann seine Folgen haben: denn stehen jetzt noch die zentralen Einrichtungen richtig

(Schulen, Krankenhäuser, Einkaufszentren), die für die bisherige Versorgung dieser 20 000 Menschen an ihren alten Wohnsiedlungen eingerichtet waren? Wären neue Einrichtungen am neuen Ort in ihrer Kapazität auslastbar? Ist der Weg zu den Arbeitsplätzen nicht zu weit geworden, so daß die erwartete Freizeit im Grünen durch zwangsläufigen Aufenthalt in überfüllten Verkehrsgefäßen aufgezehrt wird? Ist der Anschluß an ein Nahverkehrsnetz noch denkbar? Wird deshalb die Siedlung auf Dauer angenommen werden? Endlich: Wird nicht die neue Siedlung den beanspruchten Grünbereich belasten oder überlasten, wuchert nicht wieder Stadt ins Land hinaus?
Das sind nur einige mögliche und sehr vereinfachte Probleme. Das Fazit aber muß sein, daß es hier die einfache Antinomie richtig – falsch, vernünftig – unvernünftig gar nicht geben kann, sondern vielmehr ein Gegeneinander von Vorteilen und Nachteilen, also in der Schlußphase des Planungsprozesses einen Gegensatz oder ein Bündel von Gegensätzen, in dem sich jeweils ›richtige‹ und ›falsche‹ Komponenten mischen. Wenn das aber zutrifft, dann zeigt sich die Planung nur als eine Etappe auf dem Weg zum Ziel, hinter der sich neue Horizonte auftun. Die weitere und abschließende Etappe nämlich, zwischen Vorteilen und Nachteilen auszuwählen, diese in Kauf zu nehmen, wenn jene als gewichtiger und wünschbar erscheinen. Das aber reflektiert auf ein soziales Zielsystem, das bestehen muß oder zu schaffen ist und in dem zunächst die Rangstufen der wünschbaren Lebensgüter geschaffen und kanonisiert werden.
Mit anderen Worten: Hier sind Interessen abzuwägen und in eine Hierarchie zu bringen. Was also noch fehlt und was deshalb nachzutragen bleibt, ist die Etappe der Entscheidung, der Auswahl, die Setzung von Präferenzen. Die Planung liefert ein analytisches und synthetisches Material, aber sie setzt die Ränge nicht selbst. Sie schafft durch eine Art ›Handeln auf Probe‹ eine Reihe von ›Simulationsmodellen‹, in denen sie jeweils dem einen oder dem anderen sozialen Bezug den Vorrang gibt und dann die Folgen abmißt, der Rest aber bleibt offen.

Der Politiker als Schlüsselfigur

Hier rückt die politische Entscheidung ins Spiel oder besser: sie müßte nun eigentlich ins Spiel rücken. Denn welche Präferenzen aus dem Bestande dieser Simulationsmodelle tatsächlich als soziale Wertmaßstäbe gesetzt werden sollen, das kann man dem Team der Technokraten, als welche die Planer erscheinen müssen, nicht überlassen. Darüber befindet die Gesellschaft selbst, unmittelbar oder durch ihre gewählten Repräsentanten: Planung rekurriert auf die Organe der politischen Willensbildung. Das rückt die Planung wieder zurück an ihre Stelle im demokratischen System und vermeidet angebliche und echte Gefahren der Technokratie. Aber das ruft auch die Politik in ihre Verantwortung: Sie hat die andere, die zweite Etappe der Planung zu bewältigen, und erst dann kann man Raumordnung erwarten. Vorher wird diese niemals kommen.
Es mag so aussehen, als ob damit der Schwarze Peter an die Politiker zurückgespielt sei, ja als ob nach dem hoffnungsvollen Aufbruch der Vernunft, der mit dem planerischen Fachverfahren einsetzt, nun doch mit dem Appell an die Politiker der Weg

zu den Positionen der Macht, der irrationalen Entschlüsse, ja der Willkür zurückgeschritten worden sei: Der zweite Verfahrensgang sei die Aufhebung des ersten. In Wahrheit aber ist nur eine Illusion beseitigt, und eine gefährliche dazu.

Denn auch bisher haben die Politiker die Grundentscheidungen der Planung an sich gezogen. Aber es muß zu den abenteuerlichsten Folgen führen, wenn die Politiker auf diesem Felde mit keinem anderen Rüstzeug als ein paar politischen Maximen, die bisweilen nichts weiter als weltanschauliche Positionen oder Vorurteile widerspiegeln mögen, in die räumlichen Strukturen eingreifen. Die Gefahren sind schon sichtbar: Die emotionsgeladenen Diskussionen um die ›Ballung‹ und die ›Entlastung der Ballungsräume‹, die soziale Aufrüstung des ›flachen‹ Landes, die in den sechziger Jahren zum Rüstzeug für jede gute Wahlrede und für jede parlamentarische Debatte gehörten, spiegelten kaum viel mehr als liebgewordene Vorurteile wider, welche die Beteiligten über dieses Thema irgendwoher bezogen hatten. Die Diskussion hat sich inzwischen wesentlich versachlicht – unter dem Einfluß der Planung, die diese Frage als sehr viel komplizierter deklarieren mußte, als Freund und Feind das bisher vorausgesetzt hatten.

Die Planung wird also mit dem Rekurs auf die Politiker nicht zu einer Re-Emotionalisierung der Raumentscheidungen durch die Politiker führen, sondern sie wird die Entscheidung der Politiker substantiieren. Es wird künftig nicht mehr möglich sein, auf dem weiten Feld der räumlichen Entscheidungen jedes nur erdenkliche Steckenpferd zu reiten; es wird nur noch möglich sein, unter einem knappen Inventar durchgespielter Modelle eines auszuwählen und zum gültigen zu erklären. Das heißt: Nicht mehr unkalkulierbaren Sentiments mit unkalkulierbaren Folgen Raum geben, sondern quantifizierbare Fakten setzen. Das heißt schließlich auch, Verantwortung zu übernehmen, deren Folgen abzumessen und daher zu kontrollieren sind. Damit aber überfordern die Raumentscheidungen den Politiker aufs Ganze gesehen nicht mehr; nun kann man sie ihm und muß man sie ihm auch überlassen. Die Positionen der Planer und Politiker grenzen sich gegeneinander ab. Das Verfahren wird vollständig.

Leider ist es eine ganz andere Frage, ob denn der Politiker schon in diese Rolle eingetreten sei. Das ist aber noch kaum der Fall. Es zeigt sich, daß die alte Unverbindlichkeit der räumlichen Aussage, wie der Politiker sie von je gewohnt ist, das freie Schalten mit erhabenen Prinzipien offenbar doch noch fester eingewurzelt ist als das exakte Rechnen, das Kalkulieren, also die planerische Detailarbeit.

Die detaillierte Prüfung, in welchem Umfang eine derartige Kontaktschaltung zwischen Planung und Politik stattfindet oder auf welchen Gebieten sie nicht oder ungenügend stattfindet, ist ein neues Thema, eine Untersuchung auf weitem Felde. Ich kann nur zwei Beispiele geben und muß es im übrigen dem erfahrenen Leser überlassen, selbst zu entscheiden, ob es sich dabei um typische Vorgänge oder um Ausnahmen handelt.

Beispiel 1: Der unbewältigte Verkehr

Eine unübersehbare Aufforderung zur Setzung einer Präferenz geht heute vom Verkehr aus. Beim Verkehr handelt es sich nicht nur um ein beliebiges Merkmal unseres Zeitalters, sondern um das hervorstechende, typische (vgl. S. 255 ff). Die Verbindung der räumlich differenzierten und sich weiter differenzierenden Funktionen durch Systeme der räumlichen Kommunikation ist ein Grunderfordernis der Zeit, und die Gesellschaft, die sich daraus ergibt, ist durch ihre Mobilität gekennzeichnet. Zu dem wachsenden Inventar technischer Produktionssysteme muß daher noch ein weiteres System errichtet werden, das die räumliche Integration dieser Produktionssysteme gewährleistet, und das ist zunächst das System der großen Verkehrsträger, der schienengebundenen Verkehrsmittel und der Schiffahrt, später des Flugzeugs, wobei sich innerhalb dieses Systems immer weitere Differenzierungen einstellen.

Sobald sich aber mit dieser technisch induzierten Forderung nach Mobilität dann auch das politische Prinzip einer Gesellschaft verbindet, die von Liberalität und Individualität ausgeht, ist der Individualverkehr, also die Auto-Mobilität, die Folge, und damit ist das Problem genannt: Nun stehen zwei Systeme nebeneinander. Hier wird das Präferenz-Problem deutlich, vor allem, wenn man die evidente Konkurrenzsituation von Schiene und Straße beobachtet. Freilich kann es nicht etwa darum gehen, eines der beiden Systeme zugunsten des anderen zu opfern: Offensichtlich haben beide ihre abgegrenzten oder abgrenzbaren Wirkungsbereiche. Es müßte bei der Bedeutung des Verkehrswesens eine vorrangige Aufgabe sein, diese Abgrenzung auch tatsächlich zu vollziehen. An theoretischen Modellen dafür fehlt es ja nicht.

Aber nun drängt sich in diesem doch so aufgeklärten Zeitalter ein höchst emotionaler Zug, ein Sentiment, ins Spiel: Denn wer würde auch nur daran denken, sich an solchen Proportionen zu orientieren und damit den Aufschrei der Massen zu provozieren? Das Auto ist, was uns Psychologen und Soziologen überdeutlich bestätigen, längst über seine adäquate Verkehrsbedeutung hinausgewachsen und vom Verkehrsmittel zu einer Art Personalitätsstütze geworden, vor allem deshalb, weil es erlaubt, als eine Art mobiler Steuererklärung den Wohlstand und die Arriviertheit, also das Glück seines Eigentümers auf allen Straßen der Welt zur Schau zu stellen. Die effektiven Nutzungsvorteile des Kraftfahrzeugs, also die objektiv darstellbaren Vorzüge seiner Verwendung, fallen demgegenüber weit weniger ins Gewicht. Das Auto ist zum »Abbild der Freiheit« geworden (Norbert Schmidt-Relenberg, 357).

Das führte zuerst zu dem Weg, die Innenstädte ›autogerecht‹ zu machen, also die Siedlungsstruktur der Autostruktur zu adaptieren, ein Versuch, den der amerikanische Städtebau unternommen und bald begraben hat: Die autogerechte Stadt zerlegt das alte urbane Gebilde mit den Verkehrsschneisen in ein Konglomerat übergroßer Verkehrsinseln. Hier hat man also keine sachliche Präferenz gesetzt, sondern man ist einem Trend gefolgt und hat die Quittung dafür erhalten. Davon haben sich indessen die Stadt- und Verkehrsplanungen in Europa nicht stark beeindrucken lassen. Auch hier schien kein anderer Weg offenzustehen, als dem hoch in der Publikumsgunst stehenden Individualverkehr durch immer neuen Straßenbau

so gut wie möglich gerecht zu werden und den öffentlichen Verkehr, für den zwar in vielen Bereichen die sachlichen Gründe sprachen, der aber in der Publikumsgunst immer mehr absinkt, durch öffentliche Subventionen am Leben zu erhalten.
Das ist nun keine Präferenz, sondern eine Flucht aus der Präferenz. Die Rechnung kann deshalb nicht aufgehen: Die begrenzte Kapazität der öffentlichen Haushalte – und der privaten, soweit es deren Steuerbelastung angeht – erlaubt nicht den Luxus, auf beiden Schultern Wasser zu tragen. Die Subventionsbelastung der öffentlichen Verkehrsmittel wird erdrückend, am deutlichsten sichtbar bei der Bundesbahn, und die sich häufende Last der Straßenbaukosten für den Bundeshaushalt immer weniger tragbar. Schon heute erkennt man, daß die Mittel für den Bedarfsplan des Bundesverkehrsministeriums immer knapper werden; statt der erforderlichen etwa 200 Milliarden bis 1985 (bei einer jährlichen Preissteigerungsrate von ca. 3 %) steht nur etwa die Hälfte zur Verfügung, und diese auch nur, wenn die Finanzlage des Bundes die heutige relative Stabilität bewahren kann.
Zu alledem kommt, daß die Verkehrsentwicklung – wegen der zentralen Bedeutung des Verkehrsproblems in dieser Welt – die bedeutendsten Metastasen auch in anderen Bereichen der Raumstrukturen bildet. Der individuelle (Auto-)Verkehr ermöglicht und provoziert dezentralisierte und ausgebreitete Wohnsiedlungen, und das bedeutet eine Tendenz zur Zersiedlung. Der schienengebundene und daher meist öffentliche Nahverkehr fördert lineare Konzentration an den Verkehrsbändern, also ein völlig anderes, geradezu gegenläufiges Siedlungssystem. Hier wird also das Siedlungssystem zu einer Funktion des Verkehrssystems. Wenn im Bundesraumordnungsbericht 1972 davon die Rede ist, der Bevölkerungsdruck auf die städtischen Zentren in den Ballungsgebieten nehme ab, diese Ballungsgebiete dehnten sich aber immer weiter nach allen Seiten aus, dann wird deutlich, daß das Auto eine der ersten Ursachen für diese ebenso merkwürdige wie unerwünschte Entwicklung ist.
Aber dieser unerwünschten Entwicklung kann man nicht Herr werden, wenn man dem Kraftwagen seinen ungehinderten Lauf läßt. Im ersten sind wir frei, im zweiten sind wir Knechte. Hier ergibt sich aus höchst mittelbaren, aber um so bedeutenderen Folgewirkungen des Verkehrssystems ein weiterer Zwang zur Präferenz. Wer aber trifft diese Entscheidung?

Beispiel 2: Die unbewältigte Region

Nach diesem Sachbeispiel ein Organisationsbeispiel. Ich habe von den Planungsaufgaben gesprochen, die auf einer ›mittleren‹ Ebene ablaufen, auf der sich diese Aufgaben in einer völlig neuen Weise formulieren. Nun muß ich auch definieren, was mit dieser ›mittleren Ebene‹ gemeint ist, auf der sich so unerhörte Wandlungen vollziehen und darstellen. Diese Überlegung provoziert ein neues Präferenzproblem.
Wir leben heute in einem Zustande des Unbehagens an den gewohnten politischen Organisationsformen. Man sieht ein, daß diese Institutionen von den Gemeinden auf der untersten Stufe bis hinauf zu den Ländern und schließlich auch bis zu den europäischen Nationalstaaten nicht mehr recht fähig sind, die Aufgabe einer Welt

zu erfüllen, die ganz anders strukturiert ist als diejenige, nach deren Bedürfnissen diese Instanzen einmal verfaßt und in Gang gesetzt worden sind. Dieses Unbehagen ist allgemein, weil es das Unbehagen an einer anachronistischen Verfassung unserer Welt widerspiegelt. Aber es ist auch allgemein im anderen Sinn: Es artikuliert sich noch in unpräzisen Vorstellungen. Einen gültigen Kanon für eine neue, zeitadäquate politische Organisation gibt es nicht. Indessen fehlt es nicht an Ansätzen, Kristallisationspunkten für neue organisatorische Lösungen, die auf diese Zeit besser passen. Für die ganze Skala zwischen gemeindlicher und kontinentaler Ebene haben wir den Begriff der ›Region‹ zur Hand, der freilich zunächst nicht mehr sein kann als ein Rahmenbegriff, bisweilen vielleicht sogar nur eine Leerformel, hinter der sich die Meinung verbirgt, es müsse alles anders werden.

Der Begriff von bestimmten ›regionalen‹ Räumen realisiert und verfestigt sich dort am ehesten, wo sich die neuen räumlichen Bedürfnisse am stärksten verdichten und wo sie deshalb schon am ehesten praktische Gestalt gewinnen. So etwa im Bereich der Städte, wo willkürliche politische Grenzen die gar nicht mehr trennbaren sozialen Verflechtungen zwischen Stadt- und Landbürgern noch immer auseinandersägen. Hier ist mit dem Begriff der ›Stadtregion‹ (Olaf Boustedt, 49) ein Denkmodell für das nötige integrative System des gesamten städtischen Einzugs- und Ergänzungsraumes entworfen worden, wobei es keine Rolle spielen kann, nach welchen juristischen Prinzipien man diese Zusammenhänge ordnen möchte. In ähnlicher Weise entwirft für den großen Bereich des Kontinents Jean François Gravier über die geltenden nationalstaatlichen Grenzen hinaus, die auf der höchsten Stufe kontinentaler Ordnung kaum geringere Paradoxien hervorbringen als die Grenzen auf der niedersten, der kommunal-städtischen Stufe, mit einem System von 56 europäischen Regionen eine künftige Gliederung Europas auf der Grundlage räumlicher Zusammenhänge – mit der entsprechenden Abwertung der gewohnten nationalstaatlichen Prärogativen.

Vielleicht am weitesten fortgeschritten ist der Prozeß der ›Regionalisierung‹ aber auf jener ›mittleren‹ Ebene zwischen Zentral- und Lokalinstanz, weil hier der Schwerpunkt der Aufgabe liegt, der Bevölkerung die volle Versorgung mit den Einrichtungen des technischen Zeitalters zu eröffnen: Es bildet sich die Einsicht, daß die technische Vollversorgung der Bevölkerung, angefangen von der Frauenklinik über das Schulwesen, die Universitäten, bis zum Altersheim und dem Zentralfriedhof, mit allen Einrichtungen des Verkehrs, der Erholung, der Versorgung und der Entsorgung, der Kultur, des Wirtschaftslebens und des Einkaufs, nur dann möglich ist, wenn die höchst kostspieligen Apparaturen, welche diese Versorgungen voraussetzen, auch einem optimalen Nutzerkreis zur Verfügung stehen. Das heißt, wenn sie am bestgeeigneten Standort errichtet und von den Einzugsbereichen frequentiert werden, die diesen Standort besser, schneller und billiger erreichen können als jeden anderen. Dieser optimale Standort muß nicht die Großstadt sein. Aber die Großstadt ist unter den Verhältnissen der technischen Welt für solche Einrichtungen der typische Standort.

In den regionalen Einheiten, deren Einwohnerzahlen sich, pauschal veranschlagt, um ein bis drei Millionen bewegen (433), liegen die Relationen zwischen der Anlage-Investition und der Anlage-Nutzung am günstigsten. Organisatorisch ist also diese Region auf der mittleren Ebene – gegenüber der Stadtregion oder der

Denkfigur einer Region auf der kontinentalen Ebene – die Raumeinheit moderner technischer Vollversorgung. Räumlich ist sie ein um ein metropolitanes Zentrum (›Oberzentrum‹) gruppierter optimaler Versorgungs- und Ergänzungsbereich, der über die gewohnten Stadt- und Kreisgrenzen hinausgeht und diese umfaßt. Die Herstellung einer solchen Region würde deshalb das Dach bedeuten, das über den Grundlagen der regionalen Planungsgemeinschaften und den Mauern der regionalen Planungsverbände gesetzt werden müßte, wenn das Gebäude fertig und gebrauchsfähig sein sollte.

Dieses Dach wird aber nicht gesetzt – oder anders ausgedrückt: Es werden die Präferenzen nicht gesetzt, die zwischen diesen neuen regionalen Formen und den alten politischen und administrativen Körpern die Rangordnung schaffen müßten. Es wird – selbstverständlich – auch nicht deutlich gegen die Regionen votiert, es bleibt alles offen.

Eher zeigt sich noch, aufs Ganze gesehen, eine rückläufige Tendenz, und zwar so etwas wie ein strategischer Rückzug aus der Region. Das regionale Prinzip passiert im Augenblick jedenfalls ein Wellental, weil sich parallel zu seiner induktiven Ausformung über die regionalen Planungsgemeinschaften und die regionalen Planungsverbände dann auch in seiner theoretischen Komplettierung die bedeutenden Einflüsse zeigen, die eine politisch und administrativ gefestigte Region für die politischen Hierarchien bringen würde. Also wird man heute eher geneigt sein zu bremsen. Dabei liegt Bayern vorn: Nach dem bayerischen Landesplanungsgesetz vom 6. 2. 1970 werden die Regionen zwar als Entscheidungsträger gebildet, aber selbstverständlich nur auf dem Felde der Planung. An administrative Verfestigung ist nicht gedacht. Schließlich übernimmt es auch der Staat in einem Akt tätiger Nächstenliebe, für sie das Geschäft der Planung zu betreiben: Die Regionen werden also Entscheidungsträger über Planwerke, die im Schoße des Staates heranreifen. Sie dürfen planen, aber der Staat führt ihnen die Hand. Es ist schön, etwas für die Region zu tun, wenn man weiß, auf diese Art kommt sie nicht.

Freilich haben die regionalen Prinzipien aus ihrer Verbindung mit den Triebkräften der Zeit eine deterministische Kraft, der keine noch so behutsame Einbettung in die gewohnten Denkschemen widerstehen kann. Doch geht es nun nicht um die Prophetie künftiger Endlösungen, sondern um die Fähigkeit, hier und heute Präferenzen zu setzen, wo sie gesetzt werden müssen. Waren es also im Falle des Verkehrs Emotionen, die diese Präferenzen hinausschoben, so sind es hier Traditionen.

Kreuzwege der Politik

Vermutlich treten an vielen Orten ähnliche Präferenzprobleme hervor. Wo wir heute Fakten setzen sollten, schieben wir Entscheidungen vor uns her. Dieses Ergebnis muß nicht nur für die Planung unangenehme Folgen haben – aber auch für die Planung.

Die eigentlichen Hemmungsfaktoren liegen auf den politischen Ebenen. Es wäre falsch, auf die Insuffizienz der Planung zu verweisen. Die Planung ist vielmehr in einer bisweilen beunruhigenden Weise überproduktiv. Was heute an städtebaulichen Planungen, Konzepten und Systemen produziert wird, verunklärt die Proportionen eher als daß es sie verdeutlicht. Stadtplaner in ihrem Eifer und in ihrer Gutgläubigkeit leben immer noch in der Illusion, es müsse einem von ihnen doch einmal der geniale Wurf gelingen, der alle Widerstände in nichts zerrinnen läßt. Es ist bisweilen rührend zu sehen, mit welchem Eifer sie die Bürde der Gesellschaft auf die eigenen Schultern laden.

Man muß also erkennen, daß es die Kreuzwege der Politik sind, an denen wir heute anhalten. Herüber geht ein Weg, hinüber auch einer, und jeder von beiden mag sich nach einer kurzen Strecke erneut kreuzen: Das macht die Wahl schwer. Wir zögern, uns zu entscheiden. Aber stehen bleiben heißt, nicht vorankommen, während die technische Entwicklung ihren raschen Fortschritt nimmt. Das muß zu einem kritischen Punkte der Dekompensation führen.

Das Planungsverfahren verweist damit in seiner letzten Substanz weit über sich hinaus auf ganz andere Felder der Entscheidung. Es wird ungeachtet der planerischen Effizienz oder des fachwissenschaftlichen Erkenntnisstandes zu einem Indikator für Bewegungen vor anderen Horizonten. Es scheint, daß sich in seiner evidenten Schwäche auch die evidente Schwäche unserer Epoche manifestiert, auf Pressionen zu reagieren, welche die Zeitkräfte ausüben.

HEINZ WEYL

Verdichtungsräume und Entwicklungsplanung

Die überforderte Stadt

Die Stadt als bislang konzentrierteste Form menschlicher Siedlung und vielseitigste räumliche Ausprägung der jeweiligen Gesellschaft hat sich als Folge ihrer Polyvalenz allen Wandlungen dieser Gesellschaft und allen innovativen Trends auch zuerst und auf besonders vielfältige Weise zu stellen. Sie kann geradezu als Indikator von hoher Sensibilität für die Vielzahl von Entwicklungen betrachtet werden, denen sie in ihrer dreifachen Natur als sozialer Organismus, als gebaute Form und als Organisationsmodell ausgesetzt ist.
Die Stadt ist damit gleichzeitig Bezugsgegenstand und Demonstrationsobjekt
– für die gesamte gesellschaftliche Entwicklung,
– für die Entwicklung der Siedlungsstruktur als dem zugeordneten räumlichen Bezugssystem und
– für die Entwicklung entsprechender kommunaler Steuerungsmechanismen und -instrumente.
Andererseits stellen die wechselseitigen Beziehungen zwischen diesen drei Bereichen die wesentlichen Rahmenbedingungen jeder städtischen Entwicklung dar, so daß Änderungen in jedem Einzelbereich den Indikator ›Stadt‹ mehr oder minder stark beeinflussen müssen.
Derartige Änderungen ergeben sich einmal aus den Entwicklungstendenzen der fortgeschrittenen Industriegesellschaft. Dazu gehören:
– der sozioökonomische Übergang von der freien zur sozialen Marktwirtschaft und zur Leistungs- und Vorsorgegesellschaft mit den dadurch ausgelösten Ausweitungen der staatlich mitbestimmten oder gesteuerten Bereiche zu Lasten marktbestimmter Sektoren,
– damit verbunden die Zunahme der sozialen Absicherung des Einzelnen, Sicherung des Arbeitsplatzes, Sicherung steigender Einkommen, langfristige Umverteilungstendenzen,
– der politisch-administrative Übergang vom Ordnungs- zum Rechtsstaat und zum Leistungs- und Sozialstaat und damit von der Vollzugsverwaltung zur Leistungs- und planenden Vorsorgeverwaltung,
– die Verlagerung der entwicklungsbestimmenden Kompetenzen von der Selbstverwaltungs- auf die Landes- und Bundesebene,
– der Übergang von etablierten Machtpositionen zu einer Vielzahl von Gruppeninteressen mit der Tendenz zu erweiterter öffentlicher Partizipation,
– die technologisch bedingte steigende Mobilität und die damit verbundene Möglichkeit breiterer Information und Kommunikation,
– die zunehmende Arbeits- und Funktionsteiligkeit im Produktions- wie im Dienstleistungsbereich,

– die Beeinflußbarkeit der technologischen Innovationen durch die Gesellschaft als neue Form der Zusammenarbeit von Staat und Privatwirtschaft.
Diese Änderungen gesellschaftlicher Strukturen finden ihren räumlichen Niederschlag in Änderungen der Siedlungsstruktur und der Faktoren, die diese bestimmen. Darunter fallen
– die zunehmende Differenzierung und Polarisierung der Siedlungsstruktur in Verdichtungs- und Entleerungsräume als Ausdruck des Übergangs von der Flächen- zur Standortbezogenheit,
– die Konzentration der Siedlungsentwicklung auf Verdichtungsräume, durch die die Grenzen der einzelnen Städte überflutet und die überkommenen städtischen Lebensräume eingeschmolzen oder unidentifizierbar werden,
– die Einführung weitaus größerer räumlicher Parameter als Folge der starken Konzentrationstendenzen, die zu allgemeinen Maßstabsvergrößerungen führt und die Bildung entsprechend vergrößerter und veränderter nicht mehr städtischer, sondern regionaler Lebensräume bewirkt.
Zur Steuerung der Vielzahl von Prozessen, die durch diese – in ihrer Gesamtheit innovativ wirkenden – Einzelentwicklungen ausgelöst werden, bedarf es der Herausbildung von Entscheidungstechniken und von adäquaten Steuerungsinstrumenten, um in der Unsicherheit Grundlagen für eine rationalere Gesellschafts- und Raumordnungspolitik entwickeln zu können.
Die Ausbildung solcher Steuerungselemente wird um so dringender, als die Hinwendung des Staates zum Leistungs- und Vorsorgestaat zwangsläufig dazu geführt hat, daß Bund und Länder in steigendem Umfang und immer schnellerer Abfolge sowohl stimulierende als auch prohibitive, jedenfalls aber dirigistische Programme aufstellen (z. B. regionale Wirtschaftsförderung, sektorale Entwicklungsprogramme wie Fernstraßenbau oder Stadterneuerung, ökonomische Leitprogramme wie das Stabilitätsgesetz mit seinen Investitionskontrollen), die zwar durch Tendenzen in der Entwicklung der Gesellschaft ausgelöst, in ihren Auswirkungen auf andere als die direkt betroffenen Sachgebiete aber nur schwer abzugleichen sind.
So bewirken etwa die stimulierenden Programme von Bund und Ländern, daß die Kommunen einen immer höheren Teil ihrer Mittel zur Gegenfinanzierung solcher Programme binden müssen und damit zugleich in immer größere Abhängigkeit von den Finanzierungshilfen des Staates geraten. Das zeigt sich besonders deutlich in den Bereichen der Infrastrukturplanung und der Stadtplanung. Parallel mit der Entwicklung vieldimensionaler übergreifender Planungsräume und der zu ihrer Bewältigung erforderlichen komplizierten Planungstechniken sinkt der bislang gewährleistete eigenverantwortliche Entscheidungsspielraum der Gemeinden.
Bei der nur räumlich wirksamen Bauleitplanung bildete das Einpassungsgebot des § 1 (3) des Bundesbaugesetzes (BBauG) die einzige bedeutende Einschränkung der kommunalen Selbstverwaltungskompetenzen. Der Übergang von der nur räumlichen Planung zu einer umfassenderen Entwicklungsplanung bewirkt dagegen durch die nun erforderliche Koordinierung und möglichst weitgehende Integration sozialer, ökonomischer und räumlicher Ziele und Prozesse bei Festlegung zeitlicher Abfolgen, daß die kommunale Selbstverwaltung auch sehr großer Städte auf vielerlei Weise eingeschränkt oder relativiert wird. Denn die hier sich auswirkenden sozialen und ökonomischen Problembereiche überschreiten vielfach die Grenzen

nur städtischer Einflußmöglichkeiten und unterliegen zu ihrer Bewältigung einer sehr viel stärkeren – hoheitlichen wie finanziellen – Einflußnahme des Staates als dies bislang bei nur räumlichen Problemen der Fall war.

Es zeigt sich, daß die Stadt als Gemeinschaft, als räumliche Form und als Organisationsmodell durch die Summierung der auf sie eindringenden, maßstabsverändernden und innovativ wirkenden Tendenzen in vielerlei Hinsicht überfordert wird. Die überall spürbare Veränderung und Vergrößerung der Maßstäbe macht es notwendig, ›Stadt‹ als entscheidende Bezugsgröße dort aufzugeben, wo gesellschaftliche Entwicklungen zu neuen – nicht nur räumlichen – Dimensionen und Qualitäten führen, und die zur Beherrschung solcher Dimensionen erforderlichen Steuerungsmechanismen derart zu entwickeln, daß sie sowohl den städtischen wie den ›überstädtischen‹ Erfordernissen gerecht zu werden vermögen (vgl. auch S. 409).

In den folgenden Ausführungen wird daher einmal die räumliche Weiterentwicklung der Stadtstrukturen zu Verdichtungsräumen behandelt werden und zum anderen die Fortbildung der räumlichen Planung zur vieldimensionalen Entwicklungsplanung und d. h. zu einem wirksamen Instrument zur Steuerung vielschichtiger Prozesse, die zwar auch auf den Raum abheben, die räumlichen Dimensionen aber bei weitem überschreiten.

Verdichtungsräume

Im *Raumordnungsbericht 72* der Bundesregierung wird festgestellt, daß 1972 »in den Verdichtungsräumen auf 7 % der Fläche 45 % der Bevölkerung des Bundesgebietes leben«; eine knappe, aber präzise Feststellung. Durch sie wird offenbar, daß fast jeder zweite Bewohner der Bundesrepublik in einer besonderen räumlichen Strukturform lebt, über deren Entstehung und Wesen bislang ebenso wenig Einvernehmen besteht, wie über den Platz auf der allgemeinen Wertskala, den derartige Räume in sozialer oder gesellschaftspolitischer Hinsicht einnehmen sollten.

Der Begriff ›Verdichtungsraum‹ tritt als Bezeichnung für räumliche Agglomerationen erstmals Anfang der sechziger Jahre dieses Jahrhunderts auf und zwar als Synonym zu dem älteren Ausdruck ›Ballungsraum‹, der – früheren Bewertungen entsprechend – mit vorwiegend negativen Wertvorstellungen verbunden wurde. Die seitdem eingetretene positive Veränderung in der Bewertung des Phänomens ›Agglomeration‹ – ›Ballung‹ – ›Verdichtung‹ bewirkte, daß der wertneutrale neue Begriff den belasteten alten ablösen konnte und auch den Weg in die gesetzlichen Normierungen des Staates fand (Beschluß der Ministerkonferenz für Raumordnung vom 21. November 1968).

Die Bildung von Verdichtungsräumen ist – sobald über die reine Beschreibung hinausgegangen wird – stets im Rahmen des Gesamtphänomens ›Verdichtung‹ zu sehen, das seit Mitte dieses Jahrhunderts die wirtschaftliche, technologische und soziale Entwicklung unserer Gesellschaft bestimmt. Verdichtung mag insoweit einmal als Phänomen und zum anderen als rational ableitbarer und damit vielleicht auch steuerbarer Prozeß verstanden werden, eine Ambivalenz, die die Behandlung dieses Sachkomplexes häufig erschwert.

Sehr verallgemeinernd ausgedrückt sind ›Verdichtungsräume‹ großflächige Sied-

lungsstrukturen überwiegend urbanen Charakters, deren auslösende Momente aber ebenso unterschiedlich sein können wie die Formen, in denen sie sich ausprägen. Wenn es den Typus der räumlichen Agglomeration auch bereits im 19. Jahrhundert, in überlieferten Einzelfällen selbst sehr viel früher gab, so kann doch davon ausgegangen werden, daß es zur Bildung von Verdichtungsräumen – etwa als eine von vielen möglichen Arten räumlicher Strukturierung – erst bei einem speziellen, in mancher Hinsicht kritischen Leistungsstand innerhalb industrialisierter Gesellschaften kommt, der auf eine Anzahl Voraussetzungen ökonomischer, technologischer und organisatorischer Art gegründet ist (vgl. S. 136 ff, S. 334 ff).
Die Bedeutung derart umfassender, die gesamte Siedlungsstruktur polarisierender Entwicklungen und der dadurch bewirkten Bildung neuartiger urbaner Strukturen und Siedlungsmuster ist für die Weiterentwicklung von Wirtschaft und Gesellschaft heute erst zum Teil zu übersehen. Bereits wegen der äußeren Dimensionen der betreffenden Vorgänge, aber ebenso auf Grund der vielfältigen qualitativen wie quantitativen Einflüsse, die von ihnen ausgehen, muß diese Bedeutung als überaus hoch eingeschätzt werden. Um so mehr mag es verwundern, in welch geringem Maße die Bevölkerung bislang Kenntnis von dem Phänomen als solchem genommen hat, und zwar ohne Ansehung, ob sie innerhalb oder außerhalb von Verdichtungsräumen lebt.
So ergab eine 1971 durchgeführte Befragungsaktion der Bundesregierung, daß »die meisten Bewohner der Verdichtungsräume sich der Tatsache nicht bewußt sind, in einem Verdichtungsraum zu leben« (67). Diese indifferente Werthaltung mag Ausdruck dafür sein, daß sowohl der Verdichtungsprozeß als allgemeines Phänomen wie die – darauf zurückzuführende – Bildung von Verdichtungsräumen bislang noch nicht in das Problembewußtsein der breiten Bevölkerungsschichten gedrungen ist; offenbar gibt es noch kein ›Verdichtungsraum-Bewußtsein‹ etwa als Fortbildung oder Antithese zum ›Stadtbewußtsein‹.
Es fällt zunächst schwer, eine Begründung für diese verblüffende Feststellung zu finden. Eine von mehreren Ursachen mag darin liegen, daß evolutionäre Veränderungen von Systemen und Strukturen, in die man selbst eingespannt ist und mit denen man sich mitverändert, sehr viel schwerer zu objektivieren und damit zu erkennen sind als solche externer Systeme, denen gegenüber der eigene Standort sich deutlich erkennbar abzuheben vermag. Dazu kommt das Fehlen entsprechender Institutionen, die im Bewußtsein der Bevölkerung stellvertretend für die betreffenden Verdichtungsräume sind und diese insoweit repräsentieren.
1. *Beschreibung und Begriffsbestimmung.* Verdichtungsräume sind generell als Siedlungsstrukturen urbanen und suburbanen Charakters zu beschreiben, die große bis sehr große Räume – in gleicher oder verschiedenartiger Dichte – beanspruchen. Bei allen sonstigen Unterschieden in ihren strukturellen und räumlichen Ausprägungen sind sie gekennzeichnet durch eine deutliche Vergrößerung ihrer räumlichen Maßstäbe und die daraus resultierenden Veränderungen ihrer strukturellen Parameter.
Während bei der Entstehung von Verdichtungsräumen eine Anzahl sehr unterschiedlicher Faktoren mitspricht, kann sich die Beschreibung ihrer räumlichen Ausprägung auf einige wenige Grundmuster beschränken:
– Ausweitung historisch gewachsener großer Städte mit Hauptstadt-, Teilhauptstadt- oder Marktfunktionen (Beispiele: London, Paris, Berlin, München) zu ein-

poligen oder monozentrischen Verdichtungsräumen mit besonders hoher Konzentration von Dienstleistungen aller Art,
– Verschmelzung benachbarter Standorte der Montan- und Textilindustrie (überwiegend des 19. Jahrhunderts) zu mehrpoligen oder polyzentrischen Verdichtungsräumen mit relativ einseitiger, wenig gegliederter Wirtschaftsstruktur (Montan-, bzw. Textilballungen; Beispiele: Ruhrgebiet, belgisches und nordfranzösisches Industriegebiet, oberschlesisches Industriegebiet, Wupperballung, die englischen Midlands),
– Verschmelzung schnellwachsender Standorte von Wachstumsindustrien (z. B. chemische und metallverarbeitende Industrien) und Dienstleistungszentren zu mehrpoligen Verdichtungsräumen mit relativ vielseitiger, gut gegliederter Wirtschaftsstruktur (Chemie- und Dienstleistungsballungen; Beispiele: Rhein-Main-Gebiet, Rhein-Neckar-Gebiet, Randstadt Holland),
– lineare Verdichtungen entlang übergeordneten Verkehrsbändern zu mehrpoligen linearen Verdichtungsräumen mit gleichfalls vielseitiger, gut gegliederter Wirtschaftsstruktur (Beispiele: rheinische Städtelandschaft Düsseldorf-Köln-Bonn, oberrheinischer Verdichtungsraum),
– netzartige Verdichtungen durch Verschmelzung oder starke Annäherung benachbarter Einzelballungen und Verdichtungen zu übergroßen und begrifflich übergeordneten Verdichtungsfeldern (Beispiele: Rhein-Ruhr-Raum als Addition von Ruhrgebiet und rheinischer Städtelandschaft, Südost-Anglia als Addition der Räume London und Südostküste, Megalopolis an der Ostküste der USA als Addition der Verdichtungsräume Boston, New York, Philadelphia, Washington).
Abweichend von diesen – ausnahmslos auf stark funktionsteiligen städtischen Strukturen aufbauenden – Verdichtungsprozessen in den hochindustrialisierten Ländern fanden sich in dicht besiedelten noch nicht industrialisierten Ländern Agglomerationen, die ihre Grundlage in hochintensivierten landwirtschaftlichen Räumen hatten (Agro-Agglomerationen; Beispiele: Nildelta, Mesopotamien, Jangtsekiang). Andere Agglomerationen in nicht oder erst partiell industrialisierten Ländern besitzen zwar städtische Kerne, die aber ohne ausreichende ökonomische und funktionale Basis sind, so daß hier – in grundsätzlichem Unterschied zu den entwickelten Ländern – eher von Aufschwemmungen in Form von Notstandsballungen gesprochen werden muß (Beispiele: Kalkutta, Bombay, Ibadan u. a.), nicht aber von Verdichtungsräumen.
Daraus scheint deutlich zu werden, daß nicht alle Arten von Bevölkerungsanhäufungen auch zugleich ›Verdichtungsräume‹ im Sinne dieser Untersuchung sind, sondern nur solche, die gewissen Voraussetzungen genügen und in einem Zusammenhang mit dem Phänomen ›Verdichtung‹ stehen. Das aber legt nahe, vor einer weiteren Behandlung der Verdichtungsräume zunächst zu klären, was unter ›Verdichtung‹ verstanden wird, worauf ›Verdichtung‹ beruht und wie sie sich auswirkt.
›Verdichtung‹ im Sinne dieser Untersuchung wird als besonderes Phänomen der industrialisierten Gesellschaft betrachtet und ist primär als technologisch-ökonomisch gesteuerter Prozeß zu definieren, der etwa zu Beginn der fünfziger Jahre dieses Jahrhunderts aus dem Zusammentreffen einer Anzahl innovativ wirkender verfahrens- und betriebstechnischer Einzelentwicklungen ausgelöst wurde. Die wichtigsten dieser auslösenden Einzelentwicklungen waren:

– die Einführung der Automation in weite Bereiche der gewerblichen Wirtschaft,
– die sprunghaft zunehmende Spezialisierung und die damit verbundene stärkere Arbeitsteiligkeit (Diversifikation) in Industrie, Gewerbe und Dienstleistungen,
– die Änderung wesentlicher Faktoren der Standorttheorie durch Entwicklung neuartiger Transportsysteme (Pipelines, Container) und übergroßer Transportgefäße (Riesentanker und -massenfrachter),
– die Vergrößerung der optimalen Betriebsgrößen in fast allen Bereichen der gewerblichen Wirtschaft als Folge der Automation, der höheren Arbeitsteiligkeit und des damit verbundenen Einsatzes elektronischer Datenverarbeitung, durch die Technologie und Organisation auch sehr großer Betriebe und Betriebsgruppen beherrschbar wurden,
– die Entwicklung besonders leistungsfähiger und hochwertiger Kommunikationssysteme für den individuellen und den öffentlichen Fern- und Nahschnellverkehr und die Telekommunikationen, deren innovative Effekte in den überwiegend gekoppelten Knotenpunkten der betreffenden Systeme optimiert werden und diesen damit in der Hierarchie der Standorte die höchste Rangstufe sichern,
– die Herausbildung spezieller ›Fühlungsvorteile‹ (67) für die gewerbliche Wirtschaft an solchen Großstandorten, die über vielfältige und breit gefächerte Betriebssparten und entsprechend leistungsfähige und umfangreiche Arbeitsmärkte verfügen,
– die noch andauernde Verstärkung allgemeiner Verstädterungstendenzen, die »als Ausdruck einer weitgehend miteinander kommunizierenden und sich damit zugleich informierenden und nivellierenden Industriegesellschaft« (441) aufzufassen sind.

Aus dieser – keineswegs vollständigen – Zusammenstellung von originären Entwicklungen und Sekundär-Prozessen, die zu der Auslösung von Verdichtungsvorgängen beigetragen haben, wird deutlich, daß eine größere Anzahl sehr unterschiedlicher ökonomischer und technologischer Faktoren zusammenkommen mußte, um einen derart vielschichtigen Komplex, wie es der Verdichtungsvorgang offenbar ist, in Gang zu setzen. Dieses ›Ingangsetzen‹ stellt sich nachträglich, wie bei den meisten innovativen Prozessen, als schrittweise vollzogene Veränderung bislang gültiger Maßstäbe dar. Einige von diesen, wie die Vergrößerung der Betriebseinheiten oder die Entwicklung neuer Kommunikations- und Transportsysteme, wirkten primär maßstabsvergrößernd, während andere, wie die Einführung der Automation, die Herausbildung stärker arbeitsteiliger Betriebsstrukturen und die Entstehung besonderer ›Fühlungsvorteile‹, nicht größere Maßstäbe, sondern neue Kategorien hervorbrachten.

So wird deutlich, daß es nicht ausreichend wäre, ›Verdichtung‹ als nur quantitative Maßstabsvergrößerung vorhandener Faktoren anzusehen, weil damit immer nur die eine Seite des Vorgangs erfaßt wird. Vielmehr muß ›Verdichtung‹ zugleich als Prozeß von überwiegend funktionalem oder funktionsveränderndem Charakter definiert werden und letztlich als Ausdruck von räumlich und zeitlich zusammenfallenden Wandlungen technologischer und ökonomischer Strukturen, deren Auswirkungen auf die gesellschaftlichen Abläufe bislang erst in Umrissen zu erkennen sind.

Entsprechend sind Verdichtungsräume als physische Ausprägungen solcher Verdichtungsprozesse auf die vorgegebenen Raum- und Siedlungsstrukturen zu verstehen und damit als räumliche Niederschläge von Entwicklungsreihen, die zwar allesamt auf dem Raum gründen, deren Herkunft aber überwiegend in ökonomischen und technologischen Bereichen liegt.

Zur äußerlichen Kennzeichnung von Räumen als ›Verdichtungsräumen‹ werden bauliche wie ökonomische und soziale Merkmale herangezogen:

– die bauliche Verdichtung von (städtischen oder vorstädtischen) Siedlungsstrukturen über kommunale Grenzen hinweg; dazu gehört auch das Verschmelzen benachbarter Städte und das Einschmelzen immer weiterer Umlandsiedlungen zu einer mehr oder minder homogenen Siedlungsmasse,

– die ökonomische Verflechtung zunächst im Rahmen einzelner Wirtschaftszweige (Montanverbund, Textilindustrie, chemische Industrie), später ganzer Wirtschaftsräume zu eng verknüpften einheitlichen Marktbereichen,

– die soziale Verflechtung – überwiegend als Folge ökonomischer Verflechtungen – über größere Räume hinweg, zunächst in Form von Pendlerbewegungen zwischen Wohn- und Arbeits-, bzw. Ausbildungsplätzen, später als umfassender Integrierungsprozeß von bislang räumlich und sozial gegeneinander abgeschotteten Teilräumen zu vielfältiger angelegten, aber in sich kommunizierenden einheitlichen Lebensräumen.

Bei allen drei Kriteriengruppen zeigt sich – wenn auch in unterschiedlich starker Ausprägung – daß die beschriebenen Vorgänge entweder von vornherein auf Funktionsteilung angelegt sind oder von einem bestimmten Stadium an darauf hinauslaufen.

2. Elemente und Parameter der Verdichtungsräume. Aus solchen zunächst pauschal aufgeführten Faktoren und Kriterien, die im Zusammenhang mit der Bildung von Verdichtungsräumen stehen, können bei genauerer Durchsicht diejenigen Einzelelemente und Parameter ermittelt werden, denen besondere Bedeutung für die Auslösung oder Inganghaltung räumlicher Verdichtungsprozesse zukommt. Dabei ist wiederum zu unterscheiden zwischen ökonomischen, technologischen, räumlich-ökologischen, sozialen und schließlich auch politischen Elementen.

Die wichtigsten ökonomischen Elemente, die zur Bildung von Verdichtungsräumen beitragen, wurden bereits erwähnt:

– Die Einführung der Automation in immer weitere Gebiete der gewerblichen Wirtschaft bewirkte – bei Verminderung der spezifischen Beschäftigtenzahlen – einen erheblich vergrößerten spezifischen Flächenbedarf. Automation zielt dabei sowohl auf die Steigerung der Produktionsraten als auch auf die stärkere Differenzierung der Produktionspaletten und setzt das Vorhandensein oder die Bildung großer, vielseitig gegliederter Verbundketten, Arbeits- und Verbrauchermärkte voraus.

– Verfeinerung der Ansprüche einerseits, Rationalisierungsbestrebungen (z. B. bei Vorfertigungen) andererseits, führten daneben zur Bildung früher unbekannter Formen arbeitsteiliger Zusammenarbeit nicht mehr nur in der gewerblichen Wirtschaft, sondern generell in Technik und Wissenschaft. Auch diese Entwicklungstendenzen waren zu ihrer optimalen Anwendung auf große, möglichst vielseitig strukturierte und weitgehend kommunizierende Märkte angewiesen.

– Die Einführung der elektronischen Datenverarbeitung in die Produktion und Organisation der gewerblichen Wirtschaft und in die öffentliche Verwaltung machte es möglich, daß sehr große und sehr viel komplexere Produktions- und Dienst-

leistungseinheiten, als es bislang gab, beherrschbar wurden. In vielen Fällen bewirkte die Anwendung der Datenverarbeitung auch völlig neue Kategorien organisatorischer oder produktiver Interdependenzen; die optimalen Organisationsgrößen verlagerten sich erheblich nach oben und erzeugten damit weitere Verdichtungsanreize.
– Die bereits erwähnte Herausbildung sogenannter ›Fühlungsvorteile‹ ist im gleichen Zusammenhang zu sehen. Gerade die noch andauernden Tendenzen zu fortschreitender Arbeitsteiligkeit der Produktionsgänge und zu Differenzierung der Produktionspaletten erzeugten, gewissermaßen als Gegenwirkung, ein immer stärker werdendes Bedürfnis nach räumlicher Nachbarschaft von Betrieben und Organisationsstellen gleicher oder sich ergänzender Branchen. Der Austausch von Informationen, aber auch das Abtasten des Marktgeschehens und das elastischere Eingehen auf die Bewegungen des Arbeitsmarktes wurden dadurch erleichtert und alles in allem die Effizienz der betreffenden Unternehmen erhöht. Es liegt auf der Hand, daß gerade diese Bestrebungen sich stark verdichtungsfördernd auswirken mußten.
– Schließlich bewirkte die Entwicklung des Marktgeschehens, daß die Rendite vieler Sparten der Wirtschaft in entstehenden Verdichtungsräumen stärker anwuchs als in anderen Gebietskategorien. Die Konsequenz daraus waren weitere Maximierungen von Investitionen nicht nur der Wirtschaft, sondern ebenso der Öffentlichen Hand, die die Versorgung solcher übergroßer Siedlungsstrukturen nur durch Einführung zusätzlicher und meist kostenintensiver Infrastruktursysteme (z. B. U-Bahnen, Stadtautobahnen, Parkhäuser) sicherstellen konnte.
Neben diesen vorwiegend ökonomischen Elementen haben sich einige technologische Innovationen in besonders hohem Maße verdichtungsfördernd ausgewirkt. Auch in solchem Zusammenhang wäre wieder die Automation als wichtiger Faktor anzuführen, deren Wirkungsmechanismus aber bereits unter ökonomischen Aspekten abgehandelt wurde.
Von ebenso großer Bedeutung für das Entstehen von Verdichtungsräumen waren – und sind weiterhin – die innovativen Entwicklungen auf Gebieten des Transport- und des sonstigen Kommunikationswesens.
– Die Anfang der fünfziger Jahre einsetzende Motorisierung hat weiten Bevölkerungskreisen ein bis dahin unbekanntes Maß an räumlicher Mobilität ermöglicht. Die Massenmotorisierung erlaubte die weitgehende räumliche Trennung zwischen Wohnplätzen einerseits und Arbeits- und Ausbildungsplätzen andererseits und vergrößerte damit den Durchmesser der individuellen Lebensräume für große Teile der Bevölkerung um ein Mehrfaches. Da die Motorisierung primär ubiquitären Charakter hat, sicherte sie zunächst einem weiten Umland die gute Erreichbarkeit der in Verdichtungsräumen konzentrierten Arbeitsplätze und erschloß andererseits den sich herausbildenden oder stark wachsenden Verdichtungsräumen ein sehr viel weiteres Umland und damit zugleich auch einen sehr viel größeren Arbeits- und Absatzmarkt als bisher.
Dieser verdichtungsfördernde Effekt der allgemeinen Motorisierung wird allerdings bei Erreichen einer Schwelle abgebremst, die sich aus dem immer ungünstiger werdenden Verhältnis zwischen der wachsenden Zahl von Kraftfahrzeugen und den zur Verfügung stehenden Flächen für den fließenden und ruhenden Verkehr ergibt.

Im Extremfall, d. h. wenn die zentralen Einrichtungen und die Arbeitsplätze der betreffenden Verdichtungsräume infolge von Dauerverstopfungen der Zugangswege für den motorisierten Individualverkehr unerreichbar werden, schlägt dieser verdichtungsfördernde Trend in sein Gegenteil um.
– Die Entwicklung leistungsfähiger Bahnsysteme für den Nah- und Fernschnellverkehr auf der Schiene schuf sodann die Voraussetzungen für die räumliche Entzerrung verklumpter und für die Ausbildung dezentralisierter, aber in sich konzentrierter Siedlungsstrukturen. Während derartige Nahschnellverkehrssysteme durch ihre Netzgestaltung zur inneren Strukturierung verdichteter Räume beitragen, führt die Einrichtung von besonderen Fernschnellverkehrssystemen einmal zur weiteren Optimierung der äußeren Erreichbarkeit der Zentren von Verdichtungsräumen und damit zu einer zusätzlichen Steigerung der dort schon sehr hohen Standortgunst und zum anderen zur Schaffung eines neuen Maßstabs für die Makrostruktur des Landes. Allgemeiner ausgedrückt: Es wird erst durch die Entwicklung solcher Schnellverkehrssysteme möglich, die räumlichen Konsequenzen aus den Anforderungen der ökonomischen und technologischen Innovationen zu ziehen und die konventionellen massierten oder zersplitterten Siedlungsstrukturen in lineare oder netzartige umzuformen.
– In die Reihe solcher innovativ wirkenden Faktoren gehört auch die sprunghafte Weiterentwicklung der Telekommunikationen und der übrigen Informationssysteme (automatische Fernsprechanlagen, Ausbildung von Kabelfernsehen, elektronische Datenverarbeitung). Wenn diese Informationssysteme auch grundsätzlich ubiquitären Charakter haben, so kommen sie zur optimalen Wirkung doch erst in sehr großen räumlichen oder organisatorischen Strukturen und können insoweit die Ausbildung und Organisierung gerade der Verdichtungsräume wesentlich erleichtern.
Bringt man diese technologisch bedingten Elemente auf einen gemeinsamen Nenner, zeigt sich, daß sie allesamt leistungserhöhend wirken und neue qualitative Maßstäbe – neben der Vergrößerung der nur quantitativen – setzen, durch die erst die Beherrschung großer und sehr großer Organisationseinheiten möglich wird. Ihre Wirkungsweise ist vorwiegend dynamisch und muß auch als Herausforderung an die vorgegebenen (ökologischen) Parameter des Raumes gesehen werden.
Zu diesen ökologischen Bedingungen der Verdichtungsräume wird in der Anlage zum *Raumordnungsbericht 72* der Bundesregierung ausgeführt: »Die Entwicklung der einzelnen Verdichtungsräume hängt von einer Anzahl ökologischer Randbedingungen ab, die unter dem Begriff ›natürliche Ressourcen‹ zusammengefaßt werden. Nicht ausreichende oder gar fehlende Ressourcen können schon bei weniger umfangreichen Siedlungsgebilden nur bedingt durch technische Ersatzmaßnahmen ausgeglichen werden (z. B. Trinkwasservorrat, Vorflut, aber auch weitere Faktoren der Vitalsituation wie Umweltbelastung und die klimatischen Gegebenheiten). Erschien es bislang noch möglich, unzureichende ökologische Bedingungen durch technisch-organisatorische Maßnahmen den steigenden Ansprüchen anzupassen, so ist bei den größeren Verdichtungsräumen deutlich geworden, daß die Vitalsituation hier auf einigen Gebieten qualitative wie quantitative Begrenzungskriterien setzt, die ohne schwere Risiken oder ungewöhnlich hohe Kosten nicht mehr überschritten werden können (z. B. Trinkwasserschatz, Luftbelastung).«

Topographie, Klima und natürliche Ressourcen wirken sich demnach – im Gegensatz zu den dargestellten ökonomischen und technologischen Faktoren – von einer jeweils nur lokal zu definierenden Größenordnung an nicht mehr als stimulierende, sondern eher als restriktive Parameter für die expansive Entwicklung der betreffenden Räume aus.

Ökonomische und technologische Faktoren konnten somit als primäre Triebkräfte für die Herausbildung von Verdichtungsräumen sichtbar gemacht werden, denen die ökologischen Randbedingungen eher bremsend als fördernd gegenüberstehen. Die Darstellung bliebe unvollständig und einseitig ohne die Ergänzung durch solche gesellschaftliche Faktoren – soziale wie letztlich auch politische –, die ebenfalls, wenn auch in unterschiedlicher Intensität, von Bedeutung für die Entwicklung der Verdichtungsräume sind.

Zu den sozialen Faktoren gehören vor allem:
– Die allgemeine Verstädterungstendenz, die in früheren Darstellungen oft als auslösendes Moment für die Bildung von Verdichtungsräumen angesprochen wurde, »tritt zwar als Wesensmerkmal und Ausdruck einer weitgehend miteinander kommunizierenden und sich damit zugleich informierenden und nivellierenden Industriegesellschaft in Erscheinung, ist aber selbst nur Ergebnis der dargelegten, andersartigen Prozesse und somit auch nicht Ursache, sondern bestenfalls mitwirkendes Moment bei der Polarisierung der Siedlungsstruktur« (441).
– Die Umbewertung von Grundfunktionen menschlichen Lebens, die sich etwa in der Höherbewertung von Freizeit und der differenzierteren Beurteilung der Arbeit nach Gesichtspunkten der Dauer und der Qualität ausdrückt, führt ebenso wie die damit verbundene Neubewertung solcher Umweltfaktoren, die auf höhere Ansprüche an Dienstleistungen und Versorgung, Qualität des Lebens, Bildung und wiederum Freizeit abzielen, zu einer erhöhten Attraktivität solcher Räume, in denen eine größere Palette von Faktoren und Einrichtungen mit positivem Reizwert vorhanden sind oder doch als vorhanden angenommen werden (vgl. S. 281 ff).
– Die Vielzahl von Angeboten an potentiellen Arbeitsplätzen und die dadurch gegebene größere soziale Sicherheit werden als Chance gesehen und bewirken einmal auch die größere Bereitschaft zur – innerregionalen! – Mobilität und zum anderen die Hinnahme der damit verbundenen vergrößerten räumlichen Maßstäbe, sofern Schwellen von 45 bis 60 Minuten Fahrzeit nicht überschritten werden.

Es verbleiben die vorwiegend politischen Elemente. Zu diesen muß eine Vielzahl höchst unterschiedlicher Faktoren gerechnet werden, die etwa mit dem föderalistischen Staatsaufbau der Bundesrepublik beginnen und regionalpolitische Fragen ebenso einschließen wie fachpolitische oder grundsätzliche Auseinandersetzungen über die Abstimmung von Zielsystemen und deren Prioritäten.

So steht außer Frage, daß der Verlust von Berlin als Hauptstadt und Metropole und die mit der Zeit immer stärker ausgebildete föderalistische Struktur der Bundesrepublik die Ausbildung einer dezentralen Siedlungsstruktur und damit zugleich die von regionalen Verdichtungsräumen in ihrer Funktion als Ersatzhauptstädte deutlich gefördert haben. Aufbauend auf dieser staatlichen Struktur konnte sich die Konzentrierung der wirtschaftlichen Entwicklung auf besonders ausgerüstete Teilräume leichter vollziehen als dies in zentralistischen Staaten der Fall gewesen wäre (man vergleiche die Regionalisierungsbestrebungen in Frankreich und Großbritannien).

Verdichtung als politisch wirksamer Prozeß ist polyvalent. So wird die politische Beurteilung des Verdichtungsprozesses immer davon abhängen, welchen Zielen die jeweilige Regierung Priorität einräumt. Zunehmende Verdichtung bewirkt zugleich zunehmende Entleerung anderer Gebiete und verstärkt damit die sowieso vorhandenen räumlichen, qualitativen und demographischen Ungleichgewichte, da die Wanderungen innerhalb des Landes, auch die der Gastarbeiter, sich auf derartige Aktivräume konzentrieren.

Während die Bildung von Verdichtungsräumen noch Ende der fünfziger Jahre politisch unerwünscht war, weil zu dieser Zeit eine möglichst gleichmäßige und gleichartige Entwicklung des Bundesgebiets angestrebt wurde (343), enthält der *Raumordnungsbericht 72* die Feststellung, daß »die zunehmende Verdichtung von Wohnungen und Arbeitsplätzen, vor allem aber von hochwertigen Infrastruktureinrichtungen... nach dem Raumordnungsgesetz und dem Willen der Bundesregierung nicht nur hingenommen, sondern auch zielstrebig gefördert wird«. Die Konzentration der Siedlungsentwicklung auf leistungsfähige Verdichtungsräume ist somit zum politischen Leitbild innerhalb der Bundesrepublik geworden.

Dagegen ist nach wie vor umstritten, welche der beiden Alternativen ›Förderung des Wachstums der bestehenden großen Verdichtungsräume‹ oder ›Förderung neuer Verdichtungen bei gleichzeitigem Ausbau noch nicht überlastungsgefährdeter Verdichtungsräume‹ sich schließlich politisch durchsetzen wird. Noch der *Raumordnungsbericht 72* ist insoweit kontrovers, als dort zwar erklärt wird »Nicht größere Verdichtungsräume, sondern mehr kleinere Verdichtungen heißt demnach das Ziel«, während in dem Anhang desselben Berichts ausgeführt wird: »Die dezentralisierte Siedlungsstruktur der Bundesrepublik Deutschland ist durch Netzergänzungen und qualitative Verbesserungen der Kommunikations- und sonstigen Infrastruktursysteme zu vervollkommnen.« Aus dieser eher unterschiedlichen Ebene der Aussagen brauchen nicht a priori Widersprüche hergeleitet zu werden; sie können aber entstehen, wenn es nicht gelingt, beide Aussagen auf einen präzisierenden gemeinsamen Nenner zu bringen.

3. *Zur Typologie der Verdichtungsräume.* In einer ersten Beschreibung der Verdichtungsräume wurden – zunächst unreflektiert – Grundmuster aufgezeigt, nach denen sich die Ausprägung räumlicher Verdichtungsprozesse zu vollziehen scheint. Die Kenntnis der wesentlichen Elemente und Parameter, die ausschlaggebend für die Ingangsetzung und Weiterentwicklung solcher Prozesse sind, sollte es nun ermöglichen, Ansätze zu einer Typologie der Verdichtungsräume abzuleiten oder doch zu untersuchen, ob die oben aufgezeigten Grundmuster wirklich idealtypische Ausprägungen historisch oder funktional bestimmter Strukturen sind oder nur mehr oder minder zufällige Ergebnisse topographisch vorgegebener, örtlicher Tatbestände.

Wird bei den räumlichen Strukturmustern angesetzt, ergeben sich folgende Hinweise:

– Monozentrische Verdichtungsräume, also Raumstrukturen, die ganz oder überwiegend von einem überragenden Zentrum aus gesteuert und versorgt werden, können als Typus einer stark vergrößerten, unter Umständen überdehnten Stadt betrachtet werden. Ihr Zustandekommen setzt in der Regel eine wenig bewegte Topographie voraus, was nicht ausschließt, daß auch topographisch bewegte Räume, wie etwa Stuttgart, sich zu monozentrischen Verdichtungsräumen entwickeln. Im Ansatz lassen sich alle monozentrischen Verdichtungsräume aus alten Handelsstädten oder dem Sitz von Herrschaftszentren (Hauptstädten) ableiten, beides Voraussetzungen, die solche Räume – sei es aus Gewöhnung, also als Ausdruck historisch-funktionaler Kontinuität, sei es im Rückgriff auf potentiell vorhandene und wiederverwendbare Standortfaktoren – zum Sitz zentraler Einrichtungen hoher Qualität (Regierungen, sonstige öffentliche und private Verwaltungen) prädestinieren.

Monozentrische Verdichtungsräume sind – wohl ebenfalls aus historischen Gründen – überaus vielseitig strukturiert, so daß es schwer fällt, diese räumliche Kategorie noch weiter zu unterteilen. Graduell kann allerdings unterschieden werden zwischen vorwiegend produktionsbestimmten monozentrischen Verdichtungsräumen (Beispiele: Stuttgart, Nürnberg) und vorwiegend dienstleistungsbestimmten Räumen (Beispiele: Hamburg, München).

Polyzentrische Verdichtungsräume, also Raumstrukturen, die eine Mehrzahl von annähernd gleichwertigen Zentren oder doch mehrere Haupt- und Nebenzentren aufweisen, sind historisch gesehen jünger und in keinem Fall vor der Mitte des 19. Jahrhunderts nachzuweisen. Ihrer Herkunft nach sind sie zu untergliedern in
– Montan-Ballungen, deren Entstehung aus den metallurgischen Technologien des 19. Jahrhunderts abzuleiten ist (Eisen- und Stahlerzeugung mit und auf der Kohle, Kohle-Stahl-Verbund; Beispiel: Ruhrgebiet),
– Textil-Ballungen, die ihr Entstehen der gleichfalls auf das 19. Jahrhundert zurückgehenden Addition von Groß- und Zulieferbetrieben der Textilindustrie an Standorten mit gutem Brauchwasser verdanken (Beispiel: Wupper-Raum),
– Chemie-Ballungen, die sich im Laufe des 20. Jahrhunderts aufbauend auf dem Prinzip der Arbeitsteilung und in Ausnutzung der wirtschaftlichen und technologischen Vorteile enger räumlicher Kettenbildung an hierfür geeigneten Makro-Standorten herausgebildet haben (Beispiel: Rhein-Neckar-Raum),
– polyvalente Verdichtungsräume, die sich in der zweiten Hälfte des 20. Jahrhunderts in Gebieten mit besonders hoher Standortgunst in Bezug auf Verkehrslage und Einzugsbereiche entwickelt haben. Solche Verdichtungsräume sind – im Unterschied zu den zuvor aufgeführten Ballungen – besonders vielseitig strukturiert und umfassen sowohl Industrieballungen wie Massierungen von Dienstleistungen aller Art (Beispiele: Rheinische Städtelandschaft, Rhein-Main-Gebiet),
– Verdichtungsfelder, also Raumstrukturen, die sich aus der Addition – nicht Verflechtung! – mehrerer Verdichtungsräume zu einer übergeordneten räumlichen Makrostruktur entwickelt haben. Derartige Verdichtungsfelder unterscheiden sich von polyzentrischen Verdichtungsräumen einmal durch ihren außerordentlichen Umfang und zum anderen durch ihre abweichende Struktur. Während es zum Wesen jedes der beschriebenen Typen von Verdichtungsräumen gehört, daß der gesamte verdichtete Raum in sich stark verflochten ist, trifft gerade das bei Verdichtungsfeldern nur noch bedingt zu. Vielmehr läßt sich bei diesen bislang größten Siedlungsmustern feststellen, daß ihre Glieder, die einzelnen Verdichtungsräume, aus denen ein solches Verdichtungsfeld zusammengesetzt ist, sich zwar räumlich aufeinander zu entwickelt haben, daß damit aber keine entsprechend starken gegenseitigen Verflechtungen verbunden waren. Offenbar werden hier Grenzen sichtbar,

die sozio-ökonomischen Verflechtungen bei Überschreiten maximaler räumlicher und quantitativer Parameter gesetzt sind (Beispiel: Rhein-Ruhr-Wupper-Verdichtungsfeld, bei dem das Fehlen entsprechend starker Verflechtungserscheinungen, z. B. der Pendler, zwischen den drei Teilräumen Ruhrgebiet, Wupper-Ballung und Rheinische Städtelandschaft besonders frappierend ist).

Verdichtungsräume unterscheiden sich weiterhin in den von ihnen ausgeübten Leitfunktionen, aus denen sich wiederum Schlüsse auf ihren Rang und ihre Bedeutung im Verhältnis zu anderen Räumen ableiten lassen. Im Anhang zum *Raumordnungsbericht 72* wird hierzu ausgeführt:

»Im Zuge der Konsolidierung der Bundesrepublik und hervorgerufen durch den Fortfall der wirklichen Hauptstadt (als Metropole) haben sich Verdichtungsräume herausgebildet, deren Kernstädte – entweder auf der Basis bereits vorhandener Strukturen oder als Ergebnis jüngster Entwicklungsprozesse – auf Teilgebieten Funktionen für die gesamte Bundesrepublik erfüllen (Teilhauptstädte) und andere, die lediglich oder überwiegend zentrale Funktionen für ihre Region wahrnehmen (Regionalhauptstädte).

›Teilhauptstädte‹ in dieser Definition sind – neben Berlin – Hamburg, Köln/Bonn, Frankfurt und München, weil in jedem dieser Räume (neben den nur regionalen Funktionen) wesentliche Aufgaben für die Gesamtheit der Bundesrepublik wahrgenommen werden (etwa in der Regierung und zentralen Verwaltung, der Finanzwirtschaft, dem Handel, der Kultur u. a.).

Die Kernstädte der übrigen großen Verdichtungsräume – Bremen, Hannover, Düsseldorf, Essen, Nürnberg, Mannheim/Ludwigshafen und Stuttgart – haben dagegen keine oder nur nachgeordnete Funktionen für die gesamte Bundesrepublik. Sie nehmen einen funktional anderen, nicht gleichen Rang ein und stehen in der sich bildenden Ordnung der Verdichtungsräume eine Stufe unter den Zuvorerwähnten: sie sind vorwiegend ›Regionalhauptstädte‹.«

Eine dritte Gruppe, die überwiegend kleinere Verdichtungsräume umfaßt, erfüllt weder Funktionen für die Gesamtheit der Bundesrepublik noch überwiegend solche für eine größere Region. Bei ihnen handelt es sich demnach weder um Teil- noch um Regionalhauptstädte, sondern um Verdichtungen ohne hervorstechende funktionale Kennzeichnung oder um solche, die übergeordnete Funktionen nur für Teile größerer Regionen wahrzunehmen haben (Beispiele: Bielefeld, Kassel, Karlsruhe).

Werden die dargestellten räumlichen Strukturmuster in Korrelation zu diesen Leitfunktionen gebracht, so zeigen sich in der Tat erste Ansätze zu einer – gewiß noch nicht abschließenden – Typologie der Verdichtungsräume. Z. B. gehören drei der fünf ›Teilhauptstädte‹ dem Typ ›vorwiegend dienstleistungsbestimmte monozentrische Räume‹ an (Berlin, Hamburg, München) und die übrigen zwei dem Typ ›polyvalente (polyzentrische) Verdichtungsräume‹ (Köln/Bonn, Frankfurt), während unter den ›Regionalhauptstädten‹ vier zum Typ ›monozentrische Räume‹ gehören (Bremen, Hannover, Nürnberg, Stuttgart) und je eine zu den Typen ›polyvalente (polyzentrische) Verdichtungsräume‹ (Düsseldorf), ›Montan-Ballung‹ (Essen) und ›Chemie-Ballung‹ (Mannheim-Ludwigshafen).

Von diesen zwölf Verdichtungsräumen mit deutlich übergeordneten Funktionen gehören also sieben zu den monozentrischen und drei zu den polyvalenten (polyzentrischen) Raumtypen. Daraus kann abgeleitet werden, daß diese beiden Typen konstitutive Merkmale haben, die ihnen eine besondere Eignung für die Ausübung zentraler und hauptstädtischer Funktionen verleihen und die den stärker produktionsbestimmten Typen, wohl infolge der anderen Zusammensetzung der verdichtungsbestimmenden Faktoren, fehlen.

Beim Abwägen der künftigen Entwicklungschancen dieser beiden dienstleistungsbestimmten Verdichtungstypen besteht einiger Grund zu der Annahme, daß die enge Nachbarschaft einer Mehrzahl hochrangiger Zentren auch zu stärkeren gegenseitigen Entwicklungsimpulsen bei engeren Interdependenzen führen könnte, als dies bei monozentrischen Räumen der Fall ist. Denn hier stößt die räumliche Ausweitung des einen Zentrums früher auf ökonomische und organisatorische Grenzen, und die Ausbildung von Nebenzentren begegnet spezifischen Schwierigkeiten, die in der Übermacht der Hauptzentren begründet sind.

Solchen Erwägungen steht allerdings die Erfahrung gegenüber, daß sehr große Zentren sich entweder teilen oder doch mit einer gewissen Automatik Ableger bilden, die sich nicht selten zu gleichrangigen Cityräumen entwickeln (Beispiele: London, New York, Berlin).

4. Zusammenfassung und Folgerungen. Aus dieser Analyse der Bezugseinheit ›Verdichtungsräume‹ schält sich eine Anzahl charakteristischer Daten und Begriffe heraus:

So ist der funktionale und sozio-ökonomische Begriffsinhalt hier eng gekoppelt mit spezifischen Dichte- und absoluten Größevorstellungen, ohne die der Aussagewert solcher Begriffe gering bleibt.

Da Verdichtungsräume stets auf Gemeinden und anderen Gebietskörperschaften aufbauen, die für ihren Bereich Träger der allgemeinen oder auch spezieller Planungshoheiten sind, bedarf es in solchen Räumen besonderer Formen überkommunaler Kooperation und – zu deren Handhabung – der Herausbildung entsprechender politischer Kategorien.

Nur in Verdichtungsräumen sind die Bedingungen für weitgehend differenzierte Arbeitsteilungen und für besonders hochwertige – aber auch besonders aufwendige – Infrastrukturen zu schaffen, mit deren Hilfe die immer weiter ansteigenden Ansprüche der Bevölkerung an Versorgung und Dienstleistungen erfüllt werden können.

Der räumlich erweiterte Planungsraum wird durch das Übergreifen funktionaler Bezüge zwischen einer Vielzahl von Gemeinden immer komplexer. In gleichem Maße wachsen die Abhängigkeit von kommunalen Versorgungsleistungen wie andererseits die Ansprüche auf Beteiligung der Bevölkerung und auf Durchsetzung von Interessenausgleichungen, die nicht mehr auf nur liberalistische Vorstellungen zurückgreifen.

Als Folge der gesamtgesellschaftlichen Entwicklung erheben sich zugleich Forderungen nach einer besseren Qualität der Planung.

Ein erster Aspekt ergibt sich durch das Zusammenwirken der ökonomisch-technologischen Innovationen, bei denen die Steigerungen in der Effizienz der Kapitalverwertung wesentliche Triebfeder ist.

Diese ökonomisch-technologisch geprägte Tendenz wird ergänzt durch die Trends der sich verändernden Gesellschaftsstruktur, die durch steigende Versorgungserwartungen und -haltungen der Bevölkerung und durch das gewandelte Staatsverständnis – vom Garanten einer individuellen rechtlichen Ordnung zum Leistungs- und Interventionsstaat sozialer Prägung – bestimmt wird (442). Ergänzt werden diese beiden Aspekte durch die Vielzahl nur bedingt beeinflußbarer Entwicklungen, wie sie etwa in den Empfehlungen des Beirats für Raumordnung im *Raumordnungsbericht 72* enthalten sind.

Zusammenfassend ergibt sich die Notwendigkeit einer Abkehr von den bislang verfolgten Prinzipien unkoordinierter, häufig unter sich abgeschotteter Einzelplanungen der Öffentlichen Hand aus

– den Gewichtsverlagerungen zwischen den hoheitlich ordnenden, den dienstleistenden und den planenden Verwaltungsaufgaben,

– der steigenden gegenseitigen Abhängigkeit der Daseinsvorsorgeleistungen bei begrenzten Mitteln,

– den sichtbar werdenden Veränderungen der jeweiligen Anteile von marktgelenkten und plangelenkten Wirtschaftsbereichen,

– den Konsequenzen eines veränderten Planungsbegriffs beim Übergang von der Anpassungsplanung zu einer ganzheitlichen Einflußnahme auf die gesellschaftliche Entwicklung,

– dem Erfordernis, innerhalb von Rahmenbedingungen ein in sich konsistentes Zielsystem zu formulieren und entsprechende Mittelzuordnungen für Planung und Durchführung festzulegen,

– der Forderung nach Objektivierung und Instrumentalisierung mit Hilfe einer besonderen, den Planungsaufgaben angepaßten Verwaltungsstruktur und der Einbringung neuer Planungsmethoden und

– der Entwicklung besser greifender Planungsinstrumente, um die Divergenz zwischen ›Lagewert‹ und ›Ertragswert‹ in den Verdichtungsräumen abzubauen (optimaler Mitteleinsatz bei begrenzten Ressourcen).

Entwicklungsplanung

1. Begriffsbildung und Begriffsbestimmung. ›Entwicklungsplanung‹ wurde als »Instrument zur Steuerung der vielschichtigen Prozesse« apostrophiert, »die zwar auf den Raum abheben, räumliche Dimensionen aber bei weitem überschreiten«.

Aus der Analyse der Verdichtungsräume wurde deutlich, daß und warum räumliche Probleme mit sozialen und ökonomischen um so mehr kollidieren, je dichter und komplexer die betreffenden Raumstrukturen werden. Forderungen nach besserer und übergreifender Planung wurden daher zuerst in Räumen erhoben, die einen derart hohen Grad an Verdichtung und Komplexität aufweisen, daß eine Steuerung mit den bislang verfügbaren Mitteln um so fragwürdiger wird, je weniger die Koordinierungs- und Kooperationsmöglichkeiten der vorhandenen Planungsinstrumente den steigenden Anforderungen zu entsprechen vermögen.

Diese Planungsinstrumente sind ihrerseits Ausdruck sehr unterschiedlich institutionalisierter Planungsarten für ebenso verschiedenartige Lebensbereiche mit häufig unabgestimmten, unter Umständen kontroversen Planungszielen. So ist grundsätzlich zu unterscheiden zwischen

– räumlicher Planung, die auf die differenzierte Festlegung räumlicher Nutzungen

und die Ausbildung vorwiegend räumlicher Entwicklungsmodelle abzielt. Dieser Planungsart kam bisher die entscheidende Schlüsselposition mindestens im Verwaltungsbereich der Kommunen zu, da sie als einzige durch die Raumordnungsgesetze des Bundes und der Länder und das Bundesbaugesetz über alle Ebenen der öffentlichen Verwaltung und des öffentlichen Handelns hinweg voll institutionalisiert ist.
– Wirtschaftsplanung, die einmal im sektoralen, zum anderen im regionalen Bereich angewandt wird, um Bund und Ländern – über mittlere Zeiträume – eine verbesserte und d. h. mehr zielgerichtete und stärker kontinuierliche Einflußnahme auf die sektorale und regionale Wirtschaftsentwicklung zu ermöglichen (sektorale und regionale Wirtschaftspolitik). Wirtschaftsplanung bedeutet die – erst seit Anfang der sechziger Jahre akzeptierte! – Übernahme planwirtschaftlicher Elemente in die soziale Marktwirtschaft; sie ist bislang institutionalisiert in den regionalen und sektoralen Förderprogrammen des Bundes und in den Entwicklungsprogrammen der Länder, während eine Institutionalisierung auf kommunaler Ebene erst in Ansätzen erkennbar ist.
– Sozialplanung als Instrument gesellschaftlichen Ausgleichs, aber auch gesellschaftlicher Umverteilung und Veränderung mit den Planungsräumen der sozialen Infrastrukturplanung. Bislang ist Sozialplanung – abgesehen von den betreffenden Regelungen des Städtebauförderungsgesetzes – kaum institutionalisiert.
Bei der Zusammenführung derart unterschiedlicher Planungsarten tritt eine Fülle grundsätzlicher oder spezieller Koordinationsprobleme auf, die nur graduell verschieden sind, je nachdem, ob nur mehr oder minder lockere Koordinierungen oder feste Integrationen angestrebt werden. Dabei wird Koordinierung hier sowohl zum organisatorischen Problem – nämlich in Bezug auf die Verwaltungsstruktur und die erforderlichen Instrumentarien – als auch zum inhaltlichen – nämlich in Bezug auf die disziplin-immanenten Werthaltungen und die Zielkonflikte bei der Problemlösung.
Die organisatorischen Probleme, bzw. die Auswirkungen der Koordinierungserfordernisse auf die Verwaltungen beginnen mit der Bildung mehr oder minder selbständiger Koordinierungsstellen und der Sicherstellung des für diese Stellen lebensnotwendigen Informationsflusses. Voraussetzung ist dabei die Schaffung eines ressortübergreifenden Zielsystems, auf das hin koordiniert werden kann. Lösungsmöglichkeiten werden nur in dem Maße gegeben sein, wie es gelingt, entsprechende Koordinierungsmethoden sowie spezielle Planungs- und Vollzugsinstrumente zu schaffen. Dazu gehört auch die Kenntlichmachung der unterschiedlichen Wirkungsmöglichkeiten der betreffenden Planungen nach Imperativ- (bestimmender) und Indikativ- (hinweisender) Planung sowie nach den Bindungsmöglichkeiten in öffentlichen und privatwirtschaftlichen Bereichen.
In der begrifflichen Bestimmung der Entwicklungsplanung gibt es zwei Stufen:
– »in einer ersten Stufe... die Koppelung räumlicher Planung mit den Investitionsentscheidungen der Öffentlichen Hand unter Festlegung zeitlicher Komponenten und
– in einer zweiten Stufe die Integration aller räumlichen, sozialen und ökonomischen Planungen der Öffentlichen Hand, ebenfalls unter Einbeziehung der zeitlichen Prioritäten« (442).
Entwicklungsplanung verstanden als Stadt-, bzw. Regionalentwicklungsplanung,

also als Erweiterung der räumlichen Planung um die Aspekte ›Zeit‹ und ›Investitionen‹, darf dabei nicht additiv auf den Raumplanungsbegriff aufgepfropft werden. Sie bedingt bereits die Schaffung einer neuen Planungsqualität, nämlich die Planung der Gesamtheit administrativer Maßnahmen nach formulierten Zielsystemen als umfassende Aufgabenplanung der Öffentlichen Hand (Planung der sozio-ökonomischen Bedingungen, räumliche Planung, Infrastrukturplanung, Organisationsplanung).

Im Unterschied zu der eher statischen Bauleitplanung ist eine so verstandene Stadtentwicklungsplanung stärker dynamisch, flexibler und anderen Zeithorizonten unterworfen. Daraus ergeben sich Rückschlüsse etwa in Verfahrensfragen, die auch gegen die verfahrensmäßige Koppelung räumlicher und übergreifender Planungsverfahren sprechen.

Entwicklungsplanung als neue Planungskategorie bietet zwar Möglichkeiten etwa der internen Substitution von Mittelzuordnungen (z. B. räumliche gegen nichträumliche) bei der Verfolgung abgestimmter Ziele, dagegen ergeben sich unter Umständen sehr differierende Zeithorizonte und Bandbreiten der Aussagen, die durch unterschiedliche Grade der Verfügbarkeit, der theoretischen Fundierung und Prognostizierung sowie unterschiedliche Ressourcen-Restriktionen verursacht werden.

Entwicklungsplanung der zweiten Stufe, also verstanden als ganzheitlich angelegter antizipatorischer Eingriff in die Gesellschaftsstruktur, bedarf darüber hinaus umfangreicher und speziell hierfür zu entwickelnder gesellschaftspolitischer Kontroll- und Beteiligungsformen, damit sonst denkbare zentralistische und totalitäre Tendenzen ausgeschaltet werden können.

Für die einzelnen Ebenen der Entwicklungsplanung bestehen zur Zeit noch sehr unterschiedliche und ungleichwertige gesetzliche oder andere Absicherungen:

– Auf Bundesebene fehlt es bislang an gesetzlichen Regelungen. Es bleibt abzuwarten, ob und inwieweit das 1974 zu erstellende Bundesraumordnungsprogramm auch Funktionen eines Entwicklungsprogramms des Bundes wird wahrnehmen können.

– Auf Landesebene enthalten die neueren Landesplanungsgesetze der Länder Hessen (1970), Nordrhein-Westfalen (Novelle 1972), Baden-Württemberg (Novelle 1972), Bayern und Schleswig-Holstein (1971) teils Ansätze, teils bereits ausführliche Regelungen zu Fragen der Landesentwicklungsplanung; eine entsprechende Novelle zum Niedersächsischen Raumordnungsgesetz ist in Vorbereitung.

– Auf regionaler und Kreisebene bestehen bislang recht unterschiedliche Regelungen, die sich im allgemeinen aus den Landesplanungsgesetzen der betreffenden Länder ableiten. So sehen das Schleswig-Holsteinische und das Baden-Württembergische Landesplanungsgesetz die Aufstellung von Kreisentwicklungsplänen bzw. von Kreisentwicklungsprogrammen vor.

Lediglich in Niedersachsen liegt dem Landtag der Entwurf eines regionalen Sondergesetzes, die Novelle zum Großraumgesetz Hannover vor, durch das einer regionalen Behörde zusätzliche, wenn auch sektoral begrenzte Befugnisse einer regionalen Entwicklungsplanung eingeräumt werden (regionale Fachpläne mit unterschiedlichen Durchführungskompetenzen).

– Auf kommunaler Ebene sind erste Ansätze zu einer Institutionalisierung der Stadtentwicklungsplanung im Rahmen der Novellierung des Bundesbaugesetzes zu erwarten.

Angesichts dieser wenig ermutigenden Situation in Bezug auf die rechtliche Verfestigung der Entwicklungsplanung kann es nicht verwundern, daß bislang auch eine abschließende begriffliche und organisatorische Fassung für die Landes-, Regional- und Stadtentwicklungsplanung in einheitlicher und überzeugender bzw. präjudizierender Form nicht vorliegt. Dieser schwerwiegende Mangel sollte so schnell wie möglich behoben werden, da die Ausbildung von Anwendungsmodellen mit dem dazu gehörenden Instrumentarium davon abhängen wird, daß Einvernehmen über die Randbedingungen dessen erzielt wird, was als ›Entwicklungsplanung‹ gesellschaftspolitisch akzeptiert und gesetzlich festgelegt wird.

2. Bedingungen und Bestandteile der Entwicklungsplanung. Einige solcher Randbedingungen einer jeden Entwicklungsplanung können vorab formuliert werden, andere ergeben sich erst aus den unterschiedlichen Anwendungsebenen und Anwendungsmodellen. Da jede Entwicklungsplanung in Organisation und Mitteleinsatz im Verhältnis zu konventionellen Verwaltungsformen zunächst aufwendiger erscheint, muß sie ihre rational-ökonomische Begründung daraus ableiten, daß durch Entwicklungsplanung die bessere Effizienz beim Einsatz begrenzter Ressourcen gewährleistet wird. Eine solche bessere Effizienz ist aber nur zu erreichen, wenn alle wesentlichen Grundlagen der betreffenden Entwicklungsplanung, und d. h. sowohl die räumlichen wie die fachlich-sektoralen, zur Gänze vorhanden sind oder verfügbar gemacht werden können. Da somit jede einmal begonnene Entwicklungsplanung auf Vollständigkeit bzw. Vervollständigung angelegt sein muß, gehören zu den vorab zu formulierenden Grundbedingungen:

– die in Bezug auf die wichtigsten räumlichen, ökonomischen und sozialen Faktoren eindeutige, möglichst optimale Abgrenzung des Planungsraums,
– die in Bezug auf diese Faktoren möglichst eindeutige und vollständige Kompetenzzuteilung an diejenige Körperschaft (Stelle), die Träger der Entwicklungsplanung der betreffenden Ebene sein soll,
– die in Bezug auf diese Faktoren zu gewährleistende Gleichwertigkeit der aus den einzelnen Ressorts einfließenden oder ihnen einzugebenden Entwicklungsdaten,
– die Festlegung unterschiedlicher spezifischer Zeithorizonte für diese räumlichen, ökonomischen und sozialen Faktorengruppen,
– die Festlegung politisch gemeinter und entsprechend abzusichernder Zielsysteme als Grundlage der erforderlichen Gewichtungen und inner- wie zwischensektoraler Prioritätsentscheidungen.

Die Bedeutung dieser fünf Grundbedingungen und damit zugleich die Art ihrer Ausformulierung variiert in spezifischen Bandbreiten, je nachdem, um welche Ebene der Entwicklungsplanung es sich handelt.

Bei der Abgrenzung der Planungsräume, die auf Bundesebene umfassend, auf Landesebene innerhalb der Staatsgrenzen vorgegeben ist, wird sich eine im Sinne der ersten Grundbedingung ideale Abgrenzung aus politischen oder administrativen Gründen häufig nicht erreichen lassen. In solchen Fällen ist abzuwägen, welches Gewicht den damit zusammenhängenden Fehlerquellen beizumessen sein wird. Bei vielen Beispielen räumlich suboptimalen Zuschnitts werden die Folgen für die betreffende Entwicklungsplanung vergleichsweise gering sein; bei anderen mag es notwendig werden, die Auswirkungen etwa durch Simulation einer optimalen Abgrenzung, also durch Einbringung wesentlicher räumlicher Planungsdaten der ›an sich‹ zum Planungsraum gehörigen Gebietsteile, auszugleichen. Das wird z. B. dort der Fall sein müssen, wo übergeordnete Infrastruktursysteme durch räumliche Grenzen zerschnitten werden, also vorwiegend in Verdichtungsräumen, oder – auf der Ebene der Landesentwicklungsplanung – in Fällen, bei denen große Verdichtungsräume Teilgebiete mehrerer Länder umfassen (Region Hamburg, Region Bremen, Rhein-Main-Gebiet, Rhein-Neckar-Raum). In den letztgenannten Fällen kompliziert sich die Situation noch zusätzlich durch das Erfordernis besonders intensiver Abgleichungen zwischen den Entwicklungsplanungen der betroffenen Länder.

Noch schwerer wiegende Probleme stellen sich bei der Kompetenzabgrenzung, weil hier von vornherein zwischen legal-theoretischen und in der Realität praktizierten Modellen und Spielräumen unterschieden werden muß. So verfügt z. B. eine kreisfreie Stadt theoretisch über die ganze weite Palette kommunaler Allzuständigkeit mit der Vielzahl entsprechender Kompetenzen kommunaler Daseinsvorsorge, wie sich ja auch die meisten planungsrelevanten Probleme auf kommunaler Ebene stellen.

Diese kommunalen Kompetenzen werden aber bereits durch die Rücksichtnahme auf räumlich-strukturelle Nachbarschafts-Verflechtungen (vgl. wieder die Infrastruktur-Systeme!) eingeschränkt, dann durch die noch zu behandelnden Zielsetzungen und Funktionszuweisungen übergeordneter, also regionaler und – in sehr viel stärkerem Maße – staatlicher Stellen, wie sie etwa in den regionalen und sektoralen Programmen der Landesentwicklungsplanung festgelegt werden, schließlich durch die Vorab-Bindung großer Teile der kommunalen Finanzmasse zur Gegenfinanzierung der hoch attraktiven sektoralen Programme des Bundes (Stadtsanierung, Straßenbau, Bau von Nahverkehrs-Systemen), durch welche die bislang für Alternativ-Entscheidungen verfügbaren Mittel und damit die eigentliche Spielmasse der Stadtentwicklungsplanung unter Umständen entscheidend verringert werden.

Während es somit zur Problematik der Stadtentwicklungsplanung gehört, daß von der Vielzahl theoretisch vorhandener Kompetenzen nur ein relativ enger sektoraler Ausschnitt und ein gleichfalls recht geringer Entscheidungsspielraum verfügbar bleiben, sind alle anderen Ebenen der Entwicklungsplanung – Regionen, Länder und Bund – eher in der Verlegenheit, rechtlich nicht oder in nicht ausreichendem Maße vorgegebene Kompetenzen bis zu einem gewissen Grade simulieren oder auf Umwegen ›ausborgen‹ zu müssen, um wenigstens ein Mindestmaß von Voraussetzungen für eine Entwicklungsplanung erbringen zu können.

Das trifft in besonderem Maße für die überkommunale Ebene der Regionen zu, die im Rahmen dieser Arbeit mit den Regionalverbänden der großen Verdichtungsräume identifiziert werden. Diesen Körperschaften fehlte es bislang an so gut wie jeder Kompetenz, die über die nur räumliche Planung hinausgeht. Die trotzdem zu beobachtenden Ansätze regionaler Entwicklungsplanungen mußten sich unter solchen Umständen auf unverbindliche Absichtserklärungen beschränken, ohne andere Wirkungen nach außen und speziell gegen ihre Glieder, als sie sich aus der Bindung ihrer eigenen, vergleichsweise geringen, regionalen Haushaltsmittel ergaben.

Dieser insbesondere für die Verdichtungsräume unbefriedigende Zustand wird in den nächsten Jahren wenigstens in einzelnen Regionen dadurch verbessert werden, daß dort – abgesehen von einer weiteren Stärkung der eigentlichen regionalplanerischen Kompetenzen – auch solche Fachplanungs-Kompetenzen auf Regionalverbände übertragen werden, die überwiegend von regionaler Bedeutung sind – Krankenhaus- und Rettungswesen, Schulplanung und Erwachsenenbildung, Verkehrswege, städtebauliche Entwicklungsplanung, öffentlicher Nahverkehr, Erholungsplanung (vgl. den Entwurf des Gesetzes über die kommunale Neugliederung im Raum Hannover vom 26. Juni 1973).

Aus einer solchen Kompetenzzuweisung ergeben sich allerdings andere, bislang neuartige Probleme, die sich einmal aus der Auswahl der regionalisierten Kompetenzen ableiten lassen und zum anderen aus der Einschiebung einer zusätzlichen Ebene der Entwicklungsplanung zwischen Land und Kommune. So wird eine regionale Entwicklungsplanung allein auf der Basis der regionalisierten Kompetenzen nicht oder nur unter der Voraussetzung möglich sein, daß die nicht regionalisierten kommunalen Fachplanungs-Kompetenzen so weit wie irgend möglich simuliert werden, um den für jede Entwicklungsplanung erforderlichen Gesamtansatz aller Investitionen der Öffentlichen Hand erstellen und auf Region, Kreise und Gemeinden umlegen zu können.

Die Entwicklungsplanung der Länder verfügt dagegen über die vergleichsweise weit gefächerten Kompetenzen der Länder-Ressorts, die nach oben durch Einbeziehung der sektoralen und regionalen Bundesprogramme in die Gesamtrechnung ergänzt werden. Dabei differieren die einzelnen Landesentwicklungsprogramme in bezug auf solche individuellen Kompetenzen, die auf Sonderregelungen in den Landesentwicklungs-, bzw. Landesplanungsgesetzen zurückgehen. Dazu gehören einmal die dort vorgesehenen Kompetenzaufgliederungen etwa zwischen Land, Regionen und Kreisen (Aufstellung von Kreisentwicklungsplänen bzw. Kreisentwicklungsprogrammen) und zum anderen die Entwicklung zusätzlicher Kompetenzen etwa zur räumlichen Konzentration von Investitionen aller Art auf spezielle Standorte (Standort-Programme der Landesentwicklungsplanung Nordrhein-Westfalen).

Die Landesentwicklungsprogramme sind rahmensetzend für alle nachgeordneten Ebenen der Entwicklungsplanung und können insoweit einen Einfluß ausüben, der über den aus der einfachen Summe der Kompetenzen der Landesressorts zu folgernden weit hinausgeht. Auch finden sich gerade hier Ansätze, die bei weiterer Verfolgung zugleich rahmensetzend für die abgestimmte Entwicklung von Bereichen der Privatwirtschaft werden könnten.

Soweit bislang von einer Entwicklungsplanung des Bundes gesprochen werden kann, beschränkt sie sich auf diejenigen Ressorts, in denen der Bund unmittelbare Kompetenzen hat (Verkehrswesen, Post) oder zusammen mit den Ländern Gemeinschaftsaufgaben wahrnimmt (Forschung, Bildung, Krankenhauswesen). Dazu kommen die regionalen Entwicklungsprogramme (Förderung der Zonenrandgebiete, Bundesausbauorte u. a.), deren Auswirkungen auf die Entwicklung des Bundesgebiets aber ungleich geringer sind als die der vergleichsweise sehr viel höher dotierten sektoralen Förderungsprogramme (Fernstraßen-Ausbauplanung, Städtebauförderung, Universitätsausbauplanung, Maßnahmen nach dem Gemeindeverkehrs-Finanzierungsgesetz). Da sich die Tendenz zu einer immer stärkeren Konzentration von planungsrelevanten Kompetenzen auf den Bund aus einer Reihe von Gründen fortsetzen wird, kann auch damit gerechnet werden, daß die bislang recht unausgewogene und in manchen Fällen in der Tat nur ›geborgte‹ Basis einer Entwicklungsplanung des Bundes in den kommenden Jahren verbreitert und verstärkt werden wird.

Die Gleichwertigkeit der aus den einzelnen Ressorts einfließenden Entwicklungsdaten ist eine selbstverständlich klingende Forderung, deren Gewährleistung aber – weniger im kommunalen als im staatlichen Bereich – auf bislang kaum zu überwindende Schwierigkeiten stieß. Diese Schwierigkeiten ergaben und ergeben sich weiter aus der in den Verfassungen der Bundesländer und im Grundgesetz der Bundesrepublik begründeten Einteilung der staatlichen Verwaltung in unabhängig voneinander agierende Ressorts (Ministerien), die überall die Tendenz entwickelt haben, sich gegeneinander abzuschotten.

Diese Abschottung zwischen den Ressorts erschwert bereits den normalen Informationsfluß zwischen ihnen und führt zu Verständigungsschwierigkeiten selbst grundsätzlicher Art bei der Hergabe der für jede Entwicklungsplanung erforderlichen Basis- und Ergänzungsdaten; sie zeitigt ebenso skurrile wie unannehmbare Qualitäts- und Rangunterschiede in der Wertigkeit der von den einzelnen Häusern abgegebenen Daten und Zielvorstellungen und bewirkt damit Abstimmungsprobleme hohen Ranges, ohne deren Lösung jede Entwicklungsplanung der betreffenden Institutionen illusorisch bleiben muß.

Die Festlegung unterschiedlicher spezifischer Zeithorizonte für die räumlichen, ökonomischen und sozialen Faktorengruppen ist für eine in sich abgewogene Entwicklungsplanung besonders wichtig, wenn Kopplungs- und Abstimmungsfehler vermieden werden sollen. Sie beruht auf der inzwischen gesicherten Erkenntnis, daß Festlegungen räumlicher Grundmuster (Hauptstraßen- und Entsorgungsnetze, Siedlungsstruktur) für sehr viel längere Zeiträume (ca. 30–50 Jahre) vorgenommen werden können als solche für ökonomische oder gar für soziale Fakten.

Die Festlegung unterschiedlicher Zeithorizonte wirkt sich zugleich als elastisches Kopplungselement zwischen der langfristig festzulegenden, relativ statischen Raumplanung und der eben nur mittel- bis kurzfristig (5–10 Jahre) aufzustellenden, vergleichsweise dynamischeren und leichter veränderbaren Investitions- und Finanzplanung einerseits und der vorsichtig anzulegenden Sozialplanung andererseits aus.

Solche unterschiedlichen Zeithorizonte können in der Koordinierung getrennter Aufstellungsverfahren der ersten Stufe der Entwicklungsplanung aufgefangen werden. Besondere Probleme ergeben sich dagegen für die voll integrierte zweite Stufe, für deren Verfahrensgänge bislang erst Randbedingungen, aber kaum anwendungsreife Modelle vorliegen.

Die Festlegung von Zielsystemen als Darlegung der an politisch gesetzten Prioritäten orientierten, umfassenden Aufgabengestaltung der Öffentlichen Hand ist die wohl wichtigste Grundbedingung jeder Entwicklungsplanung. Ihrer langfristigen politischen Bedeutung entsprechend sollten derartige Zielfestlegungen nur von den zuständigen demokratisch legitimierten Beschlußkörperschaften vorgenommen werden, wobei der betroffenen Öffentlichkeit – im besonderen Maße auf den kommunalen Planungsebenen – weitgehende Vorschlagsrechte und intensivere Beteiligungsmöglichkeiten als bei den bisher geübten Planungsverfahren einzuräumen sind.

Während diese politisch verstandene Form der Festlegung von Zielen auf kommunaler Ebene nicht mehr bestritten wird, hat sich auf Landesebene die Auffassung eingebürgert, die Aufstellung von Zielen und die Erarbeitung von Zielsystemen als technokratische und damit als Verwaltungsangelegenheit zu betrachten und die Beschlußgremien, also die Landtage, nur nachrichtlich zu beteiligen. Allerdings wächst auch bei den Ländern die Einsicht, daß mit der Aufstellung von Zielsystemen die langfristig entscheidenden Weichen für Art und Richtung der Entwicklung des Landes gestellt werden, deren Erarbeitung nicht allein der Regierung überlassen werden kann. Daher verstärken sich auch hier Tendenzen, diese Beschlußfassungen in die Parlamente zu verlagern.

In engem Zusammenhang mit der Legitimation für die Festlegung von Entwicklungszielen steht das – auf den verschiedenen Ebenen öffentlichen Wirkens sehr unterschiedliche – Maß an Entscheidungsspielräumen, das dabei vorausgesetzt werden kann. Denn theoretisch bedürfte die Ebene mit dem weitesten Spielraum für Entscheidungen höchsten Ranges auch der am stärksten legitimierten Entscheidungsgremien, während umgekehrt stark eingeschränkte Entscheidungsspielräume auf nachrangigen Ebenen auch von engeren und damit unter Umständen demokratisch weniger legitimierten Gremien wahrgenommen werden könnten. Da sich die Ziele aller nachgeordneten Planungs- und Verwaltungsebenen in die Rahmen einordnen müssen, die durch die Zielvorgaben der übergeordneten Ebenen gesetzt werden, bedeutet das eine von ›oben‹ nach ›unten‹, von Ebene zu Ebene fortschreitende Verengung des Entscheidungsspielraums.

Auf der Ebene des Bundes basieren die bislang vorhandenen Zielvorgaben auf den Grundsätzen des Bundesraumordnungsgesetzes und auf der Summe der bislang noch unkoordinierten sektoralen und regionalen Entwicklungsprogramme, während Zielsysteme für die Entwicklung des Bundesgebietes erst erarbeitet werden müssen. Vorab sind für besonders bedeutsame Raumtypen, z. B. die Verdichtungsräume, Ziele konzipiert worden, die aber bislang nur in Form von Empfehlungen gehalten sind (Empfehlungen des Beirats für Raumordnung, in: 67).

Aus ihnen wird deutlich, daß die ›Zieldichte‹ für die Verdichtungsräume weitaus höher ist als für alle anderen Raumkategorien; eine Erscheinung, die sich aus dem Gewicht und der Komplexität gerade dieser Raumstruktur erklärt. Zu solchen Zielen des Bundes für Verdichtungsräume gehören die Konzentrationsforderungen für die bauliche und wirtschaftliche Entwicklung, die Schwerpunkt-Achsen-Konzeptionen auf den Hauptverkehrsnetzen, die Verdichtung an den Stationen der gleichfalls geforderten Schnellverkehrssysteme und die Priorität des öffentlichen Nahverkehrs vor dem Individualverkehr.

Auf Landesebene sind die Entwicklungsziele der meisten Länder bereits in Form von ›Landesentwicklungsprogrammen‹ oder ›Landesentwicklungsplänen‹ zusammengefaßt, die im allgemeinen von den Landeskabinetten beschlossen und den Landtagen zur Kenntnis gegeben wurden.

Im Unterschied zu den kaum koordinierten Zielvorgaben des Bundes sind die Landesentwicklungsprogramme – mehr oder minder weitgehend – intersektoral abgestimmt. Dabei ist zwischen solchen Programmen zu unterscheiden, die – wie der ›Große Hessenplan‹ – sich auf sektoral und regional koordinierte Investitionsplanungen bei nur lockerer Abstimmung mit den Grunddaten räumlicher Entwicklung beschränken, und anderen, die auf die Integrierung aller sektoralen Programme mit der Entwicklung des Raumes abstellen (Landesentwicklungsplan Nordrhein-Westfalen, Landesentwicklungsprogramm Niedersachsen). Die Bindungswirkung der zweiten Kategorie auf die kommunalen Ebenen ist dabei größer als die der ersten Kategorie, in der die räumlichen Bezüge nur in Form von Makrostrukturen berücksichtigt werden. Beide Kategorien enthalten – in unterschiedlicher Klarheit und Aussagekraft formulierte – Ziele für die Entwicklung der betreffenden Länder, die in Nordrhein-Westfalen bis in die Details der schon früher erwähnten Standortprogramme gehen.

Angesichts der noch weitgehend fehlenden entwicklungsplanerischen Kompetenzen der Regionen sind von diesen bisher nur solche Ansätze zu regionalen Zielsystemen erarbeitet worden, die sich aus ihren regionalplanerischen Befugnissen ergaben. Dazu gehören etwa die betreffenden Ergänzungen des Gebietsentwicklungsplans des Siedlungsverbandes Ruhrkohlenbezirk und die ›Grundsätze‹ der Verbandspläne 67 und 72 des Verbandes Großraum Hannover, die in der Tat als Vorstufen eines Zielsystems für die Region Hannover anzusehen sind mit deutlichen Bindungswirkungen auf die Verbandsglieder. Zu diesen regionalen Zielen gehören z. B. die Konzentration der Siedlung auf wenige Schwerpunkte an Halteorten von Nahschnellverkehrs-Systemen, die Integration der Region zu einem einheitlichen Lebens- und Wirtschaftsraum und der Verzicht auf die örtliche Zuordnung von Wohn- und Arbeitsplätzen zu Gunsten einer innerregional geförderten Mobilität.

Auf kommunaler Ebene ist vor allem von den großen Städten ein hohes Maß an Arbeit, Organisation und Partizipation der betroffenen Öffentlichkeit aufgewendet worden, um zu möglichst umfassenden und unangreifbaren Zielsystemen für ihre Stadtentwicklungsplanung zu kommen. Aus der Darstellung der Zielsysteme der übergeordneten Verwaltungsebenen ist zwar deutlich geworden, daß der den Kommunen verbleibende Entscheidungsspielraum bereits heute nur eng ist und voraussichtlich – nämlich nach der Formulierung abgestimmter Zielsysteme des Bundes – noch enger werden wird. Doch ist dieser verbliebene, im guten Sinne lokale Entscheidungsspielraum gerade bei großen Städten voll genutzt und vielfach als Modell für eine intensive Beteiligung der betroffenen (und interessierten) Öffentlichkeit verstanden worden, bevor von den Räten die Beschlüsse über die Entwicklungsziele gefaßt wurden.

Bei der Abwägung zwischen der Art der zu treffenden Entscheidungen, dem vorhandenen Entscheidungsspielraum und der Legitimation der jeweils Entscheidenden wird die Bestimmung der Planungsebene, auf der die Vorentscheidungen und Randbedingungen kommunaler Entwicklungsplanung festgelegt werden, zu einem besonderen Problem. Denn obwohl sich die meisten Probleme auf kommunaler Ebene stellen, werden immer weniger Lösungsvoraussetzungen und Planungsbedingungen auch auf kommunaler Ebene getroffen. Vielmehr fallen die systembestimmenden Entscheidungen überwiegend auf überkommunaler Ebene, und das bedeutet reduzierte Einflußmöglichkeiten der betroffenen Öffentlichkeit.

Daran zeigt sich einmal die – im Verhältnis zur räumlichen Planung – relativ große Abhängigkeit jeder kommunalen, im geringeren Maße auch jeder regionalen Entwicklungsplanung von den Entwicklungskonzepten und Leitvorstellungen des Staates und zum anderen die Enge des dann verbleibenden und einer Zieldiskussion überhaupt noch zugänglichen kommunalen Entscheidungsspielraums.

3. *Verfahren und Ablauf kommunaler Entwicklungsplanungen.* Stadtentwicklungspläne sind nur vordergründig als Interpretationen kommunaler Selbstverwirklichung zu sehen; in der praktischen Anwendung bilden sie den längerfristigen Rahmen für die Haushaltspolitik, durch den die Einpassung der einjährigen Haushaltspläne in die mittelfristige Finanzplanung und die notwendige Erfolgskontrolle ermöglicht werden.

Während die bisherigen Planungsinstrumente (z. B. die Bauleitplanung) nur Einfluß auf die räumlichen Auswirkungen der kommunalen und gesamtgesellschaftlichen Entwicklung nehmen, nimmt Entwicklungsplanung als zielorientierte Gesamtplanung Einfluß auch auf nichträumliche Bereiche, genauer auf alle einer Planung zugänglichen Bereiche der kommunalen Verwaltung wie Bildungs- und Sozialplanung, Wirtschaftsförderung, Verkehrs- und Siedlungsplanung, Bodenvorratspolitik, Investitionsplanung und schließlich auch Personalplanung. Damit sie diesem Anspruch gerecht werden können, müssen die ressortüberschreitenden Koordinierungs- und Integrierungsverfahren weiterentwickelt und stärker instrumentalisiert werden als bisher. Unter Umständen müssen Teile der konventionellen ressortgebundenen Verwaltungsstruktur den vorrangigen Bedürfnissen der kooperativ wirksamen Entwicklungsplanung durch veränderte Zuordnungen angepaßt werden.

Die Möglichkeiten für den organisatorischen Einbau der Entwicklungsplanung in die kommunale Verwaltung sind unter sachlichen, psychologischen und kommunalpolitischen Gesichtspunkten zu werten. Zum einen ist Entwicklungsplanung als umfassende Aufgabe zielorientierter Daseinsveränderung und -verbesserung ebenso sozialgestaltend wie strukturverändernd wirksam. Zum anderen ist Planung in jeder Form heute immanenter Bestandteil der Verwaltung. Da jedoch mit der kommunalen Entwicklungsplanung eine Bündelung und Abstimmung der wichtigsten kommunalpolitischen Entscheidungen vorgenommen und fortgeschrieben wird, ist die organisatorische Zuordnung einer solchen Stabseinheit innerhalb der Verwaltung wie auch zu den Beschlußgremien und zur Öffentlichkeit von entscheidender Bedeutung. Denn mit der jeweiligen Organisationsform werden zumeist auch die Entscheidungen über verwaltungsinterne Einflußbereiche und Informationsflüsse sowie über den Einflußgrad des Rates und die Art der Beteiligung der Öffentlichkeit getroffen. Als mögliche Formen der Einordnung bieten sich an:
– Bildung eines zentralen Planungsstabs bei der Verwaltungsspitze mit eigenem Mitarbeiterstab und Gruppierung leitender Mitarbeiter der einzelnen Dezernate (Beispiel: Hannover),
– Bildung eines eigenen Dezernats oder Referats für Stadtentwicklungsplanung als zusätzliches Amt innerhalb der Ämterhierarchie der Verwaltung (Beispiel: München),
– Bildung einer besonderen Abteilung, die an ein bestehendes Amt – Planungsamt, Stadtforschung, Statistisches Amt – angegliedert ist (Beispiel: kleinere Großstädte),
– Bildung eines Stabes aus leitenden Mitarbeitern der einzelnen Dezernate und einer kleinen Kerngruppe ohne hierarchische Zuordnung (Beispiel: Nürnberg).

Bei der jeweils gewählten Organisationsform ist der Sicherung des Kommunikationsflusses, der Höhe der entstehenden Verwaltungskosten, der Empfindlichkeit des Eingriffs in bestehende Machtverhältnisse und dem daraus erwachsenden Konfliktpotential besondere Bedeutung beizumessen. Für alle aufgeführten Modelle liegen Beispiele vor; die mit ihnen gemachten Erfahrungen sind aber vielfach kontrovers und reichen keinesfalls aus, um Wertungen vorzunehmen, aus denen optimale Organisationsformen abgeleitet werden könnten.

Ein umfassender Planungsanspruch

Im vorigen Abschnitt dieses Beitrages wurde versucht, Entwicklungsplanung in ihren verschiedenen Facetten und auf ihren unterschiedlichen Wirkungsebenen als Instrument umfassender, zielgerichteter Umweltgestaltung der Öffentlichen Hand darzustellen. Dabei wurde deutlich, in welch hohem Maße diese neue Form zielgerichteten Verwaltungshandelns sich aus den hergebrachten Formen und Methoden der nur räumlich wirksamen Bauleitplanung gelöst hat zugunsten einer sehr viel komplexeren Programmierung der Entwicklung unserer Gesellschaft.
Es wurde weiter deutlich, welche Rolle die Abgrenzung und faktische Überschneidung planungsrelevanter Kompetenzen für die Wirkungsmöglichkeiten und Entscheidungsspielräume von Entwicklungsplanungen der verschiedenen Ebenen spielen und in welchem Ausmaß gerade die Zielsetzungen und Zielsysteme der übergeordneten Ebenen sich vorprägend und einschränkend auf die theoretisch gewahrten Entscheidungsspielräume der kommunalen Ebenen auswirken.
Damit stellt sich aber – durchaus nicht nur unter dem Aspekt der Zieldiskussion – eine Schlüsselfrage jeder Entwicklungsplanung: Wer plant dabei wie, mit welchen Zielen und auf wessen Kosten?
Es liegt auf der Hand, daß diese Frage bei weiterer Institutionalisierung der einzelnen Ebenen der Entwicklungsplanung immer häufiger und immer schärfer gestellt werden wird und daß ihre Beantwortung letztlich von der Rangordnung der verschiedenen Strukturen unserer Gesellschaft bzw. dem Ausgleich zwischen ihnen abhängen wird.
Trotz der Einengung der Randbedingungen und Variationsbreiten setzt jede Entwicklungsplanung durch den umfassenderen Planungsanspruch auch eine wesentlich umfassendere Beteiligung der betroffenen Öffentlichkeit voraus. Denn je stärker der gesamtgesellschaftliche Eingriff durch Planung wächst, um so mehr bedarf es zusätzlicher und neuer Formen der Beteiligung und Kontrolle für die betroffene Öffentlichkeit. Eine bedürfnisorientierte Planung setzt also entsprechende Beteiligungs- und Mitentscheidungsformen sowie kontrollierende Organisationsformen und Institutionen voraus, die bei den bisherigen Verfahren nicht vorgesehen sind. Das veränderte Planungsverständnis bedingt auch die Abkehr von bisher geübten Verfahren und die stärkere Hinwendung zu neu zu konzipierenden Methoden umfassenderer Umweltgestaltung.

GERD ALBERS

Ideologie und Utopie im Städtebau

Wandlungen im städtebaulichen Denken

Seit Karl Mannheims bekannter Abhandlung *Ideologie und Utopie* (1929) ist viel Geist an die Definition der beiden Themenbegriffe gewandt worden, ohne daß es zu einer einheitlichen Auffassung gekommen wäre. Hier sollen deshalb keine neuen Definitionen unternommen, sondern beide Begriffe eher im Sinne des gängigen Sprachgebrauchs verwandt werden: die Utopie als idealisiertes Zielbild einer künftigen Ordnung, die Ideologie als Vorstellung eines Wirkungszusammenhanges zwischen menschlichem Wohlbefinden, den dazu dienlichen Umweltbedingungen und den zu ihrer Herbeiführung geeigneten Mitteln.

Beide Begriffe sind also eher beschreibend als wertend gemeint: ›utopisch‹ wird nicht mit ›unerreichbar‹, ›Ideologie‹ nicht mit ›falschem Bewußtsein‹ gleichgesetzt. Denn im dargelegten Sinne ist jede Art von Planung auf Ideologie angewiesen; jeder Versuch, die reale Situation durch geplantes Handeln zu verändern, setzt eine Vorstellung von der Eignung der Mittel zur Erreichung bestimmter Ziele und von der Wünschbarkeit solcher Ziele voraus.

Die Frage liegt nahe, ob die Utopie im Sinne einer in die Zukunft projizierten Ordnungsvorstellung auch als Voraussetzung des Planens gelten kann – oder ob sie nur eine Art Rankenwerk ist, eine mehr oder minder wirkungslose, eher dekorative oder vielleicht gar skurrile Begleiterscheinung des tatsächlichen Geschehens. Vieles von dem, was heute unter dieser Bezeichnung läuft, könnte eine solche Deutung rechtfertigen. Aber offenbar müssen wir dieser Frage etwas gründlicher nachgehen, ehe wir eine gesicherte Antwort geben können.

Untersuchen wir unter diesem Blickwinkel den deutschen Städtebau seit dem Ende des zweiten Weltkrieges auf seinen Gehalt an ideologischen und utopischen Elementen, so dürfen wir ihn nicht isoliert betrachten. In mehrfacher Hinsicht gilt es, Zusammenhänge zu berücksichtigen: räumlich insofern, als die städtebaulichen Entwicklungen in den meisten hochindustrialisierten Ländern eigentümliche Parallelen aufweisen, in denen auch gewisse wechselseitige Beeinflussungen erkennbar sind. Daneben aber besteht eine zeitliche Verflechtung mit der ersten Jahrhunderthälfte, ja mit den Entwicklungen des 19. Jahrhunderts, die uns dazu zwingt, auch diese Zeitabschnitte in unsere Betrachtung einzubeziehen, wenn wir die heutigen Tendenzen wirklich umfassend erkennen und beurteilen wollen. Dieser Rückblick wird sowohl die Realität wie die ideologischen und utopischen Elemente erfassen müssen; ihre Wechselwirkung charakterisiert den Städtebau auf spezifische Weise.

Zuvor aber muß noch auf einen dritten Zusammenhang hingewiesen werden: auf die Abhängigkeit der städtebaulichen Vorstellungen und Denkansätze von den allgemeineren geistigen Grundströmungen der Zeit. Sie ist für unser Thema deshalb besonders wichtig, weil die Wandlungen im städtebaulichen Denken innerhalb des betrachteten Zeitraums nicht zu erklären wären ohne den Blick auf die einschneidenden Veränderungen, die sich in unserem Weltverständnis etwa seit 1960 vollzogen haben. Das mag auf den ersten Blick etwas anspruchsvoll klingen, aber es gibt eine Fülle von Belegen dafür, daß sich unser Verhältnis zur Zukunft in den letzten zehn bis fünfzehn Jahren erheblich verändert hat. Was sich in dieser Zeit durchgesetzt hat, ist einerseits das Bewußtsein der Planbarkeit – und damit auch der Planungsbedürftigkeit – der Welt, andererseits die Einsicht in die Endlichkeit, die Erschöpfbarkeit unserer Hilfsquellen. Für beide Erkenntnisse gibt es natürlich auch Belege aus früherer Zeit; was hier zählt, ist der Eingang ins öffentliche Bewußtsein, der ja in der Demokratie die Voraussetzung zum politischen Handeln darstellt. Zahlreiche Veröffentlichungen der letzten Jahre lassen diese neue Situation erkennen; in Buchtiteln wie *Schwelle der Zeiten, The Great Transition, Die große Metamorphose des 20. Jahrhunderts* bis hin zum *Zukunftsschock* spiegelt sich das Bewußtsein des Wandels. Einiges ist sensationeller, anderes nüchterner dargestellt – aber der Grundtenor geht übereinstimmend dahin, daß die neue Situation, die den Glauben an den Fortschritt und die ›unsichtbare Hand‹ ablöst, ein höheres Maß an Verantwortungsbewußtsein ebenso wie ein Mehr an Kenntnissen über die Wirkungszusammenhänge in unserer Welt erfordert.

Es liegt auf der Hand, daß davon auch der Städtebau betroffen wird. Zwar hat er in mancher Hinsicht eine Pionierrolle bei der Entwicklung des Planungsgedankens gespielt, aber zumindest bis zur Jahrhundertmitte war Stadtplanung ebenso wie Landesplanung verstanden worden als vorsorgende räumliche Disposition für die wohl prognostizierbare, aber kaum beeinflußbare Entwicklung von Wirtschaft und Gesellschaft, allenfalls als das Bemühen, »dem Trend der natürlichen Entwicklung die lenkende Hand zu bieten«, wie es der britische Planer Patrick Abercrombie in den dreißiger Jahren formulierte (1). Nun aber wird deutlich, daß es diese natürliche Entwicklung, auf deren Fortschrittsträchtigkeit man sich bis dahin glaubte verlassen zu können, in Wahrheit nicht gibt, daß sie zumindest überlagert wird von einer Fülle von Manipulationen. Daraus folgt die Notwendigkeit, über die Ziele nachzudenken, die mit der Steuerung der Entwicklung erreicht werden sollen – und das nicht allein auf räumlichem Gebiet.

Soziale Utopie – technische Utopie

Die Ausgangssituation nach dem zweiten Weltkrieg war für Deutschland auf spezifische Weise durch den verlorenen Krieg und die Jahre des Nationalsozialismus geprägt. Die Reaktion auf den Zentralismus und die planwirtschaftliche Reglementierung war eine weitgehende Planungsfeindlichkeit – im Gegensatz etwa zur materiell in mancher Hinsicht vergleichbaren Situation des Neuaufbaus in England. Die pauschale Verurteilung der nationalsozialistischen Ära legte es nahe, auch im Städtebau wie auf vielen anderen Gebieten wieder dort anzuknüpfen, wo die freie Entwicklung abgebrochen war – zu Beginn der dreißiger Jahre.

Zu jener Zeit hatte der deutsche Städtebau in der Welt – mit Recht – ein hohes Ansehen genossen, ohne daß allerdings die Verhältnisse als problemlos hätten gelten können. Das sichtbare Bild der städtebaulichen Leistungen war weithin durch das ›Neue Bauen‹, durch strenge Zeilenbauten *(Abb. 26)* oder dieser Bauart angenäherte

Blockgruppierungen wie etwa bei Fritz Schumachers Planungen in Hamburg geprägt. Auf dem Gebiet des Planungsrechtes waren die Mängel der geltenden Regelungen längst erkannt; ein preußisches und ein Reichsstädtebaugesetz befanden sich in Vorbereitung, ohne daß allerdings Aussicht auf baldige Verabschiedung bestanden hätte. Stadtplanungsämter gehörten zum festen Bestand großstädtischer Verwaltungen; die Landesplanung hatte sich über die ersten Ansätze hinaus zu einer neuen Kategorie räumlicher Planung entwickelt, die sich in den großen Ballungsgebieten mit aufgesplitterten politischen Kompetenzen als unerläßlich erwiesen hatte.

Und wie sah es mit Zielvorstellungen und Wertmaßstäben aus? Sie waren noch entscheidend beeinflußt vom großen Trauma der städtebaulichen Disziplin, vom Schreckbild der gründerzeitlichen Großstadt, des steinernen Häusermeeres. Von dieser Stadt der Mietskasernen und der Hinterhöfe, der Stuckfassaden und der Brandmauern hatte man sich spätestens seit der Jahrhundertwende ganz abgekehrt – »aus grauer Städte Mauern« war die Jugendbewegung ausgezogen, »neue Hoffnung, neues Leben, eine neue Kultur« versprach Ebenezer Howards Gartenstadt (vgl. S. 461 f). Martin Wagner, in den zwanziger Jahren Stadtbaurat von Berlin, faßte das Urteil der Zeit zusammen: »Diese großen Städte haben nur drei Generationen erlebt. In der ersten Generation – von 1870 bis 1900 – waren sie unan-

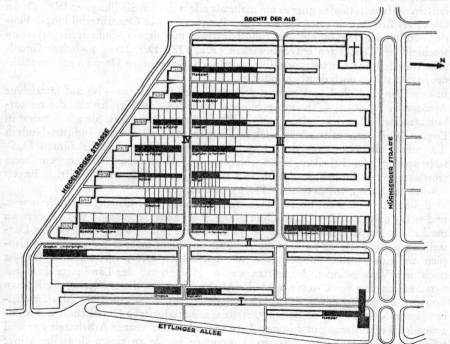

*Abb. 26 Walter Gropius (Gesamtplanung). Siedlung Karlsruhe-Dammerstock, 1927–28
Zwei- bis viergeschossiger Zeilenbau*

greifbar. In der zweiten Generation – von 1900 bis 1930 – griffen einige mutige Männer sie an. In der dritten Generation – von 1930 bis 1960 – werden sie überwunden sein.«
Überwunden wodurch? Welche Zielvorstellungen boten sich für die Stadt der Industriegesellschaft über die Beseitigung offenkundiger Mißstände hinaus? Welche Art städtebaulicher Utopie gab es, die der Wirklichkeit solche Zielvorstellungen hätte liefern können? Sicher ließen diese sich nicht mehr aus Platons Schriften, aus Thomas Morus' *Nova Insula Utopia* oder aus Campanellas *Sonnenstaat* ableiten; das industrielle, das demokratische Zeitalter brauchte neue Ansätze. Männer wie Robert Owen, Charles Fourier und Etienne Cabet hatten das gesehen; sie hatten versucht, den neuen Problemen mit einer neuen Siedlungsform gerecht zu werden, und dieser Versuch, so erfolglos er letztlich blieb, erklärt ihren Einfluß auf die spätere städtebauliche Literatur, ihren Platz in der Ahnengalerie des Städtebaues. Damals schon – um 1820 – taucht ein Schlagwort auf, das bis in unsere Zeit immer wieder als Zielvorstellung beschworen wird: eine Wohn- und Siedlungsform, die die Vorteile von Stadt und Land vereinen solle. Das versprach Robert Owen mit der von ihm vorgeschlagenen Siedlungseinheit für etwa 1500 Einwohner, in der sich landwirtschaftliche und industrielle Tätigkeit vereinen sollten *(Abb. 27)* – ein Konzept, das große Ähnlichkeit mit dem später von Fourier propagierten Phalanstère aufweist. Beiden ging es um mehr als allein um ein Siedlungsmodell – Owen sah es als Bestandteil eines »allgemeinen Programms der Charakterbildung«, Fourier wollte der Monotonie der Industriearbeit mit dem »Schmetterlingssystem« wechselnder Tätigkeiten entgegenwirken (308, 127). Der Bezug zwischen Gesellschaftsmodell und Umweltvorstellung, der auch die früheren Utopien gekennzeichnet hatte, ist hier noch deutlich spürbar.
Bekanntlich sind die Überlegungen der utopischen Sozialisten – bis auf kurzlebige Ansätze in Amerika – Theorie geblieben, während die Wirklichkeit des heraufkommenden Industriezeitalters ganz anders in Erscheinung trat. Sie schuf zuerst in England und Frankreich, dann auch in Deutschland und anderen Industrieländern die industrielle Großstadt des 19. Jahrhunderts mit ihren alle bekannten Maßstäbe sprengenden Fabriken, ihren schlechten und überbelegten Wohnungen, ihrem trostlosen, versteinerten Stadtbild, wie es Charles Dickens und Friedrich Engels beschrieben haben, wie es Gustave Doré gezeichnet hat.
Daß diese Art von Stadt überwunden werden mußte, konnte nicht zweifelhaft sein, und es lag nahe, positive Gegenbilder dieser Stadt zum Gegenstand von Utopien zu machen. In der letzten Phase des 19. Jahrhunderts finden wir zwei derartige Darstellungen, die übrigens beide in die Zukunft und nicht mehr wie die früheren Utopien auf einen bisher unbekannten, neu entdeckten Ort projiziert sind. Das ist nach dem Verschwinden der letzten weißen Flecken auf der Landkarte durchaus verständlich: aus der U-topie wird eine U-chronie. Eines dieser Werke, der Roman *Looking Backward* – ein Rückblick aus dem Jahr 2000 auf 1889 (das Erscheinungsjahr) – von Edward Bellamy, stellt eine sozialistische Gesellschaft mit weitgehender Technisierung und hohem Lebensstandard bei kurzer Arbeitszeit dar und trägt alle Züge einer ›progressiven‹ Utopie; er wurde zu einem Bestseller seiner Zeit.
Während Bellamy die Humanisierung der Großstadt durch Vervollkommnung der

Ideologie und Utopie im Städtebau 457

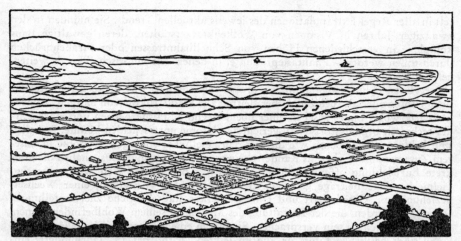

Abb. 27   Robert Owen. Village of Harmony. In: Report to the Committee of the Association for the Relief of the Manufacturing and Labouring Poor, 1817
Wohnhäuser im Rechteck um die Gemeinschaftsanlagen (in der Mittelachse) angeordnet

Technik vorschwebte, entwarf William Morris in der kurz darauf erschienenen Schrift *News from Nowhere* das Bild eines schöneren England, in dem die Technik zurückgedrängt, die Städte verkleinert, die Siedlungsstruktur ›verländlicht‹ ist: eine konservative Utopie – die Verwandlung der Industriegesellschaft in eine Art bukolischer Idylle.
Es ist bekannt, daß Bellamys Buch den Schöpfer der Gartenstadtidee, Ebenezer Howard, beeinflußt hat; sicher ist auch William Morris nicht ganz ohne Wirkung auf ihn geblieben. Die beiden genannten Utopien sind symptomatisch für zwei deutlich unterschiedene Tendenzen im städtebaulichen Denken nicht nur dieser Zeit, sondern auch noch der nachfolgenden Jahrzehnte: für eine retrospektiv-konservative und für eine optimistisch-progressive. Beide Denkansätze – teils getrennt auftretend, teils sich verflechtend – lassen sich auch in der Folgezeit immer wieder nachweisen.
Diese Richtung utopischer Darstellungen hat seither kaum Nachfolge gefunden, wenn man nicht einige Schriften aus der reichen Produktion von Herbert George Wells in diese Kategorie einbeziehen will. Was später kommt – wie Aldous Huxleys *Brave New World* oder George Orwells *1984* –, weist keinen deutlich ausgeprägten Umweltbezug auf, sondern deutet die physische Situation nur gelegentlich an, gleichsam als Folie des eigentlichen Geschehens.
Daneben gibt es nun eine andere Art von Utopie, die nicht in erster Linie auf gesellschaftliche Zustände, sondern auf technische Möglichkeiten und Entwicklungen zielt – ihre Ursprünge liegen nicht bei Platon, sondern bei der Sage von Dädalus und Ikarus oder beim Turmbau zu Babel. Im 19. Jahrhundert gehört Jules Verne zu ihren bekanntesten Vertretern. Solche Vorstellungen finden sich auch mit Bezug auf den Städtebau – höhere Häuser, größere Städte, mehr technische Verkehrsmit-

tel: in aller Regel Extrapolationen des jeweils aktuellen Trends. Sie münden in den zwanziger Jahren in Visionen von Wolkenkratzerstädten, deren gewaltige Baukomplexe in verschiedenen Höhen von Schnellbahntrassen oder Straßenbrücken durchstoßen werden – Phantasieprodukte, in denen zeitgenössische Trends weitergeführt werden.

Dieser Entwicklung entstammt ein großer Teil dessen, was heute als städtebauliche Utopie oder als futurologischer Beitrag zur Stadtstruktur von morgen bezeichnet wird, wobei man zwischen einer überwiegend gestaltbezogenen und einer stärker technisch-organisatorisch ausgerichteten Utopie unterscheiden könnte. Letztlich sind beide Ansätze ebenso wie die der rein gesellschaftsbezogenen Utopie in unserem Zusammenhang eher als Randerscheinungen zu werten, denn sie haben die konkrete Entwicklung offenbar nicht nennenswert beeinflußt. Weit wirksamer sind vielmehr solche Beiträge gewesen, in denen aus der Vorstellung einer Wechselbeziehung von Gesellschaft und Umwelt heraus städtebauliche Zielvorstellungen entworfen wurden, die der Entfaltung des Menschen, seinem Wohlbefinden, seinem Glück förderlich zu sein versprachen. Sie bilden einen Bestandteil jener im engeren Sinne städtebaulichen Literatur, die im letzten Drittel des 19. Jahrhunderts einsetzt und, sich aus verschiedenen Quellen speisend, allmählich ein eigenes Profil gewinnt. Aus Ingenieurtechnik, Wohnungsreformbestrebungen, baupolizeilichen Ordnungsvorstellungen und gestalterischen Zielen erwächst in den ersten Jahrzehnten des 20. Jahrhunderts ein zusammenhängender Themenkatalog, Arbeitsfeld einer neuen Disziplin, des Städtebaues.

Ein zusammenhängender Themenkatalog – das bedeutet natürlich noch keineswegs eine einheitliche Lehrmeinung, und bei aller Einhelligkeit in der Verurteilung der aus dem 19. Jahrhundert überkommenen Großstadt sind die Vorschläge zu ihrer Überwindung sehr unterschiedlich. Die Spannung zwischen progressiver und konservativer Linie im Städtebau wurde schon angedeutet; für die konservative Kulturkritik war die Großstadt nach wie vor der Moloch, der den Bevölkerungsüberschuß des Landes frißt, der Wasserkopf, der vom gesunden Land ernährt werden muß. Aus dem Born dieser Ideologie speiste sich auch die offizielle Einstellung zur Stadt in der nationalsozialistischen Ära, die zwar keine einheitliche Linie in der Städtebaupolitik entwickelte, aber eine unübersehbar großstadtfeindliche Komponente aufwies. Das einzige städtebauliche Lehrbuch dieser Zeit, Gottfried Feders *Die Neue Stadt,* ordnet alle behandelten Sachverhalte in den Rahmen einer als ideal angenommenen Stadtgröße von 20 000 Einwohnern ein.

Der Hinweis auf die Vielschichtigkeit dieser Tendenzen muß genügen, um zu verdeutlichen, daß die Ausgangssituation für den Neuaufbau nach dem Kriege durch ein Konglomerat überkommener Gedanken, Hypothesen und Zielvorstellungen gekennzeichnet war, dessen Bestandteile auf sehr unterschiedliche Ursprünge zurückgingen.

Sucht man dieses Ideengut zu ordnen im Sinne von inhaltlichen Vorstellungen einerseits, Werkzeugen und Verfahrensregeln andererseits, so wird deutlich, daß die beherrschende Komponente noch die Skepsis, wenn nicht gar die Feindschaft gegenüber der Großstadt war, die sich aus der Erfahrung der Industriestadt des späten 19. Jahrhunderts nährte. Dabei war es keineswegs die Großstadt als technisches Gebilde, das etwa den Planern als nicht zu bewältigen erschienen wäre; gewiß gab es auch hier Probleme, und die Ansicht war verbreitet, auch die technisch-ökonomischen Aufwendungen würden bei wachsender Stadtgröße unangemessen hoch, die Stadt werde also jenseits bestimmter Größenordnungen – über die allerdings keine Einigkeit bestand – unwirtschaftlich. Das entscheidende Argument gegen die Großstadt war jedoch außertechnisch: Sie zerstöre die sozialen Bindungen, sie führe zu Entwurzelung, Orientierungslosigkeit und Vermassung, kurz: Es sei nicht gut für den Menschen, in ihr zu leben.

Die gegliederte und aufgelockerte Stadt

Aus dieser Grundeinstellung erwuchsen zwei verschiedene Arten von Gegenvorstellungen. Die eine zielt auf die vollständige Ablösung der Großstadt durch eine ganz andere Siedlungsform – sei es eine kleinstädtische, für die Howards Gartenstadtgedanke das bekannteste Beispiel darstellt, die aber auch in Deutschland – beispielsweise von Gustav Langen – mit Nachdruck propagiert worden war, sei es durch eine vollständig aufgelöste Siedlungsstruktur ländlichen Charakters, wie sie Frank Lloyd Wright beredt verfocht. Sein Buch *When Democracy Builds* – 1945 veröffentlicht, später unter dem Titel *Usonien* übersetzt – hat allerdings wenig reale Wirkung ausgelöst, vor allem wohl infolge der ideologischen Überspitzung seiner Thesen. Hinzu kam gewiß auch, daß für den Europäer die Stadt aus der geschichtlichen Entwicklung heraus ein Prestige eigener Art besaß, das dem traditionell stadtfeindlichen Amerikaner nichts bedeutete.

Bei solchen Erwägungen einer Auflösung der Großstadt blieben die ökonomischen Zusammenhänge der arbeitsteiligen Industriegesellschaft meist unberücksichtigt; allenfalls ging man von der Vorstellung aus, die überall verfügbare elektrische Energie werde die Häufung von Menschen in Produktionsstätten überflüssig machen – soweit nicht sogar eine Abkehr von der Arbeitsteilung zum Konzept gehörte.

Wem das fragwürdig erschien, der mußte ein bescheideneres Ziel ansteuern: die Großstadt zwar erhalten, sie aber durch Behebung der Mißstände zu einer besseren, einer menschenwürdigen Lebensumwelt zu machen. Hierzu schienen die Kriegszerstörungen in den meisten Städten einen Ansatzpunkt zu bieten: »A great disaster, but a great opportunity«, wie Winston Churchill mit Bezug auf die britischen Städte formuliert hatte.

Wenn die soziale Situation des Städters im physischen wie im psychischen Bereich einen Hauptansatzpunkt der Stadtkritik darstellte, so lag es nahe, mit dem Konzept für die bessere Stadt zunächst bei der Beseitigung jener Mißstände anzusetzen, in denen man die Ursache für diese Situation sah. Auch wer Planung eher im Sinne einer rationalen und in sich schlüssigen Gesamtkonzeption verstanden sehen möchte, wird einräumen müssen, daß die Bereitschaft zum Handeln, ja vielfach auch nur die Bereitschaft zum Nachdenken sich erst am spürbaren Mißstand entzündet.

Die Wohnsituation breiter Bevölkerungsschichten in der industriellen Großstadt war beeinträchtigt durch Zustand und Zuschnitt der Wohnungen selbst, durch den störenden Einfluß benachbarten Gewerbes, durch Fehlen von Freiflächen und Erholungsmöglichkeiten; was gestalterisch als Anonymität und Seelenlosigkeit der

Mietskasernen galt, erschien zugleich als Grund für die Vereinzelung, die Kontaktlosigkeit, das fehlende Heimatgefühl des Städters: So jedenfalls sah es die Kritik. Dementsprechend suchte man Abhilfe einmal im Gedanken der Gliederung der Stadt in kleinere bauliche Gruppierungen, von denen man sich die Förderung engerer sozialer Bindungen versprach, zum anderen in einem System städtebaulicher Ordnung, das den Wohnbereich gegen Störungen absicherte und in enge Beziehung zu Grün- und Freiflächen brachte. Aus diesen Grundsätzen ließ sich dann eine Anzahl weiterer Forderungen ableiten: Um wirklich eine gewisse Eigenständigkeit zu entfalten, mußten die Wohngebiete mit Gemeinschaftseinrichtungen ausgestattet und möglichst um sie gruppiert sein; sie mußten also Zentren erhalten und in ihrer Größenordnung auf die Leistungsfähigkeit ihrer zentralen Einrichtungen abgestimmt sein. Neben diesen Grundbausteinen des Stadtgefüges mußte es andere Elemente geben, um diejenigen Nutzungen unterzubringen, für die das beruhigte Wohngebiet keinen Platz mehr bot – vor allem die Arbeitsstätten. Um eine allzu enge Nachbarschaft zu vermeiden, boten sich Grünflächen als Abschirmung an, die auch die Wohneinheiten voneinander trennten und dabei öffentliche Einrichtungen und Hauptfußwege – getrennt vom Fahrverkehr – in sich aufnahmen. Innerhalb der Wohngebiete selbst sollte das Einfamilienhaus möglichst dominieren, Geschoßwohnbau zwar zulässig sein, aber in einer gegenüber den alten Mietskasernen stark reduzierten Grundstücksausnutzung, mithin einer weit geringeren Wohndichte.

Die Vorliebe für das Einfamilienhaus ging dabei in der Regel mit der Vorstellung des Eigentums an Haus und Boden einher. Dieser Gedanke, schon in der Frühzeit der Wohnungsreform nachweisbar und als Beitrag zur sozialen Sicherung des Bewohners gedacht, wurde in der Wiederaufbauphase zusätzlich mit politischen Argumenten gestützt: Wer Eigentum besitze, sei nicht nur wirtschaftlich gesichert, sondern auch weniger anfällig für revolutionäre Umtriebe, werde eher bereit sein, sich für die Verteidigung der Freiheit einzusetzen. Skeptische Kritiker sahen dahinter das Motiv, den Bürger in diesem Lebensbereich beschäftigt und zufrieden zu wissen und ihn dadurch von der Einflußnahme auf politische Veränderungen fernzuhalten. Dem ist hier nicht weiter nachzugehen; beschränken wir uns auf die Feststellung, daß neben der zutreffenden Einschätzung des Wohnideals breitester Bevölkerungsschichten, neben den empirischen Belegen für die Vorzüge dieser Wohnform auch ein deutlich ideologisches Element bei deren Förderung im Spiele war.

Aus alledem resultiert das Konzept der ›gegliederten und aufgelockerten Stadt‹ als Antithese zur steinernen Stadt der Gründerzeit – ein Konzept, das einerseits funktionell begründet war, andererseits jedoch mit einer Fülle von Hoffnungen und Erwartungen befrachtet war, die in vieler Hinsicht einer realistischen Einschätzung nicht standhalten konnten. Auch das ist offenbar ein wiederkehrender Zug in der Stadtplanung: Mit dem Erreichen bestimmter Ziele verknüpfen sich überhöhte Erwartungen, deren Nichterfüllung dann Enttäuschung und Abkehr vom früheren Ziel auslöst.

Die dargelegten Vorstellungen entstammen, wie angedeutet, den verschiedensten Quellen. Wenn sie heute vielfach pauschal der *Charta von Athen* zugeschrieben werden, so ist das insofern eine halbe Wahrheit, als die Charta selbst noch in den fünfziger Jahren in Deutschland kaum bekannt war. Aber im Grunde handelte es

sich bei diesem vielberufenen Dokument auch um nichts anderes als um eine Zusammenfassung jener Grundsätze, die in der fortschrittlichen Stadtplanung um 1930 – in der Deutschland eine führende Rolle innehatte – bereits praktiziert worden waren. Zwar sind Formulierung und Verteilung der Gewichte stark von Le Corbusier geprägt, aber der Sache nach steht nicht nennenswert mehr darin, als Ernst May in Frankfurt oder Fritz Schumacher in Hamburg verwirklicht hatten.
Das gilt auch für den in der Charta verwandten Begriff der städtebaulichen Funktionen, der – in einer gewissen Analogie zum Funktionalismus in der Architektur – die Abwendung von einer überwiegend ästhetischen Betrachtung des Städtebaues und die Betonung der sozialen und ökonomischen Aspekte verdeutlichen sollte. Was dabei allerdings nicht immer klar genug gesehen wurde, war die Abhängigkeit des Funktionsbegriffs von der Vorstellung eines Gesamtzusammenhanges, in dessen Rahmen die Funktion erst ihren Sinn erhielt. Sobald Zweifel an der Schlüssigkeit eines solchen Gesamtzusammenhanges auftauchten, mußte auch der Funktionsbegriff ins Wanken geraten.
In der Charta wird auch die ›Wohneinheit angemessener Größe‹ als Gliederungselement der Stadt erwähnt, aber das besondere Interesse der Stadtplaner an diesem Gedanken geht noch auf eine andere Quelle zurück – auf das in den Vereinigten Staaten entwickelte Konzept der ›Nachbarschaftseinheit‹. Im amerikanischen Städtebau, den man nach dem Kriege für Europa zu entdecken begann, spielte es eine beträchtliche Rolle. Dort waren auch besonders anspruchsvolle ideologische Erwartungen mit diesem Gedanken verknüpft: Man sah in der Nachbarschaftseinheit nicht nur ein funktionelles Planungswerkzeug, sondern erwartete auch einen Gewinn für die Demokratie von unten, die ›grassroots democracy‹, ein Gegenmittel gegen Anonymität und Verlust der Primärkontakte, die, so meinte man, den Bürger anfällig machen könnten für totalitäre Indoktrinierung. Von anderer Seite dagegen wurde an diesem Gliederungsprinzip, das ja auch in totalitären Staaten beliebt war, gerade seine Eignung als Instrument der Überwachung und Kontrolle gerügt. Gleichwohl kann man sagen, daß dieser Grundgedanke der Nachbarschaftseinheit zeitweise als allgemeingültiges Prinzip, fast als eine Art Rezept zur Lösung aller wichtigen Großstadtprobleme angesehen wurde. Auch Walter Gropius hat ihn bei seinem ersten Deutschlandbesuch nach dem Kriege im Jahre 1947 mit Nachdruck vertreten.
Ein dritter Faktor, der die gängigen städtebaulichen Zielvorstellungen mit geformt hatte, war der bereits erwähnte Gartenstadtgedanke Ebenezer Howards (184; *Abb. 28*), der zwar schon ein halbes Jahrhundert alt war, aber seine Faszination als Alternative zur Großstadt noch nicht verloren hatte – im Gegenteil, er war gerade in Großbritannien zur Grundlage einer neuen Siedlungspolitik zur Entlastung der Großstädte gemacht worden. Howards Namensgebung hat seinem Konzept manche Mißverständnisse eingebracht – als gehe es in erster Linie um den Garten, der im Grunde nichts anderes als die Begleiterscheinung einer gegenüber der Großstadt verringerten Wohndichte war. Die eigentlichen – ideologischen – Beiträge dieses Konzeptes lagen auf einer anderen Ebene: Es handelte sich wieder um einen Versuch, die Vorteile von Stadt und Land zu vereinen. Die Mittel dazu waren die strikte Größenbegrenzung der Stadt auf 30 000 Einwohner, ihre klare strukturelle Ordnung mit der rational begründeten Standortwahl von Gemeinschaftseinrich-

tungen, Wohnungen und Arbeitsstätten, und – als entscheidende Voraussetzung – die Erhaltung des gesamten städtischen Bodens im genossenschaftlichen Eigentum, um über jene privatrechtlichen Handhaben für die Steuerung der Entwicklung und für die Abschöpfung unverdienten Bodenwertzuwachses zu verfügen, die das öffentliche Recht nicht zu bieten vermochte.

Mit diesem letzten Aspekt ist der Komplex der Bodenpolitik angeschnitten, dessen Bedeutung für den Planer in seiner Rolle als Instrumentarium der Verwirklichung liegt (vgl. S. 385 ff). Die Entwicklung hatte den Städtebauer gelehrt, daß der Bodenmarkt in seiner sichtbaren Ausprägung nicht nur keinen Beitrag zur Ordnung der Umwelt leistete, sondern zu einem guten Teil an den Mißständen Schuld war, die es zu beheben galt. Wiederum waren die Abhilfevorstellungen bei aller Einigkeit über die Mängel sehr unterschiedlich: Sie reichten von bescheidenen Korrekturen bis hin zur völligen Außerkraftsetzung des Marktes durch Übernahme des Bodens in öffentliches Eigentum.

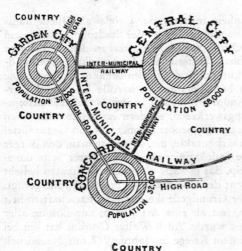

Abb. 28
Ebenezer Howard. Schema einer Zentralstadt mit Gartenstädten als Satelliten. In: To-Morrow.
A Peaceful Path to Real Reform.
London 1898

Moral, Politik und Bodenrecht

Damit ist bereits angedeutet, daß sich die Ausgangssituation des Neuaufbaues allein mit der Darstellung der inhaltlichen Seite planerischer Zielvorstellungen nicht hinreichend kennzeichnen läßt. Auch im Selbstverständnis der Städtebauer, in ihrem Verhältnis zur Politik und in dem zu Gebote stehenden rechtlichen Instrumentarium lassen sich ideologische Komponenten erkennen.

Seit der Jahrhundertwende finden sich in der städtebaulichen Literatur zunehmend Zeugnisse des Bewußtseins einer besonderen Verantwortung, das gelegentlich an eine Art Sendungsbewußtsein zu grenzen scheint. In ihm schlug sich die Tatsache nieder, daß die Städtebauer sich gleichsam als einzige Sachwalter einer geordneten

Entwicklung in einer weitgehend ungeplanten Welt fühlten. Dabei ging es ihnen keineswegs um eine künstliche, rational erklügelte Ordnung; sie verstanden sich eher als Anwälte einer natürlichen, gesunden und ausgewogenen Entwicklung, für die es im Gestrüpp der Interessen und der unkoordinierten Eingriffe Raum zu schaffen galt. Solche Begriffe, in denen auf organische Zusammenhänge oder auf Gleichgewichtszustände Bezug genommen wird, spielten im Planungsvokabular bis in die sechziger Jahre hinein eine beherrschende Rolle. Dem entspricht es, daß der Städtebauer seine Aufgabe gern mit der des Arztes gegenüber der als krank verstandenen Stadt verglich.

Dieses Vokabular ist nicht den Planern allein vorzuwerfen; seine Beliebtheit reicht weit über ihren engeren Kreis hinaus. Europa werde krank an der Größe seiner großen Städte, hatte Wilhelm Heinrich Riehl schon um 1850 prophezeit. Charles Horton Cooley, der amerikanische Soziologe, der sich als erster mit dem Verschwinden der ›primären‹ Gesellungen in den Städten des industriellen Zeitalters – im Gegensatz zum Dorf – auseinandersetzte, schrieb 1909: »Ob diese Tendenz als Krankheit der Gesellschaft oder als gesunde Entwicklung anzusehen sei, bleibe vorerst offen« (81).

Das alles setzt natürlich ein normatives Urteil voraus, eine Vorstellung, unter welchen Umständen eine Stadt, eine Gesellschaft als gesund anzusehen sei. Es liegt auf der Hand, daß hier ein erheblicher Interpretationsspielraum besteht. Aus dem Blickwinkel der Gegenwart erscheint es so, als habe der Planer mit seinem Anspruch, diese Interpretation selbst vorzunehmen, politische Funktionen usurpiert. Der Vorwurf ist aber nur teilweise berechtigt, denn diese Funktionen wurden lange von den politischen Körperschaften kaum gesehen, geschweige denn wahrgenommen. Der Städtebauer war sich – wie etwa bei Fritz Schumacher nachzulesen – der sozialpolitischen Bedeutung seiner Aufgaben bewußt und suchte ihr mit seinem persönlichen Engagement in der fachlichen Arbeit Rechnung zu tragen. Mit technokratischem Denken wäre diese Situation unzutreffend bezeichnet. Aus der Literatur läßt sich belegen, daß es den Städtebauern durchweg um das ging, was wir heute ›Lebensqualität‹ nennen. Die Kenntnisse mochten begrenzt, die Wertungen subjektiv sein: Das Bewußtsein einer moralischen Verpflichtung ist unverkennbar, wie der häufig wiederkehrende Gebrauch des Begriffs ›Anstand‹ im Zusammenhang mit städtebaulichen und architektonischen Aufgaben zeigt.

Gewiß bestand nach dem Kriegsende ein ausgeprägtes politisches Interesse am Neuaufbau, aber es war kein Zufall, daß zu seiner Förderung ein Wohnungsbau- und nicht, wie in England, ein Planungsministerium geschaffen wurde. Die Vorstellung war weit verbreitet, Stadtplanungsämter und deren Tätigkeit werde man nur solange brauchen, bis das letzte Trümmergrundstück wieder bebaut sei. Auch die Aufbaugesetze der Bundesländer, meist 1949 nach einem gemeinsam erarbeiteten Modell erlassen, wurden von vielen Politikern ähnlich betrachtet, wenn sie auch von den Fachleuten als langfristig tragfähige Rechtsgrundlagen für die städtebauliche Entwicklung konzipiert waren. 1960 wurden sie – nach zehnjähriger Beratung – durch das Bundesbaugesetz abgelöst (vgl. S. 363 ff), das instrumentell in vieler Hinsicht einen Rückschritt brachte. Die Gründe dafür sind vielschichtig; von großem Einfluß waren zweifellos die Faszination durch das auf dem Wege der Liberalisierung zustande gekommene ›Wirtschaftswunder‹ und der Irrtum, seine

Prinzipien ließen sich auf die räumliche Entwicklung übertragen. Hinzu kam als Reaktion auf den Mißbrauch behördlicher Macht in der Zeit des Nationalsozialismus der Wille, die Rechte des Individuums so weit wie möglich gegen Staat und Gemeinde zu stärken. So war die zu Beginn der Beratungen noch bekundete Absicht, die Bodenspekulation einzudämmen, war das oft zitierte Bekenntnis zu einer Bodenrechtsreform, das der Kölner Oberbürgermeister Konrad Adenauer in den zwanziger Jahren abgelegt hatte, im Jahre 1960 unter dem Eindruck der Prosperität vergessen oder doch verdrängt.

Im Bereich des Bodenrechtes liegen dementsprechend auch die offenkundigsten Schwächen des Gesetzes. Zu ihnen gehört die Tendenz, die Gemeinden so weit wie möglich vom privaten Bodenmarkt fernzuhalten, ihnen also weder nennenswerte Enteignungsmöglichkeiten noch weitgehende Vorkaufsrechte als Mittel städtischer Bodenpolitik einzuräumen. Dem entsprach die Vorstellung, man könne überhöhte Bodenpreise durch vermehrte Baulandaufschließung – also durch das ökonomische Gesetz der Preisbildung aus Angebot und Nachfrage – verhindern. Man verzichtete daher im Gesetz auf jeden Versuch, die seit Jahrzehnten bekannte bodenrechtliche Problematik zu lösen – eine Problematik, die immerhin bei der Formulierung der Verfassung des Freistaats Bayern 1946 für so wichtig gehalten wurde, daß man ihr einen eigenen Artikel einräumte: »Steigerungen des Bodenwertes, die ohne besonderen Arbeits- oder Kapitalaufwand des Eigentümers entstehen, sind für die Allgemeinheit nutzbar zu machen.«

Das Bundesbaugesetz knüpft in seinen Grundzügen an die Situation vor 1933 an, bleibt sogar in mancher Hinsicht noch hinter den Erkenntnissen jener Zeit zurück. Es regelt das Planungsverfahren, sagt aber kaum etwas über Inhalt und Ziele des Städtebaues aus – außer der allgemeinen Aufzählung von ›Bedürfnissen‹ und ›Belangen‹, die ohne weitere Konkretisierung noch keinen Anhalt für das Planen selbst geben können – mit einer einzigen bezeichnenden Ausnahme, dem Gesetzesauftrag nämlich, die Eigentumsbildung im Wohnungswesen zu fördern. Die Beziehung zu der bereits erwähnten hohen Bewertung des Eigenheimes liegt auf der Hand.

Allerdings gründet sich auf das Bundesbaugesetz eine Rechtsverordnung, in der nun auch inhaltliche Vorstellungen rechtlich fixiert werden: Die Baunutzungsverordnung definiert einerseits die verschiedenen Nutzungskategorien, die in den Plänen angewandt werden dürfen, andererseits setzt sie die Obergrenzen für die zulässige Grundstücksausnutzung innerhalb dieser Kategorien fest. Hier werden wiederum ideologische Komponenten sichtbar: Diese Obergrenzen liegen weit unter dem, was im allgemeinen früher zulässig war; unverkennbar stand der Gedanke der Auflokkerung bei ihrer Festsetzung Pate.

Gesellschaft durch Dichte?

Wenige Jahre vor dem Erlaß des Gesetzes war dieses Zielbild der ›gegliederten und aufgelockerten Stadt‹ in einer Schrift dreier namhafter Städtebauer dargestellt worden (140) – im gleichen Jahre 1957, in dem mit dem Neuaufbau des Berliner Hansaviertels im Rahmen einer internationalen Bauausstellung der Öffentlichkeit ein Musterbeispiel solcher Auflockerung vorgeführt wurde *(Abb. 29)*. Man könnte sagen, daß mit diesen drei Dokumenten unterschiedlichen Charakters die herrschende Grundauffassung vom Wesen und Inhalt der städtebaulichen Planung gleichsam in Reinkultur demonstriert wurde. Es mutet fast wie eine Ironie der Geschichte an, daß sich in ganz dem gleichen Zeitabschnitt neue Strömungen und Kräfte bemerkbar machten, die sich anschickten, jene Auffassung aus den Angeln zu heben.

Diese neuen Kräfte nährten sich aus der Kritik an der gängigen Praxis, aus der Unzufriedenheit damit, daß das Ergebnis des modernen Städtebaues nicht zu halten schien, was man sich davon versprochen hatte. Aus der Auflockerung war – übrigens ganz ohne den Willen und fast ohne Zutun der Planer – dank des Kraftwagens die Ausuferung der Städte, die Zersiedelung des Landes geworden, die durchgrünten Wohngebiete ließen die gewohnte Lebendigkeit städtischer Straßen vermissen, die Trennung der Nutzungsbereiche hatte häufig zu großflächigen Gebieten gleicher Nutzung und damit monotonen Charakters geführt, der Gemeinschaftsgeist schien auch in wohlgeplanten Nachbarschaftseinheiten keine Wurzeln zu schlagen. Kurz: Es hatten sich nicht nur die Erwartungen nicht erfüllt, sondern es waren auch unvorhergesehene Nebenwirkungen aufgetreten, die zur Kritik Anlaß boten.

So fanden neue Anregungen einen bereiten Nährboden. Hans Paul Bahrdts kriti-

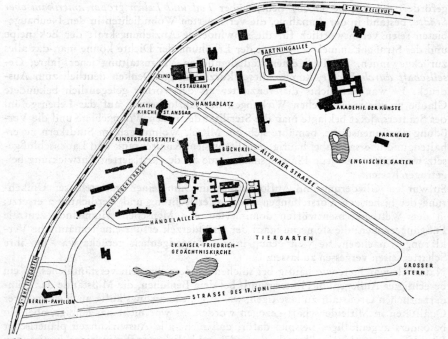

Abb. 29   Lageplan des Hansaviertels Berlin, 1957
Innerstädtisches Wohnviertel in ›aufgelockerter‹ Bebauung; Einfamilienhäuser, Zeilenbauten, scheiben- und punktförmige Hochbauten

sche Auseinandersetzung mit dem »Nebel der Vorurteile«, in dem er die Stadtplaner befangen sah, trug viel dazu bei, die traditionelle Stadtkritik zu erschüttern (17). Daß die Nachbarschaftseinheit die einzig sinnvolle Vorbedingung für die Entwicklung sozialer Beziehungen sei, daß die Anonymität der Großstadt gefährlich oder gar verwerflich sei und daher bekämpft werden müsse, alle diese Vorstellungen gerieten ins Wanken. Was man von der Stadt erwartete, waren eben nicht nur Wohngebiete und Arbeitsstätten, sondern auch Angebote für Begegnungen, sozialer Raum, eine atmosphärische Qualität, die man aus der dichten Stadt gewohnt war und die man nun vermißte. Für alle diese mehr oder minder vagen Zielvorstellungen fand sich dann das Kennwort, das schnell in aller Munde war – ›Urbanität‹. Unter dieses Wort hatte Edgar Salin seinen Festvortrag vor der Hauptversammlung des Deutschen Städtetages 1960 gestellt, und obwohl er diesen Begriff weit anspruchsvoller interpretiert hatte, trug der Vortrag zweifellos zum Wiederaufleben der fast vergessenen Vokabel bei.

Die Diskussion fand zunächst mehr Nahrung bei den Kritikern als bei den Stadtplanern selbst, griff dann aber schnell in deren Lager über. Dabei gab es eine Reihe von Mißverständnissen – so die Vorstellung, man könne jene Qualitäten der Vertrautheit, jene Patina, die eine altgewohnte bauliche Umgebung anziehend erscheinen lassen, beliebig in Neubaugebiete einbauen. Ein anderes Mißverständnis, kräftig gefördert durch Jane Jacobs' Schrift über *Tod und Leben großer amerikanischer Städte*, bestand in der Annahme, die verringerten Wohndichten in den Neubaugebieten seien verantwortlich für die schwindende Anziehungskraft der Eckkneipe und des Straßenbummels – und mit der Erhöhung der Dichte könne man das alles zurückgewinnen. Im Titel einer städtebaulichen Veranstaltung jener Jahre, *Gesellschaft durch Dichte*, kommt dieses kurzschlüssige Denken deutlich zum Ausdruck. Es war um nichts differenzierter als der vorher gelegentlich bekundete Glaube an die segensreichen Wirkungen der Auflockerung auf das Lebensgefühl des Städters. Jetzt beklagte man die Sterilität der neuen Wohngebiete und die Verödung der Innenstädte, bemühte sich um Mittel, Wohnungen im Stadtkern zu erhalten, und übersah dabei häufig, daß Fernsehen, Kühlschrank und Ladenschlußgesetz weit stärker als jede Planungsmaßnahme zu der kritisierten Entwicklung beigetragen hatten.

So wurden ›Gliederung und Auflockerung‹ im Sinne einer unmittelbaren Umkehrung der bisherigen Vorstellungen durch ›Verflechtung und Verdichtung‹ ersetzt; in den Wettbewerbsentwürfen dominierten von Menschen wimmelnde zentrale Fußgängerzonen; die steinerne Stadt der Gründerzeit erfuhr eine romantische Verklärung – nachdem sie weit genug in die Vergangenheit gerückt war, um ihre Schattenseiten vergessen zu lassen.

Natürlich war hier, wie häufig bei solchen Modewellen, ein verständliches, ja ein berechtigtes Anliegen im Hintergrund; bei dem Bemühen, die Mißstände der gründerzeitlichen Großstadt zu beseitigen, waren nahezu zwangsläufig auch einige ihrer Qualitäten in Mitleidenschaft gezogen worden. Es war nicht das einzige, aber ein besonders augenfälliges Beispiel dafür, daß nicht alle Auswirkungen planerischer Eingriffe im vorhinein übersehen werden und daß manche in einer bestimmten Situation liegenden Qualitäten nicht eher als Werte erkannt werden, als bis die Lücke empfunden wird, die ihr Verlust gerissen hat.

Ideologie und Utopie im Städtebau 467

Solche abgewogenen Urteile hörte man allerdings in der öffentlichen Diskussion selten. Häufiger wurden im Pendelschwung Gliederung und Auflockerung als stadtfeindliche Irrwege diskreditiert, Verdichtung der Bauten und Verflechtung der Nutzungsarten als neue Heilslehren verkündet. Interessenten taten ein übriges zu ihrer Verbreitung: Für viele wurde die Verdichtungswelle zum großen Geschäft.

Diese neuen Thesen wirkten sich auch auf die Landesplanung aus, in der die Antipathie gegen die Großstadt noch länger vorhielt als im Städtebau. Im Begriff der ›Ballung‹ von Bevölkerung und Wirtschaftskraft schwang traditionell ein abwertender Unterton mit; solche Ballung in Grenzen zu halten und wo nötig zu reduzieren, war ein überkommenes Ziel der Raumordnung. Der erste Entwurf zum Raumordnungsgesetz aus dem Beginn der sechziger Jahre vermied den Begriff der Ballung und ersetzte ihn durch den der ›überlasteten Verdichtungsräume‹, die in der Gesetzesbegründung – offenbar infolge einer redaktionellen Panne, die manchem Kritiker als Freudsche Fehlleistung erschien – pauschal mit den Stadtregionen der Bundesrepublik gleichgesetzt wurden. Daß es nicht so gemeint sein konnte, verriet ein anderer Paragraph des Gesetzentwurfes, der die Bundesregierung er-

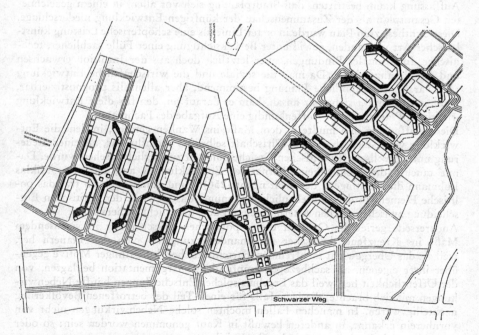

Abb. 30   Architekten-Arbeitsgemeinschaft Steilshoop
Bebauungsentwurf Hamburg-Steilshoop, 1965–66, aufgrund von Wettbewerbsentwürfen des Jahres 1961. Wohnquartier für knapp 20 000 Einwohner, Rückkehr zur geschlossenen Bauweise

mächtigen sollte, durch Rechtsverordnung Kriterien für die Abgrenzung solcher ›überlasteten Verdichtungsräume‹ zu bestimmen.
Es war vielleicht weniger die ›Verdichtungswelle‹ als die Sorge vor einer großstadtfeindlichen Raumordnungspolitik des Bundes, die die kommunalen Spitzenverbände gegen den Gesetzentwurf auf den Plan rief – und der Vergleich des Entwurfs mit der 1965 verabschiedeten Fassung läßt erhebliche Veränderungen hinsichtlich der Bewertung des ›Verdichtungsraumes‹ erkennen, wie der Begriff der ›gesunden Verdichtung‹ zeigt. Am Rande sei angemerkt, daß die Raumordnung offenbar noch schwerer als der Städtebau auf das ›organizistische‹ Vokabular verzichten kann.

Das Planen als Thema

Um die gleiche Zeit wandte sich nun – aus den eingangs erwähnten Gründen – das Interesse von Planern und Kritikern der Analyse und Interpretation des Planungvorganges selbst zu (vgl. S. 409 ff, 428 ff, 477 ff). Erste Ansätze dazu sind schon in den zwanziger Jahren nachzuweisen, aber zum Diskussionsobjekt wurde der Planungsprozeß im Grunde erst um 1960. In der ersten Jahrhunderthälfte war die Auffassung kaum bestritten, daß Stadtplanung sich vor allem in einem gezeichneten Gesamtplan als der Zusammenschau der künftigen Entwicklung niederschlage. Diese Synthese zum Plan wurde in erster Linie als eine schöpferische Leistung künstlerischer Art verstanden, gewiß unter Berücksichtigung einer Fülle sachlicher, technischer, funktionaler Bindungen, aber letztlich doch aus der Intuition erwachsen und auf sie angewiesen. Da man die soziale und die wirtschaftliche Entwicklung als zwar für die räumliche Planung bestimmend, aber allenfalls prognostizierbar, nicht jedoch direkt steuerbar ansah, kam es darauf an, den für diese Entwicklung ›richtigen‹ Plan zu finden – offenkundig eine Aufgabe des Fachmanns.
Diese Auffassung nun mußte in dem Maße ins Wanken geraten, in dem die Entwicklung von Gesellschaft und Wirtschaft selbst als beeinflußbar, als einer Steuerung unter gesellschaftspolitischen Gesichtspunkten zugänglich gesehen wurde. Damit tauchte die Möglichkeit alternativer Entwicklungen auf, das, was Niklas Luhmann die Kontingenz der Welt nennt (256) – und damit zugleich trat das politische Element in der städtebaulichen Planung, das Gewicht der politischen Entscheidung zwischen solchen Alternativen mit aller Deutlichkeit hervor.
Andererseits geriet die Qualität dieser politischen Entscheidung in wachsendem Maße ins Kreuzfeuer kritischer Auseinandersetzungen – von den Planern her, weil sie das Übergewicht sachfremder, parteitaktischer, kurzatmiger Motive gegenüber ihrer eigenen, als sachbezogen empfundenen Argumentation beklagten, von der Öffentlichkeit her, weil das Ergebnis solcher Entscheidungen häufig Nebenwirkungen mit sich brachte, die jedenfalls für einen Teil der betroffenen Bevölkerung nachteilig waren. In manchen Fällen mochten solche Nebenwirkungen nicht von vornherein erkannt, in anderen bewußt in Kauf genommen worden sein; so oder so ergaben sich damit Ansatzpunkte der Kritik.
In zunehmendem Maße wurde deutlich, daß eine Planungsentscheidung – der Bau einer Schnellstraße am Rande eines Wohngebiets, der Abbruch überalterter Wohnhäuser mit billigen Mieten zugunsten neuer Bürobauten – eine Gruppe von Betrof-

fenen begünstigt, eine andere benachteiligt, und daß die vom Gesetz geforderte gerechte Abwägung öffentlicher und privater Belange »gegeneinander und untereinander« häufig große Schwierigkeiten bereitet, zumal Interessen und politische Gewichte der beteiligten Gruppen diesen Abwägungsprozeß zwangsläufig beeinflussen. Damit geriet für den Planer auch die bis dahin kaum bezweifelte Orientierung am Wohl der Allgemeinheit ins Zwielicht: Waren denn nun etwa im Falle der Sanierung eines alten Stadtviertels die Belange der Bewohner, die Interessen der potentiellen Investoren oder die finanziellen Auswirkungen auf den Gemeindehaushalt ausschlaggebend für dieses Wohl? Jedenfalls war es hier mit der traditionellen Vorstellung von harmonisierender Koordinierung nicht getan – es mußten vielmehr Prioritäten gesetzt werden. Und da solche Prioritäten sich weder aus einer technisch-funktionalen Betrachtung ermitteln ließen noch ohne weiteres etwa aus Gesetzesformulierungen oder aus allgemeinen politischen Maximen abzuleiten waren, wuchs bei Planern wie bei Politikern das Bedürfnis nach einer besseren Absicherung ihrer Pläne und Entscheidungen.

Hinzu kam, daß nun auch dem einzelnen Bürger in anderer Weise als früher die unmittelbare Bedeutung der Stadtplanung für seine eigenen Lebensverhältnisse bewußt wurde (vgl. S. 107 ff) – einmal wegen der Häufung und Verstärkung nachteiliger Auswirkungen wie Lärm und Luftverschmutzung, zum anderen aber, weil ihm klar geworden war, daß dahinter nicht unausweichliche Schicksalsmächte oder anonyme Marktkräfte standen, sondern Beschlüsse politischer Körperschaften, Einzelentscheidungen von Behörden oder auch nur privatwirtschaftlich motivierte Maßnahmen von Interessengruppen. Die Parole »Der Stadtplan geht uns alle an«, in den fünfziger Jahren geprägt, um die Anteilnahme der Bürger an der Gestaltung ihrer eigenen Lebensumwelt zu fördern, von den Planern gern aufgegriffen, um die Öffentlichkeit zum Bundesgenossen gegen einseitigen Interessentendruck zu gewinnen, schien endlich auf fruchtbaren Boden zu fallen.

Besonders deutlich wurde dieser Auffassungswandel naturgemäß dort, wo die Eingriffe der Planung in die persönlichen Lebensverhältnisse am weitesten gingen – bei der Stadterneuerung, die schon in der ersten Jahrhunderthälfte eine gewisse Rolle gespielt hatte und nach dem zweiten Weltkrieg zuerst in den Vereinigten Staaten in großem Umfange unternommen wurde. Waren jedoch in der europäischen – vor allem der britischen – Tradition der Slumbeseitigung zumeist sozialpolitische Motive vorrangig, so überwog in den Vereinigten Staaten vielfach das fiskalische Interesse, den städtischen Boden steuerlich lukrativeren Nutzungen zuzuführen. Die daraus erwachsenden sozialen Härten führten zum Gedanken des ›advocacy planning‹, dem Konzept des Planungsadvokaten, der mit dem Sachverstand des Fachmannes die Interessen derjenigen wahrnimmt und in alternative Planungsvorschläge umsetzt, die im anderen Falle nur als Objekte behördlicher, von starken Interessenten weitgehend gesteuerter Planung erschienen. Unter diesem Blickwinkel lag es für den engagierten Kritiker nahe, auch die subjektive Überzeugung des Planers, dem öffentlichen Wohl zu dienen, allenfalls als ideologisch bedingte Täuschung zu werten.

Ähnliche Gedanken sind auch bei uns wirksam geworden und haben im Verein mit zahlreichen anderen Bestrebungen ein Ziel in den Vordergrund gerückt, das mit einem nicht sonderlich gut gewählten Schlagwort als ›Demokratisierung der

Planung‹ bezeichnet wurde. Dieser Komplex kann hier nur angedeutet werden. In ihm verknüpfen sich sehr unterschiedliche Elemente, die von pragmatischen Bemühungen um bessere Berücksichtigung der Belange aller Beteiligten bis zu politischen Bestrebungen reichen, die parlamentarisch-repräsentative Demokratie durch Umverteilung der Macht und Entwicklung anderer Entscheidungsverfahren zu verändern.

Aber auch wenn man solche extremen Ziele außer Betracht läßt, ist das ideologische Element in den meisten Plädoyers für stärkere Bürgerbeteiligung unüberhörbar: Es wird eine Verbesserung der Entscheidung dadurch erwartet, daß die Meinungen der unmittelbar Beteiligten und Betroffenen mehr Gewicht erhalten – im diametralen Gegensatz zu der traditionellen Vorstellung, daß unmittelbar Betroffene wegen der Gefahr der Befangenheit von der Mitwirkung an solchen Entscheidungen ausgeschlossen werden. Sobald ferner die Zahl der Betroffenen die Schwelle überschreitet, bis zu der noch jeder einzelne sinnvoll mitwirken kann – und sie ist bei der Stadtplanung schnell überschritten –, müssen sie sich wiederum vertreten lassen. Ob diese Vertretung die wahren Interessen der Betroffenen wirklich in jedem Falle besser und umfassender zu sehen vermag als die demokratisch gewählte Gemeindevertretung, der Rat, ist zumindest nicht von vornherein sicher. So berechtigt also das Anliegen ist, den ›Unterprivilegierten‹ – eine aus der amerikanischen Diskussion importierte und inzwischen schon etwas abgegriffene Vokabel – und ihren Bedürfnissen mehr Gewicht im Abgleich der Interessen zuzubilligen, so wenig darf man die prozessualen Probleme dabei unterschätzen. Die gelegentlich bekundete Partizipationseuphorie – als ließe sich auf diese Weise alles das vermeiden, was später zur Unzufriedenheit der Bewohner führen könnte – ist also sicher nicht am Platze. Zweifellos kann aber die breitere Mitwirkung der Bürgerschaft viel dazu beitragen, die Vielfalt der bei der Entscheidung zu berücksichtigenden Gesichtspunkte deutlicher erkennen zu lassen und so das Urteil selbst ausgewogener und objektiver zu machen und damit zu verbessern.

Auf eine ganz andere Art von Objektivierung zielen die Bemühungen um eine weitergehende wissenschaftliche Durchdringung des Planungsprozesses und der Alternativenauswahl, die sich aus systemtheoretischen Überlegungen und aus der Anwendung quantitativer Methoden herleiten. Hier wird die Verbesserung der Entscheidung nicht durch ›Demokratisierung‹, sondern durch ›Verwissenschaftlichung‹ erstrebt, und auch hier sind ideologische Elemente unverkennbar. Vielfach nämlich wird das räumliche und gesellschaftliche Gefüge, auf das die Planung einwirkt, in Modellvorstellungen gefaßt, die aus sehr viel weniger komplexen Zusammenhängen und Vorgängen entlehnt sind. Wer aus der zweifellos bedeutenden Leistung der Mondlandung die Überlegung ableitet, in ähnlicher Weise müßten doch auch die in eine städtebauliche Planungsentscheidung einfließenden Gesichtspunkte zu erfassen und zu berücksichtigen sein, fällt solch einem Kurzschluß zum Opfer: Er übersieht, daß eine technische Ablaufplanung bei einheitlicher Willensbildung und vorausberechenbaren äußeren Einflüssen nicht mit der Steuerung sozialer Prozesse in einer freiheitlichen Gesellschaft vergleichbar ist. Gleichwohl werden gelegentlich an die Perfektion von Methoden Erwartungen geknüpft, die bis zur völligen Verdrängung der Intuition, ja bis zum Ersatz für fehlende Zielvorstellungen reichen. Dies und eine ausgeprägte Tendenz zur abstrahierenden Modellbildung haben eine

Art ›Theoriewelle‹ im Städtebau hervorgebracht, die in den Vereinigten Staaten bereits zu einer bedenklichen Kluft zwischen Planungspraktikern und Planungstheoretikern geführt hat (vgl. S. 166).

Forschung als Mittel nicht nur der Erkenntnis, sondern auch der Entscheidungshilfe ist ein relativ neues Phänomen; mit quantitativen Methoden, mit Kosten-Nutzen-Analysen und mit dem Computer bemüht man sich um das Auffinden der optimalen Lösung, und auch hier gibt es Mißtrauen ebenso wie Euphorie. Auch wer von der Auffassung ausgeht, daß das Element der wertenden Entscheidung unter Unsicherheit nicht aus der Stadtplanung zu eliminieren ist, wird jedoch einräumen müssen, daß wissenschaftliche Methoden wie systemtheoretische Ansätze oder mathematische Optimierungsverfahren eine wichtige Rolle für die Verbesserung von Planungsentscheidungen spielen können, ja spielen sollten. Sie sind ebenso unerläßlich wie eine intensive und umfassende Beteiligung der Öffentlichkeit am Planungsprozeß. Beide Verfahrensweisen tragen zu jener Entlastung bei, nach der Planer und Politiker aus guten Gründen streben. Was indessen zu Problemen führen muß, ist die ideologische Überhöhung und Überschätzung dieser Mittel, die Hoffnung, damit gleichsam den Schlüssel zu allen gegenwärtigen Schwierigkeiten in der Hand zu haben. Die unweigerlich zu erwartende Enttäuschung muß dann erneut zu Pendelausschlägen in die andere Richtung, zur Abwertung auch der sinnvollen und zweckmäßigen Ansätze auf diesen Gebieten führen.

Die Ideologie der Flexibilität

In diesen Zusammenhang gehört ein Hinweis auf die veränderte Einschätzung des Zeitelements in der städtebaulichen Planung. Der Blick auf die Veränderungen, die sich in der Struktur von Wirtschaft und Gesellschaft wie auch in den städtebaulichen Zielvorstellungen und Arbeitsweisen vollzogen haben und offenbar weiter vollziehen, legt den Gedanken nahe, daß der rasche Wandel der Dinge keine langfristigen Konzepte erlaube. Wenn technische Bedingungen, gesellschaftliche Ansprüche, menschliche Wertvorstellungen morgen andere sein werden als heute und wenn man über die Richtung dieser Veränderungen im Grunde nur Vermutungen anstellen kann, so ist offenbar diejenige Planung die beste, die jederzeit an neue Verhältnisse angepaßt werden kann, die also flexibel ist. So richtig dieser Grundsatz ist – etwa gegenüber einer Bindung an die jeweils gegebene Situation oder gegenüber einer naiven Extrapolation gegenwärtiger Trends in die Zukunft hinein –, so leicht kann man auch ihn übertreiben und zu einer Art Flexibilitätsideologie entwickeln, wie sie in zahlreichen sogenannten städtebaulichen Utopien zum Ausdruck kommt.

Unter diesem Begriff läuft heute allerdings kaum etwas anderes als losgelassene Experimentierfreude von Architekten, die sich vorzustellen suchen, was man alles mit weiterentwickelten technischen Mitteln machen kann. Was wird da nicht alles angeboten, vor allem von japanischen Architekten, aber auch von ihren europäischen und amerikanischen Kollegen: riesige Turmkonstruktionen, an deren horizontale Kragarme Wohnungen angehängt werden sollen, im Meer schwimmende Hohlzylinder gewaltigen Ausmaßes, in dem ganze Städte angesiedelt sind, Turm-

gruppen, zwischen denen brückenartige oder netzartige Konstruktionen gespannt werden, Städte, die als ein einziges Bauwerk mit außerordentlich hoher Bevölkerungsdichte konzipiert sind, und vieles andere mehr *(Abb. 31, 32, 33, 34, 35)*.
Die große Mehrheit solcher Vorschläge läßt wenig Beschäftigung mit gesellschaftlichen Zusammenhängen oder auch nur mit elementaren Fragen der Lebensabläufe in der Stadt erkennen; eine mit Sinn erfüllte Gesamtkonzeption, die in dieser Hinsicht den früheren Utopien vergleichbar wäre, wird man kaum finden. Insofern trägt diese Art von Phantasieprodukten wenig zur Bewältigung unserer gegenwärtigen Probleme bei. Im Gegenteil, manche scheinen ihre technischen Träume als Alibi dafür zu benutzen, sich nicht mit den konkreten Forderungen des Tages auseinandersetzen zu müssen. Das könnte man auf sich beruhen lassen, wenn es nicht auch bei Politikern eine bedenkliche Neigung gäbe, auf technische Auswege aus einer Situation zu hoffen, die in Wahrheit den Mut zu politischen – und vielleicht durchaus unpopulären – Entscheidungen verlangt.

Grenzen des Wachstums

Zu diesen konkreten Forderungen des Tages gehört beispielsweise die Frage nach einem neuen Bodenrecht, dessen Notwendigkeit in weiten Kreisen erkannt ist; hinter ihr steht letztlich die ideologische Alternative der Betrachtung des Bodens als Handelsware oder als soziale Dienstleistung (die allerdings in der Praxis Zwischenlösungen erlaubt). Zu ihnen gehört auch das Problem der Erhaltung unseres historischen Baubestandes in Städten und Dörfern, das in erster Linie weder bautechnisch noch ökonomisch ist, sondern im Grunde von der Einschätzung dieser Zeugnisse der Vergangenheit in unserem Wertgefüge abhängt (vgl. S. 295 ff). Es scheint so, als verstärke sich gegenwärtig eine Strömung, die auf die Erhaltung solcher Gebäude und Bereiche gerichtet ist – nicht ohne modische Züge, aber doch wohl einem Bedürfnis nach Individualität des Ortes und Sichtbarmachung seiner geschichtlichen Kontinuität entspringend, das offenbar zu jenen Grundansprüchen gehört, die der Mensch über die Erfüllung materieller Erfordernisse hinaus an seine Umwelt stellt. Die zunehmende Betonung der qualitativen Aspekte könnte zuversichtlich stimmen: Wenn die Öffentlichkeit und mit ihr die Politiker – sei es führend oder folgend – zu erkennen beginnen, wie eng die Zusammenhänge zwischen politischen Entscheidungen auf den verschiedensten Gebieten, ihren Auswirkungen auf die Umwelt und jener Lebensqualität sind, die in den letzten Jahren hohen Rang als politische Zielvorstellung gewonnen hat, so müßte diese Erkenntnis auch der städtebaulichen Wirklichkeit zugute kommen.
Alle diese Erscheinungen hängen offenbar mehr oder weniger eng mit jener Einsicht in die Planbarkeit der Dinge, in die Kontingenz der Welt zusammen, die das ideologische Klima von Politik und Planung gegenüber der ersten Jahrhunderthälfte entscheidend verändert hat. Mit ihnen nun überlagert sich eine weitere Bewußtseinsänderung, die sich auf den lange für unerschöpflich gehaltenen Reichtum unserer natürlichen Hilfsquellen bezieht. Seit Jahrzehnten schon gab es warnende und mahnende Stimmen, die an der Verunreinigung von Luft und Wasser, an der Ausbeutung der Bodenschätze, am Verbrauch der natürlichen Landschaft

Ideologie und Utopie im Städtebau 473

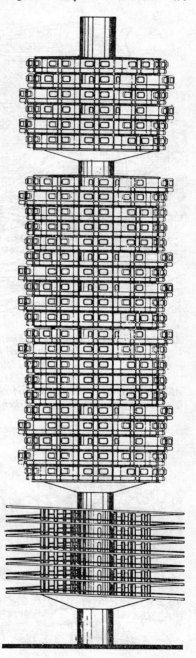

Abb. 31 Warren Chalk. Capsule-Unit Tower, 1964
Turm mit radial angehängten
Wohnkapseln

Abb. 32 Frei Otto. Verspannte räumliche Tragwerke auf dem Wasser mit terrassierten Mikrostrukturen

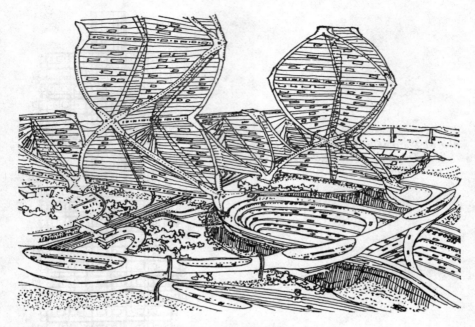

*Abb. 33   Noriaki Kurokawa. Zukunftsplanung für Tokio, 1961
Hochverdichteter Stadtteil mit ›helikoidalen‹ Türmen*

*Abb. 34   Merete Mattern. Entwurf zum städtebaulichen Wettbewerb Ratingen, 1967
System von Rahmenwerken mit weitgehend beliebigen Füllelementen*

Ideologie und Utopie im Städtebau 475

nicht nur hygienische Nachteile, ästhetische Einbußen oder auch langfristige wirtschaftliche Schäden beklagten, sondern die auf die hinter allen diesen Erscheinungen drohende ökologische Katastrophe hinwiesen. Aber erst in den letzten Jahren hat sich diese Sorge auch der breiten Öffentlichkeit bemächtigt. Was heute als ›Umweltwelle‹ gelegentlich überschäumt, was allerdings bisher immer noch zu mehr Worten als Taten geführt hat, ist der Niederschlag dieser neuen Einsicht, die durch das Schlagwort vom ›Raumschiff Erde‹ ungemein an Bildhaftigkeit gewonnen hat. Der Glaube an die Unerschöpflichkeit der Ressourcen erscheint mittlerweile naiv, die Anerkennung gewisser Grenzen des Wachstums zwingend.

Daß auch in dieser Situation die Problematik gelegentlich überzeichnet oder gar verfälscht wird, kann angesichts der bisherigen Erfahrungen kaum wundernehmen. So wird in manchen Äußerungen eine undifferenzierte Wachstumsfeindlichkeit sichtbar, die keinen Unterschied macht zwischen einem Zuwachs an Verbrauchsgütern oder dem – eigentlich mit dem Wachstumsbegriff gemeinten – Gewinn an Produktivität, der ja auch zur Verbesserung und Sicherung der Umwelt anstatt zu ihrer weiteren Belastung verwandt werden könnte, entsprechende moralische und politische Entscheidungen vorausgesetzt.

Unter diesen Umständen ist es auch nicht entscheidend, ob unter den Wissenschaftlern die Meinungen darüber, wo denn die Grenzen des Wachstums liegen und wie

Abb. 35   Paolo Soleri. Hexahedron. Großstruktur für 170 000 Einwohner

sie ermittelt werden können, noch weit auseinandergehen. Die eigentliche ideologische Veränderung liegt in der Anerkenntnis, daß es solche Grenzen geben könne und daß es eine Sache menschlicher Verantwortung sei, ihnen durch sinnvolle Planung und darauf gegründetes politisches Handeln Rechnung zu tragen. Das bedeutet den Verzicht auf die alte, für die Dynamik Europas in der Vergangenheit bestimmende These, daß alles, was technisch möglich sei, allein dadurch schon seine Anwendung rechtfertige. Der Skeptiker hat Grund zu fragen, ob nicht die Erwartung, der Mensch werde die Weisheit aufbringen, sich in der Anwendung seiner Machtmittel zu beschränken, im gängigen Sinne utopisch sei: ohne Aussicht auf Verwirklichung. Diese Frage allerdings überschreitet den städtebaulichen Rahmen unseres Themas. Die Antwort auf sie betrifft nicht nur die Qualität unserer Umwelt, sondern die Zukunft der Gesellschaft überhaupt.

LUCIUS BURCKHARDT

Wer plant die Planung?

Die Formulierung von Problemen

Wer plant die Planung? – Diese Frage am Schluß eines Buches über Stadtplanung soll darauf hinweisen, daß Planung nicht isoliert geschieht, sondern daß sie bedingt ist durch die Politik, daß sie aufgehängt ist in einem sozialen System. Wie man plant, mag der Fachmann wissen, obwohl, wie wir sehen werden, auch sein Wie? nicht ohne gesellschaftliche Bedingtheit ist; aber was geplant wird, und was nicht geplant wird, was man sich selbst zu überlassen plante, das wird durch politische und gesellschaftliche Kräfte bestimmt.
Die Stadt ist voller Übelstände, und nicht jeder ist Gegenstand unserer planerischen Fürsorge. Überdies sind nicht alle Folgen, welche die Planung mit sich bringt, mitgeplant: Um manche, so hat man beschlossen – beschlossen, indem man es nicht beschloß – wird man sich nicht kümmern. Heute spricht man viel von Umweltschutz, und man plant die Verbesserung oder Sanierung der Umwelt. Aber die Umwelt-Verschlechterung war auch eine Folge von Planung: Sie ist eben jener Teil der Planung, den ungeplant zu lassen man sich stillschweigend einig war.
Die Frage: Wer plant die Planung? – heißt also zunächst: Wer bestimmt, was geplant wird (und was nicht)? Die kommunale Politik bewegt sich vorwärts durch das Aufwerfen von Streitfragen, ›Issues‹. Unter den Übelständen der Stadt greift der Politiker einen heraus und hängt ihn an seine Fahne. Die Übelstände, und damit die Planungen, die ihnen abhelfen sollen, sind untereinander unvergleichbar; die Frage, ob die Stadt ihre Finanzen in die Verbesserung des Verkehrs oder in die Erhöhung des gesundheitlichen Standards werfen soll, ist mit objektiven Kriterien nicht zu entscheiden. Der kommunale Politiker greift Sachfragen einzeln auf und verwendet sie im Wettlauf um Stimmen. Durch die Wahlen soll ein Konsensus darüber entstehen, welchen Übelständen das Gemeinwesen zu Leibe rücken soll. Dabei wird sogleich klar, daß dieses Instrument zur Erhaltung eines Konsensus recht plump ist: Weder kann sich der Wähler selber über die Wahl der Übelstände ausdrücken, denn was in Frage kommt, wird ja von den Politikern ausgesucht, noch kann er sich über die Mittel äußern, die zur Bekämpfung dieses Übelstandes eingesetzt werden sollen.
Die Frage, wer die Planung plane, gilt auch dem Verhältnis des Politikers zum Planungsfachmann. Die Geschichte der Art, wie die Menschheit ihre Entscheidungen formalisiert, ist auch die Geschichte der Versuche, den Fachmann freizustellen und ihn von den Verquickungen mit der Macht zu lösen – dieses sowohl, um ihn unbeeinflußt und neutral zu halten, wie auch, um der Macht des Fachmannes vorzubeugen. Die Tradition der freigestellten ›Fachleute‹ reicht von Israels Propheten bis zu den Professoren autonomer Universitäten, von den Stäben militärischer oder wirtschaftlicher Verbände bis zu den Instituten, von welchen sich staatliche und wirtschaftliche Stellen beraten lassen. Immer aber ergeben sich neue Formen der

Kompetenzvermischung: Der Ratgeber erstrebt Einfluß, und der Entscheidungsträger lernt selber, mit der Wissenschaft umzugehen oder umzuspringen.
Gemäß dem klassisch-dezisionistischen Modell ist die Planung von der Entscheidung getrennt. Die Regierung erteilt Aufträge, Forschungsaufträge oder Projektierungsaufträge, an den Fachmann; der Fachmann trägt die Resultate seiner Forschung oder seine alternativen Entwürfe der Regierung vor; die Regierung entscheidet, was ausgeführt werden soll – so lautet das Credo. Ein großer Teil der modernen Entscheidungsforschung befaßt sich mit der Kritik dieses formalistischen Demokratiebildes. Die Zweifel daran setzen an mehreren Stellen ein, auf die wir ausführlicher zurückkommen werden: Einmal ist der Entscheidungsakt in der Realität nicht so wohldefiniert festzustellen wie im obigen Modell, es sei denn, es handle sich um eine Zeremonie nach intern gefälltem Beschluß, etwa um eine Parlamentssitzung; und zum andern sind die beteiligten Personen nicht exakt in ›wissende‹ und in ›entscheidende‹ einzuteilen.
Planung, Stadt- oder gar Regionalplanung, liefert noch nicht lange die Streitobjekte der Politik. Zwar ist, seit städtische Liegenschaften Handelsware sind, ein Interesse der Beteiligten an den Vorgängen der Stadtplanung, wohl auch eine ›Lobby‹ vorhanden. Aber die Interferenzen zwischen der Stadtplanung und den Aktionen der Privatleute sind zunächst gering. In der ersten Phase der Industrialisierung strömten große Bevölkerungsmassen zu den neuen städtischen Arbeitsplätzen; sie wurden von privaten Unternehmern auf möglichst billigem, ehemals gemiedenem Land angesiedelt. Weit ab von diesem Geschehen, in der Stadtmitte, agierte die Regierung. In diese Zeit fallen die Schleifung der Mauergürtel, die Anlage zentraler Prunkstraßen, repräsentativer Wohnstraßen, weiter Plätze mit Regierungs- und Kulturbauten nach klassischer oder romantischer Planungsweise – all dieses geschah zuweilen nicht ohne die Mithilfe der Spekulation, in anderen Fällen aber sogar unter finanziellen Opfern auf dem Altar des Städtebaus.
Schon konfliktträchtiger wurde die Verzahnung von öffentlichem und privatem Interesse bei der Anlage der Straßenbahnen und der damit verbundenen Ausdehnung der Städte. Da wurden Terrains aufgewertet und bebaubar gemacht, während andere auf der Schattenseite der Entwicklung liegen blieben. Die elektrische Straßenbahn und später die private Motorisierung hatten zur Folge, daß der Bodenpreis in der Stadtmitte jahrzehntelang stagnierte; in der Folge ruhten sowohl die Stadtplanung wie die privaten Druckversuche weitgehend. Erst die Wiederaufwertung des Zentrums durch den expandierenden Dienstleistungssektor etablierte endgültig das heutige politische Spiel der Stadtplanung. Nach dem zweiten Weltkrieg diente die Verstopfung der Straßen als Vorwand, die Liegenschaften der Innenstadt in den Handel zu bringen, wobei auf diesen Parzellen neue Arbeitsplatzkonzentrationen entstanden, die erneut die Straßen verstopften. Als am Ende der sechziger Jahre die Vollmotorisierung zur Vollverstopfung führte und die Straßenverbreiterungen weitgehend obsolet wurden, wandte sich die Stadtplanung der Sanierung angeblich verslumter Gebiete zu und bildete auf diesem Sektor eine neue Koalition mit dem Baugewerbe und den Investoren. Die Frage, wer die Planung plant, führt uns also heute in das Kräfteparallelogramm zwischen der regierenden Beamtenschaft, der Bauspekulation, der Bürgerschaft und den durch die beschlossenen Maßnahmen betroffenen Leuten.

Ungenannt blieb in diesem Parallelogramm zunächst der Planer selbst. Es wäre lehrreich, hier die Geschichte der beruflichen Entwicklung des Planers zu verfolgen. In dieser Geschichte stoßen wir auf die Spaltung zwischen Ingenieurschule und Akademie, und damit – auf den Sachgebieten – zwischen Tiefbau und Hochbau, und – personell – zwischen Ingenieur und Architekt. Noch heute haben wir diese Spaltung nicht überwunden, ja, die Frage nach der modernen Stadtplanung scheint eine erneute Polarisation zu erzeugen. Zunächst aber, mindestens von den zwanziger bis in die späten sechziger Jahre, ist der Planer ein Architekt. Das ist insofern folgenschwer, als das Training des Architekten auf intuitive Entscheidungen ausgeht. Hochschule und Beruf stellen ihm Aufgaben, die mehr Unbekannte als Aussagen haben: Die Intuition ist das Mittel, mit dem man solche Gleichungen löst. Der Architekt ist darauf trainiert, das vorgelegte Problem auf das ›Wesentliche‹ zu reduzieren.

Unter allen Entscheidungsverhalten weist die Intuition die größte Verschiedenheit zum planenden Verhalten auf (Otto Walter Haseloff, 158). Als Planer aber hat sich unsere Gesellschaft den Vertreter gerade jenes Berufes ausgesucht, den sie vorher auf die intuitive Entscheidung hin trainiert hat. Dabei erwies sich die Technik der Reduktion komplizierter Problemzusammenhänge auf das Wesentliche als trügerisch. Die Verschlechterung unserer Umwelt ist nichts anderes als die Summe dessen, was bei der Planung als unwesentlich unter den Tisch fiel. Dieses erkannt zu haben, ist vor allem das Verdienst der Architekturstudenten in den Jahren 1967–70. Ihr Kampf um eine Studienreform galt der Einführung des planerischen Kontextes, der Beschäftigung mit jenen Informationen, die der richtige Architekt eigentlich zu vernachlässigen hat. Leider scheint die Hochschularchitektur auf diesen Angriff negativ zu reagieren: Sie schwelgt im Kult des Handwerklichen, des Irrationalen, des Architekten als eines Bringers von überirdischem Heil. Damit überläßt sie das Feld der sachlichen Planung anderen Berufszweigen, die ein besseres Training im Umgang mit komplexer Information, dafür aber in anderen, ebenfalls wesentlichen Bereichen vielleicht Lücken haben.

Kollektive Entscheidungen

Wir müssen uns darüber klar sein, daß wir es bei der Planung mit entscheidungsfindenden Kollektiven zu tun haben. Die Entscheidung jedes Beteiligten ist aufgehängt in der Gesellschaft, sein persönlicher Entscheidungsstil – rational aufgrund von Kriterien oder intuitiv aufgrund sublimierter Erlebnisse – kommt nur noch leise zum Ausdruck. Wollen wir solche kollektive Entscheidungen (147) studieren, so müssen wir uns den Erkenntnissen der Organisationssoziologie zuwenden und versuchen, diesen meist an Firmen entwickelten Wissenszweig auf die öffentliche Bürokratie anzuwenden.

Die üblichen Planungsgutachten bestehen aus zwei ungleichen Teilen: Zuerst kommt die ausführliche Analyse des Status quo, mit Statistiken, Befragungen, Bestandsaufnahmen. Ein solcher Analyseteil enthält leicht Zehntausende oder bei Extrapolationen sogar Millionen von Daten. Selbst bei analytischen Zusammenfassungen verbleibt eine Vielfalt von unter sich schwer vergleichbaren Informationen. Der zweite Teil des Gutachtens präsentiert einen ›Lösungsvorschlag‹, beispielsweise den Bau einer U-Bahn. Studiert man nun das Gelenk, das zwischen den beiden Teilen besteht, also die Technik der Schlußfolgerung, mit welcher der Gutachter von der Vielzahl aufgenommener Informationen zu einem Vorschlag gekommen ist, so erweist sich dieses als mager. Der Gutachter stützt sich auf zwei oder drei als ›wesentlich‹ betrachtete Tatsachen und läßt die übrige Information unberücksichtigt. Seine Entscheidung beruht also bestenfalls auf Intuition, schlimmstenfalls auf einer Einflüsterung von außen, vermutlich aber auf einem Kompromiß, der das Resultat eines organisationsdynamischen Prozesses ist.

Dieser Prozeß besteht aus subjektiven, in der Einzelperson verlaufenden Entscheidungsvorgängen ebenso wie aus kollektiven. Schon beim einzelnen zeigt sich das Phänomen der Heuristik: Er weiß, welchen Weg er gehen soll und welche Varianten als unwesentlich zu vernachlässigen sind. Diese Haltung kann auf zwei Arten erklärt werden. Eine rationale Beschreibung liefert Walter Isard (192): Er zeigt, daß sich vor jedem Entscheidungsträger eine Bewertungstabelle aufbaut, nach der er die Wahrscheinlichkeit von Belohnung oder Ruhm im Falle des Rechtbehaltens, von Schande oder Schaden im Falle eines Mißlingens abschätzt. Wenn beispielsweise das Mißlingen zwar ebenso wahrscheinlich ist wie das Gelingen, jenes aber weniger Schande bringt als dieses Ruhm, so wird der Planer die fragliche Maßnahme befürworten. Ist die Wahrscheinlichkeit hoch, daß die Maßnahme irgendwo zwischen Gelingen und Mißlingen versandet, so wird die Aktivität mehr Ehre einbringen als die Inaktivität, und das Handeln wird ebenfalls befürwortet, usw. Andere Erklärungen gehen von der psychischen Situation des entscheidenden Subjekts innerhalb seines Amtes aus. Sie zeigen auf, wie für den Planer nicht das maximale Resultat das oberste Ziel ist, sondern ein angenehmes Sozialklima innerhalb seiner Organisationsstruktur. So sind die Entscheidungen immer Kompromisse zwischen dem, was eigentlich not täte, und dem, was den Mitgliedern der Organisation an Umdenken oder ungewohntem Handeln zugemutet werden kann.

Beobachtungen zeigen, daß der in ein Kollektiv eingespannte Entscheidungsträger nicht optimiert, sondern seinen Wahlvorgang bei der ersten Lösung anhält, die sowohl den oberflächlichsten Kriterien seiner Zielvorstellungen wie auch den Kriterien seiner persönlichen Lage entspricht. Dabei spielt ihm die eigene Psychologie wohl manchen Streich: Die eigene Sicht der Realität und die Wertskala werden so adjustiert, daß sie dem heimlich schon in Aussicht genommenen Entschluß entsprechen. Zudem manövriert sich der Entscheidungsträger unbewußt in eine Einbahnstraße: Er sorgt dafür, daß schon die äußeren Umstände die Zahl der Varianten bis auf eine einzige verringern.

Aber alle diese vom entscheidenden Subjekt ausgehenden Erklärungen, selbst wenn sie die Lage des einzelnen im Kollektiv beachten, überwerten noch den Entscheidungsakt. Die Entscheidung ist aufgelöst in der Zeit. Nur bei den ersten Entscheidungen herrscht Wahlfreiheit, aber diese Anfänge sind in der Realität nicht auffindbar, unbemerkt vorübergegangen oder bewußt verschleiert. Diesen unmerklich verlaufenden Entscheidungsprozessen möchten wir nun nachgehen.

Eine erste determinierende Kraft liegt in der Benennung des Übelstandes. Derjenige, der das Vorhandensein des Übelstandes zum ersten Male formuliert, legt schon die Art seiner Bekämpfung fest. Durch sprachliche Fixierung leitet das Issue direkt

zur abhelfenden Maßnahme. So führt die Feststellung, es gebe zu viele Verkehrsunfälle, zur Verbesserung der Sanitätstransporte; so führt die Beschreibung der Situation alter Leute zum Bau von Altersheimen und nicht zu einer Neubesinnung im Wohnungswesen; so führt die Benachteiligung minderbegabter Kinder zur Errichtung von Sonderklassen, deren Besuch jeglichem späteren Aufstieg entgegensteht.
Das von der Politik gewählte Issue, der Übelstand, hat zunächst eine unscharfe Grenze. Die Verkehrsmisere am Bahnhofsplatz mag eklatant sein; ihre Bekämpfung würde aber wohl besser am Stadtrand erfolgen oder noch weiter draußen. Der Politiker, der sich des Bahnhofsplatzes annimmt, muß aber sein Issue begrenzen. Damit determiniert er die Abhilfe. Indem er beschreibt, wie sich die Fußgängerströme zwischen den hupenden Fahrzeugen hindurchdrängen, steigt die Vision einer Bahnhofsplatzunterführung auf. Vergessen sind alle guten Vorsätze, den Verkehr am Stadtrand umzuleiten, den öffentlichen Verkehr zu bevorzugen: Man baut eine Bahnhofsunterführung und beläßt das übrige beim alten.
Das Stolpern von Maßnahme zu Maßnahme bringt zeitweise die planende Organisation bei Presse und Volk in Mißkredit. Dann wird die Organisation, um ihren Ruf wieder herzustellen, einen ›Gesamtplan‹ in Angriff nehmen. Ein auswärtiger Fachmann stellt ein Maßnahmenbündel zusammen, dessen Durchführung die Situation der Stadt verbessern würde. Die Reihenfolge der Durchführung aber liegt, nach Abreise des fremden Gastes, bei der Organisation: Sie bestimmt, welche Maßnahmen sogleich verwirklicht und welche auf die lange Bank geschoben werden. Damit ist der Plan vorhanden, auf den man nach außen hin verweisen kann, aber gleichzeitig ist er zerstört, da nur die Kombination seiner Maßnahmen, seine Strategie, zu den gewünschten Zielen führen würde.
Die Organisation hat einen formalen sowie einen effektiven Aufbau, die dem einzelnen Mitglied eigene Rollen und damit unterschiedliche Handlungsweisen zuteilen. Vor allem aber bestimmen die Hierarchien den Zugang zur Information. Die bessere Information erzeugt die wirkungsvollere Argumentation und damit die höhere Durchsetzungskraft. So erklärt sich die Überlegenheit der Regierungen über Parlamente und der untergeordneten Stellen über die Regierung. Die so entstandene Entscheidung wird gemäß den Bräuchen der formalen Ordnung zeremonialisiert, sei es durch eine Abstimmung, sei es, indem man die Verantwortung einer möglichst hochgestellten Persönlichkeit zuschiebt, die die Konsequenzen ihrer Unterschrift nicht durchschaut.
Die argumentierende Arbeitsweise innerhalb von Organisationen gibt den beweisbaren, also meßbaren Faktoren ein Übergewicht über die anderen. Quantitativen Charakter haben deshalb die gängigen Ziele der Stadtplanung (›Verflüssigung des Verkehrs‹), an denen festgehalten wird, obwohl sie die Verfolgung anderer, wichtigerer Ziele, etwa der Wohnlichkeit, in Frage stellen. Trotz dieses Übergewichts der meßbaren Ziele hütet sich der Planer, die Annäherung an die gesetzten Ziele jemals zu messen oder gar die Syndrome zu beschreiben, die von seinen Maßnahmen ausgelöst wurden.
Bisher haben wir gewissermaßen technische Schwierigkeiten der Beschlußfassung aufgezählt. Überdies haben aber die entscheidungsfassenden Organisationen manifeste Interessen und Selbsterhaltungstriebe. Die Organisation ist interessiert an der Erhaltung des Status quo und an ihrer eigenen Sicherheit. Die Organisation weiß

aber, daß diese Sicherheit nur gewährleistet ist, wenn sie etwas leistet. Deshalb sind die Erfolge der Vergangenheit ihr Muster für künftige Aktionen. Die Organisation ist durch ihr eigenes Sicherheitsstreben also nicht in der Aktion blockiert, sondern im Zugzwang. Weiterhin zerreißen ihre Verkehrsbauten unsere Städte, zerstören angebliche Slumsanierungen die Sozialstruktur ärmerer Quartiere und führen den Boden dem Liegenschaftshandel zu, verstopfen die durch übermäßige Straßenverbreiterungen und Parkinganlagen angelockten Wagen die Innenstadt und verpesten sie die Luft. Es werden Beschlüsse gefaßt, es wird gearbeitet, nur liegen die Maßnahmen in der Linie überkommener Scheinerfolge. In ihrer mangelnden Anpassungsfähigkeit muß die Organisation ihre einmal eingeschlagene Politik fortsetzen, obwohl sie für die Stadt zerstörerisch sein kann.

Nach dem bisher Gesagten könnte es so aussehen, als spiele sich die Planung zwischen den staatlichen Organen und einigen direkt interessierten Personen oder Firmen ab, wie dem Tiefbau und den Investoren. Niemals aber könnten diese Vorgänge von Dauer sein, wenn sie sich nicht auf einen wichtigen Bevölkerungsteil abstützten. In der wachstumsorientierten und inflationären Atmosphäre der beiden letzten Jahrzehnte haben weite Teile des Mittelstandes gelernt, daß der bloße Aktivismus auch dann für sie profitabel ist, wenn sie nicht direkt daran beteiligt sind. Diese Klasse ist in relativ kurzer Zeit von einem trägen Konservativismus zu einem wirtschaftlichen Fortschrittsglauben übergegangen, der allerdings nichts mit politischer Fortschrittlichkeit zu tun hat. Die Neinsager sind zu Jasagern geworden, die grämlichen Kritiker zu applaudierenden Bewunderern alles materiellen Neuen.

Das bürgerliche Credo, daß man durch harte Jahre der Investition zum Wohlstand gelangen müsse, überträgt sich auf die hektische Bauerei und Saniererei in den Städten. Unsere Städte sind Bauplätze geworden, die man nur über Schutthaufen, Planken, notdürftig zugeschüttete Gruben und unter Umgehung ausgedehnter Absperrungen betreten kann. Dabei gelingt es den Initianten, einen Teil der Bevölkerung glauben zu machen, es handle sich dabei um die Investitionsphase, nach deren Beendigung die Städte wieder um so bequemer zu begehen und zu befahren seien – als ob sich das Verkehrsproblem jemals ›lösen‹ lasse. Daß mit der Tieflegung des öffentlichen Verkehrs unter die Erde, der damit bewirkten Freilegung der Straßen für den Privatverkehr, mit den Cityringen, Einfallstraßen und zentralen unterirdischen Parkgaragen nur ein Übel erzeugt wird, das sich konsequent von der Innenstadt nach außen fressen muß, und allmählich die von den Ärmeren bewohnten Quartiere der ehemaligen Vorstädte unwohnlich macht und zerstört, kümmert freilich diese applaudierende Schicht nicht: Sie hat sich und ihre Familien längst weit außerhalb in Sicherheit gebracht und benützt die Stadt nur als Jagdgebiet des Geschäfts und des Vergnügens.

Die Stimme der Verplanten

Bei der Planung und ihrer Durchsetzung ist auch die Zustimmung wenigstens eines Teils der Betroffenen für die Planer zum mindesten angenehm. Häufen sich die Ablehnungen, so kann die Durchsetzung eines Planes sogar gefährdet sein. Diese Zustimmung der Betroffenen muß also entweder aufgespürt oder hergestellt werden: Das Aufspüren führt zur Forderung, die Soziologie in die Planung einzubeziehen, die Herstellung der Zustimmung erfolgt durch die Methoden des Human Relation, also der Propaganda für ein besseres Sozialklima, und durch schärfere Mittel.

Die Methoden des Human Relation bedienen sich des Anscheins der Aufklärung. Es wird so getan, als gebe es neben den demokratischen Aufklärungsmitteln wie Presse und politischer Tätigkeit noch so etwas wie eine ›wertfreie‹ Information. Gerade solche vermeintlich wertfreie Information ist aber parteiisch bis hinein in die so harmlos aussehenden Baumodelle aus Plexiglas und Pappkarton mit ihren grünen Modellbäumen. Zu den schärferen Mitteln rechnen wir die ›Beratung‹ der Betroffenen in Form von Besuchen durch Beamte. In welcher Weise hier Zuckerbrot und Peitsche appliziert werden, entzieht sich jedem legalen Protokoll und kann im Nachhinein nur geahnt werden. Deshalb nützen auch Gesetze und Vorschriften wenig, welche die Zustimmung der Betroffenen fordern (wie das Städtebauförderungsgesetz, das die Ermittlung der Einstellung und Mitwirkungsbereitschaft der »Eigentümer, Mieter, Pächter und anderen Nutzungsberechtigten im Untersuchungsbereich der beabsichtigten Sanierung« fordert): Die Verwaltung kennt seit dem Ancien Régime die Methoden, mit denen man Zustimmung schafft.

In den letzten Jahren wurde mit dem Mittel der soziologischen Befragung ein arger Mißbrauch getrieben. Über die Aussagekraft von Befragungen besteht eine ausgedehnte Fachliteratur. Unberührt von diesen Untersuchungen aber experimentieren die Planer und planenden Soziologen mit primitiven Befragungsmethoden, die nach dem Muster gehen: »Sind Sie mit Ihrer Wohnung zufrieden? – Ja/Nein/Weiß nicht.« Die Ergebnisse, meist Zufriedenheitsquoten von über 90 %, sind natürlich aussagelos. Hierauf weist schon die Tatsache, daß die ermittelte Zufriedenheit um so höher ist, je schlechter die Wohnverhältnisse sind, in denen man befragt. Das ist sowohl psychologisch wie politisch erklärbar. Psychologisch handelt es sich um eine ›Dissonanzreduktion‹: Da der Mensch eine Dissonanz zwischen Soll-Zustand und Wirklichkeit in einem so nahen Bereich wie der Wohnung nicht aushält, füllt er den Graben zwischen Wunsch und Wirklichkeit mit Argumentationen zugunsten seiner Behausung aus. Mit den gleichen Argumenten, mit denen er sich selbst überzeugt, überschüttet er auch den Interviewer. Auf der politischen Ebene führt der Mangel einer Alternative zur Zustimmung. Sanierung bedeutet für den Betroffenen meist den Verlust der Wohnung, die Unterkunft an einem neuen Ort und höhere Mietzinsen. Wie sollte er da nicht seine Zufriedenheit mit den alten, verlotterten Zuständen bekunden?

Einen Schritt weiter in die Probleme der Betroffenen geht die Advocacy Planning, die Anwaltsplanung, die im deutschen Sprachbereich vor allem die Zeitschrift *ARCH +* in ihren Nummern 8–10 (1969/70) diskutiert hat (vgl. auch 2, 303). Sie räumt wenigstens auf mit der Vorstellung, daß der Planende über den Parteien ein objektives Urteil zu fällen vermöge. Vielmehr wird die Entscheidung durch die Anwälte der betroffenen Gruppen ausgehandelt, also zwischen bewußt subjektiven Auffassungen. Auch gegen das Funktionieren der Anwaltsplanung können gewichtige Bedenken ins Feld geführt werden. Einmal ist es fraglich, ob der Anwaltsplaner als Angehöriger des akademischen oberen Mittelstandes in die Probleme der Betroffenen aus anderen Schichten einzudringen vermag. Sodann werden die Betroffenen

vor eine Auswahl gestellt, mit deren Rahmen sie nicht einverstanden sein können. Und zum dritten kann auch der Anwaltsplaner die mittelbaren Folgen der Eingriffe, wie sie im Laufe der Zeit auftreten werden, nicht voll transparent machen.
In einigen Städten haben sich nach dem Vorbild Münchens sogenannte Bürgerforen gebildet, auf denen die Maßnahmen der Planer offen diskutiert werden. Obwohl deutlich ist, daß solche Einrichtungen nur von einem Teil der Bevölkerung benützt werden, könnten sie einen Beitrag zur Aufklärung der Stadtbewohner über die Folgen der Planung beisteuern. Aber hier hat die Verwaltung rasch ihre Lernfähigkeit bewiesen. Die Förderung, die sie den Foren angedeihen läßt, ist identisch mit der Zerstörung des emanzipatorischen Wertes dieser Veranstaltungen.
Schließlich muß noch gefragt werden, wer eigentlich die Betroffenen einer Planung sind. In einigen Fällen kann die Grenze klar gezogen werden, beispielsweise bei den Bewohnern eines Slums, das saniert, also abgebrochen wird. Weniger klar erfaßbar ist die Zusammensetzung von Bevölkerungen, die erst angesiedelt werden sollen. Sind hierbei nur die schon im Gebiet anwesenden Personen Betroffene, oder sind es diejenigen, die einmal hierher kommen werden? Diese aber mögen zur Zeit noch in anderen Städten leben, unmündig oder gar noch nicht geboren sein. Hier erweist sich, daß demokratische Planung nicht im raschen Entscheiden besteht, sondern vielmehr im geplanten Aufschub derjenigen Entscheidungen, die sich aufschieben lassen zugunsten der Bewohner, die erst später auftreten oder dann neue Bedürfnisse haben. Dieses zielbewußte Aufschieben von Entscheidungen ist eine Kunst, die von jenen, welche die Planung planen, noch kaum beherrscht wird. Auch ist damit kein rascher Ruhm zu ernten.
Hinter der Forderung nach Anwaltsplanung steht die Meinung, unterprivilegierte Schichten könnten ihre eigenen Anliegen nicht artikulieren. Sofern es sich nicht um falsches Bewußtsein handelt – und Anwaltplaner sind die letzten, die dieses Bewußtsein berichtigen könnten – ist die Fähigkeit zur Artikulation der eigenen Bedingungen überall vorhanden. Wo Schwierigkeiten auftreten, handelt es sich um Übersetzungsfragen: Die Beplanten leben in ihrer Realität, ebenso auch die Planungsberechtigten in der ihren. Die subjektive Realität oder die Art, wie der einzelne die Wirklichkeit zu sehen vermeint, ist eine Folge seiner Erziehung in der Gesellschaft, also eine soziale Konstruktion.

Planung ist nicht autonom

Wir haben uns hier mit den Planern zu beschäftigen und denken an die schichtspezifischen Umweltinterpretationen, die ihren Ursprung in Familie, Schicht und Schule haben, aber auch an berufseigene, im Studium und Praktikum gelernte oder verlernte Anschauungsweisen. Vielfach kommt als drittes noch die ›Erfahrung‹ hinzu, die viele Entscheidungsberechtigte in der militärischen Ausbildung oder gar im Krieg erwarben und die nicht nur eine recht eigenartige Sicht auf den Mitmenschen vermittelt, sondern vor allem die Tat und den raschen, selbstverantworteten Entschluß als im vorhinein richtig erscheinen läßt. Die Übernahme von Verantwortung, die in Tat und Wahrheit gar nicht getragen werden kann, gehört fest in die Realitätsstruktur der Planer. Solche Verantwortung ist ein ungedeckter Scheck, da Fehlplanungen nicht rückgängig gemacht werden und die verdrängten Städter so wenig in ihre alten Quartiere zurückgebracht werden können wie Kriegsopfer ins Leben. Die Lebenshaltung, die sich in der mittelständischen Spruchweisheit – ›jeder ist seines Glückes Schmied‹, ›wer wagt, gewinnt‹ usw. – äußert, bekommt im öffentlichen Bereich einen besonders brisanten Charakter. Steht der Privatmann mit seiner Person und seinem Vermögen für Gewinn und Verlust ein, so bringen im öffentlichen Bereich Erfolge mehr Ruhm ein als Mißerfolge Schaden, da diese vertuscht, nach oben abgeschoben oder in Erfolge umgeprägt werden können. Deshalb bewegt sich die Stadtplanung, ohne Rücksicht auf strategisches Vorgehen, wie es dem Systemcharakter der Stadt angemessen wäre, von Maßnahme zu Maßnahme. Die sorgfältige Pflege eines Altstadtgebietes liegt außerhalb des Blickwinkels des Entscheidungsträgers; Abbruch und Neubau erscheinen dagegen als gute Lösungen. Typisch ist beispielsweise die ›Sanierung‹ des Karlsruher Stadtteils Dörfle: Eine falsch konzipierte Entlastungsstraße isolierte das Quartier, die Ränder zur Straße hin wurden unwirtlich und verslumten; die Stadt glaubte, eingreifen zu müssen, indem sie die Randbebauung erwarb und abbrach. Die Folge war, daß die nächste Bebauungsreihe verslumte, erworben und niedergelegt wurde gleich der ersten, was sich fortsetzte, bis ein großes Loch in der Innenstadt klaffte. Weder die Beamten noch die Politiker vermochten zu erkennen, daß sie es selbst waren, die den Übelstand schufen, den sie so eifrig bekämpften.

Die Wissenschaften und Hilfswissenschaften des Stadtplaners, Stadtgeographie, Stadtsoziologie, Planungstheorie, Planungsmethodik, Planungsstrategie, haben in den letzten Jahren Fortschritte gemacht. Immer aber hängt ihre Anwendung ab von der Person dessen, der plant. Daß wir dabei nicht trennen können zwischen dem Planer im engeren Sinne und dem ihm scheinbar übergeordneten Machtträger, haben wir dargelegt. Insofern ist die Planung nicht autonom, sondern einem sozialen System zugehörig und wirksam durch ein Personenkollektiv, eine Organisation.

Wir erleben gegenwärtig gleichzeitig ein Fortschreiten der Planungstheorie und ein Fortschreiten des Partizipationsgedankens. Die Planungstheorien spiegeln den Machtträgern eine Objektivität vor, die zur Unterdrückung der Partizipation mit ihrer wechselhaften Unberechenbarkeit verführt. Andererseits sind auch die Machtträger probabilistisch: Sie sind Menschen, also lernfähig, egozentrisch, kameradschaftlich oder sonst ›falsch programmiert‹, sie arbeiten in einer Organisation mit bestimmten gruppendynamischen Eigenheiten, und ihre Entscheidungen sind nicht feststellbar, sondern aufgelöst in einer Zeitspanne. Damit ist technische Planung von zwei Seiten her eingeengt: von der Seite der Demokratisierung und Partizipation her oder, technokratisch ausgedrückt, von der Durchsetzung her und von der Seite der Entscheidungsträger.

Planung ist also nicht nur das, was die Techniker planen. Über Stadtplanung nachdenken heißt also nicht (nur), die neuesten Theorien über Wohndichte oder Verkehrsführung zu studieren; vielmehr geht es um die umfassende Betrachtung der Art und Weise, wie Kommunen ihre Umwelt planend verändern. Daß sich dieser Prozeß mit objektivem Wissen anreichert, ist zu hoffen; daß er zu einer Wissenschaft wird, ist eine Illusion.

Literaturverzeichnis

1. Patrick Abercrombie. *Town and Country Planning*. London 1936
2. Abteilung Raumplanung der Universität Dortmund (ARPUD) (Hrsg.). *Planung und Öffentlichkeit. Demokratisierung von Planungsprozessen*. Dortmund 1970
3. Prodosh Aich und Otker Bujard. *Soziale Arbeit: Beispiel Obdachlose. Eine kritische Analyse*. Köln 1972
4. Akademie für Raumforschung und Landesplanung (Hrsg.). *Freizeit und Erholungswesen als Aufgabe der Raumplanung*. Forschungs- und Sitzungsberichte 73 (Raum und Fremdenverkehr 2). Hannover 1972
5. Akademie für Raumforschung und Landesplanung (Hrsg.). *Handwörterbuch der Raumforschung und Raumordnung*. Hannover 1966^1. 1970^2 (3 Bände)
6. Akademie für Raumforschung und Landesplanung (Hrsg.). *Raumplanung und Entwicklungsplanung*. Hannover 1972
7. Akademie für Raumforschung und Landesplanung (Hrsg.). *Stadtregionen in der Bundesrepublik 1961*. Forschungs- und Sitzungsberichte 32 (Raum und Bevölkerung 5). Hannover 1967–68 (4 Bände)
8. Akademie für Raumforschung und Landesplanung (Hrsg.). *Zum Konzept der Stadtregionen*. Forschungs- und Sitzungsberichte 59 (Raum und Bevölkerung 10.) Hannover 1970
9. Gerd Albers. *Vom Fluchtlinienplan zum Stadtentwicklungsplan. Über den Wandel städtebaulicher Leitvorstellungen und Methoden*. In: Archiv für Kommunalwissenschaften 6, 1967, 192 ff.
10. Gerd Albers. *Was wird aus der Stadt? Aktuelle Fragen der Stadtplanung*. München 1972
11. Christopher Alexander. *A City is not a Tree*. In: Architectural Forum 4–5, 1965. – Deutsch: *Die Stadt ist kein Baum*. In: Bauen + Wohnen 21/7, 1967
12. William Alonso. *Location and Land Use. Toward a General Theory of Land Rent*. Cambridge, Mass., 1964
13. Rudolf Arnheim. *Kunst und Sehen. Eine Psychologie des schöpferischen Auges*. Berlin 1965
14. Erich Bahke. *Transportsysteme von heute und morgen*. Mainz 1973
15. Hans-Eckehard Bahr (Hrsg.). *Politisierung des Alltags*. Darmstadt–Neuwied 1972
16. Hans Paul Bahrdt. *Humaner Städtebau*. Hamburg 1968
17. Hans Paul Bahrdt. *Die moderne Großstadt*. Reinbek 1961. Hamburg 1969^2
18. Hans Paul Bahrdt. *Nachbarschaft oder Urbanität*. In: Bauwelt 51/51–52, 1960, 1467, 1470 f., 1474, 1476 f.
19. Hans Paul Bahrdt. *Sozialwissenschaft und Stadtplanung*. In: Stadtbauwelt 1, 1964, 16 ff.
20. Joachim von Barby und Klaus Fischer. *Der städtebauliche Bewertungsrahmen*. Materialiensammlung Städtebau 4. Bonn 1972
21. Joachim von Barby und Edmund Gassner. *Der bauliche Infrastrukturaufwand der Gemeinden und das Problem einer angemessenen Kostenbeteiligung*. In: Vermessungswesen und Raumordnung 6, 1973
22. Arild Batzer. *Hausbesetzer in Dänemark*. In: Gewaltfreie Aktion 4/12, 1972, 21 ff.
23. Baubehörde der Freien und Hansestadt Hamburg. *Die Hamburger Entwicklungsachsen*. In: Die Baujahre 1966–69. Hamburger Schriften zum Bau-, Siedlungs- und Wohnungswesen 50
24. Kurt Becker-Marx. *Das Fragment der deutschen Regionen*. In: Stadtbauwelt 11, 1966, 840 ff., 896 f.
25. Kurt Becker-Marx. *Regionalplanung*. Schriften der Hochschule Speyer. Berlin 1965
26. Edward Bellamy. *Looking Backward 2000–1887*. London o. J. (1887). – Deutsch: *Ein Rückblick aus dem Jahre 2000*. Leipzig 1900
27. Leonardo Benevolo. *Le origini dell'urbanistica moderna*. Bari 1968^3. – Deutsch: *Die sozialen Ursprünge des modernen Städtebaus*. Gütersloh 1971
28. Max Bense. *Einführung in die informationsästhetische Ästhetik. Grundlegung und Anwendung in der Texttheorie*. Reinbek 1969
29. Max Bense. *Semiotik*. Baden-Baden 1967
30. Hellmuth Berg. *Der Einfluß einer Großstadt auf Bewölkung, Niederschlag und Wind*. In: Bioklimatische Beiblätter der Meteorologischen Zeitschrift 10, 1943, 65 ff.

488 Literaturverzeichnis

31 Aloys Bernatzky. *Von der mittelalterlichen Stadtbefestigung zu der Wallgrünfläche von heute.* Berlin–Hannover–Sarstedt 1960
32 Heide Berndt. *Das Gesellschaftsbild bei Stadtplanern.* Stuttgart 1969^2
33 Heide Berndt, Alfred Lorenzer, Klaus Horn. *Architektur als Ideologie.* Frankfurt 1968
34 Hans Bernoulli. *Die Stadt und ihr Boden.* Zürich 1946
34a Brian J. L. Berry. *Cities as Systems within Systems of Cities.* In: John Friedemann und William Alonso (Hrsg.). Regional Development and Planning. Cambridge (Mass.) 1964
35 B. Berve, R. Casse, G. Dierschke, H. Edler, J. Körber, W. Zühlke. *Siedlungsschwerpunkte im Ruhrgebiet. Grundlagen eines regionalen Planungskonzepts.* Schriftenreihe des Siedlungsverbandes Ruhrkohlenbezirk 28. Essen 1969
36 Walter Bielenberg. *Empfehlen sich weitere bodenrechtliche Vorschriften im städtebaulichen Bereich?* München 1972
37 Walter Bielenberg. *Reform des Städtebaurechts und der Bodenordnung in Stufen.* Schriftenreihe der Gesellschaft für Wohnungs- und Siedlungswesen (GEWOS). Hamburg 1969
38 Walter Bielenberg. *Städtebauförderungsgesetz. Kommentar.* München 1973
39 Ernst Bloch. *Das Prinzip Hoffnung.* Berlin 1954–59, Frankfurt/Main 1959 (2 Bände), 1968 (3 Bände)
40 Otto Blum, Gustav Schimpff, Wilhelm Schmidt. *Städtebau.* Berlin 1921
41 Otto Blume. *Alte Menschen in der Großstadt.* Göttingen 1962
42 Werner Bockelmann, Rudolf Hillebrecht, Albert Maria Lehr. *Die Stadt zwischen gestern und morgen.* Basel–Tübingen 1961
43 Edwin von Böventer. *Raumwirtschaftstheorie.* In: Erwin von Beckerath, Hermann Bente u. a. (Hrsg.). Handwörterbuch der Sozialwissenschaften 8. Stuttgart–Tübingen–Göttingen 1964
44 Edwin von Böventer. *Die Struktur der Landschaft.* In: H. K. Schneider (Hrsg.). Optimales Wachstum und optimale Standortverteilung. Schriften des Verbandes für Sozialpolitik 27. Berlin 1962, 77 ff.
45 Gustav Bohnsack, Rudolf Hillebrecht. *Gesellschaft, Raumordnung, Städtebau, Grund und Boden.* Karlsruhe 1967
46 Willi Bonczek, Hans Förster, Edmund Gassner. *Vorschläge zur Fortentwicklung des Beitragsrechts für städtebauliche Aufschließungsmaßnahmen.* Schriftenreihe Städtebauliche Forschung des Bundesministers für Raumordnung, Bauwesen und Städtebau 11. Bonn–Bad Godesberg 1973
47 Willi Bonczek und Friedrich Halstenberg. *Bau – Boden. Bauleitplanung und Bodenpolitik.* Hamburg 1963
48 K. Ph. Bopp. *Stellenwerte von Umweltreizen und Konstitution bei der Entstehung der chronisch unspezifischen Lungenerkrankungen.* In: Zeitschrift für angewandte Bäder- und Klimaheilkunde 19, 1972, 45 ff.
49 Olaf Boustedt. *Stadtregionen.* In: Akademie für Raumforschung und Landesplanung (Hrsg.). Handwörterbuch der Raumforschung und Raumordnung 3. Hannover 1970^2, Sp. 3207 ff.
50 Olaf Boustedt. *Die Stadtregionen in der Bundesrepublik Deutschland.* In: Akademie für Raumforschung und Landesplanung. Forschungs- und Sitzungsberichte 14. Bremen 1960
51 Peter Braun. *Die sozialräumliche Gliederung Hamburgs.* Weltwirtschaftliche Studien 10. Hamburg 1968
52 Peter Breitling, Hans Detlef Kammeier, Gerhard Loch unter Leitung von Gerd Albers. *Tübingen. Erhaltende Erneuerung eines Stadtkerns.* München 1971
53 Albert Brezina und Wilhelm Schmidt. *Das künstliche Klima in der Umgebung des Menschen.* Stuttgart 1937
54 Albert Erich Brinckmann. *Stadtbaukunst vom Mittelalter bis zur Neuzeit.* Handbuch der Kunstwissenschaft (Erg. Bd.). Berlin 1925^2
55 Alfred Brüll. *Siedlungsschwerpunkte. Städtebau und Verkehr.* In: Schriftenreihe Stadt–Region–Land, Sonderheft zu Ehren von Prof. J. W. Korte. Aachen 1973
56 (Colin Buchanan.) Ministry of Transport. *Traffic in Towns.* London 1963. – Deutsch: *Verkehr in Städten.* Essen 1964
57 Konrad Buchwald und Wolfgang Engelhardt. *Handbuch für Landschaftspflege und Naturschutz. Schutz, Pflege und Entwicklung unserer Wirtschafts- und Erholungslandschaften auf ökologischer Grundlage.* München 1968/69 (4 Bände)
58 Karl Bücher. *Die Großstädte in Gegenwart und Vergangenheit.* In: Jahrbuch der Gehe-Stiftung 9 (1.). 1903

59 Büro für Stadtsanierung und Soziale Arbeit Berlin-Kreuzberg (Hrsg.). *Sanierung für wen? Gegen Sozialstaatsopportunismus und Konzernplanung.* Berlin 1971²
60 Albert Buff. *Bauordnung im Wandel. Historisch-politische, soziologische und technische Aspekte.* München 1971
61 Bund Deutscher Landschaftsarchitekten (Hrsg.). *Innerstädtisches Grün als Beitrag zur Umweltplanung.* München 1972
62 Bundesminister für Verkehr (Hrsg.). *Verkehrspolitik 1949–1965.* Hof (Saale) 1965
63 Bundesminister für Verkehr (Hrsg.). *Ausbauplan für die Bundesfernstraßen 1971–1985.* Bonn 1971
64 Bundesminister für Wohnungswesen und Städtebau (Hrsg.). *Städtebaubericht '69.* Bonn-Bad Godesberg 1969
65 Bundesregierung. *Raumordnungsbericht 1968* (BROB). Bundestagsdrucksache V/3958. 1969
66 Bundesregierung. *Raumordnungsbericht 1970* (BROB). Bundestagsdrucksache VI/1340. 1970
67 Bundesregierung. *Raumordnungsbericht 1972* (BROB). Bundestagsdrucksache VI/3793. 1972
68 Bundesregierung. *Städtebaubericht 1970.* Bundestagsdrucksache VI/1497. 1970
69 Lucius Burckhardt. *Artikulation heißt Partizipation.* In: Stadtbauwelt 23, 1969, 183 ff.
70 Lucius Burckhardt und Walter Förderer. *Bauen ein Prozeß.* Teufen 1968.
71 T. T. Chandler. *London's Heat Island.* In: Soko W. Tromp und Wolf H. Weihe. Biometeorology II. 1966, 612 ff.
72 Paul-Henry Chombart de Lauwe. *Famille et habitation.* Paris 1959–60 (2 Bände)
73 Paul-Henry Chombart de Lauwe. *Des hommes et des villes.* Paris 1965
74 Paul-Henry Chombart de Lauwe. *Sozialwissenschaften, Planung und Städtebau.* In: Bauen + Wohnen 15/4, 1961
75 Paul-Henry Chombart de Lauwe u. a. *Paris et l'agglomération parisienne.* Paris 1952 (2 Bände)
76 Walter Christaller. *Die zentralen Orte in Süddeutschland.* Jena 1933¹. Darmstadt 1968²
77 Dieter Claessens (Hrsg.). *Soziologie der Stadt.* München 1972
78 Ulrich Conrads. *Architektur – Spielraum für Leben.* München–Gütersloh–Wien 1972
79 Ulrich Conrads (Hrsg.). *Programme und Manifeste zur Architektur des 20. Jahrhunderts.* Frankfurt–Berlin 1964
80 Ulrich Conrads und Werner Marschall. *Neue deutsche Architektur 2.* Stuttgart 1962
81 Charles Horton Cooley. *Social Organization.* New York 1909
82 Gordon Cullen. *Townscape.* London 1961
83 Justus Dahinden. *Stadtstrukturen für morgen. Analysen, Thesen, Modelle.* Stuttgart 1971
84 Wilhelm und Gisela Dahmen. *Biologische Grundlagen für die Stadtplanung.* In: Stadtbauwelt 13, 1967, 982 ff.
84a Adolf Damaschke. *Die Bodenreform.* Jena 1922 ¹⁹
85 Paul Davidoff. *Advocacy and Pluralism in Planning.* In: Journal of the American Institute of Planners 31/4, 1965, 331 ff. – Deutsch: *Anwaltsplanung und Pluralismus in der Planung.* In: Lauritz Lauritzen (Hrsg.). Mehr Demokratie im Städtebau. Hannover 1972
86 Kingsley Davis. *The Urbanization of the Human Population.* In: Scientific American 213/3, 1965, 41 ff. – Auch in: Scientific American (Hrsg.). Cities. New York 1965
87 K.-E. Derse. *Das Parkleitsystem der Stadt Aachen.* In: Beiträge zum OECD-Symposium ›Verbesserung der Verhältnisse in den Städten durch Maßnahmen zur Beschränkung des Individualverkehrs‹. Köln 1971
88 K.-E. Derse, M. Koppe, P. Phillips. *Parkplatzerhebung zur Einführung des Parkleitsystems in Aachen.* In: Straßenverkehrstechnik 16/6, 1972, 202 ff.
89 Deutsche Akademie für Städtebau und Landesplanung (Hrsg.). *Deutscher Städtebau nach 1945.* Essen 1961
90 Deutsche Gesellschaft für Freizeit (Hrsg.). *Freizeitgesellschaft im Blickpunkt.* Düsseldorf 1971
91 Deutscher Städtetag (Hrsg.). *Die Verkehrsprobleme der Städte.* Köln 1963
92 Deutscher Städtetag (Hrsg.). *Statistisches Jahrbuch Deutscher Gemeinden* (StJbDtGem). Braunschweig. Erscheint jährlich.
93 Deutscher Verband für Wohnungswesen, Städtebau und Raumplanung (Hrsg.). *Boden. Eine Dokumentation.* Bonn 1968 (4 Bände)
94 Deutscher Verband für Wohnungswesen, Städtebau und Raumplanung (Hrsg.). *Planungswörterbuch.* Bonn 1970³

Literaturverzeichnis

95 Deutsches Institut für Wirtschaftsforschung (DIW). *Die Entwicklung der Inlandsnachfrage nach Kraftfahrzeugen bis zum Jahre 1985.* Wochenbericht 11, 1973. Berlin 1973
96 Robert E. Dickinson. *The West European City.* London 1951
97 Peter Dienel. *Wie können die Bürger an Planungsprozessen beteiligt werden? Planwahl und Planzelle als Beteiligungsverfahren.* In: Der Bürger im Staat 3. Stuttgart 1971, 151 ff.
98 Hartmut Dieterich und Christian Farenholtz. *Städtebauförderungsgesetz für die Praxis. Gesetzestext und systematische Darstellung des Verfahrensablaufs von Sanierungs- und Entwicklungsmaßnahmen.* Stuttgart 1972
99 Jürgen Dittberner. *Bürgerinitiative als partielles Partizipationsbegehren. Überlegungen aus Anlaß eines städtebaulichen Entscheidungsprozesses in Berlin-Wilmersdorf.* In: Zeitschrift für Parlamentsfragen 2, 1973, 194 ff.
100 Gerhard G. Dittrich (Hrsg.). *Grundlagen der Sozialplanung. Bevölkerungs-, Wirtschafts- und Sozialstruktur in neuen Siedlungen.* Stuttgart 1972
101 Gerhard G. Dittrich (Hrsg.). *Wohnen alter Menschen.* Stuttgart 1972
102 Wilhelm Dörfler. *Verkehrsplanung Bremen.* Bremen 1960
103 Petra Dorsch. *Eine neue Heimat in Perlach. Das Einleben als Kommunikationsprozeß.* München 1972
104 Fowler S. Duckworth und James S. Sandberg. *The Effect of Cities upon Horizontal and Vertical Temperature Gradients.* In: Bulletin American Meteorological Society 35, 1954, 198 ff.
105 René Dubos. *So Human an Animal.* New York 1970
106 Dieter Dückert. *Verdichtete Wohnformen. Voraussetzungen und Konsequenzen.* Schriftenreihe Stadt–Region–Land 22. Aachen 1972
107 Otis D. und B. Duncan. *Residential Distribution and Occupational Stratification.* In: The American Journal of Sociology 60, 1955, 493 ff.
108 Klaus Duntze. *Der Geist, der Städte baut. Planquadrat – Wohnbereich – Heimat.* Stuttgart 1972
109 Hartmut Dyong. *Empfehlen sich weitere bodenrechtliche Vorschriften im städtebaulichen Bereich?* In: Die öffentliche Verwaltung 25, 1972, 446 ff.
110 G. S. Eaton. *High Relative Temperatures of Pavement Surfaces.* In: Monthly Weather Review 47, 1919, 801 ff.
111 Rudolf Eberstadt. *Handbuch des Wohnungswesens und der Wohnungsfrage.* Jena 1909
112 Klaus-Dieter Ebert, Edmund Schmidt-Eichberg, Uli Zech. *Das Entwicklungsmodell für Hamburg und sein Umland.* In: Stadtbauwelt 23, 1969, 206 ff.
113 Theodor Ebert. *Gewaltfreier Aufstand. Alternative zum Bürgerkrieg.* Frankfurt 1970
114 Theodor Ebert. *Mit Bürgerinitiativen zur antikapitalistischen Strukturreform?* In: Gewaltfreie Aktion 12, 1972, 1 ff.
115 Jürgen Egert u. a. *Basisarbeit. Theorie und Praxis.* In: Norbert Gansel (Hrsg.). Überwindet den Kapitalismus oder Was wollen die Jungsozialisten? Reinbek 1971, 100 ff.
116 Martin Einsele. *Stadterneuerung, dargestellt am Beispiel Hattingen.* Stuttgart–Bern 1971
117 Friedrich Engels. *Die Lage der arbeitenden Klasse in England.* Leipzig 1845
118 Wolfgang Erikson. *Beiträge zum Stadtklima von Kiel.* Kiel 1964
119 Werner Ernst. *Bodenrecht – Fragen zur Neuordnung.* Kleine Schriften des Deutschen Verbandes für Wohnungswesen, Städtebau und Raumplanung 22. Köln 1970
120 Werner Ernst. *Raumordnung als Aufgabe der planenden Gesetzgebung und Verwaltung.* In: Joseph H. Kaiser (Hrsg.). Planung III. Mittel und Methoden planender Verwaltung. Baden-Baden 1968, 129 ff.
121 Werner Ernst, Willy Zinkahn, Walter Bielenberg. *Bundesbaugesetz. Loseblattkommentar.* München 1973
122 Hans-Ulrich Evers. *Bauleitplanung, Sanierung und Stadtentwicklung.* München 1972
123 Christian Farenholtz, Rainer Willeke, Wolfgang Hartenstein. *Innerstädtischer Verkehr heute und morgen.* Schriftenreihe des Verbandes der Automobilindustrie 12. Frankfurt 1971
124 Theodor Fischer. *Sechs Vorträge über Stadtbaukunst.* München 1920
125 Forschungsgesellschaft für das Straßenwesen (Hrsg.). *Richtlinien für die Anlage von Stadtstraßen. Teil: Erschließung. Ausgabe 1971.* Bonn-Bad Godesberg 1972
126 Jean Fourastié. *Le grand espoir du XXe siècle.* Paris 1949. – Deutsch: *Die große Hoffnung des zwanzigsten Jahrhunderts.* Köln 1954. 1969²
127 Charles Fourier. *Le nouveau monde industriel.* Brüssel 1841
128 Joachim Franke. *Zum Erleben der Wohnumgebung.* In: Stadtbauwelt 24, 1969, 292 ff.

129 Hans Freyer. *Schwelle der Zeiten. Beiträge zur Soziologie der Kultur.* Stuttgart 1965
130 John Friedmann und William Alonso. *Regional Development and Planning.* Cambridge, Mass., 1964
131 Theodor Fritsch. *Die Stadt der Zukunft.* Leipzig 1896
132 Günter Gaentzsch. *Gesetz über städtebauliche Sanierungs- und Entwicklungsmaßnahmen in den Gemeinden. Städtebauförderungsgesetz vom 27. Juli 1971. Kommentar.* Siegburg 1971
133 Edmund Gassner. *Aufschließung städtebaulicher Entwicklungsflächen.* Schriftenreihe des Deutschen Städtebundes 17. Göttingen 1972
134 Edmund Gassner. *Städtebauliche Kalkulation.* Materialiensammlung Städtebau 5. Bonn 1972
135 Edmund Gassner. *Die städtebauliche Kalkulation und die Frage eines angemessenen Rohland-Bauland-Preisverhältnisses.* In: Stadtbauwelt 11, 1966, 845 ff.
136 Theodor Geiger. *Die Legende von der Massengesellschaft.* In: Arbeiten zur Soziologie. Neuwied 1962
137 Hans Walter Georgii. *The Effects of Air Pollution on Urban Climates.* In: Bulletin World Health Organization 40, 1969, 624 ff.
138 Richard Gisser. *Ökologische Segregation der Berufsschichten in Großstädten.* In: Leopold Rosenmayr (Hrsg.). Soziologische Forschung in Österreich. Wien 1969
139 Peter Gleichmann. *Sozialwissenschaftliche Aspekte der Grünplanung in der Großstadt.* Stuttgart 1963
140 Johannes Göderitz, Roland Rainer, Hubert Hoffmann. *Die gegliederte und aufgelockerte Stadt.* Tübingen 1957
141 John H. Goldthorpe, David Lockwood, Frank Bechhofer, Jennifer Platt. *The Affluent Worker.* – Deutsch: *Der ›wohlhabende‹ Arbeiter in England. Band III: Der ›wohlhabende‹ Arbeiter in der Klassenstruktur.* München 1971
142 Percival und Paul Goodman. *Communitas.* Chicago 1947
143 Jean Gottmann. *Megalopolis. The Urbanized Northeastern Seabord of the United States.* New York 1961
144 Herbert Grabe. *Kommunale Entwicklungsanalyse und städtebauliche Kalkulation.* Schriftenreihe der Institute für Städtebau der Technischen Hochschulen und Universitäten 6. Stuttgart 1970
145 Rolf-Richard Grauhan (Hrsg.). *Großstadt-Politik. Texte zu Analyse und Kritik lokaler Demokratie.* Gütersloh 1972
146 Burkhard Greger. *Städtebau ohne Konzept. Kritische Thesen zur Stadtplanung der Gegenwart.* Hamburg 1973
147 Catherine Grémion. *Vers une nouvelle théorie de la décision?* In: Sociologie du travail 4, 1969, 463 ff.
148 Hartmut Großhans. *Öffentlichkeit und Stadtentwicklungsplanung. Möglichkeiten der Partizipation.* Düsseldorf 1972
149 Heinz Grossmann (Hrsg.). *Bürgerinitiativen – Schritte zur Veränderung?* Frankfurt 1971
150 Sigmar Gude. *Der Bedeutungswandel der Stadt als politische Einheit.* In: Hermann Korte (Hrsg.). Politisierung der Stadtplanung. Düsseldorf 1971
151 Marianne und Roland Günter. *Bürgerinitiative – wie – wo – wozu?* In: archithese 1, 1972, 20 ff.
152 Cornelius Gurlitt. *Handbuch des Städtebaues.* Berlin 1920
153 Jürgen Habermas. *Strukturwandel der Öffentlichkeit.* Neuwied 1962[1]. 1972[2]
154 Maurice Halbwachs. *Morphologie sociale.* Paris 1946[2]
155 Peter Hall. *The World Cities.* London–New York 1966 – Deutsch: *Weltstädte.* München 1966
156 Wolfgang Hartenstein. *Öffentlicher Verkehr und Öffentlichkeit.* In: Stadtbauwelt 7, 1965, 569 ff.
157 Wolfgang Hartenstein und Burkart Lutz. *City München.* Bad Godesberg 1963
158 Otto Walter Haseloff. *Schicksalsideologie und Entscheidungsplanung.* In: Deutschland ohne Konzeption? München 1964, 55 ff.
159 Otto Walter Haseloff (Hrsg.). *Die Stadt als Lebensform.* Berlin 1970
160 Gerd Hatje, Hubert Hoffmann, Karl Kaspar. *Neue deutsche Architektur.* Stuttgart 1956
161 Richard und Hephzibah Hauser. *Die kommende Gesellschaft. Handbuch für soziale Gruppenarbeit und Gemeinwesenarbeit.* Wuppertal 1971
162 Karolus Heil. *Auf dem Wege zur totalen Entfremdung.* Referat auf dem Europäischen Freizeitkongreß. Straßburg 1972
163 Karolus Heil. *Frauen am Stadtrand.* In: Stadtbauwelt 25, 1970, 54 ff.

164 Karolus Heil. *Kommunikation und Entfremdung. Menschen am Stadtrand – Legende und Wirklichkeit. Eine vergleichende Studie in einem Altbauquartier und in einer neuen Großsiedlung in München.* Stuttgart 1971
165 Karolus Heil. *Wohnumfeld und nachbarschaftliche Kommunikation.* In: Baumeister 12, 1969
166 Roman Heiligenthal. *Deutscher Städtebau.* Heidelberg 1921
167 Edgar Hein. *Städtebauförderungsgesetz. Kommentar.* Göttingen 1971
168 Hans G Helms und Jörn Janssen (Hrsg.). *Kapitalistischer Städtebau.* Neuwied 1970
169 Hans G Helms. *Die Stadt – Medium der Ausbeutung.* In: Hans G Helms, Jörn Janssen (Hrsg.). Kapitalistischer Städtebau. Neuwied 1970
170 Ulfert Herlyn (Vorwort von Hans Paul Bahrdt). *Wohnen im Hochhaus. Eine empirisch-soziologische Untersuchung in ausgewählten Hochhäusern der Städte München, Stuttgart, Hamburg und Wolfsburg.* Stuttgart 1970
171 Ulfert Herlyn und Hans-Jürg Schaufelberger. *Innenstadt und Erneuerung. Eine soziologische Analyse historischer Zentren mittelgroßer Städte.* Braunschweig 1972
172 Raimund Herz. *Abbau von Verkehrsspitzen in städtischen Verkehrssystemen mit Hilfe einer koordinierten Verschiebung der Arbeitszeiten.* Schriftenreihe des Instituts für Städtebau und Landesplanung der Universität Karlsruhe 2. Karlsruhe 1972
173 Henner Hess und Achim Mechler. *Ghetto ohne Mauern. Ein Bericht aus der Unterschicht.* Frankfurt 1973
174 Hans Otto Hettche. *Vergleichende Betrachtung zur Belastung der Luft durch Ruß- und Kohlenstoffverbindungen in der Bundesrepublik und anderen Ländern.* In: Staub 23, 1963, 136
175 Ludwig Hilberseimer. *Großstadtarchitektur.* Stuttgart 1927
176 Rudolf Hillebrecht. *Städtebau und Stadtentwicklung.* In: Archiv für Kommunalwissenschaften 1, 1962, 41 ff.
177 Rudolf Hillebrecht. *Von Ebenezer Howard zu Jane Jacobs oder: War alles falsch?* In: Stadtbauwelt 8, 1965, 638 ff., 656 ff.
178 James Hobrecht. *Über öffentliche Gesundheitspflege.* Stettin 1868
179 Werner Hofmann. *Bodeneigentum und Gesellschaft. Theorie und Wirklichkeit.* In: Folker Schreiber (Hrsg.). Bodenordnung? Stuttgart 1969
180 Pierre Hoffmann und Nikitas Patellis. *Demokratie als Nebenprodukt. Versuch einer öffentlichen Planung.* München 1971
180a Hans-Joachim Hoffmann-Nowottny. *Gastarbeiter.* Stuttgart 1973
181 Burkhard Hofmeister. *Stadtgeographie.* Braunschweig 1969
182 Manfred Hofstädter. *Kriterien zur Zielgrößenbestimmung bei Siedlungseinheiten in Randzonen von Verdichtungsgebieten.* In: Herbert Strack (Hrsg.). Beiträge zur kommunalen und regionalen Entwicklungsplanung. Materialiensammlung Städtebau, Sonderheft. Bonn 1973
183 Franz Hohns und Johannes W. Schmidt. *Gemeindeverkehrsfinanzierungsgesetz.* Neue Kommunale Schriften 22. Köln 1972
184 Ebenezer Howard. *To-Morrow. A Peaceful Path to Real Reform.* London 1898. 2. Auflage: *Garden Cities of To-Morrow.* London 1902. – Deutsch: *Gartenstädte in Sicht.* Jena 1907. *Gartenstädte von morgen.* Berlin–Frankfurt 1968
185 Luke Howard. *The Climate of London deduced from Meteorological Observations.* London 1833[2]
186 HSB-Studiengesellschaft. *HSB. Studie über ein Schnellverkehrssystem. Systemanalyse und Ergebnisse.*
187 Institut für angewandte Sozialwissenschaften. *Infas-Report.* Bonn-Bad Godesberg 17. 7. 1972
188 Gunther Ipsen. *Großkreise.* In: Ballungsräume und Großkreise. Schriftenreihe der Deutschen Akademie für Städtebau und Landesplanung IX. Tübingen 1959
189 Gunther Ipsen. *Stadt, IV. Neuzeit.* In: Erwin von Beckerath, Hermann Bente, u. a. (Hrsg.). Handwörterbuch der Sozialwissenschaften 9. Stuttgart–Tübingen–Göttingen 1956, 786 ff.
190 Gunther Ipsen. *Verstädterung.* In: Paul Vogler, Erich Kühn (Hrsg.). Medizin und Städtebau I. München 1957, 302 ff.
191 Martin Irle. *Gemeindesoziologische Untersuchung zur Ballung Stuttgart.* Bad Godesberg 1960
192 Walter Isard. *The Use of Statistical Decision Theory in Regional Planning.* In: Regional Science Association (Hrsg.). Second European Congress. 1962
193 Gerhard Isenberg. *Die Ballungsgebiete in der Bundesrepublik.* Bad Godesberg 1957

194 Gerhard Isenberg. *Bemerkungen zu einer Karte der ökonomischen Strukturzonen in der Bundesrepublik Deutschland.* In: Institut für Raumforschung. Informationen 7,19. Bad Godesberg 1957, 475 ff.
195 Gerhard Isenberg. *Bildung von statistischen Großregionen in »West«-Europa.* In: Institut für Raumforschung. Informationen 14/1. Bad Godesberg 1964, 27 ff.
196 Gerhard Isenberg. *Existenzgrundlagen in Stadt- und Landesplanung.* Tübingen 1965
197 Gerhard Isenberg. *Ökonomische Bestimmungsgründe der räumlichen Ordnung.* In: Institut für Wirtschaftsforschung (IFO) (Hrsg.). Der Agglomerationsprozeß und seine Probleme. Band 9. München 1967
198 Gerhard Isenberg und Martin Sättler. *Erfassung der Existenzgrundlagen und Berechnung der Wirtschafts- und Finanzkraft von neuen Städten.* Bonn 1973
199 Jane Jacobs. *The Death and Life of Great American Cities.* New York 1961. – Deutsch: *Tod und Leben großer amerikanischer Städte.* Frankfurt–Berlin 1963
200 Jane Jacobs. *The Economy of Cities.* New York 1969. – Deutsch: *Stadt im Untergang.* Frankfurt–Berlin 1970
200a Ute Theodora Jagels. *Probleme der Stadtgestalt.* In: Deutsche Akademie für Städtebau und Landesplanung, Mitteilungen 16, Dezember 1972
201 Fritz Jaspert. *Städtebau.* In: Handbuch moderner Architektur. Berlin 1957
202 Reimut Jochimsen und Peter Treuner. *Die Bedeutung der Infrastruktur für die regionale Wirtschaftspolitik.* In: Stadtbauwelt 19, 1968, 1409 ff.
203 Reimut Jochimsen und Peter Treuner. *Zentrale Orte.* Bad Godesberg 1968
204 Reimut Jochimsen und Peter Treuner. *Zentrale Orte in ländlichen Räumen.* Bad Godesberg 1967
205 Jürgen Jüchser. *Zeitplanung.* In: Stadtbauwelt 36, 1972, 318 ff.
206 Kammer für soziale Ordnung der Evangelischen Kirche in Deutschland, Arbeitskreis Kirche und Raumordnung beim Kommissariat der katholischen deutschen Bischöfe. *Soziale Ordnung des Baubodenrechts.* Gütersloh–Trier 1973
207 Rolf Kasiske. *Zur Theorie der Bürgerinitiative.* In: Deutsches Allgemeines Sonntagsblatt 23, 4. 6. 1972
208 Horst Kern und Michael Schumann. *Industriearbeit und Arbeiterbewußtsein.* Frankfurt 1970
209 Manfred Kiemle. *Ästhetische Probleme der Architektur unter dem Aspekt der Informationsästhetik.* Quickborn 1967
209a Helmut Kienstedt. *Zur Bewertung der Landschaft für die Erholung.* In: Beiträge zur Landespflege, Sonderheft 1, Stuttgart 1967
210 Helmut Klages. *Der Nachbarschaftsgedanke und die nachbarliche Wirklichkeit in der Großstadt.* Köln–Opladen 1958. Stuttgart 1968[2]
211 Helmut Klages. *Über einige Probleme der Zusammenarbeit des Städtebauers mit dem Soziologen.* In: Archiv für Kommunalwissenschaften 5, 1966, 66 ff.
212 Hans Joachim Klein. *Empirisch-soziologische Befunde zur Erholung.* In: Seminarberichte 1968 des Instituts für Städtebau und Landesplanung der Universität Karlsruhe
213 Dieter Koch. *Mehr Demokratie wagen. Bürgerinitiativen in der Bundesrepublik.* RIAS Berlin 2. Programm, 15. 6. 1972
214 René König. *Grundformen der Gesellschaft: Die Gemeinde.* Hamburg 1958 (engl. Übers. London 1968)
215 Kohlhammer-Kommentare. *Kommentar zum Bundesbaugesetz.* Stuttgart 1961 ff.
216 Kohlhammer-Kommentare. *Kommentar zum Städtebauförderungsgesetz.* Stuttgart 1973
217 Kommission für Bodenrechtsreform beim Parteivorstand der SPD. *Vorschläge zur Reform der Bodenordnung.* Bonn 1972
218 Hermann Korte (Hrsg.). *Politisierung der Stadtplanung.* Düsseldorf 1971
219 Josef W. Korte. *Grundlagen der Straßenverkehrsplanung in Stadt und Land.* Wiesbaden 1960
220 Karel Kosík. *Die Dialektik des Konkreten. Eine Studie zur Problematik des Menschen und der Welt.* Frankfurt 1967
221 Albert Kratzer. *Das Stadtklima.* Die Wissenschaft 90. Braunschweig 1937
222 Renate Krysmanski. *Bodenbezogenes Verhalten in der Industriegesellschaft. Materialien zur Raumplanung.* Münster 1967
223 Renate Krysmanski. *Die Nützlichkeit der Landschaft.* Düsseldorf 1971
224 Rosemarie Künzler-Behnke. *Entstehung und Entwicklung fremdvölkischer Eigenviertel im Stadtorganismus.* Frankfurt 1960

225 Martin Kunze. *Abhängigkeit des epiphytischen Flechtenwuchses.* Diss. Universität Freiburg i. Br., 1973
226 Friedrich Laemmerhold. *Beitrag der Deutschen Bundesbahn zur Lösung von Verkehrsproblemen in Ballungsräumen.* In: Schriftenreihe Stadt-Region-Land 11/12. Aachen 1970
227 Heinz Lampert und Karl Oettle. *Die Gemeinden als wirtschaftspolitische Instanzen.* Schriftenreihe des Vereins für Kommunalwissenschaften 26. Stuttgart 1968
228 Landesgruppe Nordrhein-Westfalen der Deutschen Akademie für Städtebau und Landesplanung (Hrsg.). *Entwicklungsgesetze der Stadt.* Köln–Opladen 1963
229 Landeshauptstadt München. *Initiative für eine Neuordnung des Bodenrechts.* München 1972
230 Landesregierung Nordrhein-Westfalen. *Nordrhein-Westfalen-Programm 1975.* Düsseldorf 1970
231 Helmuth E. Landsberg. *Atmospheric Condensation Nuclei.* In: Ergebnisse der kosmischen Physik 3, 1938, 155 ff.
232 Helmuth E. Landsberg. *Controlled Climate, Outdoor and Indoor.* In: Sidney Light Medical Climatology, 1964, 667 ff.
233 Rolf-Peter Lange u. a. *Zur Rolle und Funktion von Bürgerinitiativen in der Bundesrepublik und West-Berlin.* In: Zeitschrift für Parlamentsfragen 2, 1973, 247 ff.
234 *Langzeitprogramm I. Texte zur Theorie und Praxis der deutschen Sozialdemokratie.* Bonn 1972
235 Lauritz Lauritzen (Hrsg.). *Mehr Demokratie im Städtebau.* Hannover 1972
236 Le Corbusier. *An die Studenten. Die Charte d'Athènes.* Reinbek 1962
237 Henri Lefèbvre. *La révolution urbaine.* Paris 1970. – Deutsch: *Die Revolution der Städte.* München 1972
238 Henri Lefèbvre. *La vie quotidienne dans le monde moderne.* Paris 1968
239 Martin Leinert. *Die Sozialgeschichte der Großstadt.* Hamburg 1925
240 Felizitas Lenz-Romeiss. *Freizeit-Planung: Chance der demokratischen Stadtentwicklung.* In: Stadtbauwelt 34, 1972, 103 ff.
241 Felizitas Lenz-Romeiss. *In der Umwelt grauer Kompromisse. Warum Architekten und Städteplaner soziologisch mitdenken müssen.* In: Die Zeit 11, 9. 3. 1973
242 Felizitas Lenz-Romeiss. *Die Stadt – Heimat oder Durchgangsstation?* München 1970
243 August Lösch. *Die räumliche Ordnung der Wirtschaft.* Jena 1940. Stuttgart 1962³
244 Michael Lohmann. *Natur als Ware. Dokumente und Kommentare zu Streitfragen der Raumplanung.* München 1972
245 Michael Lohmann. *Das Problem der Naherholung – ein Vorschlag zur Aktivierung und Umgestaltung des urbanen Umlandes.* In: Süddeutsche Zeitung, 7./8. 8. 1971
246 Konrad Lorenz. *Das sogenannte Böse. Zur Naturgeschichte der Aggression.* Wien 1963
247 Ira S. Lowry. *A Model of Metropolis.* Santa Monica 1964
248 William Lowry. *Weather and Life.* New York–London 1969
249 Erich Lubahn. *Die städtische Grundrente.* Frankfurt 1952
250 Harald Ludmann. *Die City.* architektur wettbewerbe 43. Stuttgart 1965
251 Harald Ludmann. *Fußgängerbereiche in deutschen Städten.* Köln 1972
252 Harald Ludmann. *Von der Wohnzelle zur Stadtstruktur.* Stuttgart 1968
253 Harald Ludmann, Hans Fischer, Joachim Riedel. *Zentren in neuen Wohngebieten.* architektur wettbewerbe 37. Stuttgart 1963
254 Harald Ludmann und Joachim Riedel. *Gutachten Siedlungsschwerpunkt Gelsenkirchen-Buer.* Unveröffentlicht
255 Harald Ludmann und Joachim Riedel. *Neue Stadt Köln-Chorweiler.* Stuttgart 1967
256 Niklas Luhmann. *Sinn als Grundbegriff der Soziologie.* In: Jürgen Habermas, Niklas Luhmann. Theorie der Gesellschaft oder Sozialtechnologie? Frankfurt 1971
257 Kevin Lynch. *The Image of the City.* Cambridge, Mass., 1960. – Deutsch: *Das Bild der Stadt.* Berlin–Frankfurt 1965
258 Robert Staughton Lynd und Helen Merrell. *Middletown. A Study in Contemporary American Culture.* London–New York 1929
259 Robert Staughton Lynd und Helen Merrell. *Middletown in Transition. A Study in Cultural Conflicts.* New York 1937
260 Rainer Mackensen. *Bewährt sich die Theorie der Sanierung?* In: Deutsche Akademie für Städtebau und Landesplanung. Mitteilungen 13, 1969, 32 ff.
261 Rainer Mackensen. *Planungsprobleme der nordamerikanischen Verstädterung.* In: Archiv für Kommunalwissenschaften 2, 1963, 79 ff.

261a Rainer Mackensen. *Über die Planbarkeit sozialer Verhältnisse. Neue Planungsverfahren am Beispiel der westeuropäischen Verstädterung.* Zentralinstitut für Städtebau Berlin, Technische Universität Berlin. 1966
261b Rainer Mackensen. *Bevölkerungsentwicklung und Raumfrage.* In: Bauwelt 58, 1967, 1206 ff. (= Stadtbauwelt 16)
262 Rainer Mackensen. *Probleme der Weltbevölkerung.* In: Allgemeines Statistisches Archiv 52, 1968, 1 ff.
263 Rainer Mackensen. *Verstädterung.* In: Akademie für Raumforschung und Landesplanung (Hrsg.). Handwörterbuch der Raumforschung und Raumordnung. Band 3. Hannover 1970[2], Sp. 3589 ff.
264 Rainer Mackensen, Klaus Krämer, Monika Vanberg. *Probleme regionaler Mobilität. Ergebnisse und Lücken der Forschung zur gegenwärtigen Situation in der BRD/Berlin (West).* Berlin 1973 (Maschinenschrift)
265 Rainer Mackensen, Johannes Chr. Papalekas, Elisabeth Pfeil, Wolfgang Schütte, Lucius Burckhardt. *Daseinsformen der Großstadt.* Tübingen 1959
266 Rainer Mackensen und Heinz Wewer (Hrsg.). *Dynamik der Bevölkerungsentwicklung.* München 1973
267 Paul A. Mäcke. *Analyse und Prognosemethoden des regionalen Verkehrs.* In: Schriftenreihe Stadt-Region-Land 6. Aachen 1969
268 Paul A. Mäcke und Dieter Hölsken. *Verkehrstechnische Untersuchung des Wallringes in Dortmund.* Aachen 1964
269 Paul A. Mäcke, Dieter Hölsken, Alfred Brüll. *Siedlungsschwerpunkte im Ruhrgebiet. Untersuchungen zum Schnellbahnsystem.* Schriftenreihe des Siedlungsverbandes Ruhrkohlenbezirk 37. Essen 1971
270 Paul A. Mäcke, Dieter Hölsken, Peter Kessel. *Motivation der Reisemittelwahl. Untersuchungen zum Modal-Split. Zwischenbericht für die Freie und Hansestadt Hamburg.* Aachen 1972
271 Paul A. Mäcke, Dieter Hölsken. *Generalverkehrsplan Stadt Solingen. Teil I, Diagnose.* Aachen 1972
272 Werner Mahringer. *Ein Beitrag zum Klima von Höfen im Wiener Stadtbereich.* In: Wetter und Leben 15, 1963, 137 ff.
273 Karl Mannheim. *Ideologie und Utopie.* Bonn 1929. Frankfurt 1969[5]
274 Ian Masser u. a. *Die Einsatzmöglichkeiten des Lowry-Modells in Deutschland, dargestellt am Beispiel Dortmund (Lomodo 61).* Dortmund 1970
275 Hans Mausbach. *Städtebaukunde der Gegenwart. Planung und städtebauliche Gestaltung der Gegenwart.* Düsseldorf 1971[4]
275a Dennis Meadows, Donella Meadows, Erich Zahn, Peter Milling. *Die Grenzen des Wachstums. Bericht des Club of Rome zur Lage der Menschheit.* Stuttgart 1972
276 Cord Meckseper. *Stadtplan und Sozialstruktur in der deutschen Stadt des Mittelalters.* In: Stadtbauwelt 33, 1972, 52 ff.
277 Dieter von Merveldt. *Großstädtische Kommunikationsmuster. Soziologische Darstellung von Kommunikationsmustern zur Kennzeichnung des Großstädters in seiner Umwelt.* Köln 1972
278 Klaus Meyer, Rudolf Stich, Hans-Joachim Tittel. *Bundesbaurecht.* Köln-Berlin-Bonn-München 1966
279 Klaus Meyer, Rudolf Stich, Otto Schlichter. *Kommentar zum Städtebauförderungsgesetz.* Köln-Berlin-Bonn-München 1972 ff.
280 Grete Meyer-Ehlers. *Raumprogramme und Bewohnererfahrungen.* Stuttgart 1971
281 J. Murray Mitchell. *The Thermal Climates of Cities.* In: Weatherwise 14, 1961, 224 ff.
282 Alexander Mitscherlich. *Meditationen vor dem Reißbrett.* In: Süddeutsche Zeitung, 16./17. 10. 1971
283 Alexander Mitscherlich. *Thesen zur Stadt der Zukunft.* Frankfurt 1971
284 Alexander Mitscherlich. *Die Unwirtlichkeit unserer Städte. Anstiftung zum Unfrieden.* Frankfurt 1965
284a Mitteldeutscher Kulturrat (Hrsg.). *Zwischen Rostock und Saarbrücken. Städtebau und Raumordnung in beiden deutschen Staaten.* Düsseldorf 1973
285 Hans Möller. *Der Boden in der politischen Ökonomie.* Wiesbaden 1967
286 Sibyl Moholy-Nagy. *Matrix of Man.* London 1968. – Deutsch: *Die Stadt als Schicksal. Geschichte der urbanen Welt.* München 1968
287 William Morris. *News from Nowhere.* London 1891

288 Albrecht Müller und Ullrich Pfeiffer. *Ein Vorschlag zur Besteuerung der Wertsteigerungen bei Grundstücken.* In: Stadtbauwelt 17, 1968, 1310 ff.
289 C. Wolfgang Müller und Peter Nimmermann (Hrsg.). *Stadtplanung und Gemeinwesenarbeit.* München 1973
290 Georg Müller. *Raumordnung in Bund, Ländern und Gemeinden.* Stuttgart 1965
291 Lewis Mumford. *The City in History.* New York 1961. – Deutsch: *Die Stadt. Geschichte und Ausblick.* Köln 1963
292 Lewis Mumford. *The Culture of Cities.* New York 1938
293 Oswald von Nell-Breuning. *Sozialethische Fragen zum Bodeneigentum.* In: Stimmen der Zeit, 1964/65, 496 f.
294 Oswald von Nell-Breuning. *Steuerrechtliche Vorschläge zur Erfassung des Bodenwertzuwachses.* In: Bundesbaublatt 10, 1972, 459 ff.
295 Werner Nellner. *Die Abgrenzung von Agglomerationen im Ausland.* In: Akademie für Raumforschung und Landesplanung (Hrsg.). Zum Konzept der Stadtregionen. Forschungs- und Sitzungsberichte 59 (Raum und Bevölkerung 10). Hannover 1970, 91 ff.
296 Neue Heimat Bayern (Hrsg.). *Entlastungsstadt Perlach.* München 1967
297 Martin Neuffer. *Städte für alle. Entwurf einer Städtepolitik.* Hamburg 1970
298 Robert Neuwirth. *Die Aerosolverhältnisse im Modellraum.* In: Akademie für Raumforschung und Landesplanung (Hrsg.). Die Ansprüche der modernen Industriegesellschaft an den Raum. Forschungs- und Sitzungsberichte 33 (Raum und Natur 1). Hannover 1967
299 Robert Neuwirth. *Das Bioklima einer Stadt.* In: Stadtbauwelt 13, 1967, 998 ff.
300 Robert Neuwirth. *Das Bioklima der Stadt Freiburg.* In: Mitteilungen des badischen Landesvereins für Naturkunde und Naturschutz 11, 1972, 487 ff.
301 Robert Neuwirth. *Die Überwachung der Luftreinheit im Kurort.* In: Zeitschrift für Physikalische Medizin 1, 1970, 242 ff.
302 Karl Oettle. *Verkehrspolitik.* Stuttgart 1967
303 Claus Offe. *Bürgerinitiativen und Reproduktion der Arbeitskraft im Spätkapitalismus.* In: Heinz Grossmann (Hrsg.). Bürgerinitiativen – Schritte zur Veränderung? Frankfurt/Main 1971
304 Claus Offe. *Sachzwang und Entscheidungsspielraum.* In: Stadtbauwelt 23, 1969, 187 ff.
305 Claus Offe. *Strukturprobleme des kapitalistischen Staates.* Frankfurt 1972
306 Henning Ohlmer, Karl Heinz Walper. *Eine bessere Bodenverfassung – aber wie?* Kleine Schriften des Deutschen Verbandes für Wohnungswesen, Städtebau und Raumplanung 13. Köln 1969
307 Hans Oswald. *Die überschätzte Stadt.* Olten–Freiburg i. Br. 1966
308 Robert Owen. *New View of Society and Other Writings.* London–Toronto 1927
309 Robert E. Park. *Human Communities.* Glencoe, Ill., 1952
310 Robert E. Park, Ernest W. Burgess, Roderick D. McKenzie. *The City.* Chicago 1925. Neuausgabe 1967
311 Sigrid und Nikitas Patellis, Dorothea Pokora. *Stadtumbau – Stadtsanierung.* München 1973
312 Ewald Paus. *Ortskernerneuerung in Brüggen.* Brüggen 1970
313 Wolfgang Pehnt. *Neue deutsche Architektur 3.* Stuttgart 1970
314 Hans Gert Peisert. *Soziale Lage und Bildungschancen in Deutschland.* München 1967
315 Paulhans Peters. *Stadt für Menschen.* München 1973
316 Elisabeth Pfeil. *Die Familie im Gefüge der Großstadt.* Hamburg 1965
317 Elisabeth Pfeil. *Großstadtforschung.* Bremen 1950. Hannover 1972[2]
318 Elisabeth Pfeil. *Nachbarkreis und Verkehrskreis.* In: Rainer Mackensen u. a. Daseinsformen der Großstadt. Tübingen 1959, 158 ff.
319 Elisabeth Pfeil. *Die Wohnwünsche der Bergarbeiter.* Tübingen 1954
320 Elisabeth Pfeil. *Zur Kritik der Nachbarschaftsidee.* In: Archiv für Kommunalwissenschaften 2, 1963, 39 ff.
321 Hans Pflaumer. *Öffentlichkeit und Verwaltung in einem demokratischen Planungsprozeß.* Beiträge zur Stadtforschung und Stadtentwicklung 4. München 1970
322 Heinrich Pfleiderer und Adolf Schmittenhelm. *Klima als Behandlungsmittel.* In: Wetter, Klima, Mensch. Heidelberg 1952[2]
323 Georg Picht. *Prognose, Utopie, Planung. Die Situation des Menschen in der Zukunft der technisierten Welt.* Stuttgart 1967
324 *Planen, Bauen, Wohnen.* Kursbuch 27, 1972

325 *Politiker interpretieren Bürgerinitiativen.* In: Gewaltfreie Aktion 15, 1973, 22 ff.
326 Andreas Predöhl. *Außenwirtschaft −Weltwirtschaft, Handelspolitik und Währungspolitik.* Göttingen 1949
327 Amos Rapoport und Robert E. Kantor. *Complexity and Ambiguity in Environmental Design.* In: Journal of the American Institute of Planners 7, 1967, 210 ff. − Deutsch: *Komplexität und Ambivalenz in der Umweltgestaltung.* In: Stadtbauwelt 26, 1970, 114 ff.
328 Wolfgang Rauda. *Die vier Perioden städtebaulicher Raumbildung.* Hannover 1969
329 Regionale Planungsgemeinschaft Untermain. *Lufthygienisch-meteorologische Modelluntersuchung in der Region Untermain. 3. Arbeitsbericht: Infrarot Thermograph.* 1972
330 *Regionale Präferenzen. Zur Wohnortorientierung und Mobilitätsbereitschaft der Arbeitnehmer in der Bundesrepublik Deutschland.* In: Institut für Raumordnung. Informationen 22/15. Bonn-Bad Godesberg 1972, 379 ff.
331 Hans-Bernhard Reichow. *Die autogerechte Stadt.* Ravensburg 1959
332 Hans-Bernhard Reichow. *Organische Stadtbaukunst.* Braunschweig 1948
333 Rudolf Reidat. *Über den Einfluß der Stadt auf die Niederschlagsverteilung bei starken Regenfällen in Hamburg.* In: Wetter und Leben 23, 1971, 1 ff.
334 Horst-Eberhard Richter. *Die Gruppe. Hoffnung auf einen neuen Weg, sich selbst und andere zu befreien. Psychoanalyse in Kooperation mit Gruppeninitiativen.* Hamburg 1972
335 Wilhelm Heinrich Riehl. *Die Familie. Die Naturgeschichte des Volkes als Grundlage einer deutschen Social-Politik.* Band 3. Stuttgart−Augsburg 1855
336 Svend Riemer. *The Modern City.* New York 1952
337 Horst Rittel. *Instrumentelles Wissen in der Politik.* In: Helmut Krauch (Hrsg.). Beiträge zum Verhältnis von Wissenschaft und Politik. Heidelberg 1966
338 Gerhard Rönicke. *Das Stadtklima von Freiburg.* Im Druck.
339 Leopold Rosenmayr und Eva Köckeis. *Umwelt und Familie alter Menschen.* Neuwied 1965
340 Hans von Rudloff. *Besonderheiten im Klima Freiburgs.* In: Mitteilungen des badischen Landesvereins für Naturkunde und Naturschutz N. F. 5, 4/5, 1951, 237 ff.
341 Gernot Ruhl. *Das Image von München als Faktor für den Zuzug.* Regensburg 1971
342 Karl Ruppert. *Zur Naherholung im Bereich von Verdichtungsgebieten.* In: Natur und Landschaft 45/5, 1970
343 Sachverständigenausschuß für Raumordnung (SARO). *Die Raumordnung in der Bundesrepublik Deutschland.* Stuttgart 1961
344 Edgar Salin. *Urbanität.* In: Deutscher Städtetag (Hrsg.). Erneuerung unserer Städte. Stuttgart−Köln 1960, 9 ff.
345 Bernhard Schäfers. *Bodenbesitz und Bodennutzung in der Großstadt.* Beiträge zur Raumplanung 4. Bielefeld 1968
346 Bernhard Schäfers. *Möglichkeiten der Sozialplanung nach dem Städtebauförderungsgesetz.* In: Archiv für Kommunalwissenschaften, 1972 (2. Halbjahresband), 311 ff.
347 Bernhard Schäfers. *Planung und Öffentlichkeit.* Beiträge zur Raumplanung 8. Düsseldorf 1970
348 Ingrid Scharf u. a. *Gemeinwesen Aktivierung − Mainz Lerchenberg 1971.* Gossner Mission. Seminar für kirchlichen Dienst in der Industriegesellschaft. 1971 (Maschinenschrift)
349 Richard Scherhag. *Stadtklima.* In: Beilage der Berliner Wetterkarte 15/16, 1967
350 Richard Scherhag. *Die zunehmende Luftverschmutzung.* In: Beilage der Berliner Wetterkarte 10, 1965
351 Ulrich Schippke. *Die sieben Weltwunder von morgen.* Gütersloh 1971
352 Hans Schirmer. *Betrachtungen zum Stadtklima.* In: Akademie für Raumforschung und Landesplanung (Hrsg.). Die Mittelstadt. Forschungs- und Sitzungsberichte 52 (Stadtforschung 1). Hannover 1969, 79 ff.
353 August Schmauss. *Meteorologische Grundsätze im Haus- und Städtebau.* In: Bayerisches Industrie- und Gewerbeblatt N. F. 46, 1914, 181 ff.
354 Reinhard Schmid (Hrsg.). *Das Ende der Städte? Über die Zukunft der menschlichen Umwelt. Strukturen, Systeme, Pro(vo)gramme.* Stuttgart 1968
355 Rudolf Schmidt. *Einige spezielle Verkehrsprobleme in der Bandstadt Wuppertal.* In: Schriftenreihe Stadt-Region-Land. Sonderheft zu Ehren von Professor J. W. Korte. Aachen 1973
356 Eberhard Schmidt-Assmann. *Grundfragen des Städtebaurechts.* Göttingen 1972
357 Norbert Schmidt-Relenberg. *Soziologie und Städtebau. Versuch einer systematischen Grundlegung.* Stuttgart 1968

357a Norbert Schmidt-Relenberg, Gernot Feldhusen, Christian Luetkens. *Sanierung und Sozialplan. Mitbestimmung gegen Sozialtechnik.* München 1973
358 Hans K. Schneider (Vorwort). *Regionalplanung.* Institut für Siedlungs- und Wohnungswesen der Universität Münster. Beiträge und Untersuchungen 63. Köln 1966
359 Peter Schöller (Hrsg.). *Allgemeine Stadtgeographie.* Darmstadt 1969
360 Folker Schreiber (Hrsg.). *Bodenordnung? Vorschläge zur Verbesserung der Sozialfunktion des Bodeneigentums.* Stuttgart 1969
361 Schröder und Bavaj. *Ortskernsanierung in Blankenheim.* Aachen o. J.
362 Hans Schrödter. *Bundesbaugesetz. Kommentar.* München 1973[3]
363 Hermann Schubnell. *Der Geburtenrückgang in der Bundesrepublik Deutschland.* In: Rainer Mackensen, Heinz Wewer (Hrsg.). Dynamik der Bevölkerungsentwicklung. München 1973
364 Walter Schütz und Günther Frohberg. *Kommentar zum Bundesbaugesetz.* Neuwied 1970[3]
365 Uwe Schultz (Hrsg.). *Umwelt aus Beton oder Unsere unmenschlichen Städte.* Reinbek 1971
366 Leo Schulz. *Zur Bioklimatologie des Harzes.* Schriftenreihe des Harzer Verkehrsverbandes 3. Goslar 1969
367 Fritz Schumacher. *Probleme der Großstadt.* Leipzig 1940
368 Fritz Schumacher. *Vom Städtebau zur Landesplanung und Fragen der städtebaulichen Gestaltung.* Tübingen 1950
369 Mechthild Schumpp. *Stadtbau-Utopien und Gesellschaft. Der Bedeutungswandel utopischer Stadtmodelle unter sozialem Aspekt.* Gütersloh 1972
370 Walter Schwagenscheidt. *Die Raumstadt.* Heidelberg 1949
371 Karl Schwarz. *Die städtische und die ländliche Weltbevölkerung heute und im Jahr 2000.* In: Akademie für Raumforschung und Landesplanung (Hrsg.). Zum Konzept der Stadtregionen. Forschungs- und Sitzungsberichte 59 (Raum und Bevölkerung 10). Hannover 1970, 151 ff.
372 Rudolf Schwarz. *Von der Bebauung der Erde.* Heidelberg 1949
373 Martin Schwonke. *Soziologische Überlegungen zur Stadterneuerung.* In: Aspekte der Stadterneuerung. Schriften des Deutschen Verbandes für Wohnungswesen, Städtebau und Raumplanung 73. Köln–Mülheim 1967
374 Martin Schwonke mit Ulfert Herlyn. *Wolfsburg. Soziologische Analyse einer jungen Industriestadt.* Stuttgart 1967
375 Monique Seyler. *Städteplanung und Gesellschaftsklassen.* In: Architektur extra. Architektur und Stadtplanung im Spätkapitalismus. Frankfurt 1971
376 Wolf Jobst Siedler, Elisabeth Niggemeyer, Gina Angreß. *Die gemordete Stadt. Abgesang auf Putte und Straße, Platz und Baum.* München 1967[3]
377 Siedlungsverband Ruhrkohlenbezirk. *Gebietsentwicklungsplan Regionale Infrastruktur. Entwurf* Essen 1972
378 Thomas Sieverts. *Stadt-Vorstellungen.* In: Stadtbauwelt 9, 1966, 704 ff.
379 Thomas Sieverts und Martina Schneider. *Zur Theorie der Stadtgestalt. Versuch einer Übersicht.* In: Stadtbauwelt 26, 1970, 109 ff.
380 Alphons Silbermann. *Vom Wohnen der Deutschen.* Köln–Opladen 1963
381 Otto Sill. *Verbesserung des öffentlichen und des Individualverkehrs aus der Sicht der Raumordnung und der Stadtplanung.* In: Schriftenreihe Stadt-Region-Land 11/12. Aachen 1970
382 Georg Simmel. *Die Großstädte und das Geistesleben.* In: Jahrbuch der Gehe-Stiftung 9 (5), 1903
383 Georg Simmel. *Soziologie.* Leipzig 1908
384 Camillo Sitte. *Der Städte-Bau nach seinen künstlerischen Grundsätzen.* Wien 1889. 1901[3]. Neuausgabe 1965
385 Werner Sombart. *Der moderne Kapitalismus.* München 1919[3] (2 Bände). 1928 (3 Bände)
386 Werner Sombart. *Städtische Siedlungen, Stadt.* In: Alfred Vierkandt (Hrsg.). Handwörterbuch der Soziologie. Stuttgart 1931
387 Soziologisches Forschungsinstitut Göttingen. *Die soziale Problematik des Alters.* Im Auftrag des Bundesministers für Bildung und Wissenschaft. 1972 (hektographiert)
388 SPD-Gemeinderatsfraktion Stuttgart (Hrsg.). *Schwarzbuch zur Bodenspekulation in Stuttgart.* Stuttgart 1972
389 Friedrich Spengelin. *Funktionelle Erfordernisse zentraler Einrichtungen als Bestimmungsgröße von Siedlungs- und Stadteinheiten.* Schriftenreihe Städtebauliche Forschung des Bundesministers für Städtebau und Wohnungswesen 03.003. Bonn-Bad Godesberg 1972
390 Erika Spiegel. *Städtebau zwischen Kunst und Politik.* In: Stadtbauwelt 35, 1972, 191 ff.

391 Christa Springe u. a. *Gemeinwesen Aktivierung – Mainz Lerchenberg 1969.* Gossner Mission, Seminar für kirchlichen Dienst in der Industriegesellschaft. 1971 (Maschinenschrift)
392 Staatliche Zentralverwaltung für Statistik (Hrsg.). *Statistisches Jahrbuch der Deutschen Demokratischen Republik* (StJbDDR). Berlin. Erscheint jährlich
393 Stadtentwicklungsreferat München. *Kommunalpolitische Aspekte des wachsenden ausländischen Bevölkerungsanteils in München.* Arbeitsberichte zur Fortschreibung des Stadtentwicklungsplans Nr. 4. München 1972
394 Stadtentwicklungsreferat München. *Konzept zentraler Standorte.* Arbeitsberichte zur Fortschreibung des Stadtentwicklungsplans. München 1974 (in Vorbereitung)
395 Stadtentwicklungsreferat München. *Über den Wandel von Struktur und Funktion der Münchener Innenstadt und Möglichkeiten seiner Steuerung. Arbeitspapier.* München 1970
396 Stadtentwicklungsreferat München. *Wohnen im neuen Stadtteil Perlach.* Arbeitspapier. München 1970
397 Stadt Frankfurt am Main, Dezernat für Schule und Sport (Hrsg.). *Freizeitentwicklungsplan.* Arbeitsbericht 1. Frankfurt 1971
398 *Stadterneuerung.* Referate der 1. Arbeitstagung des Verbandes Berliner Wohnungsbaugenossenschaften und -gesellschaften. Berlin 4.–6. 11. 1965
399 Städtebauinstitut Nürnberg (Hrsg.). *Kinder in neuen Städten.* Informationen aus der Praxis für die Praxis 53. Bonn–Bad Godesberg 1970
400 Städtebauliches Seminar der Stiftung Regensburg des Kulturkreises im Bundesverband der deutschen Industrie. *Regensburg.* Düsseldorf 1967
401 Ständige Konferenz der Kultusminister der Länder in der BRD (Hrsg.). *Die Ausgaben der Länder für Kunst- und Kulturpflege 1961 bis 1966.* Dokumentation 19. Bonn 1967
402 Ständige Konferenz der Kultusminister der Länder in der BRD (Hrsg.). *Die Ausgaben der Länder für Kunst- und Kulturpflege 1967 bis 1970.* Dokumentation 32. Bonn 1971
403 Konrad Stahl und Gerhard Curdes. *Umweltplanung in der Industriegesellschaft. Lösungen und ihre Probleme.* Reinbek 1970
404 Statistisches Bundesamt (Hrsg.). *Statistisches Jahrbuch für die Bundesrepublik Deutschland* (StJbBRD). Wiesbaden–Stuttgart–Mainz. Erscheint jährlich
405 Statistisches Bundesamt (Hrsg.). *Haushaltswirtschaft von Bund, Ländern und Gemeinden. Jahresabschlüsse 1969.* Reihe L, Finanzen und Steuern 1. Mainz 1972
406 Heinz Günter Steinberg. *Fragen einer sozialräumlichen Gliederung auf statistischer Grundlage.* In: Raumforschung und Raumordnung 22, 1964, 65 ff. – Auch in: Werner Storkebaum (Hrsg.). Sozialgeographie. Darmstadt 1969, 193 ff.
407 Ferdinand Steinhauser. *Der Tagesgang der Luftverschmutzung in Wien.* In: Archiv für Meteorologie, Geophysik und Bioklimatologie 1962/63, 274 ff.
408 Josef Stübben. *Der Städtebau.* Handbuch der Architektur 4 (9). Darmstadt 1890. Stuttgart 1907[2]
409 Horst-Dieter Supe und Ludwig Radermacher. *Integrierte Stadtentwicklungsplanung.* In: Schriftenreihe Stadt-Region-Land, Sonderheft zu Ehren von Professor J. W. Korte. Aachen 1973
410 Gody Suter. *Die großen Städte.* Bergisch-Gladbach 1966
410a Friedrich Tamms und Wilhelm Wortmann. *Städtebau.* Darmstadt 1973
411 Bruno Taut. *Die Stadtkrone.* Jena 1919
412 Manfred Teschner. *Bürokratie und Städtebau.* In: Stadtbauwelt 36, 1972, 282 ff.
413 Johann Heinrich von Thünen. *Der isolierte Staat in Beziehung auf Landwirtschaft und Nationalökonomie.* Hamburg 1826. Darmstadt 1966[4]
414 Martin Tiemann. *Die Baulandpreise und ihre Entwicklung.* In: Der Städtetag 11, 1970, 562 ff.
415 Klaus Töpfer. *Regionalpolitik und Standortentscheidung.* Beiträge zur Raumplanung 6. Bielefeld 1969
416 Arnold J. Toynbee. *Unaufhaltsam wächst die Stadt.* Stuttgart 1971
417 Arnold J. Toynbee, M. Bowra, J. R. Hale u. a. *Städte der Entscheidung. Metropolen im Brennpunkt des Weltgeschehens.* Wien–München 1970
418 Heiner Treinen. *Symbolische Ortsbezogenheit.* In: Kölner Zeitschrift für Soziologie und Sozialpsychologie 17/1–2, 1965, 73 ff., 254 ff.
419 Wolfgang Triebel u. a. (Institut für Bauforschung, Hannover). *Bau-Wettbewerb Flexible Wohnungsgrundrisse.* Schriftenreihe Wettbewerbe des Bundesministers für Städtebau und Wohnungswesen 05.001. Bonn–Bad Godesberg o. J.

420 Jakob von Uexküll und Georg Kriszat. *Streifzüge durch die Umwelten von Tieren und Menschen. Ein Bilderbuch unsichtbarer Welten/Bedeutungslehre.* Frankfurt 1970
421 Wolfgang T. Ulmer, Gerhard Reichel, U. Werner. *Die chronisch obstruktive Bronchitis des Bergmanns.* In: Internationales Archiv für Gewerbepathologie und Gewerbehygiene 25, 1968, S. 75 ff.
422 Josef Umlauf. *Wesen und Organisation der Landesplanung.* Essen 1958
423 *Untersuchungen zum Wochenendverkehr der Hamburger Bevölkerung.* Ingeborg Albrecht. Teil A, Die Wochenendverkehrsregion. Georg Siefer und Werner R. Vogt. Teil B, Das Verhalten der Hamburger Wochenendfahrer in ausgewählten Wochenend-Erholungsgebieten. Hamburg 1967/68
424 Raymond Unwin. *Town Planning in Practice.* London 1909. – Deutsch: *Grundlagen des Städtebaues.* Berlin 1910
425 *Verfassung – Städtebau – Bodenrecht. Rechtswissenschaftliches Gutachten über die Enteignungsentschädigung im Städtebau.* Schriftenreihe der Gesellschaft für Wohnungs- und Siedlungswesen (GEWOS). Hamburg 1969
426 Kurt Dieter Vierecke. *Nachbarschaft. Ein Beitrag zur Stadtsoziologie.* Köln 1972
427 Hans-Jochen Vogel. *Die Amtskette. Meine 12 Münchner Jahre.* München 1972
428 Hans-Jochen Vogel. *Städte im Wandel.* Stuttgart 1971
429 Hans-Jochen Vogel. *Zukunftsprobleme des Verkehrs in den Ballungsräumen. Überlegungen und Wünsche der Gemeinden.* In: Schriftenreihe Stadt-Region-Land 11/12. Aachen 1970
430 Roland Vogt. *Ein Ghetto in Berlin-Lichterfelde.* In: Bauwelt 63/28, 1972, 1078 f.
431 W. Vogt und F. Gerheuser. *Die räumliche und soziale Struktur der Stadt.* Brugg 1969
432 Fritz Voigt. *Verkehr.* Band 2. Berlin 1965
433 Frido Wagener. *Ziele der Stadtentwicklung nach Plänen der Länder.* Göttingen 1971
434 Kurt Walter. *Städtebau nach neuem Recht. Grundriß des Städtebauförderungsgesetzes.* Bonn–Bad Godesberg 1971
435 William Lloyd Warner u. a. *Yankee City Series.* New Haven 1941–47 (4 Bände)
436 Adolf Weber. *Bodenrente und Bodenspekulation in der modernen Stadt.* Leipzig 1904
437 Alfred Weber. *Über den Standort der Industrien.* Tübingen 1909
438 Max Weber. *Die Stadt.* In: Archiv für Sozialwissenschaften und Sozialpolitik 47, 1921, 621 ff. – Auch in: Max Weber. Wirtschaft und Gesellschaft. Berlin 1921. Tübingen 1956[4]
439 Rotraut Weeber. *Eine neue Wohnumwelt. Beziehungen der Bewohner eines Neubaugebietes am Stadtrand zu ihrer sozialen und räumlichen Umwelt.* Stuttgart 1971
440 Horst Weigelt. *Stadtverkehr in den Entwicklungsländern Süd- und Ostasiens.* In: Verkehr und Technik 2, 1973
441 Heinz Weyl. *Probleme der Verdichtungsräume.* In: Der Städtetag NF 26/4, 1973, 195 ff.
442 Heinz Weyl. *Raumplanung und Entwicklungsplanung.* In: Stadtbauwelt 33, 1972, 13 ff.
443 Heinz Weyl. *Regionalplanung im Großraum Hannover.* In: Stadtbauwelt 8, 1965, 641 ff.
444 Wiegand, Arras, Bülow, Heimgartner, Wirz. *Stadterneuerung Coburg.* Basel 1970
445 Diether Wildeman. *Erneuerung denkmalwerter Altstädte.* Detmold 1967. 1971[2]
446 Louis Wirth. *The Ghetto.* Chicago 1928
447 Louis Wirth. *Urbanism as a Way of Life.* In: Louis Wirth. Community Life and Social Policy. Chicago 1956. – Deutsch: *Großstadt als Lebensform.* In: Karl Gustav Specht (Hrsg.). Soziologische Forschung in unserer Zeit. Ein Sammelwerk Leopold von Wiese zum 75. Geburtstag. Köln–Opladen 1951
448 *Wohnen in neuen Siedlungen. Demonstrativbauvorhaben der Bundesrepublik.* neues bauen – neues wohnen 4. Stuttgart 1965
449 Paul Wolf. *Städtebau.* Leipzig 1919
450 Ivor de Wolfe. *The Italian Townscape.* London 1963
451 Frank Lloyd Wright. *When Democracy Builds.* Chicago 1945
452 Katrin Zapf. *Einrichtungen zum öffentlichen Gebrauch.* In: Stadtbauwelt 12, 1966, 945 ff.
453 Katrin Zapf. *Rückständige Viertel. Eine soziologische Analyse der städtebaulichen Sanierung in der Bundesrepublik.* Frankfurt 1969
454 Katrin Zapf, Karolus Heil, Justus Rudolph. *Stadt am Stadtrand. Eine vergleichende Untersuchung in vier Münchner Neubausiedlungen.* Frankfurt 1969
455 Martin Ziegler und Wolfgang Klemm. *Neue Nahverkehrssysteme.* Wiesbaden 1972
456 Marlene und Peter Zlonicky. *Städtebauliches Gutachten zur Erneuerung der Altstadt von Kempen.* Essen 1968

Die Autoren der Beiträge

GERD ALBERS

Geboren 1919 in Hamburg. 1946–51 Studium der Architektur und des Städtebaus in Hannover und Chicago, Promotion 1957. Stadtplaner in Ulm und Trier 1952–59, Leiter der Stadtbauverwaltung Darmstadt 1959–62. Seit 1961 Inhaber des Lehrstuhls für Städtebau, Orts- und Landesplanung an der Technischen Universität München, 1965–68 Rektor. – Publikation u. a.: *Was wird aus der Stadt? Aktuelle Fragen der Stadtplanung.* München 1972.

HANS PAUL BAHRDT

Geboren 1918 in Dresden. 1952 Promotion, bis 1958 als Forschungsassistent in Dortmund und als freier Mitarbeiter in der Ludwigshafener Industrie tätig. 1958 Habilitation in Mainz. Seit 1959 Professor für Soziologie an der Technischen Hochschule Hannover, seit 1962 Ordinarius für Soziologie an der Universität Göttingen. – Publikationen u. a.: *Die moderne Großstadt.* Reinbek 1961[1]. Hamburg 1969[2]. – *Humaner Städtebau.* Hamburg 1968.

KURT BECKER-MARX

Geboren 1921 in Wiesbaden. Studium der Rechte in Erlangen, München, Tübingen. Große Staatsprüfung 1949, Promotion in Mainz 1953. Zunächst beim Verwaltungsgericht Rheinhessen, dann im Innenministerium Rheinland-Pfalz tätig. 1952–62 Landrat in Ludwigshafen, 1962 Hauptgeschäftsführer der Kommunalen Arbeitsgemeinschaft Rhein-Neckar, Mannheim. Seit 1971 Verbandsdirektor des Raumordnungsverbandes Rhein-Neckar. – Publikationen u. a.: *Probleme der grenzüberschreitenden Planung.* Hannover 1972. – *Regionale Planungsgemeinschaften.* In: Akademie für Raumforschung und Landesplanung (Hrsg.). *Handwörterbuch der Raumforschung und Raumordnung.* 3 Bände, Hannover 1970[2].

KLAUS BRÜGELMANN

Geboren 1931 in Düsseldorf. 1961 Große juristische Staatsprüfung, 1962–69 Mitarbeiter eines Stuttgarter Fachverlages, seit 1970 Wissenschaftlicher Mitarbeiter an der Technischen Universität Berlin, Lehrgebiet Denkmalpflege. Gesamtredakteur und Mitarbeiter am Kommentar zum Bundesbaugesetz von H. Brügelmann u. a. (1960 ff.).

LUCIUS BURCKHARDT

Geboren 1925 in Davos. Studium der Sozialwissenschaften, Promotion. 1955 und 1958 Wissenschaftlicher Mitarbeiter an der Sozialforschungsstelle der Universität Münster in Dortmund. 1959 Gastdozent an der Hochschule für Gestaltung in Ulm. 1962–73 Redakteur der Zeitschrift *Werk*. 1962–73 Lehrbeauftragter für Soziologie an der Architekturabteilung der Eidgenössischen Technischen Hochschule in Zürich; jetzt Professor an der Gesamthochschule Kassel. – Publikationen u. a.: *Bauen ein Prozeß.* Teufen 1968 (mit Walter Förderer).

HARTMUT DYONG

Geboren 1935 in Duisburg-Hamborn. Studium der Rechts- und Naturwissenschaften in Würzburg und München. Referendarexamen 1961, Assessorexamen 1965 in München. Anschließend Regierungsassessor bei der Regierung von Oberbayern, heute Ministerialrat im Bundesministerium für Städtebau und Wohnungswesen. Mitarbeiter am Kommentar zum Bundesbaugesetz von Werner Ernst, Willy Zinkahn und Walter Bielenberg.

THEODOR EBERT

Geboren 1937 in Stuttgart. Studium der Politischen Wissenschaften, Geschichte und Germanistik in Tübingen, München, Paris und London. 1965 Promotion in Erlangen. Seit 1970 Professor für Politische Wissenschaft mit Schwerpunkt innenpolitische Friedens- und Konfliktforschung am Otto-Suhr-Institut der Freien Universität Berlin. Seit 1969 Schriftleitung der Zeitschrift *Gewaltfreie Aktion*. – Publikation u. a.: *Gewaltfreier Aufstand – Alternative zum Bürgerkrieg. Frankfurt 1973*[3].

EDMUND GASSNER

Geboren 1908 in Mainz. Studium des Bauingenieurwesens und Städtebaus an der Technischen Hochschule Darmstadt, Dr.-Ing. Tätigkeiten als wissenschaftlicher Assistent, als Mitarbeiter eines gemeinnützigen Wohnungsunternehmens im Ruhrgebiet, als Hilfsreferent in der Reichsstelle für Raumordnung, Berlin, und (ab 1942) beim Generalinspektor für das Straßenwesen. Ab 1945 Sachbearbeiter im Regierungspräsidium Darmstadt für Bauleitplanung und Bezirksplanung. Seit 1951 Professor, seit 1954 Direktor des Instituts für Städtebau, Siedlungswesen und Kulturtechnik an der Universität Bonn. 1966–67 Rektor. Herausgeber der *Materialiensammlung Städtebau*, Mitherausgeber der Zeitschrift *Vermessungswesen und Raumordnung*. – Publikationen u. a.: *Bauleitplanung und Kanalisation. In: Handbuch für Abwassertechnik. Band 1, Berlin 1973*[2]. *– Städtebau auf dem Lande. Köln 1972*[2]. *– Stadtbild und Rheinlandschaft im Spiegel der Zeiten. Wiesbaden 1972. – Aufschließung städtebaulicher Entwicklungsflächen. Göttingen 1972. – Städtebauliche Kalkulation. Bonn 1972.*

KAROLUS HEIL

Geboren 1933 in Breitenborn (Gründau). Studium der Soziologie, Psychologie, Politikwissenschaft, Nationalökonomie in Frankfurt, München, Innsbruck, an der Harvard University und am Massachusetts Institute of Technology. 1967 Promotion. Zunächst Tätigkeit in der Markt- und Meinungsforschung, Journalist, später Mitarbeiter der Stadt München, derzeit Direktor des Arbeitsbereiches Forschung im Stadtentwicklungsreferat und Leiter einer Arbeitsgruppe für die Neufassung des Münchner Stadtentwicklungsplanes. – Publikationen u. a.: *Stadt am Stadtrand. Frankfurt 1969* (mit Katrin Zapf und Justus Rudolph). *– Kommunikation und Entfremdung. Stuttgart 1971.*

ULFERT HERLYN

Geboren 1936 in Göttingen. Studium der Soziologie, Wirtschaftswissenschaften und Sozialpsychologie in Göttingen, Köln, Berlin. 1962–69 Forschungsassistent, 1970–72 Wissenschaftlicher Assistent am Soziologischen Seminar der Universität Göttingen. 1969 Promotion, 1973 Habilitation, seit 1973 Akademischer Rat in Göttingen. – Publikationen u. a.: *Wolfsburg – Soziologische Analyse einer jungen Industriestadt.* Stuttgart 1967 (mit M. Schwonke). – *Wohnen im Hochhaus.* Stuttgart 1970. – *Innenstadt und Erneuerung.* Braunschweig 1972 (mit H. J. Schaufelberger).

GERHARD ISENBERG

Geboren 1902 in Ulm/Donau. Studium 1924–28 in Stuttgart, Berlin, Tübingen. Volkswirtschaftliches Diplomexamen, 1930 Promotion in Tübingen. 1936–45 Referent in der Reichsstelle für Raumordnung Berlin, ab 1946 Tätigkeit im Innenministerium des Landes Württemberg-Hohenzollern, 1951–67 Referent für Raumordnung im Bundesministerium für Finanzen und Bundesministerium des Inneren. 1951 Habilitation, 1959 Ernennung zum apl. Professor. Nach der Pensionierung 1967 Forschungsarbeiten, 1969–71 kommissarische Leitung des Lehrstuhls und Instituts für Raumordnung an der Universität Stuttgart. – Publikationen u. a.: *Die Ballungsgebiete in der Bundesrepublik.* Bad Godesberg 1957. – *Existenzgrundlagen in Stadt- und Landesplanung.* Tübingen 1965.

KARL HEINZ KNOLL

Geboren 1922 in Frankfurt am Main. Studium in Frankfurt am Main, ab 1953 Wissenschaftlicher Assistent am Hygiene-Institut Frankfurt und Gießen, ab 1963 Dozent für das Fach Hygiene und Medizinische Mikrobiologie. Seit 1971 ordentlicher Professor an der Universität Gießen und Leiter der Abteilung Technische Hygiene. Mitglied des Hessischen Beirates für Umwelt und von Sachverständigen-Ausschüssen der Länder und des Bundes, Mitarbeiter des Umweltprogrammes der Bundesregierung. Herausgeber und Redaktionsmitglied von Handbüchern und Zeitschriften auf dem Gebiet des Umweltschutzes.

RENÉ KÖNIG

Geboren 1906 in Magdeburg. Studium der Islamik, Philosophie und Soziologie in Wien, Berlin, Florenz und Paris. Promotion 1929. Emigrierte 1937 in die Schweiz. 1938 Habilitation an der Universität Zürich. Seit 1949 Ordinarius für Soziologie und seit 1953 Direktor des Forschungsinstituts für Soziologie an der Universität Köln. Herausgeber der *Kölner Zeitschrift für Soziologie und Sozialpsychologie.* – Publikationen u. a.: *Praktische Sozialforschung* (Hrsg.). 2 Bände, Köln 1972 [7,8]. – *Grundformen der Gesellschaft: Die Gemeinde.* Hamburg 1958. – *Soziologie* (Hrsg.). *Frankfurt 1958, 1967.* – *Soziale Schichtung und soziale Mobilität* (Hrsg.). *Köln–Opladen 1961.* – *Handbuch der empirischen Sozialforschung* (Hrsg.). Stuttgart 1962, 1973–74 [8]. – *Soziologische Orientierungen. Köln 1965.*

FELIZITAS LENZ-ROMEISS

Geboren 1945 in Naumburg/Saale. Soziologiestudium in Heidelberg und München, Diplom 1969. Aufbaustudium Stadtplanung an der Universität Liverpool. Wissenschaftliche Mitarbeiterin am Stadtentwicklungsreferat München, freiberufliche Planungsberatung. – Publikation u. a.: *Die Stadt – Heimat oder Durchgangsstation? München 1970.*

MICHAEL LOHMANN

Geboren 1933 in Berlin. Buchhändlerlehre, Studium der Naturwissenschaften. Promotion über ein Thema der Verhaltensphysiologie bei Insekten 1964. Forschungstätigkeit am Max-Planck-Institut für Verhaltensphysiologie Seewiesen und Erling-Andechs, an der Princeton University, am Scribbs Institute of Oceanography der University of California, San Diego, und am Institut für Biologie der Universität Tübingen. 1969–71 Wissenschaftlicher Lektor eines Münchner Verlages, seit 1972 freier Publizist. – Publikationen u. a.: *Wohin führt die Biologie?* München 1970 (Hrsg.). – *Gefährdete Zukunft. Prognosen angloamerikanischer Wissenschaftler.* München 1970 (Hrsg.). – *Natur als Ware.* München 1972.

HARALD LUDMANN

Geboren 1923 in Wuppertal. Architekturstudium in Braunschweig und Karlsruhe, Dipl.-Ing. 1949–72 Amtsleiter im Stadtplanungsamt Köln, seit 1972 Stadtbaurat (Technischer Beigeordneter für das Bauwesen) der Stadt Leverkusen. 1964 1. Preis im Städtebaulichen Wettbewerb City Marl. – Publikationen u. a.: *Zentren in neuen Wohngebieten. Stuttgart 1963* (mit H. Fischer und J. Riedel). – *Die City. Stuttgart 1965.* – *Von der Wohnzelle zur Stadtstruktur. Stuttgart 1968.* – *Fußgängerbereiche in deutschen Städten. Köln 1972.*

RAINER MACKENSEN

Geboren 1927 in Greifswald. Studium der Germanistik, Anglistik, Philosophie und Theologie in Göttingen und Tübingen. 1955 Promotion, 1955–68 Assistent, später Geschäftsführer und Abteilungsleiter an der Sozialforschungsstelle der Universität Münster. Lehraufträge und Gastdozenturen für Soziologie an der Hochschule für Gestaltung, Ulm, an der Universität Münster und der Technischen Universität Berlin, Forschungsaufenthalte in Philadelphia, Chicago, Berkeley. 1967 Habilitation für Soziologie und Bevölkerungslehre. Seit 1968 o. Professor und Direktor des Instituts für Soziologie an der Technischen Universität Berlin. – Publikationen u. a.: *Daseinsformen der Großstadt. Tübingen 1959.* (mit anderen). – *Die kommunale Neuordnung des Ruhrgebiets. Köln–Opladen 1959* (mit Karl Hahn). – *Bevölkerungsentwicklung und Wirtschaftswachstum. Dortmund 1965.* – *Dynamik der Bevölkerungsentwicklung. München 1973* (mit Heinz Werner u. a.).

PAUL ARTHUR MÄCKE

Geboren 1922 in Essen. 1953–63 Assistent und Oberingenieur im Hochschuldienst auf dem Gebiet des Stadtbauwesens. 1956 Promotion über ein Thema der Siedlungswasserwirtschaft, 1963 Gründer eines Ingenieurbüros für Verkehrsprognose und -planung, 1964 Habilitation für das Lehrgebiet Stadtverkehr. Seit 1966 Inhaber des Lehrstuhls für Stadtbauwesen und Direktor des Instituts für Stadtbauwesen an der Technischen Hochschule Aachen. – Publikationen u. a.: *Das Prognoseverfahren in der Straßenverkehrsplanung. Wiesbaden 1964.* – *Verkehrstechnische, verkehrsplanerische und verkehrswirtschaftliche Grundlagen des neuen Ausbauplanes für die Bundesfernstraßen. Bonn 1971* (mit W. Ruske). – *Siedlungsschwerpunkte im Ruhrgebiet – Untersuchungen zum Schnellbahnsystem. Essen 1971* (mit D. Hölsken, A. Brüll).

FRIEDRICH MIELKE

Geboren 1921 in Neuneck. Studium der Architektur (Dipl.-Ing.) und der Berufspädagogik (Dipl.-Gewerbelehrer), 1957 Dr.-Ing. Seit 1949 nebenberuflich, seit 1951 hauptberuflich in der mecklenburgischen und brandenburgischen Denkmalpflege tätig. Seit 1959 Privatdozent, heute Professor für das Fachgebiet Denkmalpflege an der Technischen Universität Berlin. – Publikationen u. a.: *Das Holländische Viertel in Potsdam.* Berlin 1960. – *Potsdam wie es war.* Berlin 1963. – *Die Geschichte der deutschen Treppen.* Berlin 1966. – *Das Bürgerhaus in Potsdam.* Tübingen 1972.

ROBERT NEUWIRTH

Geboren 1909 in Neckarbischofsheim. Promotion in Meteorologie sowie Chemie und Philosophie. 1938–44 Leiter der Wetterberatungszentrale Graz, 1952–58 stellvertretender Leiter des Meteorologischen Observatoriums Freiburg i. Br., 1958–70 Dezernent für Biometeorologie beim Wetteramt Freiburg, 1964–68 Lehrbeauftragter an der Universität Freiburg, seit 1970 Leiter der Medizinmeteorologischen Forschungsstelle des Deutschen Wetterdienstes Freiburg. – Veröffentlichungen über den Einfluß des Wetters auf den Menschen, über Luftverunreinigung an Kurorten, über Wärmebelastung, Mittelgebirgs- und Stadtklima.

WOLFGANG PEHNT

Geboren 1931 in Kassel. Studium der Kunstgeschichte und Germanistik in Marburg, München, Frankfurt. 1957–63 Lektor eines Architekturverlages in Stuttgart, seit 1963 Redakteur am Deutschlandfunk, Köln. – Publikationen u. a.: *Neue deutsche Architektur 3.* Stuttgart 1970. – *Architektur des Expressionismus.* Stuttgart 1973.

FOLKER SCHREIBER

Geboren 1939 in Wilhelmshaven. Studium der Sozialwissenschaften in Göttingen, Berkeley, Berlin. 1966–68 Wissenschaftlicher Assistent am Zentralinstitut für Städtebau der Technischen Universität Berlin. 1968–70 Wissenschaftlicher Mitarbeiter im Bundesministerium für Arbeit und Sozialordnung, 1970–73 im Bundeskanzleramt tätig (Gesellschaftspolitik und Sozialplanung), seit 1974 im Bundesministerium für Raumordnung, Bauwesen und Städtebau (Stadtentwicklungsplanung). – Publikation u. a.: *Bodenordnung?* (Hrsg.). Stuttgart 1969.

MARTIN SCHWONKE

Geboren 1923 in Marienwerder, Westpreußen. Volksschullehrerexamen 1947, Promotion 1956 in Göttingen. Wissenschaftlicher Assistent am Soziologischen Seminar der Universität Göttingen, seit 1962 Professor für Soziologie an der Abteilung Göttingen der Pädagogischen Hochschule Niedersachsen. – Publikationen u. a.: *Vom Staatsroman zur Science Fiction.* Stuttgart 1957. – *Wolfsburg – Soziologische Analyse einer jungen Industriestadt.* Stuttgart 1967 (mit U. Herlyn).

THOMAS SIEVERTS

Geboren 1934 in Hamburg. Architekturstudium in Stuttgart, Liverpool, Berlin. 1963 Assistent am Lehrstuhl von Fritz Eggeling. Seit 1967 Professor für Städtebau zunächst an der Staatlichen Hochschule für bildende Künste in Berlin, dann an der Technischen Universität Darmstadt. Mitbegründer der Freien Planungsgruppe Berlin 1965. 1971 Gastprofessor in Harvard. − Publikationen u. a.: *Spontaneous Architecture*. In: *Architectural Association Quarterly. London, April 1969*. − *Bild und Berechnung im Städtebau*. In: *Information und Imagination. München 1973*.

HEINZ WEYL

Geboren 1915 in Berlin. Studium der Architektur und des Städtebaus in Berlin, Darmstadt, Stuttgart. Stadtplaner in Mainz, Bezirksgruppenleiter beim Siedlungsverband Ruhrkohlenbezirk. Seit 1964 Beigeordneter des Verbandes Großraum Hannover. Entwicklung der Regionalplanung und Aufstellung der Verbandspläne 1967 und 1972. Honorarprofessor an der Technischen Universität Hannover mit Lehrauftrag für Regional- und Landesplanung. − Publikationen u. a.: *Stadtsanierung und neue Städte in England. Essen 1961*. − *Zersiedlung*. In: Akademie für Raumforschung und Landesplanung (Hrsg.). − *Handwörterbuch der Raumforschung, Raumordnung und Städteplanung. 3 Bände, Hannover 1970*[2].

Tafeln

Abb. 36   Teil der Kölner Innenstadt mit Groß St. Martin und Dom
Die Rheinfront wurde historisierend mit giebelständigen Fassaden wiederaufgebaut, der Altstadtkern von Hochhäusern weitgehend freigehalten.

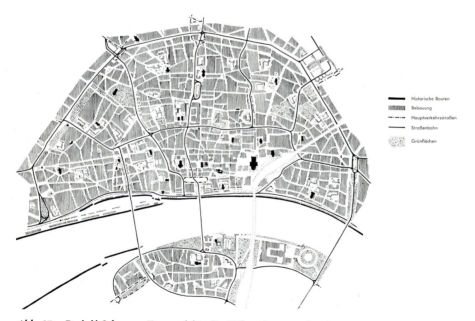

Abb. 37   Rudolf Schwarz. Entwurf für die Kölner Innenstadt. 1950
Gliederung in Stadtviertel, die einem bis zwei alten »Kirchspielen« entsprechen und von verkehrsreicheren Straßenzügen begrenzt werden (»Stadt in der Stadt«). Etwa die Hälfte der Altstadt faßte Schwarz als »Hochstadt« auf, die »die eigentlich hohen, für eine ganze Landschaft einmaligen Werke enthält und leistet«. Mit diesem Konzept hoffte Schwarz, Generalplaner der Stadt Köln 1946–52, aus der Innenstadt abgewanderte »kostbare Inhalte« zurückgewinnen zu können.

Abb. 38 Bebauung und Parzellierung vor dem zweiten Weltkrieg

Abb. 38–40 Konstanty Gutschow (Gesamtplanung). Calenberger Neustadt, Hannover. 1955–56
Der Wiederaufbau der Calenberger Neustadt, eines im 17. Jahrhundert errichteten Stadtteils, orientierte sich, wie viele ähnliche Projekte, trotz Bodenordnung und Straßenauflassung am Leitbild der kleinteiligen, überschaubaren Nachbarschaft. Durchgrünter Zeilenbau, aber auch Andeutung von Straßen- und Hofräumen, wie sie in den sechziger Jahren wieder aufgegriffen wurden.

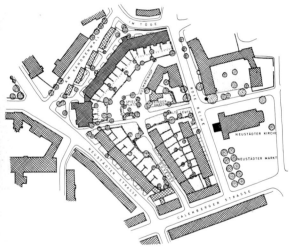

Abb. 39 Lageplan der Neubebauung

▼ Abb. 40 Blick in den Hofraum

▶
Abb. 41–42 Hansaviertel, Berlin. 1957
Das Hansaviertel entstand ebenfalls als Neuplanung eines völlig zerstörten Stadtteils. Aufgelockerte Bauweise in großstädtischem Maßstab. Eine Mischung sämtlicher zu jenem Zeitpunkt als zweckmäßig geltender Wohnbautypen ist in eine Parklandschaft eingebettet, die den Tiergarten fortsetzt. Schönheitsfehler sind die das Wohngebiet diagonal durchschneidende Verkehrsachse und der Viadukt der S-Bahn, die den Stadtteil nach Norden und Westen abriegelt und zu Geräuschbelästigung führt. Die einzelnen Bauten wurden im Rahmen einer internationalen Bauausstellung (»Interbau«) 1957 von prominenten Architekten errichtet (vgl. Lageplan Abb. 29 auf S. 465).

Abb. 41   Blick von Südwesten

▼ *Abb. 42   Luftansicht*

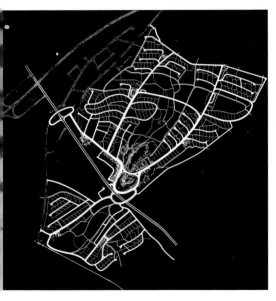

Abb. 43 Luftansicht mit Blick auf den Teutoburger Wald

Abb. 44 Verkehrsstruktur. Starke Linien: Straßen, schwache Linien: Radwege, unterbrochene Linien: Fußwege

Abb. 43–44 Hans Bernhard Reichow (Gesamtplanung). Sennestadt bei Bielefeld. Wettbewerb 1954, seit 1956 im Bau. Zunächst nur für 2 000 Wohnungen, später für 30 000 Einwohner berechnet. Auflösung des geschlossenen Ortsbildes zu einer Stadtlandschaft mit Bachtal und ehemaliger Kiesgrube als innerem »Grünkreuz« und einer »Stadtkrone« (Rathaus) im angestauten Weiher. Reichow verwirklichte in der Sennestadt seine Vorstellung einer »autogerechten Stadt«: Trennung der Verkehrsarten, Hierarchie der Verkehrswege, dreiarmige Knotenpunkte statt Kreuzungen, schwingende Linienführung mit großen Krümmungsradien. Die ausschließliche Orientierung zur Nachmittagssonne führte zu monotonem Zeilenbau.

Abb. 45   Luftansicht

Abb. 45–46   Ernst May, Günter Hafemann, Max Säume und Hans Bernhard Reichow. Neue Vahr, Bremen. 1957–62

Die Neue Vahr liegt etwa 5 km von der Innenstadt entfernt und wurde im wesentlichen als Wohngebiet (mit 10 000 Wohnungen) geplant. Sie gliedert sich in fünf voneinander abgesetzte Nachbarschaften, wobei besonders der Autobahnzubringer als Zäsur wirkt. Das Hauptladenzentrum wird durch ein Wohnhochhaus akzentuiert, das als einziges die Rechtwinkligkeit der nach Bautypen sortierten Blöcke durchbricht. Landschaftliche Elemente trägt ein neu geordnetes System von Wasserläufen bei, das in Ost-West-Richtung zu einem 500 m langen See, mit dem Hochhaus als Blickpunkt, gestaut wurde.

▼ *Abb. 46   Hauptladenzentrum, im Hintergrund Hochhaus von Alvar Aalto*

Abb. 47 Werner Hebebrand (Gesamtplanung). City Nord, Hamburg. Seit 1960 im Bau. Luftansicht
Die Geschäftsstadt im Hamburger Norden entlastet die Innenstadt von großen Verwaltungsbetrieben. In der am Stadtgarten gelegenen »grünen Bürostadt« können Verwaltungsbauten mit etwa 64 ha Bruttogeschoßfläche errichtet werden (Innenstadt 186 ha). Folgebedarf wie Post, Hotel, Läden, Restaurants wurde in einer zentralen Zone zusammengefaßt. Auf eine Mischung mit Wohnungsbau, die zu kurzen Wegen zur Arbeitsstätte und zu besserer Ausnutzung von Geschäften wie Autostellplätzen geführt hätte, wurde verzichtet. U- und S-Bahn-Anschlüsse. Allen Grundstückserwerbern wurden Wettbewerbe zur Auflage gemacht, die architektonische Qualität sichern sollten.

Abb. 49 ▶
Walter Schwagenscheidt mit Tassilo Sittmann (Gesamtplanung). Nordweststadt, Frankfurt. Wettbewerb 1959, seit 1961 im Bau. Luftansicht
Schwagenscheidt strebte ein »Gewebe von Räumen« an, das Geborgenheit und ein abgewogenes Maß an Kontakten bieten sollte. Ein- bis achtzehngeschossige Haustypen sind um »Verweilräume« gruppiert, Parkplätze außerhalb der Höfe angelegt, Fußgängerwege unabhängig von Autostraßen geführt. Zusätzlich zu drei Nebenzentren wurde dem Stadtteil ein inselförmiges Zentrum einplantiert, das Kaufhäuser, Läden, kulturell-soziale Einrichtungen, Schwimmbad, Fachschulen und 175 Wohnungen auf einem mehrgeschossigen Sockelbau vereint. Das Einzugsgebiet schließt auch andere westliche Vororte ein. Mit der 8 km entfernten Frankfurter City ist die Nordweststadt durch eine Straßenbahn verbunden, die im Zentrumsbereich unterirdisch verläuft.

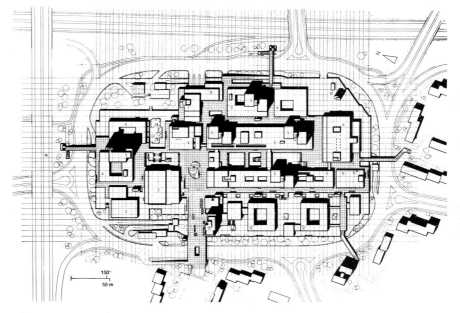

Abb. 48 Otto Apel, Hannsgeorg Beckert, Gilbert Becker. Zentrum der Nordweststadt, Frankfurt. Wettbewerb 1962, 1965–68

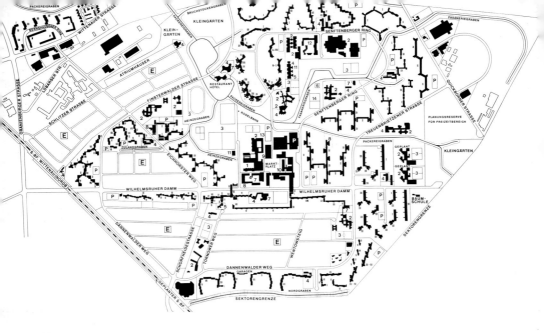

Abb. 50 Lageplan
E = Einfamilienhaus-Altbauten, die von der neuen Bebauung ausgespart wurden. Im nordwestlichen und nordöstlichen Teil Gewerbeflächen. Die S-Bahn, die jedoch in den Ostteil Berlins (DDR) führt, soll einen zweiten Bahnhof mit benachbartem Einkaufszentrum erhalten. Ein U-Bahn-Anschluß zur Westberliner City wird auf Jahre hinaus fehlen.

Abb. 50–54 Werner Düttmann, Georg Heinrichs, Hans C. Müller (Gesamtplanung). Märkisches Viertel, Berlin. Seit 1963 im Bau
Der Unwille über die deutsche Nachkriegsarchitektur hat sich auf das Märkische Viertel als Beispiel für viele, oft weit weniger befriedigende Planungen konzentriert. Soziale Anpassungsschwierigkeiten der Bewohner, die großenteils aus Sanierungsgebieten stammen, die relativ hohen Neubaumieten, die mangelhafte zeitliche Koordination zwischen Wohnungsbau und Folgeeinrichtungen, die ungenügende Verkehrserschließung, die schiere Größe des Neubauviertels mit der in der Bundesrepublik bis dahin unerreichten Einwohnerzahl von 50 000 bis 55 000 Einwohnern und die brutale Formensprache mancher Baukomplexe forderten die Kritik heraus.
Dabei war das Märkische Viertel als Wendepunkt im deutschen Städtebau konzipiert worden. Die ursprünglich vorgesehene Zahl von 13 500 Wohnungen wurde entsprechend der neuen Verdichtungsideologie auf 17 000 erhöht. Architektonische Großplastiken, im Jahrzehnt der Pop Art stark farbig gefaßt und mit Superzeichen (Hausnummern, Symbole) versehen, traten an die Stelle des Zeilenbaus. Bauliche Vielfalt wurde durch die Mitwirkung zahlreicher jüngerer Architekten unterschiedlicher Herkunft, Mannigfaltigkeit der Raumbildungen durch teils locker verkettete, teils streng geometrische Planfiguren angestrebt.
Die Bebauungsäste gehen vom »Markt« aus und erreichen an Peripherie und Zentrum ihre größte Höhe. In der Mitte des Stadtteils kommerzielle und soziale Einrichtungen wie Gesamtoberschule, kirchliche Gemeindezentren, Hallenbad, Altenwohnheim und Jugendfreizeitzentrum. Entwässerungsgräben wurden zu zwei Seen gestaut und in eine Grünzone einbezogen, die Sport-, Spiel- und Erholungsstätten aufnimmt.

Abb. 51   Blick über den »Boulevard« des Märkischen Viertels, den Wilhelmsruher Damm, auf den südöstlichen Teil des Wohngebiets

Abb. 52   Blick auf eine der beiden Straßenüberbauungen, die den zentralen Bereich begrenzen. Dahinter Wohnhochhaus (Architekten René Gagès, Volker Theissen)

Abb. 53   Zentraler Einkaufsbereich (Architekten Hans Bandel, Waldemar Poreike)

Abb. 54   Grünanlage mit Blick auf Wohnbauten (Architekt Chen Kuen Lee)

Abb. 55 Luftansicht

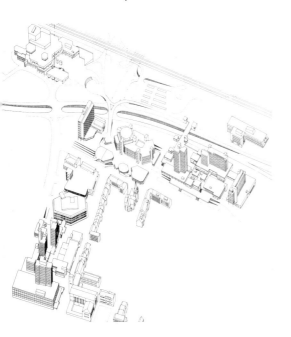

◀ *Abb. 56 Isometrie. Den Schnittpunkt beider Bebauungsarme soll ein neues Rathaus einnehmen. Jenseits der Stadtautobahn das Forum mit Theater, Ausstellungs-, Tagungs- und Vortragsräumen (Architekt Ulrich S. von Altenstadt)*

Abb. 55–56 City Leverkusen. Einkaufszentren 1972 fertiggestellt

Die neue Kernbebauung soll der aus mehreren Gemeinden entstandenen Industriestadt eine von Funktion und Optik her wirksame Mitte geben: Kaufhäuser, Einzelgeschäfte, Büros, Hotel, 220 Wohnungen, Tiefgaragen. Andienung unterirdisch, Fußgängerbereiche in allen wesentlichen Teilen, Schaufensterfronten in zwei Ebenen. Der Kontakt zu anderen Stadtteilen und zum Kulturzentrum ist durch elfspurige Stadtautobahn und Eisenbahnlinie erschwert. Finanzierung der Einkaufszentren ohne Beteiligung der Stadt durch privaten Bauträger (City-Bau KG, Architekten Kloss, Kolb & Partner).

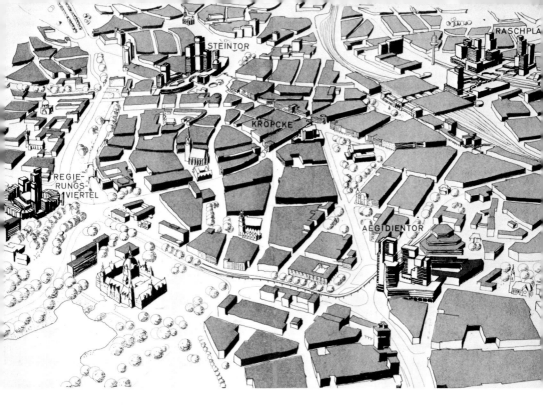

Abb. 57 Stadtplanungsamt Hannover (Hanns Adrian mit Peter Dellemann und Jaromir Vejl). Vorschlag für eine Verdichtung am Innenstadtrand Hannovers. 1970
Gebäudekomplexe für Einzelhandel, Kaufhäuser, Freizeiteinrichtungen, Verwaltungsbetriebe und Wohnungsbau, durch U-Bahn erschlossen, sollen nach diesem Konzept die Attraktivität der Innenstadt erhöhen, der Entmischung der Stadtfunktionen entgegenwirken und Verbindungen zu citynahen Wohngebieten herstellen. Ästhetisch käme den neuen Baumassen die Aufgabe zu, die flache Innenstadt räumlich zu fassen und Blickachsen zu schließen, die gegenwärtig ins Leere verlaufen. Die Schwierigkeiten bei der Verwirklichung des ersten und kleinsten dieser Komplexe, des Center am Kröpcke, hat inzwischen die wirtschaftliche Problematik des Vorschlags verdeutlicht.

Abb. 58–63 Fritz Eggeling (Gesamtplanung). Neue Stadt Wulfen, Stadtteil Barkenberg. Wettbewerb 1961, seit 1964 im Bau

Abb. 58 Fußgängerstraße mit Baugruppe Günther Marschall

Abb. 59 Nebenzentrum Barkenberg

▼ Abb. 60 Blick auf Baugruppe Fritz Eggeling

▼ Abb. 61 Fußgängerbrücke, im Hintergrund Baugruppe Fritz Eggeling

▼ Abb. 62 Offenes Erdgeschoß in der Baugruppe Fritz Eggeling

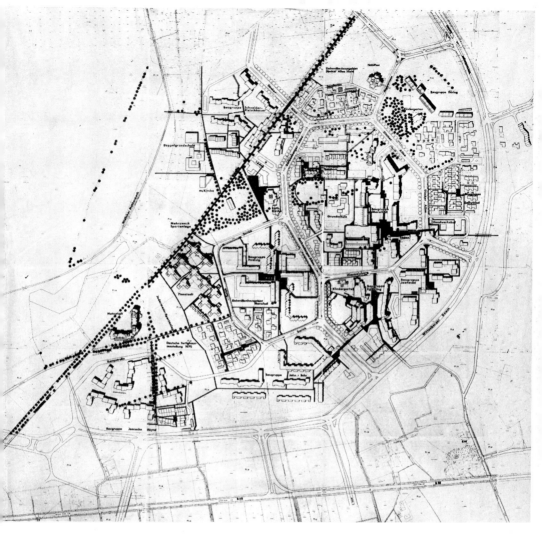

Abb. 63   Bebauungsplan des Stadtteils Barkenberg

Wulfen war zunächst – wenn auch nicht ausschließlich – als Wohnstadt von etwa 50 000 Einwohnern (1974: 10 000) für die Bergarbeiter einer neuen Großzeche gedacht. Die neue Stadt soll durch konzentrierte Bebauung der Zersiedlung des Erholungsgebietes nördlich der Lippe zuvorkommen. Den Anschluß zum Revier übernehmen neue Autobahnen und eine S-Bahn. Die Bebauung modelliert Höhenzüge nach, spart Bachtal, Grünschneise und Wiesenmulden aus und zeichnet sich durch Rücksicht auf Flora und Fauna aus. Differenzierte Behandlung der Fußgängerräume, Vermeidung von Vorder- und Rückfronten, Mischung unterschiedlicher Wohntypen, Maisonette-Wohnungen mit Privatgärten in den unteren Geschossen. Das Fußgänger-Wegenetz überlagert die Fahrstraßen kreuzungsfrei. Planung, Bodenordnung und Erschließung durch eine privatrechtliche Entwicklungsgesellschaft, die organisatorische, planerische und gestalterische Auflagen über die Kaufverträge durchsetzt.

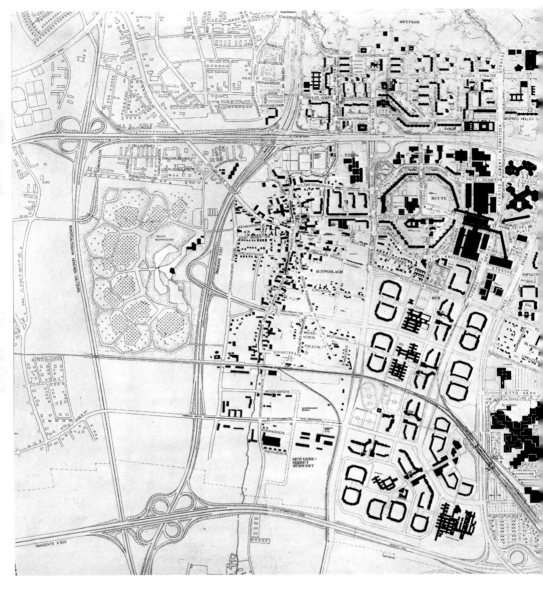

Abb. 64–66 Entlastungsstadt Neu-Perlach, München. Seit 1967 im Bau
Der neue Stadtteil im Südosten Münchens liegt von der City 6 km entfernt. Die U-Bahn, die das Viertel später zentral, und die S-Bahn, die es tangential erschließt, übernehmen den Massenverkehr. Fußgänger- und Autoverkehr verlaufen getrennt. Die Entlastungsstadt wird in sechs Wohnquartieren für je 10–15 000 Einwohner und mit zwei Gewerbegebieten errichtet. Wie in der Frankfurter Nordweststadt wurde das Hauptzentrum auf Grund eines späteren Wettbewerbs (1968, 1. Preisträger Bernt Lauter) nachträglich eingeplant. Als »signifikante Großform« ist ein Wohnring von etwa 400 m Durchmesser vorgesehen, an den sich

Abb. 65   Fußgängerstraße in Perlach-Nord

Abb. 66   Ladengruppe in Perlach-Nord

◀ *Abb. 64   Lageplan*

eine trompetenförmige Bebauung über einem linear entwickelten Geschäftszentrum anschließt. »Die Großform schafft den Rahmen, die Ordnung und den geplanten Raum für einen unvorhersehbaren, nicht planbaren, lebendigen Prozeß« (Oswald Mathias Ungers).
Das Geschäftszentrum ist nicht nur für die Bewohner Perlachs, sondern für einen weiteren Einzugsbereich von 400 000 Einwohnern bestimmt, eine Doppelfunktion von Stadtteilzentrum und Shopping Center, die zu Planungskonflikten führte. Gravierende Beeinträchtigung durch die Flughäfen Neubiberg und (bis zur vorgesehenen Auflassung) Riem. Die Bestimmungen des Luftfahrtgesetzes veranlaßten eine Höhenbeschränkung der Bebauung.

Abb. 67 Fußgängerbereich Neuhauserstraße mit St. Michael, ehemaliger Augustinerkirche und den Türmen der Frauenkirche

Abb. 68 Fußgängerbereich Neuhauserstraße mit Bürgersaal

Abb. 67–69 Bernhard Winkler und Siegfried Meschederu. Fußgängerbereich in der Innenstadt München. Wettbewerb 1967, 1969–72

Unterirdische Massenverkehrsmittel, S- und U-Bahn, die sich unter dem Marienplatz kreuzen, und ein Verkehrsring um die Altstadt waren Voraussetzungen für den Fußgängerbereich von 840 m Länge. Vitrinen, sechs Brunnen, eine »Wassermulde« auf dem Frauenplatz, Kioske, Straßenrestaurants, Pflanzkübel und Bäume, die Platzräume abgrenzen, als Straßenmobiliar. Städtebaulich bedeutende Plätze sind durch Natursteinpflaster betont. Die Zone ist zu begrenzten Zeiten für Anlieferverkehr befahrbar.

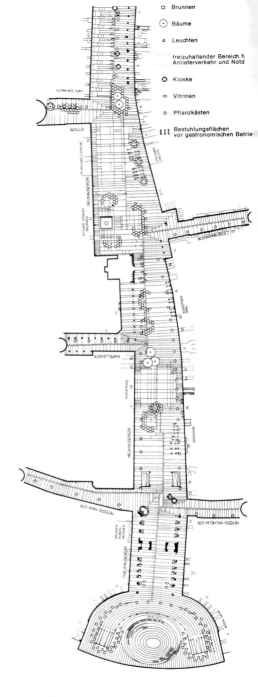

Abb. 69 Plan (Ausschnitt)